Jan 96

Lehrer

gr

Rolff (Hrsg.) · Zukunftsfelder von Schulforschung

DM 54.-

Zukunftsfelder von Schulforschung

Herausgegeben von Hans-Günter Rolff

Mit Beiträgen von Christel Adick, Herbert Altrichter/Stefan Salzgeber, Hartmut Ditton, Hans-Peter Füssel, Edith Glumpler, Heinz Günter Holtappels, Regina Kaier/Sabine Manning/Rudolf Thomas, Klaus Klemm, Ulf Preuss-Lausitz, Hans-Günter Rolff, Michael Schratz, Ewald Terhart, Klaus-Jürgen Tillmann, Witlof Vollstädt, Manfred Weiß

Deutscher Studien Verlag · Weinheim 1995

Über den Herausgeber:
Dr. Hans-Günter Rolff, Jg. 39, ist Professor für Schulpädagogik und Bildungsplanung an der Universität Dortmund.

Die Deutsche Bibliothek – CIP-Einheitsaufnahme

Zukunftsfelder von Schulforschung : hrsg. von Hans-Günter Rolff. – Weinheim : Deutscher Studien Verlag, 1995
ISBN 3-89271-554-8
NE: Rolff, Hans-Günter [Hrsg.]

Herstellung der Druckvorlage: Gabi Plöger, 33178 Borchen
Druck: Druck Partner Rübelmann, 69502 Hemsbach
Seriengestaltung des Umschlags: Atelier Warminski, 63654 Büdingen
Printed in Germany

ISBN 3 89271 554 8

Inhaltsverzeichnis

Vorwort

Die Zukunftsfelder von Schulforschung wurden 1975 zum ersten Mal abgesteckt, als der „Bildungsrat“ eine zweibändige Aufsatzsammlung herausgab, die den weitergreifenden Titel „Bildungsforschung – Probleme – Perspektiven – Prioritäten“ trug (Stuttgart 1975). Es ging darin um die Klärung des damals noch jungen Begriffs der Bildungsforschung überhaupt, um das Verhältnis von Lernen und Leistung, um soziales Lernen im Kontext der Schule, um ihr Verhältnis zum Beschäftigungssystem, um Bildungsökonomie und Bildungsverwaltungsforschung, um Curriculumentwicklung, Unterrichtstechnologie, Begleitforschung, Pädagogische Diagnostik, schulpsychologische Beratung sowie Jugendhilfe.

Seitdem ist kein weiterer Versuch unternommen worden, den Stand, die Probleme und die Zukunftsperspektiven der Schulforschung halbwegs umfassend und systematisch einzufangen. Ein solcher Versuch ist indes überfällig, zumals sich das Paradigma der Entwicklung des Schulsystems seitdem grundlegend geändert hat. Nicht mehr zentrale Planung vor dem Hintergrund empirischer Erforschung der Funktion und Wirkung von Bildungsinstitutionen steht im Mittelpunkt, sondern die Entwicklung zunehmend autonomer werdender Einzeleinrichtungen, seien es Schulen, Volkshochschulen oder Universitäten. Hier handelt es sich in der Tat um einen Wandel, für den das viel strapazierte Wort „Paradigmenwechsel“ keine Übertreibung darstellt. Dieser Paradigmenwechsel steht eher am Beginn, denn am Abschluß einer Entwicklung.

Dies war uns Anlaß genug, nach fast zwanzig Jahren einen neuen Versuch zu starten, den Standort und die Perspektiven der Schulforschung zu bestimmen. Zu diesem Zweck hat die „Kommission Bildungsorganisation, -planung und -recht“ (KBBB) der „Deutschen Gesellschaft für Erziehungswissenschaft“, der wir vorstehen, am 9. und 10. September 1994 in Dortmund eine Tagung durchgeführt, die den Titel „Zukunftsfelder von Schulforschung“ trug.

Diese Tagung war so anregend und fand so viel Echo, daß wir uns entschlossen haben, die Vorträge im vorliegenden Buch zu veröffentlichen. Es enthält die in Dortmund gehaltenen Vorträge sowie Manuskripte von Beiträgen, die in Dortmund wegen Terminschwierigkeiten von Referentinnen und Referenten nicht gehalten werden konnten. In drei Fällen haben wir darüber hinaus Referenten im Nachhinein um Beiträge gebeten, um ein möglichst vollständiges Bild der Zukunftsfelder zeichnen zu können.

Wir hoffen, daß uns dies auch gelungen ist.

Möge die vorliegende Veröffentlichung zahlreiche Forscher und Forscherinnen zu Projekten anregen und die Forschungsförderer, von denen einige in Dortmund anwesend waren, überzeugen, daß es notwendiger denn je ist, ausreichende Mittel für die Finanzierung dieser Projekte bereitzustellen.

Rainer Brockmeyer, Bernd Frommelt, Hans-Günter Rolff und Peter Zedler

Düsseldorf, Wiesbaden, Dortmund und Erfurt
im Januar 1995

Herbert Altrichter und Stefan Salzgeber

Mikropolitik der Schule

Schultheorie als Theorie der interaktionellen Konstituierung von Organisationen

Der folgende Beitrag soll einige Bestimmungsstücke einer mikropolitisch orientierten Schultheorie herausarbeiten. Ausgehend von einem Fallbeispiel[1] aus einem Schulentwicklungsprozeß (Kap. 1) werden einige Merkmale traditioneller mikropolitischer Konzeptionen dargestellt (Kap. 2). In Kapitel 3 werden einige theoretische Probleme dieser herkömmlichen Mikropolitik-Ansätze diskutiert und Möglichkeiten zu deren Überwindung durch neuere sozialwissenschaftliche Theorien aufgezeigt. Abschließend werden einige Überlegungen zur Positionierung einer solchen mikropolitischen Perspektive in Relation zu anderen Ansätzen der Schultheorie, zu ihrer Anschlußfähigkeit an andere aktuelle Forschungsvorhaben sowie Forschungsperspektiven besprochen.

---

1 Dabei werden Rückgriffe auf qualitativ-empirisches Material aus zwei Forschungsprojekten gemacht: Im Projekt „Förderliche und hemmende Bedingungen für Innovationen an der Schule" (gefördert durch den Fonds zur Förderung wissenschaftlicher Forschung, Wien, unter der Zahl P7963-SOZ) versuchten wir im Verlaufe von drei Jahren die Entwicklungstätigkeit von Innovationsgruppen in zehn steirischen Schulen zu unterstützen und begleitend zu untersuchen (vgl. POSCH/ALTRICHTER o.J.; POSCH/ALTRICHTER in Vorb.). Im österreichischen Beitrag zum OECD/CERI-Projekt „Case Studies on Teacher Quality" (gefördert durch das Bundesministerium für Unterricht und Kunst, Wien) wurden Schulportraits über vier ‚gute Schulen' auf der Basis von Interview- und Beobachtungsdaten sowie von Dokumentenanalysen erstellt. Dabei sollten jene Merkmale, die in den Augen verschiedener Bezugsgruppen zur Qualität der Schule beitragen, sowie Prozesse der Entwicklung solcher Qualitäten genauer erfaßt und analysiert werden (vgl. ALTRICHTER et al. 1994).

1. Organisationen als objektiv-versachlichte Strukturen?

1.1 Beispiel I: Die Einführung von Projektunterricht als Kräfteverschiebung in einem Kollegium

Das folgende Beispiel stammt aus der Fallstudie einer Lehrergruppe (HIRNER et al. 1993) und behandelt die Vorgänge rund um die ‚Einführung von Projektunterricht' in einer gymnasialen Schule: Nach einer Direktion, die auf ‚Ordnung, Strenge und traditionelle Unterrichtsformen' Wert gelegt hatte, trat im Herbst 1989 ein neuer Schulleiter sein Amt an. Diesem waren nach Wahrnehmung der AutorInnen partnerschaftliche Leitung, neue Lernformen, Eigenständigkeit der LehrerInnen und Auseinandersetzung mit pädagogischen Problemen wichtig (3[2]). Projektunterricht schien unter der früheren Direktion „unmöglich (...). Die damalige Direktion war sehr darauf bedacht, daß sich nichts an den bestehenden Gepflogenheiten und täglichen Abläufen änderte und so wagte auch niemand den Versuch." (5) Mit der neuen Schulleitung „sahen mehrere KollegInnen bessere Chancen, Projekte durchzuführen" (5).

Bei den ersten Projekten, die „unkoordiniert voneinander beschlossen und durchgeführt" worden waren (6), kam es zu einer Reihe von Problemen. „Einerseits wurden alternative Unterrichtsformen von vornherein von manchen KollegInnen abgelehnt, andererseits erhöhten die bei der Durchführung der ersten Projekte aufgetretenen <organisatorischen; die Verf.> Probleme nicht gerade die Akzeptanz solcher Unterrichtsformen." (4) „Zu diesem Zeitpunkt begannen vor allem nicht an den Projekten beteiligte KollegInnen zu kritisieren, daß sie die SchülerInnen in ihren ‚Fachstunden' fast nicht mehr zu sehen bekämen und daß sie mit ihren Stoffen oft nicht durchkämen: ‚Ich habe die SchülerInnen in meinem Fach nur einige Stunden im ganzen Semester gesehen'" (6).

Die Direktion und die initiative Lehrergruppe identifizierten den Informationsfluß im Kollegium als Ursache der Probleme: Es gäbe keine Projektkoordination, Informationen liefen in der Direktion zusammen ‚und blieben auch dort' (6). Zur Abhilfe wurde ein Koordinationstreffen veranstaltet, an dem allerdings nur 16 von 65 LehrerInnen teilnahmen. Als Reaktion darauf gab die Schulleitung einen „Lehrerläufer" folgenden Inhalts heraus:

„1. Der Lehrplan der AHS stellt eine verbindliche Verordnung dar. Es ist darin festgehalten, daß zur Umsetzung der allgemeinen Unterrichtsprinzi-

---

2 In Kap. 1 wird aus HIRNER et al. 1993 nur durch Angabe der Seitennummern zitiert.

pien, die ja bekannt sein sollten, vor allem projektorientierter Unterricht und Projekte geeignet sind.
2. Als geeignete Lehr- und Lernform weist der Lehrplan unter anderen Formen ebenfalls den projektorientierten Unterricht aus.
3. Es darf daran erinnert werden, daß eine Unterrichtsplanung zu erfolgen hat (siehe Anlage 1). Damit die Jahresplanung koordiniert werden kann, ist es notwendig, über geplante Projekte möglichst frühzeitig informiert zu werden. Die Aufgabe, geplante Projekte zu registrieren, zu koordinieren, zu administrieren und gegebenenfalls einzuschränken, hat dankenswerterweise eine Gruppe interessierter Kolleginnen und Kollegen übernommen.
4. Die Schulaufsicht wünscht pädagogische Konferenzen auch über projektorientierte und fächerübergreifende Unterrichtserfahrungen (siehe Anlage 2). Zu einer derartigen Konferenz wurde mit Lehrerläufer 18 vom 24.10.1991 eingeladen. Es ist für mich nicht ermunternd, daß nur 16 Kolleginnen/Kollegen Interesse an Planungen von Aktivitäten zeigen, die der Lehrplan vorsieht.“ (13)

Die Nicht-Teilnahme vieler LehrerInnen an dem Koordinationstreffen wurde von der Direktion als Boykott einer konstruktiven Lösung der von ihr zugegebenen Probleme interpretiert. Als Reaktion darauf wurden die vordem (in der Wahrnehmung vieler LehrerInnen) vager vorhandenen Grenzen unmißverständlicher ausgesprochen. In dem Dokument wurde eindeutig Position für Projektunterricht bezogen und mit dem Hinweis auf die Autoritäten „Lehrplan“ („verbindliche Verordnung“) und „Schulaufsicht“ untermauert. Die Kompetenz zur Koordinierung von Projekten wurde offiziell einer (nicht namentlich genannten) Gruppe von LehrerInnen übertragen. Schließlich wurde die Nicht-Teilnahme an der Koordinationssitzung indirekt, aber unmißverständlich getadelt. Das Schriftstück eskalierte die Situation in einem gewissen Sinn, klärte die Positionen und rief bei Betroffenen „Unmut“ hervor: „Aus Gesprächen mit einigen KollegInnen erfuhren wir, daß diese Haltung als ‚beinahe Verpflichtung‘ und somit als Einschränkung und Einmischung in ihre Unterrichtsarbeit aufgefaßt wurde. Das Eintreten des Schulleiters für projektorientierten Unterricht rief somit sicherlich auch hin und wieder Unmut hervor.“ (13)

Das Thema „Projektunterricht“ ist offenbar der Spiegel, der den Kulturumbruch durch den Direktionswechsel reflektiert. Die Auseinandersetzungen um seine Gestaltung sind die Arena, in der um die relativen Wertigkeiten der verschiedenen Positionen gekämpft wird. Die Veränderung der Kräfteverhältnisse in der Schule bietet einer ‚progressistischen Gruppe‘ die Möglichkeit, eigene pädagogische Ideen, die zuvor schwer durchsetzbar schienen, zu forcieren. Damit wird implizit die herrschende ‚pädagogische Definition der Schule' verändert.

Schließlich beschloß eine projektunterrichtsfreundliche Lehrergruppe im Rahmen eines Schulentwicklungsprojektes eine Studie zum Thema „Projektorganisation" durchzuführen. Mit dieser Arbeit stellte sich die Lehrergruppe einem Teil der (möglichen und realen) Kritik am Projektunterricht und schien auch Fortschritte bei der Vermeidung organisatorischer Probleme zu erzielen (9ff). Allerdings war im Lehrkörper ja nicht nur die ‚Organisation von Projektunterricht' als problematisch angesehen worden: „Neben den reinen Organisations- und Koordinationsproblemen werden bei der Ein- und Durchführung von Innovationen immer auch Schwierigkeiten auftreten, die mit unterschiedlichen Auffassungen über ‚Schule' – über das, was Schule vermitteln und bewirken soll, über LehrerInnen- und SchülerInnenrollen, über Bewertungen und Bewertbarkeit – kurz, die mit der Konzeption von Schule zusammenhängen" (14).

Die Forschungsgruppe bearbeitete nur den ersten Problemkomplex, jenen der Organisation und Koordination, nicht aber das Verhältnis zwischen den verschiedenen Unterrichtskulturen. Vielleicht geschah das aus weiser Selbstbeschränkung oder in einer schrittweisen Strategie. Jedenfalls aber war eine offene Auseinandersetzung um die unterschiedlichen Unterrichtskulturen auch gar nicht mehr nötig, weil durch den expliziten Verweis auf Autoritäten im Lehrerläufer Projektunterricht in der öffentlichen Arena nicht mehr direkt im Hinblick auf seine Angemessenheit für die Bildung der SchülerInnen kritisierbar war. Gleichwohl war Befürwortern wie Gegnern bewußt, daß sich unterhalb der öffentlichen Arena die Lager der „Profilierungssüchtigen und der Konservativbequemen" (20), wie ein Lehrer treffend deren wechselseitig abschätzige Bezeichnungen charakterisierte, weiter mit unterschiedliche „Schwerpunktsetzung und Gewichtung im Unterricht bezüglich allgemeiner Bildungsziele bzw. Unterrichtsprinzipien und Fachlehrzielen" (15) gegenüberstanden. Geändert hatte sich nur, was in der öffentlichen Arena akzeptiertes Verhalten war. Das muß allerdings noch nicht heißen, daß das Handeln in der „halbprivaten Arena des Klassenzimmers" ein anderes geworden war.

1.2 Organisationstheorien der rational-kontingenten Strukturierung

Nach der Anschauung der lange die Organisationstheorie dominierenden ‚Theorien der rational-kontingenten Strukturierung' sind *Organisationen* „zielorientierte, rational geplante Systeme mit einer auf Dauer gestellten objektiv-versachlichten Struktur" (TÜRK 1989, 23). Die Strukturen sind *kontingent* in dem Sinn, daß sie bedingt, aber nicht determiniert durch verschiedene ,Kontextvariablen' sind. Dadurch ergibt sich eine relative Autonomie für die organisatorischen Strukturen, deren *Rationalität* für die Effizienz einer Organisation ausschlaggebend ist.

Für die *Entwicklung von Organisationen* ist dieser Anschauung gemäß das Wirken ,rational kalkulierender Organisationskonstrukteure' (a.a.O., 51) entscheidend, die neue Zielkomplexe und Organisationsstrukturen entwerfen. Diese werden dann durch geschickte ,Implementation' zur Organisationsrealität gemacht, wobei die vielfältigen, empirisch zu beobachtenden ,Implementationsprobleme' gemeistert werden müssen. *Kriterium* einer erfolgreichen Organisationsentwicklung ist das Ausmaß der Übereinstimmung der Realität mit dem Modell, die Umsetzung des Planes mit möglichst wenig ,Reibungsverlusten' und Abstrichen vom ursprünglichen Konzept.

Szenen, wie die in Beispiel I geschilderten, müssen in dieser Perspektive als Pathologien erscheinen, die besser früher als später zu eliminieren sind: ,Machtkämpfe' in einer Organisation sind irrational und haben *das* Ziel der Organisation aus dem Auge verloren; sie sind unerklärliche Bewegung unter der Haut der ,objektiv-versachlichten Struktur', die diese zu zerreißen – und damit die Stabilität der Organisation zu erschüttern – drohen.

2. Bestimmungsstücke traditioneller mikropolitischer Konzeptionen

Solche Auseinandersetzungen sind aber offenbar in vielen Organisationen endemisch (vgl. für wirtschaftliche Organisationen HOFFMANN 1981; NEUBERGER 1992; ORTMANN et al. 1990). Auch in unseren Schulentwicklungsprojekten erlebten wir es immer wieder, daß LehrerInnen politisches Vokabular zur Beschreibung von Prozessen innerhalb des Kollegiums im Verlaufe von pädagogischen Innovationen verwendeten, wie z.B. „Bildung von Bündnissen innerhalb der Gesamtgruppe", „Verschieben von Machtverhältnissen" (RAUCH 1993, 4f), „Putsch gegen die Regierung", „Opposition", „Machtübernahme", „Grenzüberschreitungen und neue Grenzziehung", „Kampf um Einfluß", „Unabhängigkeitserklärung" (BALL 1990, 226f) usw. Diese Metaphern scheinen ein – vielleicht manchmal implizites – Bewußtsein der Organisationsmitglieder über den politischen Charakter mancher Aspekte schulischer Neuerungsprozesse auszudrücken.

Wenn derartige Phänomene in Organisationen immer wieder vorkommen, dann macht es wenig Sinn, sie aus der organisationstheoretischen Perspektive auszuschließen, wie dies die Theorien der rational-kontingenten Strukturierung nahelegen. Gerade für diese „dark side of organizational life" (HOYLE 1982, 87) zeigen nun die sog. *mikropolitischen Ansätze* in der Organisationstheorie starkes Interesse. Sie wollen die Bedeutung von ‚Machtkämpfen' und anderen Phänomenen, die sich so schwer als zweckrational für die deklarierten Organisationsziele interpretieren lassen, für das Zustandekommen von Organisationen verstehen. Obwohl zunächst für Profit-Unternehmen entwickelt, wurde das Konzept in letzter Zeit von angloamerikanischen ForscherInnen zur Grundlage für die Analyse von Bildungsorganisationen genommen (vgl. BALL 1990; BLASE 1991) und bei AERA-Symposien diskutiert.

Worum geht's bei Mikropolitik? Micropolitics „involves those activities taken within organizations to acquire, develop, and use power and other resources to obtain one's preferred outcomes in a situation in which there is uncertainty or dissensus." (PFEFFER 1981, 7) Diese Definition weist auf drei zentrale Bestandteile einer mikropolitischen Organsationstheorie hin, und zwar auf:

- ein bestimmtes Bild von *Organisationen,* die mit Zieldiversivitäten und unklaren Einflußfeldern befrachtet sind,
- ein bestimmtes Bild von Akteuren, die mit ihrem Handeln in der Organisation eigene Interessen verfolgen und eigene Wertvorstellungen verwirklichen wollen, sowie
- eine besondere Aufmerksamkeit für die Interaktionsprozesse in der Organisation, die als *strategische* und *konflikthafte Auseinandersetzung* um die Definition und Strukturierung der Organisation interpretiert werden.

2.1 Zieldiversität und indeterminierte Räume in Organisationen

‚Mikropolitik' ist zunächst ein *organisationstheoretisches Konzept.* Sein Auftauchen und seine gegenwärtige Popularität in der betrieblichen Organisationslehre ist ein Phänomen der *Krise der traditionellen Organisationstheorie* und eine Gegenbewegung zur Dominanz der Theorie rational-kontingenter Strukturierung.

Für die mikropolitische Perspektive gilt nun: Organisationen sind durch *Zieldiversität* statt durch Zielkohärenz gekennzeichnet (BALL 1990, 12ff). Daß *eine* Rationalität in einer Organisation vorherrscht, ist ein Mythos. Diese wird vielmehr durch unterschiedliche, teilweise miteinander konfligierende Ziele und konkurrierende Rationalitäten gekennzeichnet. Statt der ‚Unternehmenspolitik', die die strategische Ausrichtung kollektiven Handelns für vom Vorstand formulierte Ziele beabsichtigt, kommen die einzelnen ‚PolitikerInnen in einem Unternehmen' in den analytischen Blick: Verschiedene Organisationsmitglieder haben eigene Handlungsziele, die sich nur teilweise überlappen und die nur teilweise mit den offiziell formulierten Organisationszielen übereinstimmen. Die organisationale Interaktion geht darum immer auch – implizit durch Handlungen oder durch explizite Zieldiskussion – um die *Definition der Organisation*, um die Festlegung des prekären und umkämpften Zieles der Organisation.

> In Beispiel I ist die Zieldiversität von Organisationen eine Bedingung für die Ereignisse bei Einführung des Projektunterrichts. Was unterrichtet werden soll, legt in Österreich das Schulorganisationsgesetz und der Lehrplan fest. ‚Projektunterricht' wird in letzterem für bestimmte Klassen und Gegenstände als verpflichtendes Element genannt. Dennoch ist damit anscheinend nicht alles klargestellt, denn der neue Direktor muß im ‚Lehrerläufer' auf – auch schon vor seinem Dienstantritt gültige – Lehrplananforderungen verweisen. Die vorgegebenen Ziele sind also in der Praxis der Organisation so klar nicht.

Die Zieldiversität ergibt sich z.B. aus folgenden Merkmalen:

- rechtliche Vorgaben (z.B. allgemeine Bildungs- und Lehraufgaben und Didaktische Grundsätze in den Lehrplänen) sind allgemein gehalten und *konkretisierungsbedürftig*; d.h. die Mitarbeit der Akteure ist gefordert, um die Zielvorgaben in Handlungen umzuformen.
- Anderenteils gibt es *Widersprüche innerhalb der und zwischen den verschiedenen formellen, informellen und individuellen Zielkonzepten,* wodurch eigene Entscheidung zwischen den konkurrierenden Orientierungsangeboten erforderlich wird.
- Schließlich sind die offiziellen Organisationsziele manchen Akteuren gar nicht bekannt, werden von anderen ignoriert, unterlaufen, als irrelevant oder unsinnig abgetan usw.

Die Felder von *Kontrolle und Einfluß* in einer Organisation sind auch *nicht klar abgegrenzt*, sondern Gegenstand der Auseinandersetzung[3]. Organisationale Strukturen, Mittel und Regeln sind nichts Vorgegebenes, sondern „Ressourcen, Bedingungen und Objekte von politischen Prozessen" (TÜRK 1989, 122). Sie werden erst durch Interaktion hergestellt, aufrechterhalten, durch-

---

3 Ähnliches gilt für ihre ‚Außengrenzen' (vgl. TÜRK 1989, 122): Werden z.B. die Eltern als ein ‚Teil der Schule' aufgefaßt? Wem wird Mitspracherecht zugestanden?

gesetzt, benutzt und verändert. „The changing pattern of control is not the product of abstract organizational systems; rather, it emerges from the confrontations and interactions between individuals and groups in the organization." (BALL 1990, 10)

Der Hinweis des Schulleiters auf eine ‚verbindliche Verordnung' in Beispiel I soll die Legitimität seiner Handlung unterstreichen. Dennoch wird sie von manchen LehrerInnen als ‚Grenzüberschreitung' und ‚illegitime Einmischung' in für sie vorbehaltene Bereiche interpretiert: „Aus Gesprächen mit einigen KollegInnen erfuhren wir, daß diese Haltung als ‚beinahe Verpflichtung' und somit als Einschränkung und Einmischung in ihre Unterrichtsarbeit aufgefaßt wurde. Das Eintreten des Schulleiters für projektorientierten Unterricht rief somit sicherlich auch hin und wieder Unmut hervor." (HIRNER et al. 1993, 13)

2.2 Konflikthaftes, interessensbezogenes Handeln in Organisationen

Die mikropolitische Perspektive lenkt das Augenmerk auf das Handeln der Organisationsmitglieder und ist insoferne in ihrem Ausgangspunkt ein *handlungstheoretisches* Konzept. Wie wird nun dieses organisationale Handeln verstanden?

In der Mikropolitik werden Handlungen konsequent als *interessensgeleitet* interpretiert: Organisationsmitglieder beziehen sich in ihrem Handeln nicht ausschließlich auf *einen* Organisationszweck (z.B. Erfüllung der Allgemeinen Bildungs- und Lehraufgabe der österreichischen Schule), sondern versuchen ihre eigenen „Interessen zu wahren oder durchzusetzen, Vorteile zu erringen oder Nachteile zu verringern" (NEUBERGER 1990, 263). Das Interesse der Organisationsmitglieder richtet sich dabei auf folgende Merkmale, die nicht unabhängig voneinander sind (vgl. NEUBERGER 1990, 260ff; BALL 1990, 17):

- Organisationsmitglieder konkurrieren um *materielle und immaterielle Güter* (Geld, Personal, Positionen, Prestige, Amt usw.) bzw. um *Verfügungsrechte* über diese Güter.
- Ihr Handeln richtet sich weiters auf den Erhalt oder Ausbau relativ *autonomer Handlungsmöglichkeiten.* Sie versuchen die Ausgestaltung der organisationalen Ordnung, die organisationsspezifischen Regeln und Ressourcen in einer Weise zu beeinflussen, die ihnen Vorteile bei der Verfügung über eben diese Regeln und Ressourcen versprechen.

– Schließlich gilt ihr Interesse auch der *Definition der Organisation.* Ihre persönlichen Werte, philosophische Bindungen, Weltsichten sollen in der Organisation einen hohen Stellenwert haben und als legitime Ordnungsprinzipien anerkannt werden. Die Aushandelungsprozesse in Organisationen finden nämlich auf der Basis einer legitimen Ordung statt, die allerdings selbst wiederum Aushandelungsprozessen unterworfen ist. „Es herrscht kein Krieg aller gegen alle, der die Stärksten und Gerissensten siegen läßt. Mikropolitik setzt institutionell gesicherte Strukturen voraus. Mikropolitik ist somit nicht regellose Interessensdurchsetzung ..., sondern interessensgeleitetes Handeln auf dem Hintergrund einer gültigen Ordnung oder Struktur. Die Lücken, Unklarheiten oder Widersprüche dieser geltenden Rahmen-Ordnungen werden eigennützig ausgebeutet" (NEUBERGER 1990, 263f).

Alle diese Objekte der Begierde der Organisationsmitglieder, materielle Güter wie die Verfügungsgewalt über die eine legitime Definition, sind jedoch in der typischen mikropolitischen Welt knapp. Daher erweist sich die Durchsetzung eigener Interessen zwangsläufig als konflikthaft und dementsprechend muß jede „ernstzunehmende Analyse kollektiven Handelns ... Macht in das Zentrum ihrer Überlegungen stellen, denn kollektives Handeln ist im Grunde nichts anderes als tagtägliche Politik. Macht ist ihr ‚Rohstoff'." (CROZIER/FRIEDBERG 1993, 14) Organisationsmitglieder beziehen sich in ihrem Handeln auf unterschiedliche Machtquellen (z.B. Informations-, Sanktions-, Belohnungsmacht, Macht aus dem Kontakt zur Umwelt usw.). *Macht* wird dabei nicht als Attribut eines Akteurs, sondern ‚ohne moralische Einfärbung' als Beziehung, als „Austausch-, d.h. Verhandlungsbeziehung" (FRIEDBERG 1992, 41) verstanden, bei der über reziproke Handlungsmöglichkeiten verhandelt wird. Es gibt so in dieser Perspektive keinen Akteur, der keinerlei Macht ‚besitzt'; allerdings sind die Einflußchancen strukturell bedingt asymmetrisch verteilt.

Beispiel I nimmt seinen Ausgangspunkt bei einem Konflikt um die Definition der Organisation: Welcher Unterricht gilt als legitim und charakteristisch für diese Schule? Typisch ist dabei, daß das Verhältnis der beiden Unterrichtskulturen nie direkt argumentiert, sondern auf der Ebene der Organisation, der Stundenverteilung, der Anwesenheit der SchülerInnen in den Klassen usw. indirekt thematisiert wird. In einer ‚sachlichen Welt' würde man ihre Angemessenheit u.a. im Hinblick auf die Allgemeinen Bildungs- und Lehraufgabe der österreichischen Schule diskutieren. Man würde nach vernünftigen Gründen für die eine oder andere Konzeption suchen, um sich dann für eine Variante zu entscheiden. Im Beispiel wird von den Akteuren eben diese ‚sachliche Welt' aus dem politischen Prozeß konsequent ausgeschlossen. Der Projektunterricht wurde nicht eingeführt, weil dafür die besseren Argumente gefunden wurden, sondern weil die Koalition der Befürworter aufgrund veränderter Machtverhältnisse (neuer Direktor und Landesschulinspektor) die besseren Karten bekommen hatte.

Gekämpft wird um bzw. gegen den Projektunterricht nach allen Regeln der Kunst: Koalitionen werden gebildet, Sitzungen boykottiert, externe Gruppen für eigene Zwecke instrumentalisiert usw. Interessanterweise versuchen sowohl die Befürworter als auch die Gegner von Projektunterricht, die Legitimität des Lehrplans für sich zu mobilisieren: Die einen, indem sie sich auf die Verpflichtung zum Projektunterricht berufen, die anderen, indem sie erklären, ihrer Lehrpflicht aufgrund der häufigen Abwesenheit der SchülerInnen nicht mehr nachkommen zu können. Der Lehrerläufer zielt darauf ab, zusätzlich die bestehende formale Ordnung (von Schulleitungsamt und Schulaufsicht) in die Waagschale zu werfen. Das Nichterscheinen einiger LehrerInnen bei der Koordinationssitzung kann als Versuch interpretiert werden, eine alternative Ordnung zu etablieren – eine Ordnung, in der, wie ja in Gesprächen zum Ausdruck kommt, keine „Einschränkung und Einmischung in ihre Unterrichtsarbeit" legitim ist (HIRNER et al. 1993, 13).

Organisationen sind keine festen, monolitische Gebilde, keine Maschinen, in denen das Funktionieren und Ineinandergreifen der einzelnen Teile voll determiniert und unproblematisch wäre, sondern vielmehr „Interaktionszusammenhänge konkreter Menschen" (TÜRK 1989, 122). Die versachlichte Struktur der Organigramme und der ihnen zugeordneten Aufgabenbeschreibungen sind nicht *die* Organisation; diese wird vielmehr durch die Handlungen verschiedener Akteure interaktiv konstituiert und zum Leben gebracht. Die Stabilität der Organisation ist ein Oberflächenphänomen, daß durch permanente Bewegung und Abstimmungsprozesse eine Etage tiefer erzielt wird.

‚Sozialität', „die Bewältigung der sozialen mehr als der sachlichen Welt" (NEUBERGER 1990, 263), steht so im Zentrum, doch ist es eine fragmentierte Sozialität, die durch Interessensgegensätze und nur teilweise kompatible Interessen gekennzeichnet ist. Andererseits gilt: „Wenn ein Akteur seine Interessen verwirklichen will, muß er so – ob er will oder nicht – auf die Interessen anderer reagieren. In diesem Sinne sind Organisationen immer auch ‚unfreiwillige Kooperationsgebilde'" (BRÜGGEMEIER/FELSCH 1991, 135). Der charakterisierende Modus von *Interaktionen in Organisationen* ist für die mikropolitische Perspektive also die *regelnde, sozialitätsbezogene, konflikthafte Verhandlung* (als Interessensdurchsetzung und -ausgleich) und nicht die geregelte, sachbezogene, konsensuale Ausführung (als sachrationale Problemlösung und technische Optimierung).

Man könnte nun darüber spekulieren, warum ein solcher Ansatz gerade in der derzeitigen soziohistorischen Situation so viel Interesse findet. Vielleicht, weil der Schritt der Veränderung in Organisationen immer rascher wird – nicht zufällig untersuchen wahrscheinlich die besten mikropolitischen Studien die großflächige Einführung von neuen Informationstechnologien in Betrieben (vgl. ORTMANN et al. 1990). Vielleicht auch, weil die innerbetrieblichen Beziehungen immer weniger auf akzeptierter oder umstandslos durchsetzbarer Autorität beruhen und immer häufiger ausgehandelt werden müssen. Dies alles sind Veränderungen, die auch für das Bildungswesen konstatiert wurden (vgl. POSCH/ALTRICHTER 1992; ROLFF 1993).

3. Theoretische Probleme und Weiterentwicklungsmöglichkeiten der ‚mikropolitischen Perspektive'

Wir kommen damit zu unserer Kritik an der bisher entfalteten Version der ‚mikropolitischen Perspektive', die da lautet:

- Während diese ‚Mikropolitiker' Recht mit ihrer Kritik an einem vorausgesetzten Konsens im Sinne des ‚Betriebszweckes' und mit ihrer Aufmerksamkeit für konflikthafte Aushandlung haben, befriedigt es auf der anderen Seite nicht, jeglichen *Konsens als Form der Dominierung, des Eliminierens, Verdeckens oder Vorwegnehmens von Konflikten* erklären zu müssen (vgl. BALL 1987, 278).
- Während ‚Mikropolitiker' Recht mit ihrer Kritik an einer vorausgesetzten organisationalen Stabilität und mit ihrer Aufmerksamkeit für die „potentielle Instabilität organisatorischer Prozesse" haben, so drängt sich die Frage auf, wie *relative Stabilität und Dauerhaftigkeit*, die man in Organisationen ja doch und immer wieder beobachten kann, sich begrifflich fassen lassen: Warum haben Organisationen und organisationale Praktiken Bestand?
- Während die ‚Mikropolitiker' Recht mit ihrer Betonung der ‚politischen' Aushandlung und Strukturierung von Organisationen haben, befriedigt auf der anderen Seite ihr enges *Politikverständnis* nicht: Eigentlich ist das

‚Politikverständnis‘, das in einem Großteil der mikropolitischen Literatur zum Ausdruck kommt, überraschend unpolitisch: Politik ist ein Gegenbegriff zu Wahrheit, Vernunft, wird mit Intrigen und Einflußakkumulation assoziiert (wie z.B. bei HANDY 1993, 108). Das Wort ‚Demokratie‘ kommt nirgends vor. Wie populistische PolitikerInnen geben sie der Politik die Konnotation, etwas ‚Schmutziges‘ zu sein, und beschäftigen sich doch damit.

Kurz gesagt: Die Stärke der mikropolitischen Perspektive, nämlich die Aufmerksamkeit auf ‚the dark side of organizational life‘ gelenkt zu haben, wird insoferne überbetont, als man in mikropolitischen Analysen oft den Eindruck hat, daß Organisationen überhaupt nur mehr aus einer ‚Rückseite‘ bestehen. Mikropolitische Analysen konzentrieren sich oft auf Geschichten von Kampf, Auseinandersetzung und Verrat, und beziehen daraus ihren *thrill*[4]. Dies alles gibt es zwar in Organisationen, doch scheint der organisationale Alltag im allgemeinen weit prosaischer zu sein. Die Stärken der mikropolitischen Perspektive sind auch ihre Schwächen. U.E. lassen sich allerdings diese Probleme mit Bezug auf GIDDENS' (1992) Theorie der Strukturierung und auf die Studie von ORTMANN et al. (1990) über Computer und Macht in Organisationen lösen.

3.1 Beispiel II: Die Integration einer neuen Kollegin in das Kollegium einer Volksschule

Lassen Sie uns wieder mit einem Fallbeispiel beginnen: Im Rahmen einer Studie über ‚gute Schulen‘ (vgl. ALTRICHTER et al. 1994) führte einer der Autoren Interviews in einer vorstädtischen Volksschule (des österreichischen Bundeslandes Kärnten) mit sieben Klassen und 157 SchülerInnen. Die Schule teilte das Gebäude mit zwei anderen ‚Direktionen‘ (d.h. mit organisatorisch getrennten Volksschulen). Die Volksschule war uns von der Schulaufsicht als ‚engagierte Schule‘ genannt worden. Charakteristisch für die Schule war eine spezielle ‚freie Methode des Erstlese- und -schreibunterrichts‘. Diese trug nach der Wahrnehmung von Direktorin und einigen Lehrerinnen zum guten Ruf der Schule bei und führte dazu, daß Eltern ihre Kinder speziell für diese Schule (und nicht für die beiden anderen ‚Direktionen‘) anmeldeten (diese wurden im Jargon der Schule ‚Wunschkinder‘ genannt). Insgesamt fiel eine große Kohärenz in der Schule auf: die LehrerInnen standen in

4 Einer der frühen Autoren (BOSETZKY 1992) der betriebwirtschaftlichen Mikropolitik-Literatur ist übrigens auch ein bekannter Verfasser von Kriminalromanen.

dichter Kommunikation und zeigten eine hohe Übereinstimmung in Hinblick auf pädagogische Ideen und Methoden; sogar die Einschätzungen des zuständigen Schulaufsichtsbeamten und der Eltern (vielleicht durch die für die Schule charakteristische intensive Elternarbeit) stimmten gut mit jenen der Lehrerinnen überein.

Wie geht es nun einer Person, die neu in diese durch eine gewisse ‚Geschlossenheit' gekennzeichnete Kultur eintritt? Im folgenden werden einige Passagen aus einem Interview mit einer Lehrerin zitiert, die im Jahr der Untersuchung neu in das Kollegium kam. Sie verfügte über eine zehnjährige Berufserfahrung an einer anderen Schule und war existenziell durch Pragmatisierung gut abgesichert.

„*D: Mir wurde nahegelegt, in der ersten Schulstufe nach einer anderen Unterrichtsmethode zu unterrichten, weil das hier schon mehrere Jahre von Kolleginnen praktiziert wird. Ich habe schon wirklich oft die erste Klasse gehabt und ich habe mir gedacht: Soll ich mich da jetzt hineintrauen? Also ich habe keine Erfahrung gehabt, ich habe lediglich Unterlagen bekommen und habe dann noch vier Tage vor Schulanfang das durchgepaukt und studiert, wie das geht ....*

I: Sie sagen, das wurde Ihnen nahegelegt. Wie war das? Sie haben Unterlagen bekommen? (...)

D: Ja, ich habe bis 3, 4 Tage vor Schulbeginn nicht gewußt, welche Klasse ich bekomme. Wegen dieser neuen Methode habe ich mit der Direktorin ein Gespräch geführt – und sie hat gesagt, das schaffe ich schon, weil ich schon oft die erste Klasse gehabt habe. Sie hat gemeint, ich finde mich da sicherlich zurecht. Und ich habe auch von dieser Kollegin, die das schon Jahre praktiziert, 6 oder 7 Jahre glaube ich, viele Unterlagen bekommen, und habe mir das dann wirklich durchgeschaut. Mit der Lehrerin der Parallelklasse haben wir uns dann ausgemacht, daß wir Woche für Woche das Gebiet abstecken und genau besprechen, wie wir das durchnehmen."

Die für sie neue Erstunterrichtsmethode wurde der Kollegin „nahegelegt", „weil das hier schon mehrere Jahre von Kolleginnen praktiziert wird" und „weil da Wunschkinder drinnen sitzen. Die Lehrerin, die ursprünglich für diese Klasse vorgesehen war, hat die Schule gewechselt und hätte auch so unterrichtet. Ich hätte mich auch sträuben können, aber dann hätte ich wahrscheinlich die dritte Klasse bekommen". Begleitet wurden diese Anforderungen durch die Initiierung von ‚Parallelarbeit' mit der Lehrerin der Parallelklasse sowie durch ein Angebot der Unterstützung durch Materialien und sonstige Hilfestellungen. So berichtete die Direktorin auch, daß sie der Lehrerin angeboten hätte, zum ersten Elternabend der Parallelklasse ,zum Horchen' mitzugehen.

„*I: Hat die Lehrerin der Parallelklasse schon länger nach dieser Methode unterrichtet?*

D: Die hat schon einmal mit der Kollegin, die diese Methode schon länger praktiziert, parallel gearbeitet (...) Jetzt machen wir das gemeinsam – und das ist auch sehr schön hier, daß diese Arbeitsteilung funktioniert. Also ich habe für die erste Klasse sehr, sehr viele Unterlagen und sie auch – und das tauschen wir aus. Jetzt hat jeder praktisch eine Arbeitserleichterung und das funktioniert gut. Wir setzen uns am Donnerstag für eine Stunde zusammen und besprechen den Wochenplan für die nächste Woche, welche Wörter wir erarbeiten sollen. (...) An der Schule ist diese Zusammenarbeit positiv, das Verständnis mit den Kollegen. Wie ich hergekommen bin, hat mich eine Kollegin gleich in den Arm genommen und gesagt: ,Mach dir keine Sorgen, wir werden das schon gemeinsam machen'. Ich war zuerst schon ein bißchen verzagt, in vier Tagen soll ich jetzt wissen, wie das geht? Beim Elternabend muß ich die Methode vorstellen. Das ist ja auch nicht so, die Eltern fragen, und ich habe da keine Erfahrung. Das war wieder so, als ob ich im ersten Dienstjahr stehen würde."

„*I: Mit anderen Methoden hatten Sie lange Erfahrung ... Ist das nicht eine Zumutung in vier Tagen <eine neue Methode zu lernen>?*

D: Naja, das wächst ja langsam. Ich habe in nur vier Tagen die Unterlagen <über ,Neue Lernwege im Erstlese- und Schreibunterricht'> gelesen. Schrittweise nach 2 Wochen habe ich ja schon verstanden, wie das funktioniert. Ich habe mir nicht vorstellen können, daß Kinder ein Wort, wenn es sie oft spuren, so im Gehirn gefestigt haben, daß es abrufbereit ist und richtig aufgeschrieben wird. ... <Aber> die Methode ist sicherlich besser zum Einprägen und zum Wiedergeben der Wortgestalt. Mit wenig Rechtschreibfehler. Und das funktioniert. Mit Hilfe meiner Kollegin geht das."

„*I: Und jeden Donnerstag bereiten Sie <gemeinsam mit der Lehrerin der Parallelklasse> die nächste Woche vor?*

D: Für die nächste Woche. Ja. (...)

I: Wie lange brauchen Sie da?

D: Da setzen wir uns eine Stunde zusammen. Stecken kurz die Ziele ab.

I: Und dann müssen Sie noch individuell ...

D: *Dann gliedere ich das <den Wochenplan> stundenweise auf und dann schreibe ich noch die Tagesvorbereitung.*
I: *Aber da können Sie zum Teil Sachen austauschen?*
D: *Ja, Arbeitsblätter tauschen wir aus. Ich schreibe Leseblätter, und sie hat einmal Rechenzettel. Das betrifft ja beide Klassen. Wir schauen, daß wir stofflich ungefähr gleich sind – für den Fall, daß jemand von uns beiden ausfällt: Meine Kollegin kann sofort in meine Klasse gehen und weiß, wie der Lernstoff aufzubereiten ist. Sie kann den Kindern sofort weiterhelfen oder einer Vertretungslehrerin. Das ist sehr wichtig."*

Die Zusammenarbeit der Kolleginnen und der Austausch von Unterlagen und Ideen wurde als ‚schön' und ‚arbeitserleichternd' empfunden. Diese Kooperation war in Verständnis und emotionalen Rückhalt in der Kollegenschaft (‚gleich in den Arm genommen und gesagt: Mach dir keine Sorgen, wir werden das schon gemeinsam machen') eingebettet, die offenbar geeignet war, ‚Verzagtheit', aber auch ‚Skepsis' zu überwinden. Die verschiedenen ‚Angebote' des Interviewers, die Situation aus einer Konfliktperspektive zu interpretieren, wurden von der Lehrerin nicht aufgenommen: Weder Zwang („Sie sagen, das wurde Ihnen nahegelegt. Wie war das?") noch der Zeitaufwand („Wie lange brauchen Sie da? Und dann müssen Sie noch individuell ...") wurde beklagt, und selbst die starke Einladung „Ist das nicht eine Zumutung in vier Tagen <eine neue Methode zu lernen>?" war für die Lehrerin kein Anlaß, um auf Schwierigkeiten, die ihr ‚vom System gemacht' wurden, zu verweisen.

3.2 Konflikt und Konsens

Was macht ein konfliktorientierter Mikropolitiker aus diesem Beispiel? Hatte uns Stephen BALL (1987, 278) nicht an folgendes erinnert? „First, I have tried to indicate the conflictual basis of the school as an organization. Second, and concomitantly, I have attempted to indicate that the control of school organizations, focused in particular on the position and role of the head teacher, is significantly concerned with domination (the elimination or pre-emption of conflict). Thus domination is intended to achieve and maintain particular definitions of the school over and against alternative, assertive definitions. The process which links these two basic facets of organizational life – conflict and domination – is micro-politics."

Wenn allein Konflikte und durch Herrschaft eliminierte Konflikte die grundlegenden Facetten der Organisation sind, ist dann das, was einem naiven

Beobachter als eine – durch hohe Fremd- und Selbstanforderungen gekennzeichnete, aber im übrigen – stark konsensuale Atmosphäre erschiene, vielleicht nur eine besonders geschickte Form der Domination, des Eliminierens, Verdeckens oder Vorwegnehmens von Konflikten auf der öffentlichen Arena?

Man kann natürlich die in Beispiel II erfolgte Übernahme der Erstunterrichtsmethode durch die neue Lehrerin als Folge einer subtilen Zwangsausübung interpretieren. Tatsächlich erfolgte sie in einer *'Drucksituation':* Zeitdruck aufgrund der späten Zuteilung der Lehrerin zur Volksschule; die Alternative, entweder eine – von der Lehrerin bevorzugte – 1. Klasse nach der neuen Methode zu unterrichten, oder eine 3. Klasse zu übernehmen; großer Konsens bei den übrigen Lehrerinnen der Schule über die Vorzüge der Erstunterrichtsmethode; Erwartungen der Eltern, von denen viele ihre Kinder wegen dieser Methode für diese Schule anmelden.

Man könnte vielleicht der Meinung sein, daß die Lehrerin potentielle Konflikte internalisiert, die dann als eigene Verzagtheit („Ich war zuerst schon ein bißchen verzagt, in vier Tagen soll ich jetzt wissen, wie das geht?") oder Skepsis („Ich habe mir nicht vorstellen können, daß Kinder ein Wort, wenn sie es oft spuren, so im Gehirn gefestigt haben, daß es abrufbereit ist und richtig aufgeschrieben wird.") zu Tage treten, statt interaktionell ausgetragen zu werden.

Doch laufen diese ‚internen Konflikte' wiederum nicht so sehr unter der Oberfläche der Organisation, wie man es von ‚unterdrückten oder vorweggenommen Konflikten' erwarten würde: Die Skepsis wird von der Lehrerin selbst als ‚überwundene' dargestellt („<Aber> die Methode ist sicherlich besser zum Einprägen und zum Wiedergeben der Wortgestalt. Mit wenig Rechtschreibfehler. Und das funktioniert."). Bei der Rückmeldungssitzung zur Rohfassung der Studie sagt die neue Lehrerin, die beim ersten Interview ihrer ‚familiären', alten Schule in mancher Hinsicht nachgetrauert hatte, spontan: „Mein Trauerjahr ist jetzt abgeschlossen." Und die ‚Verzagtheit' wird durch sachliche und emotionale Unterstützung durch Direktorin und Kolleginnen offenbar aktiv bearbeitet und damit als ‚institutionell erlaubt' definiert.

Wenn die Lehrerin nach einem halben Jahr Erfahrung die Vorzüge der Erstunterrichtsmethode lobt und positiv von den Unterstützungsmaßnahmen von Direktorin und Kolleginnen berichtet, so muß dies in einer rein konfliktorientierten Sichtweise dazu führen, die Dominierung bzw. Unterwerfung als vollkommen geglückt anzusehen. Diese Perspektive ist argumentierbar, allerdings nur um den Preis der Ausblendung des Wahrnehmungs- und Interpretationsrahmens der beteiligten Personen bzw. der Einschätzung dieses Rahmens als Ausdruck eines unterdrückten ,falschen' Bewußtseins. Diese Perspektive ist in manchen Fällen auch sinnvoll, allerdings begibt sie sich überall dort in eine besondere Beweispflicht, wo sich ihre Interpretation von der Interpretation der Betroffenen unterscheidet. Und in diesem konkreten Fall haben zumindest wir keine Hinweise gefunden, die eine rein konfliktorientierte Perspektive stützen würden.

Wir haben Beispiel I (,Projektunterricht'; vgl. Kap. 1.1) bisher nur unter einer konflikttheoretische Perspektive analysiert. Bei genauerem Hinsehen werden jedoch *Konsensbereiche innerhalb des Konfliktgeschehens* deutlich; Konflikt und Konsens treten gemeinsam, ,ineinander verschachtelt' auf.

Die Auseinandersetzung über den Projektunterricht und damit darüber, wie Schule und Unterricht gestaltet werden sollen, setzt schon auf einem unausgesprochenen Minimalkonsens über die Aufrechterhaltung der Organisation ,Schule' auf. Weiters ist zu vermuten, daß es weitgehende Übereinstimmung zwischen den LehrerInnen in vielen anderen Fragen gibt (z.B. Klassenschülerzahlen und Lehrverpflichtung sollten nicht erhöht, die Verbeamtung aufrecht erhalten, die Schule von den Eltern unterstützt, Schulen besser ausgestattet werden usw.). Nicht alle Konsensbereiche müssen sich im Zweifelsfall wirklich als stabil erweisen: So wären sich wohl die meisten LehrerInnen dieser Schule auf abstrakter Ebene über die Bedeutung einer ,professionellen Autonomie' einig und würden Eingriffe von außen ablehnen. Dennoch würden es Projektbefürworter im konkreten Einzelfall wahrscheinlich als legitim ansehen, wenn der neue Landesschulinspektor ihre ,konservativ-bequemen' KollegInnen auf die Lehrplananforderungen hinweisen und deren Durchführung verlangen würde.

In der machtstrategischen Perspektive wird der Konsensbegriff letztlich aufgelöst: Konsensbereiche erscheinen als zeitlich und räumlich beschränkte ,Koalitionen' zur machtvolleren Durchsetzung von Partialinteressen. Einem solchen ,aufgelösten Konsens' könnte mit HABERMAS ein ,starker Konsensbegriff' gegenübergestellt werden: Ein auf vernünftiger Aushandelung beruhender Konsens, in dem sich gleichberechtigte Akteure ohne Rückgriff auf Machtmittel in einem freien Diskurs auf ein Ergebnis einigen und dieses jederzeit wieder zur Diskussion zu stellen bereit sind. Es steht zwar möglicherweise ein Konflikt am Anfang des Diskurses, dieser wird jedoch durch einen zwanglosen Zwang des besseren Arguments aus der Welt geschafft.

Während also in der konfliktorientierten Perspektive der Konsensbegriff im Machtbegriff aufgelöst wird, trennt HABERMAS den Konsensbegriff konsequent von Macht.[5] Demgegenüber plädieren wir hier für eine dritte Option, nämlich *die Relation zwischen Macht und Konsens in spezifischen empirischen Fällen jeweils zu bestimmen statt sie vorauszusetzen.* Dieses Verständnis von Konsens basiert auf der Annahme eines „Produktivitäts- und Sozialpaktes" (MALSCH/ SELTZ 1987, 29), d.h. auf einer teils unausgesprochenen Einigung auf die Gültigkeit bestimmter Prinzipien und Normen im Bewußtsein wechselseitiger Abhängigkeit. Diese ‚Einigung' hat aber in der Regel durchaus einen ‚machtdurchdrungenen Kern': „Macht hat Konsens nicht (nur) zum Gegenbegriff; Macht bedingt nicht nur logisch Konsens; Macht verschränkt sich nicht nur mit Konsens; sondern: Konsens erzeugt Macht und Macht erzeugt Konsens, einen traurigen Konsens allerdings, der das Stigma seiner Herkunft nicht recht verleugnen kann." (ORTMANN 1992a, 24f.) Ein so beschriebener Konsens ist ein schwacher, fragiler und keineswegs der Organisation vorgängiger, sondern in ihr von den Akteuren produzierter Konsens. Im alltäglichen Sprachgebrauch bringt der Begriff ‚Kompromiß' einige wichtige Facetten dieses Konsensbegriffes zum Ausdruck: Er beinhaltet sowohl ein gegenseitiges Nachgeben als auch eine gegenseitige Zustimmung und kommt nur zustande, wenn er (explizit oder implizit) ausgehandelt wird.

---

5 Dieser Vorwurf an HABERMAS ist nicht neu, und er hat darauf auch reagiert. Demnach liegt der Kritik eine unzulässige Vermischung der formalpragmatisch und der soziologisch gerichteten Analyse der Lebensformen zugrunde (vgl. HABERMAS 1986, 371ff). Genaugenommen müßten wir also von Konsens und Dissens, Kooperation und Konflikt sprechen: Einerseits verwandelt sich Konsens unter anderem in ein Konfliktphänomen, sobald Beteiligte den Konsens nicht länger in performativer Einstellung als gelungene Verständigung betrachten, sondern ihn strategisch einsetzen. Andererseits kann auch ein strategisch eingesetzter Dissens Kooperation produzieren.

Die Interpretation von Beispiel II ist u.E. auf der Basis eines derartigen ‚schwachen Konsensbegriffes' am plausibelsten: Die Lehrerin hat zwar nicht nach einer intensiven Diskussion mit der Direktorin, den Kolleginnen, SchülerInnen, Eltern usw. aus innerer Überzeugung heraus, sich für die Erstunterrichtsmethode entschieden. Aber sie hat eingewilligt, hätte sogar die Alternative, eine 3. Klasse zu übernehmen, gehabt. Die Einwilligung ist eingebettet in die Hilfestellung der Direktorin und der Kolleginnen, und selbst in diesen Hilfen kommt die Ambivalenz von Macht und Konsens in Form einer verbesserten Kontrollmöglichkeit zutage. Die Nicht-Annahme des Angebots der Direktorin ‚zum Horchen' in den Elternabend mitzugehen, kann als Zurückweisung dieses Kontrollanspruch interpretiert werden. Entscheidend ist, daß es aktuell aus Sicht der Beteiligten (neue Lehrerin, Direktorin, Eltern usw.) einen Konsens über die Vorteile der ‚freien Methode des Erstunterrichts' gibt.

Neben einem vernunft- und machtdurchsetzten Konsensbegriff betont COLLINS (1992) eine expressive Basis aller Kontrakte. Er argumentiert, daß Konflikte und Herrschaft auf der Makroebene überhaupt nur auf der Grundlage der Integration von Gruppen auf der Mikroebene möglich sind. Für ihn besteht ein wesentlicher Integrationsmodus in der emotionalen Solidarität: „The basic nature of politics is disagreement and struggle among various factions. But the key point is, that no particular faction would be able to dominate others if it lacked solidarity in its own ranks. For a group to have this solidarity, its members must stop calculation their own self-interests vis-a-vis each other and feel only their common interest as a group. This requires that somehow they share a non-rational sentiment that makes them want to contribute to the group instead of being free riders. It is for this reason that ideologies, symbols, and emotions are so important in politics" (COLLINS 1992, 24; zit. nach STAUBMANN 1993, 265).

Organisationen lassen sich schwerlich allein als Konglomerat von Machtspielen, von Gewalt und Täuschung, konzipieren. Ihre Stabilität wird erst durch die partielle Produktion von Konsens verständlich. *Die macht- und emotionsdurchsetzte Konsensproduktion erfolgt dabei nicht nur in expliziten Aushandelungsprozessen, sondern wird auch aus „lebensweltlichen Quellen" gespeist:* Dies sind tradierte, nicht weiter hinterfragte, als unproblematisch vorausgesetzte und zu stabilen, mehr oder weniger diffusen Überzeugungen geronnene Wertvorstellungen, Normen, Weltbilder usw., vor deren Hintergrund und in deren Horizont die Akteure sich strategisch oder verständigungsorientiert aufeinander beziehen. Die Lebenswelt kann als mehr oder weniger diffuser, historischer ‚Konsens' vorangegangener Generationen betrachtet werden, die durch aktuelle Handlungen reproduziert wird[6].

> Bei der Integration der neuen Lehrerin sind damit Vorstellungen über legitime Hierarchien und Befugnisse der Direktorin, über den Stellenwert der Eltern für die Schule, über die Bedeutung und mögliche Ausformungen ‚kindorientierter Unterrichtsmuster' in der Primarerziehung usw. angesprochen. Diese führen dazu, daß eine erfahrene und verbeamtete, wenn auch an dieser Schule neue Lehrerin nicht auf der alternativen Norm der ‚Methodenfreiheit' besteht und sich – zunächst skeptisch – auf neue Lernprozesse einläßt.

3.3 Handlung und Struktur

In der bisherigen Analyse des Projektunterrichts-Beispiels (vgl. 1.1) haben wir, ganz im Sinne des handlungstheoretischen Ausgangspunktes der Mikropolitik, die interessensgeleiteten Strategien der Akteure (Boykott, Eskalation usw.) hervorgehoben. Auf die Bedeutung der Rahmenbedingungen des Handelns haben wir nur insoferne hingewiesen, als wir die Veränderung des Handlungskontextes hervorgehoben haben (i.e. durch den Wechsel des Direktors haben sich die Ressourcen verändert, die AkteurInnen zur Durchsetzung ihrer Interessen zur Verfügung haben). Darüber hinaus hat allerdings die ‚Organisation' kaum an (begrifflichen) Konturen gewonnen. Sie blieb eine vage definierte ‚politische Arena', eine Spielwiese, die AkteurInnen, je nach Geschick, unterschiedlich für sich nutzen konnten. Die Spielregeln der Organisation sind z.T. unklar, sie können unterlaufen, um- bzw. hintergangen, uminterpretiert, ignoriert werden und sie sind selbst Gegenstand von Spielen in Organisationen.

Wir haben hier den Begriff *‚Spiel'* benutzt, weil dieser von CROZIER/FRIEDBERG (1993) in ihrem bahnbrechenden Essay über die Beziehung zwischen Akteur und System eingeführt wurde, um der Relation zwischen einer handlungsstrategischen und einer systemisch-strukturbezogenen Perspektive eine begriffliche Fassung zu geben. Der Begriff wurde in der mikropolitischen Literatur häufig aufgenommen, jedoch ebenso häufig in einer eher

6 Im Gegensatz zu (HABERMAS 1981, insb. 182ff) binden wir den Lebensweltbegriff nicht so stark an verständigungsorientiertes Handeln. Wir gehen weiters von der Existenz spezifischer organisationaler Lebenswelten aus (vgl. TÜRK 1989, 109; VOLMERG et al. 1986).

vagen, metaphorischen Weise: Das Spiel wurde häufiger über ‚Einsatz', ‚Risiko', ‚Gewinn' und ‚Durchsetzung' von kompetitiven Akteuren (d.h in einer machtstrategischen Perspektive) beschrieben, seine beziehungsstiftende, ‚soziale Integrationsfunktion' jedoch weniger betont. ORTMANN et al. (1990, 54ff) haben jedoch jüngst wieder auf das theoretische Potential des Spielkonzepts *sensu* CROZIER/FRIEDBERG hingewiesen und dessen theoretische Nähe zu GIDDENS' (1992) Theorie der Strukturierung betont.

Wir können hier nur so viel festhalten: Manche mikropolitischen Analysen und Konzeptionen tendieren dazu die Beziehung der Handlung zu den strukturellen Handlungsbedingungen als *kontingent* zu beschreiben. Demgegenüber plädieren wir hier für einen *konstitutiven* Strukturbezug des Handelns (vgl. JOAS 1992a, 235ff). Dabei gehen wir mit GIDDENS (1992, 7ff) von einer *Dualität von Struktur* aus, d.h. von einem Verständnis, nach dem Strukturen sowohl Medium als auch Ergebnis von Handlungen sind, die sich rekursiv[7] ergeben. Einerseits beziehen sich Akteure in ihren Handlungen immer und notwendig auf einengende, aber auch ermöglichende Strukturen. Andererseits existieren Strukturen gleichsam nur in der Handlung, insoferne sie im Handeln reproduziert und so mit Stabilität über Raum und Zeit versehen werden. Das Verhältnis von Struktur und Handlung können wir auch als *quasi-dialogisch* (JOAS 1992a, 235)[8] beschreiben: Einerseits sind Handlungen Antworten auf wahrgenomme Situationen, andererseits sind Situationen nicht stumm, sondern „sprechen" zurück.

7 „Der Wiederholungscharakter von Handlungen ... ist die materiale Grundlage für das, was ich das rekursive Wesen des gesellschaftlichen Lebens nenne. (Unter rekursivem Wesen verstehe ich, daß die Strukturmomente des sozialen Handelns – mittels der Dualität von Struktur – eben aus den Ressourcen, die sie konstitutieren, fortwährend neu geschaffen werden.)" (GIDDENS 1992, 37).

8 Über die Beschreibung strukturierter Handlungen als ‚quasi-dialogisch' lassen sich u.E. Beziehungen zu Handlungstheoretikern, die stärker den Aspekt der Kompetenz- und Wissenentwicklung thematisiert haben (wie SCHÖN 1983), herstellen (vgl. ALTRICHTER 1990).

Wir versuchen den Gedanken an der Bedeutung der Elternabende in Beispiel II klarer zu machen. Die ‚intensive Elternarbeit' und im besonderen die von den Lehrerinnen didaktisch überlegt gestalteten Elternabende sind zentrale Elemente im Selbstverständnis dieser Volksschule und in deren Wahrnehmung durch Eltern, Schulaufsicht usw. (vgl. ALTRICHTER et al. 1994, 60ff). Von der neuen Lehrerin wird wie selbstverständlich von der Direktorin erwartet, diese Tradition aufrechtzuerhalten. Im Konfliktfall wäre wahrscheinlich auch deutlich geworden, daß dies auch von den Eltern erwartet wird. Insoferne besteht ‚Zwang'. Direktorin und eine Kollegin bieten Hilfen an, um wahrscheinlich einerseits die ‚Zwangssituation' abzudämpfen, andererseits aber auch um die speziellen Gestaltungsformen der Schule zu tradieren. Die neue Lehrerin lehnt diese Hilfe ab, führt aber selbständig einen Elternabend durch, der offenbar von Direktion und Eltern als ‚erfolgreich' eingeschätzt wird. Dadurch reproduziert – und ‚verfestigt' – sie bestehende Merkmale der Schule. Sie nutzt diese traditionellen Formen der Schule aber auch gleichzeitig, um ihre Kompetenz und Kenntnis der diese Schule konstituierenden Strukturen gegenüber der Direktorin und den Eltern zu demonstrieren. Damit hebt sie das Vertrauen in ihre Kompetenz als Mitglied dieser speziellen Organisation und verschafft sich einen gewissen Handlungsspielraum.

Die Reproduktion von Strukturen erfolgt zwar durch intentionale Handlungen, doch stellen Strukturen keineswegs immer oder zumeist das Resultat der Umsetzung beabsichtigter Entwürfe dar. Die Strukturierung der Organisation geschieht viel öfter als eine Art *Nebenprodukt* der Verfolgung eigener Interessen, sie geschieht durch unintendierte Handlungsfolgen, welche wiederum als neue Handlungsgrundlagen in weitere Handlungen einfließen.

Die neue Lehrerin in Beispiel II reproduziert eine bestimmte soziale Praktik, die Erstunterrichtsmethode, die anscheinend von vielen als wesentlicher Bestandteil der Definition dieser Schule angesehen wird. Ihr Sinnen war vorerst darauf gerichtet sein, eine erste Klasse zu unterrichten und sich dabei nicht gleich mit der Direktorin, den Kolleginnen und möglicherweise auch noch den Eltern (vgl. ‚Wunschkinder'!) anzulegen. Es ging ihr dabei sicher nicht darum, eine ihr unbekannte Unterrichtsform in der Schule weiter zu etablieren. Genau dies tat sie aber.
In Beispiel I deutet ‚der Widerstand der Projektunterrichtsgegner' an, daß strukturell bedeutsame Handlungsfolgen durchaus den strategischen

Handlungsintentionen widersprechen können. Hätte es nicht nachhaltigen Widerstand gegeben, hätten sich die Befürworter möglicherweise nicht zur Teilnahme an einem Forschungsprojekt entschieden. Wäre nicht massiv über organisatorische Probleme geklagt worden, Projektunterricht würde in dieser Schule vielleicht heute noch unkoordiniert ablaufen und sich durch ,technische Probleme' diskreditieren, bis möglicherweise auch einige der Befürworter resigniert hätten. So aber, den KritikerInnen sei gedankt, hat sich relativ rasch nach einigen Konflikten eine für alle Beteiligten relativ verbindliche Projektunterrichtsstruktur herausgebildet, die den ,Gegner' die Grundlage für öffentliche Opposition in einer Arena ideologischer Veränderung entzogen hat. Ihr Widerstand hat zur Etablierung ,professionellen Projektunterrichts' beigetragen.

Wie kommt nun *relative Stabilität von Strukturen* zustande, wenn sie immer wieder durch Handlung reproduziert werden müssen? ORTMANN et al. (1990, 464ff) unterscheiden Routine- und Innovationsspiele in Organisationen. *Routinespiele* sind meist Kooperationsspiele, aus denen die TeilnehmerInnen formal vorgesehene oder informell gewachsene Gewinne ziehen. Routinespiele sind unspektakulär und daher selten Gegenstand mikropolitischer Fallstudien.

In Beispiel I wird das prekäre Verhältnis von Routine- und Innovationsspielen – und somit die Bedeutung von Routinen für die Konstitution von Organisationen – sichtbar. Rund um einen „routinierten Unterricht", wie er von der ursprünglichen Direktion forciert wurde, entstand eine Reihe von miteinander verwobenen Routinen: Für die LehrerInnen war die Anerkennung der Direktorin, des Landesschulinspektors, eines Teils der KollegInnen und teilweise wohl auch der Eltern eng an diese Spielart des Unterrichts gekoppelt. Auch benötigen LehrerInnen bei „routiniertem Unterricht" für ihr fixes Gehalt in der Regel am wenigsten Zeit und bekommen am sichersten ein gewisses Maß an Anerkennung.
Aber nicht nur LehrerInnen, DirektorInnen und LandesschulinspektorInnen spielen mit. Auch die SchülerInnen können mehr oder weniger aktiv an der Affirmation von Routine beteiligt sein. DOYLE/PONDER (1976) interpretieren beispielsweise die Schwierigkeiten, die in Primarschulen bei der Einführung von komplexeren Lernaufgaben entstanden, als „Aushandelungsprozeß": Die Einführung der – pädagogisch vielleicht wertvolleren – Aufgaben führte zu einer Steigerung der Unsicherheit bei den

SchülerInnen: komplexe Anforderungen können nicht so sicher gelöst werden. Sie ,drohen' daraufhin mit Undiszipliniertheit und bieten den LehrerInnen einen ,Handel' an: Sicherheit für die SchülerInnen (durch mit einer gewissen Sicherheit bewältigbare Aufgaben) gegen Sicherheit für die LehrerInnen (durch Disziplin).

Nun ist das Routinespiel „Unterricht" selbst wieder untergliedert in mehrere Subspiele (Prüfungsspiel, Disziplinierungsspiel usw.). Es ist auch nur eines von vielen schulischen Spielen, die alle Tage wieder gespielt werden: da gibt es das Stundenplanaufstellen, Eröffnungs- und Notenkonferenzen, Schulausflug usw. Relative Stabilität erhalten Organisationen auch dadurch, daß die für sie typischen Spiele eng verwoben und ,hierarchisch verschachtelt' sind (vgl. CROZIER/FRIEDBERG 1993, 172): „Subtile Spielstrukturen und Spielweisen haben sich zu einem mikropolitischen Netz ausgebildet, das aus feingesponnenen Fäden besteht und gerade deswegen die nötige Elastiztät hat, um auch bei rauherem Wind nicht zu zerreißen." (ORTMANN et al. 1990, 465).

Wir fassen zusammen: In Kap. 2 haben wir den gemachten und changierenden Charakter von Organisationen betont, ihre Zieldiversivität und ihre nicht klar bestimmbaren Grenzen. Dies gilt nach wie vor. In Kap. 3 versuchten wir zu präzisieren, in welchem Verhältnis die Handlungen der Organisationsmitglieder zu der Struktur der Organisation stehen. Wir haben Struktur als Ergebnis und als Ressource sozialen Handelns betrachtet, welche Handeln sowohl einschränkt als auch ermöglicht, nie aber determiniert.

Organisationen sind nun in unserem Verständnis Interaktionszusammenhänge interessensgeleiteter Menschen (vgl. TÜRK 1989, 122), die durch die Benutzung und Reproduktion von bestimmten ,Spielen' oder ,sozialen Praktiken' einen sozialen Ort (eine gewisse ,raum-zeitliche Erstreckung', d.h. eine geographische Situierung und eine relative Dauerhaftigkeit) bekommen.

Das ,Spiel' (oder die ,soziale Praktik') ist der begriffliche Schnittpunkt, an dem die analytisch getrennten Elemente ,Handlung und Struktur' zusammenkommen und Form gewinnen, und es ist der soziale Schnittpunkt der Vielzahl der sich aufeinander beziehenden Akteure. Das ,Spiel' wirkt „als indirekter Integrationsmechanismus divergierender und/oder widersprüchlicher Verhaltensweisen von relativ autonomen Akteuren" (CROZIER/FRIEDBERG 1993, 4). Um zu handeln und ihre eigenen Interessen zu verfolgen, müssen die Organisationsmitglieder zumindest partiell vorhandene strukturelle Handlungsressourcen benutzen, d.h. ,sich an Spielregeln halten'. Dadurch reproduzieren sie diese. Die *Funktionsweise einer Organisation* wird also „*als das Resultat einer Reihe untereinander artikulierter Spiele, deren formelle und informelle Regeln indirekt die Integration der widersprüchlichen Machtstrategien der Organisationsmitglieder bewirken,*" (ORTMANN et al. 1990, 56) erklärt.

Diese ,Verschachtelung' sowie die Tatsache, daß ein Großteil der sozialen Praktiken in normalen Organisationen routinisiert ist und damit auf einem ,praktischen (d.h. nicht unbedingt diskursiv artikulierten) Bewußtsein' beruht, sind Gründe für die *relative Stabilität* von Organisationen. Auch die *Autonomie* der Akteure ist relativ: Alle Akteure besitzen *prinzipiell* Macht, insoferne für sie Wahlmöglichkeiten und Gestaltungsoptionen[9] existieren. Indem sie einerseits ein ,Wahl'element haben, andererseits aber auf ,Existierendes' zurückgreifen müssen, unterliegen sie einer „*dialect of control*" (GIDDENS): Akteure können Strukturen nur verändern, indem sie sich auf sie beziehen.

3.4 Zum Politikverständnis der mikropolitischen Perspektive

Eine befriedigende Auseinandersetzung mit dem mikropolitischen Politikverständnis kann in diesem Rahmen nicht geleistet werden. Dies wäre aber gerade für die Frage, welche Schlüsse aus mikropolitischen Konzeptionen für künftiges praktisches Handeln, wie z.B. für die Gestaltung von Schulentwicklungsprozessen, zu ziehen sind, essentiell. Daher nur diese Anmerkungen: Die machtstrategischen Varianten der Mikropolitik scheinen eine rasche technologische Kehre in Richtung Machiavellismus zu empfehlen (vgl. die Kritik in Kap. 3.2 und bei BLOOME/WILLETT 1991, 208). Auch die in Kap. 3.3 vorgestellte ,konstitutionstheoretische' Alternative ist mit einigen Problemen behaftet. Sie steht in Gefahr sich auf die Interpretation abgelaufener Prozesse zu konzentrieren und dabei einer kontemplativ-apolitisch-ahistorischen Politikkonzeption Vorschub zu leisten (vgl. TÜRK 1989, 131). Wie JOAS (1992a, 347) empfinden wir es als „gravierende(n) Mangel einer Konstitutionstheorie, wenn sie die normative Klärung des Demokratie-Ideals, aber auch die empirische Klärung der Ursachen und Folgen von Demokratisierungsprozessen von ihrer Anlage her ausspart." Analoges gilt u.E. für Schulentwicklungsprozesse: Es sind Alternativen zu machiavellistisch-machtstrategischen Entwicklungskonzeptionen zu argumentieren, und ihre Bedingungen und Folgen an konkreten Vorhaben der Schulentwicklung zu untersuchen.

---

9 Allerdings können diese Wahlmöglichkeiten und Gestaltungsoptionen sehr begrenzt sein, sodaß ein Verweis darauf unter bestimmten Umständen zynisch erscheint – so im Grenzfall: Geld oder Leben.

4. Forschungsperspektiven

BALL (1990) untertitelt sein Buch *The Micro-Politics of the School* mit „Towards a theory of school organization" und bietet seine mikropolitische Perspektive explizit als Alternative zu den gegenwärtig vorherrschenden Ansätzen der Schultheorie an. Die *sociology of education* der letzten 15 Jahren hätte sich entweder auf eine akteursbezogene Mikrosoziologie oder auf eine strukturbezogene Makrosoziologie gestützt: „In important ways this has led to both an under-emphasis on and a misrepresentation of other major arenas of analysis in sociological study – the work group and the organization – what might be called the meso-level" (a.a.O., 3).

Die Situation der deutschsprachigen Schultheorie unterscheidet sich nicht grundsätzlich von BALLs Diagnose. Obwohl am Beginn der 70er Jahre einige vernichtende Aussagen über den Stand, aber auch das Potential der Schultheorie veröffentlicht worden waren (vgl. KRAMP 1973; ADL-AMINI 1976), wurde in diesem Forschungsbereich weiter gearbeitet. Insbesondere wurde eine struktur-funktionalistisch inspirierte Schultheorie entfaltet und empirisch angereichert (vgl. FEND 1980; FINGERLE 1987). Auch interaktionistische Wege wurden gegangen (vgl. dazu BRUMLIK/HOLTAPPELS 1987), doch haben sie bisher unserer Wahrnehmung nach nicht die Kohärenz und Breitenwirkung des konsequenten FEND'schen Programms erreicht. In Übersichtsarbeiten (vgl. TILLMANN 1987; GUDJONS 1994) werden seit der Mitte der 80er Jahre im wesentlichen die gleichen Ansätze dargestellt, und das Ergänzungsverhältnis von Makro- und Mikroperspektiven auf die Organisation Schule betont (z.B. GUDJONS 1994, 250; BRUMLIK/HOLTAPPELS 1987, 101).

Mit der gegenwärtig zu beobachtenden rasanten Zunahme des Interesses an der Organisationsentwicklung von Einzelschulen könnte längerfristig ein neuer Bedarf an Schultheorie entstehen. Dieser hat sich bisher noch nicht realisiert: Die meisten Schulentwicklungskonzepte scheinen unverbunden neben den pädagogischen Schultheorien zu stehen; sie schöpfen ihre Ideen zunächst aus der betrieblichen Organisationsentwicklung und greifen auf in diesem Bereich gängige Organisationstheorien zurück. Neuerdings gibt es Anzeichen dafür, daß SchulentwicklerInnen versuchen, ihre prozeß- und organisationsbezogenen Bemühungen stärker in pädagogische, bildungstheoretische und bildungsstrukturelle Argumentationen einzubetten (vgl. SCHLEY 1988; ROLFF 1993).

Die grundlegende Frage einer mikropolitischen Perspektive, wie wir sie skizziert haben, lautet: Wie werden Organisationen durch Handeln konstituiert? Und umgekehrt: Wie gehen die Strukturmomente von Organisationen als – ermöglichende und begrenzende – Ressourcen in Interaktionen ein? Die potentielle Stärke einer solchen Perspektive, die freilich bisher kaum eingelöst ist (vgl. als Ausnahme WILLIS 1979), läge nun in der Verbindung einer interaktions- mit einer strukturbezogenen Sichtweise von Organisationen. Die Komplementarität von Mikro- und Makroperspektive auf Schulen wurde zwar häufiger gefordert; sie wurde aber nie bis zur Fundierung in *einer* Sozialtheorie, die die Beziehung von Interaktion und Struktur theoretisch fassen kann, weitergetrieben.

Die skizzierte Perspektive ist u.E. für das Verständnis und die Gestaltung von Schulentwicklungsprozessen wichtig,

- weil die ,Innovationsspiele' von Schulentwicklungsprozessen ja eine *labile Situation* (im Sinne der ,frühen' Mikropolitiker) darstellen,
- in der eben durch ,Schulentwicklung' eine *interaktive Restruktuierung* der Organisation angestrebt wird, die nicht anders kann, als sich auf die bestehenden ,Ressourcen' der Organisation, ihrer Umgebung und ev. Unterstützungssysteme zu stützen (und daher ein entwickeltes Bewußtsein des Verhältnisses von Handlung und Struktur benötigt).

Die hier vorgestellte mikropolitische Perspektive steht u.E. in einer *theoretischen Nähe* zu den Anliegen der Untersuchungen schulischer Phänomene, wie sie von der objektiven Hermeneutik inspiriert wurden (vgl. z.B. GARZ/KRAIMER 1994; HELSPER 1994). Wie GIDDENS gehen deren Analysen von *face-to-face* Interaktionen aus, die nicht als Einzelhandlung, sondern in ihrer Eingebundenheit in die ,Serialität des Alltagslebens' verstanden werden[10]. Ebenso zielt ihr Interesse auf die Erkenntnis der „Verschränkung von Determination und individueller Autonomie" (GARZ/KRAIMER 1994, 12)

10 Ein – vielleicht nur verbaler – Unterschied könnte allerdings in der Wertschätzung der ,subjektiv-intentionalen (mentalen) Repräsentationen' liegen, deren Bedeutung bei objektiv-hermeneutischen Interpretationen gering veranschlagt wird (vgl. GARZ/KRAIMER 1994, 12). GIDDENS (1992, 343ff) betont die Notwendigkeit einer nicht-reduktionistischen Auseinandersetzung mit dem diskursiven und praktischen Bewußtsein und seinen Motivationen. Sowohl ORTMANN et al. (1990, 594) als auch CROZIER/FRIEDBERG (1993, 293ff) verwenden viele Worte, um die Bedeutung des subjektiven Erlebens der AkteurInnen den LeserInnen nahezubringen, wenngleich sie es dann wiederum als ,Forschungsmittel', als „zugleich bequemes und unvollkommenes Werzeug, mit dem sich das erlebte subjektive Gegenstück einer Situation in einem zu entdeckenden Spiel erfassen läßt," bezeichnen (CROZIER/FRIEDBERG 1993, 303). Darauf zielt letzlich auch ihr Erkenntnisinteresse: Aus den Daten über subjektives Erleben sollen in einem iterativen und hypothetisch-induktiven Verfahren die Strategien der Akteure, deren Verkettung zu Spielen und wiederum deren Verschachtelungen rekonstruiert werden, um schließlich „die Regulierungen des zu untersuchenden Handlungssystems in ihrer Gesamtheit zu verstehen und zu erklären" (a.a.O., 307).

sowie von ‚latenten Sinnstrukturen', das sind jene „Strukturen, die sich unterderhand durchsetzen und dem Geschehen ihren Stempel aufdrücken" (AUFENANGER et al. 1994, 227).

Methodisch gibt es jedoch deutliche Unterschiede. Ebenso wie CROZIER/FRIEDBERG (1993), BALL (1990) und ORTMANN et al. (1990) arbeiten wir mit Fallstudien, die sich auf komplexe Situationen und längere Zeiträume beziehen. In diesen wird empirisches Material aus unterschiedlichen Quellen, wie z.B. einerseits Interviews, schriftliche Dokumente, Selbstzeugnisse über subjektives Erleben sowie andererseits ‚anderswo gewonnene Informationen' über externe Entwicklungen und Bedingungen (ORTMANN et al. 1990, 597), zu einer möglichst kohärenten Interpretation einer Organisation und ihrer allgemeineren Funktionsgesetzmäßigkeiten genutzt. Der Ausgangspunkt objektiv-hermeneutischer Analysen sind dagegen Texte, die sich auf relativ eingegrenzte Situationen beziehen (z.B. ein Brief der Direktion an Eltern im Falle von AUFENANGER et al. 1994). Aus diesen Texten, die als ‚substantiierte Form' sozialer Abläufe interpretiert werden (GARZ/KRAIMER 1994, 8 & 13), sollen durch ‚extensive Textauslegung und Geltungsbegründung in einer Interpretationsgemeinschaft', die sich durch die differenzierten Regeln der Kunstlehre der objektiven Hermeneutik leiten läßt, verallgemeinerungsfähige Elemente – Strukturgeneralisierungen – entwickelt werden.

So geht HELSPER (1994) in einem interessanten Beispiel von dem Transkript der verbalen Interaktionen anläßlich Wahl von SchülervertreterInnen in einer Gesamtschule aus. Die Analyse des Transkripts wird in einem zweiten Schritt mit Schüler- und Lehrerbiographien verflochten. Schulkultur, die „innere symbolische Ordnung der Einzelschule", wird dabei „als spannungsvolles Verhältnis institutioneller Selbstdarstellungen in Form ‚institutioneller Mythen' ..., der schulöffentlichen Umsetzung dieser Mythen in Rituale und dem alltäglichen sozialen und pädagogischen Handeln" verstanden (a.a.O., 2). Nach HELSPERS (1994) Analyse gilt nun folgendes für die Kultur von Gesamtschulen: Sie errangen ihre Erfolge zunächst durch eine junge und innovative Lehrerschaft. In den achtziger Jahren wurde jedoch durch die Enttäuschung von Reformhoffnungen, durch Rückzug auf ‚innere Schulreform' bzw. auf das Privatleben sowie durch das Ausbleiben neuer Lehrergenerationen das Reformpotential verbraucht: Dies kann jedoch in der Schulöffentlichkeit nicht thematisiert werden. Der institutionelle Mythos ‚Reformschule' wird „als imaginäre Simulation tradiert" (a.a.O., 32) mit der Folge von Strukturkonflikten, deprofessionalisierenden Belastungen, individualisierter Konfliktaustragung usw. So gerät auch die Wahl der SchülervertreterInnen, wahrscheinlich ein Kernelement im Image einer Reformschule der siebziger Jahre, zur Karikatur: „mittels der Ideale des modernen autonomen Selbst werden Schüler auf Partizipationsprozesse verpflichtet, die die materiale Negation von Autonomie darstellen" (a.a.O., 16).

Welche *Forschungsperspektiven* zur Entfaltung und Weiterentwicklung einer solchen ‚mikropolitischen Perspektive' bieten sich an? Worin die theoretische Weiterentwicklung des Ansatzes liegen könnte, haben wir schon durch die in Kap. 3 diskutierten Problembereiche angedeutet. Insbesondere sollten theoretische Beziehungen

- zu den vorliegenden Ansätzen der Schultheorie, insbesondere zu deren interaktionistischen Variationen (zu denen theoretische und methodische Affinititäten bestehen),
- zu handlungs- und professionstheoretischen Ansätzen, die die Kompetenz- und Wissensentwicklung der AkteurInnen thematisieren (z.B. SCHÖN 1983, BROMME 1992),
- zur Theorie und Praxis pädagogischer und organisatorischer Schulentwicklung, sowie
- zu objektiv-hermeneutischen Studien pädagogischen Handelns hergestellt und ausformuliert werden.

Empirisch kann die Entfaltung einer mikropolitische Schultheorie durch die Untersuchung verschiedenster schulischer Prozesse, deren Stabilität oder Instabilität erklärungsbedürftig erscheint, nachgegangen werden. Pragmatisch sinnvoll erscheinen gegenwärtig v.a. die begleitende Analyse von Schulentwicklungsvorhaben. ‚Organisationsentwicklung' stellt ja einen Versuch dar, den ‚relativ stabilen Zustand' einer Organisation in einen anderen zu transformieren. Insoferne ist zu erwarten, daß in Schulentwicklungsprozessen sowohl untersucht werden kann, wie die Organisation durch die Handlungen ihrer Akteure strukturiert wird und relativ stabile Form gewinnt, als auch, wie und unter welchen Bedingungen die relativ stabilen ‚Routinespiele' durch ‚Innovationsspiele' transformiert werden.

Wir selbst wollen mikropolitischen Fragen in einem Projekt über die ‚ersten Jahre neuer SchulleiterInnen und neuer LehrerInnen' empirisch nachgehen, das von folgenden Überlegungen ausgeht:

- Der Dienstantritt neuer SchulleiterInnen bzw. der Eintritt neuer LehrerInnen in Kollegien stellen für das Kräftespiel einer Organisation Anlässe – allerdings von sehr unterschiedlicher Stärke – für eine potentielle Neu-Ordnung dar.
- In dem Projekt sollen Fallstudien über einige Schulen, auf die diese Bedingungen zutreffen, angefertigt werden. Durch Interviews mit verschiedenen inner- und außerschulischen Bezugspersonen soll versucht werden, ein Bild von den Abstimmungsprozessen im Zuge dieser Ereig-

nisse zu zeichnen. Dabei interessiert, inwieferne und wie relativ stabile Strukturen durch diese Ereignisse affirmiert oder transformiert werden, und welche Arten von Konflikten und neuen Einverständnissen auftreten. Ebenso werden die (expliziten oder impliziten) Politikkonzeptionen, die hinter verschiedenen Entwicklungsverläufen stehen, herauszuarbeiten und einzuschätzen sein.

- Diese beiden Ansatzpunkte wurden gewählt, weil sie einerseits bisher weitgehend ‚natürlich' (d.h. ohne systematisch bereitgestellte Hilfen) im österreichischen Bildungssystem ablaufen und weil andererseits dort pragmatisch mögliche und sinnvolle Ansatzpunkte für eine konstruktive Schulentwicklung zu liegen scheinen.

Literatur

Adl-Amini, B.: Schultheorie – Geschichte, Gegenstand und Grenzen. Beltz: Weinheim 1976.

Altrichter, H.: Das Umgehen mit Komplexität lernen. In: Lenz, W./Brünner, C. (Hrsg.): Universitäre Lernkultur. Lehrerbildung – Hochschullehrerfortbildung – Weiterbildung. Böhlau Verlag: Wien – Köln 1990, S. 34-53.

Altrichter, H./Posch, P. (Hrsg.): Mikropolitik der Schulentwicklung. Österreichischer StudienVerlag: Innsbruck (in Vorb.).

Altrichter, H./Radnitzky, E./Specht, W.: Innenansichten guter Schulen. Fallstudien über Schulen in Entwicklung. BMUK: Wien 1994.

Aufenanger, S./Garz, D./Kraimer, K.: Pädagogisches Handeln und moralische Atmosphäre. In: Garz, D./Kraimer, K. (Hrsg.): Die Welt als Text. Suhrkamp: Frankfurt/M. 1994, 226-246.

Ball, S.J.: The Micro-Politics of the School. Towards a theory of school organization. Routledge: London 1990.

Blase, J. (ed.): The Politics of Life in Schools. Power, Conflict, and Cooperation. Sage: Newbury Park, Cal 1991.

Bloome, D./Willett, J.: Toward a Micropolitics of Classroom Interaction. In: Blase, J. (ed.): The Politics of Life in Schools. Power, Conflict, and Cooperation. Sage: Newbury Park, Cal 1991, 207- 236.

Bosetzky, H.: Mikropolitik, Machiavellismus und Machtkumulation. In: Küpper, W./Ortmann, G. (Hrsg.): Mikropolitik. Westdt. Verlag: Opladen [2]1992, 27-37.

Bromme, R.: Der Lehrer als Experte. Zur Psychologie des professionellen Wissens. Huber: Bern 1992.

Brüggemeier, M./Felsch, A.: Mikropolitik. In: Die Betriebswirtschaft 52(1991)1, 133-136.

Brumlik, M./Holtappels, H.G.: Mead und die Handlungsperspektive schulischer Akteure – interaktionistische Beiträge zur Schultheorie. In: Tillmann, K.-J. (Hrsg.): Schultheorien. Bergmann + Helbig: Hamburg 1987, 89-103.

Collins, R.: Sociological insight: an introduction to non-obvious sociology. Oxford Univ. Press: New York 1992.
Crozier, M./Friedberg, G.: Die Zwänge kollektiven Handelns. Über Macht und Organisation. Hain: Frankfurt/M. 1993 (unveränderte Neuausgabe von „Macht und Organisation" 1979).
Doyle, W./Ponder, G.A.: The practicality ethic in teacher decision making. Ms. North Texas State University: Denton, Tex. 1976.
Fend, H.: Theorie der Schule. Urban & Schwarzenberg: München 1980.
Fingerle, K.: Von Parsons bis Fend – strukturell-funktionale Schultheorien. In: Tillmann, K.-J. (Hrsg.): Schultheorien. Bergmann + Helbig: Hamburg 1987, 47-59.
Friedberg, E.: Zur Politologie von Organisationen. In: Küpper, W./Ortmann, G. (Hrsg.): Mikropolitik. Westdt. Verlag: Opladen ²1992, 39-52.
Garfinkel, H.: A conception of, and experiments with, ‚trust' as a condition of stable concerted actions. In: Harvey, O.J.: Motivation and Social Interaction. Ronald Press: New York 1963.
Garz, D./Kraimer, K. (Hrsg.): Die Welt als Text. Suhrkamp: Frankfurt/M. 1994.
Giddens, A.: Die Konstitution der Gesellschaft. Grundzüge einer Theorie der Strukturierung. Campus: Frankfurt/M. 1992. (Orig.: The Constitution of Society. Polity Press: Cambridge, UK 1984.)
Greenfield, W.D.: The Micropolitics of Leadership in an Urban Elementary School. In: Blase, J. (ed.): The Politics of Life in Schools. Power, Conflict, and Cooperation. Sage: Newbury Park, Cal 1991, 161-184.
Gudjons, H.: Pädagogisches Grundwissen. Klinkhardt: Bad Heilbrunn ²1994.
Habermas, J.: Theorie des kommunikativen Handelns. Band II. Suhrkamp: Frankfurt/M. 1981.
Habermas, J.: Entgegnungen. In: Honneth, A./Joas, H. (Hrsg.): Kommunikatives Handeln: Beiträge zu Jürgen Habermas' „Theorie des kommunikativen Handelns". Suhrkamp: Frankfurt/M. 1986.
Handy, C.: Im Bauch der Organisation. Campus: Frankfurt/M. 1993.
Helsper, W.: Die verordnete Autonomie – Zum Verhältnis von Schulmythos und Schülerbiographie im institutionellen Individualisierungsparadoxon der modernisierten Schulkultur. Ms. Univ. Halle 1994.
Hirner, G./Zuber-Klammer, H./Müller, G./Schögler, J.: Projektunterricht und das Problem seiner Organisation. IP-Reihe Nr. 6. Innovationsprojekt: Graz 1993.
Hoffmann, R.-W.: Arbeitskampf im Arbeitsalltag. Formen, Perspektiven und gewerkschaftliche Probleme des verdeckten industriellen Konflikts. Campus: Frankfurt/M. 1981.
Hoyle, E.: Micropolitics of educational organizations. In: Educational Management and Administration 10(1982), 87-98.
Joas, H.: Die Kreativität des Handelns. Suhrkamp: Frankfurt/M. 1992a.
Joas, H.: Eine soziologische Transformation der Praxisphilosophie – Giddens' Theorie der Strukturierung. In: Giddens, A.: Die Konstitution der Gesellschaft. Grundzüge einer Theorie der Strukturierung. Campus: Frankfurt/M. 1992b, 9-23.
Kramp, W.: Studien zur Theorie der Schule. München 1973.

Küpper, W./Ortmann, G. (Hrsg.): Mikropolitik. Westdt. Verlag: Opladen ²1992.
Malsch, T./Selz, R.: Produktions- und Rationalisierungsmodelle. In: Malsch, T./Selz, R. (Hrsg.): Die neuen Produktionskonzepte auf dem Prüfstand. Beiträge zur Entwicklung der Industriearbeit. Ed. Sigma Bohn: Berlin 1987.
Neuberger, O.: Führen und geführt werden. Enke: Stuttgart ³1990.
Neuberger, O.: Spiele in Organisationen, Organisationen als Spiele. In: Küpper, W./Ortmann, G. (Hrsg.): Mikropolitik. Westdt. Verlag: Opladen ²1992, 53-86.
Neuberger, O.: Mikropolitik. In: Rosenstiel, L.v./ Regnet, E./Domsch, M. (Hrsg.): Führung von Mitarbeitern. Handbuch für erfolgreiches Personalmanagement. Schäffer-Poeschel: Stuttgart 1993, 39-47.
Ortmann, G.: Macht, Spiel, Konsens. In: Küpper, W./Ortmann, G. (Hrsg.): Mikropolitik. Westdt. Verlag: Opladen ²1992a, 13-26.
Ortmann, G.: Handlung, System, Mikropolitik. In: Küpper, W./Ortmann, G. (Hrsg.): Mikropolitik. Westdt. Verlag: Opladen ²1992b, 217-225.
Ortmann, G./Windeler, A./Becker, A./Schulz, H.-J.: Computer und Macht in Organisationen. Mikropolitische Analysen. Westdt. Verlag: Opladen 1990.
Pelinka, A.: Politik- und Demokratiebegriff. In: Greiler, A. et al. (Hrsg.): Politisches Alltagsverständnis: Entwicklung des Politik- und Demokratiebegriffes. ÖBV: Wien 1986, 4ff.
Pfeffer, J.: Power in organizations. Pitman: Boston 1981.
Posch, P./Altrichter, H.: Förderliche und hemmende Bedingungen für Innovationen an der Schule. Projektantrag. Mimeo. Universität Klagenfurt o.J.
Posch, P./Altrichter, H.: Bildung in Österreich. Analysen und Entwicklungsperspektiven. Studien zur Bildungsforschung und Bildungspolitik Bd. 5. Österreichischer StudienVerlag: Innsbruck 1992.
Rauch, F.: Rollenverhandeln. Ms. Innovationsprojekt: Graz 1993.
Rolff, H.-G.: Wandel durch Selbstorganisation. Juventa: Weinheim 1993.
Schempp, P.G./Sparkes, A.C./Templin, T.J.: The Micropolitics of Teacher Induction. In: American Educational Research Journal 30 (1993) 3, 447-472.
Schley, W.: Organisationsentwicklung an Schulen. in: Report Psychologie (August 1988), 11-20.
Schön, D.A.: The Reflective Practitioner. Temple Smith: London 1983.
Staubmann, H.: Die Kommunikation von Gefühlen. Ein Beitrag zur Soziologie der Ästhetik auf der Grundlage von Talcott Parsons Allgemeiner Theorie des Handelns. Habilitation: Innsbruck 1993.
Thonhauser, J.: Schultheorie. In: Hierdeis, H. (Hrsg.): Taschenbuch der Pädagogik. Teil 2. Burgbücherei Schneider: Baltmannsweiler ²1986, 492-503.
Tillmann, K.-J. (Hrsg.): Schultheorien. Bergmann + Helbig: Hamburg 1987.
Türk, K.: Neuere Entwicklungen in der Organisationsforschung. Enke: Stuttgart 1989.
Volmerg, B./Senghaas-Knobloch, E./Leithäuser, T.: Betriebliche Lebenswelt. Eine Sozialpsychologie industrieller Arbeitsverhältnisse. Westdeutscher Verlag: Opladen 1986.
Willis, P.: Spaß am Widerstand. Gegenkultur in der Arbeiterschule. Syndikat: Frankfurt/M. 1979.

Manfred Weiß

Mikroökonomie der Schule

Einleitung

Neuartige Problemlösungsbedürfnisse sowohl in industriegesellschaftlich und wohlfahrtsstaatlich organisierten Ländern wie in den Ländern der Dritten Welt gaben den Anlaß zur Etablierung einer Spezialdisziplin „Bildungsökonomie“. Sie hat sich seit ihren Anfängen vor rund dreieinhalb Jahrzehnten in kräftigen Wachstumsschüben zu einer eigenständigen, thematisch ausdifferenzierten Disziplin mit hohem Professionalisierungsgrad entwickelt. Ihr Forschungsinteresse gilt der theoretischen und empirischen Analyse der „ökonomischen Dimension“ von Bildungssystemen, -strukturen und -prozessen unter der Fragestellung des optimalen Einsatzes knapper Ressourcen.

Das Forschungsfeld der Bildungsökonomie wird üblicherweise danach strukturiert, auf welcher Systemebene ökonomische Probleme auftreten – auf der Makro- oder Mikroebene (z.B. Schulsystem oder Einzelschule) – und ob es sich dabei um ein systeminternes ökonomisches Problem (z.B. die optimale Mittelverteilung auf verschiedene Schulformen) handelt oder ein Problem, das die Außenbeziehung des Bildungssystems oder von Teilsystemen zu anderen Systemen oder Teilsystemen betrifft (z.B. die Beziehung zwischen Bildungs- und Beschäftigungssystem – vgl. EDDING/HÜFNER 1975, S. 332). Die Differenzierung nach Systemebenen ist wegen bestehender Interdependenzen, die nur in einer „mehrebenenanalytischen“ Betrachtung faßbar sind, nicht unproblematisch (was übrigens auch in der Ökonomie durchaus gesehen wird – vgl. WOLL 1993, S. 6). Der weit überwiegende Teil der Forschung folgt jedoch diesem Gliederungsprinzip, wie es sich in den zwei – relativ isoliert nebeneinander bestehenden – Forschungsrichtungen, der Mikro- und Makro-Bildungsökonomie, manifestiert. Im Mittelpunkt des vorliegenden Beitrags stehen Themen der mikro-bildungsökonomischen Forschung im Schulbereich.

Im internationalen Vergleich muß der Stand der mikro-bildungsökonomischen Forschung in der Bundesrepublik als ausgesprochen unterentwickelt bezeichnet werden. Eine Erklärung dafür bietet die Tatsache, daß die Mikro-

Bildungsökonomie im Wissenschaftssystem nicht institutionalisiert ist. Versagt blieb ihr bislang die im Blick auf die Spezifika des Forschungsgegenstandes gebotene enge Kooperation insbesondere mit den Teildisziplinen der Erziehungswissenschaft. Ein wesentlicher Grund dafür dürfte darin zu suchen sein, daß sich die erfahrungswissenschaftlich orientierte Bildungsökonomie in Deutschland in einer Phase zu etablieren begann, als in der Erziehungswissenschaft noch erhebliche Vorbehalte gegen eine „realistische Wendung" (ROTH) bestanden. Größer war indes ihre Aufgeschlossenheit gegenüber gesellschaftskritischen Forschungsansätzen. Die von neo-marxistischen Politökonomen als „herrschaftsstabilisierend" entlarvte „bürgerliche" Bildungsökonomie (vgl. HUISKEN 1972) konnte nicht erwarten, daß ihr „Heimatrecht" in der Erziehungswissenschaft gewährt wurde. Dieser Anspruch ließ sich auch nicht mit einem besonderen wissenschaftlichen Interesse begründen, bestand doch in einer Phase herrschender Überflußillusion und bildungsabsolutistischer Ansprüche (der Bildungsgesamtplan von 1973 liefert dafür ein augenfälliges Beispiel) kein Anlaß zur Beschäftigung mit Knappheitsproblemen (vgl. VON RECUM 1978). Da das Bildungswesen zu dieser Zeit eine prioritäre Stellung im gesamtstaatlichen Mittelverteilungsprozeß einnahm, gab es auf seiten der Bildungspolitik auch keinen dringenden ökonomischen Beratungsbedarf.[1]

Vor diesem Hintergrund war die Notwendigkeit einer eigenständigen „Ökonomie der Schule" umso weniger zu vermitteln, als staatliche Schulen als nichtrechtsfähige öffentliche Anstalten nur in geringem Umfang autonom zu bewältigende ökonomische Probleme aufweisen. Typische Bereiche erwerbs-

[1] Unter wesentlich günstigeren Rahmenbedingungen konnte sich die Mikro-Bildungsökonomie etwa in den USA etablieren. Diese Feststellung bezieht sich auf alle angesprochenen Aspekte, die hierzulande eher als „constraints" der Entwicklung der Disziplin wirkten: Weder wurde dort die Bildungsökonomie wegen ihrer erfahrungswissenschaftlichen Orientierung ausgegrenzt noch geriet sie in den Sog gesellschaftspolitischer Auseinandersetzungen und sah sich Diffamierungen durch marxistische Politökonomen ausgesetzt (die es durchaus auch in den USA gab). Auch stand sie nicht unter einem vergleichbaren Legitimationsdruck infolge eines unterentwickelten oder fehlenden Knappheitsbewußtseins. Vor allem aber blieb der Bildungsökonomie nicht die institutionalisierte Teilhabe an interdisziplinärer Kommunikation und Kooperation versagt: Für ihre Präsenz an erziehungswissenschaftlichen Fakultäten sorgte schon die vielfach einen Programmschwerpunkt darstellende Schulverwaltungsausbildung. Vor diesem Hintergrund überrascht es denn auch nicht, daß ein Bildungsökonom, HENRY M. LEVIN von der Stanford University, Herausgeber einer hochrangigen erziehungswissenschaftlichen Zeitschrift (Review of Educational Research) werden konnte.

wirtschaftlicher Betriebe wie Finanzierung, Absatz, Preisbildung fehlen im Schulbetrieb. Zumindest war dies für die bisherige Situation charakteristisch. Der Beitrag der – nur rudimentär existierenden – mikro-bildungsökonomischen Forschung im Schulbereich erschöpft sich im wesentlichen in der Erörterung von Problemen der Übertragbarkeit ökonomischer Denkansätze und Konzepte, der Entwicklung schulbetrieblicher Kostenrechnungssysteme (die aufgrund fehlender Notwendigkeit in „unselbständigen Gliedhaushalten" im staatlichen Schulwesen nie zur Anwendung gelangten) und einiger Kostenberechnungen zur Kapazitätsnutzung, dem Einsatz von Unterrichtsmedien und zur personellen Spezialisierung im Schulbetrieb. An der vorherrschenden „Input-Orientierung" der untersuchten Fragestellungen hat sich bis heute wenig geändert. Auch dies steht in Zusammenhang mit der Abkopplung der Mikro-Bildungsökonomie vom Forschungsprogramm der Erziehungswissenschaft.

Wenn neuerdings – nicht nur hierzulande – dem mikroökonomischen Forschungsansatz im Schulbereich größere Aufmerksamkeit geschenkt wird, dann hängt dies mit zwei Entwicklungen zusammen: dem Bedeutungszuwachs binnenökonomischer Themen im Gefolge der drastischen Verschärfung der finanziellen Engpaßsituationen im Bildungssektor sowie der Verlagerung von Entscheidungskompetenzen und Verantwortung auf die Einzelschule. In der zweiten Entwicklung manifestiert sich die als Paradigmenwechsel apostrophierte Neuorientierung der Bildungspolitik zahlreicher Industrienationen. Die sie bestimmenden Leitbilder sind Wettbewerb und Marktsteuerung, Vergrößerung der Angebotsvielfalt und freie Schulwahl, Dezentralisierung, Deregulierung und Stärkung der einzelschulischen Autonomie. Die Bandbreite konkreter Umsetzungen dieser Leitbilder ist beträchtlich: Gewinnorientierte Schulen nach dem Modell des Medienunternehmers CHRISTOPHER WHITTLE in den USA („Edison Projekt")[2] stellen eine extreme

2 In den USA wird es mit dem „Edison Projekt" ab 1996 einen Modellversuch mit gewinnorientierten Privatschulen geben. Der Initiator des publizistisch vielbeachteten Projekts, CHRISTOPHER WHITTLE, beabsichtigt, mit Privatkapital bis 1996 eine Kette von 200 gewinnorientierten Elementar- und Sekundarschulen mit 100.000 bis 150.000 Schülerplätzen einzurichten. Fernziel ist die Schaffung von zwei Millionen Schülerplätzen bis zum Jahr 2010. Vorgesehen ist ein Schulgeld in Höhe von 5.500-6.000 Dollar pro Kopf und Schuljahr. 20 Prozent der Schülerplätze sind für Stipendiaten reserviert. Gewinn soll vor allem durch die Ausnutzung kostensparender Strategien erwirtschaftet werden: durch weniger Bürokratie, durch den verstärkten Einsatz Freiwilliger (z.B. Tutorendienste der Schüler, Mithilfe der Eltern in der Schulverwaltung) und die Einsparung von Lehrkräften durch Einsatz von Computern.

Position dar; eher in der Nähe des anderen Pols bewegen sich die bei uns diskutierten und in der neuen Schulgesetzgebung mehrerer Bundesländer bereits umgesetzten moderaten Reformen. Mit dieser Entwicklung werden den Schulen neuartige, nicht zuletzt auch ökonomisch relevante Aufgaben zuwachsen. Bildungsbetriebe werden sich zum Teil wie Unternehmen auf einem Quasi-Markt (GLENNERSTER 1991) verhalten müssen: Sie werden über die ihnen bereitgestellten Mittel hinaus Ressourcen akquirieren und bei zugewiesenen Globalhaushalten Entscheidungen über die schulinterne Ressourcenverwendung zu treffen haben; sie werden größere Spielräume bei der Gestaltung der „schulischen Produktionsstruktur" erhalten, und sie werden im Wettbewerb mit anderen Schulen um Klienten stehen und „Marktstrategien" entwickeln müssen. Die vielfältigen neuartigen Aufgabenstellungen generieren neue Forschungsfragen, an deren „Abarbeitung" mehrere Disziplinen zu beteiligen sind. Welchen Beitrag kann dabei die Ökonomie leisten mit ihrem spezifischen Erkenntnisinteresse an der Lösung von Knappheitsproblemen?

Zur Strukturierung der möglichen Forschungsthemen sei von der konzeptionellen Vorstellung ausgegangen, daß Schulen Ressourcen von ihrer Umwelt erhalten (durch Zuweisung und aktive Akquisition), die zur Erbringung einer personalen Dienstleistung (primär Qualifikationsvermittlung) in einem teils extern vorstrukturierten, teils intern gestaltbaren „Produktionsprozeß" Verwendung finden. Daraus lassen sich drei Themenfelder ableiten:

(1) Mittelaufbringung
(2) Interne Ressourcenallokation
(3) Ergebnisse und Bedingungen der schulischen Leistungserbringung.

1. Mittelaufbringung

Angesichts der angespannten Finanzlage der öffentlichen Haushalte, die ein längerfristiges Problem bleiben wird, werden in Zukunft andere, die staatliche Mittelzuweisung ergänzende Finanzierungsquellen für die Ressourcensicherung an Gewicht gewinnen. Weitergehende Konzepte der Schulautonomie weisen dabei auch der Einzelschule eine aktive Rolle bei der Ressourcenmobilisierung zu[3]. In einem stark etatistisch geprägten Schulwesen wie dem unseren bestehen dagegen zwar erhebliche Vorbehalte (vgl. z.B. Bürger-

3 Vgl. z.B. das Diskussionspapier „Mehr Autonomie für Hamburger Schulen" einer Arbeitsgruppe des Hamburger Landesschulrats (abgedruckt in „Pädagogische Führung", 4(1993)4, S. 158-162)

schaft der Freien und Hansestadt Hamburg 1993, S. 241); die Notwendigkeit der Ressourcensicherung durch „Selbsthilfeinitiativen" bei sich tendenziell weiter verschärfender Mittelknappheit dürfte jedoch dafür sorgen, daß auch unkonventionelle Formen der Mittelakquirierung wie „fund raising", die Einwerbung von Sponsoren-Geldern oder die Erzielung von Erlösen aus dem schulischen Marktangebot spezieller Bildungs- und Dienstleistungen (z.B. Nachhilfekursen, Computer-Kursen für Eltern) einen Bedeutungszuwachs erfahren werden. Diese Entwicklung in Richtung einer stärkeren dezentralen Ressourcenverantwortung und Diversifikation der Finanzierungsquellen wird von der mikro-bildungsökonomischen Forschung zu begleiten sein.

Erhebungen zu Volumen und Struktur des einzelschulischen Mittelaufkommens (Finanzmittelanteile von Land, Kommunen, Schulvereinen, Elternspenden, Sponsoren etc.) werden Hinweise auf den Grad der Abhängigkeit von privaten Finanzierungsquellen geben und im interinstitutionellen Vergleich auf disparate Entwicklungen in der schulischen Ressourcenausstattung aufmerksam machen. Aufschlußreich wären weiterhin Untersuchungen zu den Modalitäten der Mittelvergabe (z.B. von Zuwendungsgebern auferlegte Zweckbindungen) sowie Studien zu den Folgen zunehmender Planungsunsicherheit aufgrund einer wachsenden Abhängigkeit von instabilen privaten Finanzierungsquellen.

Neben akquirierten Finanzmitteln werden die Schulen in Zukunft in verstärktem Maße auch auf die Bereitstellung nichtfinanzieller Ressourcen angewiesen sein: die Mitwirkung Freiwilliger[4] und die Partizipation an den Ressourcen außerschulischer Einrichtungen (kommunalen Kunst- und Musikschulen, Sportvereinen etc.). Die neuere Schulgesetzgebung (z.B. in Hessen) sieht diese Möglichkeiten zum Teil bereits ausdrücklich vor. Aufgrund der zu erwartenden interinstitutionellen Unterschiede in der Verfüg-

4 In manchen Ländern – z.B. den USA – stellt diese Ressource fast schon ein konstitutives Merkmal des staatlichen Schulwesens dar. Einem kürzlich erschienenen Bericht über „Volunteers in Public Schools" (MICHAEL 1990) ist zu entnehmen, daß im Schuljahr 1987/88 landesweit mehr als eine Million freiwilliger Helfer an staatlichen Schulen tätig waren – Mütter von Schülern, Pensionäre, von örtlichen Firmen freigestellte Mitarbeiter, Studenten. Ihre Dienste wurden von Dreiviertel der amerikanischen Primarschulen und etwa der Hälfte der Sekundarschulen in Anspruch genommen. Im Primarbereich waren durchschnittlich 24(!), im Sekundarbereich durchschnittlich 15 freiwillige Helfer an einer Schule tätig. Eingesetzt wurden sie hauptsächlich für unterrichtsunterstützende Tätigkeiten (z.B. „tutoring", Korrekturarbeiten, Durchführung von Übungsarbeiten, Überwachung von naturwissenschaftlichen Experimenten) sowie für Funktionen im außercurricularen Bereich (z.B. Sport, soziale Aktivitäten, Ausflüge, Schulbibliothek).

barkeit und Nutzung solcher Ressourcen ist deren Erfassung eine unabdingbare Voraussetzung für aussagefähige Kosten- und Effizienzvergleiche zwischen Schulen. Wie stark der Aussagegehalt herkömmlicher, auf dem Ausgabenkonzept basierender komparativer Unicost-Berechnungen durch das Fehlen des nicht budgetwirksamen Ressourceneinsatzes beeinträchtigt wird, zeigt sich mit besonderer Deutlichkeit bei Kostenvergleichen zwischen staatlichen und privaten Schulen (vgl. WEIß 1988).

Mittelknappheit ist eine notwendige, aber keine hinreichende Bedingung für einzelschulische Initiativen zur Ressourcensicherung. Ein ökonomisches Forschungsinteresse besteht deshalb an der Frage, über welche Anreizmechanismen (z.B. autonome Mittelverfügung, Abkopplung der eingeworbenen Ressourcen von der regulären Mittelzuweisung) Bildungsinstitutionen zur Mobilisierung zusätzlicher Ressourcen veranlaßt werden können. Mikroanalytische Studien könnten dabei Aufschluß darüber geben, welche situativen Bedingungen die Wirksamkeit dieser Mechanismen beeinflussen (unter Umständen auch außer Kraft setzen), ob Präferenzen für bestimmte Alternativen der Ressourcenbeschaffung existieren und, wenn ja, ob sich die Existenz solcher Präferenzen mit ökonomischen Ansätzen einer Erklärung zuführen läßt.

2. Interne Ressourcenallokation

Den Schulen werden sich in Zukunft weitergehende Gestaltungsmöglichkeiten bei der internen Ressourcenallokation eröffnen durch die Zuweisung von Globalhaushalten, die mögliche Einwerbung zusätzlicher Mittel sowie eine größere Eigenständigkeit bei der Verwendung global zugewiesener Lehrerarbeitszeit, beim Einsatz nichtlehrenden Personals und der Nutzung freiwilliger Mitarbeit. Leitend für die Stärkung der einzelschulischen Dispositionskompetenz über Ressourcen ist die Überlegung, daß „vor Ort" getroffene Allokationsentscheidungen besser den spezifischen Bedürfnissen und intern gesetzten Prioritäten der Schulen Rechnung tragen können und einen sparsamen Umgang mit knappen Ressourcen fördern. Die daraus abzuleitende Hypothese, daß größere einzelschulische Entscheidungskompetenz bei der Ressourcenverwendung zu einem effektiveren und wirtschaftlicheren Mitteleinsatz führt, wird durch die Einschätzung der an Allokationsentscheidungen beteiligten Akteure gestützt. In einer Befragung englischer Schulleiter (ARNOTT/BULLOCK/THOMAS 1992) meinten 83 Prozent, daß die Stärkung der einzelschulischen Autonomie durch das von der Regierung Thatcher eingeführte Konzept des Local Management of Schools den Schulen eine wirksamere Mittelverwendung ermögliche, und 68 Prozent erwarten davon eine Steigerung der Effizienz des Ressourceneinsatzes.

Die Entwicklung in Richtung einer stärkeren dezentralen Ressourcendisposition wird der Mikro-Bildungsökonomie ein neues Forschungsfeld erschließen. Im Mittelpunkt des Interesses wird die Gewinnung von empirischen Informationen über die Bedingungen und Wirkungen – insbesondere Effzienzwirkungen – von Allokationsentscheidungen auf einzelschulischer Ebene stehen.

Aufschlußreiche deskriptive Informationen zur internen Ressourcenallokation werden Untersuchungen etwa zur Frage liefern, auf welche Bereiche und Ressourcen sich die erweiterte Dispositionskompetenz von Schulen erstreckt, nach welchen formellen und informellen Verfahren die Ressourcen verteilt werden, welche Akzente bei der Mittelverwendung im Rahmen des gegebenen Dispositionsbereichs gesetzt werden (im unterrichtlichen oder außerunterrichtlichen Bereich) und wessen Präferenzen dabei ausschlaggebend sind. Unter ökonomischem Aspekt gilt das Hauptaugenmerk der Frage, inwieweit schulinterne Allokationsentscheidungen explizit von Effzienzüberlegungen geleitet werden. Die „Vagheit der Unterrichtstechnologie" (MURNANE/NELSON 1984) bzw. der unzureichende Informationsstand der schulischen Akteure über kostenwirksame Alternativen der Mittelverwendung (als Folge fehlender Anreize und zu hoher Informationskosten – vgl. HOENACK 1994) und das bei ihnen (noch) wenig ausgeprägte Kostenbewußtsein legen die Hypothese nahe, daß die erweiterte Handlungskompetenz der Schulen über die Ressourcenverwendung zunächst nicht die erwarteten Effizienzverbesserungen herbeiführen wird. So kann im Blick auf die Tatsache, daß in Befragungen zur Arbeitssituation von Lehrern zu große Klassen regelmäßig als wichtigster Belastungsfaktor genannt werden und in den Forderungskatalogen der Eltern die Verringerung der Klassenschülerzahl an vorderster Stelle rangiert, eine deutliche Präferenz für die Option kleiner Klassen angenommen werden. Die davon allgemein erwartete Verbesserung der Unterrichtsqualität wird durch die Befunde der empirischen Klassengrößenforschung indes nicht gestützt (zusammenfassend INGENKAMP/PETILLON/WEIß 1985; TOMLINSON 1989): „Die Klassengröße als alleiniger Faktor zeigt innerhalb der Bandbreite, in der die Frequenzen in unserem allgemeinbildenden Schulwesen meist liegen, allenfalls einen minimalen Zusammenhang mit...Schulleistungen" (INGENKAMP/ PETILLON/WEIß 1985, S. 93). Diese Schlußfolgerung findet durch die Ergebnisse empirischer „Produktionsfunktions-Studien" Bestätigung (vgl. HANUSHEK 1989; WEIß 1995).[5]

5 Die von HANUSHEK (1989) vorgenommene Auswertung amerikanischer Produktionsfunktions-Studien umfaßt 152 Effektschätzungen für die Lehrer-Schüler-Relati-

Unter bestimmten Bedingungen mag sich zwar die Reduzierung der Klassengröße als wirkungsvoll erweisen; wegen der hohen Kostenintensität muß diese Maßnahme aber nicht notwendigerweise auch das Kriterium einer effizienten Mittelverwendung erfüllen. In einer amerikanischen Studie, in der vier verschiedene unterrichtsergänzende Maßnahmen zur Verbesserung der Mathematik- und Leseleistungen von Grundschülern hinsichtlich ihrer Kostenwirksamkeit miteinander verglichen wurden – Senkung der Klassenfrequenz, Verlängerung des Schultages, computerunterstützter Unterricht, Einsatz von älteren Mitschülern oder Erwachsenen als Tutoren – erwies sich die Verringerung der Klassengröße als die mit am wenigsten effiziente Alternative (LEVIN/GLASS/MEISTER 1986).[6]

Ob sich die mit der Verlagerung von Entscheidungskompetenzen auf die Einzelschule erhofften positiven Auswirkungen auf die interne Effizienz im Schulsystem einstellen werden, hängt entscheidend davon ab, inwieweit es gelingt, die Hauptursachen von „X-Ineffizienz“ (Leibenstein) bei schulbetrieblichen Allokationsentscheidungen auszuschalten. Gemeint ist damit Ineffizienz, die im Verhalten von Individuen begründet liegt, wie mangelnde Anstrengungsbereitschaft und Motivation, die dazu führen, daß die Suche nach und Nutzung von effizienzverbessernden Produktionsmöglichkeiten unterbleibt. Wenn das Ausmaß an X-Ineffizienz nachgewiesenermaßen entscheidend von den jeweiligen kontextuellen Bedingungen von Organisationen abhängt, insbesondere dem Vorhandensein oder Fehlen von Wettbewerb oder anderen Anreiz- und Sanktionsmechanismen (vgl. LEIBENSTEIN 1980), dann ist es naheliegend, zur Förderung effizienzorientierten Handelns an diesen Bedingungen anzusetzen. So ist in jüngster Zeit denn auch wiederholt die Einführung von Wettbewerbselementen im Schulbereich propagiert worden, z.B. die Einführung von Bildungsgutscheinen, (vgl. VAN LITH 1985) oder einer leistungsbezogenen Besoldung von Lehrkräften (vgl. TOMLINSON

---

on als Proxy-Variable für die Klassengröße. Nur 27 Schätzungen liefern ein statistisch signifikantes Ergebnis, 14 davon mit erwartungskonformer, 13 mit erwartungswidriger Effektrichtung. Die Vorzüge eines günstigeren Betreuungsverhältnisses sind auch dann nicht nachweisbar, wenn man die statistische Signifikanz ignoriert: 46 der insignifikanten Koeffizienten weisen ein negatives, nur 34 ein positives Vorzeichen auf.

6 Das für die einzelnen Alternativen ermittelte Kosten-Wirksamkeit-Verhältnis (Effektgröße je 100 $ pro Schüler) weist den Einsatz von älteren Mitschülern als Tutoren als die günstigste Maßnahme aus. Die Senkung der Klassengröße und die Verlängerung der Unterrichtszeit schneiden am schlechtesten ab, computerunterstützter Unterricht nimmt eine mittlere Position ein (LEVIN/GLASS/MEISTER 1986, S. 174 Tab. 3).

1992). Radikale Vorschläge (z.B. LIEBERMAN 1989; CHUBB/MOE 1990) sehen sogar eine vollständige Substitution der politisch-bürokratischen Steuerung durch Marktsteuerung vor (kritisch dazu WEIß 1993).

Wegen der fehlenden Möglichkeit einer erfahrungswissenschaftlichen Überprüfung der von einer solchen grundlegenden Änderung des Steuerungssystems erwarteten Effizienzvorteile muß sich die empirische bildungsökonomische Forschung mit Effizienzanalysen weniger weitreichender Maßnahmen begnügen. Auf einzelinstitutioneller Ebene wäre etwa zu untersuchen, wie sich die Einführung eines schulbetrieblichen Kostenrechnungssystems auf das Kostenbewußtsein der Entscheidungsträger in Schulen auswirkt und inwieweit über Art und Umfang der Budgetierung Einfluß auf die Effizienz der schulinternen Ressourcenallokation genommen werden kann. Solche effizienzfördernden Effekte werden z.B. in England dadurch zu erreichen versucht, daß den Schulen globale Personalmittel auf der Grundlage durchschnittlicher anstelle tatsächlicher Kosten zugewiesen werden. Dies soll sie veranlassen, die Personalrekrutierung stärker an Kostenaspekten auszurichten. Für den Bereich des nichtlehrenden Personals läßt sich ein solcher Einfluß der Budgetierung aufzeigen (vgl. MORTIMORE/MORTIMORE 1992). Eine insgesamt stärkere Effizienzorientierung der Ressourcenallokation an Schulen in England und Wales infolge der Dezentralisierung der Budgetierung durch den Reform Act von 1988 meint auch LEVAČIĆ (1993) ausmachen zu können: „The evidence...shows that delegated budgeting and the development of quasi-markets has improved efficiency on the input side of the education production function. School managers are seeking and finding new ways of using and combining resource inputs" (S. 25). Zu den Forschungsdesiderata zählt allerdings die Frage nach der Effektivität dieser neuen „Faktorkombinationen" der schulbetrieblichen Leistungserstellung (vgl. auch SIMKINS 1994). Erst wenn zumindest deren „Outputneutralität" (d.h. keine Effektivitätseinbußen) empirisch gesichert ist, kann ihnen ein höheres Maß an Produktionseffizienz (niedrigere Kosten bei konstantem Output) attestiert werden.

Mikroökonomische Studien zur internen Mittelallokation hätten nicht nur die finanziellen, personellen und materiellen Ressourcen in den Blick zu nehmen, sondern auch die Ressource „Zeit", über deren Disposition den Schulen ebenfalls größere Entscheidungskompetenz eingeräumt worden ist (z.B. mögliche Abkehr vom Unterricht im 45-Minuten-Takt, erweiterter Spielraum bei der Gestaltung der Stundentafel und der Verwendung der Lehrerarbeitszeit). Unter dem Postulat der „Binnenoptimierung der Ressourcen" hat die Frage nach einem verbesserten Zeitmanagement in Schulen neuerdings verstärkte Aufmerksamkeit gefunden. Den Hintergrund dafür bildet die empirisch – vor allem durch die anglo-amerikanische Forschung – hinreichend belegte Tatsache, daß erhebliche Interschul-, Interklassen- und Intraklassen-Varianzen hinsichtlich der Ressourcennutzung bestehen (vgl. die Übersicht bei TREIBER 1982), indikatorisiert durch verschiedene Zeitparameter: die nominelle Unterrichtszeit, die tatsächliche Unterrichtszeit (= nominelle Unterrichtszeit reduziert um Stundenausfall), die nutzbare Instruktionszeit (= für Wissensvermittlung genutzter Anteil an der tatsächlichen Unterrichtszeit), die Schüleranwesenheit und die aktive Lernzeit (=Dauer der Unterrichtsbeteiligung und Aufmerksamkeit eines Schülers während des Unterrichts). Mit Ausnahme der extern festgelegten nominellen Unterrichtszeit sind diese Parameter von der Einzelschule bzw. dem einzelnen Lehrer direkt (tatsächliche und nutzbare Unterrichtszeit) oder zumindest indirekt (Schüleranwesenheit, aktive Lernzeit), über die gezielte Beeinflussung der Zeitnutzung der Schüler, gestaltbar.

Lehr-Lern-Modelle mit zeitdefinierten Variablen rekonstruieren die fachliche Schulleistung eines Schülers als das Ergebnis der insgesamt pro Fach erhaltenen Instruktionsquantität, der Summe der Zeitmengen je Parameter (TREIBER 1982, S. 13f.). Deren Bedeutung als Schulleistungsprädiktoren wird durch zahlreiche empirische Wirkungsstudien bestätigt (vgl. z.B. FREDERICK/WALBERG 1980). Sie relativieren die aus den herkömmlichen Produktionsfunktions-Studien gezogene Schlußfolgerung, wonach zwischen den darin erfaßten „Ressourcenbeständen" und Leistungskriterien kein bedeutsamer Zusammenhang besteht (vgl. WEIß 1995), und verweisen auf die Möglichkeit von Effizienzverbesserungen durch eine wirkungsvollere Ressourcennutzung.

Zum Themenkomplex „Zeit in der Schule" kann die Mikro-Bildungsökonomie durch Analysen zeitbezogener Allokationsentscheidungen einen Forschungsbeitrag leisten. So konnten z.B. BROWN/SAKS (1983, 1987) in einer mikroökonomischen Studie zur klasseninternen Zeitdisposition von Lehrern die Hypothese erfolgreich testen, daß Lehrer die Verwendung ihres Zeitbudgets nicht dem Zufall überlassen, sondern sich durchaus rational verhalten, indem sie die knappe Ressource „Zeit" entsprechend präferierten Verteilungszielen bei den Schulleistungen verwenden. Ungleichheit in den Schulleistungen, so das empirische Ergebnis, werden von den Lehrern zwar höchst different bewertet; insgesamt gesehen favorisieren sie jedoch weniger Leistungsvarianz, was sie zur Anwendung von Kompensationsstrategien veranlaßt.

An der Disposition über knappe Ressourcen im Schulbetrieb sind mehrere Akteure mit unterschiedlichen Präferenzen beteiligt. Die daraus resultierenden Konflikte bei Allokationsentscheidungen hat der amerikanische Bildungsökonom D. MONK (1982) in einer Studie thematisiert. Er konnte darin zeigen, daß Schulverwalter, Lehrer, Schüler und Eltern einzelne Ressourcen (z.B. die Schülerzeit) unterschiedlich kostenmäßig bewerten (anhand wahrgenommener Opportunitätskosten) und daß diese Unterschiede erhebliche Probleme für die Schulverwaltung darstellen, die über solche Ressourcen die Leistungswirksamkeit von Schulen zu verbessern sucht.

3. Ergebnisse und Bedingungen der schulischen Leistungserbringung

3.1 Ermittlung und Analyse der Effizienz von Bildungsinstitutionen

Im Zusammenhang mit der Umsetzung der neuen bildungspolitischen Leitbilder hat die Frage an Bedeutung gewonnen, wie dem damit möglicherweise verbundenen Problem zunehmender Qualitätsdisparitäten durch den Einsatz geeigneter Kontrollinstrumente seitens der Schulaufsicht begegnet werden kann. Es kann dabei meines Erachtens nicht nur um eine regelmäßige Qualitätsüberwachung anhand einiger ausgewählter Leistungsindikatoren gehen; vielmehr sind dabei auch die Bedingungen der Leistungserbringung – einschließlich des Ressourceneinsatzes – zu erfassen. Dies aus drei Gründen: Erstens läßt sich dadurch überprüfen, ob – wie vermutet – auch bei diesen Bedingungen die interinstitutionellen Disparitäten zunehmen werden. Zweitens liefern solche Informationen Hinweise auf Ansatzpunkte für eventuell notwendige politisch-administrative Interventionen. Drittens sind solche Informationen eine unabdingbare Voraussetzung für die Beurteilung der Effizienz von Bildungsinstitutionen, ihres Leistungsergebnisses unter Berücksichtigung des dafür benötigten Ressourceneinsatzes, im Rahmen eines erweiterten „Bildungscontrolling". Gerade in der gegenwärtigen Phase akuter Mittelknappheit und angestrebter Binnenoptimierung der vorhandenen Ressourcen sind solche Effizienzinformationen unverzichtbar.

Wenn es um Effizienz geht, ist die Ökonomie gefragt. Was sie anbieten kann, ist ein konzeptionell leistungsfähiges Verfahren zur Effizienzmessung bei Vorliegen multipler Inputs und Outputs, wie dies für Bildungsbetriebe konstitutiv ist. Bei diesem Verfahren handelt es sich um die Data Envelopment Analysis (DEA). Da dieses Verfahren in der Erziehungswissenschaft kaum bekannt ist, sei es im folgenden in seinen Grundzügen skizziert.

Mit Hilfe der DEA läßt sich für einzelne Bildungseinrichtungen (oder andere organisatorische Einheiten wie Klassen oder Schulbezirke) der mit den ihnen jeweils zur Verfügung stehenden Input-Faktoren maximal zu erzielende Output bestimmen. Das ist der Output, der sich ergäbe, wenn die Ressourcen so verwendet würden, wie bei der leistungsfähigsten aller im Vergleich berücksichtigten Bildungsinstitutionen (vgl. ausführlich BESSENT/BESSENT 1980; WALBERG 1993; SHELDON 1994). Die DEA basiert also auf einem relativen Effizienzkonzept: Die Effizienz einer Bildungseinrichtung wird im interinstitutionellen Vergleich ermittelt, d.h. sie wird an der Leistungsfähigkeit *vergleichbarer* Bildungseinrichtungen gemessen und nicht an einem absoluten Effizienzstandard (der sich ohnehin aufgrund differenter Ziele und Output-Gewichtungen sowie der hohen Abhängigkeit des Produktionsergebnisses von situativen exogenen Faktoren nicht bestimmen ließe). Als Ergebnis liefert das Verfahren ein Effizienzmaß, das zwischen 0 und 1 liegt. Wird für eine Bildungseinrichtung der Wert 1 ermittelt, dann heißt das, daß keine der anderen Institutionen mit dem Mitteleinsatz der betreffenden Bildungseinrichtung diese hinsichtlich irgendeiner Bildungsleistung übertreffen kann. Mit anderen Worten: Die Bildungseinrichtung produziert effizient. Darunter liegende Effizienzgrade indizieren Ineffizienz. Die auf diese Weise ausgedrückte Leistungsfähigkeit einer Bildungsinstitution hat den entscheidenden Vorteil, daß die Mehrdimensionalität der Bildungs-Inputs und -Outputs auf ein eindimensionales, leicht interpretierbares Effizienzmaß reduziert wird. Darüber hinaus liefert die DEA Hinweise auf mögliche Ursachen von Ineffizienz. Dies können sein (vgl. SHELDON 1994): Mismanagement, Größennachteile („diseconomies of scale"), (didaktisch-methodisch) ineffektive Bildungsprozesse, ungünstige (z.B. sozio-ökonomische) Rahmenbedingungen und/oder eine zu kostenintensive Inputstruktur. Quantitativ wird bestimmt (durch Berechnung von Einsparungspotentialen – „slack values" – und Opportunitätskosten), wie die (manipulierbaren) Faktoren zur Herstellung von Effizienz zu verändern wären, welche Bildungsleistungen in welchem Umfang ohne den Einsatz zusätzlicher Ressourcen gesteigert bzw. welche Inputs in welcher Menge ohne Leistungsverlust reduziert werden könnten.

Die DEA liefert damit sowohl den Verantwortlichen in den einzelnen Bildungsinstitutionen als auch der Schulverwaltung und Bildungspolitik in vielfältiger Weise instrumentell nutzbare Informationen zur Effizienzverbesserung, vorausgesetzt, daß in der Analyse auch alle wichtigen effizienzrelevanten Faktoren erfaßt worden sind. Die Erfüllung dieser Bedingung ist weniger ein Problem mangelnden Wissens über Effizienzdeterminanten als eines der oftmals restriktiven Datenlage. Erfahrungen mit der DEA im schulischen Anwendungskontext konnten in einer ganzen Reihe von Untersuchungen zur Effizienz von Schulbezirken, Schulen und Klassen in englischsprachigen Ländern gewonnen werden (vgl. die Übersicht bei SHELDON 1994, S. 63-66, WALBERG 1993). In Deutschland ist dieses Verfahren im Bildungsbereich bislang nur einmal an Hochschulen, zur Messsung der Effizienz wirtschaftswissenschaftlicher Fachbereiche, eingesetzt worden (BACKES-GELLNER/ZANDERS 1989). In bezug auf die Akzeptanz der DEA als Instrument der Fremdevaluation ist der empirische Befund wichtig, daß die Resonanz von amerikanischen Lehrern auf die Anwendung dieses Verfahrens zur Effizienzmessung auf Klassenebene überraschend positiv ausfiel (GARRETT 1993).

3.2 Analyse des Verhaltens der Marktteilnehmer

Mit der Auflösung fester Einzugsbereiche und der Einführung von Schulwahlfreiheit für Eltern und Schüler sind für die Schulen und ihre „Klienten" marktähnliche Bedingungen entstanden, die auf die beteiligten Akteure in vielfältiger Weise verhaltensprägend wirken – und den Intentionen von Marktapologeten nach auch wirken sollen[7]. Bei der Entwicklung von Hypothesen dazu ist es naheliegend, ökonomische, „markterprobte" Erklärungsansätze heranzuziehen, zumal in der politischen Begründung für die Schaffung von Quasi-Märkten im Bildungsbereich zum Teil explizit, zumindest aber häufig implizit, auf die Verhaltensannahmen dieser Erklärungsansätze rekurriert wird. Wegen des zu vermutenden Einflusses lokaler situativer Faktoren wird sich das Verhalten von Schulen und Bildungsnachfragern unter marktähnlichen Konstellationen ebenso wie die Effektivitäts- und Effizienzwirkungen der Wettbewerbssituation nur auf der Mikro-Ebene, der Ebene der Einzelschule bzw. dem regionalen Schulverbund, angemessen untersuchen lassen.

Bei der Analyse des Anbieterverhaltens wird einem schulbetrieblichen Spezifikum besondere Beachtung zu schenken sein, nämlich dem, daß Schulen personale Dienstleistungen erbringen, also Produktion und Absatz uno actu erfolgt. Dies hat weitreichende Konsequenzen, denn: „Damit werden Klienten gleichsam zu Organisationsmitgliedern und die Klientenselektion zu einer erfolgbestimmenden Organisationsaufgabe" (SADOWSKI 1989, S. 1431). Wie diese Aufgabe unter konkreten Rahmenbedingungen von den einzelnen Schulen – sofern keine Nachfragemärkte z.B. aufgrund demographischer Entwicklungen bestehen, wie dies Anfang der 80er Jahre der Fall war –, wahrgenommen wird, welche expliziten und impliziten Selektionsmechanismen zur Anwendung gelangen, dies sind Fragen, die in einem mikroökonomischen Forschungsprogramm zu thematisieren wären. Auf die Bedeutung der Klientenselektion für den Schulerfolg verweisen insbesondere die

---

7 So heißt es beispielsweise im *Parent's Charter* der britischen Regierung: „Your choice of school directly affects that school's budget – every extra pupil means extra money for the school. So your right to choose will encourage schools to aim for the highest possible standard" (DES 1991, zitiert nach BOWE/GEWIRTZ/BALL 1994, S. 67).

Ergebnisse von Reanalysen des Datenmaterials der großen Vergleichsstudien von Coleman und Mitarbeitern (COLEMAN/HOFFER/KILGORE 1982; COLEMAN/HOFFER 1987) zur Leistungswirksamkeit staatlicher und privater Sekundarschulen in den USA (z.B. MURNANE 1983).

Das Marktmodell basiert auf der Prämisse eines ubiquitären leistungsorientierten Wettbewerbs, der für eine Anhebung des Qualitätsniveaus auf breiter Basis sorge. Zu zeigen wäre, daß diese Annahme, die z.B. auch den englischen „Liga-Tabellen" zugrunde liegt, keine Allgemeingültigkeit beanspruchen kann[8], daß sich Wettbewerb auch auf andere Dimensionen bezieht[9] und daß auf regionalen Bildungsmärkten vielfach für die Anbieter höchst unterschiedliche Wettbewerbsbedingungen herrschen. Diese Unterschiede sind vielfach standortbedingt, d.h. von Faktoren abhängig, auf die die einzelne Schule keinen Einfluß hat, wie z.B. die Sozialstruktur des Einzugsbereichs. Wie schwer es Schulen mit einem sozialstrukturell ungünstigen Umfeld haben, sich im Wettbewerb mit standortbegünstigten Schulen zu behaupten, verdeutlichen etwa Untersuchungen aus Schottland (vgl. ADLER/PETCH/TWEEDIE 1989). Die Einführung von Schulwahlfreiheit für Eltern und Schüler durch den Education Act von 1981 hatte vor allem bei Schulen in sozialen Brennpunkten einen bedeutsamen Schülerschwund zur Folge. Andererseits zeigen bei uns durchgeführte Bildungsmarktanalysen, daß Schulen (Gesamtschulen) durch „Nischen-Marketing" auch unter ungünstigen Wettbewerbsbedingungen in der Lage sind, sich im Präferenzfeld der Nachfrager zu positionieren und sich damit am Markt zu behaupten (RAUIN/WEISHAUPT 1995).

Im Rahmen empirischer Analysen der angebotsseitigen Wettbewerbswirkungen gilt das Interesse mikroökonomischer Studien vorrangig den Effektivitäts- und Effizienzimplikationen konkreter Wettbewerbskonstellationen. Dabei sind sowohl die einzelinstitutionellen Wirkungen als auch der Systemeffekt eines durch Wettbewerb gesteuerten regionalen Bildungsmarktes in den Blick zu nehmen, denn es hat sich gezeigt, daß aus gesamtsystemischer Sicht Wettbewerb bisweilen effizienzmindernd wirken kann (weil er z.B. die Entstehung von „diseconomies of scale" fördert). Solche negativen – staatli-

---

8 Im OECD-Bericht „School: a matter of choice" heißt es z.B.: „There is no direct evidence that ... competition improves school performance ... In practice ... the main impact of choice has been on things other than school effectiveness" (OECD 1994, S. 7).

9 Darin kommt die Tatsache zum Ausdruck, daß sich die „Absatzpolitik" konkurrierender Anbieter nicht nur auf die Produktqualität, sondern auch auf die Preise, das Leistungsprogramm, die Konditionen etc. bezieht.

che Interventionen begründende – Wettbewerbsfolgen sind etwa durch die bereits erwähnte schottische Studie (ADLER/PETCH/TWEEDIE 1989) belegt, die auf den untersuchten lokalen Bildungsmärkten neben Kostennachteilen aufgrund unausgelasteter Schulen auch eine Zunahme interschulischer Chancenungleichheit feststellte. Dieser Befund verweist auf die Notwendigkeit einer „Mehrebenenbetrachtung". Auf die Einzelinstitution beschränkte Effizienzanalysen greifen zu kurz.

Die zweite Gruppe von Marktteilnehmern sind die Eltern und Schüler als Bildungsnachfrager. Zu deren Präferenzen liegt zwar ein umfangreicher Wissensfundus aus Makrostudien (z.B. zur Bildungsaspiration) vor, wie sich diese Präferenzen aber auf der Mikroebene konkretisieren, welche situativen Faktoren „moderierend" wirksam werden, dies ist relativ wenig erforscht – sieht man einmal von dem Einfluß der Angebotsstruktur auf die Bildungsbeteiligung ab. Zwar sind in den letzten Jahren vor allem im anglo-amerikanischen Sprachraum zahlreiche Studien zu den elterlichen Schulwahlmotiven entstanden (vgl. MADDAUS 1990; OECD 1994; MARTINEZ/THOMAS/KEMERER 1994); die Widersprüchlichkeit ihrer Ergebnisse (auch in kulturell identischen Kontexten) läßt jedoch einen relativ starken Einfluß situativer lokaler Faktoren vermuten.[10] Differenzierte Aussagen zum elterlichen Schulwahlverhalten sind deshalb nur auf der Mikroebene (Einzelschule, regionaler Bildungsmarkt) durch Fallstudien zu erschließen.
Ein ökonomisches Forschungsinteresse besteht vor allem an folgenden Fragen:

- Läßt sich die mit der Schaffung wettbewerbgesteuerter Bildungsmärkte verbundene Erwartung – Qualitäts- und Effizienzverbesserung auf breiter Basis – durch das manifestierte Schulwahlverhalten stützen?
  Hintergrund dieser Frage sind die zum Teil enttäuschenden Umfrageergebnisse zu den elterlichen Schulwahlmotiven. So konstatieren die Verfasser einer kürzlich erschienen Studie der CARNEGIE-STIFTUNG (1992) zur Schulwahlthematik: „Many parents who do decide to send their children to another school appear to do so for nonacademic reasons" (S. 12). Bei einem Großteil der Eltern bestehen, wie verschiedene Befragungen zeigen, ausgeprägte Präferenzen für wohnortnahe Schulangebote.[11] Ein

10 So resümieren die Verfasser des OECD-Berichts „School: a matter of choice": „Research from different countries shows no single consistent picture in terms of how people make choices..." Einen Grund sehen sie darin, „that choices are so often particular to an individual situation..." (S. 23).

11 Der Modellversuch mit „Bildungsgutscheinen" in Alum Rock/Kalifornien z.B. ergab, daß über 70 Prozent der nach ihrem Schulwahlverhalten befragten Eltern den Schulstandort als ausschlaggebendes Kriterium nannten (BRIDGE/BLACKMAN

wichtiges Schulwahlmotiv ist auch die Plazierung der Kinder in das gewünschte Sozialmilieu (z.B. WILLMS/ECHOLS 1992). Diese Befunde legen die These nahe, daß Eltern offensichtlich nicht die „idealen Konsumenten" sind, von denen Bildungsmarkt-Theoretiker im allgemeinen ausgehen. Es wäre allerdings voreilig, wenn daraus der Schluß gezogen würde, von größerer „Konsumentensouveränität" im Schulwesen seien keine qualitätsfördernden Wirkungen zu erwarten. Solche Effekte können indirekt dadurch entstehen – und dies wäre in differenzierteren Mikroanalysen des Schulwahlverhaltens zu prüfen –, daß unabhängig von den Gründen, die im konkreten Fall für die Schulwahl entscheidend waren, „aktiv" wählende Eltern und Schüler nachweisbar eine größere Schulzufriedenheit und ein größeres schulisches „commitment" aufweisen.

– Wie wirkt sich das Problem „asymmetrischer Information", das von zahlreichen anderen Märkten bekannt ist, auf das Schulwahlverhalten aus, welche Informationsquellen stehen Eltern und Schülern zur Verfügung und welche nutzen sie bei Schulwahlentscheidungen?
Reale Bildungsmärkte sind keine vollkommenen Märkte, auf denen die Bedingung vollständiger Markttransparenz erfüllt ist. Es liegt hinreichende Evidenz darüber vor, daß die Funktionsfähigkeit von Bildungsmärkten wegen unzureichender Informationen der Bildungsnachfrager über das Bildungsangebot und die „Produktqualität" eingeschränkt ist. Asymmetrisch ist der Informationsstand der Marktteilnehmer in zweifacher Hinsicht: Erstens sind die Informationen über die Qualität von Bildungsleistungen zwischen Anbietern und Nachfragern ungleich verteilt; zweitens bestehen darüber bei den Bildungsnachfragern sozialschichtspezifische Informationsunterschiede (vgl. MADDAUS 1990). Dem Problem unvollkommener Information auf Bildungsmärkten wird mit verschiedenen politisch-administrativen Maßnahmen zu begegnen versucht: durch die Verpflichtung der Schulen zur Veröffentlichung von Leistungsindikatoren (z.B. England, Wales), durch eine obligatorische Schulberichterstattung (z.B. Niederlande, Schweden) oder durch die Einrichtung von Informationszentren für Eltern (z.B. Massachusetts/ USA).[12] Daneben existieren

---

1978). In einer britischen Studie zum elterlichen Schulwahlverhalten im Sekundarbereich (WOODS 1993) wurden die Wohnortnähe bzw. verkehrsgünstige Lage der Schule am zweithäufigsten als wichtiger Einflußfaktor der Schulwahl genannt.

12 Für die Einrichtung von Parent Information Centers in Massachusetts war vor allem die Absicht leitend, sozial benachteiligte und bildungsferne Gruppen zu erreichen, denen der Zugang zu anderen Informationsquellen erschwert ist (vgl. GLENN/MCLAUGHLIN/SALGANIK 1993).

vielfältige informelle Informationsquellen. Mikroanalytische Studien könnten Aufschluß geben über die Wirksamkeit verschiedener Informationsstrategien unter spezifischen Kontextbedingungen, die Intensität ihrer Nutzung bei Schulwahlentscheidungen und ihre Bedeutung für verschiedene Statusgruppen.
Ein besonderes Informationsproblem auf Bildungsmärkten resultiert daraus, daß Bildungsleistungen „Erfahrungsgüter“ sind, d.h. die Qualität der Leistung erst während des Bildungsprozesses und nach dessen Abschluß beurteilt werden kann. Dies wirft die Frage auf, welche manifesten Merkmale von Schulen von den Bildungsnachfragern ersatzweise als Qualitätsindikatoren herangezogen werden (z.B. Schulform, Schul- bzw. Klassengröße, Trägerschaft). Es ist nicht bloß eine vage Vermutung, daß Schulwahlentscheidungen, die explizit mit Qualitätsargumenten begründet werden, faktisch oftmals auf Kriterien basieren, deren Eigenschaft als Qualitätsindikatoren empirisch nicht zu sichern ist.[13] Die erfahrungswissenschaftliche Bestätigung dieser Vermutung würde den Schluß nahelegen, daß bei Fortbestehen unvollkommener Information von Wettbewerb und Schulwahlfreiheit keine nachfrageseitigen Impulse für innovatives und qualitätsverbesserndes Anbieterverhalten zu erwarten sind: ... „in the absence of solid information on school performance, choice will be made on an arbitrary basis that fails to create demand-side incentives for schools to make genuine educational improvements“ (OECD 1994, S. 32).

– In welchem Umfang fühlen sich Eltern durch eine unzureichende Angebotsdiversität, das Fehlen präferierter Angebote am Bildungsmarkt, in ihren Schulwahlentscheidungen beeinträchtigt? Und: Erklärt dies die vielfach gemachte Beobachtung, daß der Anteil „aktiv“ wählender Eltern und Schüler relativ gering ist?
  Das Fehlen „echter“ Alternativen, z.B. von Schulen mit besonderer pädagogischer Prägung, kann die Folge mangelnder Angebotsreagibilität (z.B. aufgrund eingeschränkter Autonomie) ebenso wie von Beschränkungen des Marktzugangs für private Anbieter sein.[14] Im Falle vorhandener

---

13 Als ein Surrogat-Indikator für die Schulqualität fungiert vielfach die Ressourcenausstattung, insbesondere die Schüler-Lehrer-Relation. In einer in Houston vorgenommenen Untersuchung der Elternpäferenzen für zur Auswahl stehende Magnetschulen wurde von den Eltern das Betreuungsverhältnis als das wichtigste attraktive Schulmerkmal genannt (Stanley 1982).

14 Die mangelnde Angebotsreagibilität steht auch im Mittelpunkt der Kritik von Chubb/Moe (1990) an staatlichen Schulwahlprogrammen in den USA: „... virtually all choice plans are entirely demand focused: they offer parents and stu-

privater, staatlich nicht oder nur gering subventionierter Bildungsangebote ist deren Inanspruchnahme an die Finanzierungsfähigkeit der Nachfrager gebunden. Auch zu hohe „Transaktionskosten" wie Kosten der Informationsbeschaffung oder lange Schulwege können prohibitiv wirken. Wie die Bildungsnachfrager die Restriktionen bewerten und wie sie darauf reagieren, kann sinnvoll nur unter Berücksichtigung der jeweiligen situativen Gegebenheiten interpretiert werden.

Mikroanalytische Studien zur Angebots-Nachfrage-Konstellation auf regionalen Bildungsmärkten unter dem Aspekt der Präferenzkompatibilität der Bildunsangebote hätten auch den Fragen Aufmerksamkeit zu schenken, welche formellen (z.B. Schulkonferenz, Parent Councils) und informellen Möglichkeiten für die Bildungsnachfrager bestehen, ihre Präferenzen bei der Gestaltung der Bildungsangebote zur Geltung zu bringen, in welchem Umfang von ihnen selbst (z.B. über die Gründung von Schulvereinen) Bildungsangebote initiiert worden sind und inwieweit sich angebotsseitige Einflüsse (z.B. durch ein entsprechendes „Marketing" der Schulen) für die Entstehung von Nachfragerpräferenzen nachweisen lassen.

Zu einer Einschränkung der „Konsumentensouveränität" führen auch Marktungleichgewichte infolge eines Nachfrageüberhangs. Die Konzentration der Präferenzen auf einige wenige Bildungsangebote ist auf realen Bildungsmärkten häufig anzutreffen. Welche Gründe dafür im einzelnen auch ausschlaggebend sein mögen (z.B. „Bandwagon-Effekte"), stets wird dadurch das Prinzip der Schulwahlfreiheit konterkariert: nicht mehr die Eltern und Schüler, sondern die Schulen wählen.[15] Die Alternative dazu wären Kapazitätserweiterungen bei den populären Schulen. Dadurch könnten sie allerdings jene Attraktivitätsmerkmale verlieren, derentwegen sie gewählt worden sind (z.B. Überschaubarkeit, intensive Sozialkontakte). Die Folge davon wären Wohlfahrtseinbußen bei jenen Eltern und Schülern, die die Schulen zuvor wegen dieser Merkmale gewählt haben. Einschränkungen der Konsumentensouveränität können schließlich das Ergebnis von Marktinterventionen (z.B. Standortsicherung wettbewerbs-

---

dents a measure of choice among schools. Rarely do these plans take any steps to free up the supply side by decontrolling – or, at least, encouraging and promoting through official actions – the emergence of new and different types of schools, so that people really have an attractive and dynamically responsive set of alternatives from which to choose" (S. 207).

15 Unter dem Schlagwort „free-market-philosophy gone mad" sind solche Entwicklungen unlängst in der britischen Presse angeprangert worden (vgl. Times Educational Supplement, Nr. 4070 vom 1.7.1994).

benachteiligter Schulen, Festlegung von Quoten für bestimmte Schülergruppen – s. das Beispiel der amerikanischen Magnetschulen) des politisch-administrativen Systems sein, um z.B. unerwünschte Marktergebnisse hinsichtlich übergeordneter Effizienz – und Chancengleichheits-Ziele zu korrigieren.

Die Entstehung von Quasi-Märkten im Schulbereich im Gefolge der Einführung von Wettbewerb, Schulwahlfreiheit und erweiterter Anbieterautonomie hat – wie skizziert – der Mikro-Bildungsökonomie ein neues, thematisch weitgespanntes Untersuchungsfeld eröffnet. Ihr Forschungsbeitrag läßt einen differenzierten Einblick in die Funktionsweise realer Bildungsmärkte erwarten – und damit eine Versachlichung der Diskussion über die Tragfähigkeit der „Marktlösung“ im Schulbereich.

Literatur

Adler, M./Petch, A./Tweedie, J.: Parental choice and education policy. Edingburgh: Edinburgh University Press 1989.

Arnott, M./Bullock, A./Thomas, H.: The Impact of Local Management of Schools: A source book. Birmingham: University of Birmingham, School of Education 1992.

Backes-Gellner, K./Zanders, E.: Lehre und Forschung als Verbundproduktion. Data-Envelopment-Analysen und organisationsökonomische Interpretationen der Realität in wirtschaftswissenschaftlichen Fachbereichen. In: Zeitschrift für Betriebswirtschaft 59(1989), S. 271-290.

Bessent, A.M./Bessent, E.W.: Determining the comparative efficiency of schools through Data Envelopment Analysis. In: Educational Administration Quarterly 16(1980)2, S. 57-75.

Bowe, R./Gewirtz, S./Ball, S.J.: Captured by the discourse? Issues and concerns in researching ‚parental choice‘. In: British Journal of Sociology of Education 15(1994)1, S. 63-78.

Brown, B.W./Saks, D.H.: The microeconomics of the allocation of teachers' time and student learning. In: Economics of Education Reviews 6(1987)4, S. 319-332.

Brown, B.W./Saks, D.H.: An economic approach to measuring teachers' preferences in allocating time to students. Paper presented at meetings of the American Educational Research Association in Montreal, Canada, April 1983.

Bridge, R.G./Blackman, J.: A study of alternatives in American education, Vol. 4: Family choice in schooling. Santa Monica, Cal.: Rand Corporation 1978.

Bürgerschaft der Freien und Hansestadt Hamburg: Bericht der Enquete-Kommission „Schulpolitik“. Hamburg 1993 (Drucksache 14/4000).

Carnegie-Stiftung: School choice: A special report. Princeton, N.J.: Carnegie Foundation for the Advancement of Teaching 1992.

Chubb, J.E./Moe, T.M.: Politics, markets, and America's schools. Washington, D.C.: The Brookings Institution 1990.

Coleman, J.S./Hoffer, T.: Public and private high schools. The impact of communities. New York: Basic Books 1987.

Coleman, J.S./Hoffer, T./Kilgore, S.: High school achievement: Public, catholic, and private schools compared. New York: Basic Books 1982.

Edding, F./Hüfner, K.: Der Beitrag der Ökonomie zur Bildungsforschung. In: Roth, H./Friedrich, D. (Hrsg.) Bildungsforschung. Probleme – Perspektiven – Prioritäten. Teil 1. Stuttgart: Klett 1975, S. 303-340.

Frederick, W.C./Walberg, H.J.: Learning as a function of time. In: The Journal of Educational Research, 73(1980), S. 183-194.

Garrett, A.W.: Improving classroom performance. In: Walberg, H.J. (Hrsg.): Advances in educational productivity. Volume 3: Analytic methods of educational productivity. Greenwich, London: Jai Press 1993, S. 239-255.

Glenn, C.L./Mc Laughlin, K./Salganik, L.: Parent information for school choice, Boston: Center on Families, Communities, School and Children's Learning 1993

Glennerster, H.: Quasi-markets for education. In: The Economic Journal 101 (1991), S. 1268-1276.

Hanushek, E.A.: The impact of differential expenditures on school performance. In: Educational Researcher, 18 (1989) 4, S. 45-65.

Hoenack, S. A.: Economics, organizations, and learning: Research directions for the economics of education. In: Economics of Education Review 13(1992)2, S. 147-162.

Huisken, F.: Zur Kritik bürgerlicher Didaktik und Bildungsökonomie. München: List 1972.

Ingenkamp, K./Petillon, H./Weiß, M.: Klassengröße: Je kleiner, desto besser? Forschungs- und Diskussionsstand zur Wirkung der Klassenfrequenz. Weinheim: Beltz 1985

Leibenstein, H.: Microeconomics and X-Efficiency theory. In: The Public Interest, Special Edition, 1980, S. 97-110.

Levačič, R.: Towards understanding and evaluating the performence of quasi-markets: the experience of the state school sector in England and Wales 1988-1992. Paper presented at the conference on „Quasi-markets and Public Service Delivery: the Emerging Finshings", University of Bristol 1993.

Levin, H.M./Glass, G.V./Meister, G.R.: Different Approachs to Improving Performance at School: A Cost-Effectiveness Comparison. In: Zeitschrift für internationale erziehungs- und sozialwissenschaftliche Forschung, 3(1986)2, S. 155-176

Lieberman, M.: Privatization and educational choice. New York: St. Martin's Press 1989.

Lith, U. van: Der Markt als Ordnungsprinzip des Bildungsbereichs. München: Oldenbourg 1985.

Maddaus, J.: Parental choice of school: What parents think and do. In: Cazden, C.B. (Hrsg.): Review of Research in Education 16 (1990), S. 267-295.

Mortimore, P./Mortimore, J.: The innovative uses of non teaching staff in Primary and Secondary Schools Project: Final Report. London: University of London Institute of Education 1992.
Martinez, V./Thomas, K./Kemerer, F. R.: Who chooses and why: A look at five school choice plans. In: Phi Delta Kappan 75(1994)9, S. 678-681.
Michael, B. (Hrsg.): Volunteers in Public Schools. Washington, D.C.: National Academy Press 1990
Monk, D.H.: Alternative perceptions of cost and the resource allocation behavior of teachers. In: Educational Administration Quarterly 18(1982)2, S. 60-80.
Murnane, R. J./Nelson, R. R.: Production and innovation when techniques are tacit. In: Journal of Economic Behavior and Organization 5(1984), S. 353-373.
Murnane, R. J.: How clients' characteristics affect organization performance: Lessons from education. In: Journal of Policy Analysis and Management 2(1983)3, S. 403-417.
OECD: School: a matter of choice. Paris 1994.
Rauin, U./Weishaupt, H.: Schulangebot und Elternwille. Probleme der Gesamtschulentwicklung in Hessen am Beispiel des Landkreises Groß-Gerau. In: Zedler, P. (Hrsg.): Schulentwicklung. Probleme, Herausforderungen, Perspektiven. Weinheim: Deutscher Studien Verlag 1995 (in Vorbereitung).
Recum, H. von: Bildungsökonomie im Wandel. Braunschweig: Westermann 1978.
Sadowski, D.: Schulen. In: Chmielewicz, R. et al. (Hrsg.) Handwörterbuch der öffentlichen Betriebswirtschaft, Band XI. Stuttgart: Poeschel 1989, S. 1431-1437.
Sheldon, G.: Zur Messung der Effizienz im Bildungsbereich mit Hilfe der Data Envelopment Analysis. Basel: Forschungsstelle für Arbeitsmarkt- und Industrieökonomik Universität Basel 1994.
Simkins, T.: Efficiency, effectiveness and the local management of schools. In: Journal of Education Policy 9(1994)1, S. 15-33.
Stanely, C.: Parent and Student attitudes toward magnet-schools – do the decision makers care? Paper presented at the annual meeting of the Southwest Educational Research Association, Austin, 1982.
Tomlinson, H. (Hrsg.): Performance-related pay in education. London u. New York: Routledge 1992.
Tomlinson, T. M.: Class size and public policy: Politics and panaceas. In: Educational Policy 3(1989)3, S. 261-273.
Treiber, B.: Lehr- und Lernzeiten im Unterricht. In: Treiber, B. et al. (Hrsg.): Lehr-Lern-Forschung, München u.a.: Urban u. Schwarzenberg 1982, S. 12-36.
Walberg, H.J. (Hrsg.): Advances in educational productivity. Volume 3: Analytic methods for educational productivity. Greenwich, London: Jai Press 1993.
Weiß, M.: Kostenkennwerte staatlicher Schulen. In: Recht der Jugend und des Bildungswesens 36(1988)3, S. 341-348.
Weiß, M.: Schulausgaben und Schulqualität – empirische Analysen des Zusammenhangs. In: Zedler, P. (Hrsg.): Schulentwicklung. Probleme, Herausforderungen, Perspektiven. Weinheim: Deutscher Studien Verlag 1995 (in Vorbereitung).

Weiß, M.: Der Markt als Steuerungssystem im Schulwesen? In: Zeitschrift für Pädagogik, 39(1993)1, S. 71-84 (1993)

Willms, D./Echols, F.: Alert and inert clients: The Scottish experience of parental choice of schools. In: Economics of Education Review 11(1992)4, S. 339-350.

Woll, A.: Allgemeine Volkswirtschaftslehre, 11. Aufl. München: Vahlen 1993.

Woods, P.A.: Parental perspectives on choice in the United Kingdom: Preliminary thoughts on meanings and realities of choice in education. Paper presented at the annual meeting of the American Educational Research Association, Atlanta, April 1993.

Klaus Klemm

Makroökonomie der Schule

Kurz vor seiner Auflösung gab der Deutsche Bildungsrat 1975 in seiner Reihe „Gutachten und Studien der Bildungskommission" zwei Bände mit dem Titel „Bildungsforschung – Perspektiven – Prioritäten" heraus. In der Reihe der dort versammelten und zu einem großen Teil auch heute noch mit Gewinn lesbaren Beiträge findet sich ein Aufsatz von Friedrich EDDING und Klaus HÜFNER mit der sehr umfassenden Überschrift „Der Beitrag der Ökonomie zur Bildungsforschung". Dieser Text, der stark von den Fragestellungen der siebziger Jahre geprägt ist, benutzt Abgrenzungen und Definitionen, die auch heute noch tragfähig sind und die die Grenzziehung zwischen dem hier vorgelegten Beitrag zu dem von Manfred WEISS unter dem Titel „Mikroökonomie der Schule" beigesteuerten Aufsatz leistet.

Als „Makro-Ebene" bezeichnen EDDING und HÜFNER die „Ebene hoher Aggregation, die einerseits gesamtwirtschaftliche Voraussetzungen und Konsequenzen der Organisation von Lehr- und Lernprozessen betrachtet (externe Orientierung) und andererseits das umfassende wirtschaftliche Subsystem Bildungswesen unter gesamtsystemischen Gesichtspunkten analysiert (interne Orientierung)" (S. 332). Als „Mikro-Ebene" wird dagegen die „Ebene niedriger Aggregation, die sich mit einzelnen Bildungsorganisationen und Innen- und Außenbeziehungen befaßt" (S. 332), bestimmt. Hinsichtlich des „ökonomischen Problems", das die Bildungsökonomie auf diesen beiden Ebenen beschäftigt, formulieren sie generalisierend: „Jedes Sozialsystem sieht sich mit einem „ökonomischen Problem" konfrontiert, das darin besteht, die für seine Ziele und Zwecke erforderlichen Ressourcen zu beschaffen (externe Orientierung) und sie so einzusetzen und anzuwenden, daß sie seinen Zielen und Zwecken entsprechen (interne Orientierung)" (S. 332).

An dieser nach wie vor plausiblen und auch praktikablen Systematik möchte ich mich orientieren, wenn ich im folgenden – bezogen auf die Makroebene des Schulsystems – Probleme der Ressourcenbeschaffung (externer Aspekt) sowie der Allokationskriterien und -mechanismen (interner Aspekt) als Zukunftsfelder der Schulforschung beschreibe. Dabei rücke ich das Problem der Ressourcensicherung ins Zentrum meiner Überlegungen. Ich befinde mich dabei in Übereinstimmung mit Akzentuierungen, die – international gesehen – seit den achtziger Jahren durch die bildungsökonomische Forschung gesetzt wurden. François ORIVEL formuliert diesen bildungsökonomischen Schwerpunkt, den er in der neueren Forschung sieht, mit der folgenden Frage: „Wie kann man dem relativ neuen Phänomen der Verlangsamung des Wachstums der verfügbaren Ressourcen der Bildungssysteme begegnen?“ (ORIVEL 1994, S. 138). Direkt oder – wie sich zeigen wird – mittelbar auf diese die künftige Entwicklung des Schulsystems zentral beeinflussende Fragestellung gruppiere ich die von mir zu benennenden Felder künftiger Schulforschung im Bereich der Makroökonomie der Schule in fünf Komplexe. Diese Komplexe überschreibe ich mit „Abgrenzung des Bildungsbudgets“, „Gewinnung öffentlicher Ressourcen“, „Nicht öffentliche Finanzierung von Bildung“, „Effektivierung des Mitteleinsatzes“ und – schließlich – „Kontrolle des Mittelverbrauchs“.

1. Zur Abgrenzung des Bildungsbudgets

Gleichsam im Vorfeld weitergehender Überlegungen zur Ressourcengewinnung und -verausgabung stellt sich die in der Bildungsforschung bisher keineswegs zufriedenstellend beantwortete Frage nach der Definition dessen, was unter der Überschrift „Bildungsausgaben“ gefaßt wird, was also das „Bildungsbudget“ ausmacht. Es gibt zwar in der Bundesrepublik, spätestens seit den Arbeiten am „Bildungsgesamtplan“ zu Anfang der siebziger Jahre, eine seither praktizierte Abgrenzung, die den einschlägigen Statistiken über die Bildungsausgaben zugrundegelegt wird. Diese Abgrenzung wird in den jährlich erscheinenden Grund- und Strukturdaten des Bundesministerium für Bildung und Wissenschaft referiert: „Das Bildungsbudget im engeren Sinne umfaßt die statistischen (gemeint ist: staatlichen; d. Verf.) Ausgaben für den gesamten Bildungsbereich in den Abgrenzungen des Bildungsgesamtplans. Hierzu gehören der Elementarbereich und die außerschulische Jugendbildung, der Schul- und Hochschulbereich, die Weiterbildung, Förderungsmaßnahmen und die gemeinsame Forschungsförderung von Bund und Ländern“ (BMBW 1993, S. 262). Diese ausschließlich öffentliche Ausgaben umfassende Definition des Bildungsbudgets hat sich einerseits für die Darstellung und Analyse nationaler Bildungsausgaben im Zeitverlauf als durchaus praktikabel gezeigt, erweist sich zugleich aber für weitergehende Fragestellungen immer mehr als ungeeignet. Zum einen führt sie – nicht zuletzt wegen der Nichtberücksichtigung der nicht öffentlichen Ausgaben – bei internationalen

Vergleichen zu irreführenden Vergleichswerten. Zum anderen taugt sie nicht für eine Analyse des tatsächlichen gesellschaftlichen ökonomischen Aufwandes für Bildung, insbesondere deshalb nicht, weil sie die fließenden Grenzen zwischen Bildungs-, Jugend- und Familienpolitik weitgehend vernachlässigt. Ich möchte dies durch einige Beispiele illustrieren und verdeutlichen:

- Eine immer wieder vorgetragene und gesellschaftlich ja auch breit gestützte Anforderungen an das Bildungssystem ist der Ausbau ganztägiger schulischer Angebote und, wo dies nicht erreichbar ist, wenigstens der Sicherung einer den vollen Vormittag umfassenden schulischen Betreuung – insbesondere im Grundschulbereich. Dieses vielfach formulierte Ziel wird gleichermaßen schulpolitisch (Förderungsmöglichkeiten bei ganztägiger Betreuung, Erziehungsauftrag der Schule), frauenpolitisch (Verbesserung der Voraussetzungen für die Erwerbstätigkeit von Müttern) und arbeitsmarktpolitisch (Sicherung des Erwerbspersonenpotentials durch eine weitergehende Einbeziehung der Frauen mit Kindern) begründet. Die Finanzierung von Ganztagsschulen aber wird im Rahmen des Bildungsbudgets abgerechnet.
- Kindergeld wird in Deutschland über das 18. Lebensjahr eines Kindes hinaus nur dann gewährt, wenn das Kind sich noch in Bildung oder Ausbildung befindet. Gleichwohl wird dieses Kindergeld nicht dem Bildungsbudget zugeordnet. Wenn aber wegen des gleichen begründenden Tatbestandes, der Teilhabe an Bildung oder Ausbildung, für anspruchsberechtigte junge Leute Zahlungen nach dem Bundesausbildungsförderungsgesetz geleistet werden, so sind dies bei der etablierten Abgrenzung des Bildungsbudgets Bildungsausgaben.
- Versorgungsleistungen, also die Rente der Angestellten im Bildungssystem bzw. die Pensionen der Beamten, sind nicht im Bildungsbudget enthalten (vgl. BMBW 1993, S 262). Diese Ausklammerung erheblicher durch das Bildungssystem letztlich verursachter Kosten hat dazu beigetragen, daß viele Jahre die Hoffnung genährt wurde, die große Pensionswelle, die in der zweiten Hälfte der neunziger Jahre in den Schulen Deutschlands einsetzt, schaffe nicht nur einen Neueinstellungsbedarf, sondern setze auch die zur Deckung dieses Bedarfs erforderlichen Finanzmittel frei.
- Die Tatsache, daß in Deutschland ein erheblicher Teil der beruflichen Ausbildung (im Dualen System) von den privaten und den öffentlichen Unternehmungen geleistet und daß deren Kosten in dem Bildungsbudget (mit seiner Beschränkung auf öffentliche Ausgaben) nicht erfaßt werden, führt überall da, wo Bildungsausgaben international verglichen werden, zu erheblichen Verzerrungen (vgl. OECD 1993, S. 64ff).

Die in diesen Beispielen deutlich werdenden Abgrenzungsprobleme sowohl zwischen öffentlichen und nicht öffentlichen Ausgaben wie auch zwischen Bildungsausgaben im traditionellen Verständnis und Ausgaben in nahen Randbereichen der Politik verweisen auf zwei Forschungsdesiderate:

1. Es bedarf einer systematischen Darstellung der dem Bildungssystem bzw. seinen Nutzern insgesamt zufließenden öffentlichen Mittel und einer darauf aufbauenden Analyse der öffentlichen Transferleistungen. Erst daran anschließend wäre eine trennschärfere Neudefinition des Bildungsbudgets möglich.
2. Die nicht öffentlichen Ausgaben für das Bildungssystem müssen systematisiert dargestellt und ein Vorschlag für deren Erfassung muß erarbeitet werden. Erst dadurch würden zum einen der ökonomische Aufwand für das Bildungssystem insgesamt erfaßt und zum anderen dessen internationaler Vergleich möglich werden.

2. Zur Gewinnung öffentlicher Ressourcen

Ganz unabhängig von der Frage, wie eine fachlich überzeugende und finanzstatistisch praktikable Definition des Bildungsbudgets ausfällt, muß in den kommenden Jahren davon ausgegangen werden, daß die Gewinnung zusätzlicher öffentlicher Finanzmittel für das Bildungswesen insgesamt und für die Schulen insbesondere erheblich schwerer als in früheren Expansionsjahren fallen wird. Diese offensichtlich für zahlreiche Industrieländer geltende Beobachtung (vgl. ORIVEL 1994, S. 138) hat in Deutschland mehrere Ursachen:

- Die öffentliche Verschuldung hat in Deutschland ein Volumen erreicht, daß selbst dann, wenn es gelänge, den öffentlichen Haushalten durch eine Ausweitung ihres Anteils am Sozialprodukt zusätzliche Mittel zu erschließen, diese Mittel zur Verminderung der Kreditaufnahme, nicht aber zu einer Finanzierung zusätzlicher Ausgaben eingesetzt werden müßten. Unabhängig davon, daß eine Ausweitung des Staatsanteils am Sozialprodukt kaum zu einer Erhöhung der Bildungsausgaben führen würde, kann eine solche weitere Ausweitung auch volkswirtschaftlich kaum als sinnvoll angesehen werden.
- Auch bei einer Stagnation oder gar Rückführung der jährlichen Neuverschuldung im Rahmen der Finanzierung der öffentlichen Haushalte erweist sich der jährlich zu erbringende Schuldendienst immer mehr als ein Element der Verringerung des politischen Handlungsspielraums der

Parlamente im Rahmen der Nutzung ihres Budgetrechtes. Mitte der neunziger Jahre übersteigen die Kreditkosten aller öffentlichen Haushalte bereits die Gesamtheit ihrer Bildungsausgaben. Die mit jeder Neuverschuldung wachsenden Kreditkosten verringern vorab den Teil der öffentlichen Haushalte, über den Parlamentarier tatsächlich noch entscheiden können.

- Eine ähnliche, die Verfügungsmasse der Parlamente einschränkende Entwicklung wird von den Pensionskosten der kommende Jahre verursacht. Da Pensionsleistungen, anders als Rentenleistungen, nicht durch Rückstellungen angespart werden, müssen die jährlich für Pensionen erforderlichen Mittel den jeweils laufenden Haushalten entnommen werden. Dies wirkt sich in den kommenden Jahren fatal aus: Die hohen Pensionierungszahlen (gerade auch im Schulbereich), die in den neunziger Jahren und danach erwartet werden, führen zu einer mächtigen Ausweitung der Pensionskosten und damit (ähnlich wie der wachsende Schuldendienst) zu einer weiteren Einschnürung der tatsächlich zur Verfügung stehenden Haushaltsmittel.
- Dies alles führt dazu, daß selbst bei einem dauerhaften Wirtschaftswachstum die den öffentlichen Haushalten verfügbaren Mittel nicht oder kaum steigen werden. Da aber zugleich nicht nur das Bildungssystem, sondern auch andere Teilbereiche wie z.B. das Gesundheitswesen, die Arbeitsmarkt- oder die Altenpolitik mit gleichfalls guten Gründen eine Steigerung ihrer Ressourcen einfordern werden, sind sehr harte Verteilungskämpfe erwartbar.

Diese insgesamt eher durch Stagnation als durch Expansion gekennzeichnete Lage trifft das Bildungssystem in einer Zeit, in der das lange Jahre unbestrittene Dogma von Bildungsausgaben als Zukunftsinvestition an Akzeptanz eingebüßt hat – und zwar aus zwei Gründen. Zum einen: Die nahezu klassische Argumentation der Bildungsökonomie orientiert sich am Humankapitalkonzept, demzufolge Investitionen in das Bildungssystem eine wesentliche Voraussetzung wirtschaftlichen Wachstums seien. Auch wenn diese wachstumstheoretische Annahme bisher nicht grundsätzlich in Frage gestellt wird, verliert sie in Deutschland dadurch an Gewicht, daß darauf verwiesen wird, daß derzeit eine Fehllenkung von Finanzmitteln zu – bei einer niveauspezifischen Betrachtung – Fehlqualifikationen führe. Die Debatte um „Facharbeitermangel“ und „Akademikerüberschuß“ (vgl. dazu aktuell BLK 1994a), in der es im Kern um eine Umlenkung fort von akademischen Ausbildungswegen und hin zu der Dualen Ausbildung geht, verweist – bildungsökonomisch gesehen – darauf, daß Zukunftsinvestitionen bei einem stagnierenden Bildungsbudget durch eine bedarfsorientierte Mittelallokation gesichert bleiben könnten. Zum anderen wird – eher noch grundsätzlicher – in Frage gestellt, ob nach Erreichen eines bestimmten Ausgabeniveaus im Bildungsbereich eine weitere Mittelsteigerung zusätzlich Nutzen oder zumindest eine der zusätzlichen haushaltsmäßigen Anstrengung entsprechende Nutzensteigerung bringe (vgl. ORIVEL 1994, S. 142). Das aus der Ökonomie vertraute Gesetz vom sinkenden Grenznutzen (der Ertrag je zusätzlich eingesetzter Einheit sinkt) findet etwa bei der Diskussion um Klassenfrequenzen Anwendung, wenn gefragt wird: Bringt eine Steigerung der Personalkosten um 10%, die eine Senkung der durchschnittlichen Klassenfrequenzen von 25 auf 22,5 sichert, eine pädagogische Nutzensteigerung um eben diese 10%? Und umgekehrt: Führt eine Einsparung von Personalkosten in der Höhe von 10% mit einer parallelen Frequenzsteigerung zu einer zehnprozentigen Verschlechterung (vgl. BLK 1994b, S. 70)?

Beiden Argumenten („Die Mittel reichen, aber sie sind fehlgeleitet.“ und „Der erwartbare zusätzliche Ertrag rechtfertigt keine Steigerung des Mitteleinsatzes.“) Kann nicht mit einem gebetsmühlenhaften Verweis auf das bildungsökonomische Grunddogma („Bildungsausgaben sind Investitionen“) begegnet werden. Für die Beantwortung der Frage, ob ein – wie immer abgegrenztes – Bildungsbudget hinreichend sei, bedarf es erheblicher Forschungsanstrengungen, die zu einer Ausdifferenzierung der bildungsökonomischen Argumentation führen könnten. Die Richtung einer darauf zielenden Forschung soll durch die folgende Nennung vorläufiger und nicht abschließend gemeinter Forschungsthemen angegeben werden:

1. Qualifikation und technologische Entwicklung: In den gängigen Projektionen zum Qualifikationsbedarf des Beschäftigungssystems (vgl. WAHSE/ WEISSHUHN 1994 und TESSARING 1994 – zusammengefaßt in BLK 1994a) wird, wenn auch mit unterschiedlichen Einzelannahmen, mit einem gängigen Ableitungsmuster gearbeitet: Aus branchenspezifisch abgeleiteten Annahmen zum Wirtschaftswachstum und zur Produktivitätsentwicklung werden Qualifikationsbedarfe branchenspezifisch abgeleitet und zu einem qualifikationsspezifischen nationalen Gesamtbedarf addiert. Diesem Ansatz müßte – zunächst in explorativer Forschung – eine andere Blickrichtung zur Seite gestellt werden. Diese Richtung kann so skizziert werden: Ein hohes Qualifikationsniveau erhöht die Arbeitskosten, da – zumindest in Deutschland – die Angebotssteigerung qualifizierter Erwerbstätiger in Folge der Bildungsexpansion nicht oder kaum zu einem Abbau des Lohnvorteils hoch qualifizierter Arbeit geführt hat. Dies führt zum Teil zu einer Auslagerung unqualifizierter Arbeit in – inzwischen benachbarte – Niedriglohnländer, zwingt zugleich aber auch

zu „technologischem Fortschritt“ in der in Deutschland verbleibenden Volkswirtschaft. Dies aber „produziert“ eine weiter steigende Qualifikationsnachfrage. Dieser Zusammenhang würde, wenn er durch Forschung erhärtet werden könnte, bedeuten, daß ein im Durchschnitt gesteigertes Qualifikationsniveau der Erwerbstätigen eine Steigerung der Qualifikationsnachfrage induzieren würde.

2. Qualifikation und regionale Wirtschaftsentwicklung: Die These von der Bedeutung von Bildung und Ausbildung für die wirtschaftliche Entwicklung, insbesondere für weiteres Wirtschaftswachstum, bedarf neben der zuvor skizzierten einer weiteren Ausdifferenzierung. Im Bereich regionaler Strukturpolitik ist es weithin akzeptiert, daß die Qualifikation der regional verfügbaren Erwerbstätigen wie auch das regional erreichbare Bildungsangebot den Rang entwicklungsträchtiger Standortfaktoren haben. So akzeptiert diese These auch ist, so unbelegt ist sie zugleich: Wie dieser Zusammenhang aussieht, in welchen Fristen hier qualifikatorische Maßnahmen hinsichtlich ihrer ökonomischen Auswirkungen gedacht werden müssen und welche Qualifikationen regional für Umstrukturierungsprozesse erforderlich sind, ist weithin unerforscht. Angesichts der im Westen Deutschlands anhaltenden und im Osten erst gerade aufgenommen Umstrukturierung von Regionen mit „alten“ Industrien in entwicklungsfähigere Regionen kommt der Erforschung des hier angesprochenen Zusammenhangs große Bedeutung zu.

3. „Vorratsproduktion“ von Qualifikationen: Ganz generell gilt, daß Bildungsausgaben sich erst in späteren Perioden rentieren. Dieser wegen des hohen Zeitaufwands von Bildung und Ausbildung triviale Tatbestand erfährt in der gegenwärtigen und zukünftigen demographischen Situation Deutschlands eine spezifische Zuspitzung. In beiden Teilen Deutschlands wird sich – zeitlich leicht versetzt – das Erwerbspersonenpotential infolge des Geburtenrückgangs der sechziger und siebziger Jahre nach der Jahrhundertwende drastisch verringern: Die Zahl der 20- bis unter 60jährigen sinkt von Anfang der neunziger Jahre noch etwa 47 Millionen auf im Jahre 2010 nur noch 42,2 Millionen und auf im Jahre 2030 30,4 Millionen – vernachlässigt man die zur Zeit nicht abschätzbare Zuwanderungsentwicklung (vgl. dazu BLOCK/KLEMM 1994, S. 40). Angesichts dieser sich langfristig abzeichnenden demographischen Verknappung, die aber jetzt Mitte der neunziger Jahre in einer Phase von Dauerarbeitslosigkeit und tendenzieller Überqualifikation der Erwerbstätigen sichtbar wird, ist der Hinweis auf die erforderliche Vorratsproduktion von Qualifikationen schwer vermittelbar. Dies gilt auch deshalb, weil weitgehend unklar ist, welche Qualifikationen denn auf „Vorrat“ angelegt werden

sollen und auf welche Weise – um im Bild zu bleiben – dieser „Vorrat“ haltbar, also zu späteren Zeiten „nutzbar“ gemacht werden kann. Hier ist Forschungsbedarf.

Erst wenn bildungsökonomisch angelegte Forschung durch eine Ausdifferenzierung ihrer gängigen Forschungsfragen belegen kann, daß die Steigerung von Bildungsausgaben auch nach dem Erreichen eines bestimmten Ausgabenniveaus noch meßbare ökonomische Erträge bringt, wird das so differenzierte bildungsökonomische Credo („Bildungsausgaben sind Investitionen“) hilfreich bei der Gewinnung öffentlicher Ressourcen sein können.

3. Zur nicht öffentlichen Finanzierung von Bildung

Die Betrachtung von Bildungsausgaben konzentriert sich zumeist, zumal dann, wenn international verglichen wird, auf die öffentlichen Ausgaben. Diese Sichtweise muß aus zweierlei Gründen ausgeweitet werden. Zum einen, weil es für die ökonomische Bedeutung von „produzierter“ Bildung – wenn sie einmal hergestellt ist – unerheblich ist, wer diese Produktion zu welchen Anteilen finanziert hat. Die zuvor angemahnte Ausdifferenzierung des Kenntnisstandes über den Zusammenhang von Bildungsausgaben und Wirtschaftswachstum erzwingt Forschungsanstrengungen, die sich auf das Ausmaß und die Auswirkungen nicht öffentlicher Bildungsfinanzierung konzentrieren. Der Stand der Forschung dazu, vor allem die in den USA vorgelegten Arbeiten, hat WEISS an verschiedenen Stellen referiert (z.B. WEISS 1993). Für die Weiterentwicklung der hiermit ausgesprochenen Fragestellung erscheint mir ein in jüngster Zeit neu in die Debatte eingeführter Gesichtspunkt besonders erforschungsbedürftig: Bisher galten Nutzerbeteiligungen bei der Finanzierung von Bildungseinrichtungen (ganz egal, ob in Form von Gebühren, von rückzahlbaren Darlehen oder von Sondersteuern) durchgängig als sozial selektiv. Das auf diese Grundannahme aufbauende Argument („Eigenbeteiligungen jeder Art schließen sozial schwächere Bevölkerungskreise von der Teilhabe an Bildung tendenziell aus“) wird neuerdings durch eine Studie von GRÜSKE – am Beispiel der Hochschulnutzung – sehr grundsätzlich in Frage gestellt. In seiner Studie „Verteilungseffekte der öffentlichen Hochschulfinanzierung in der BRD“ (1994) zeigt er, daß Erwerbspersonen mit Hochschulbildung ein erheblich höheres Lebenseinkommen als solche ohne Hochschulausbildung beziehen, daß ihre Ausbildung in den Hochschulen aber zu beträchtlichen Teilen von Nichtakademikern mit geringeren Lebenseinkommen finanziert wird. Wenn weitere Forschungen diese These der Umverteilung von „unten“ nach „oben“ auf dem Weg öffentlich finanzierter Bildung bestätigen würden, müßte dies einschneidende Konsequenzen haben. Dann wäre z.B. zu überlegen, ob es nicht sinnvoller wäre, für „höhere“ Bildung kostendeckende Beiträge zu erheben und dies durch ebenfalls kostendeckende Stipendien für Bezieher niedriger Einkommen sozial zu flankieren.

4. Zur Effektivierung des Mitteleinsatzes

Der hiermit angesprochene Aspekt des effektiven Einsatzes der für das Bildungswesen eingesetzten erheblichen Finanzmittel reicht mit in den Bereich der Mikroökonomie der Schule hinein. Der in diesem Feld aus meiner Sicht bestehende Forschungsbedarf soll daher nur durch einige Fragen markiert werden:

1. Welchen Beitrag können eine Lösung der Bildungshaushalte vom Jahresbezug (Übertragbarkeit von Mitteln) sowie eine Globalisierung der Mittelzuweisung (wechselseitige Deckungsfähigkeit) für einen wirtschaftlicheren Umgang mit verfügbaren Ressourcen leisten?
2. Kann eine ausgeweitete Autonomie der Einzelinstitutionen zur wirtschaftlicheren Nutzung verfügbarer Ressourcen führen?
3. Sind „Belohnungssysteme“ für erfolgreiches Arbeiten einzelner Institutionen denkbar, wie müßten sie aussehen, welche Erfolgsindikatoren könnten ihnen zugrunde gelegt wurden?

In diesem hier nur knapp angesprochenen Bereich der Effektivierung des Mitteleinsatzes wird es in den kommenden Jahren weniger Grundlagenforschung als Begleitforschung der jetzt vielerorts anlaufenden Versuche geben müssen.

5. Zur Kontrolle des Mitteleinsatzes

Der letzte der eingangs angesprochenen Komplexe künftiger Schulforschung bezieht sich auf die Frage der Kontrolle. So einleuchtend die Forderung ist, daß das Erreichen versprochener Effekte von Bildungsausgaben auch kontrolliert werden müsse, so unbefriedigend sind die verfügbaren Möglichkeiten der Definition und Messung von Effekten. Die Tatsache, daß die Schulforschung hier bisher die Ergebnisse der „Gute-Schule-Forschung“ nicht einmal ansatzweise in operationalisierbare Indikatoren hat übersetzen können, läßt einer ausschließlich ökonomischen Vorgehensweise nahezu unbegrenzten Raum. Dieses Defizit legitimiert geradezu Ansätze wie die im Kienbaum-Gutachten vertretenen (Kienbaum-Unternehmensberatung 1991). Dort wird das Produkt der Schule schlicht als die „Summe der erteilten Unterrichtsstunden" definiert. Gerade weil eine derartige Definition pädagogisch und qualifikatorisch unsinnig ist, bedarf es erheblicher Forschungsanstrengungen, die darauf abzielen, dem mit großer Sicherheit wachsenden Controlling-Bedürfnis fachlich begründete Indikatoren bereitzustellen. Die Verweigerung derartiger Indikatoren, auch wenn sie mit Verweis auf einen wie immer gearteten Bildungsbegriff wohl begründet werden kann, schützt nicht vor dem Zugriff kontrollierender Rechnung.

Zur Makroökonomie der Schule: Die Forschung steht erst am Anfang

Ich habe meinen kleinen Versuch, Forschungsdesiderate im Bereich der Makroökonomie der Schule aufzuzeigen, mit einem Verweis auf die Arbeit von EDDING und HÜFNER aus der Mitte der siebziger Jahre begonnen. Die Aufzählung von Forschungsbedarfen zeigt, daß der von den beiden Autoren damals verbreitete Optimismus trog. Sie schrieben: „Es gibt jedoch eine Reihe von Anzeichen dafür, daß die Ausdifferenzierung der Bildungsökonomie in der BRD das kritische Minimum überschritten hat: Bildungsökonomische Probleme sind inzwischen mehr als modische Forschungen, denen primär andersweitig orientierte Wissenschaftler vorübergehend etwas Aufmerksamkeit widmen. Bildungsökonomie ist nicht mehr in so starkem Maße vom Interesse Einzelner, in ihrer Berufsrolle wenig festgelegter Wissenschaftspersönlichkeiten abhängig. Vielmehr ist eine relativ intensive, spezialisierte Beschäftigung mit derartigen Fragestellungen heute in der BRD zu beobachten" (1975, S. 335). Eine Durchmusterung der hier wie auch in dem Beitrag von Manfred WEIS in diesem Band angeführten offenen Fragen zeigt, daß die Ende der sechziger, Anfang der siebziger Jahre begonnene Aufbruchstimmung in der Bildungsforschung generell und gerade auch im Bereich der Bildungsökonomie nicht weit getragen hat. Daß dies ein international feststellbares Bild ist, vermag nicht sehr zu beruhigen. ORIVEL, der die internationale Randständigkeit bildungsökonomischer Forschung jüngst belegt hat (1994, S. 138f), verweist dabei auf ein erstaunliches Ungleichgewicht. In der international registrierten wirtschaftswissenschaftlichen Fachliteratur der zehn Jahre von 1980 bis 1989 befassen sich gerade nur 0,75% aller vorgelegten Beiträge mit bildungsökonomischen Fragen. Angesichts der Tatsache, daß in den wichtigen Industrieländern 6% bis 7% der Ressourcen dieser Länder für Bildung ausgegeben werden, ist dies bemerkenswert wenig. Auf jeden Fall aber kann dieses erhebliche Mißverhältnis zwischen dem Umfang eingesetzter Mittel einerseits und der im weitesten Sinne Erforschung ihres Einsatzes andererseits zu einem öffentlich wirksamen Argument für eine Steigerung entsprechender Forschungsanstrengungen genutzt werden.

Literatur

BLK: Beschäftigungsperspektiven der Absolventen des Bildungswesens, Bonn 1994a

BLK: Kurzfristige Personalentwicklung im Schulbereich der alten und neuen Länder, Bonn 1994b

Block, R./Klemm, K.: Verknappung und Vergeudung – Gutachten im Auftrag des DGB, Düsseldorf 1994 (Manuskriptdruck)

BMBW: Grund- und Strukturdaten 1993/94, Bonn 1993

Budde, H./Klemm, K.: Zur Entwicklung der Bildungsfinanzierung, in: Rolff, H.-G. u.a. (Hrsg.): Jahrbuch der Schulentwicklung 8, Weinheim 1994, S. 99-123

Deutscher Bildungsrat: Bildungsforschung: Probleme – Perspektiven – Prioritäten, 2 Bände, Stuttgart 1975

Edding, F./Hüfner, K.: Der Beitrag der Ökonomie zur Bildungsforschung, in: Deutscher Bildungsrat 1975, Band 1, S. 303-340

Grüske, K.-D.: Verteilungseffekte der öffentlichen Hochschulfinanzierung in der Bundesrepublik Deutschland, in: Lüdecke, R. (Hrsg.): Bildung, Bildungsfinanzierung und Einkommensverteilung II, Berlin 1994

Kienbaum-Unternehmensberatung: Organisationsuntersuchung im Schulbereich, Düsseldorf 1991

OECD: Education at a Glance – OECD Indicators, Paris 1993

Orivel, F.: Stand der Forschung im Bereich der Bildungsökonomie, in: 32. Beiheft der Zeitschrift für Pädagogik: Bildung und Erziehung in Europa, Weinheim 1994, S. 135-148

Weiß, M.: Der Markt als Steuerungssystem im Schulwesen, in: ZfPäd. 1993, S. 71-84

Hans-Peter Füssel

Schulkonzept und Schulverfassung

Die Themenüberschrift erweckt den Eindruck, als wenn Klarheit und Einmütigkeit bestände, daß es ein Schulkonzept (zumindest ein „heimliches“) gäbe oder zumindest geben müßte und daß dieses mit der – immerhin vorhandenen – Schulverfassung in Beziehung stände. Ich teile diese Auffassung, will aber im weiteren Verlauf die Überschrift umstellen, um damit zu verdeutlichen, daß nach meiner Auffassung ein entsprechendes Schulkonzept aus einer entsprechenden Schulverfassung folgt.

I.

Zunächst bedarf es einer begrifflichen Klärung des Begriffes „*Schulverfassung*“. Denn dieser kann zweierlei umfassen:
Er kann – erstens – die (innere) Struktur einer einzelnen Schule beschreiben – im Sinne von: welche Verfassung *hat* eine einzelne Schule? Mit diesem Vorstellung von „Schulverfassung“ ist dann – im herkömmlichen schulrechtlichen Verständnis[1] – die Frage nach der Verteilung der Kompetenzen an einer Schule gestellt, nach den Befugnissen und Aufgaben der Schulleitung, den Rechten der Mitwirkung und Mitbestimmung von Lehrern und Lehrerinnen, von Eltern und von Schülern und Schülerinnen, aber auch nach Gremien und Gremienzusammensetzungen.

Aber der Begriff der „*Schulverfassung*“ läßt sich auch in einem anderen – zweiten – Sinne verstehen, nämlich als die Beschreibung des Zustandes einer Schule – im Sinne von: In welcher Verfassung *befindet* sich eine einzelne Schule?

---

1 „Als Schulverfassung bezeichnet man die Gesamtheit der Rechtsnormen, die die innere Organisation der Schule, ihre Organe und die Mitwirkung der an ihr beteiligten Personen regeln“ – so die Definition in: HECKEL/AVENARIUS, Schulrechtskunde, 6. Aufl. 1986, 66.

Rechtlich in den Schul-(verfassungs-)gesetzen der einzelnen Bundesländer geregelt ist der erstgenannte Begriff von „Schulverfassung“, der hier als *formeller* Begriff von Schulverfassung bezeichnet werden soll. Diese Regelungen, die in auf der Grundlage der Schul-(verfassungs-)gesetze erlassenen Rechtsverordnungen und weitergehend in konkretisierenden Durchführungserlassen[2] der einzelnen Bundesländer geregelt sind[3], bestimmen das Schulleben der einzelnen Schule in nicht unerheblichem Maße – und sie sind ebenso regelmäßig Gegenstand politischer Debatten[4].

„Schulverfassung“ läßt sich aber, wie ausgeführt, auch in dem zweiten, eher *materiellen* Sinne verstehen, nämlich in dem Sinne, daß der Zustand einer Schule beschrieben, ihre „Qualität“[5] bestimmt wird. Wichtig in diesem Zusammenhang ist nunmehr, daß „Schulverfassung“ in einem derartigen, „materiellen“ Sinne in besonderer Weise etwas mit dem Selbstverständnis einer Schule und der an ihr Beteiligten zu tun hat; „Schulverfassung“ in diesem Sinne verweist dabei auf das gemeinsame Verständnis einer Schule von ihrem Tun, verlangt nach gemeinsamem, ganzheitlichem Gestalten von Schule:

„Gemeinsam die eigene Schule in den Blick nehmen, sich den Stand der pädagogischen Arbeit bewußt machen, die verbindlichen Vorgaben im Hinblick auf die Kinder dieser Schule in konkrete pädagogische Arbeit umsetzen, sich in grundsätzlichen Fragen um Konsens bemühen, pädagogische Aktivitäten aufeinander beziehen und miteinander abstimmen, die Individualität der Kinder und der Lehrerinnen und Lehrer ernst nehmen, ihre Fähigkeiten, Ideen und Interessen einbeziehen, schulische Aktivitäten für Eltern transparent machen und sie daran beteiligen – ... (dies) trägt noch mehr als guter Unterricht zur Weiterentwicklung der Schule bei“[6].

---

2 Die insoweit bestehende – unnötige – Regelungsdichte hatte bereits die Kommission Schulrecht der Deutschen Juristentages kritisiert, vgl. deren Bericht „Entwurf für ein Landesschulgesetz“, 1981, S. 321.

3 Vgl. hierzu die – zwischenzeitlich überholte – Übersicht über die damals gültigen Regelungen im Bericht der Deutschen Juristentages, a.a.O., 322ff.

4 So etwa beim Volksbegehren „Bessere Schulen“ in Bayern, das bis zum Einreichenstermin am 21. Juli 1994 immerhin 130 160 Personen unterstützt hatten; der Bayerische Verfassungsgerichtshof hat inzwischen die Unzulässigkeit dieses Volksbegehrens erklärt.

5 An dieser Stelle soll auf eine nähere Präzisierung dieses Begriffes verzichtet werden; auf die umfänglichen Arbeiten des Arbeitskreieses „Qualität von Schule“ und dessen Veröffentlichungen (in sechs Bänden beim Hessischen Institut für Bildungsplanung und Schulentwicklung) sei insoweit verwiesen.

6 ROLFF, Wandel durch Selbstorganisation, 1993, 117.

Schulen, die so vorgehen und sich so verhalten, leisten nicht nur ihren Beitrag zur Verbesserung ihres „Zustandes", ihrer „Schulverfassung" (im materiellen Sinne), sondern sie entwickeln damit auch ein eigenes, auf ihre je individuelle Schule bezogenes „*Schulkonzept*" – gleichgültig, ob sie es nun so bezeichnen oder nicht[7]! „Schulkonzept" in diesem Sinne ist bei einem solchen Verständnis unmittelbar mit inem materiellen Begriff der „Schulverfassung" verknüpft!

II.

Aber es besteht nicht nur eine Verbindung zwischen „materieller" Schulverfassung und „Schulkonzept", sondern die Entwicklung eines (vielleicht auch nur teilweisen oder gar „heimlichen"[8]) „Schulkonzeptes" bedarf der Abklärung und Kooperation innerhalb einer einzelnen Schule – und diese wiederum entwickelt sich notwendig innerhalb der von der „formellen" Schulverfassung gesetzten Bedingungen: hauptsächlich werden es die durch die jeweiligen Länderschulgesetze vorgegebenen Gremien und die diesen im einzelnen zugewiesenen Kompetenzen sein, die die Grundlage für Beratungen und Beschlüsse zur Entwicklung der Einzelschule darstellen.

Schulrechtliche Regelungen der Bundesländer beschreiben aber nicht nur Kompetenzen und Aufgaben, sondern sie bestimmen auch in erheblicher Weise *inhaltlich* den Rahmen, innerhalb dessen schulische Gremien Entschlüsse fassen und damit ihre Schule fortentwickeln können.

Um dies an einem *Beispiel* zu beschreiben: das Hessische Schulgesetz[9] enthält in seinem 10.Teil (§§127 bis 136) Regelungen über die „Schulverfassung". Das höchste schulische Gremium, die Schulkonferenz, wird dort im einzelnen beschrieben, dessen Zusammensetzung und Verfahrensregelungen bestimmt das Gesetz ausführlich (vgl. §§131 und 132). Bezüglich der inhaltlichen Kompetenzen der Schulkonferenz finden sich im Hessischen Schulgesetz eine Regelung über Entscheidungsrechte (§129) und eine Regelung über Anhörungs- und Vorschlagsrechte (§130); der Katalog möglicher Entscheidungsrechte ist vorgegeben und kann von der Schulkonferenz selbst zunächst einmal[10] nicht erweitert werden: wenn also eine Schulkonferenz „Abweichungen von

---

7 Vgl. hierzu nur von HENTIGS Modell der Schule als „polis" (in: Die Schule neu denken, 3. Aufl.1993, 189ff.), auch seine Hinweise zur Umsetzung (a.a.O., 237ff.).

8 In Anlehnung an den „heimlichen" (aber gleichwohl hochwirksamen) Lehrplan, vgl. dazu nur – statt vieler – TILLMANN, Sozalisationstheorien, 4. Aufl. 1993, 171f.

9 Vom 17. Juni 1992, GVBl. S. 233.

10 Die Schulkonferenz könnte zum Zwecke der Erweiterung ihrer Kompetenzen über den gesetzlich vorgesehenen Katalog hinaus einen entsprechenden Schulver-

der Stundentafel zur Entwicklung eines schulspezifischen Profils (§9 Abs. 4)" beschließen sollte, so können sich diese Abweichungen nicht auf den in der Stundentafel als „Pflichtunterricht" bezeichneten Bereich[11] erstrecken.Im Ergebnis bedeutet dies, daß der für den Erlaß der Stundentafeln zuständige Kultusminister[12] auch in inhaltlicher Weise durch entsprechende rechtliche Regelungen Rahmenvorgaben für die mögliche Entwicklung der Einzelschule setzt.

Deutlich wird damit, daß der Begriff der „formellen" Schulverfassung, wie er eingangs beschrieben wurde, einer Ergänzung insofern bedarf, als der konkrete Zustand einer einzelnen Schule nicht nur von den Möglichkeiten und dem Engagement der an dieser Schule Tätigen und der von ihr Betroffenen abhängt, sondern ebenso von den durch z.B.[13] schulrechtliche Regelungen gesetzten Rahmenvorgaben; dies rechtfertigt es m.E., insoweit den – klassischen, schulrechtlichen[14] – Begriff der Schulverfassung zumindest für die hier angesprochenen Zwecke auf die Gesamtheit schulrechtlicher Vorgaben auszudehnen.

Strukturell ist schließlich einzubeziehen, daß auch ein (entweder ausdrücklich formuliertes oder auch ein „nur" heimliches) Schulkonzept ein Regelwerk darstellt[15], das zwar nicht in formalisierter Weise zustande gekommen sein muß, das aber nach dem Verständnis der Beteiligten in Bedeutung und Verbindlichkeit anderen, etwa rechtlichen, Regelwerken nichtnachsteht.

Letztlich heißt dies, daß die Entwicklung des „Schulkonzeptes" als des für eine einzelne Schule konkret geltenden Regelwerkes sich zwar notwendigerweise innerhalb der schulrechtlich vorgebenen Normen bewegen muß, daß aber *beide* Normensysteme nebeneinander die jeweilige schulische Realität der Einzelschule prägen.

Formal besteht, wie dargestellt, zwischen den beiden Regelwerken ein Verhältnis der Hierarchie. Da aber rechtliche Normensysteme der Ausfüllung

---

such gem. §14 Abs.3 des Hessischen Schulgesetzes beantragen, der aber der Genehmigung durch die Staatliche Schulaufsicht bedürfte.

11 Vgl. §9 Abs. 2 Nr. 1, Abs. 5 des Hessischen Schulgesetzes.

12 So §185 Abs.1 des Hessischen Schulgesetzes.

13 Die finanziellen Bedingungen einer einzelnen Schule bis hin zur Versorgung mit Lehrkräften sind zumindest von ebensolcher Relevanz.

14 S.o., Anm. 1.

15 Im Rahmen des Institutionellen Schulentwicklungsprogrammes, wie es in Nordrhein-Westfalen und Bremen praktiziert wird, wird insoweit der Begriff „Kontrakt" oder „Zielvereinbarung" verwendet, was ebenfalls auf den Charakter eines Regelwerkes mit verbindlichen Absprachen der Beteiligten verweist; vgl. dazu ROLFF, a.a.O. (Anm. 6), 166ff.

und der Ausführung bedürfen, eröffnen sich insoweit Spielräume, die von unterschiedlichen „Akteuren" im Zweifel unterschiedlich genutzt werden können. Diese Verschiedenheit kann dann letztlich zu einer Veränderung der Regelwerke führen – wenn schon nicht in deren Wortlaut, dann aber zumindest in deren praktischer Handhabung oder im Hinblick auf einen entsprechenden Veränderungsbedarf. Und dieser Prozeß könnte Platz greifen bei beiden beschriebenen „Regelwerken", sowohl bei dem innerschulischen, der „Schulverfassung" im „materiellen" Sinne oder dem „Schulkonzept" der Einzelschule, als auch bei der Schulverfassung in dem beschrieben, erweiterten „formellen" Verständnis, d.h. den schulrechtlichen Regelungen.

III.

Von Interesse wäre es nun, genau zu untersuchen, wie sich namentlich das formelle Regelwerk der „Schulverfassung", d.h. die bestehenden schulrechtlichen Normen, durch das Zusammentreffen mit dem inhaltlich orientierten Konzept einer Einzelschule für diese und in dieser Einzelschule verändert. Dabei wird sich diese Veränderung auf der Ebene der einzelnen Schule weniger am Wortlaut einer rechtlichen Norm festmachen als am Umgang mit dieser Norm und insoweit einen Bedeutungswandel bewirken können – verglichen mit den unterschiedlichen Intentionen der Normsetzenden.

Meine *These* dabei ist, daß derartige Veränderungen im Umgang mit rechtlichen Normen vor dem Hintergrund des je eigenen „Schulkonzeptes" unterschiedlich ausfallen, je nachdem, welchen Akteur innerhalb des Schulsystems man untersucht und welche Rolle der oder die Antwortende innerhalb dieses Systems einnimmt; dabei spielt voraussichtlich auch das jeweilige professionelle Selbstverständnis einschließlich des je spezifischen Verhältnisses zu rechtlichen Normen eine Rolle[16].

Pauschalierend und thesenartig vergröbert lassen sich in etwa folgende Einschätzungen der einzelnen Gruppen mit schulrechtlichen Normen befaßter Personen erwarten[17]:

---

16 Vgl. dazu etwa Thesen wie: „Der Lehrer hat zum Recht ein zwiespältiges Verhältnis. Er tritt dem Recht nicht unbefangen gegenüber. Dies rührt vor allem daher, daß seine einstellung zum Recht nicht sachbestimmt, sondern personenorientiert ist, d.h., daß sie durch Umgangserfahrungen mit Juristen und nicht durch sachliche Auseinandersetzung mit dem Recht zustandekommt" – so OTT, Recht als neue Dimension schulischen Lernens, 1975, 79.

17 Wobei bereits die – grobe – Einteilung in drei Gruppen deutlich macht, daß hier im weiteren Verlauf noch genauere Abgrenzungen entwickelt werden müssen.

1. Von seiten der „*Gesetzesmacher*" (ich verwende diesen untechnischen Begriff, um zu verdeutlichen, daß damit mehr gemeint ist als der „Gesetzgeber", d.h. die jeweiligen Länderparlamente und ihre Abgeordneten; ich will damit den Gesamtkreis der an Rechtssetzung Beteiligten erfassen, von den Gesetzgebungsreferenten und -referentinnen in den Kultusministerien bis hin zu den Fachleuten bei parlamentarischen Anhörungen) wird voraussichtlich die Auffassung vertreten werden, daß ein wichtiger und entscheidender Zusammenhang zwischen „formeller" und „materieller" Schulverfassung besteht, daß auf die Schule bezogene rechtliche Regelungswerke letztlich dem Ziel einer Erhöhung der Qualität von Schule dienen und daß dieses Ziel mit Hilfe schulrechtlicher Normen erreichbar ist und erreicht wird; „Normen", die die einzelne Schule für sich selbst entwickelt, werden von dieser Gruppe von Personen wohl eher als nachrangig betrachtet werden, auf keinen Fall als solche, die schulrechtliche Regelungen letztlich zu verändern in der Lage sind.
2. Von Seiten der „*Gesetzesvermittler*" (so will ich diejenigen nennen, die etwa in den Einrichtungen der Schulaufsicht – z.B. in den mittleren und unteren Schulbehörden – tätig sind) wird der entsprechende „Erfolg" rechtlicher Regelungen der „formellen Schulverfassung" im Zweifel schon skeptischer gesehen werden, sie werden wahrscheinlich die Probleme der Vermittlung des Inhalts entsprechender rechtlicher Regelungen in den Vordergrund rücken[18], „Regelungen" in „Schulkonzepten" werden sie eher unter dem Aspekt der Vereinbarkeit mit den vorgegebenen schulrechtlichen Normen betrachten – und überprüfen; je nach Einzelfall werden sie, so die Vermutung, im Interesse der Erhalts des Zweckes der beabsichtigen schulrechtlichen Regelung eingreifen oder an einer verändernden Auslegung vorhandener rechtlicher Normen mitwirken.
3. Die „*Letztanwender*" (d.h. die von den entsprechenden rechtlichen Regelungen in der einzelnen Schule betroffenen Schulleitungsmitglieder, Lehrkräfte, Schüler und Schülerinnen sowie deren Eltern) werden die entsprechenden rechtlichen Regelungen formeller Art – im Zweifel auch in jeweils unterschiedlicher Weise – zur Kenntnis nehmen, ihr Verhalten aber in eher geringem Maße an diesen Normen ausrichten[19], bisweilen verblüfft feststellen, daß ihr Handeln den rechtlichen Vorgaben entsprach,

18 Konkret z.B. die Notwendigkeit von Fortbildungsveranstaltungen zur Verdeutlichung der Inhalte schulrechtlicher Regelungen beennen.

19 Bestätigt wird diese These etwa auch durch die Feststellung VOLLSTÄDTS (Rahmenlehrpläne und Schulcurriculum, in diesem Band, 297ff.) zur „relativen Gelassenheit (von Lehrern und Lehrerinnen) gegenüber neuen Rahmenplänen".

ohne daß ihnen dies bewußt war; von entsprechend hoher Bedeutung werden diesen Personen aber die selbstgesetzten Regeln der eigenen Schule sein, deren Akzeptanz und Realisierung wird das primäre Interesse sein – im Zweifel unter „Anpassung“ rechtlicher Normen an das jeweilige Verständnis des Handelns in der Schule; Ziel wird die Herstellung einer Übereinstimmung von „formeller“[20] und „materieller“ Schulverfassung sein mit einer wohl klaren Präferenz zugunsten der Gültigkeit der Regelungen der „materiellen“ Schulverfassung, des „Schulkonzeptes“.

Die *These* also ist, daß es verschiedene Formen des Umganges mit schulrechtlichen und mit selbstgesetzten Normen bei den einzelnen Anwendern entsprechender, die Einzelschule letztlich bestimmender Normen gibt und daß dabei der Zusammenhang von „formeller“ und „materieller“ Schulverfassung“ unterschiedlich empfunden und wahrgenommen wird und Widersprüchlichkeiten verschieden gelöst werden.

Die dabei offene Frage ist, *warum* dies voraussichtlich der Fall ist, *was* die einzelnen Personengruppen bei ihrem jeweiligen Umgang mit den bestehenden Regelungswerken bestimmt und leitet. Warum, so läßt sich fragen, wird im Hinblick auf den „Zustand“ einer Schule von einer Personengruppe schulrechtlichen Regelungen eine wichtige Steuerungsfunktion zugeschrieben, während eine andere Gruppe diese Funktion eher gering achtet und stärker auf die Gültigkeit selbstgesetzter Normen setzt.

Diese recht pauschalen Vermutungen – für deren Annahme es Gründe und Anhaltspunkte gibt – bedürfen dann, so die Hypothese, noch einmal einer Differenzierung insofern, als es lohnen dürfte, zwischen solchen Regelungen
- in beiden Bereichen der „Schulverfassung“, der „formellen“ und der „materiellen“ – zu unterscheiden, die sich auf
- „pädagogische“ Fragestellungen beziehen[21],

und solchen, die
- eher organisatorische Fragen des Schulalltags regeln.

Diese unterschiedlichen Formen des Umganges mit rechtlichen Normen haben, so meine abschließende These, ihre Grundlage letztlich im professionellen Selbstverständnis der jeweils agierenden Gruppe.

---

20 Hier verstanden in dem oben benannten, erweiterten Sinne!

21 Vgl. insoweit erneut VOLLSTÄDT, a.a.O. (Anm.19).

IV.

Wenn hier Thesen über den Umgang mit schulrechtlichen Normen und deren Anpassung bzw. Veränderung formuliert werden, dann bedarf es zugleich auch eines methodischen Instrumentariums, um die entsprechenden Fragestellungen zu überprüfen. Aus meiner Sicht könnten die Ansätze der *Implementationsforschung* für die Überprüfung der formulierten Thesen Anwendung finden.

Auf dem 14. Kongreß der Deutschen Gesellschaft für Erziehungswissenschaft im März 1994 in Dortmund hatte Roeland in't VELD (Rotterdam) im Rahmen des Symposiums der Kommission für Bildungsorganisation, Bildungsplanung und Bildungsrecht über die „Probleme der Steuerung im Bildungsbereich" berichtet; er betonte, daß man gegenwärtig überall in Europa die Tatsache beobachten könne, daß staatliche Maßnahmen an Effektivität einbüßten, daß die Möglichkeiten der staatlichen Steuerung von ganzen Politikfeldern immer geringer würden und dieser Prozeß sich wohl auch fortsetzen würde – solange weiter an Vorstellungen zentraler Planung festgehalten und nicht öffentliche Organisationen als sich selbst regelnde und dezentral selbst entscheidende Lerneinheiten verstanden würden[22].

In't Veld nahm damit Ansätze (wieder) auf, die ganz generell nach den Wirkungen von staatlichen Vorgaben fragen und in deren Mittelpunkt der politikwissenschaftliche Programmbegriff steht – ob und inwieweit es also staatlichen Instanzen gelingt, programmatische Vorstellungen in der gesellschaftlichen Realität umzusetzen.

Mit dieser Fragestellung läßt sich eine Anknüpfung an die zunächst amerikanische, später auch deutsche „Policy"-Forschung herstellen, die nach der „Treffsicherheit" politischer Steuerungsprozesse fragte [23]. Dabei ging es bei diesem Forschungsansatz um die Frage nach den „Erfolgen" staatlicher Vorgaben, nach dem Grad der Realisierung von Programmen und Programmzielen.

„Programm" wurde bereits dabei verstanden als eine Vielzahl „von aufeinander bezogenen, in sich widerspruchsfreien Entscheidungen zur Reali-

22 Vgl. hierzu das 32. Beiheft der „Zeitschrift für Pädagogik", 207ff.

23 Vgl. MAYNTZ, Die Implementation politischer Programme: Theoretische Überlegungen zu einem neuen Forschungsgebiet, in: Die Verwaltung 1977, 51, 52ff.; auch BÖHRET/HUGGER, Der Beitrag von Gesetzestests zur Optimierung der Zielverwirklichung, in: SCHRECKENBERGER (Hrsg.), Gesetzgebungslehre, 1986, 135ff.

sierung eines Programmzieles"[24]; „Programm" in einem so verstandenen Sinne ist danach geprägt durch

„– bestimmte zur Bearbeitung anstehende *Probleme*,
- mit dem Programm angestrebte *Ziele*,
- Annahmen über die beabsichtigten *Wirkungen* und deren Zustandekommen ... und
- Angaben über die mit der *Duchführung* des Programmes betrauten Institutionen und deren Aufgaben ..."[25].

Erweiterung fand in Deutschland dieser Ansatz einer letztlich bloßen Evaluation von Programmen im Sinne eines Soll-Ist-Vergleiches[26] durch die bereits erwähnte Implementationsforschung[27]. Dieser Ansatz erweiterte die ursprüngliche Fragestellung nach dem Grad des Erreichens gesetzter Ziele um den Versuch einer Erklärung der Abweichungen von Programmsetzung und Programmrealisierung; notwendig einzubeziehen in die Überlegungen der Implementationsforschung sind dabei auch die jeweils bei der Umsetzung eines Programmes Handelnden, deren Umfeldbedingungen[28] sowie die „Arena"[29], in der die Implementation eines Programmes stattfindet.

Implemenationsforschung betrachtet den Prozeß der Programmformulierung und seiner Ratfizierung (etwa durch die Verabschiedung und Verkündung eines entsprechenden Gesetzes) nicht als Endpunkt einer Entwicklung,

24 So die Beschreibung von WINDHOFF-HÉRITIER (1980), zitiert nach KAUFMANN/ROSEWITZ, Typisierung und Klassifikation politischer Maßnahmen, in: Mayntz (Hrsg.) Implementation politischer Programme, Band 2, Opladen 1983, 25, 34; vgl. auch die Klassifizierung von Programmen bei MAYNTZ, a.a.O. (Anm. 23), 59f.

25 So Jann (1981), zitiert nach KAUFMANN/ROSEWITZ, a.a.O. (Anm. 24); auch MAYNTZ, a.a.O. (Anm. 23), 59.

26 D.h. „Impact-Forschung", vgl. MAYNTZ a.a.O. (Anm. 23), 54.

27 1977 bis 1982 förderte die Deutsche Forschungsgemeinschaft im Rahmen des Sonderförderungsprogrammes für die empirische Sozialforschung den Projektverbund „Implementation politischer Programme"; Ergebnisse sind in den beiden Bänden von MAYNTZ (Hrsg.), Implementation politischer Programme, Königstein/Ts. 1980 und Opladen 1983 enthalten (im folgenden zitiert als: MAYNTZ I und MAYNTZ II).

28 Hierzu BOHNERT/KLITZSCH, Gesellschaftliche Selbstregulierung und staatliche Steuerung, in: MAYNTZ II, 200.

29 Zu diesem Begriff BLANKENBURG/VOIGT, Implementation von Gerichtsentscheidungen, in: BLANKENBURG/VOIGT (Hrsg.) Implementation von Gerichtsentscheidungen, Opladen 1987, 18.

sondern dieser Ansatz geht davon aus, daß in der sich anschließenden Phase der Realisierung eines (z.B. durch Gesetz festgelegten) Programmes die Akteure sowohl des vorangehenden Prozesses der Programmfestlegung als auch des anschließenden Umsetzungsprozesses sich beteiligen und, je nach ihrer unterschiedlichen Interessenlage, an der Umsetzung des Programmes mitwirken[30]. Die Formulierung der Implementation als „Fortsetzung des politischen Kampfes mit anderen Mitteln"[31] beschreibt dieses Phänomen anschaulich[32].

Innerhalb der deutschen Implementationsuntersuchungen sind eine Vielzahl von Fallstudien erschienen, die an Einzelbeispielen den Prozeß der Programmumsetzung und der Zielveränderung in diesem Prozeß versucht haben nachzuzeichnen[33]. So unterschiedlich die Themenfelder der untersuchten Bereiche sind[34], die Umsetzung schulrechtlicher Programme ist bisher noch nicht untersucht worden[35]. Dabei ist offenkundig, daß gerade auch im Bildungssystem und hier namentlich im Schulwesen in umfänglichster Weise versucht wird, Steuerung mit entsprechenden „Programmen" um- und durchzusetzen[36]. Und dabei versuchen nach wie vor zentrale Instanzen, d.h.

---

30 Vgl. hierzu anschaulich BOHNERT/KLITZSCH, a.a.O. (Anm. 28), 202ff.; auch Bruder, Forschungsanalytische Defizite der Implementationsforschung, in: Verwaltungsarchiv 1984, 129.

31 BARDACH (1977), zitiert bei BOHNERT/KLITZSCH, a.a.O. (Anm. 28), 202.

32 Und dabei können sogar Gerichte mit in diese Auseinandersetzung als Implementationsakteure einbezogen sein, wie etwa Beispiele aus dem Schulrecht zeigen; vgl. hierzu FÜSSEL/HAGE/STAUPE, Aspekte der Implementation von Verwaltungs- und Verfassungsgerichtsentscheidungen im Schulwesen, in: BLANKENBURG/VOIGT (Anm. 29), 395.

33 MAYNTZ, Zur Einleitung: Probleme der Theoriebildung in der Implementationsforschung, in: MAYNTZ II, 7, 13; auch KAUFMANN/ROSEWITZ, a.a.O. (Anm. 24), 26.

34 Vgl. hierzu nur die Beiträge in den beiden Sammelbänden MAYNTZ I und II; neuestens etwa auch die Fallstudien von DEMMKE, Die Implementation von EG-Umweltpolitik in den Mitgliedsstaaten – Umsetzung und Vollzug der Trinkwasserrichtlinie, Baden-Baden 1994, und von SCHWARZE/BECKER/POLLOK, Die Implementation von Gemeinschaftsrecht, Baden-Baden 1994..

35 BIEWER (Steuerung und Kontrolle öffentlicher Schulen, 1994) verwendet zwar den Implementationsansatz (vgl. S. 113ff.), bedient sich aber im übrigen primär ökonomischer Kategorien.

36 Wenn in't VELD in seinem Referat (vgl. Anm.19) insoweit vom „Gesetz der Politikaufhäufung" sprach, so stellt sicherlich das Schulwesen in den Ländern der Bundesrepublik Deutschland ein anschauliches Beispiel zur Bestätigung dieser Gesetzmäßigkeit dar; man denke nur an die jährlich neu erscheinende „BASS"

sowohl der jeweilige Landesgesetzgeber als auch in besonderer Weise die Länderkultusministerien[37] – im Sinne der obigen Klassifikation also „Gesetzesmacher" –, Einzelheiten des Schulwesens und damit des Geschehens in der einzelnen Schule vorzugeben. Und ebenso sind in dieser sich anschließenden Phase der Umsetzung und Anwendung getroffener schulrechtlicher Regelungen andere Akteure befaßt und beteiligt – im Sinne der obigen Begrifflichkeiten z.B. „Gesetzesvermittler" und „Letztanwender". Sie alle agieren und reagieren in der Arena des Implementationsprozesses – und verändern die beabsichtigten Zielsetzungen des schulrechtlichen Programmes[38].

So erklärte der Hessische Kultusminister in seinem Vorwort zur offiziellen Textausgabe[39] des neuen Hessischen Schulgesetzes vom Juli 1992, daß „die innere Entwicklung der Schule von immer größerer Wichtigkeit werden wird" und daß das Gesetz hierfür die Instrumente biete, indem es „eine Erweiterung der Entscheidungskompetenzen vor Ort und eine Öffnung sowohl für neue inhaltliche Anforderungen als auch für neue Arbeitsweisen" ermögliche.
Presseberichten vom November 1994 zufolge[40] hat nach Auffassung desselben Hessischen Kultusministers als Folge des neuen Schulgesetzes „Bewegung" und „Wandel" in der hessischen Schullandschaft eingesetzt, die einen „Motivationsschub" bei Lehrkräften und in der Schülerschaft ausgelöst hätten; als Konsequenz dessen kündigt der Minister für 1995 eine erneute Reform des Schulgesetzes mit dem Ziel an, bei der Selbstverwaltung „einen großen Schritt weitergehen zu können".

Unter dem Aspekt des Implementationsansatzes läßt sich also feststellen, daß bestimmte Programmziele des Hessischen Schulgesetzes nach der Auffassung des zuständigen Kultusministers erreicht wurden, dies aber gleichzeitig Anlaß ist, diese Ziele zukünftig noch einmal verändern zu wollen; es läßt sich also fragen, mit welcher Strategie und welchen Zielen die einzelnen

(Bereinigte Amtliche Sammlung der Schulvorschriften des Landes Nordrhein-Westfalen), die in der 9. Auflage 1994 erschienen 1210 Seiten umfaßt! Andere Länder stöhnen über die „Grüne Pest", womit die Schulrechtssammlung des Luchterhand-Verlages innerschulisch oft bezeichnet wird.

37 Der Grundsatz der Dezentralisierung des Bildungswesens gilt in der Bundesrepublik Deutschland aufgrund der verfassungsrechtlichen Garantie der „Kulturhoheit" (vgl. BVerfGE 6, 309, 346f.) nur zwischen den Bundesländern; innerhalb der einzelnen Bundesländer findet gegenwärtig unverändert eine zentralisierte Form der Regelung des Schulwesens statt.

38 „When we act to implement a policy, we change it" – so zutreffend MAJONE/WILDAVSKY 1978, zitiert bei BOHNERT/KLITZSCH, a.a.O. (Anm. 28), 205.

39 So in der Ausgabe vom Juli 1992, S.III.

40 Frankfurter Rundschau vom 5. November 1994, S. 20.

Akteure in der Arna des Implementationsprozesses sich verhalten haben und was letztlich den Minister zur Ankündigung neuer Programmzielsetzungen[41] veranlaßt hat.

Mit Hilfe des Implementationsansatzes ließe sich also untersuchen, wie Einzelschulen[42] – eingebunden in ihr jeweiliges Beziehungsgeflecht und Umfeld – mit schulrechtlichen Regelungen umgehen, wie sie diese zu ihrem eigenen Regelungswerk, dem „Schulkonzept", in Beziehung setzen und sich insoweit am Prozeß der Implementation[43] beteiligen. Letztlich sollte es mit einer entsprechenden, konkret und durchaus kleinschrittig angelegten Analyse gelingen, auf die Frage nach der Wirksamkeit von schulrechtlichen Regelungen und ihre Bedeutung für die Arbeit der Einzelschule – und die „Qualität" dieser Arbeit! – eine genauere Antwort zu geben als dies gegenwärtig möglich ist.

Literatur

Biewer, W., Steuerung und Kontrolle öffentlicher Schulen, Neuwied 1994

Blankenburg, E./Voigt, R., Implementation von Gerichtsentscheidungen, in: Blankenburg/Voigt (Hrsg.) Implementation von Gerichtsentscheidungen, Opladen 1987, 10

Böhret/ Hugger, Der Beitrag von Gesetzestests zur Optimierung der Zielverwirklichung, in: Schreckenberger (Hrsg.), Gesetzgebungslehre, Stuttgart – Berlin 1986

Bohnert/Klitzsch, Gesellschaftliche Selbstregulierung und staatliche Steuerung, in: Mayntz II, 200

Bruder, Forschungsanalytische Defizite der Implementationsforschung, in: Verwaltungsarchiv 1984, 129

Demmke, Die Implementation von EG-Umweltpolitik in den Mitgliedstaaten – Umsetzung und Vollzug der Trinkwasserrichtlinie, Baden-Baden 1994

Füssel/Hage/Staupe, Aspekte der Implementation von Verwaltungs- und Verfassungsgerichtsentscheidungen im Schulwesen, in: Blankenburg/Voigt (Hrsg.), Implementation, 395

Heckel/Avenarius, Schulrechtskunde, 6. Aufl. Neuwied – Darmstadt 1986

von Hentig, Die Schule neu denken, 3. Aufl. München 1993

Hessischen Institut für Bildungsplanung und Schulentwicklung (Hrsg.), Beiträge aus dem Arbeitskreis „Qualität von Schule", Wiesbaden 1987 ff.

---

41 Vgl. Bohnert/Klitzsch, a.a.O. (Anm. 28), 205.

42 Also Forschungsüberlegungen im Sinne eines „aktororientierten" Implementationsansatzes, vgl. Bruder, a.a.O. (Anm. 30), 131.

43 Prozesse des Aushandelns („Bargaining"), des Überzeugens wie auch Konfliktlösungen wären insoweit zu untersuchen, wobei letzteres eher seltener der Fall sein wird; vgl. dazu Bohnert/Klitzsch, a.a.O. (Anm. 28), 210 ff.

Kaufmann/Rosewitz, Typisierung und Klassifikation politischer Maßnahmen, in: Mayntz II,
Kommission Schulrecht des Deutschen Juristentages, Entwurf für ein Landesschulgesetz, München 1981
Mayntz, Die Implementation politischer Programme: theoretische Überlegungen zu einem neuen Forschungsgebiet, in: Die Verwaltung 1977, 51
Mayntz (Hrsg.), Implementation politischer Programme, Band 1, Königsstein 1980 (zitiert als: Mayntz I)
Mayntz (Hrsg.), Implementation politischer Programme, Band 2, Opladen 1983 (zitiert als: Mayntz II)
Mayntz, Zur Einleitung: Probleme der Theoriebildung in der Implementationsforschung, in: Mayntz II, 7
Ott, Recht als neue Dimension schulischen Lernens, Stuttgart 1975
Rolff, Wandel durch Selbstorganisation, Weinheim – München 1993
Rolff, Symposium 5. Steuerung und Beratung der Schulentwicklung in Europa – Theorien und Fallstudien, in: Zeitschrift für Pädagogik, 32. Beiheft, 207
Schwarze/Becker/Pollack, Die Implementation von Gemeinschaftsrecht, Baden-Baden 1994
Tillmann, Sozialisationstheorien, 4. Aufl. Reinbek 1993
Vollstädt, Rahmenlehrpläne und Schulcurriculum als Felder der Schulforschung, in diesem Band, 297ff.

Hartmut Ditton

Ungleichheitsforschung

Einleitung

„Some have wrongly interpreted the constant existence of educational inequalities in OECD countries as evidence either that previous educational policies have failed or that equality goals should be abandoned. Neither is true. It is evidence, rather, of the need of further and renewed application to an urgent and necessarily unfinished task" (OECD 1985, 39).

Auch die Bildungspolitik hat ihre Konjunkturen. In den 60er Jahren waren die bundesdeutsche *Bildungskatastrophe* und die überzeugend nachgewiesene *ungleiche Bildungsteilhabe* der Bevölkerungsgruppen und Regionen in der Bundesrepublik nicht nur Gegenstand fachwissenschaftlicher Debatten, sondern prägten auch die (bildungs-)politische und öffentliche Diskussion. Seither sind diese Themen im Kontext der wirtschaftlichen Rezession, der steigenden Arbeitslosigkeit und im Bewußtsein der Risiken einer hochtechnisierten Gesellschaft in den Hintergrund getreten. Die Ernüchterung um die kurzfristig erzielbaren Erfolge bildungspolitischer Bemühungen, endlose Kontroversen um die Integrierte Gesamtschule sowie die augenscheinliche Unmöglichkeit, längerfristigen Konsens der Bundesländer in bildungspolitischen Fragen zu erzielen, haben dazu beigetragen, die Behandlung bildungspolitischer Fragen als undankbare Aufgabe erscheinen zu lassen.

Seit den 60er Jahren ist zudem ein immenser *Auf- und Ausbau des Bildungswesens* in der Bundesrepublik zu verzeichnen. Das führt leicht zu der Vermutung, die ehemals vielbeachteten Probleme seien inzwischen behoben bzw. hätten sich im Zuge der Bildungsexpansion von selbst erledigt.

Wieweit dem so ist, besonders hinsichtlich der Aufhebung bzw. Reduzierung von Ungleichheit im Bildungswesen, ist Gegenstand der folgenden Ausführungen. Dabei ist es durch mehrere neuere Untersuchungen und Veröffentlichungen in Fachkreisen beinahe schon wieder zum Gemeinplatz geworden, *daß die Bildungsexpansion wenig bezüglich einer Reduzierung der Ungleichheit bewirkt hat* – abgesehen von der äußerst wichtigen Tatsache, daß die Frauen ihren Bildungsrückstand inzwischen aufgeholt haben, wenigstens im allgemeinbildenden System. Bevor die ansonsten weitgehende *Stabilität von Ungleichheit* als Anlaß zu Resignation genommen wird, scheint es geboten, das Feld genauer zu betrachten, d.h. die Forschungslage zu sondieren und nach weiterhin anstehenden Aufgaben zu fragen. Dies vor allem auch auf dem Hintergrund der enorm gestiegenen Bildungsbeteiligung der Frauen, die ja gerade belegt, daß selbst gravierende Veränderungen durchaus eintreten können.

Der These von den Konjunkturzyklen zufolge scheint es an der Zeit für eine neue Hochkonjunktur der Bildungsdiskussion, vielleicht gar für eine „neue Bildungsoffensive" (DEDERING 1986), für die sich sogar Zeichen erkennen lassen. Bildungspolitik scheint wieder zum Thema zu werden, und insbesondere lassen auch die rege gewordenen Schulen selbst neue bildungspolitische Aktivitäten erwarten (vgl. die Beiträge in diesem Band; SCHLÖMERKEMPER 1992; ROLFF 1993).

Das Thema Ungleichheitsforschung soll in diesem Beitrag folgendermaßen aufgegriffen werden: Der erste Abschnitt gibt einen Überblick zum gegenwärtigen *Stand der Forschung*. Im zweiten Teil wird ausführlicher auf schon feststellbare und wünschenswerte *Entwicklungstrends* eingegangen, die eine dezidiert erziehungswissenschaftliche Perspektive in der Theorieentwicklung und Forschung betreffen. In der gegenwärtigen Forschungslage sind erziehungswissenschaftliche Studien, die einen differenzierteren Einblick in die Prozesse der Reproduktion von Ungleichheit geben, eher eine Seltenheit. In diesem Zusammenhang erscheint es besonders wichtig und bietet sich geradezu an, einen Anschluß an die Nachbarfelder der Schul- und Unterrichtsforschung zu suchen, statt die Ungleichheitsforschung als isoliertes Feld mißzuverstehen.

1. Stand der Forschung

Zum Stand der Forschung genügt an dieser Stelle eine zusammenfassende Übersicht. Für eine ausführliche Zusammenschau sei auf die zitierte Literatur verwiesen (vgl. auch DITTON 1992; MEULEMANN 1992). Eine Orientierung auf der Basis von ausführlich dokumentiertem Material bieten die Jahrbücher der Schulentwicklung, besonders in den Bänden 1986-1992 (ROLFF u.a. 1986, 1988, 1990, 1992), zudem auch der Bildungsgesamtplan '90 von KLEMM u.a (1990). Ergänzend wird nachfolgend auf neueste Untersuchungen eingegangen.

Vorauszuschicken ist den Einzelbefunden als übergreifendes Ergebnis, daß hinsichtlich der Frage nach der Ungleichheit im Bildungssystem der Übergang auf die weiterführenden Schulen nach Beendigung der Grundschulzeit nach wie vor als die zentrale Gelenkstelle anzusehen ist. Die Festlegung einer deutschen Bildungskarriere erfolgt mit weitgehend irreversiblem Charakter zwischen der vierten und sechsten Klassenstufe (vgl. u.a. BLOSSFELD 1988, 1990; KÖHLER 1992; BLOSSFELD & SHAVIT 1993; MÜLLER & HAUN 1994; ähnlich für die Niederlande: MEIJNEN 1987; KREFT 1993). Die Diskussion um die Struktur des Schulsystems ist von daher nicht überholt und kann keineswegs ausgeblendet werden.

1.1 Bildungsexpansion

Ein sicheres und völlig unstrittiges Ergebnis ist das Ausbleiben der Bildungskatastrophe. Schon mit ihrer Ausrufung setzt die Bildungsexpansion ein und beschert seither stetig wachsende Anteile von Schülern auf höheren Schulen und von Schulabgängern mit höherwertigen Zertifikaten als dem Hauptschulabschluß. Ein mittlerer Schulabschluß (die mittlere Reife bzw. Fachoberschulreife) ist inzwischen zur faktischen Mindestnorm geworden. Die Hauptschule ist eine solche nur noch dem Namen nach, in Wirklichkeit wird sie zusehends zum Sorgenkind, dessen Verabschiedung schon verkündet wird (RÖSNER 1989).

Analysen der *Bildungsaspirationen* seit 1983 weisen einen Anteil von allenfalls 13% der Schülereltern aus, die ihr Kind nur mit einem Abschluß der Hauptschule aus der Schule entlassen sehen wollen (ROLFF u.a. 1994, 16ff). Die Anteile für den Abschlußwunsch Abitur pendeln um 50%, sie scheinen allerdings mit 56% im Jahre 1989 einen Höhepunkt erreicht zu haben, danach gehen die Anteile etwas zurück (1991: 53%, 1993: 48%). Der Rückgang des Gymnasialwunsches bei den letzten Erhebungszeitpunkten erfolgt nicht zugunsten der Hauptschulen, sondern der Realschulen, die sich stetig der 40% Marke nähern (1993: 39%).

Gravierende Veränderungen im Zeitverlauf zeigen sich ebenfalls hinsichtlich der *Verteilung der Schüler der 7. Klassenstufe auf die Schularten.* Allerdings bleiben diese Anteile noch weit hinter den Aspirationen der Eltern zurück. Zwischen 1952 und 1990 reduziert sich der Anteil der Hauptschüler von 79.3 auf 31.4%; die Anteile der Schüler an Realschulen (von 6.1% auf 26.9%) und an Gymnasien (13.2 auf 31.3%) steigen kontinuierlich an (ROLFF u.a. 1992, 61). In Folge davon verändern sich auch die Anteile der Abgänger mit den Abschlüssen der entsprechenden Schulformen (BMBW 1992a, 88ff).

Aufgrund der strukturellen Besonderheiten und der Datenlage schwieriger zu treffen, sind Aussagen zu den *neuen Bundesländern.* Dennoch ist auch hier bislang erkennbar, daß die „Hauptschule nicht angenommen" wird (WEISHAUPT & ZEDLER 1994, 398). In Mecklenburg-Vorpommern, als einzigem der fünf neuen Länder mit eigenständiger Hauptschule, beträgt die Besuchsquote gerade 13.2% der Schüler im 7.-9. Schuljahr. In der Tendenz bewegen sich die Übergänge zum Gymnasium „im Rahmen des Niveaus der alten Länder" und die Nachfrage nach dem gymnasialen Bildungsgang übersteigt „tendenziell das Angebot" (WEISHAUPT & ZEDLER 1994, 403).

Insgesamt könnte man vermuten, daß hinsichtlich der Bildungsaspirationen mit ca 50% für das Gymnasium der Gipfel erreicht oder auch schon überschritten ist, nicht zuletzt wohl auch bedingt durch die anhaltende Diskussion zur sogenannten „Akademikerschwemme" (dazu IMHÄUSER & ROLFF 1992). Trotzdem sind die Bildungsaspirationen noch immer weit höher als die Anteile der Schularten erwarten lassen. Insofern dürfte die Bildungsexpansion kaum schon an ihrem Ende sein oder hinsichtlich des tatsächlichen Besuchs der Schularten ihren Höhepunkt erreicht haben.

Wesentlich ist in diesem Zusammenhang, daß die *Chancen, in den höheren Schulen erfolgreich zu sein,* als gut einzuschätzen sind. HANSEN und ROLFF (1990) zeigen das an den Erfolgsquoten in den Gymnasien in Nordrhein-Westfalen und Baden-Württemberg. Obwohl die von den Autoren verwendeten Analysen der Schülerzahlen aufeinanderfolgender Jahrgänge keine völlig verläßliche Basis der Längsschnittbewegungen abgeben, ist doch mit großer Wahrscheinlichkeit zu schließen, daß der offenere Zugang zu den weiterführenden Schulen nicht durch eine verschärfte interne Auslese wieder neutralisiert wird. Der Trend deutet im Gegenteil auf gestiegene Verbleibs- und Erfolgschancen in den höheren Schulen hin. Solche Verlaufsanalysen stehen für die neuen Länder noch aus. Angesichts einer *Wiederholerquote* von 0.5% gegenüber 3.4% in den alten Bundesländern sind jedoch auch hier eine geringe interne Selektion und hohe Erfolgschancen für die gymnasiale Schullaufbahn zu erwarten (WEISHAUPT & ZEDLER 1994, 404f.).

Im Hinblick auf das deutlich angestiegene Bildungsniveau in der Bevölkerung darf die besondere schwierige Situation der *Abgänger ohne Schulabschluß* nicht übersehen werden. KLEMM (1991) spricht nicht zu Unrecht von den *Kellerkindern der Bildungsexpansion.* Zwar ist der Anteil der Abgänger ohne Abschluß von 17.2% im Jahr 1960 auf 9.1% im Jahr 1983 zurückgegangen, er blieb aber seither weitgehend stabil, bei einem Anteil von 8.7% für 1991 (BMBW 1992a, 92). Da von den Jugendlichen dieser Gruppe weniger als die Hälfte eine berufliche Ausbildung erhalten und das zudem in unattraktiven Sparten (HANSEN & ROLFF 1990, 55ff), zeigt sich eine möglicherweise dauerhafte soziale Problemlage, auf die erst noch zu reagieren ist.

Die Bildungsexpansion bewirkt, daß die Exklusivität höherer Bildung stark abgenommen hat und die *Selektivität insgesamt entscheidend reduziert* wurde. Die Chancen für höhere Bildung haben sich, wie es als Reaktion auf die Bildungskatastrophe gewünscht war, deutlich verbessert. Die reduzierte Auslese für alle verlangt aber nach einer besonderen Beachtung der verschärften Problemlage all derjenigen, die an dem gestiegenen Bildungsniveau nicht teilhaben.

Eindeutig nicht erreicht wurde die ehemals für unverzichtbar gehaltene höhere *Durchlässigkeit der Bildungswege*, um frühzeitige Fixierungen auf Bildungslaufbahnen und erreichbare Abschlüsse zu vermeiden. Die Befunde zur Revidierbarkeit der Bildungswege sind ernüchternd. HANSEN u.a. (1986, 74) stellen ein „bemerkenswert geringes Maß an Durchlässigkeit" fest. Die Aufstiegsrate von Haupt- und Realschule in das Gymnasium liegt unter 1%. Eine Analyse der schulischen Herkunft von Realschülern läßt ebenfalls nur wenig an Durchlässigkeit erkennen. Durchlässigkeit deutet sich eher als Abstiegs- denn als Aufstiegsmobilität an (vgl. auch KLEMM u.a. 1990, 93ff). Einmal eingeschlagene Bildungswege werden kaum mehr verlassen, zwischen 93,9 und 96,6% der Schüler einer Kohorte bleiben „dem gewählten Schultyp treu" (BLOSSFELD 1988, 48).

Eine nach wie vor nur begrenzte Offenheit der Bildungswege ist auch an dem vergleichsweise geringen bundesweiten *Anteil der Hauptschüler mit 10. Schuljahr* zu erkennen. Bezogen auf das Schuljahr 1987/88 finden KLEMM u.a.: „Fast 200.000 Hauptschüler beenden ihre allgemeinbildende Schulzeit ohne ein 10. Schuljahr – das sind grob gerechnet zwei Drittel der Hauptschüler des 9. Schuljahrganges" (KLEMM u.a. 1990, 94). Bei Berechnung des Anteils der Schüler in einem allgemeinbildenden 10. Schuljahr an der Gesamtheit der 15-jährigen ergibt sich für das Bundesgebiet eine *Beschulungsquote* von 73%: „Nahezu 30% aller 15-jährigen Jugendlichen sind vom Erreichen einer mittleren Qualifikation ‚abgeschnitten' und können sich allenfalls durch hürdenreiche Um- oder Sonderwege wieder an weiterführende Bildungsziele ‚ankoppeln'" (KLEMM u.a. 1990, 95).

1.2 Geschlechtsspezifische Ungleichheit

Ebenso unstrittig wie der Anstieg des Bildungsniveaus ist die Verbesserung der Situation der Frauen im allgemeinbildenden System; sie haben mit den Männern gleichgezogen. Die Bildungsexpansion geht nicht unerheblich auf die gestiegene Bildungsbeteiligung der Frauen zurück (RODAX 1989). In den Realschulen hatten Frauen traditionell hohe Anteile, im Gymnasium liegt der Anteil inzwischen bei 50% oder höher, nicht nur als Besuchsquote, sondern auch als Quote der AbgängerInnen. Ein Abbau geschlechtsspezifischer Ungleichheit scheint zudem in allen sozialen Schichten erfolgt zu sein (KLEMM u.a. 1990, 98; zur besonderen Situation der Arbeitertöchter vgl. SCHLÜTER 1992, 1993). Von den gleichen Anteilen des Schulbesuches ist nicht per se auf gleiche Chancen zu schließen, vielmehr sind z.B. schon geschlechtsspezifische Besonderheiten in der Fächer- und Schwerpunktwahl in der Schule, im Bereich der beruflichen Bildung, in der Wahl von Studienfächern und im Berufszugang zu berücksichtigen (zu Frauenforschung und Schule s. GLUMPLER, in diesem Band).

1.3 Sozialspezifische Ungleichheit

Das Resümee läßt sich vorwegnehmen: Die Bildungsexpansion hat nach dem übereinstimmenden Ergebnis der neueren Analysen *keine Aufhebung oder wesentliche Reduzierung der sozialen Ungleichheit* bewirkt (Übersichten bei DITTON 1992; MEULEMANN 1992).

Im Hinblick auf die *Bildungsaspirationen* bestehen klare Differenzen zwischen den Berufsgruppen und nach den Schulabschlüssen der Eltern. Bezogen auf den Schulabschluß der Eltern hat den IFS-Erhebungen zufolge die „Polarisierung im Laufe der Umfragen sogar noch deutlich zugenommen" (ROLFF u.a. 1994, 19). Vom Problem der Schulwahl und dessen sozialer Selektivität sind inzwischen auch die neuen Länder betroffen. Die IFS-Erhebung für 1993 (ROLFF u.a. 1994, 16ff.) belegt entsprechend große Differenzen zwischen Arbeitern und Angestellten wie im Westen, besonders ergeben sich aber erhebliche Unterschiede der Schulwahl nach dem Schulabschluß der Eltern: Z.B. variiert der Gymnasialwunsch zwischen 28% (Eltern mit Hauptschulabschluß), 38% (mittlere Reife) und 73% (Eltern mit Fachhochschulreife / Abitur). Auf der Grundlage von Daten einer Berliner Stichprobe folgern ROST & WESSEL (1992, 281), „...daß durch das neue Schulsystem die soziale Selektion verschärft wird und die eigentlichen ‚Gewinner' Kinder aus bildungsnahen sozialen Schichten (Intelligenz) sind".

Eine Gesamtübersicht zur *Verteilung der Berufsgruppen auf die Schulformen* im Zeitvergleich geben HANSEN & ROLFF (1990) mit den Daten der Mikrozensen. Sie kommen für den Zeitraum zwischen 1972 und 1988 zu dem Ergebnis, daß sich im Zuge der Bildungsexpansion die Chancen der Kinder aus allen Schichten erheblich erhöht haben. Weil aber von der Bildungsexpansion *alle* Schichten profitiert haben, ist es nicht zu einem Abbau der Ungleichheit der Bildungschancen zwischen den sozialen Schichten gekommen. *Die Ungleichheit der Bildungschancen ist, transponiert auf ein höheres Gesamtniveau schulischer Bildung, weitgehend stabil geblieben.* Die Chancen auf gymnasiale oder universitäre Ausbildung scheinen sogar eher ungleicher geworden zu sein. Der Anteil der Arbeiterkinder, die ein Gymnasium besuchen, steigt zwischen 1972 und 1976 von 6.3 auf 9.2%. Bis 1985 folgt dann eine nur noch geringe Erhöhung dieses Anteils auf 11.2%. Seither ist die Quote stabil. Der Anteil der Beamtenkinder, die ein Gymnasium besuchen, erhöht sich im Zeitraum zwischen 1972 und 1988 dagegen von 45.7 auf 58.7%; der Anstieg beträgt somit 13% gegenüber einem Anstieg um 4.9% bei den Arbeiterkindern. Auch bei den Kindern aus Angestelltenfamilien ist der Anstieg der Gymnasialquote mit 8.2% (von 36.1 auf 44.3%) höher als bei den Arbeitern. Ein etwas höherer Anstieg der Schülerquote ist bei Arbeitern im Vergleich zu Beamten und Angestellten für die Realschule festzustellen. Der Anteil der Schüler in Realschulen erhöht sich bei den Arbeitern von 16.3 auf 24.8% (+8.5%), bei den Beamten von 22.5 auf 23.1% (+0.6%) und bei den Angestellten von 24.5 auf 29.4% (+4.9%; vgl. HANSEN & ROLFF 1990, 61).

Eine Reihe weiterer Untersuchungen bekräftigt diese Ergebnisse. MEULEMANNS (1992) zusammenfassende Übersicht der neueren Studien mündet in den Befund: „Bildungsexpansion ohne Chancenausgleich". Nach KÖHLER (1992, 127) ist das bedeutendste Ergebnis der Bildungsexpansion der „Verlust an Exklusivität höherer Bildungsabschlüsse", im Gegensatz zur wenig veränderten sozialen Selektion. Auch nach den Ergebnissen der BERLINER STUDIE am Max-Planck-Institut für Bildungsforschung muß selbst bei vorsichtiger Interpretation „... zumindest von einer Stabilität der Ungleichheit der Bildungschancen nach Herkunft ausgegangen werden" (MAYER 1991, 323). In den analysierten Pfadmodellen sind die Effekte der sozialen Herkunft gleich geblieben oder haben eher zugenommen. Im Statuszuweisungsprozeß ist bis zum Berufseintritt sogar von einer rigideren sozialen Selektion auszugehen; die Erklärungskraft des Statuszuweisungsmodells nach sozialer Herkunft erhöht sich im Zeitvergleich erheblich (MAYER 1991, 320ff).

Eine etwas ausführlichere Beachtung verdient eine neueste Untersuchung von MÜLLER & HAUN (1994), die zu einer auf den ersten Blick von allen übrigen Untersuchungen *abweichenden Einschätzung* führt. Die Autoren analysieren Daten aus der Zusatzerhebung zum Mikrozensus 1971, den ALLBUS-Erhebungen 1980 – 1992 und aus dem Sozioökonomischen Panel 1986. Ihre Ergebnisse scheinen zu belegen, daß die „Unterschiede zwischen verschiedenen Bevölkerungsgruppen in der Bildungsbeteiligung und in den erworbenen Bildungsabschlüssen deutlich kleiner geworden sind" (MÜLLER & HAUN 1994, 1). Diese zusammenfassende Einschätzung kennzeichnet allerdings nur einen Teil der Ergebnisse und das zudem unter einem spezifischen Verständnis veränderter Bildungschancen.

MÜLLER & HAUN ermitteln zunächst *Spannbreiten* der Bildungsbeteiligung für die Bevölkerung mit *mindestens mittlerer Reife*. Hier unterscheiden sich die jeweiligen Anteile der sozialen Gruppen in den jüngeren Kohorten weniger voneinander als in den älteren Kohorten. Die Spannbreite der Anteile betrug für die männliche Kohorte 1910/19 zwischen 0 und 70%. Diese Differenz reduziert sich auf 40 bis 90%, d.h., sie geht von 70% auf 50% zurück. Das ist bezogen auf die absolute Größe keine sehr überzeugende Reduzierung. Für die Frauen betrug die Spannbreite zwischen den sozialen Gruppen 10-80%, sie geht auf 30-90% zurück. Die sozialen Differenzen verringern sich also hier von 70% auf 60%. Auch das ist keine sehr dramatische Reduktion.

Bei den entsprechenden Kohortenvergleichen der *Abituranteile*, ist eine Reduzierung der sozialen Differenzen noch *weniger klar festzustellen*. Die Verringerung der Ungleichheit ist also auf die mittleren Abschlüsse zu beziehen, und sie erfolgt in eher bescheidenem Maße, verglichen mit den weiterhin bestehenden gravierenden Differenzen.

In den übrigen Analysen untersuchen MÜLLER & HAUN (1994) die *Veränderungen der Chancen im Verhältnis der Sozialgruppen zueinander*. Die Spezifik und Problematik der dabei festgestellten *reduzierten Ungleichheitsrelationen* wird am folgenden Beispiel der Abiturquoten für Frauen verschiedener sozialer Klassen im Kohortenvergleich deutlich: Bei den Vorkriegskohorten 1910-39 erreichten die Töchter von Landwirten oder Arbeitern zu 1.3% das Abitur, verglichen mit 37% der Töchter aus der oberen Dienstklasse. In den Kohorten 1960/69 erhöhen sich die Prozentanteile auf 15% (Landwirte / Arbeiter) bzw. 68% (obere Dienstklasse). Damit vergrößert sich die *prozentuale Spanne* ganz erheblich von 13.7 auf 31%. Trotzdem wird aber die *relative Benachteiligung* der Arbeiter / Landwirte gegenüber der oberen Dienstklasse deutlich geringer: Die frühere Benachteiligung im Verhältnis 1:28 verringert sich auf „nur noch" 1:4,5. In der relativen Betrachtung haben sich die Abiturchancen der Töchter von Arbeitern / Landwirten gemessen an der oberen Dienstklasse klar verbessert. Dies hat jedoch an der substantiellen Benachteiligung nichts geändert, vielmehr ist bezogen auf die Abituranteile die Differenz sogar größer geworden (s. dazu auch HANDL 1984, 1985).

Zudem trifft die „verringerte Chancenungleichheit" nur hinsichtlich der Variable *Klassenzugehörigkeit* zu. Für die Variable *Bildung der Eltern* stellen MÜLLER & HAUN im Zeitvergleich keine Abnahme der Chancenungleichheit fest – allerdings auch keine Zunahme, wie nach BOURDIEUS These zum steigenden Einfluß des kulturellen Kapitals erwartet werden konnte.

Die Autoren behaupten aufgrund ihrer Analysen deshalb auch keineswegs, daß die soziale Herkunft heute keine erhebliche Bedeutung für die Bildungslaufbahn und den Bildungserfolg mehr hätte. Ganz im Gegenteil erweisen sich „... die Effekte der sozialen Herkunft (insbesondere im Zusammenwirken der verschiedenen Teilaspekte) durchgehend als die bedeutsamsten Erklärungsgrößen" (MÜLLER & HAUN 1994, 26).

Interessant ist dabei die von MÜLLER & HAUN aufgegriffene Frage nach eventuellen Zyklen der Reduktion von Ungleichheit, die durch Gegenzyklen wieder kompensiert wurden. Die Reduktionen der relativen Chancenungleichheit kommen in den jüngsten Kohorten wieder zum Stillstand, teils kehren sich die Trends wieder um. Selbst der Abbau der relativen Chancenungleichheit scheint in jüngster Zeit wieder gestoppt oder sogar in sein Gegenteil verkehrt zu sein. Im Überblick betrachtet sprechen somit auch die auf den ersten Blick abweichenden Ergebnisse von MÜLLER & HAUN nicht gegen die übereinstimmend festgestellte Tendenz einer im wesentlichen stabilen Ungleichheit.

Kaum andere Ergebnisse als die bundesdeutschen Studien ergeben auch *international vergleichende Untersuchungen.*

Die Bildungsbeteiligung insgesamt ist in allen industrialisierten Ländern deutlich angestiegen. Immer weniger Schüler in immer weniger Ländern verlassen die Schule ohne oder mit niederwertigen Abschlüssen. Zudem zeigt sich auch hier, daß die Frauen hinsichtlich der Bildungsbeteiligung ihren Rückstand aufgeholt haben. Zum Stellenwert der sozialen Herkunft ergibt sich wiederum ein anderes Bild. Auf der Basis von Untersuchungen in 11 Ländern fassen MEIJNEN & PESCHAR zusammen: „As the contributions to this issue show however, the problem has not been eliminated anywhere. From East to West and from North to South, a relationship can be observed between the social background of pupils and their success at school ... The various contributions, taken together, present a picture of stagnation: the connection between school success and social background appears rather resistant to the measures which have been adopted" (MEIJNEN & PESCHAR 1991, 3/5).

Eine Ausnahme scheint hierbei Schweden zu bilden, wo eine Reduzierung der Ungleichheit feststellbar ist.

Abermals ein Bild nach dem bereits bekannten Muster liefern die von SHAVIT & BLOSSFELD (1993) herausgegebenen Untersuchungen in 13 Ländern (zsfsd. BLOSSFELD & SHAVIT 1993). Wieder erweist sich die Bildungsexpansion als ein allgemeines Faktum, und ebenso wird der Abbau der

Ungleichheit zwischen den Geschlechter durchgängig bestätigt. Im Gegensatz dazu ergibt sich aber auch hier wieder „...daß in elf dieser sehr verschiedenen Länder (Ausnahmen: Schweden und die Niederlande) trotz der zunehmenden Bildungsbeteiligung unterer sozialer Schichten die herkunftsbezogenen Bildungschancen weitgehend unverändert geblieben sind" (BLOSSFELD & SHAVIT 1993, 25). Dabei ist außerdem erkennbar, daß eine frühe Differenzierung besonders selektiv wirkt (BLOSSFELD & SHAVIT 1994, 44).

Eine Erklärung für die Reduzierung der sozialen Ungleichheit im schwedischen Bildungssystem (nach BLOSSFELD & SHAVIT auch im niederländischen) ist nicht einfach zu geben. Die Reformen und Strukturen des Bildungswesens allein reichen zur Erklärung mit Sicherheit nicht aus, denn diese finden sich auch in anderen untersuchten Ländern. Die Autoren verweisen daher auf den *gesellschaftlichen Zusammenhang*, auf das (schwedische) Modell des Wohlfahrtsstaates und auf eine langfristig auf die Egalisierung der gesellschaftlichen Lebensbereiche gerichtete Politik. KEEVES u.a. (1991, 79) folgern entsprechend: „This suggests that with systematic planning and consensus in the society, advances can be made if they are sought". Die Effekte von Reformen des Bildungswesens, für sich genommen, scheinen dagegen eher gering zu sein, in jedem Fall geringer als allgemein erwartet.

Der Verweis auf die *Einbettung des Bildungswesens in die gesellschaftlichen Strukturen* hebt zu Recht einen wesentlichen Aspekt hervor. Ebenso läßt sich aber in eine zweite Richtung weiterdenken. PESCHAR (1991) kommt, quasi in Umkehrung der Betrachtung, zu dem Schluß, daß weniger Energie in bürokratische und administrative Aktivitäten investiert werden sollte und stattdessen das *konkrete Geschehen im Klassenzimmer* mehr Aufmerksamkeit verdient.

Sicherlich ist beides im Zusammenhang zu sehen, sind die Prozesse im Klassenzimmer und die gesellschaftliche Sensibilisierung für Ungleichheit aufeinander zu beziehen. PESCHARS Argumentation macht aber berechtigterweise auf die *Schwächen der makrosoziologischen Studien* aufmerksam. Diese bieten zwar notwendige und wichtige Informationen zum Stand und zur Entwicklung der Ungleichheit, sie leisten aber keine Überprüfung der relevanten (Mikro-)Bedingungen und Prozesse im Verlauf der Schulzeit. Die Effekte der familialen Situation sowie von Schulleistungen, Motivation, Lehrinhalten, Schüler-Lehrer-Interaktionen usw. bleiben dort ausgeblendet (s. auch MEULEMANN 1992, 148ff.).

Diese Lücke wird zum Teil durch die Studie von BOFINGER (1990) geschlossen, der *Schullaufbahnen im Längsschnitt* untersucht und dabei Leistungsvariablen kontrollieren kann. BOFINGER weist nach, daß nicht nur die Besuchsquote des Gymnasiums in unteren Schichten geringer ist, sondern auch die *Häufigkeit des Abbruchs einer gymnasialen Schullaufbahn* bei unteren sozialen Schichten stark ansteigt. Kinder, deren Eltern selbst kein Gymnasium besucht haben, verlassen bis Klasse 10 zu 31% das Gymnasium. Die Abbruchquote für Kinder, deren Eltern beide ein Gymnasium besucht haben, liegt dagegen bei nur 9%. Eine Analyse nach drei Sozialgruppen, die weiter in zwei bzw. drei Untergruppen unterteilt werden (BOFINGER 1990, 56), ergibt hinsichtlich der Chancen auf einen Verbleib im Gymnasium bis nach der Jahrgangsstufe 10 folgendes Bild: „Von den Schülern aus der sozialen Herkunftsgruppe 1 blieben am Ende nur noch 33% (Untergruppe 1) bzw. 51% (Untergruppe 2) übrig, die auch nach der Jahrgangsstufe 10 das Gymnasium besuchten; in der Herkunftsgruppe 3 waren es jedoch 74% bzw. 85% der Schüler, die ihren Weg im Gymnasium fortsetzten" (BOFINGER 1990, 57). Von sehr unterschiedlicher Bedeutung für den Verbleib im Gymnasium sind die Noten der Schüler. Sofern Schüler der oberen Sozialgruppe überhaupt das Gymnasium verlassen, haben sie schlechte Noten in mehreren Fächern zugleich, „... während für Schulabgänger aus der Sozialgruppe 1 augenscheinlich schon die schlechte Leistung in einem Fach ausreichte, um an eine Aufgabe der gymnasialen Laufbahn zu denken" (BOFINGER 1990, 63).

Interessante Ergebnisse ergeben sich auch zum *Besuch der Realschule*: Für die höheren Schichten erscheint die Realschule als Schule zweiter Wahl, „... die erst dann gewählt wird, wenn der Verbleib am Gymnasium unmöglich geworden ist" (BOFINGER 1990, 128). Von den Realschülern der Oberschicht sind 57% (Untergruppe 2) bzw. 38% (Untergruppe 1) ehemalige Gymnasiasten, von den Schülern aus der Unterschicht dagegen nur 13 bzw. 17%. Und auch nach dem Abschluß der Realschule bleibt ein Schichtgefälle in den weiteren Ausbildungsplänen erhalten. Den Übertritt an eine Fachoberschule z.B. planen 22 bzw. 28% der Oberschichtschüler im Vergleich zu 8% der Unterschicht. Je höher die soziale Schicht, um so ungebrochener erweist sich das Aufstiegsstreben in der weiteren Ausbildungs- und Lebensplanung (vgl. BOFINGER 1990, 128f). „Der Wille, die Angebote des Schulwesens optimal auszunutzen und nach Möglichkeit den höchsten schulischen Abschluß zu erwerben, war je nach sozialer Herkunft sehr unterschiedlich ausgeprägt. Selbst die Erfahrung eines Schulabbruchs, die ein ehemaliger Gymnasiast der sozialen Oberschicht machen mußte, hinderte einen Großteil dieser Schüler nicht daran, auch weiterhin alle Chancen für einen schulischen und beruflichen Aufstieg wahrzunehmen" (BOFINGER 1990, 133).

In der Untersuchung BOFINGERS werden bereits Prozeßaspekte und insbesondere die sozialspezifisch differierende Verarbeitung von Erfahrungen im Durchlaufen der Bildungswege deutlich. Darauf ist noch zurückzukommen. Ergänzend zur Frage der sozialen Ungleichheit im Bildungssystem seien zunächst noch Ergebnisse zum *Hochschulbereich* und zum Bereich der *Weiterbildung* angeführt.

Die 13. Sozialerhebung des Deutschen Studentenwerkes (BMBW 1992b) weist für 1990 als *sozialgruppenspezifische Studienanfängerquoten* für die Gruppe der Beamten, Angestellten, Selbständigen und Arbeiter Anteile von 59.7, 39.0, 37.8 und 11.8% aus (BMBW 1992b, 54ff.). Der Anteil der Arbeiter ist erst 1990 etwas angestiegen, er betrug in den Jahren 1982-1989 lediglich zwischen 6.9 bis 8.7%. (BMBW 1992b, 56ff.). Diese Anteilswerte bedürfen keines näheren Kommentars, sie müssen an dieser Stelle als Beleg für die sich notwendigerweise im Hochschulbereich fortsetzende gravierende soziale Ungleichheit genügen (vgl. auch BÖTTCHER u.a. 1988; zur Wahl der Hochschulart und Studienfächer BMBW 1992b, 127ff. und PREISSER 1990).

Zum Bereich der *Weiterbildung* hält NOLL zusammenfassend fest: „Alle empirischen Untersuchungen des Weiterbildungsverhaltens sind sich darin einig, daß Weiterbildung die in der Schul- und beruflichen Erstausbildung angelegten und reproduzierten Unterschiede nicht nur nicht zu kompensieren vermag, sondern sogar noch verstärkt. ... Je höher die schulische und berufliche Vorbildung und je höher der berufliche Status, desto größer ist die Wahrscheinlichkeit der Teilnahme an beruflicher Weiterbildung" (NOLL 1987, 157). Beispielhaft dafür stehen die Teilnahmequoten an Veranstaltungen der beruflichen Weiterbildung, die ROLFF (1988, 148ff) mitteilt: Sie betragen für un- und angelernte Arbeiter 3-4%, für Facharbeiter und einfache Angestellte ca 7-12% und für leitende Angestellte und höhere Beamte 27-34%. Nach KLEMM u.a. (1990, 210ff) zeigt die Entwicklung im Zeitverlauf „eine verschärfte Polarisierung", ein „zunehmendes Auseinanderdriften der Weiterbildungsquoten der unterschiedlichen sozialen Gruppen" (KLEMM u.a. 1990, 211).

1.4 Regionale Disparitäten

Regionale Disparitäten in der Bundesrepublik sind seit der Wiedervereinigung auf Vergleiche der alten mit den neuen Ländern, der Länder untereinander und auf Vergleiche einzelner Regionen innerhalb der Länder zu beziehen.

Unterschiede zwischen den alten und neuen Ländern sowie im Vergleich der einzelnen Länder bestehen bereits in den *etablierten Schulstrukturen* bzw. den *angebotenen Schulformen* (vgl. KLEMM u.a. 1992; WEISHAUPT & ZEDLER 1994). In den neuen Ländern wurde die Hauptschule nur in Mecklenburg-Vorpommern etabliert, ansonsten finden sich neben dem in allen Ländern vertretenen Gymnasium die Mittelschule (Sachsen), Sekundarschule (Sachsen-Anhalt) bzw. die Regelschule (Thüringen). Die Gesamtschule hat den Status als Regelschule nur in Berlin und Brandenburg. Gravierende Unterschiede im Ausbau und Besuch der Gesamtschulen bestehen auch im Vergleich zwischen den alten Ländern. Große Schüleranteile erfassen die Gesamtschulen in Berlin (7.-9.Kl. 1991: 27.6%), Hamburg (20.7%), Hessen (16.2%), im Saarland und in Bremen (ca 12%; BMBW 1992a). Differenzen bestehen außerdem hinsichtlich der Anteile der Schularten des gegliederten Systems (BMBW 1992a). Hier zeigen sich einerseits erwartbare Abweichungen zwischen den Stadt- und Flächenstaaten, aber auch im Vergleich der Flächenstaaten, wie an den Besuchsquoten der Hauptschule abzulesen ist. Die Hauptschulanteile variieren zwischen den Flächenstaaten ohne ein ausgedehntes Gesamtschulangebot nicht unerheblich. Sie betragen 1991 für Bayern 40.2%, Rheinland-Pfalz 44.3%, Baden-Württemberg 38.6% und für Niedersachsen 31.7% sowie Schleswig-Holstein 33.8% (BMBW 1992a, 11).

Eine feinere Gliederung nach *Regionen innerhalb der Länder* zeigt ebenfalls erhebliche Disparitäten.

Untersuchungen *in den neuen Bundesländern* belegen (für Mecklenburg-Vorpommern und Thüringen: WEISHAUPT & ZEDLER 1994, 408ff.), daß im Zuge der Neustrukturierung die Gymnasien stärker auf Städte konzentriert wurden. An den Gymnasialstandorten wiederum sind die Übertritte zum Gymnasium um 10% höher als in den übrigen Gemeinden. Im Vergleich der einzelnen Gemeinden variieren die Übertrittsquoten zwischen 10 bis über 60%. Selbst innerhalb der Städte finden sich überraschend große Unterschiede (z.B für Erfurt zwischen 19 und 67%). Darin wird deutlich „... daß sich mit der Einführung der gegliederten Schulstruktur beachtenswerte regionale Disparitäten der Bildungsbeteiligung nach der Grundschule ergeben haben" (WEISHAUPT & ZEDLER 1994, 410; vgl. auch FORSCHUNGSGRUPPE SCHULSTRUKTURWANDEL IN THÜRINGEN 1993).

Nach wie vor erhebliche regionale Disparitäten bestehen auch *innerhalb der alten Bundesländer*. Der Ausbau des Schulangebotes seit den 60er Jahren hat die zuvor bestehenden Diskrepanzen nicht beseitigt. BERTRAM & DANNENBECK (1990) weisen dies mit aktuellen Regionaldaten für Bayern nach. Unter Verweis auf PEISERT kommen sie zu dem Ergebnis, daß sich „die Daten für die Gegenwart von den Daten von 1961 kaum unterscheiden" (BERTRAM & DANNENBECK 1990, 218). Die „Quartanerquote" variiert erheblich zwischen Stadt und Land und ebenso zwischen den einzelnen Städten und Landkreisen. Zusammenfassend stellen die Autoren eine „*Konstanz* regionaler Differenzen auf einem insgesamt *höheren Niveau*" fest und fragen mit Recht, „warum diese ja relativ leicht verfügbaren Daten so gut wie überhaupt nicht zur Kenntnis genommen werden" (BERTRAM & DANNENBECK 1990, 219).

Am Beispiel Bayerns wurden hinsichtlich der Bildungsaspirationen hohe *Zusammenhänge mit Merkmalen des regionalen Kontextes*, insbesondere mit der Bildungs-, Wirtschafts-, Haushalts- und Erwerbsstruktur der Gemeinden nachgewiesen. Die Korrelationen liegen bei .60 und höher (DITTON 1992, 158ff). Mit der *Gemeindegröße* nehmen die Hauptschulaspirationen von 25.4 auf 10.8% ab, und der Wunsch nach Besuch des Gymnasiums nimmt von 27.5 auf 51.2% zu (DITTON 1992, 164). Deutliche Zusammenhänge bestehen auch mit der *Erreichbarkeit der weiterführenden Schulen* (DITTON 1992, 165). Unzweifelhaft ist also die Planung von Bildungskarrieren mit Verwertungsperspektiven innerhalb der regionalen Infrastruktur, den wirtschaftlich-beruflichen Angeboten und (auch heute noch!) mit der Erreichbarkeit von Schulen verbunden. Um das vorhandene Schulangebot und die Gleichwertigkeit der Lebensbedingungen in der Bundesrepublik steht es insofern, trotz der Veränderungen seit den 60er Jahren, keineswegs schon zum Besten -weder in den neuen noch in den alten Ländern.

1.5 Ethnische Ungleichheit

Diese Fragestellung kann hier nur erwähnt werden, für Einzelergebnisse sei auf die umfangreiche Untersuchung von ALBA, HANDL & MÜLLER (1994) mit Daten des Mikrozensus 1989 und des Sozio-ökonomischen Panel verwiesen. Die Autoren untersuchen neben der Bildungsteilhabe als abhängiger und der ethnischen Herkunft als unabhängiger noch eine Vielzahl von Kontrollvariablen. Das wichtigste Ergebnis im Zusammenhang hier ist, daß ausländische Kinder und Jugendliche weit häufiger die Hauptschule und weitaus seltener das Gymnasium besuchen. Im Anschluß an die Hauptschule wird weitaus seltener eine Lehre absolviert. Die Unterschiede scheinen zum Teil für die Jugendlichen der zweiten Generation abzunehmen, sie bleiben aber auch dort noch gravierend. Von großer Bedeutung für den Verlauf der Bildungskarriere scheint die *Kultur im Elternhaus* zu sein, die bei den Autoren als *deutsche Sprachkompetenz der Eltern* operationalisiert ist. Der sprachlichen Integration dürfte somit ein besonderer Stellenwert zukommen. Beachtenswert sind aber auch die *Differenzen zwischen den Nationalitäten*; hier zeigt sich, daß Griechen und Jugoslawen zu größeren Teilen höherwertige Bildungsgänge absolvieren als Türken und Italiener, letztere also stärker benachteiligt sind.

1.6 Zusammenfassung der Ergebnisse und Folgerungen

Als Globalergebnis läßt sich festhalten, daß trotz der enormen Bildungsexpansion die soziale Ungleichheit auf einem insgesamt höherem Niveau erhalten geblieben ist. Eine Reduzierung der Ungleichheit besteht bezüglich der veränderten Chancen im Verhältnis der sozialen Gruppen zueinander (MÜLLER & HAUN 1994), was allerdings nicht bedeutet, daß damit eine Annäherung an ein Modell repräsentativer Verteilung erreicht wäre. Vielmehr wurde über eine insgesamt gestiegene Bildungsteilhabe der Zugang zu höherwertiger Bildung für die am stärksten Benachteiligten relativ betrachtet verbessert. Abgebaut ist im allgemeinbildenden System die Benachteiligung der Frauen. Die regionalen Disparitäten und ungleichen Lebensverhältnisse innerhalb der Bundesrepublik bestehen dagegen ebenso fort wie die sozialen. Besonders beachtenswert ist die vermutlich zunehmend problematischer werdende Situation der *Verlierer der Bildungsexpansion*, der Abgänger ohne Schulabschluß und auch die Situation der ausländischen Mitbürger bzw. einzelner ethnischer Gruppen.

Vor diesem Hintergrund stellt sich nun weiter die Frage nach den erwartbaren Leistungen der erziehungswissenschaftlichen Forschung. Worin ist ihr spezifischer Beitrag zu sehen? Erforderlich erscheint vor allem eine Weiterentwicklung der Theorie- und Untersuchungsansätze hin zu differenzierten Fragestellungen nach den Bedingungen und Prozessen der Verstärkung oder Reduzierung von Ungleichheit.

2. Aktuelle Theorie und Forschungsansätze und Desiderate

Den Zusammenhang von Ungleichheit und Bildung markieren die Begriffe *Modernisierung* und *Reproduktion*. Die Modernisierungsthese bezieht sich auf die steigende gesellschaftliche Bedeutung von Bildung durch die zunehmende Rationalisierung und Technisierung sowie durch die Verlagerung hin zur Dienstleistungsgesellschaft. Im Sinne der Reproduktionsthese ist Bildung das in modernen Gesellschaften zwar allgemein als legitim anerkannte aber dennoch bezüglich seiner tatsächlichen Gestaltung auch zu problematisierende Mittel der Regelung des Zugangs zu sozialen Positionen und den mit ihnen verbundenen Privilegien oder Deprivationen. Da vorteilhafte Positionen nicht beliebig vermehrbar sind, beinhaltet die Reproduktionsthese die macht- und kontrolltheoretische Frage nach der Verteilung knapper Privilegien und nach der Vererbung von Kapital. Diese Zusammenhänge sind Gegenstand in etablierten Modellen der sozialspezifisch differenziert zu behandelnden *Bildungsnachfrage*, etwa schon bei BERGER (1969) oder HÄRNQUIST (vgl. OECD 1981). Die Theorieansätze zur Erklärung der Bildungsnachfrage beziehen sich auf das Zusammenspiel von individuellen und gesellschaftlich-sozialen Faktoren, sie stellen als eine Art Bindeglied die *Verbindung zwischen Makrostrukturen und individuellem Handeln* her.

2.1 Sozialspezifisch rationales Handeln

Entscheidungen über Bildungslaufbahnen, über Wege und Ziele der Bildungskarriere, werden nicht ad hoc getroffen, sondern sind angesichts ihrer weitreichenden Bedeutung im Kontext der *Lebensplanung* (MEULEMANN 1985) gut durchdacht. Die vielfältigen Faktoren der Handlungssituation sind in einem *Modell rationalen Handelns* darstellbar, in dem Aufwand und Nutzen ins Verhältnis gesetzt werden, mit der Erwartung, eine bestmögliche Wahl zu treffen (dazu: COLEMAN & FARARO 1992; ESSER 1990; FRANZ 1986; FREY & FOPPA 1986; LINDENBERG 1981, 1990). Handlungen und Entscheidungen gelten in den Modellen rationalen Handelns nicht als durch objektive und universell geltende Bewertungsmaßstäbe determiniert, vielmehr kommen kulturell- und sozialspezifische *Deutungs- und Handlungsmuster im Zusammenspiel mit objektiv gegebenen Möglichkeiten und Beschränkungen* zur Wirkung (vgl. DITTON 1992, 11ff)

BOUDON (1974) kennzeichnet die Wahl des Bildungsweges als eine *sozialspezifisch rationale Entscheidung*, die eingebunden ist in ein *Entscheidungsfeld*, dessen Parameter wiederum eine Funktion der Position innerhalb des Systems der sozialen Ungleichheit sind. BOURDIEU u.a. verstehen das handelnde Subjekt als „.. eine Art Unternehmer, der aus knappen Ressourcen den maximalen Ertrag zu ziehen sucht“ (1981, 178). Die Handlungen sind jedoch nicht an einem abstrakten Markt der objektiven Möglichkeiten ausgerichtet: „Ökonomische Strategien sind nicht Reaktionen auf eine abstrakte und *für alle gleiche* Situation, etwa auf einen bestimmten Zustand des Arbeitsmarktes oder eine durchschnittliche Profitrate, sondern auf eine einzigartige Konfiguration von positiven oder negativen, in den sozialen Raum eingeschriebenen Indizes, eine Konfiguration, die ein *spezifisches Verhältnis* zwischen dem vorhandenen Vermögen und den verschiedenen Märkten zum Ausdruck bringt, das heißt ein bestimmtes Maß an aktueller und potentieller Verfügungsgewalt über die Instrumente der Produktion und der Reproduktion“ (BOURDIEU u.a. 1981, 175).

Handlungs- und Reproduktionsstrategien variieren mit dem verfügbaren Kapital in Relation zu den Marktmöglichkeiten. Wie BOUDON hebt auch

BOURDIEU die Bedeutung der Stellung der Handelnden im Raum der sozialen Ungleichheit und die Bedeutung von sozialspezifisch geprägten Erfahrungen und Bewertungsmustern (Habitus) hervor.

Eine erste Annäherung zur Abbildung der *Faktoren der Entscheidungssituation* haben wir in einer Pfadanalyse für eine Stichprobe der 4. Klassenstufe versucht (DITTON 1989). Als Variablen wurden der soziale Status, das Leistungs- und Sozialverhalten des Schülers und seine Zensuren einbezogen, daneben aber auch familiale Belastungsfaktoren. Als abhängige Variablen wurden die Bildungsaspirationen der Eltern und die Schulempfehlungen der Lehrer untersucht.

Durch die Prädiktoren des Modells lassen sich die Aspirationen der Eltern schlechter erklären (erklärte Varianz, i.f. PV: 53%) als die Empfehlungen der Lehrer (65%). Als bester Prädiktor erweisen sich erwartungsgemäß die Zensuren (Pfadkoeffizienten: .42; .52), die ihrerseits am stärksten durch das Leistungs- und Sozialverhalten des Schülers bestimmt sind (.40; .59). Es zeigt sich, daß die Empfehlungen der Lehrer stärker an objektiven Leistungen orientiert sind als die Bildungserwartungen der Eltern. Die Analyse der Beziehungen zwischen den Variablen als Kausalkette belegt, daß bezüglich der Aspirationen der Eltern ihre soziale Position die entscheidende Einflußgröße ist. Ihr kommt bei der Schulwahl der Eltern insgesamt eine größere Bedeutung zu als den tatsächlichen Leistungen des Schülers. Die Bildungsempfehlungen der Lehrer sind dagegen am stärksten auf das Leistungs- und Sozialverhalten des Schülers bezogen.

Die in dem Modell außerdem nachgewiesenen Beziehungen über *familiale Belastungsfaktoren* stützen die Aufwand-Nutzen bzw. sozialspezifische Kalkulations-These: Schüler höherer Schichten zeigen nicht nur ein positiveres Leistungs- und Sozialverhalten, sie benötigen und erhalten auch weniger an Unterstützung und Hilfe. Obwohl der mögliche Aufwand in oberen Schichten höher zu veranschlagen ist, muß er seltener betrieben werden. Damit reduziert sich die familiale Belastung durch Schule in oberen Schichten erheblich. Außerdem sind dem Lehrer die Eltern aus höheren sozialen Schichten besser bekannt, er kann den familialen Hintergrund besser einschätzen – bedingt durch häufigere Kontakte und wohl aufgrund geringerer sozialer Distanz.

Obwohl in das analysierte Pfadmodell eine Vielzahl intervenierender Familienvariablen integriert sind, bleibt ein direkter Effekt des sozialen Status sowohl auf die Bildungsempfehlungen der Lehrer (.13), vor allem aber auf die Aspirationen der Eltern (.24) bestehen. Dieser *sekundäre* oder unvermittelte Effekt der sozialen Position deutet die *schichtspezifische Selbstverständlichkeit* von Bildungsentscheidungen an, unabhängig von Schülerleistungen und familialer Situation, und ist mit BOUDON als größerer Nutzen höherwertiger Bildungsgänge mit steigender sozialer Position zu werten. Der sekundäre Effekt kann aber auch als gesteigertes Vertrauen der Lehrer bzw. als größeres Selbstvertrauen der Eltern hinsichtlich der Bewährung in anspruchsvolleren Bildungsgängen verstanden werden, als eine Art von fraglos unterstellter Selbstverständlichkeit besserer Chancen, die über Bedingungen des Bildungssystems garantiert sind.

2.2 Differenzierte Lebensplanung in einer differenzierten Sozialstruktur

Eine Erklärung der Bildungsnachfrage im Zusammenhang der Lebensplanung, als Reproduktion der sozialen Position, verweist auf ein komplexes Gefüge entscheidungsrelevanter Strukturen und Prozesse. Zur Systematisierung des Handlungsfeldes bzw. zur Abbildung der Entscheidungssituation sind folgende Elemente hervorzuheben:

1. Die *Mehrebenenstruktur* von personalen, institutionalen und gesellschaftlichen Faktoren

Entscheidungen über die Bildungskarriere beziehen sich auf die Person des Schülers, sie berücksichtigen insbesondere seine Leistungen, seine Motivation, seine Ansprüche und Erwartungen. Dies geschieht auf dem Hintergrund der Familiensituation, orientiert an der möglichen Unterstützung sowie den erwarteten Belastungen und Erfolgen. Parallel dazu bzw. darauf rückbezogen wirken Faktoren der schulischen Erfahrung und der antizipierten Bedingungen der Schulsituation. Der weitere Rahmen des Entscheidungsfeldes ist schließlich abgesteckt durch Bedingungen des regionalen Umfeldes (wie etwa die Erreichbarkeit der Schulen, die regional-spezifische Verwertbarkeit von Bildungsabschlüssen usw.) sowie durch den gesellschaftlich-sozialen Bildungskontext (etwa: die Wertschätzung von Bildung, das gesamtgesellschaftlich geprägte *Bildungsklima*). Strukturell ist dieses Konstellationsgefüge zu erfassen als ein System der ineinandergeschachtelten Ebenen Person, Institution (Familie, Schule) und regionaler, gesellschaftlich-sozialer Hintergrund.

Zur Erfassung der sozialen Einflüsse auf die Bildungslaufbahnen und zur Abbildung der Ungleichheit im Bildungssystem dominiert bis heute das Modell der sozialen Schichten. Der Schichtansatz erscheint jedoch nicht nur im Hinblick auf die vorgenannte Mehrebenenstruktur unzureichend, um die differenzierte Sozialstruktur moderner Gesellschaften abzubilden (vgl. zsfsd.

GIESEN & HAFERKAMP 1987; BERGER & HRADIL 1990). Die beiden folgenden Aspekte der aktuellen Diskussion zu sozialer Ungleichheit sind auch für die Bildungsforschung in den Vordergrund zu rücken (vgl. DITTON 1992, 38ff.).

2. Die *Mehrdimensionalität* ungleicher Lebens- und Handlungssituationen

Im Gegensatz zu der mit dem Schichtansatz unterstellten eindimensionalen Sozialstruktur (Schichtindex), erweist es sich zunehmend als unverzichtbar, die mit den sozialen Positionen verbundenen verschiedenartigen *Kombinationen*, möglichen *Inkonsistenzen* und *Akkumulationen* von Privilegien und Benachteiligungen in den Blick zu nehmen (HRADIL 1987). Mehrere Ansätze hierzu liegen inzwischen vor.

Zu erwähnen ist vor allem BOURDIEUS (1983, 1985, 1987) Bestimmung der sozialen Position anhand des verfügbaren Kapitals in ökonomischer, kultureller (Bildung), sozialer (Beziehungen) und symbolischer Form (Prestige). BOURDIEU unterscheidet nach dem *Gesamtumfang* des verfügbaren Kapitals zwischen sozialen Klassen, die dann, entsprechend der *Zusammensetzung des Kapitals nach Kapitalarten*, weiter in Klassenfraktionen differenziert werden.

Auch wenn hierzu durchaus noch Fragen offen sind (vgl. LÜDTKE 1989) und insofern bislang noch nicht auf allgemein anerkannte und genügend bewährte Sozialstrukturmodelle zurückgegriffen werden kann, steht die Notwendigkeit eines mehrdimensionalen Verständnisses von Ungleichheit außer Frage. Dies betrifft gleichermaßen den folgenden Aspekt.

3. Der *subjektiv-interpretative Umgang* mit den objektiven Bedingungen der Lebenssituation

In den neueren Theorien sozialer Ungleichheit tritt neben die Analyse der objektiv gegebenen sozialen Lage oder Position die Frage nach dem Umgang, nach der subjektiven Verarbeitung der Bedingungen der objektiven Situation (vgl. BOURDIEU 1985, 1987; HRADIL 1987; LÜDTKE 1989): „Es kommt immer darauf an, wie objektive Gegebenheiten ... sich einerseits auswirken und was andererseits aus ihnen gemacht wird, d.h. wie sie definiert werden und welchen Sinn und welche Bedeutung sie für die Akteure haben. Bedeutungszuschreibung, der zweite dieser Prozesse, wurde bisher wenig beachtet" HAFERKAMP (1987, 150).

Zwischen objektiver und subjektiv bedeutsamer Wirklichkeit besteht eine *Unbestimmtheitsrelation* (HAFERKAMP 1987, 150), die auf Prozesse der *sozialen Deutung* und auf *die Genese sozialer Praktiken* verweist. Diese erfahren gegenwärtig (wieder) verstärkt Beachtung und beinhalten, daß die Annahme einer deterministischen Wirkung objektiver sozialer Bedingungen aufgegeben wird. In der interpretativen Sichtweise tritt neben die Frage nach den relevanten sozialen Strukturen die Aufgabe, differentielle Wirkungen gleichartiger Lebensbedingungen zu untersuchen.

Im Zusammenhang dieser Aspekte ergibt sich ein komplexes Forschungsfeld, dessen Bearbeitung weitgehend erst ansteht. Erste darauf bezogene Ergebnisse sollen im folgenden dargestellt werden.

2.2.1 Sozialspezifische Differenzierung

Die Notwendigkeit einer *Differenzierung innerhalb der Sozialgruppen* zeigt sich bereits deutlich an der erheblichen Streuung der Bildungsaspirationen und Schulbesuchsquoten innerhalb der sozialen Lagen (Schichten) bzw. Berufs- und Beschäftigtengruppen.

Nach KÖHLER (1992, 75) variiert die Gymnasialquote innerhalb der Gruppe der Beamten zwischen 23.7% (ohne mittleren Abschluß) und 77.3% (mit Abitur) und innerhalb der Gruppe der Angestellten zwischen 28.4% und 72.7%. Damit zeigt sich, „... daß die Unterschiede innerhalb der nach der beruflichen Stellung gebildeten Gruppen teilweise stärker sind als zwischen diesen Gruppen“ (KÖHLER 1992, 122).

Umgekehrt zeigt auch eine Analyse der Bildungsaspirationen, die innerhalb der sozialen Lagen (Schichten) nach dem Berufsstatus differenziert, erhebliche Unterschiede (DITTON 1992, 137ff). Aus der unteren sozialen Lage beabsichtigen 53.3% der ungelernten Arbeiter im Vergleich zu 33.7% der Facharbeiter und 17.9% der Angestellten einen Hauptschulbesuch des Kindes. Innerhalb der mittleren Sozialgruppe variiert die Gymnasialquote zwischen 8 und 59%. Als weitgehender homogen erscheint allein die obere Sozialgruppe mit jeweils 80% oder mehr Wahlen für das Gymnasium (für Angestellte, Beamte, Selbständige). Auch wenn diese Differenzen angesichts der geringen Größe der Teilstichproben mit Vorbehalt zu sehen sind, lassen sie auf eine erhebliche Heterogenität der üblicherweise als homogen unterstellten sozialen Lagen bzw. Schichten schließen.

Notwendige Differenzierungen betreffen jedoch nicht nur eine Verfeinerung der Status- oder Schichtmodelle, sie sind vielmehr, wie zuvor ausgeführt, auch auf den möglicherweise *verschiedenartigen Stellenwert von Entscheidungsfaktoren in Abhängigkeit von der sozialen Position* zu beziehen.

Die im ersten Abschnitt genannten Untersuchungen von BOFINGER (1990) haben den unterschiedlichen Stellenwert der Zensuren für die Fortsetzung oder den Abbruch einer Schullaufbahn innerhalb der Sozialgruppen belegt. Ein entsprechender *differentieller Effekt der Zensuren* ist auch bei der *Schulwahl* festzustellen (DITTON 1992, 130). Bei vergleichbaren Noten wählen Eltern der oberen Sozialgruppe wesentlich häufiger höhere Schulen als Eltern der unteren Sozialgruppe. Bei einem Notendurchschnitt bis 2.3 plant die untere Sozialgruppe zu 42% den Besuch der Realschule und zu 58% den Besuch des Gymnasiums, gegenüber Anteilen von 6 bzw. 94% innerhalb der oberen Sozialgruppe. Bei Durchschnittsnoten bis 3.1 sollen nach dem Wunsch der Eltern 62% der Schüler aus der unteren Sozialgruppe zur Realschule und 11% zum Gymnasium gehen. Die entsprechenden Anteile innerhalb der oberen Sozialgruppe betragen 23% und 73%. Die Gymnasialanteile der oberen Sozialgruppe sind also selbst bei schlechten Noten noch höher (73%) als die der unteren bei einem guten Notendurchschnitt (58%).

Über diesen sozialspezifisch differentiellen Stellenwert der Zensuren hinaus, sind eine Reihe weiterer ebenfalls *verschiedenartig wirkender Einflußfaktoren* bezüglich der Bildungsaspirationen der Eltern nachweisbar (vgl. DITTON 1992, 137ff.).

Innerhalb der *unteren Sozialgruppe* wird mit den beiden Merkmalen „Berufsziel für das Kind“ und „Schulleistungen der Mutter“ die deutlichste Differenzierung hinsichtlich der Bildungserwartungen erreicht (η = 0.46 und 0.35). Zusätzlich sind bezogen auf die Bildungserwartungen der unteren Sozialgruppe noch die Kinderzahl (η = 0.25), die berufliche Zufriedenheit der Eltern (η = 0.22), das Bildungsniveau der Mutter (η = 0.31) sowie die Differenzierung nach ungelernten/angelernten und Facharbeitern (η = 0.21) bedeutsam. Z.B. reduziert sich der Gymnasialanteil in Familien mit mehr als einem Kind auf 13-15%, gegenüber 38.7% in Einkind-Familien.

Für die Bildungserwartungen der *mittleren Sozialgruppe* sind vor allem das Ausmaß der Leistungsorientierung und die Kontakte mit dem Klassenlehrer aussagekräftig (η = 0.28 und 0.25). Gleichfalls relevant sind die Variablen zu den Schulleistungen der Mütter (η = 0.22), der beruflichen Zufriedenheit (0.13/0.26) sowie zu den beruflichen Erwartungen für das Kind (0.23 bis 0.44). Z.B. führt in der mittleren Sozialgruppe ein Berufsziel im handwerklichen Bereich zu einer Erhöhung der Hauptschul- und einer Senkung der Gymnasialübertritte.

Innerhalb der *oberen Sozialgruppe* variieren die Bildungserwartungen insgesamt deutlich weniger als in der unteren oder mittleren. Es läßt sich z.B. keine Teilgruppe finden, in der die Gymnasialquote überhaupt unter 66% sinkt. Auch für die herausgehobene Soziallage sind die Variablen berufliche Zufriedenheit (η = 0.25) und Berufserwartungen für das Kind (η = 0.48) bedeutsam, allerdings führt dies keineswegs zu einem entsprechend hohen

Anteil an Übertritten in eine Hauptschule wie in der unteren oder mittleren sozialen Lage. Eine besondere Erwähnung verdienen das Bildungsniveau der Väter und die Einschätzung der Bekanntheit des Schülers durch den Lehrer (wie gut der Lehrer den Schüler zu kennen glaubt). Für die Familien, deren Väter einen geringerwertigen Bildungsabschluß als das Abitur haben, reduziert sich die Gymnasialquote und der Realschulanteil erhöht sich. Zu 100% vollständig auf das Gymnasium übertreten werden die Schüler aus den Familien der oberen Sozialgruppe, von denen der Lehrer wenig zu wissen glaubt, die er nach eigenem Einschätzen am wenigsten kennt.

Somit scheinen die relevanten Spezifika sozialer Milieus zwischen den sozialen Lagen zu variieren. Für die untere Sozialgruppe erscheint die reale Erfolgsaussicht in höherwertigen Bildungsgängen, abgesichert durch positive Schulerfahrungen und guten Schulerfolg der Mutter, besonders relevant. Daneben ist die berufliche Perspektive für das Kind und die ökonomische Situation (gemessen an der Kinderzahl) wesentlich für die Bildungsentscheidung. In der mittleren Sozialgruppe kommt stärker die Leistungsorientierung und die soziale Absicherung höherer Bildungsaspirationen über Kontakte mit dem Lehrer zum Tragen. Für die obere Sozialgruppe hat es den Anschein, daß die familiale Bildungstradition, die Verpflichtung auf den Bildungsstatus des Vaters, dominiert. Daneben kommt ein Element der Distinktion zum Tragen: Gerade diejenigen, über die der Lehrer am wenigsten weiß, die Distanz zu Schule und Lehrer halten, sind in ihrer Entscheidung für die gymnasiale Bildungskarriere ihres Kindes über jeden Zweifel erhaben.

Sicherlich bedarf es hierzu weiterer Analysen (vgl. auch DITTON 1992, 137ff). Ohne Frage ist es aber an der Zeit, das Denken in globalen Sozialkategorien zu überwinden. Einerseits sind die gängigen berufsgruppen- und schichtspezifischen Modelle zu differenzieren und zum anderen ist der *milieuspezifische Umgang mit den Bedingungen sozialer Lagen* aufzuzeigen, d.h. die Situationsverarbeitung und die Planungsperspektive der Handelnden muß einbezogen werden. Dies zielt nicht auf ein entweder/oder von objektiven Lebensbedingungen und subjektivem Umgang mit den Bedingungen ab, sondern gerade auf deren Wechselspiel.

2.2.2 Räumlich-regionale Verankerung der Lebensplanung

Der erhebliche Einfluß regionaler Strukturen wurde im ersten Abschnitt bereits im Verweis auf die *regional erheblich variierenden Bildungsquoten* angesprochen. Der Zusammenhang von Bildung und Lebensplanung ist auch als Verankerung in räumliche Strukturen zu sehen (vgl. auch GUKENBIEHL

1994). Mit einem Index zur *Bildungsnähe*, der die dominanten Merkmale des regionalen Kontextes zusammenfaßt, variieren die Übertritte in die weiterführenden Schulen sehr deutlich. Die Anteile für Hauptschule, Realschule und Gymnasium liegen im bildungsnahen Kontext bei 14, 38 und 48%, verglichen mit Anteilen von 25, 47 und 28% im bildungsfernen Kontext (DITTON 1993, 356).

Aber auch hier handelt es sich nicht allein um *strukturelle* Effekte, zudem *variieren auch die Beziehungen der Faktoren mit den regionalen Bedingungen* (DITTON 1993, 357ff.). Im bildungsfernen Kontext ist der *Zusammenhang* zwischen der Schülermotivation sowie der Schülerleistung und dem Besuch einer Hauptschule signifikant enger als im bildungsnahen Kontext; es besteht also ein *Interaktionseffekt* zwischen Leistung bzw. Motivation und regionalem Kontext im Hinblick auf die Bildungsaspirationen. Bei unterdurchschnittlichen Schülerleistungen steigt im bildungsfernen Kontext der Anteil des Hauptschulbesuchs um 36% (von 10 auf 46%), gegenüber einem Anstieg von nur 26% (von 4 auf 30%) im bildungsnahen Kontext. Entsprechend bewirkt auch eine geringere Motivation im bildungsfernen Kontext einen stärkeren Anstieg der Hauptschulquote (von 9 auf 43= 34%) als im bildungsnahen Kontext (Anstieg um 24%, von 5 auf 29%). Im bildungsnahen Kontext haben also Motivation und Leistung weniger Einfluß auf die Schulwahl, der Anstieg der Hauptschulquote bei unterdurchschnittlicher Motivation und Leistung ist geringer: Die Akzeptanz der Hauptschule steigt bei einer weniger erfolgreichen Grundschulzeit nicht entsprechend wie im bildungsfernen Kontext, d.h., im bildungsnahen Kontext ist eine durchgängige, weitergehend *leistungsunabhängige Verpflichtung auf höherwertige Bildungsabschlüsse* gegeben (vgl. auch SATERDAG 1982).

2.2.3 Prozesse der Reproduktion von Ungleichheit

Die in den Abschnitten zuvor angeführten Interaktionseffekte leiten bereits über zur Frage nach den Prozessen, die Ungleichheit generieren, wobei das Zusammenwirken von Familie und Schule im Vordergrund steht. Ähnlich wie die Einflüsse der familialen Herkunft nicht zureichend mit einfachen Schicht- oder globalen Sozialgruppenvorstellungen zu erfassen sind, ist es erforderlich, die *Schule nicht länger als „black box" zu behandeln*, sondern auch hier nach dem Einwirken, nach den institutionellen Praktiken, den konstitutiven Handlungen und kulturellen Konventionen zu fragen und neben explizierten auch implizit geltende Regelungen zu beachten (s. auch MEHAN 1992; LEE & SMITH 1993; FULLER & CLARKE 1994). Dem entspricht die inzwischen zunehmende Einsicht, daß Schulen ein facettenreiches und zwischen den einzelnen Schulen und Schulklassen variierendes Eigenleben haben (ROLFF 1993).

MEIJNEN (1991) hebt in seinen Untersuchungen diese komplexen Prozesse der *Übertragung des kulturellen Kapitals von der Eltern- zur Kindergeneration* im Zusammenspiel von Familie und Schule hervor. Es geht ihm wesentlich auch darum, die nicht explizierten, aber in der Schule doch vorhandenen Erwartungen an die Schüler herauszuarbeiten. Vergleichbar wird in einem Bericht der OECD das Bildungssystem als „difficult obstacle race" bezeichnet (OECD 1985, 43), in das privilegierte Kinder mit entsprechendem kulturellen Kapital mit Vorteilen eintreten und von dem sie mehr profitieren (vgl. auch DI MAGGIO 1982; DI MAGGIO & MOHR 1985; MEHAN 1992). Neue Lehrmethoden, schülerzentrierter Unterricht, entdeckendes Lernen usw. bauen oft deshalb soziale Unterschiede nicht ab, sondern verstärken sie noch, weil die für diese Formen erforderlichen Qualifikationen nicht selbst in der Schule erworben, sondern schon als Voraussetzung erwartet werden. Privilegierte Kinder haben nicht nur die günstigeren Voraussetzungen in dem „Rennen", ihnen sind auch die unausgesprochenen Regeln und Bedingungen besser vertraut.

Dazu zeigt MEIJNEN (1987) in einer Langzeitstudie mit 700 Schülern in den Niederlanden, deren Schulkarriere im Alter von 6, 9 und 12 Jahren analysiert wurde, daß Differenzen im Verlauf der Schulzeit zu einem erheblichen Teil erst erzeugt werden: „Pupils from the lower status groups increasingly become ‚underachievers', whereas their more privileged counterparts increasingly become ‚overachievers'" (MEIJNEN 1987, 212). Kindern aus höheren Schichten gelingt es im Verlauf der Schulzeit, ihren Startvorsprung in einen zunehmend größer werdenden Leistungsvorsprung umzusetzen.

MEIJNENS Ergebnisse bestätigen die These, daß im schulischen Lernen bereits grundlegende Qualifikationen vorausgesetzt werden und dies die höheren Schichten begünstigt. Insofern trägt Schule eher zur Verstärkung als zum Abbau von bereits unterschiedlichen Startbedingungen bei. Allerdings ermittelt MEIJNEN (1987) auch *differentielle Wirkungen der schulischen Bedingungen*. So sind die Schulleistungen von Kindern aus unteren Schichten stärker von Form und Inhalt des Curriculums beeinflußt als dies bei Kindern aus oberen Schichten der Fall ist. Die gefundenen Beziehungen faßt er folgendermaßen zusammen:

„At those schools which pay a lot of attention to the instruction in basics and also to ‚non-intellectual' learning objectives, which have adopted streaming only to a moderate degree and moreover try to bridge the gap between home and school culture, the working-class children reach a reasonable standard of attainment. In contrast, their performance remains under their level in ‚pupil-centered' schools with advanced streaming and without minimum standards" (MEIJNEN 1987, 222).

Es ist also mit eine Frage der *Gestaltung von Schule und Unterricht*, ob Differenzen vergrößert oder relativiert werden.

An anderer Stelle haben wir dazu nachgewiesen, daß der Zusammenhang zwischen sozialer Herkunft und Schulerfolg in Schulklassen mit einer insgesamt größeren *Streuung der Leistungsbewertungen* signifikant stärker ist (vgl. DITTON 1993).

In Schulklassen mit einer geringen Streuung der Zensuren unterscheiden sich die Leistungen der Schüler aus unterer, mittlerer und oberer Sozialgruppe zwar, die Differenzen sind aber nicht allzu groß. Außerdem bilden die Zensuren die Schülerleistungen weitgehend korrekt ab. Das Ergebnis für die Schulklassen mit einer großen Streuung der Zensuren fällt anders aus. Hier sind bereits die Leistungsunterschiede zwischen den Schülern der drei Sozialgruppen größer. Zusätzlich überzeichnen aber die Zensuren die Leistungsunterschiede drastisch. Bezogen auf ihren Leistungsstand werden Schüler der unteren Sozialgruppe zu schlecht und Schüler der mittleren, besonders aber der oberen Sozialgruppe viel zu gut benotet. Damit liegt die Vermutung nahe, daß die größeren objektiv feststellbaren Leistungsunterschiede in diesen Schulklassen selbst schon mit durch die sozialspezifische Leistungsbewertung, mit der Schüler der oberen Sozialgruppe bevorzugt werden, erzeugt sind.

Ergänzende Analysen (vgl. DITTON 1992, 192ff.) sprechen dafür, daß die Lehrer in den Schulklassen mit einer großen Streuung ihren Unterricht vorwiegend auf die oberen Sozialgruppen ausrichten, und daß ihre Wahrnehmung der Schülerfähigkeiten und -leistungen *sozialspezifisch stereotyp* ausfällt. Beispielhaft dafür sind Ergebnisse zur Einschätzung der Begabung des Kindes durch die Mütter und Lehrer.

Wie zu erwarten, wird die Begabung der Schüler mit ansteigender sozialer Lage sowohl von den Müttern als auch von den Lehrern höher eingeschätzt. Darüber hinaus zeigt sich aber folgende Auffälligkeit: In den Schulklassen mit geringer Streuung stimmen die Begabungsurteile der Mütter und Lehrer weitgehend überein. In der Tendenz liegen die Begabungsurteile der Lehrer etwas unter denen der Mütter. Dieses Ergebnis entspricht dem in aller Regel nachweisbaren Trend, daß Eltern die Begabung des eigenen Kindes höher einstufen als unbeteiligte Beurteiler. Das Ergebnis für die Schulklassen mit großer Streuung ist ein gänzlich anderes: Die Begabung von Schülern der unteren Sozialgruppe wird von den Lehrern weitaus niedriger eingestuft als von den Müttern. Umgekehrt stufen die Lehrer in diesen Schulklassen die Begabung der Schüler aus der mittleren, vor allem aber aus der oberen Sozialgruppe wesentlich höher ein als es die eigenen Mütter der Kinder tun. Dieses Ergebnis ist äußerst ungewöhnlich und als Beleg für eine ausgeprägt sozialspezifische Stereotypisierung in der Wahrnehmung der Schüler durch den Lehrer zu werten.

Im Hinblick auf *Merkmale der Lehrer* zeigt sich, daß die Lehrer in den Schulklassen mit größerer Streuung mit der Lehrerrolle durchweg geringere Anforderungen verbunden sehen: Sie stufen Geduld, Fleiß und übergreifend die fachliche und erzieherische Qualifikation eines Lehrers im Vergleich zu ihren Kollegen in Schulklassen mit geringer Streuung als weniger wichtig ein. Zudem nehmen sie die an die Schüler gestellten Leistungsanforderungen als weniger hoch wahr und bezeichnen es als weniger wichtig, den Schülern Selbstvertrauen zu vermitteln. Ihre Aufgabe als Lehrer sehen sie weniger darin, den Schülern Fähigkeiten und Wissen zu vermitteln. Insgesamt weist das Profil auf ein *reduziertes Engagement* dieser Lehrergruppe hin und läßt einen weniger strukturierten und organisierten Unterricht vermuten, in dem die Leistungsentwicklung der Schüler weit auseinanderlaufen kann, ohne daß sich der Lehrer in die Pflicht genommen sieht.

Diese Befunde sprechen dafür, daß der einzelne Lehrer, sein Selbst- und Aufgabenverständnis, die Art der Unterrichtsgestaltung sowie die Schülerwahrnehmung und Leistungsbewertung Unterschiede hinsichtlich der Abhängigkeit des Schulerfolgs von der sozialen Herkunft der Schüler bewirken. Spezifische Analysen der Erwartungen und des Verhaltens der Lehrer, der Unterrichtsbedingungen und -prozesse bezogen auf den Zusammenhang mit den sozialen Herkunftsbedingungen der Schüler sind von daher nötig.

2.3 Ungleichheitsforschung im Kontext der Schul- und Unterrichtsforschung

Damit ergibt sich eine immanente Verbindung der Ungleichheits- mit der Schul- und Unterrichtsforschung. Die vielfältigen Diskussionen unter dem Schlagwort *Qualität der Schule* (z.B. AURIN 1990) sind auch unter dem Aspekt der guten Schule als weniger sozial selektive Schule zu sehen.

Gegenwärtig scheint die Qualitätsforschung zu stark auf globale Aspekte der Schulleistungen fixiert zu sein, wobei bestehende differentielle Wirkungen der Schulen für verschiedene Schülergruppen in großzügiger Vereinfachung übergangen werden (so schon bei MORTIMORE u.a. 1988). Gerade die unterschiedlichen Wirkungen wie auch die schulinternen Differenzen zwischen den einzelnen Schulklassen wären aber herauszuarbeiten (vgl. DITTON & KRECKER 1995). Insofern ist der Zusammenhang herzustellen mit den Ergebnissen der Unterrichtsforschung, wie es sich etwa bezogen auf die Arbeiten von TREIBER & WEINERT (1985), BAUMERT u.a. (1986, 1987) und HELMKE (1988) zur *Entwicklung von Leistungssteigerung und Leistungsausgleich* geradezu aufdrängt.

Das weitgehend übereinstimmende Ergebnis dieser Studien ist, daß *leistungsegalisierender Unterricht* in der Regel die leistungsstärkeren oder begabteren Schüler in ihrer Leistungsentwicklung hemmt, ohne daß die schwächeren Schüler entscheidend davon profitieren, bzw. daß sich Egalisierung und Leistungszuwachs gegenläufig verhalten. Allerdings kann HELMKE (1988) *Optimalklassen* identifizieren, in denen beide Zielsetzungen (Leistungszuwachs und Leistungsausgleich) vereinbar erschienen. Es handelt sich um Schulklassen, die einen überdurchschnittlichen Lernzuwachs zeigen, in denen aber zugleich die Leistungsdivergenz unterdurchschnittlich ist. Damit müssen sich, nach HELMKE, „ ... im Gegensatz zu einer weitverbreiteten Annahme, diese beiden Zielkriterien des Unterrichts nicht notwendigerweise gegenseitig ausschließen“ (1988, 71).

Merkmale der Optimalklassen sind nach HELMKEs Analysen (1988, 59ff): Eine effiziente Klassenführung, hohe Lehrstofforientierung, große Klarheit und Verständlichkeit der Lehreräußerung, hohe *Adaptivität* (geeignete Formen der Lehr-Lern-Organisation, Variation der Schwierigkeit der Anforderungen, Förderungsorientierung), ein angepaßtes Lehr-Lerntempo, hohe diagnostische Sensibilität des Lehrers und eine positive Lehrer-Schüler-Beziehung (vgl. auch KOCH-PRIEWE 1991; TREINIES 1993).

Obwohl dies nicht explizit ausgewiesen ist, sind angesichts der Korrelation zwischen Leistungsniveau bzw. Begabung und sozialer Herkunft für die Optimalklassen auch reduzierte Differenzen zwischen den Sozialgruppen zu vermuten. Unabhängig davon, belegen die Studien aber in jedem Fall wesentliche Abweichungen in den unterrichtlichen Prozessen und daraus resultierende Vergrößerungen oder Verringerungen von üblicherweise als konstant behandelten (Leistungs-)Differenzen zwischen Schülern.

Für die Fragestellung der Ungleichheitsforschung sind von daher Analysen des *Unterrichts* notwendig. Allerdings kann sich ihr Auftrag darin nicht erschöpfen. In umgekehrter Richtung ist es ebenso erforderlich, die *Makro- oder Schulsystembedingungen* zu reflektieren. Mit der Frage des Schulzugangs, der Verteilung der Schüler auf die Schularten, den Aspekten der Durchlässigkeit und offener Bildungswege verbinden sich unhintergehbare Forderungen an ein gleiche Chancen ermöglichendes Bildungssystem, die schulintern nicht abgegolten werden können. Die genannte *Mehrebenensicht* verweist vor allem auf diesen Zusammenhang von Unterricht, Schule und Schulsystem bzw. von innerer und äußerer Form.

Insofern steht die Ungleichheitsforschung vor erheblichen Herausforderungen in inhaltlicher, aber auch in *methodischer* Hinsicht. Ergänzend zu den für erziehungswissenschaftliche Fragestellungen nur bedingt aussagekräftigen Massendaten der Mikrozensen sind *Längsschnitt- oder auch restrospektive Querschnittuntersuchungen* von Bildungsverläufen mit differenzierten Daten zur familialen und schulischen Situation unverzichtbar. Zur Abbildung der Komplexität der Zusammenhänge dürften sich einerseits *Pfad- und Strukturgleichungsmodelle* empfehlen, vor allem aber auch *Mehrebenenanalysen*, um das Zusammenwirken von individuellen und Aggregatbedingungen zu erfassen (Bock 1989; Bryk & Raudenbush 1992). Auf der anderen Seite wird zudem sicherlich im Sinne eines *qualitativen Forschungsverständnis* ein interpretatives Vorgehen zur Rekonstruktion von Bildungsansprüchen und -verläufen angezeigt sein.

3. Ausblick

Ungleichheit als Gegenstand der erziehungswissenschaftlichen Forschung hat möglicherweise seit den 60er Jahren an Popularität, keineswegs aber an Aktualität verloren. Die Ungleichheitsforschung beinhaltet im hier skizzierten Verständnis eine Vielzahl miteinander verbundener Fragestellungen zu Unterricht, Schule und Schulsystem; sie läßt sich nicht auf eine Betrachtungsebene allein reduzieren, sondern hebt die Dialektik von sozialen Strukturen und Handlungen hervor.

Damit ist einerseits auf *strukturelle Faktoren des Bildungssystems* hinzuweisen, insbesondere auf die Problematik des gegliederten Systems in der Bundesrepublik Deutschland. Für die Bundesrepublik stellt sich die „Systemfrage" im Hinblick auf die im Zuge der Wiedervereinigung unterschiedlich strukturierte Bildungslandschaft in den alten und neuen Bundesländer erneut, zudem stellt sie sich hinsichtlich der schwierigen Situation der Hauptschule und bezüglich der Frage nach den für die Zukunft tragfähigen Alternativen (vgl. auch Hurrelmann 1988; Klemm & Rolff 1988).

„Dauerhafte Ungleichheiten" sind aber nicht nur für die Bundesrepublik kennzeichnend, sondern auch für andere Länder und selbst für Länder mit einschneidenenden Reformen des Bildungssystems. Insofern entbindet die „Systemfrage" keineswegs von der Analyse der *internen Bedingungen und Prozesse in Schule und Unterricht.* Hier sind detaillierte Untersuchungen der Zusammenhänge zu leisten, es ist zu analysieren, durch welche Bedingungen und Prozesse im Umgang miteinander Ungleichheit vergrößert oder reduziert wird. Der Bezugspunkt sind Vergleiche zwischen einzelnen Schulen und

Schulklassen, wobei verstärkt nach „besonderen“ Schulen bzw. Schulklassen (Optimalklassen) Ausschau zu halten und zu fragen ist, was dort anders oder besser gemacht wird, wie man dort vorgeht und welche Voraussetzungen für eine solche Arbeit gegeben sein müssen.

Die internationalen Vergleichsuntersuchungen verweisen daneben auf den *Zusammenhang von Bildungssystem und Gesellschaft*. Das berührt Aspekte der gesellschaftlichen Sensibilisierung für Ungleichheit und folglich Fragen, die keineswegs allein die Erziehungswissenschaft betreffen oder von ihr zu lösen wären. Eine Reduktion von Ungleichheit ist abhängig von sozialen Bewegungen, vom Selbstverständnis einer Gesellschaft, so etwa davon, wieweit Ungleichheit schicksalshaft hingenommen oder gar als Notwendigkeit postuliert bzw. im Gegenteil bewußt auf Ausgleich abgestellt wird. Von daher sollte bewußt bleiben, daß Bildungsfragen nicht nur daran orientiert werden, was möglich wäre oder als möglich erscheint, sondern vor allem auch daran, was (bildungs-politisch und gesellschaftlich) gewollt ist.

Die Reduzierung von Ungleichheit (wenn sie denn gewollt wird) scheint einen langen Atem zu fordern und die Bereitschaft zur Problemwahrnehmung und für Veränderungen „auf allen Ebenen“ vorauszusetzen. Vor allzu großer Euphorie und dem Ruf nach einfachen und schnell wirksamen Programmen ist berechtigterweise zu warnen – ebenso aber vor der Resignation gegenüber einer Problematik, die ohne Frage einer weiterführenden Behandlung bedarf.

Literatur

Alba, R.D.; Handl, J.; Müller, W. (1994): Ethnische Ungleichheit im deutschen Bildungssystem. In: Kölner Zeitschrift für Soziologie und Sozialpsychologie, 46, 209-237.

Arbeitsgruppe Bildungsbericht (Max Planck Institut für Bildungsforschung) (1990): Das Bildungswesen in der Bundesrepublik Deutschland. Reinbek: Rowohlt.

Aurin, K. (Hrsg.) (1990): Gute Schulen – worauf beruht ihre Wirksamkeit? Bad Heilbrunn: Klinkhardt.

Baumert, J. (1991): Langfristige Auswirkungen der Bildungsexpansion. In: Unterrichtswissenschaft, 19, 333-349.

Baumert, J.; Roeder, P.M.; Sang, F.; Schmitz, B. (1986): Leistungsentwicklung und Ausgleich von Leistungsunterschieden in Gymnasialklassen. In: Z.f. Pädagogik, 32, 639-660.

Baumert, J.; Schmitz, B.; Sang, F.; Roeder, P.M. (1987): Zur Kompatibilität von Leistungsförderung und Divergenzminderung in Schulklassen. In: Z.f. Entwicklungspsychologie und Pädagogische Psychologie, 19, 249-265.

Berger, P.A.; Hradil, S. (Hrsg.) (1990): Lebenslagen, Lebensläufe, Lebensstile. (Soziale Welt, Sonderband 7). Göttingen: Schwartz & Co.

Berger, W. (1969): Zur Theorie der Bildungsnachfrage. Ein Beitrag zur Identifizierung der Determinanten privater Nachfrage nach formaler Bildung. Berlin: Max-Planck-Institut für Bildungsforschung.

Bertram, H.; Dannenbeck, C. (1990): Pluralisierung von Lebenslagen und Individualisierung von Lebensführungen. Zur Theorie und Empirie regionaler Disparitäten in der Bundesrepublik Deutschland. In: Berger, P.A.; Hradil, S. (Hrsg.): 207-229.

Blossfeld, H.-P. (1985): Bildungsexpansion und Berufschancen. Empirische Analysen zur Lage der Berufsanfänger in der Bundesrepublik. Frankfurt: Campus.

Blossfeld, H.-P. (1988): Sensible Phasen im Bildungsverlauf. In: Z.f. Pädagogik, 34, 45-64.

Blossfeld, H.-P. (1990): Changes in educational careers in the Federal Republic of Germany. In: Sociology of Education, 63, 165-177.

Blossfeld, H.-P.; Shavit, Y. (1993): Dauerhafte Ungleichheiten. Zur Veränderung des Einflusses der sozialen Herkunft auf die Bildungschancen in dreizehn industrialisierten Ländern. In: Z.f. Pädagogik, 39, 25-52.

BMBW (Der Bundesmimister für Bildung und Wissenschaft) (1992a): Grund- und Strukturdaten 1992/93. Bonn.

BMBW (Der Bundesminister für Bildung und Wissenschaft) (1992b): Das soziale Bild der Studentenschaft in der Bundesrepublik Deutschland. Bonn.

Bock, R.D. (Hrsg.) (1989): Multilevel Analysis of Educational Data. San Diego: Academic Press.

Bofinger, J. (1990): Neuere Entwicklungen des Schullaufbahnverhaltens in Bayern: Schulwahl und Schullaufbahnen an Gymnasien, Real- und Wirtschaftsschulen von 1974/75 bis 1986/87. München: Ehrenwirth.

Bolder, A. (1983): Ausbildung und Arbeitswelt. Eine Längsschnittstudie zu Resultaten von Bildungsentscheidungen. Frankfurt: Campus.

Bolder, A.; Rodax, K. (Hg) (1987): Das Prinzip der aufge(sc)hobenen Belohnung. Die Sozialisation von Arbeiterkindern für den Beruf. Bonn: Neue Gesellschaft.

Bottani, N.; Delfau, I. (Hrsg.) (1990): Indicators of the Quality of Educational Systems: An International Perspective. International Journal of Educational Research, 14, Vol.4.

Böttcher, W. (1991): Soziale Auslese im Bildungswesen. Ausgewählte Daten des Mikrozensus 1989. In: Die Deutsche Schule, 83, 151-161.

Böttcher, W.; Holtappels, H.G.; Rösner, E. (1988): Wer kann sich studieren noch leisten? München: Juventa.

Boudon, R. (1974): Education, Opportunity, and Social Inequality. New York: Wiley & Sons.

Boudon, R. (1990): Subjektive Rationalität und die Theorie der Ideologie. In: Haferkamp, H. (Hrsg.): Sozialstruktur und Kultur. Frankfurt: Suhrkamp, 384-414.

Bourdieu, P. (1983): Ökonomisches Kapital, kulturelles Kapital, soziales Kapital. In: Kreckel, R. (Hrsg.): Soziale Ungleichheiten. Göttingen: Schwartz & Co., 183-198.

Bourdieu, P. (1985): Sozialer Raum und »Klassen«. Leçon sur la leçon. Zwei Vorlesungen. Frankfurt: Suhrkamp.

Bourdieu, P. (1987): Die feinen Unterschiede. Kritik der gesellschaftlichen Urteilskraft. Frankfurt: Suhrkamp.

Bourdieu, P.; Boltanski, L.; de Saint Martin, M.; Maldidier, P. (1981): Titel und Stelle. Über die Reproduktion sozialer Macht. Frankfurt: Europäische Verlagsanstalt.

Bourdieu, P.; Passeron, J.-C. (1971): Die Illusion der Chancengleichheit. Stuttgart: Klett.

Bryk, A.S.; Raudenbush, S.W. (1992): Hierarchical Linear Models: Applications and Data Analysis Methods. Newbury Park: Sage.

Bundesministerium für innerdeutsche Beziehungen (Hrsg.) (1990): Vergleich von Bildung und Erziehung in der Bundesrepublik Deutschland und in der Deutschen Demokratischen Republik. Köln: Verlag Wissenschaft und Politik.

Coleman, J.S.; Fararo, Th.S. (Hrsg.)(1992): Rational Choice Theory. Advocacy and Critique. Newbury Park: Sage.

Dedering, H. (1986): Projekt Neue Bildungsoffensive. München: Juventa.

Di Maggio, P. (1982): Cultural Capital and School Success: The Impact of Status Culture Participation on the Grade of U.S. High School Students. In: American Sociological Review, 47, 189-201.

Di Maggio, P.; Mohr, J. (1985): Cultural Capital, Educational Attainment and Marital Selection. In: American Journal of Sociology, 90, 1231-1261.

Ditton, H. (1989): Determinanten für elterliche Bildungsaspirationen und für Bildungsempfehlungen des Lehrers. In: Empirische Pädagogik, 3, 215-231.

Ditton, H. (1992): Ungleichheit und Mobilität durch Bildung. Weinheim und München: Juventa.

Ditton, H. (1993): Bildung und Ungleichheit im Gefüge von Unterricht, schulischem Kontext und Schulsystem. In: Die Deutsche Schule, 85, 348-363.

Ditton, H. & Krecker, L. (1995): Qualität von Schule und Unterricht – Empirische Befunde zu Fragestellungen und Aufgaben der Forschung. Erscheint in: Z. f. Pädagogik.

Dronkers, J. (1993): Educational Reform in the Netherlands: Did it Change the Impact of Parental Occupation and Education? In: Sociology of Education, 66, 262-277.

Dronkers, J.; Bosma, H. (1990): The consequences of educational reform for the unequal educational opportunities of children. In: Z.f. Sozialisationsforschung und Erziehungssoziologie, 10, 268-278.

Esser, H. (1990): „Habits", „Frames" und „Rational Choice". Die Reichweite von Theorien der rationalen Wahl. In: Z.f. Soziologie, 19, 231-247.

Fauser, R.; Marbach, J.; Pettinger, R.; Schreiber, N. (Hg) (1985): Schulbildung, Familie und Arbeitswelt. München: Verlag DJI.

Flitner, E. (1992): Wirkungen von Geschlecht und sozialer Herkunft auf Schullaufbahn und Berufswahl. Neue französische Untersuchungen. In: Z.f. Pädagogik, 38, 47-63.

Forschungsgruppe Schulstrukturwandel in Thüringen (1993): Schulstrukturwandel in Thüringen. Ergebnisse einer Befragung von Schülern, Eltern und Lehrern in der Stadt Erfurt. Erfurt: Päd. Hochschule.

Franz, P. (1986): Der „constrained-choice"-Ansatz als gemeinsamer Nenner individualistischer Ansätze in der Soziologie. Kölner Zeitschrift für Soziologie und Sozialpsychologie, 38, 32-54.

Frey, B.S.; Foppa, K. (1986): Human Behavior: Possibilities explain Action. In: J. of Economic Psychology, 7, 137-160.

Friedeburg, L. von (1989): Bildungsreform in Deutschland. Geschichte und gesellschaftlicher Widerspruch. Frankfurt: Suhrkamp.

Fuller, B.; Clarke, P. (1994): Raising School Effects while ignoring Culture? Local conditions and the Influence of Classroom Tools, Rules, and Pedagogy. In: Review of Educational Research, 64, 119-157.

Furck, C.-L. (1992): Widersprüche in der Bildungspolitik. In: Z.f. Pädagogik, 38, 457-470.

Giesen, B. (1987): Natürliche Ungleichheit, soziale Ungleichheit, ideale Gleichheit. Zur Evolution von Deutungsmustern sozialer Ungleichheit. In: Giesen, B.; Haferkamp, H. (Hrsg.): 1987, 314-345.

Giesen, B.; Haferkamp, H. (Hrsg.) (1987): Soziologie der sozialen Ungleichheit. Opladen: Westdeutscher Verlag.

Glatzer, W.; Zapf, W. (1984): Lebensqualität in der Bundesrepublik Deutschland. Frankfurt: Campus.

Gukenbiehl, H.L. (Hrsg.) (1994): Regionale Schule. (Entwicklung und Erprobung einer Regionalen Schule zur Verbesserung eines wohnortnahen und differenzierten Bildungsangebotes in Rheinland-Pfalz). Bad Kreuznach: Päd. Zentrum.

Haferkamp, H. (1987): Angleichung ohne Gleichheit. In: Giesen, B.; Haferkamp, H. (Hrsg.): 1987, 146-188.

Handl, J. (1984): Chancengleichheit und Segregation: Ein Vorschlag zur Messung ungleicher Chancenstrukturen und ihrer zeitlichen Entwicklung. In: Z.f. Soziologie, 13, 328-345.

Handl, J. (1985): Mehr Chancengleichheit im Bildungssystem. Erfolg der Bildungsreform oder statistisches Artefakt? In: Kölner Zeitschrift für Soziologie und Sozialpsychologie, 37, 698-722.

Hansen, R.; Rösner, E.; Weissbach, B. (1986): Der Übergang in die Sekundarstufe I. In: Rolff, H.-G.; Klemm, K.; Tillmann, K.-J. (Hrsg.): Jahrbuch der Schulentwicklung, Band 4. Weinheim: Beltz 1986.

Hansen, R.; Rolff, H.-G. (1990): Abgeschwächte Auslese und verschärfter Wettbewerb – Neuere Entwicklungen in den Sekundarschulen. In: Rolff, H.-G.; Bauer, K.-O.; Klemm, K.; Pfeiffer, H. (Hrsg.): 45-79.

Helmke, A. (1988): Leistungssteigerung und Ausgleich von Leistungsunterschieden in Schulklassen: unvereinbare Ziele? In: Z.f. Entwicklungspsychologie und Pädagogische Psychologie, 20, 45-76.

Hradil, S. (1987): Sozialstrukturanalyse in einer fortgeschrittenen Gesellschaft. Opladen: Leske und Budrich.

Hurrelmann, K. (1988): Thesen zur strukturellen Entwicklung des Bildungssystems in den nächsten fünf bis zehn Jahren. In: Die Deutsche Schule, 80, 451-461.
Imhäuser, K.; Rolff, H.-G. (1992): Facharbeiterlücke und Akademikerschwemme? Entwicklungen in der Sekundarstufe II. In: Rolff, H.-G. u.a.: Jahrbuch der Schulentwicklung 7, 59-92.
Keeves, J.P. (Hrsg.) (1986): Aspiration, motivation and achievement: Different methods of analysis and different results. Int. Journal of Educational Research, 10, 115-243.
Keeves, J.P.; Morgenstern. Ch.; Saha, L.J. (1991): Educational Expansion and Equality of Opportunity: Evidence from Studies conducted by IEA in ten Countries in 1970-71 and 1983-84. In: Meijnen, G.W.; Peschar, J.L. (Hrsg.): 1991, 61-80.
Klemm, K. (1991): Jugendliche ohne Ausbildung. Die „Kellerkinder" der Bildungsexpansion. In: Z.f. Pädagogik, 37, 887-898.
Klemm, K.; Rolff, H.-G. (1988): Innere Schulreform im zweigliedrigen Schulsystem? Eine kritische Analyse neuerer bildungspolitischer Konzepte aus der Sicht der Schulentwicklungsforschung. In: Die Deutsche Schule, 80, 462-471.
Klemm, K. u.a. (1990): Bildungsgesamtplan '90. Ein Rahmen für Reformen. Weinheim: Juventa.
Klemm, K.; Böttcher, W.; Weegen, M. (1992): Bildungsplanung in den neuen Bundesländern. Weinheim: Juventa.
Koch-Priewe, B. (1991): Zur Aufhebung schichtenspezifischer Selektion im Bildungswesen. Das Exempel Bielefeld. In: Z.f. Pädagogik, 37, 933-954.
Köhler, H. (1992): Bildungsbeteiligung und Sozialstruktur in der Bundesrepublik. Berlin: Max-Planck-Institut für Bildungsforschung.
Krecker, L. (1987): Studien zur Gesamtschulentwicklung. Pfaffenweiler: Centaurus.
Kreft, I.G.G. (1993): Using Multilevel Analysis to assess School Effectiveness: A Study of Dutch Secondary Schools. In: Sociology of Education, 66, 104-129.
Lee, V.E.; Smith, J.B. (1993): Effects of School Restructuring on the Achievement and Engagement of Middle-grade Students. In: Sociology of Education, 66, 164-187.
Lindenberg, S. (1981): Erklärung als Modellbau: Zur soziologischen Nutzung von Nutzentheorien. In: Schulte, W. (Hrsg.): Soziologie in der Gesellschaft. Bremen: 1981.
Lindenberg, S. (1990): Rationalität und Kultur. Die verhaltenstheoretische Basis des Einflusses von Kultur auf Transaktionen. In: Haferkamp, H. (Hrsg.): Sozialstruktur und Kultur. Frankfurt: Suhrkamp, 249-287.
Lüdtke, H. (1989): Expressive Ungleichheit. Zur Soziologie der Lebensstile. Opladen: Leske + Budrich.
Mayer, K.U. (1991): Lebensverlauf und Bildung. Ergebnisse aus dem Forschungsprojekt „Lebensverläufe und gesellschaftlicher Wandel" des Max-Planck-Instituts für Bildungsforschung. In: Unterrichtswissenschaft, 19, 313-332.
Mehan, H. (1992): Understanding Inequality in Schools: The Contribution of Interpretative Studies. In: Sociology of Education, 65, 1-20.

Meijnen, G.W. (1987): From Six to Twelve. Different School Careers in Primary Education. In: Z.f. Sozialisationsforschung und Erziehungssoziologie, 7, 209-225.

Meijnen, G.W. (1991): Cultural Capital and Learning Progress. In: Meijnen, G.W.; Peschar, J.L. (Hrsg.): 7-19.

Meijnen, G.W.; Peschar, J.L. (Hrsg.) (1991): Comparing Opportunity. Further Research on Educational Opportunity. International J. of Educational Research, 15, Number 1.

Meulemann, H. (1985): Bildung und Lebensplanung. Die Sozialbeziehung zwischen Elternhaus und Schule. Frankfurt: Campus.

Meulemann, H. (1992): Expansion ohne Folgen? Bildungschancen und sozialer Wandel in der Bundesrepublik. In: Glatzer, W. (Hrsg.): Entwicklungstendenzen der Sozialstruktur. Frankfurt: Campus, 123-156.

Mortimore, P.; Sammons, P.; Stoll, L.; Lewis, D.; Ecob, R. (1988): School Matters. The Junior Years. Somerset: Open Books.

Müller, W.; Haun, D. (1994): Bildungsungleichheit im sozialen Wandel. In: Kölner Zeitschrift für Soziologie und Sozialpsychologie, 46, 1-42.

Noll, H.H. (1987): Weiterbildung, Beschäftigungsstruktur und Statusdistribution. In: Weymann, A. (Hrsg.): Bildung und Beschäftigung. Göttingen: Schwartz & Co., 141-170.

OECD (1981): Bildungsbedürfnisse – Ursache und Folgen. Frankfurt: Diesterweg.

OECD (1985): Education in Modern Society. Paris.

OECD (1989): Schools and Quality. An International Report. Paris.

Preisser, R. (1990): Studienmotive oder Klassenhabitus? Strukturelle Beziehungen zwischen sozialer Herkunft und Studienfachwahl. In: Z.f. Sozialisationsforschung und Erziehungssoziologie, 10, 53-71.

Rodax, K. (Hrsg.) (1989): Strukturwandel der Bildungsbeteiligung. Eine Bestandsaufnahme im Spiegel der amtlichen Bildungsstatistik. Darmstadt: Wiss. Buchgesellschaft.

Rolff, H.-G. (1988): Bildungsexpansion und Weiterbildung. In: Rolff, H.-G.; Klemm, K.; Pfeiffer, H.; Rösner, E. (Hrsg.): 131-156.

Rolff, H.-G. (1990): Wie gut sind gute Schulen? Kritische Analysen zu einem Modethema. In: Rolff, H.-G.; Bauer, K.-O.; Klemm, K.; Pfeiffer, H. (Hrsg.): 243-261.

Rolff, H.-G. (1993): Wandel durch Selbstorganisation. Theoretische Grundlagen und praktische Hinweise für eine bessere Schule. Weinheim: Juventa.

Rolff, H.-G.; Bauer, K.-O.; Klemm, K.; Pfeiffer, H.; Schulz-Zander, R. (Hrsg.) (1994): Jahrbuch der Schulentwicklung. Band 8. Weinheim: Juventa.

Rolff, H.-G.; Bauer, K.-O.; Klemm, K.; Pfeiffer, H. (Hrsg.) (1992): Jahrbuch der Schulentwicklung. Band 7. Weinheim: Juventa.

Rolff, H.-G.; Bauer, K.-O.; Klemm, K.; Pfeiffer, H. (Hrsg.) (1990): Jahrbuch der Schulentwicklung. Band 6. Weinheim: Juventa.

Rolff, H.-G.; Klemm, K.; Pfeiffer, H.; Rösner, E. (Hrsg.) (1988): Jahrbuch der Schulentwicklung. Band 5. Weinheim: Juventa.

Rolff, H.-G.; Klemm, K.; Tillmann K.-J. (Hrsg.) (1986): Jahrbuch der Schulentwicklung. Band 4. Weinheim: Beltz.

Rösner, E. (1989): Abschied von der Hauptschule. Folgen einer verfehlten Schulpolitik. Frankfurt: Fischer.

Rost, P.; Wessel, A. (1992): Schulwahl – Ein neues Problem für Schüler und Eltern in Ostberlin. In: Die Deutsche Schule, 84, 272-281.

Saterdag, H. (1982): Die Bedeutung regionalstruktureller Rahmenbedingungen für die Ausbildungs- und Berufsentscheidung. (Beiträge zur Arbeitsmarkt- und Berufsforschung, 55). Nürnberg: Bundesanstalt für Arbeit.

Schlömerkemper, J. (1992): Die Schule gestalten. Konzepte und Beispiele für die Entwicklung von Schulen. Die Deutsche Schule, 2. Beiheft 1992. Weinheim: Juventa.

Schlüter, A. (Hrsg.)(1992): Arbeitertöchter und ihr sozialer Aufstieg. Weinheim: Deutscher Studien Verlag.

Schlüter, A. (Hrsg.) (1993): Bildungsmobilität. Weinheim: Deutscher Studien Verlag.

Shavit, Y.; Blossfeld, H.P. (Hrsg.)(1993): Persistent Inequality: Changing educational stratification in thirteen countries. Boulder: Westview Press.

Stallmann, M. (1990): Soziale Herkunft und Oberschulübergang in einer Berliner Schülergeneration. In: Z. f. Pädagogik, 36, 241-258.

Treiber, B.; Weinert, F.E. (1985): Gute Schulleistungen für alle? Psychologische Studien zu einer pädagogischen Hoffnung. Münster: Aschendorff.

Treinies, G. (1993): Erklärung von Klasseneffekten durch verbal-kognitive Interaktionsvariablen. Universität Nürnberg: Institut für Grundschulforschung / Berichte und Arbeiten.

Ulich, K. (1989): Schule als Familienproblem. Frankfurt: Athenäum.

Walter, H. (Hrsg.) (1981): Region und Sozialisation. 2 Bde. Stuttgart: Frommann-Holzboog.

Weede, E. (1989): Der ökonomische Erklärungsansatz in der Soziologie. In: Analyse & Kritik, 11, 23-51.

Weise, P. (1989): Homo oeconomicus und homo sociologicus. Die Schreckensmänner der Sozialwissenschaften. In: Z.f. Soziologie, 18, 148-161.

Weishaupt, H. (Hrsg.) (1983): Sozialraumanalyse und regionale Bildungsplanung. Baden-Baden: Nomos.

Weishaupt, H.; Weiss, M.; von Recum, H.; Haug, R. (1988): Perspektiven des Bildungswesens der Bundesrepublik Deutschland. Baden-Baden: Nomos.

Weishaupt, H.; Zedler, P. (1994): Aspekte der aktuellen Schulentwicklung in den neuen Ländern. In: Rolff, H.-G. u.a.: Jahrbuch der Schulentwicklung, Bd. 8, 395-429.

Weymann, A. (Hrsg.) (1987): Bildung und Beschäftigung. (Soziale Welt, Sonderband 5). Göttingen: Schwartz & Co.

Wiese, W. (1982): Elternstatus, Lehrerempfehlung und Schullaufbahn: Eine empirische Analyse des Einflusses des Grundschullehrers auf die Bildungslaufbahn des Schülers. In: Z.f. Soziologie, 11, 49-63.

Wiesenthal, H. (1987): Rational Choice. Ein Überblick über Grundlinien, Theoriefelder und neuere Themenakquisition eines sozialwissenschaftlichen Paradigmas. In: Z.f. Soziologie, 16, 434-449.

Wippler, R. (1987): Kulturelle Ressourcen, gesellschaftlicher Erfolg und Lebensqualität. In: Giesen, B.; Haferkamp, H. (Hrsg.): 221-254.

Zapf, W. u.a. (1987): Individualisierung und Sicherheit. Untersuchungen zur Lebensqualität in der Bundesrepublik Deutschland. München: Beck.

Zedler, P. (1985): Stagnation und Bewertungswandel. Zu Stand, Entwicklung und Folgen ausbleibender Strukturreformen im Bildungswesen. In: Z.f. Pädagogik, 31, 501-524.

Regina Kaiser, Sabine Manning, Rudolf Thomas

Strukturen der Bildungsforschung in den neuen Bundesländern

Im Osten Deutschlands entsteht eine neue Bildungsforschungslandschaft, verbunden mit tiefgreifenden institutionellen, personellen und inhaltlichen Veränderungen. Welche Merkmale kennzeichnen diese neuen Strukturen der Bildungsforschung?

Nachfolgend werden Zwischenergebnisse eines Projekts vorgestellt, das am Wissenschaftsforum Bildung und Gesellschaft e.V., Berlin, bearbeitet und durch das Bundesministerium für Bildung und Wissenschaft gefördert wird. Dieser Erkenntnisstand konnte bereits in dem kürzlich vorgelegten OECD-Bericht zur Bildungsforschung in der Bundesrepublik Deutschland[1] berücksichtigt werden, der auch gewisse Vergleiche mit den alten Bundesländern ermöglicht.

Primäre Datenbasis der Bestandsaufnahme in den neuen Bundesländern (NBL) ist eine Briefbefragung, die das Wissenschaftsforum seit 1992 mit Wiederholungen durchführt und erst im Dezember 1994 abgeschlossen sein wird. Diese Erhebung bezieht sich auf die universitäre sowie außeruniversitäre Bildungsforschung in den fünf neuen Bundesländern sowie in Berlin (Ost). In dem vorliegenden Beitrag sollen die Daten noch nicht festgeschrieben, sondern nur erste, vorläufige Einblicke vermittelt werden, um zur Diskussion anzuregen. Im Blickpunkt steht die gegenwärtige Situation, während die vorausgegangene, vielschichtige Entwicklung vor und seit der Wende ausgeblendet wird.

Institutionelle Struktur

Die Bildungsforschungslandschaft der NBL stellt sich in einer großen Vielfalt universitärer und außeruniversitärer Einrichtungen dar.

---

[1] Stand und Perspektiven der Bildungsforschung – Länderbericht für die Bundesrepublik Deutschland. Verfaßt von Brigitte STEINERT im Auftrag des Bundesministeriums für Bildung und Wissenschaft. Frankfurt am Main / Bonn, Mai 1994

Zum *universitären* Bereich der Bildungsforschung sind zwölf Universitäten und eine Pädagogische Hochschule zu rechnen. Das größte Potential an Bildungsforschung weisen dabei die erziehungswissenschaftlichen Fakultäten, Institute oder Fachbereiche auf. Sie werden in der Untersuchung als das erste institutionelle Feld der universitären Bildungsforschung zusammengefaßt. Andere Fachbereiche mit einem bestimmten Anteil an Didaktik bzw. Pädagogik bilden das zweite institutionelle Feld . Dieses reicht in einer breiten Palette von didaktischen Forschungen in den Historischen Wissenschaften, Musik- und Kunstwissenschaften, Philologien, Natur- und Umweltwissenschaften und der Sportwissenschaft bis hin zur Religionspädagogik als Teil der Theologischen Wissenschaften.

Der *außeruniversitäre* Bereich der Bildungsforschung besteht aus Einrichtungen, die sich hinsichtlich der Rechtsform und Finanzierung unterscheiden:

- Drei bundesdeutsche Forschungsinstitutionen (DIPF/Frankfurt am Main, DJI/München, HIS/Hannover) unterhalten Außenstellen bzw. regionale Arbeitsstellen in den NBL (Berlin/Leipzig).
- In mehreren NBL sind pädagogische Landesinstitute eingerichtet, die u.a. mit Modellversuchen und innovativen Projekten befaßt sind.
- Die „Projektgruppe Hochschulforschung“ in Berlin-Karlshorst arbeitet auf der Basis von Projektförderung durch verschiedene Ministerien.
- Zahlreiche Projektgruppen sind entstanden, die aus Mitteln der Arbeitsverwaltung, der Ressortforschung und anderen öffentlichen Förderungsformen zeitlich befristete Aufträge zu Themen der Bildungsforschung bearbeiten.

Im außeruniversitären Bereich, so zeigt die erste Bilanz, sind noch keine dauerhaften Strukturen der Bildungsforschung ausgebildet.

Personelle Ausstattung

Aussagen zur personellen Ausstattung der Bildungsforschung in den NBL sind mit Vorbehalt zu treffen, da nach bisheriger Erfassung nur Schätzungen möglich sind und der Personalbestand auch noch stark veränderlich ist.

Personell überwiegt bei weitem die *universitäre* Bildungsforschung. Das hauptberufliche wissenschaftliche Personal in den Erziehungswissenschaften beläuft sich auf ca. 700. Davon sind ungefähr 30% dem zweiten institutionellen Feld zuzuordnen. Der Anteil der Professoren (C3/C4) liegt insgesamt bei etwa 1/3. Die anteilige Kapazität für Bildungsforschung läßt sich noch nicht ermitteln.

Für den *außeruniversitären* Bereich der Bildungsforschung ist eine Größenordnung von ca. 150 wissenschaftlichen Mitarbeitern anzusetzen. Diese Gesamtheit schließt allerdings Einrichtungen wie die Landesinstitute, die nur anteilig Forschung betreiben, ein. Schätzungsweise sind etwa 80 Personen zur Zeit in außeruniversitärer Bildungsforschung tätig.

Die Relation zwischen universitärem und außeruniversitärem erziehungswissenschaftlichem Personal beträgt damit ungefähr 5:1. Auffällig ist hier der Unterschied zu der Relation in den alten Bundesländern, die entsprechend bezogen auf Personen (nicht Forschungskapazitäten) bei 2:1 liegt.

Wissenschaftsbereiche

Genaueren Aufschluß darüber, welche erziehungswissenschaftlich relevanten Strukturbereiche der Hochschulen (Fachbereiche, Institute, Abteilungen oder Lehrstühle) tatsächlich Bildungsforschung betreiben, vermitteln die bisherigen Befragungsergebnisse (vgl. Tabelle 1).

Fast 2/3 der universitären Strukturbereiche, die mit Erziehungswissenschaften, Pädagogik, Didaktik etc. befaßt sind, weisen Bildungsforschung auf (151 von 236 des Rücklaufs). Der betreffende Anteil ist im ersten institutionellen Feld (Erziehungswissenschaften) größer, aber auch im zweiten beachtlich: In den Strukturbereichen mit Fachdidaktik oder spezieller Pädagogik sind 1/3 aller erfaßten Themen der universitären Bildungsforschung zu finden. Die Quote derjenigen Strukturbereiche, die Bildungsforschung aufweisen, reicht von knapp 30% (Historische Wissenschaften) bis zu 100% (Sportwissenschaften).

Tabelle 1: Bildungsforschung in erziehungswissenschaftlich relevanten Strukturbereichen – Gesamtüberblick

Fachgebiete	**Anzahl der Strukturbereiche** (Briefbefr.)	**davon: Rücklauf der Briefbefragung** (bzw. andere Quellen)		**davon: Bildungsforschung**		
		Anzahl der Strukturbereiche	in %	Anzahl der Strukturbereiche	in %	Zahl der erfaßten Schwerpunkte
Erziehungswissenschaften (1)	151	127	84,1	88	69,3	260
Philologische Wissenschaften (2)	46	41	89,1	17	41,5	26
Musik- und Kunstwissenschaften (3)	17	10	58,8	4	40,0	5
Historische Wissenschaften	11	7	63,6	2	28,6	3
Sportwissenschaft	13	11	84,6	11	100	26
Natur- und Umweltwissenschaften (4)	46	32	69,6	25	78,1	52
Theologische Wissenschaften	9	8	88,8	4	50,0	6
insgesamt:	**293**	**236**	**80,5**	**151**	**64,0**	**378**

(1) Allgemeine Pädagogik; Systematische Pädagogik; Schulpädagogik und Didaktik; Grundschulpädagogik bzw. Pädagogik der Schulstufen; Historische und Vergleichende Pädagogik; Medienpädagogik; Organisation und Verwaltung im Bildungswesen; Pädagogische und Entwicklungspsychologie einschließlich pädagogischer Diagnostik, Beratung und Kognitionspsychologie; Berufs-, Wirtschafts- und Erwachsenenpädagogik einschließlich Betriebspädagogik, Technische Bildung, Informations- und Ingenieurpädagogische Wissenschaftsbereiche; Heil- und Sonderpädagogik, Rehabilitationspädagogik; Sozialpädagogik einschließlich Familien- und Jugendsoziologie; Bildungssoziologie; Politikwissenschaften/ Politische Bildung; Philosophie und Pädagogik

(2) Germanistik, Anglistik/Amerikanistik, Romanistik, Slawistik, allgemeine Fremdsprachenbereiche

(3) Musik; Bildende Kunst

(4) Biologie, Chemie, Physik/Astronomie, Mathematik/Informatik, Geographie, Umweltwissenschaft

Inhaltliche Schwerpunkte

Innerhalb der *universitären* Bildungsforschung konnten bisher nahezu 380 Schwerpunkte bzw. Themen erfaßt werden (vgl. Tabelle 2).

Tabelle 2: Forschungsinhalte

Primäre Forschungsinhalte	Zahl der erfaßten Schwerpunkte der Bildungsforschung							
	1	2	3	4	5	6	7	insges.
Pädagogische Theorie	24				2		1	27
Bildungs-/Lern-/Unterrichtstheorie und -praxis	62	13	2	1	10	24	2	114
Unterrichtsdidaktik	20	10	1	2	8	15		56
Vorschulische Bildung und Erziehung	4				1			5
Schulforschung (allgemeinbildende Schulen, einschließlich Schulentwicklungsplanung)	26				2			28
Sonder- und Behindertenpädagogik	20							20
Umweltbildung und -erziehung	6					4		10
Multikulturelle Bildung und Erziehung		1	1					2
Informationstechnologien	15	1				7		23
Bildungs- und Schulrecht	1							1
Aus-, Fort- und Weiterbildung, Lehrer- und Hochschulbildung	32	1		1	1			35
Berufliche Bildung	14							14
Sozialisation von Kindern, Jugendlichen und Familien	12				1			13
Chancengleichheit von Frauen und Mädchen	8							8
Untersuchungen zum betreffenden Bundesland	4		2		1			7
Vergleich alte/neue Bundesländer	5						2	7
Vergleich europa- bzw. weltweit	6					1	1	8
insgesamt:	**260**	**26**	**5**	**3**	**26**	**52**	**6**	**378**

1 Erziehungswissenschaften
2 Philologische Wissenschaften
3 Musik- und Kunstwissenschaften
4 Historische Wissenschaften
5 Sportwissenschaft
6 Natur- und Umweltwissenschaften
7 Theologische Wissenschaften

Zur Schulforschung im weitesten Sinne (in der obigen Untergliederung der primären Forschungsinhalte von der „pädagogischen Theorie“ bis zum „Bildungs-/Schulrecht“) sind etwa 3/4 der Themen zu rechnen. Sie bildet damit, wie auch in den alten Bundesländern, einen Schwerpunkt der Bildungsforschung.

Die außeruniversitäre Bildungsforschung weist, bei deutlich geringerer Kapazität, eine breite Themenpalette mit besonderer Ausrichtung auf die Umgestaltungsprozesse in allen Bildungsbereichen auf. Für das inhaltliche Profil insbesondere der unabhängigen Projektgruppen sind u.a. sozialwissenschaftlich ausgerichtete Themen kennzeichnend, die von der Kommission für die Erforschung des sozialen und politischen Wandels in den neuen Bundesländern (KSPW) gefördert worden sind.

Etwa 1/3 der ermittelten Schwerpunkte außeruniversitärer Bildungsforschung gehört in das Feld der Schulforschung. Die nachfolgende Auswahl (vgl. Kasten) bietet einen Einblick in das betreffende Spektrum.

Themen der Schulforschung in außeruniversitären Einrichtungen
(Auswahl/Kurzbezeichnung)

- Synopse schulischer Angebote zur Lebensorientierung und Lebensgestaltung
- Schüler in der Wende: Veränderungen in der Schule 1989-91 und eigene Handlungsmöglichkeiten
- Handlungs- und Deutungsmuster von Lehrern in Transformationsprozessen des Bildungswesens
- Vergleichende Untersuchung zu den Wandlungsprozessen schulischer Bildung in den einzelnen Ländern
- Mathematisch-pädagogische Bedingungen für die geographische Bildung und Erziehung von Jugendlichen
- Mediendidaktische Veränderungen im Schulsport
- Veränderungen der Schulsysteme und Bildungsweggestaltung in Berlin und im Land Brandenburg
- Schulentwicklungsplanung in Mecklenburg-Vorpommern
- Schulwahlverhalten von Schülern/Schülerinnen und Eltern

Forschungsarten

Eine Analyse der Schwerpunkte nach Forschungsarten ergibt, daß die angewandte Forschung vorherrschend vertreten ist. Für den außeruniversitären Bereich gilt das nahezu ausschließlich, im universitären Bereich (vgl. Tabelle 3) zu fast 85%.

Tabelle 3: Forschungsarten

Forschungsarten	Zahl der erfaßten Schwerpunkte der Bildungsforschung							
	1	2	3	4	5	6	7	insges.
Grundlagenforschung (a)	50	2	2	2	2	3	2	63
Angewandte Forschung (b):								
– Wissenschaftliche Begleitforschung	83	7		1	11	23	3	128
– Curriculumentwicklung (im weitesten Sinne)	57	10	3		5	18	1	94
– Modellversuche	18				2	4		24
– Schulversuche	1				1			2
– Begutachtung/Evaluierung	35	3			3	3		44
– Bildungsstatistische Untersuchungen	2							2
Einschätzung nicht möglich	14	4			2	1		21
insgesamt:	**260**	**26**	**5**	**3**	**26**	**52**	**6**	**378**

1 Erziehungswissenschaften
2 Philologische Wissenschaften
3 Musik- und Kunstwissenschaften
4 Historische Wissenschaften
5 Sportwissenschaft
6 Natur- und Umweltwissenschaften
7 Theologische Wissenschaften
(a) Überprüfung und Vervollkommnung der Erkenntnisgrundlagen und Theorien einer Wissenschaft/ Wissenschaftsdisziplin
(b) Lösung einzelner, oft in Projekten organisierter praktischer Anliegen durch zielgerichtete Ausweitung und Anwendung von Forschungsergebnissen

Einen besonders hohen Anteil (1/3 der universitären Bildungsforschung) verzeichnet die wissenschaftliche Begleitforschung. Hier wird der Zusammenhang zum Umgestaltungsprozeß im Bildungswesen als besonderem Forschungsgegenstand deutlich.

Ausblick

Die vorläufigen Ergebnisse der Analyse, bezogen auf eine stark veränderliche Bildungforschungslandschaft, bieten noch keine ausreichenden Belege für Entwicklungsrichtungen, doch Anlässe zu Fragen an die Zukunft:

- Die Leitung universitärer Bildungsforschung in den NBL liegt weitgehend in den Händen von Wissenschaftlern, die aus den alten Bundesländern gekommen sind. Wieweit übertragen diese Professoren die dortigen thematischen und methodischen Ansätze auf die ostdeutsche Forschung? Trifft dies möglicherweise auf die Erziehungswissenschaften stärker als auf die Fachdidaktiken zu?
- Sowohl außeruniversitäre als auch universitäre Bildungsforscher haben sich der Transformationsforschung, d.h. Themen der Umgestaltung im Bildungswesen der neuen Bundesländer, zugewandt. Groß ist der festgestellte Anteil an wissenschaftlicher Begleitforschung, wobei die betreffenden Vorhaben noch einer differenzierteren Analyse bedürfen. Bildet sich hier eine Spezifik ostdeutscher Bildungsforschung heraus?
- Außeruniversitäre Forschergruppen in den NBL haben vielfältige, anwendungsorientierte Forschungsfelder erschlossen. Dennoch dürfte der Untersuchungsbedarf in Hinblick auf die Wandlungsprozesse im ostdeutschen Bildungswesen, z.B. im Bereich der Bildungsplanung der Länder und Kommunen, kaum abgedeckt sein. Andererseits scheinen Fördermöglichkeiten außeruniversitärer Forschung, u.a. durch Stiftungen, nur unzureichend genutzt zu werden. Welche Perspektive bietet sich in diesem Spannungsfeld für das derzeit geringe Potential außeruniversitärer Bildungsforschung in den NBL?

Edith Glumpler

Feministische Schulforschung

Die feministische Schulforschung ist eine vergleichsweise junge Subdisziplin der erziehungswissenschaftlichen Frauenforschung, die sich erst in der zweiten Hälfte der 80er Jahre in ihren universitären Bezugswissenschaften zu etablieren begann. Ihre Wurzeln lassen sich – wie bei vielen anderen Subdiszplinen der Frauenforschung – in der Frauenbewegung der 70er Jahre ausmachen.

Die ersten öffentlichen Foren feministischer Schulkritik und feministischer Schulforschung bildeten seit 1981 die bundesweiten Fachtagungen und Kongresse der AG Frauen und Schule, einer außeruniversitären Arbeitsgemeinschaft, der sowohl Lehrerinnen und Hochschullehrerinnen als auch Schülerinnen und Studentinnen angehörten. Der Institutionalisierungsprozeß feministischer Schulforschung im Wissenschaftsbetrieb wird seit der Mitte der 80er Jahre von der AG Frauenforschung, seit 1991 von der DGfE-Kommission Frauenforschung in der Erziehungswissenschaft unterstützt (vgl. LUCA u.a. 1992, 10; GLUMPLER 1992, 11ff.).

Erkenntnisleitendes Interesse von Frauenforschung war die Analyse und Kritik der Geschlechterverhältnisse in Vergangenheit und Gegenwart; ihr Ziel die Veränderung von Strukturen, die zur Reproduktion geschlechtsspezifischer Ungleichheit und der Diskriminierung von Frauen beitragen. Die feministische Schulforschung fokussierte diese Analysen – abhängig von den jeweiligen Interessen und Arbeitsschwerpunkten der in diesem Feld Tätigen – auf die Schule als gesellschaftliche Institution, als Sozialisationsinstanz, Erfahrungsfeld, Arbeitsplatz, als Ort pädagogischen und didaktischen Handelns oder als heterosexuell determinierte Zwangsanstalt.

Feministische Schulforschung: Schulbezogene Frauenforschung oder Geschlechterforschung?

Die Ausdifferenzierung der wissenschaftstheoretischen und methodologischen Standorte spiegelt sich in der Begriffsbildung und in der Selbstetikettierung der Autorinnen, die im letzten Jahrzehnt die Publikationen der feministischen Schulforschung bestimmten. Sie lassen sich im wesentlichen zwei Forschungs- und Diskurstraditionen zuordnen:

1) Die Konzeption der *schulbezogenen Frauenforschung* wurde in der Bundesrepublik von den Autorinnen geprägt, die sich in ihren Arbeiten auf die frühen internationalen (vorwiegend in englischer Sprache geführten) Sexismus-Debatten bezogen, die in den USA 1976 zum *Women's Educational Equity Act* des *United States Office of Education* geführt hatten (vgl. ENDERS-DRAGÄSSER/FUCHS 1989, 23ff; siehe auch PRENGEL 1986). Diese Traditionslinie begründete die Politisierung des Begriffs und das Paradigma einer frauen- und mädchenparteilichen Schulforschung, das sich hinsichtlich der institutionellen Verankerung schulbezogener Frauenforschung im universitären Wissenschaftsbetrieb später nicht immer als förderlich erweisen sollte.

2) Schulforschung mit „feministischer Fragestellung" wurde in der erziehungswissenschaftlichen Frauenforschung bis in die späten 80er Jahre hinein vielfach mit mädchen-"parteilicher" Forschung gleichgesetzt (vgl. z.B. FAULSTICH-WIELAND/SCHEFER-VIÉTOR 1988, 172), obwohl sich damals bereits eine konzeptionelle Neuorientierung abzeichnete: Aus der bundesdeutschen Tradition der emanzipatorischen Erziehungswissenschaft und Schulforschung heraus, die eine Verbindung von Wissenschaft, sozialer Bewegung und gesellschaftlicher Veränderung anstrebt, hatte sich eine *feministische Schulforschung* entwickelt, die die prinzipielle Integration feministischer Fragestellungen in Schultheorie und empirische Schulforschung einforderte:

> „Generell richtete sich die Kritik der feministischen Schulforschung an der bisherigen Schultheorie und Schulforschung darauf, daß diese das Geschlecht als soziale, ökonomische, kulturelle und subjektive Strukturkategorie von Gesellschaft nahezu ausgeblendet hatte, indem die spezifischen Lebens- und Lernzusammenhänge von Mädchen und Frauen vernachlässigt wurden. Demgegenüber betont die feministische Schulforschung, daß neben der Schichtzugehörigkeit auch die Geschlechtszugehörigkeit als soziale Strukturkategorie anzusehen ist, die soziale und individuelle Lebenschancen zuweist." (NYSSEN/SCHÖN 1992, 160)

Vertreterinnen dieser Konzeption streben nicht nur die systematische Integration von feministischer Schulforschung und traditioneller Schultheorie und Schulforschung an. Sie repräsentieren zudem eine Gruppe, die die Vertreterinnen eines parteilichen Ansatzes der Frauenforschung (im Sinne einer Forschung *von* Frauen *für* Frauen) mit der Frage nach den „allgemeinen Ergebnissen der Schultheorie" konfrontierte, „die für Mädchen *und* Jungen gelten" (NYSSEN 1993, 52).

Die unter 2) skizzierte Konzeption der feministischen Schulforschung dürfte langfristig zu theoretischen und methodologischen Ansätzen überleiten, die *Schulforschung als Geschlechterforschung* verstehen und deren Positionen und Fragestellungen über die Grenzen einer als *Frauen*forschung zu definierenden Konzeption hinausführen. In diesem Feld arbeiten schon heute männliche Kollegen mit mehr oder weniger ausgeprägtem patriarchatskritischem Impetus. Interesse an der Entwicklung einer schulpädagogischen *Männer*forschung, vergleichbar dem von Böhnisch/Winter in der Sozialisationsforschung verfolgten Ansatz, zeigte Ulf PREUSS-LAUSITZ 1991 mit seinen „Fragen an die feministische Schulforschung beim Blick auf die Jungen".

Wie lange die erziehungswissenschaftliche *Frauen*forschung noch an ihrem wissenschaftspolitischen Label festhalten wird, dürfte im wesentlichen davon abhängig sein, wie rasch ihre Bezugswissenschaften die Integration ihrer Fragestellungen und ihrer theoretischen und methodologischen Diskurse vollziehen. Mögliche Entwicklungslinien von der Frauenforschung zur Geschlechterforschung haben Sigrid METZ-GÖCKEL und Maria Anna KREIENBAUM bereits 1991 benannt:

> „Frauenforschung konzentriert sich auf das weibliche Geschlecht und das Geschlechterverhältnis in seinen Entstehungsbedingungen und vielfältigen Differenzierungsformen. Sie ging zunächst ideologiekritisch vor, [...]
>
> Gegenüber einer geschlechtsneutralen Erziehungswissenschaft, die Erziehung implizit am Maßstab männlicher Biographien und traditioneller Lebensentwürfe orientierte, wäre die Frauenforschung auch nur bedingt aufklärerisch, wenn sie ihren Gegenstandsbereich und ihr Erkentnnisinteresse ausschließlich auf Frauen konzentrieren und nicht nach den Entstehungs- und Bedingungszusammenhängen fragen würde. Die feministische Schulforschung befaßt sich mit dem Status des Geschlechts in einem gesellschaftlich formierten Geschlechterverhältnis, [...]". (METZ-GÖCKEL/KREIENBAUM 1991, 16f.)

Feministische Schulforschung zwischen theoriegeleiteter Empirie und konstruktivistischer Theoriekritik

Eine Analyse der Schriften, die im letzten Jahrzehnt zur feministischen Schulforschung vorgelegt wurden, verweist über die bisher skizzierte Entwicklung und Ausdifferenzierung der Fragestellungen hinaus auf eine zunehmende Polarisierung von Positionen, die sich bei genauerer Betrachtung als Kontroverse von Theorie und Empirie verorten läßt. Theorie und Empirie der

Frauenforschung waren in ihrer prä-institutionellen Phase relativ eng aufeinander bezogen. Feministische Sozialwissenschaftlerinnen und feministische Erziehungswissenschaftlerinnen waren noch nicht auf wechselseitige fachspezifische Abgrenzung bedacht. Das Prinzip der Interdisziplinarität und der gemeinsame Bezug fachspezifischer Analysen auf die Kategorie „Geschlecht" galten als konsensfähiges Fundament des (bereits damals fiktiven) wissenschaftlichen Kollektivs der Frauenforscherinnen.

Feministische Sozialwissenschaft beanspruchte zweifachen Erkenntnisgewinn: den untersuchten Phänomenen gerecht zu werden und bei den Forscherinnen einen für sie selbst produktiven Lernprozeß anzuregen (vgl. BECKER-SCHMIDT 1985, 101). Und sie erhob den Anspruch, eine Erneuerung des Theorie-Praxis-Verhältnisses im Wissenschaftsbetrieb zu begründen (vgl. MIES 1979 oder GÖTTNER-ABENDROTH 1984). Analog wurde der Auftrag feministischer Schulforschung definiert, theoriegeleitetes Handeln der Schulpraxis zu initiieren und zu unterstützen, wie ihn Gitta MÜHLEN-ACHS im Rahmen des Frankfurter Symposiums „Schulbildung und Gleichberechtigung" in den Metaphern der damaligen Aktivistinnen umschreibt:

> „Ich halte es für eine wesentliche Aufgabe der feministischen Schulforschung, sich der Mühe zu unterziehen, für jede einzelne unterrichtsrelevante Theorie diesen Prozeß (geschlechtsspezifischer Sozialisation, E.G.) aufzuzeigen. Vielleicht schaffen wir dann, von der Theorie herkommend, den Durchbruch zu einer nicht-sexistischen Schule und treffen uns irgendwann im Tunnel mit den feministischen Lehrerinnen und Müttern, die von der anderen Seite her angefangen haben zu graben." (MÜHLEN-ACHS 1987, 184)

Die Nutzung der Begriffe „Frau" oder „Geschlecht" als analytische Kategorien und die Vorstellung, daß Frauenforschung notwendig eine emanzipatorische Perspektive haben müsse, wurden in Frankreich bereits in den 80er Jahren in Frage gestellt (vgl. GOMARD 1992, 53f.). Inzwischen hat die postmoderne Diskussion um Konstruktion und Dekonstruktion wissenschaftlicher Kategorien auch in der Bundesrepublik eine grundsätzliche Kritik der Kategorie „Geschlecht" initiiert (vgl. das gleichnamige Themenheft der *Feministischen Studien* aus dem Jahr 1993). Im Gefolge dieser Debatte werden die empirischen Ansätze kritisert, die die eindeutige Zuordenbarkeit von Individuen zu einem (leiblichen) Geschlecht zugrundelegen und die kulturelle und soziale Konstruktion individueller Selbstbildung außer acht lassen. Die damit verbundenen Forderungen nach einer „neuen" Empirie mögen kreative Anstöße zu einer Weiterentwicklung sozialpsychologischer und soziologischer Grundlagenforschung vermitteln (vgl. dazu ausführlich HAGEMANN-WHITE 1993, 71f.). Ihr Transfer in die feministische Schulforschung hätte zur

Folge, daß elementare Grundlagen der theoretischen und empirischen Analyse schulpraktischen Handelns hinterfragt werden müßten. Annedore PRENGEL konstatiert denn auch, daß „Kategorien, die jahrelang zum feministischen Grundkonsens gehörten", plötzlich obsolet würden. Ihre Neubewertung der Errungenschaften feministischer Bildungs- und Wissenschaftspolitik und die Konsequenzen, die sie aus diesem Diskurs für die feministische Schulforschung ableitet, vermag ich allerdings nicht zu teilen:

> „Forschungsvorhaben, die zum Beispiel unterschiedliche Verhaltensmuster von Mädchen und Jungen in Schulen untersuchen, müssen aus dieser Perspektive als höchst problematisch gelten, da sie bereits in ihrer Fragestellung alle zu erhebenden Daten von vorneherein binär strukturieren und so, wie auch immer die Ergebnisse ausfallen, automatisch weiter an der Konstruktion von Zweigeschlechtlichkeit bauen." (PRENGEL 1993, 145)

Schulforschung setzt als empirische Forschung in der Regel an der praktischen Realisierung theoretisch konstruierter Konzeptionen von Schule und Unterricht an. Sie akzeptiert damit auch erziehungswissenschaftliche Konstruktionen von Kindheit und Jugend, auf die sich präskriptive und deskriptive Elemente solcher Konzeptionen beziehen und die ihren normativen Anspruch unter anderem aus empirischen Befunden der Medizin und der Lern- und Entwicklungspsychologie über die körperliche Entwicklung von jungen Menschen und über die Entwicklung menschlicher Lernfähigkeit in den einzelnen Lebensaltern ableiten.

Daß erziehungswissenschaftliche Konstruktionen von Wirklichkeiten Einfluß auf das jeweilige Forschungsfeld nehmen, ist wissenschaftstheoretisch unstrittig. Ebenso, daß mit Hilfe kategorialer Entscheidungen nicht nur Relevanzen festgelegt, sondern auch Probleme (neu) definiert werden, die im Vorfeld von Forschung als solche nicht wahrgenommen wurden. Letzteres war und ist jedoch eines der genuinen Ziele erziehungswissenschaftlicher Frauenforschung: Das Sichtbarmachen von Frauen in historischen und aktuellen Kontexten, ihrer Entwicklungsmöglichkeiten und -grenzen im Rahmen öffentlicher und privater Bildung, ihrer wissenschaftlichen und künstlerischen Selbstdarstellung etc.

Die historische Frauenforschung konzentriert sich heute in den Erziehungswissenschaften auf die Bearbeitung der sogenannten blinden Flecken ihrer Basiswissenschaft durch die Rekonstruktion einer Frauen(bildungs)-geschichte und damit auf die eigenen Fachgrenzen. Die feministische Schulforschung ist – soweit sie für sich in Anspruch nimmt, empirisch zu arbeiten – den wissenschaftstheoretischen Grundlagen der empirischen Erziehungswissenschaft verpflichtet. Die Ratlosigkeit, die sich nach dem grundlegenden

Paradigmenwechsel in der postfeministischen Wissenssoziologie und der sozialwissenschaftlichen Frauenforschung abzeichnet, ist daher ein disziplinspezifisches Phänomen der Sozialwissenschaften, das nicht zwangsläufig in die Erziehungswissenschaften oder in die feministische Schulforschung zu transferieren ist. Diese Feststellung läßt sich anhand der aktuellen Publikationen und Forschungsvorhaben der empirischer Schulforscherinnen belegen, die hier nur in einer exemplarischen Auswahl vorgestellt werden können; eine breitere Übersicht vermittelt die aktuelle Bibliographie von LANGMAACK u.a. 1994.

- Auch wenn Sigrid Metz-Göckel und Maria Anna Kreienbaum es für eine „faszinierende theoretische Herausforderung halten [...], das Geschlecht als soziale Kategorie und radikal als soziale Konstruktion zu denken" (1991, 16), dienten ihre Arbeiten im Feld der Koedukationsforschung explizit einer Korrektur des heimlichen Lehrplans der Geschlechtererziehung (vgl. KREIENBAUM/METZ-GÖCKEL 1992 und KREIENBAUM 1992).
- Marianne Horstkemper und Hannelore Faulstich-Wieland trennen in ihrer Untersuchung zur Koedukationsbewertung bei Kindern und Jugendlichen nach Mädchen- und Jungenperspektiven (FAULSTICH-WIELAND 1993 und HORSTKEMPER 1994).
- Die Flensburger Repräsentativstudie zur Berufsorientierung von Mädchen und jungen Frauen differenziert ebenfalls nach weiblichen und männlichen Orientierungspräferenzen, um problematische Effekte schulischer Sozialisation bei erfolgreichen Schülerinnen herauszuarbeiten (GLUMPLER 1992b).

Die Diskussion um ein feministisches Curriculum und die Professionalisierungsdebatten, die in der DGfE-Kommission Frauenforschung in der Erziehungswissenschaft seit dem Beginn der 90er Jahre geführt werden, haben eine Phase der wissenschaftlichen und beruflichen Schneidungen eingeleitet. Fachliche Weiterentwicklung und Spezialisierung in der Frauenforschung vollzieht sich – das wird immer deutlicher – auf Kosten des Prinzips der Interdisziplinarität. Die ideologiekritische Auseinandersetzung mit den und die fachliche Integration in die verschiedenen pädagogischen Basisdisziplinen (Historische Pädagogik, Empirische Pädagogik, Schulpädagogik, Sozialpädagogik, Berufspädagogik ...) gewinnt dagegen an Gewicht.

Die feministische Schulforschung der Universitäten orientiert sich heute in der Regel an den wissenschaftstheoretischen Standards der empirischen Erziehungswissenschaft und der Schulpädagogik und distanziert sich damit indirekt von den interdisziplinären Ansätzen und den methodologischen Argumenten und Präferenzen der Frauenforschung der 70er und 80er Jahre. Konfliktlinien zwischen einzelnen Forschungsgruppen, die aus diesem Paradigmenwechsel resultieren, werden gegenwärtig bevorzugt über die Rezeptionsprobleme abgearbeitet, die sich durch die selektive Vermarktung und populärwissenschaftliche Nutzung ausgewählter Untersuchungsergebnisse der feministischen Schulforschung ergeben haben (vgl. FAULSTICH-WIELAND 1994, 325f. oder BREITENBACH/HAGEMANN-WHITE 1994, 256).

Zukunftsfelder der feministischen Schulforschung

Ich habe 1992 einen ersten Versuch unternommen, die damals aktuellen Arbeitsfelder der schulbezogenen Frauenforschung und der feministischen Schulforschung zu bestimmen, soweit sie für die Ausbildung von Lehrerinnen und Lehrern relevant sind (vgl. GLUMPLER 1992a). Die nachfolgenden Ausführungen konzentrieren sich auf die Bestimmung von möglichen Entwicklungslinien, also von *Zukunftsfeldern* feministischer Schulforschung.

Zukunftsfeld Curriculumforschung

Von maßgeblicher Bedeutung für die Entwicklung der deutschen Debatte um den heimlichen Lehrplan der Geschlechtererziehung waren in den 70er und 80er Jahren feministische Publikationen aus dem angelsächsischen und angloamerikanischen Raum. Zu den bekanntesten gehören *Sexism in School and Society* (FRAZIER/SADKER 1973), *Learning to loose* (SPENDER/SARAH 1980) oder *Invisible Women* (SPENDER 1982). Die Sexismuskritik, die in der Bundesrepublik unter der Überschrift „heimlicher Lehrplan der Geschlechtererziehung" formuliert wurde, richtete sich gegen die Benachteiligung von Mädchen und Frauen durch die schulische Reproduktion gesellschaftlicher Machtverhältnisse:

> „Die im Unterricht und in den Pausen unterhalb institutioneller Lehrpläne und Erlasse real stattfindenden Interaktionen, die in Lehrmitteln neben offiziellen Themen und Stoffen ‚zwischen den Zeilen' transportierten Botschaften bilden zusammen das dichte und hochwirksame Geflecht einer anderen Realität. Im heimlichen Lehrplan lernen Mädchen und Jungen kognitiv, aber vor allem auch emotional und physisch durch die realen Prägungen gelebten Schullebens, daß Frauen und Männer nicht gleichberechtigt, nicht gleichwertig sind..." (PRENGEL 1986, 26)

Lernziele und Lerninhalte, Schulbücher und Medien wurden seitdem daraufhin untersucht, ob sie geeignet sind, der Verwirklichung der Gleichberechtigung von Frauen und Männern zu dienen (vgl. z.B. WAGNER u.a. 1978;

Brehmer 1982; Vogt u.a. 1984 und 1986). Schulbuch- und Medienanalysen konzentrierten sich

a) auf die quantitative Verteilung und die kontextuelle Bedeutung weiblicher und männlicher Handlungsträger;
b) auf die geschlechtsdifferente Verteilung von Aktivität und Passivität in Bild und Text;
c) auf geschlechtsspezifische Hierarchieverhältnisse in den Darstellungen von Interaktionen;
d) auf die privaten und öffentlichen Lebensbezüge, in denen Frauen und Männer bzw. Mädchen und Jungen dargestellt werden und
e) auf implizite Bewertungen in den Personendarstellungen.

Inhaltsanalytische Untersuchungen attestierten den Schulbüchern der 80er Jahre bis auf wenige Ausnahmen folgende Fehlentwicklungen:

- Mädchen und Frauen waren in den Abbildungen und Texten seltener repräsentiert als Jungen und Männer;
- Frauen wurden überwiegend in der traditionellen Rolle der Mutter und Hausfrau dargestellt, deren Lebensbezüge sich auf das familiale Umfeld konzentrieren;
- Darstellungen berufstätiger Frauen beschränkten sich auf ausgewählte Arbeitsmarktsegmente („Frauenberufe") und auf Berufe mit eher geringer Gratifikation; die dargestellten Frauen verfügten im Vergleich zu den dargestellten Männern auch in geringerem Umfang über Entscheidungskompetenzen und materielle Ressourcen;
- Schulbuchdarstellungen unterschieden und pointierten bereits bei Kindern weibliche und männliche Persönlichkeitsmerkmale.

Diese Untersuchungen blieben nicht auf den Kontext der feministischen Schulforschung beschränkt. Bereits 1974 veröffentlichte Johannes Glötzner eine kritische Analyse zum Frauenbild in Mathematikbüchern. Die Untersuchungen von Bodo von Borries deckten die fehlende Integration fachwissenschaftlicher Erkenntnisse zur Frauengeschichte im Schulbuch auf (vgl. zusammenfassend Brehmer 1982).

Später entwickelten Frauenforscherinnen Konzepte zur „Änderung des heimlichen Lehrplans der Geschlechtererziehung" (Kreienbaum/Metz-Göckel 1992) und veranstalteten Curriculumkonferenzen zur Förderung der Gleichstellung von Mädchen und Frauen in der Informationstechnischen Bildung (Schulz-Zander 1992). Bildungspolitische Konsequenzen wurden aus den zitierten Arbeiten in einzelnen Bundesländern bereits Mitte der 80er Jahre gezogen.

- Im Rahmen des hessischen Aktionsprogramms für Frauen wurden zwischen 1984 und 1987 Maßnahmen entwickelt, die dazu beitragen sollten, die „fehlende Identifikation des Schulwesens mit dem Gleichheitsgebot der Verfassung“ zu überwinden (vgl. ausführlich Enders-Dragässer/Fuchs 1989, 11ff.). Überprüft und revidiert werden sollten sowohl Curricula und Schulbücher als auch Formulare und „Verwaltungsakte“ (sic!). Hessen erließ 1986 als eines der ersten Bundesländer entsprechende Richtlinien zur Zulassungskontrolle von Unterrichtswerken:

> „– Verstößt das Werk gegen das Diskiminierungsverbot aus Gründen des Geschlechts?
> – Reproduziert das Unterrichtswerk Rollenklischees (insbesondere die stereotype Zuweisung von >typisch männlichen< und >typisch weiblichen< Eigenschaften und Verhaltensweisen, wie z.B. >männliche Aktivität< versus >weibliche Passivität<; >männlicher Verstand< versus >weibliches Gefühl<; >männliche Stärke< versus >weibliche Schwäche<?
> – Nimmt das Werk Identifikationsangebote für Schülerinnen auf, die Mädchen und Frauen nicht auf benachteiligende Rollen verpflichtet, sondern diese als selbständige, verantwortliche und kreativ handelnde Personen zeigt?“ (Hessische Richtlinien vom 1.2.1986, zit. n. Fichera 1990, 260)

- Die Bildungsministerin des Landes Schleswig-Holstein setzte 1988 für die Lehrplanrevision Kommissionen ein, die den Auftrag haben, das „Lernziel Gleichberechtigung“ für die Lehrgänge und Curricula der einzelnen Schularten sprachlich und inhaltlich umzusetzen.
- Die Ministerin für die Gleichstellung von Frau und Mann und der Kultusminister des Landes Nordrhein-Westfalen gaben ein Curriculum zur Förderung der schulischen Berufsorientierung von Mädchen in Auftrag. Inzwischen liegen sechs Bände mit Themeneinheiten für den berufsorientierenden Unterricht vor (vgl. Lemmermöhle-Thüsing u.a. 1991/1992/1993).
- An der Technischen Universität Berlin wurde von 1990 bis 1994 ein Studienreformprojekt „Patriarchatskritik im Lehramtsstudium“ durchgeführt, das darauf abzielte, bei Studierenden der Lehramtsstudiengänge ein Bewußtsein darüber herzustellen, „welche Strukturen, Materialien und Verhaltensweisen in der Schule das gesellschaftliche Macht- und Gewaltverhältnis zwischen den Geschlechtern reproduzieren“ (PIL 1993).

Diese Projekte und Aktivitäten vermitteln den Eindruck, daß auf der Grundlage von Befunden der feministischen Schulforschung nicht nur Fehlentwicklungen der Medienproduktion korrigiert, sondern daß darüber hinaus auch Weichenstellungen für bildungspolitische und curriculare Reformen vorgenommen wurden. Die Reaktionen staatlicher und marktabhängiger Institutionen sind jedoch höchst unterschiedlich.

Während die Schulverlage in ihren neueren Produktionen die veränderten Genehmigungskriterien ausgewählter Länderministerien respektieren und das Mädchen- und Frauenbild in Schulbüchern sich langsam, aber stetig zu verändern beginnt (Vorreiterfunktion übernehmen hier die Grundschulverlage), kommen Lehrplanreformen nur zögerlich in Gang. Erste Berichte aus den Lehrplankommissionen, die im Rahmen eines Workshops des BMBW-Projekts „Geschlechterverhältnisse im Bildungswesen" zusammengetragen wurden, warnen vor euphorischen Einschätzungen der Reichweite der bisherigen Reformbestrebungen:

> „Seit einigen Jahren gibt es in mehreren Bundesländern Bemühungen, das geschlechtsspezifische Lern- und Sozialverhalten auch in den Lehrplänen anzusprechen und zu berücksichtigen. Im Workshop wurde von Erfahrungen aus Schleswig-Holstein und aus dem Saarland berichtet. Die Teilnehmenden erarbeiteten gemeinsam eine Aufstellung von hemmenden Einflüssen im Prozeß der Berücksichtigung der Kategorie Geschlecht in Lehrplankommissionen. Aus den Berichten [...] wurde deutlich, daß mit der politischen Vorgabe, bei der nächsten Lehrplanrevision auch die Kategorie Geschlecht einzubeziehen und sie inhaltlich zu berücksichtigen, zwar eine Voraussetzung geschaffen ist, diese jedoch für eine zufriedenstellende Berücksichtigung der Thematik nicht ausreicht. Im Gegenteil zeigen die Erfahrungen in den Lehrplankommissionen, daß die Mitglieder dieser Kommissionen die Thematik oft weder zu füllen wissen noch sie für tatsächlich bedeutsam halten." (SOMMERKORN u.a. 1993, 356)

Hannelore FAULSTICH-WIELAND registriert in einer neueren Analyse der Gesetzes- und Erlaßlage zum Entwicklungsstand der Bundesländer hinsichtlich der „Behandlungen des Geschlechterverhältnisses" vier Entwicklungsstufen (1994, 330ff.). Sie unterscheidet

1) Länder, in denen keine oder minimale rechtliche Regelungen oder Bezugnahmen auf Geschlechterverhältnisse zu finden sind (die Mehrzahl der neuen Bundesländer und das Saarland)
2) Länder, die sich in ihren Schulgesetzen auf Regelungen zur „Geschlechtserziehung" bzw. zur „Familien- und Sexualerziehung" beschränken (Bayern und Baden-Württemberg)
3) Länder, in denen zum Teil gesetzliche Regelungen, vor allem aber eine Reihe von Aktivitäten in der Fort- und Weiterbildung von Lehrkräften bzw. in Modellversu-

chen stattfinden (Rheinland-Pfalz, Schleswig-Holstein und die Stadtstaaten Berlin, Bremen und Hamburg)

4) Länder, die über vielfältige Regelungen zum Geschlechterverhältnis in der Schule verfügen (Hessen, Niedersachsen und Nordrhein-Westfalen).

Von einer bundesweiten Umsetzung der Empfehlungen, die aus Untersuchungsergebnissen der feministischen Schulforschung abgeleitet wurden, kann gegenwärtig noch nicht die Rede sein. *Ein Zukunftsfeld der feministischen Schulforschung wird daher weiterhin im Bereich der Curriculumforschung liegen.*

Zukunftsfeld Unterrichtsforschung

Mit ihren Studien zu den geschlechtsspezifischen Interaktionen, speziell zur Aufmerksamkeitsverteilung in Unterricht und Schulleben, hat die feministische Schulforschung die bundesdeutsche Koedukationsdebatte der 80er und 90er Jahre initiiert und gefördert (vgl. zusammenfassend FAULSTICH-WIELAND 1991 und 1994 oder GLUMPLER 1994). Interaktionsstudien aus den USA, England, Skandinavien und der Bundesrepublik belegten bisher übereinstimmend geschlechtsspezifische Differenzen des Bewertungs- und Kommunikationsverhaltens von Lehrkräften, die von einer Reihe feministischer Schulforscherinnen als Hinweis auf eine Benachteiligung von Mädchen im Unterrichtsalltag gewertet wurden (vgl. z.B. HORSTKEMPER 1987 oder ENDERS-DRAGÄSSER/FUCHS 1989).

Im Widerspruch zu dieser Interpretation steht allerdings die Entwicklung der jährlich erscheinenden Grund- und Strukturdaten des Bundesministeriums für Bildung und Wissenschaft, die einen kontinuierlichen Rückgang der Zahl erfolgreicher männlicher Schüler im allgemeinbildenden Schulwesen dokumentieren. Angesichts dieser Datenlage auf eine kollektive Benachteiligung von Mädchen und eine Bevorzugung von Jungen durch die schulischen Interaktionen verweisen zu wollen, machte keinen Sinn.

Selbst wenn bis heute mehr selbstbewußte Jungen als Mädchen mit positivem Selbstkonzept die Schule verlassen sollten, wie dies die Ergebnisse der Längsschnittstudie von Marianne Horstkemper zur „Mädchensozialisation in der Schule“ aus dem Jahr 1987 vermuten lassen, ist damit die Frage noch nicht beantwortet, weshalb diese selbstbewußten Jungen ihre Schulen heute im Durchschnitt mit niedrigeren formalen Qualifikationen verlassen als Mädchen und weshalb sie häufiger von der Einschulung zurückgestellt werden und auch häufiger repetieren.

Auch die qualitativen Ausprägungen der Bildungsbeteiligung von Mädchen und Jungen, die in geschlechtsspezifischen Fachwahlpräferenzen, Studienwahlentscheidungen beziehungsweise beruflichen Orientierungen sichtbar werden, dürfen nicht isoliert als Effekte schulischer Sozialisation diskutiert werden. Zu prüfen wird vielmehr sein, inwieweit im (Fach-)Unterricht geschlechterstereotype Einstellungen und Verhaltensweisen reflektiert oder unterstützt werden und in welchem Umfang ausgleichende Erziehung in Unterricht und Schulleben gegen geschlechtsrollenrollenkonforme Entwicklungen wirksam werden kann.

Feministische Schulforscherinnen haben in einer Reihe von Beiträgen erörtert, welche Probleme sich für Jungen *und* Mädchen auf der Grundlage geschlechtsspezifischer Interaktionen und Bewertungshandlungen in der Schule ergeben können (vgl. u.a. BARZ 1983; KRUSE 1993; PFISTER 1993; NYSSEN 1994). Bis heute fehlen jedoch breiter angelegte Studien, die geeignet sind, die vielfältigen Hypothesen über geschlechtsspezifische *Effekte* schulischer Interaktionen zu überprüfen:

- Interaktionsstudien konzentrierten sich in der Bundesrepublik auf den Frontal- und Gruppenunterricht der 70er und 80er Jahre. Sie sind in der Regel nicht als Repräsentativuntersuchungen angelegt worden, erfaßten daher nur einen selektiven, heute bereits historischen Ausschnitt der deutschen Schullandschaft.
- Die politischen Rahmenbedingungen der Arbeit in der Akademie der Pädagogischen Wissenschaften der DDR trugen nicht dazu bei, Forschung zu geschlechtsspezifischen Fragestellungen zu fördern.
- Defizitär stellt sich die Forschungslage nach der deutschen Einheit auch für den offenen Unterricht – hier speziell für die Grundschulen – dar, in denen heute vorwiegend Lehrerinnen und kaum mehr Lehrer tätig sind.
- Problematisch ist zudem die bisherige Konzentration der Untersuchungsmethoden auf die Erwachsenenperspektive von Lehrkräften und BeobachterInnen.

Für die feministische Schulforschung eröffnet sich hier ein weites Zukunftsfeld, auf das sie sich jedoch nur im Rahmen institutionell und finanziell gesicherter Arbeitszusammenhänge einlassen sollte, wenn sie nicht Fehler wiederholen will, die heute der hessischen Interaktionsstudie angelastet werden. Eine faire Kritik müßte allerdings berücksichtigen, daß diese Studie im Rahmen befristet finanzierter Auftragsforschung des Hessischen Instituts für Bildungsplanung und Schulentwicklung, also unter Zeitdruck und ohne weiterreichende Absicherung durch etablierte Institutionen des Wissenschaftsbetriebs entstanden ist. Vergleicht man Laufzeit und Personalausstattung anderer deutscher Interaktionsstudien, deren Ergebnisse auf differenzierten Unterrichtsanalysen basieren (z.B. DIEGRITZ/ROSENBUSCH 1977), wird deutlich, daß die feministische Schulforschung im Bereich der Unterrichtsforschung nur dann wissenschaftliches Profil gewinnen wird, wenn ihr die Einwerbung größerer Drittmittelprojekte gelingt. Eine Replikation der bis heute in feministischen Publikationen zu Interaktionsfragen häufig bemühten DFG-Studie des Teams um Angelika Wagner steht ohnehin seit langem aus.

Zukunftsfeld Schulentwicklungsforschung

Die Bedeutung der Frauenforschung für die Schulentwicklung in der Bundesrepublik läßt sich über die Projekte und Modellversuche belegen, die 1994 im Abschlußbericht des BMBW-Projekts „Geschlechterverhältnisse im Bildungswesen" erstmalig dokumentiert wurden (vgl. SOMMERKORN u.a. 1994). Es sind im wesentlichen vier Bereiche, in denen Befunde der feministischen Schulforschung als Anregungen und Impulse für Schulentwicklung aufgenommen wurden:

1) Angebote zur Mädchenförderung in den Naturwissenschaften und in den Fächern Mathematik und Technik/Informationstechnische Bildung versuchen, einseitigen Fachwahlen entgegenzuwirken.
2) Projekte zu Fragen der Berufsorientierung und Lebensplanung sollen das schmale Spektrum weiblicher Berufs- und Studienwahlen erweitern und Modelle partnerschaftlicher Arbeitsteilung in Beruf und Familie vermitteln.
3) Modellversuche, die zeitlich befristet geschlechtsgetrennten Unterricht erproben, wollen zu reflexiver Koedukationspraxis führen.
4) Konzeptionen betreuter Grundschulen zielen auf die Entwicklung zuverlässiger „mütterfreundlicher" Schulangebote ab, die die Vereinbarkeit von Berufstätigkeit und Kindererziehung unterstützen.

Viele der von Ingrid Sommerkorn und ihren Mitarbeiterinnen dokumentierten Projekte und Schulversuche wurden von feministischen Schulforscherinnen (mit) initiiert oder werden noch heute von ihnen wissenschaftlich begleitet. Am weitesten fortgeschritten ist gegenwärtig die Integration von empirischer Schulentwicklungsforschung und feministischer Schulforschung im Bereich der betreuten Grundschulen.

Gesellschaftliche Veränderungen wie der Anstieg mütterlicher Erwerbstätigkeit und die steigende Zahl Alleinerziehender dürften dazu beigetragen haben, daß feministische Grundschulkritik und die schulpädagogische Diskussion um die Ganztagsgrundschule in einer Reihe von Bundesländern auf frauen- und bildungspolitische Resonanz stießen. Die Schulkritik feministischer Müttergruppen setzte zu Beginn der 80er Jahre an zwei Punkten an:

a) an der Belastung von Müttern durch die Hausaufgabenbetreuung am Nachmittag (vgl. ENDERS-DRAGÄSSER 1980)
b) an der Unzuverlässigkeit der Stundentafeln und des Betreuungsangebots der deutschen Halbtagsgrundschule, die Müttern mit Kindern im schulpflichtigen Alter die Ausübung einer Berufstätigkeit bis heute erheblich erschwert.

Studien, die den Betreuungsbedarf von Familien, speziell von Müttern ermittelten (FIF 1991; HOLTAPPELS 1992 und 1994; GLUMPLER/LUIG-ARLT 1995), unterstützten frauen- und bildungspolitische Forderungen nach der Realisierung von Konzepten der vollen oder ganzen Halbtagsgrundschule und der Ganztagsgrundschule. Die Weiterentwicklung von Halbtagsgrundschulen zu vollen oder ganzen Halbtagsschulen mit Betreuungsangebot ist in vollem Gange (vgl. die Zwischenbilanz bei BURK 1990). Ihre Finanzierung zwingt die staatlichen Grundschulen jedoch auch zu Allianzen und Abhängigkeiten, deren Auswirkungen auf die Schulqualität sorgfältig beobachtet werden müssen. Feministische Schulforschung ist hier gefordert, mütterfreundliche Grundschulentwicklung im Spannungsfeld von Elternerwartungen, Besitzstandwahrung der Lehrkräfte, finanzieller Abhängigkeit und Qualitätssicherung zu begleiten und zu analysieren.

Zukunftsfeld Professionsforschung

Feministische Historikerinnen hatten sich zum Ziel gesetzt, der Geschichte die Frauen und die Frauen der Geschichte wiederzugeben. In der pädagogischen Professionsforschung ist dieses Ziel nicht nur von Frauen, sondern zunehmend auch von Männern aufgenommen worden. Zahl und Umfang der Arbeiten, die zur geschlechtsspezifischen Geschichte des Lehrberufs vorgelegt wurden, sind beeindruckend. Sie reichen von den Studien, die Ilse Brehmer in ihrem Band „Lehrerinnen. Zur Geschichte eines Frauenberufs" gesammelt und kommentiert hat, bis zu den differenzierten Analysen von Elke KLEINAU, Anne SCHLÜTER, Helga BLECKWENN und Ilse STOEHR.

Der Lehrberuf wird heute in der Bundesrepublik überwiegend von Frauen ausgeübt; der Anteil der weiblichen Lehramtsstudierenden ist in den letzten drei Jahrzehnten kontinuierlich gestiegen. Entsprechend hoch ist auch die Zahl der arbeitslosen Lehrerinnen, die nach der 2. Staatsprüfung nicht in den Schuldienst übernommen wurden oder die nach der deutschen Einheit aus politischen Gründen oder wegen des Schulsterbens in den neuen Bundesländern ihren Arbeitsplatz verloren.

Auf Ursachen und Konsequenzen dieser Entwicklung beziehen sich die Professionsstudien feministischer Schulforscherinnen. Bearbeitet wurden beziehungsweise werden gegenwärtig:

- weibliche und männliche Professionalisierungsstrategien und -debatten (Dagmar HÄNSEL, Universität Bielefeld)
- Studien- und Berufswahlmotive von Primarstufenstudentinnen (Petra Milhoffer, Universität Bremen; Edith GLUMPLER, Universität Dortmund)
- Handlungsprioritäten von Lehrerinnen in der Berufseingangsphase (Christa HÄNDLE, Max-Planck-Institut Berlin)
- Einstellungen zum Lehrberuf und Ausgestaltungen des Lehrberufs durch Frauen (Karin FLAAKE, FU Berlin)
- Lehrerinnen in den neuen Bundesländern (Una DIRKS, Universität Halle und Marlies HEMPEL, Universität Potsdam)
- Karrieremuster bei Lehrerinnen und Schulleiterinnen (Gertrud PFISTER, FU Berlin und Luise WINTERHAGER-SCHMID, PH Heidelberg).
- Feminisierung der Grundschule als Basis von Schulreform (Astrid KAISER, Universität Oldenburg)
- Fachwahlmotive von Lehrerinnen im biographischen Zusammenhang (Anne SCHLÜTER, Universität Dortmund)

In der öffentlichen Diskussion um die Feminisierung des Lehrberufs wurde mit stereotypen Zuschreibungen nicht gespart. So wurde der Beruf der Primarstufenlehrerin und auch die damit verbundenen universitären Studiengänge mit dem diskriminierenden Etikett des „gut bezahlten Halbtagsjobs für Familienfrauen" belegt. Feminisierung wurde assoziiert mit fehlender beruflicher Einsatzbereitschaft, eingeschränkter Karriereaspiration und Qualitätsminderungen in Unterricht und Schulleben.

Derartige Zuschreibungen stehen in eklatantem Widerspruch zu den guten Bewertungen, die die Grundschule und ihre Lehrerinnen seit 1979 in den bundesweiten Repräsentativbefragungen des Dortmunder Instituts für Schulentwicklungsforschung erhalten (vgl. die fortlaufenden Veröffentlichungen der IFS-Umfragen in den Jahrbüchern der Schulentwicklung, zuletzt in ROLFF u.a. 1994, 32ff.).

Christa HÄNDLE weist in ihren Analysen darauf hin, daß die Doppelbelastung von Lehrerinnen durch Familien- und Berufsarbeit zum Erwerb von „Doppelqualifikationen" beiträgt. Feministische Schul- und Grundschulpädagoginnen vermuten darüber hinaus Zusammenhänge zwischen der Feminisierung des Lehramts Primarstufe, der Zunahme von Teilzeitarbeit und der inneren Reform der Grundschule:

„Es ist nicht uninteressant, darauf hinzuweisen, daß die stille innere Reform in den Grundschulen in den letzten zwanzig Jahren fast ausschließlich von Frauen geleistet wurde – ganz im Kontrast zu der verwegenen Behauptung, die Feminisierung brächte eine Qualitätsminderung mit sich. Möglicherweise wurde diese Reform sogar zu einem erheblichen Teil von Frauen in Teilzeitstellen realisiert, die sich aufgrund der reduzierten Stundenzahl sehr viel intensiver auf solche Prozesse einlassen konnten."(NYSSEN/SCHÖN 1994, 351)

„Die Grundschule ist die Schulform mit dem höchsten Frauenanteil bei den Lehrkräften. Lehrkräfte an Grundschulen sind durchschnittlich älter und weisen weniger formelle Ausbildungszeit als Lehrkräfte anderer Schulformen auf. Gleichzeitig ist in den letzten 15 Jahren gerade an Grundschulen der Anteil von Reforminitiativen ‚von unten' besonders deutlich gewachsen. Hier stellt sich die Frage, wie diese Entwicklung theoretisch zu erklären ist." (KAISER 1995)

Mit solchen Überlegungen wird sich die feministische Professionsforschung in Zukunft ebenso beschäftigen müssen wie mit der Frage, weshalb die positive Bewertung „feminisierter Lehrämter" in der Öffentlichkeit von den Professionalisierungsdebatten der eigenen Zunft kaum zur Kenntnis genommen wird.

Rezeption feministischer Schulforschung

Studien zur Rezeption der Ergebnisse feministischer Schulforschung, wie sie von der DGfE-Kommission Wissenschaftsforschung bereits in den 80er Jahren für ihre erziehungswissenschaftlichen Bezugsdisziplinen initiiert wurden (vgl. z.B. KÖNIG/ZEDLER 1989), würden heute sicher interessante Entwicklungen zutage fördern. Noch zu Beginn der 90er Jahre gab es eine Reihe höchst kontroverser Auseinandersetzungen feministischer Schulforscherinnen mit ihren – in der Regel männlichen – schulpädagogischen Kritikern (aussagekräftige Quellen dieser mit Emphase geführten Diskurse sind die

Texte von Marianne HORSTKEMPER und Volker HAGEMEISTER in Heft 4/1991 der Deutschen Schule oder die Reaktionen von Elke NYSSEN, Bärbel SCHÖN, Maria Anna KREIENBAUM und Sigrid Metz GÖCKEL auf die Anfragen von Ulf PREUSS-LAUSITZ in PÄD-EXTRA 12/1991). Wenig später erschienen in der Zeitschrift für Pädagogik die ersten empirischen Grundlagenarbeiten und Sekundäranalysen, die Befunde der feministischen Schulforschung zum Teil relativierten, zum Teil differenzierten und bestätigten (BAUMERT 1992; GIESEN u.a. 1992) und die den Anfang einer Integration von traditioneller und feministischer Schulforschung markieren könnten. Bestätigt wird diese Entwicklung durch die gemeinsamen Tagungs- und Kongreßpläne der DGfE-Kommissionen Frauenforschung, Schulpädagogik und AEPF für die Jahre 1995 und 1996.

Während sich in den erziehungswissenschaftlichen Bezugsdisziplinen die Tendenz abzeichnet, Fragestellungen und Befunde der feministischen Schulforschung in die mainstream-Debatten zu integrieren, finden wir im Jahrbuch für Pädagogik 1994 eine erstaunlich unqualifizierte Darstellung der Rezeption der feministischen Schulforschung durch zwei Frauenforscherinnen. Eva BREITENBACH und Carol HAGEMANN-WHITE geben vor, „an der feministischen Schulforschung und ihrer Rezeption beispielhaft verfolgen" zu können, daß „die Kategorie ‚Geschlechterdifferenz' schillernde Bedeutungen annimmt":

> „Dort (durch die feministische Schulforschung, E.G.) wird ein recht einheitliches Bild der schulischen Interaktion entworfen. Eine Schulklasse läßt sich demnach in die ‚Jungengruppe' und die ‚Mädchengruppe' aufteilen. Jungen befleißigen sich einer aggressiven Selbstdarstellung, die wesentlich auf der Verachtung von Mädchen und Frauen basiert. Trotz und wegen ihrer Aggressivität werden sie als Gruppe systematisch bevorzugt; Lehrerinnen richten ihren Unterricht an den Interessen der Schüler aus und widmen ihnen zwei Drittel ihrer Aufmerksamkeit. Hier steht ‚Differenz' für die Beschreibung männlicher Dominanz, außerdem für ungleiche, die Mädchen benachteiligende Behandlung aufgrund des Geschlechts. Mädchen wird als Gruppe die Anerkennung versagt, obwohl und weil sie diszipliniert, kooperativ und sachorientiert interagieren. Ihre beträchtlichen kommunikativen und sozialen Kompetenzen werden Mädchen einerseits als notwendiger Beitrag zur Aufrechterhaltung des Unterrichts abverlangt, erfahren andererseits aber keine soziale Wertschätzung als Fähigkeiten." (1994, 256)

Die beiden Autorinnen, die aufgrund ihrer eigenen fachlichen Spezialisierung selbst nicht als Expertinnen der feministischen Schulforschung ausgewiesen sind, scheinen die kontroversen Debatten innerhalb der feministischen Schulforschung und der empirischen Schulforschung nicht zur Kenntnis genommen zu haben. Sonst würden sie sich nicht auf ein in *der* feministischen Schulforschung konsensfähiges Bild der Geschlechterverhältnisse in Schulklassen beziehen.

Die Stereotype, die ihr Text komprimiert zusammenfaßt, spiegeln gleichwohl die verkürzte und selektive Rezeption ausgewählter Studien der feministischen Schulforschung und deren Vermarktung in den Medien. Ergebnisse von Pilotstudien wurden – zum Teil ohne Mitwirkung ihrer Autorinnen – in der pädagogischen Ratgeberliteratur zu rezeptologischen Empfehlungen und konfessionellen Bekenntnissen verdichtet. Derartige Rezeptionsprobleme und die daraus resultierenden Kritiken wurden von den betroffenen Schulforscherinnen bereits zu Beginn der 90er Jahre diskutiert (vgl. zum Beispiel KREIENBAUM/METZ-GÖCKEL 1991 oder FAULSTICH-WIELAND 1991). Da diese Debatten öffentlich geführt wurden, ist gleichwohl schwer nachzuvollziehen, daß sie die Kolleginnen in der sozialwissenschaftlichen Frauenforschung bislang nicht erreicht haben sollten.

Die Rezeption von Schulforschung gilt allerdings nicht nur dann als problematisch, wenn sie dem Paradigma der feministischen Schulforschung verpflichtet ist. Zu diesem Ergebnis kamen die Mitglieder des Arbeitskreises „Qualität von Schule“, der auf die Iniative des Hessischen Instituts für Bildungsplanung und Schulforschung und der Konstanzer Forschungsgruppe Gesellschaft und Region 1985 eingerichtet wurde:

> „Das vorbehaltlose Ernstnehmen der Schulforschung, gleich welcher Art, ihre breite und eingehende Prüfung, ist freilich nicht selbstverständlich. Ob aus eigenem Verschulden der sozial- und erziehungswissenschaftlichen Schul- und Unterrichtsforschung selbst, ob aus spezifischen Abwehrhaltungen der Schulpraxis wie der Bildungspolitik, die Ursachen mögen dahingestellt bleiben, jedenfalls bestehen gegenüber der empirischen Schulforschung mannigfache Vorbehalte.“ (STEFFENS/BARGEL 1993, 33)

Es bleibt abzuwarten, ob diese Prognose auch für die feministische Schulforschung Gültigkeit haben wird. Solange feministische Schulforscherinnen für sich in Anpruch nehmen, mit ihren Arbeiten wissenschaftliche Grundlagen für frauen- und bildungspolitische Argumentation zu liefern, um gesellschaftliche Veränderungen zu initiieren, werden sie sich der Gefahr einer vereinfachenden und vergröbernden Rezeption aussetzen. Dies dürfte für die Mehrzahl der Frauen, die in diesem Feld arbeiten, kein Argument dafür sein, sich in den wissenschaftstheoretischen Elfenbeinturm postfeministischer Diskurse zurückzuziehen.

Sie werden in Zukunft jedoch kritischer mit Rezeptionsproblemen und mit ihrer jeweiligen Rolle in der Rezeptionsgeschichte der feministischen Schulforschung umgehen müssen, wenn sie den wissenschaftstheoretischen und methodologischen Standards ihrer Bezugsdiszplinen gerecht werden wollen. Die feministischen Schulforscherinnen, die sich für autonome wissenschaftstheoretische Bezugssysteme entschieden haben, vertreten diese Entscheidung auch in ihren Publikationen. Sachliche Rezeptionskritik wird daher eine Ausdifferenzierung der Positionen innerhalb der feministischen Schulforschung zur Kenntnis nehmen müssen.

Die Bedeutung feministischer Schulforschung für die Weiterentwicklung emanzipatorischer Schulforschung

Hartmut von Hentig, der große Bielefelder Laborschullehrer und Schulforscher, hat sich in seinen Schriften wiederholt gegen eine Unterscheidung zwischen wissenschaftlichen „Weißkittelpädagogen" (Schulforschern) und beforschten „Blaukittelpädagogen" (Lehrern) zur Wehr gesetzt und damit auch für einen Abbau von Hierarchien und autoritären Strukturen zwischen Wissenschaft und Praxis geworben. Die feministische Schulforschung an den deutschen Universitäten hat ihre Wurzeln im Hentigschen Sinne in der Tradition der Blaukittelpädagoginnen. Viele feministische Schulforscherinnen vertreten bis heute den Anspruch, sich nicht auf die praxisdistante Existenz von „Weißkittelpädagoginnen" einzulassen:

> „Für die feministische Schulforschung war von Anfang an eine enge Verbindung von wissenschaftlicher Analyse und Engagement für die Veränderung von Schulpraxis konstitutiv. Für die Weiterentwicklung von Schultheorie bedeutet dies, daß das Theorie-Praxis-Vehältnis unter dem Aspekt Verbesserung im Geschlechterverhältnis neu gedacht werden muß." (NYSSEN/SCHÖN 1994, 358)

Forschung in den Dienst von Praxis zu stellen, ist ein anspruchsvolles Ziel, das – wie die oben zitierten Erfahrungen der Konstanzer Forschungsgruppe bestätigen – in der Praxis nicht nur positiv aufgenommen wird. Die aktuellen Untersuchungen und Modellprojekte lassen jedoch darauf schließen, daß feministische Schulforscherinnen den Reformansätzen der emanzipatorischen Erziehungswissenschaft verpflichtet bleiben und versuchen werden, ihre jeweiligen Arbeitsergebnisse für eine Veränderung von Unterricht und Schule fruchtbar zu machen.

Literatur

Barz, Monika: Was Schülerinnen und Schülern während des Unterrichts durch den Kopf geht... In: Wagner, Angelika u.a. (Hrsg.): Bewußtseinskonflikte im Schulalltag. Weinheim (Beltz) 1983.

Baumert, Jürgen: Koedukation oder Geschlechtertrennung. In: Zeitschrift für Pädagogik 1/1992, S. 84-110.

Becker-Schmidt, Regina: Probleme einer feministischen Theorie und Empirie in den Sozialwissenschaften. In: Feministische Studien 2/1985, S. 93-104.

Bracht, Ulla/Keiner, Dieter: Jahrbuch für Pädagogik 1994. Geschlechterverhältnisse und die Pädagogik. Frankfurt am Main (Peter Lang) 1994.

Brehmer, Ilse: Lehrerinnen. Zur Geschichte eines Frauenberufs. München (U&S) 1980.

Brehmer, Ilse (unter Mitarbeit von Hildegard Küllchen und Lisa Sommer): Mädchen, Macht (und) Mathe. Geschlechtsspezfische Leistungskurswahl in der reformierten Oberstufe. Düsseldorf 1989.

Breitenbach, Eva/Hagemann-White, Carol: Von der Sozialisation zur Erziehung. Der Umgang mit geschlechtdifferenter Subjektivität in der feministischen Forschung. In: Bracht, Ulla/Keiner, Dieter: Jahrbuch für Pädagogik 1994. Geschlechterverhältnisse und die Pädagogik. Frankfurt am Main (Peter Lang) 1994, S. 249-264.

Brehmer, Ilse (Hrsg.): Sexismus in der Schule. Weinheim/Basel (Beltz) 1982.

Burk, Karlheinz (Hrsg.): Die Ganze Halbtagsschule. Grundschule mit festen Öffnungszeiten. Frankfurt am Main (AKG) 1990.

Diegritz, Theodor/Rosenbusch, Heinz S.: Kommunikation zwischen Schülern. München (U&S) 1977.

Fichera, Ulrike: Schluß mit den sexistischen Stereotypen in Schulbüchern! Gedanken zu frauenorientierten Darstellunen von Mädchen und Frauen in Unterrichtsmaterialien. In: Enders-Dragässer, Uta/Fuchs, Claudia (Hrsg.): Frauensache Schule. Aus dem deutschen Schulalltag. Erfahrungen, Analysen, Alternativen. Frankfurt am Main (Fischer) 1990, S. 257-279.

FIF (Feministisches Interdisziplinäres Forschungsinstitut): Erwerbssituation und Kinderbetreuungswünsche von Eltern. Eine repräsentative Umfrage im Ortsteil Sachsenhausen. Frankfurt 1991.

Enders-Dragässer, Uta: Die Mütterdressur. Eine Untersuchung zur schulischen Sozialisation der Mütter und ihren Folgen am Beispiel der Hausaufgaben. Basel (Mondbuch) 1980.

Enders-Dragässer, Uta/Fuchs, Claudia: Interaktionen der Geschlechter. Sexismusstrukturen in der Schule. Weinheim/München (Juventa) 1989.

Faulstich-Wieland, Hannelore: Koedukation. Enttäuschte Hoffnungen? Darmstadt (Wissenschaftliche Buchgesellschaft) 1991.

Faulstich-Wieland, Hannelore: Reflexive Koedukation. Zur Entwicklung der Koedukationspolitik in den Bundesländern. In: Bracht, Ulla/Keiner, Dieter: Jahrbuch für Pädagogik 1994. Geschlechterverhältnisse und die Pädagogik. Frankfurt am Main (Peter Lang) 1994, S. 325-342.

Faulstich-Wieland, Hannelore/Schefer-Viétor, Gustava: Koedukation – Geschlechterverhältnisse in der Erziehung. In: Beck, Klaus/Herrlitz, Hans-Georg/Klafki, Wolfgang: Erziehung Bildung als öffentliche Aufgabe. Analysen – Befunde – Perspektiven. 23. Beiheft der ZfPäd (1988), S. 169-180.

Giesen, Andreas u.a.: Die Bedeutung der Koedukation für die Genese der Studienfachwahl. In: Zeitschrift für Pädagogik 1/1992, S. 75-81.

Glumpler, Edith: Frauenforschung in der LehrerInnenbildung. In: dies. (Hrsg.): Mädchenbildung – Frauenbildung. Bad Heilbrunn (Klinkhardt) 1992, S. 10-34.

Glumpler, Edith: Abiturientinnen 1990. Eine Untersuchung zur Berufsorientierung schulisch erfolgreicher Frauen. In: dies. (Hrsg.): Mädchenbildung – Frauenbildung. Bad Heilbrunn (Klinkhardt) 1992, S. 234-257.

Glumpler, Edith: Berufsbildung für Frauen – Erwerbstätigkeit von Müttern. Veränderte Anforderungen an die deutsche Grundschule. In: dies. (Hrsg.): Mädchenbildung – Frauenbildung. Bad Heilbrunn (Klinkhardt) 1992, S. 258-282.

Glumpler, Edith (Hrsg.): Erträge der Frauenforschung für die LehrerInnenbildung. Bad Heilbrunn (Klinkhardt) 1993.

Glumpler, Edith (Hrsg.): Koedukation. Entwicklungen und Perspektiven. Bad Heilbrunn (Klinkhardt) 1994.

Glumpler, Edith/Luig-Arlt, Helene: Halbtagsgrundschule im Spannungsfeld zwischen Elternerwartungen und Personaleinsatz – Ergebnisse aus Schleswig-Holstein. In: Holtappels, Heinz-Günter: Über die Stundentafel hinaus: Ganztagserziehung in der Schule – Modelle, Forschungsbefunde und Perspektiven, i.Dr.

Göttner-Abendroth, Heide: Wissenschaftstheoretische Positionen in der Frauenforschung. (Amerika, Frankreich, Deutschland). In: Methoden der Frauenforschung. Frankfurt am Main 1984, S. 250-267.

Gomard, Kirsten: Entwicklung und Prespektiven aus dänischer Sicht. In: Glumpler, Edith (Hrsg.): Mädchenbildung – Frauenbildung. Bad Heilbrunn (Klinkhardt) 1992, S. 44-61.

Hagemann-White, Carol: Die Konstrukteure des Geschlechts auf frischer Tat ertappen? Methodische Konsequenzen einer theoretischen Einsicht. In: Feministische Studien 2/1993, S. 68-78.

Hempel, Marlies: Schulbezogene Frauenforschung – fünf Jahre nach der deutschen Einheit. Bad Heilbrunn (Klinkhardt) 1995.

Holtappels, Heinz Günter: Ganztagsangebote für Schulkinder in Oldenburg. Dortmund (IfS-Werkheft Nr. 40) 1992.

Holtappels, Heinz Günter: Ganztagsschule und Schulöffnung. Weinheim (Juventa) 1994.

Horstkemper, Marianne: Schule, Geschlecht und Selbstvertrauen. Weinheim (Juventa) 1987.

Kaiser, Astrid: Feminisierung an Grundschulen – Barriere oder Bedingung von Schulreformen? Abstract zur Jahrestagung 1995 der DGfE-Kommission Frauenforschung. Augsburg (unv.) 1995.

Kauermann-Walter, Jaqueline/Kreienbaum, Maria Anna/Metz-Göckel, Sigrid: Formale Gleichheit und diskrete Diskriminierung. In: Rolff, H.-G. u.a. (Hrsg.): Jahrbuch der Schulentwicklung. Band 5. Weinheim (Juventa) 1988.

König, Eckard/Zedler, Peter (Hrsg.): Rezeption und Verwendung erziehungswissenschaftlichen Wissen in pädagogischen Handlungs- und Entscheidungsfeldern. Weinheim (Deutscher Studien Verlag) 1989.

Kreienbaum, Maria Anna: Erfahrungsfeld Schule. Koedukation als Kristallisationspunkt. Weinheim (Deutscher Studien Verlag) 1992.

Kreienbaum, Maria Anna/Metz-Göckel, Sigrid: Koedukation und Technikkompetenz von Mädchen. Der heimliche Lehrplan der Geschlechtererziehung und wie man ihn ändert. Weinheim/München (Juventa) 1992.

Kruse, Anne Mette: Non-koedukativer Unterricht als geschlechtsbewußter Unterricht. Erfahrungen aus Dänemark und England. In: Glumpler, Edith (Hrsg.): Erträge der Frauenforschung für die LehrerInnenbildung. Bad Heilbrunn (Klinkhardt) 1993, S. 120-148.

Langmaack, Kirsten u.a.: Frauen im pädagogischen Diskurs. Eine interdiszplinäre Bibliographie. Frankfurt am Main (Ulrike Helmer) 1994.

Lemmermöhle-Thüsing, Doris u.a.: Wir werden was wir wollen. Schulische Berufsorientierung (nicht nur) für Mädchen. Bände 1-6. Düsseldorf (Ministerium für die Gleichstellung von Mann und Frau des Landes Nordrhein-Westfalen) 1991/1992/1993.

Luca, Renate/Kahlert, Heike/Müller-Balhorn, Sigrid: Einführung. In: dies. (Hrsg.): Frauen bilden – Zukunft planen. Dokumentation des 8. Fachkongresses Frauen und Schule. Bielefeld (Kleine) 1992, S. 10-18.

Metz-Göckel, Sigrid/Kreienbaum, Maria Anna: Herkömmliche Geschlechterpolarisierung und neue Differenzierungen. In: PÄD EXTRA 12/1991, S. 16-18.

Mies, Maria: Methodische Postulate zur Frauenforschung – dargestellt am Beispiel der Gewalt gegen Frauen. In: Frauenforschung oder feministische Forschung? beiträge zur feministischen theorie und praxis 11/1984.

Mühlen-Achs, Gitta: Feministische Kritik der Schul- und Unterrichtsforschung. In: Prengel, Annedore u.a. (Hrsg.): Schulbildung und Gleichberechtigung. Frankfurt 1987, S. 173-186.

Nyssen, Elke: Zur Theorie und Empirie der feministischen Schulforschung. In: Glumpler, Edith (Hrsg.): Erträge der Frauenforschung für die LehrerInnenbildung. Bad Heilbrunn (Klinkhardt) 1993, S. 48-68.

Nyssen, Elke: Aber ich behandle doch Mädchen und Jungen gleich. Über die Notwendigkeit der Frauenforschung in der LehrerInnenbildung. In: Glumpler, Edith (Hrsg.): Koedukation. Entwicklungen und Perspektiven. Bad Heilbrunn (Klinkhardt) 1994, S. 162-179.

Nyssen, Elke/Schön, Bärbel: Feministische Schulforschung. Bestandsaufnahme und Perspektiven. In: Glumpler, Edith (Hrsg.): Mädchenbildung – Frauenbildung. Bad Heilbrunn (Klinkhardt) 1992, S.156-170.

Nyssen, Elke/Schön, Bärbel: Wenn die Nebensache zur Hauptsache wird. Feministische Schulforschung und innere Schulreform. In: Bracht, Ulla/Keiner, Dieter:

Jahrbuch für Pädagogik 1994. Geschlechterverhältnisse und die Pädagogik. Frankfurt am Main (Peter Lang) 1994, S. 343-362.

Pfister, Gertrud: Der Widerspenstigen Zähmung. Raumaneignung, Körperlichkeit und Interaktion. In: Pfister, Gertrud/Valtin, Renate (Hrsg.): MädchenStärken. Probleme der Koedukation in der Grundschule. Frankfurt am Main (AKG) 1993, S. 67-83.

PIL (Studienreformprojekt Patriarchatskritik im Lehramtsstudium): Die soziale Kategorie ‚Geschlecht' in der Ausbildung von Lehrerinnen und Lehrern. Berlin (TU – FBE & UW) 1993/94.

Prengel, Annedore: „Das hierarchische Geschlechterverhältnis ist ein traditionelles" – Zur Notwendigkeit der Institutionalisierung schulbezogener Frauenforschung. In: Enders-Dragässer, Uta/Stanzel, Gabriele (Hrsg.): Frauen Macht Schule. Dokumentation der 4. Fachtagung der AG Frauen und Schule. Frankfurt 1986.

Prengel, Annedore: Universalität – Kollektivität – Individualität. Dimensionen demokratischer Differenz in der Bildung. In: Bracht, Ulla/Keiner, Dieter: Jahrbuch für Pädagogik 1994. Geschlechterverhältnisse und die Pädagogik. Frankfurt am Main (Lang) 1994, S. 139-151.

Preuss-Lausitz, Ulf: Der Kaiserin neue Kleider? Fragen an die feministische Schulforschung beim Blick auf die Jungen. In: PÄD EXTRA 12/1991, S.5-15.

Rolff, Hans-Günter u.a. (Hrsg.): Jahrbuch der Schulentwicklung. Band 8. Weinheim (Juventa) 1994.

Schulz-Zander, Renate: Für die Gleichstellung von Mädchen und jungen Frauen in der Informationstechnischen Bildung. Empfehlungen einer IPN-Curriculumkonferenz. In: Glumpler, Edith (Hrsg.): Mädchenbildung – Frauenbildung. Bad Heilbrunn (Klinkhardt) 1992.

Sommerkorn, Ingrid u.a.: Geschlechterverhältnisse im Bildungswesen. Erkundung und Entwicklung institutioneller Aus-, Fort- und Weiterbildungsmöglichkeiten für Lehrende in naturwissenschaftlich-technischen Fachrichtungen unter geschlechtsspezifischer Perspektive. Hamburg (IZHD der Universität Hamburg) 1993. Band I und II.

Steffens, Ulrich/Bargel, Tino: Erkundungen zur Qualität von Schule. Darmstadt (Luchterhand) 1993.

Vogt, Heide: Lernziel Gleichberechtigung. Hinweise und Anregungen für Schule und Unterricht. Hamburg (Leitstelle Gleichstellung der Frau) 1986.

Vogt, Heide/Meyer, Beate/ Jordan, Ernst: Die Darstellung von Mädchen und Frauen in Hamburger Schulbüchern. Ein Gutachten im Auftrag der Leitstelle Gleichstellung der Frau. Hamburg 1984.

Wagner, Angelika/Frasch, Heidi/Lamberti, Elke: Mann – Frau. Rollenklischees im Unterricht. München (Urban & Schwarzenberg) 1978.

Christel Adick

Internationalisierung von Schule und Schulforschung

1. Die Internationalisierung der Schule

Es gibt Anzeichen dafür, daß sich der Forschungsgegenstand, mit dem sich die Schulforschung beschäftigt: – die Schule –, wenn wir eine makroanalytische, historisch-vergleichende Perspektive zugrundelegen, in besonderer Weise verändert hat. Wir können das in der Aussage zusammenfassen: Die Schulentwicklung hat sich internationalisiert. Was ist damit gemeint?

Ein erster, vielleicht trivial anmutender, aber dennoch relevanter Beleg hierfür ist das Faktum, daß *Schule universal geworden ist.* Obwohl die menschheitsgeschichtliche Erfindung der Schule bereits 5.000 Jahre alt ist, wird Schulbildung erst in unseren Tagen wirklich allen Menschen dieser Welt zugänglich gemacht. Deutlich wird dies, wenn man sich vor Augen führt, daß noch zu Beginn der Industriellen Revolution mehr als 80% der Weltbevölkerung Analphabeten waren (CIPOLLA 1969), und daß sich Schulbildung weltweit über Jahrtausende weitgehend in der Vermittlung partikularen berufsständischen (z.B. Beamtennachwuchs in den frühen Hochkulturen und in China) oder religiösen Wissens (z.B. Kloster-, Koran- oder Tempelschulen) an Einzelne oder an bestimmte Bevölkerungsgruppen oder soziale Schichten erschöpfte. Heute dagegen verbringen fast 90% aller Kinder dieser Welt in irgendeiner Weise und sei es auch nur eine gewisse Zeit ihres Lebens in der Schule (UNICEF 1990). Und diese Schule sieht – ‚verblüffenderweise', wie manche Forscher immer wieder feststellen (vgl. z.B. INKELES/SIROWY 1983, S. 304) und wie die Autorin aus eigener Anschauung in etlichen sog. ‚Entwicklungsländern' ergänzen kann – aufs Ganze gesehen überall ziemlich ähnlich aus. Selbst in entlegenen Gegenden dieser Welt funktioniert die Schule heute im Prinzip nach denselben Regeln: letztendlich staatlich gelenkt, in relativ altershomogenen Schulklassen, mit mehr oder weniger gut ausgebildeten Lehrkräften, anhand kodifizierter Curricula, in gestuften und selektiven Schulsystemen, mit Noten und Zensuren und letztendlich mit Berechtigungen, die als ‚kulturelles Kapital' (BOURDIEU 1983) auf dem Weltmarkt etwas wert sind. Diese Eigentümlichkeiten formaler, schulischer Bildung etwa im Vergleich zu anderen Erziehungs- und Bildungsprozessen, z.B. zur Familienerziehung, zur Sozialisation in Peer-Groups, zur nachbarschaftlichen Erziehung oder zur rein religiösen Bildung, werden von den Beteiligten: Eltern, Lehrern, Schülern, Bildungspolitikern, Pädagogen, auch so wahrgenommen und im Grunde genommen als legitim angesehen. Denn es ist kein Fall bekannt, daß irgendeine nationale Bildungspolitik das Ziel einer allgemeinen, obligatorischen Schulbildung aufgegeben hätte. Im Gegenteil: Die auf der internationalen Konferenz „Bildung für alle“ im Jahre 1990 in Jomtien/Thailand verabschiedete Weltbildungscharta (Weltbildungsdeklaration 1990) macht noch einmal deutlich, daß Bildung inzwischen von der politischen Tagesordnung aller Länder, außer in extremen Krisensituationen (z.B. zeitweilige Schließung von Schulen in Bürgerkriegen), nicht mehr wegzudenken ist. Die Rede von der Internationalisierung der Schulentwicklung meint also allererst die Tatsache der weltweiten Verbreitung von Schule.

Wendet man sich nun der Frage zu, welche Art von Schule denn universal geworden ist, dann tritt eine zweite Bedeutung hervor: Aufgrund ähnlicher Strukturen und Funktionen sind die nationalen Schulsysteme trotz mancherlei Unterschiede im Grunde genommen international kompatibel. Kürzer gesagt: *Das weltweit vorfindliche Modell von Schule ist ein internationales.* Die Erfindung und Verbreitung formaler Bildung in Gestalt schulischer Institutionen ist weder eine europäische Errungenschaft noch ist sie menschheitsgeschichtlich gänzlich neu. In der Geschichte der Schule existierten in verschiedenen Regionen und Kulturen über lange Zeiträume hinweg verschiedene Formen von Schule: Diese historisch überholten, ich nenne sie einmal typologisch: die ‚vor-modernen‘ Formen von Schule in Sumer, im Alten Ägypten und Griechenland, in China und Indien wie auch im europäischen Mittelalter bis in die Neuzeit hinein lassen sich unter entwicklungslogischen Gesichtspunkten wie folgt kennzeichnen (vgl. ADICK 1992a, 114ff. u. 164ff.): Sie institutionalisierten Unterricht als räumliche und zeitliche Aussonderung des Lernens, sie waren Teil der Tradierung gesellschaftlichen Wissens, sie erfanden die Lehrer- und die Schülerrolle, Lehrbücher, Unterrichtsmethoden. Dieses haben sie mit unseren heutigen, typologisch gesprochen: mit den ‚modernen‘ Schulsystemen, gemein. Sie sind jedoch, und das ist einer der Hauptunterschiede, restriktiv gewesen in bezug auf die Adressaten und in bezug auf das unterrichtliche Wissen und damit für die Dynamik der Gesellschaftsentwicklung insgesamt weniger wirksam als Schule heute. Aufgrund unserer zunehmenden weltweiten Verflechtungen ist die Menschheit heute aber auf solche Bildungsprozesse angewiesen, die die internationale Kommunikation über nationale und kulturelle Grenzen hinweg ermöglichen und gewährleisten. Hierzu leisten Bildungssysteme, die zumindest ein Stück weit international kompatibel sind, einen wichtigen Beitrag. Einige Forschungsergebnisse legen es sogar nahe, davon auszugehen, daß diese Internationalisierungstendenzen noch zunehmen werden. Die schulgeschichtliche Entwicklung verlief also – makroanalytisch und im Langzeitmaßstab betrachtet – von der restriktiven Vermittlung schulisch organisierten Wissens in einzelnen Kulturen und Gesellschaften zu Bildung als einem universalen Menschenrecht, das angesichts der Monopolstellung, die formale schulische Bildung im Arsenal der verschiedenen Erziehungs- und Bildungsagenturen erhalten hat, zu einem wesentlichen Teil in Gestalt allgemeinbildender, obligatorischer Schulbildung eingelöst wird.

In einer dritten Bedeutung verweist die Rede von der ‚Internationalisierung der Schulentwicklung' schließlich auf den Tatbestand, daß *die Schulentwicklung selbst international geworden ist.* Bildungspolitik, Schulreformen und der pädagogische Diskurs über Sinn und Zweck, Ziele und Inhalte schulischer Bildung vollziehen sich nicht mehr nur im nationalen Alleingang, sondern sind international geworden. Es sei daran erinnert, daß gerade Reformideen und Innovationen durch pädagogische Diskussionen und Entlehnungen getragen wurden und werden, die sich über nationale Grenzen hinweg abspielten und abspielen. Die Universalität des pädagogischen Diskurses gehörte sozusagen von Anfang an zur pädagogischen Errungenschaft der modernen Schule dazu. Schon die Errichtung und letztendliche Überwindung der Monitorensysteme bzw. der Methode des wechselseitigen Unterrichts zu Beginn des 19. Jahrhunderts war eine solche pädagogische Entwicklung weltweiten Charakters. Gleiches gilt für die Reformpädagogik Anfang dieses Jahrhunderts. Ebenso zu nennen ist die Curriculumdiskussion der 70er Jahre, in der weltweit Curriculumtheorien gehandelt wurden, man sich Reformmodelle in anderen Ländern anschaute und vergleichend orientierte Bücher schrieb. Heute führen uns die Diskussionen um ein vereintes Europa, in dem berufliche Mobilität herrschen soll, und die Reformanstrengungen in Mittel- und Osteuropa deutlicher denn je vor Augen, daß die jeweils nationalen Schulentwicklungen von vielfältigen internationalen Einflüssen und Absprachen betroffen sind.

Die Schulentwicklung hat also zur einer Art ‚Weltmodell' Schule geführt, das international verbreitet ist, das sich in seinem grundsätzlichen Struktur- und Funktionszusammenhang ähnelt, und dessen Weiterentwicklung zunehmend von internationalen Einflüssen mitbestimmt wird. Die Feststellung und Beschreibung dieser Tatsachen und Tendenzen, die auf eine Internationalisierung der Schulentwicklung hindeuten, ist indessen nicht gleichzusetzen mit einer affirmativen Akzeptanz ihnen gegenüber. Eine internationalisierte Schulentwicklung ist kein Garant für eine in einem normativen Sinne ‚bessere' Schule. Sie stellt vielmehr eine besondere Herausforderung dar für die Schulforschung auf der einen und die Bildungspolitik auf der anderen Seite. Aus diesem Grunde sollen im folgenden zunächst einige Ergebnisse der international vergleichend orientierten Schulforschung dargestellt und sodann einige Konsequenzen für die zukünftige Schulforschung als Teil einer konstruktiv gewendeten Bildungspolitik gezogen werden, die die internationale Dimension in ihre Problemhorizonte einbezieht.

2. International vergleichende Schulforschung – Beispiele und Folgerungen

Es gibt inzwischen eine Fülle von Publikationen, die sich um die Beschreibung und Erklärung der internationalen Schulentwicklung bemühen. Hier sind vor allem die vielen Studien der Forschungsgruppe an der Universität Stanford zu nennen (BOLI, MEYER, RAMIREZ u.a.), die zwischenzeitlich weitere Kreise gezogen haben. Neben den Arbeiten dieser Gruppe gibt es noch andere Forschungsansätze, die in den Zusammenhang unseres Themas gehören, z.B. die amerikanischen Konvergenzforschungen (vgl. INKELES 1980, 1981; INKELES/SIROWY 1983), die von internationalen Agenturen betriebenen Leistungsvergleichsstudien zu nationalen Schulsystemen (z.B. die IEA- und OECD-Studien), aber auch die aus der Diskussion von Bildungsentwicklungen in außer-europäischen Regionen erwachsenen explizit weltsystemtheoretischen Ansätze der Sozialisations- und Bildungsforschung im deutschen Sprachraum (z.B. NESTVOGEL 1991; ADICK 1988, 1992a,b).

Aus dem Gesamtbereich bisher vorliegender internationaler Schulforschungen sollen im folgenden einige der Arbeiten der Stanford-Gruppe exemplarisch vorgestellt werden; denn von dieser Forschungsgruppe wurden bisher ohne Zweifel die meisten und zugleich thematisch breit gestreute Studien vorgelegt. Es handelt sich hierbei zum einen um *empirische Untersuchungen*, die einen Eindruck davon geben, wie gewisse Prozesse und Entwicklungen verliefen, und welche Komponenten sich dabei herausgebildet haben, die heute als weitgehend international ähnliche Faktoren von Schule gelten können. Zum anderen wurden *theoriestrategisch* wichtige *Definitionen, Konzepte und Hypothesen* vorgelegt, die dazu dienen, eine Vorstellung davon zu entwickeln, was unter ,internationalisierter' oder ,globaler' Schulentwicklung zu verstehen und in welchem Theorierahmen die gesamte Forschungsarbeit anzusiedeln ist.

Eine sekundäranalytische Auswertung statistischer Daten zur Bildungsexpansion nach dem zweiten Weltkrieg (Meyer u.a. 1977) kulminierte in der Aussage, es habe tatsächlich so etwas wie eine ‚*Weltbildungsrevolution*' stattgefunden; denn eine steigende Bildungsbeteiligung ließ sich erstens für alle Länder nachweisen, und sie stellte sich zweitens als ziemlich unabhängig von spezifischen ökonomischen, kulturellen und politischen Besonderheiten der untersuchten Länder dar, jedenfalls gemäß der von Meyer u.a. verwendeten Kriterien und bezogen auf den zugrundeliegenden Zeitraum von 1950-1970. Dieses war einer der ersten empirisch belegten Hinweise auf die Globalität schulischer Entwicklungen.

In ausdrücklicher Ergänzung zu dieser Studie von Meyer u.a. wurde untersucht, mit welchen *offiziellen Zielvorstellungen* diese quantitative Expansion des Bildungswesens im nämlichen Zeitraum einherging. Hierzu analysierten Fiala und Lanford (1987) die proklamatorischen Aussagen zum Sinn und Zweck schulischer Bildung aus etwa 125 Ländern um 1955 und 1965 herum. Als übernational vorherrschend wurde dabei der Rekurs auf Entwicklungsziele ausgemacht: Von der Entwicklung des Einzelnen sowie der nachwachsenden Generation mit Blick auf national-kulturelle, gesellschaftliche, politische und ökonomische Ziele ist in solchen Dokumenten dauernd die Rede. Demnach ist zu vermuten, daß die Weltbildungsrevolution mit dem Diskurs über Bildung als Motor von Entwicklung in engem Zusammenhang steht.

Der Faktor der (letztendlich) *staatlichen Kontrolle* der heutigen Schulentwicklung wurde ebenfalls durchgängig belegt. Bezogen auf etwa denselben Zeitpunkt wie die obigen Studien (d.h. für das Jahr 1965) analysierten Ramirez und Rubinson (1979) anhand einer mehrstufigen Skala für über hundert Länder das Ausmaß staatlicher Kontrolle über das Bildungswesen im allgemeinen sowie über bestimmte Teilbereiche desselben, z.B. die Regulierung von Schülerströmen, die Kontrolle von Curricula und Bildungsabschlüssen und die öffentliche Finanzierung. Die Auswertung ergab, daß zu jener Zeit staatliche Kontrollfunktionen besonders in bezug auf das allgemeinbildende Schulwesen überall durchgesetzt waren. Wenngleich nach Ausmaß und Konstellation national unterschiedlich gestaltet, hatten praktisch aller Länder dieser Welt staatliche Bildungsbehörden, staatliche Bildungsetats und irgendwie staatlich reglementierte Curricula, Lehrerbildung und Schulabschlüsse. Die zumindest letztendlich staatlich kontrollierte Schulaufsicht ist also ein universales Merkmal aller Schulsysteme.

Es blieb jedoch nicht bei Untersuchungen, deren Datenbasis sich auf die Nachkriegszeit bezog, sondern es wurden auch international orientierte historische Langzeitvergleiche durchgeführt, die nun erste empirisch belegte Aussagen über die globale Schul*entwicklung* seit dem 19. Jahrhundert zuließen. Die empirische Schulforschung wurde dadurch in Richtung auf eine, *historisch-vergleichende Schulentwicklungsforschung* beträchtlich erweitert und bereichert. So wurde beispielsweise der schulrechtlich relevante Prozess der Inkorporation von Bildungsparagraphen in nationale Verfassungen untersucht (BOLI-BENNETT 1979): Die inhaltsanalytische Auswertung sämtlicher verfügbarer Verfassungen über einen Zeitraum von 100 Jahren (1870-1970) kam zu dem Schluß, daß zunächst nur in wenigen Verfassungen vom Recht auf Bildung und von der Pflicht des Staates, solche zu gewährleisten, die Rede war. Im Laufe der Zeit wiesen dann jedoch immer mehr Verfassungen entsprechende Paragraphen auf. Bildung hat demzufolge historisch in immer mehr Ländern Verfassungsrang erhalten. Eine Folgeuntersuchung zu den Verfassungen seit 1970 würde vermutlich kaum andere Ergebnisse bringen. Denn wenn heute z.B. nach Erlangung politischer Unabhängigkeit neue Verfassungen geschrieben werden (ehemalige Kolonien, ehemalige Ostblockländer), so scheint das Recht auf Bildung als Verfassungsziel zur Selbstverständlichkeit geworden zu sein.

Ähnliches ist auch für die *Einführung von Schulpflichtgesetzen* zu sagen, jedenfalls wurde es in einer Vergleichsstudie für den Zeitraum zwischen den Jahren 1815 und 1950 so belegt (RAMIREZ/BOLI-BENNETT 1982). Auch hier zeigte sich eine Akzeleration: Im 19. Jahrhundert war Schulpflicht offenbar noch kein inhärentes Kennzeichen aller Nationalstaaten; je später jedoch ein Land unabhängig wurde bzw. sich auf der internationalen Bühne neu konstituierte, desto kürzer war auch der Zeitraum, bis zu dem Schulpflicht gesetzlich verfügt wurde. Auch wenn die neueren Entwicklungen, z.B. in den armen Ländern Afrikas, nicht abschließend zu beurteilen sind, ist jedenfalls kein Fall bekannt, in dem irgendeine Regierung vom Ziel der Verwirklichung obligatorischer Schulbildung abgelassen hätte. Die Proklamation der Schulpflicht und ihre tatsächliche Realisierung sind sicher zweierlei; dennoch unterstreicht eine Untersuchung wie diese die politische Relevanz, die Schulbildung seit dem letzten Jahrhundert in einem zuvor nicht gekannten Ausmaß weltweit erhalten hat.

Seit etlichen Jahren hat sich die Stanford-Gruppe auch um eine *Sammlung und Analyse bildungsstatistischer Daten* bemüht, die historisch ins 19. Jahrhundert zurückgehen und möglichst viele Länder dieser Erde umfassen. In einer Sekundäranalyse der weltweiten Entwicklung des Primarschulsektors zwischen 1870 und 1940 (BENAVOT/RIDDLE 1988) kamen die Autoren zu dem Ergebnis, daß in dieser langen Zeitspanne und im Unterschied zur Nachkriegsepoche (noch) keine einheitlichen oder gar linearen Zuwachsraten in der Bildungsbeteiligung nachzuweisen sind. Obgleich aufs ganze gesehen eine weltweite Zunahme der Beschulung festzustellen ist, differieren die Schülerzahlen je nach Weltregion und Entwicklungsniveau der betreffenden Länder und je nach Zeitraum doch erheblich. Die Untersuchung schließt mit mehr Fragen als sie beantwortet, z.B. mit Hinweisen auf Faktoren, die die Bildungsexpansion offenbar bremsten, wie den Ersten Weltkrieg und rassistisch motivierte Unterdrückung von Bildungsaspirationen in Kolonialregimen. Ohne weitere Recherchen kann deswegen nur spekuliert werden, ob sich vielleicht ohne diese Hindernisse ein gleichmäßigerer Entwicklungsverlauf gezeigt hätte. Trotz dieser historischen und regionalen Schwankungen belegen die Daten jedenfalls keine radikale Absage an schulisches Lernen oder eine Kehrtwendung in der steigenden Bildungsbeteiligung.

In einer die Fragestellung erweiternden Analyse dieser Längsschnittdaten wurde dann die *weltweite Entwicklung der Schülerzahlen* explizit mit einigen *politischen und sozio-ökonomischen Faktoren* in Beziehung gesetzt (MEYER/RAMIREZ/SOYSAL 1992). Setzte man z.B. die strukturelle Position eines Landes im hierarchischen Weltsystem mit dem Beginn statistisch nachgewiesener Beschulung in Beziehung, so zeigte sich eine deutliche Hierarchie von westlichen Zentrumsländern (für die 1870 überwiegend Schülerdaten vorhanden waren und die zu jener Zeit überwiegend Schulpflicht durchgesetzt hatten) über zwar unabhängige, aber periphere westliche Länder, hin zu den Hauptkolonien der europäischen Zentralmächte, und weiter dann zu den unabhängigen, nicht-westlichen Ländern bis hin zu den französischen und englischen sub-saharischen Kolonien und an letzter Stelle dann zu den peripheren und äußerst peripheren Kolonialgebieten. *Zentralität und Abhängigkeit in bezug auf die Stellung im Weltsystem* bestimmten daher vermutlich den Beginn einer nennenswerten Beschulung, d.h. den Eintritt in den Prozeß der Verbreitung moderner Schulbildung, und nicht Faktoren wie Urbanisierungsgrad, kulturelle oder religiöse Zusammensetzung der Bevölkerung, politischer Status der Unabhängigkeit und nicht einmal das Vorhandensein von proklamierten Schulpflichtgesetzen. Einmal in diesen Prozeß eingetreten, entstand jedoch in allen Regionen eine bemerkenswert ähnliche dynamische Entwicklung: die Schülerzahlen stiegen vor dem Weltkrieg um ca. 5% pro Jahrzehnt, und diese Expansion nahm (nach dem Muster einer liegenden S-Kurve) nach dem Zweiten Weltkrieg noch bedeutend zu. Aus dieser Datenanalyse muß man den Eindruck gewinnen, daß – einmal initiiert – Schulbildung weltweit zu einer Art Selbstläufer geworden ist, oder, anders gesagt, die Schulentwicklung nahm seit dem 19. Jahrhundert ‚endemische' Formen an (ebd., S. 146).

Die Forschungen der Stanford-Gruppe haben sich in den letzten Jahren auch der *inhaltlichen* Seite der Bildungsexpansion zugewandt. Hierzu wurden die Stundentafeln aus vielen Ländern aller Kontinente seit 1920, in einigen Fällen auch seit dem 19. Jahrhundert, vergleichend ausgewertet (MEYER/KAMENS/BENAVOT 1992). Durch diesen internationalen Langzeitvergleich wurde beispielsweise der Trend des Aufstiegs von Mathematik und Naturwissenschaften, desgleichen die Zunahme moderner Fremdsprachen zu Lasten klassischer Sprachen im Fächerkanon belegt. Die Autoren sprechen deswegen ganz eindeutig von der Tendenz zu einem relativ homogenen, weltweit akzeptierten Curriculum. Die global durchgesetzte ‚Massenbeschulung' beinhaltet demnach derzeit etwa folgende Fächeranteile: Ca. 1/3 der obligatorischen Schulzeit wird auf die jeweilige Nationalsprache verwendet, 1/6 entfällt auf Mathematik, und je ca. 10% werden auf die Fächer Sozialkunde, Naturwissenschaft, ästhetische Bildung und Sport verwendet. Religion bzw. Moralerziehung und berufspraktische Fächer sind weniger universal verbreitet und nehmen nur um die 5% des schulischen Zeitbudgets ein. Nur 1/20 der Schulzeit entfällt schließlich auf eine Reihe sehr heterogener Fächer, die in den nationalen Stundentafeln jeweils auch noch vorkommen. Natürlich variieren nicht nur die Namen der Schulfächer, sondern auch ihre Inhalte im einzelnen und die Zielvorstellungen, mit denen sie unterrichtet werden. Dennoch konfrontiert uns diese Analyse mit der Tatsache, daß die Internationalisierung der Schulentwicklung inzwischen offenbar weit über eher äußere Merkmale der Schulorganisation und säkulare Expansionstrends hinausgreift. Die Perspektive, daß die Kinder dieser Welt in strukturell ähnlichen Schulsystemen auch inhaltlich Ähnliches lernen, ist jenseits aller Fragen der Wünschbarkeit dieses Standardisierungs- und Homogenisierungseffekts nicht mehr von der Hand zu weisen.

Theoriestrategische Versuche (Modelle, Hypothesen)

Nachdem bereits einige partielle Untersuchungen vorlagen, haben Autoren der Stanford-Gruppe in den 80er Jahren auch damit begonnen, ihre Modellvorstellungen zur globalen Erforschung moderner Schulsysteme zu präzisieren. Die *grundsätzliche Prämisse*, unter der sie ihre vergleichenden Schulforschungen betreiben, kennzeichneten die Autoren einmal folgendermaßen:

„Education as a social institution is a transnational or ‚world cultural', phenomenon, in precisely the same sense that science, technology, political theory, economic development, and a host of other phenomena are transnational in nature. By this we mean that what education is (its ontology), how it is organized (its structure), and why it is of value (its legitimacy) are features that evolve primarily at the level of *world* culture and world economic system, not at the level of individual nation-states or other subunits of the overarching system.“ (BOLI/RAMIREZ 1986, S. 66)

Für die Beurteilung der theoretischen Konzeption der Autoren ist auch ihre Vorstellung des globalen Modells von Schule – die Autoren operieren hierbei mit dem Begriff *„mass education“* – wichtig. Ihre *Definition der modernen Schule*, die übrigens HERRLITZ u.a. (1984, S. 57) im deutschen Sprachraum einmal fast gleichlautend eine ‚öffentliche Einrichtung für Massenlernprozesse‘ genannt haben, lautet:

„1. Mass education is institutionally chartered to be universal, standardized, and rationalized.(...) 2. Mass education is very highly institutionalized at a very collective level.(...) 3. Mass education is institutionally chartered to conduct the socialization of the individual as the central social unit.“ (BOLI/RAMIREZ/MEYER 1985, S. 147ff, gekürzt).

An anderer Stelle wird die Vorstellung der modernen Schule anhand einer *Gegenüberstellung des Verhältnisses von Bildung und Gesellschaft im 15. und im 20. Jahrhundert* um die historische Dimension erweitert (BOLI/RAMIREZ 1986, vgl. bes. das Schaubild S. 83). Die Schulentwicklung wird dabei als Teil eines komplexen gesamtgesellschaftlichen Wandels der letzten Jahrhunderte begriffen, der Veränderungen in den Weltbildstrukturen, im Konzept des Individuums, in der Sozialstruktur, in den gesellschaftlichen Herrschaftsinstanzen und den Legitimationsprozessen umfaßt. Die Gegenüberstellung hat den Vorteil, daß sie in modellhafter Weise und pointiert den Umbruch vom Typus der ‚vor-modernen‘ zum Typus der ‚modernen‘ Bildungsentwicklung charakterisiert und dabei auch eine ganze Reihe von Faktoren erfaßt. Es versteht sich von selbst, daß eine modellhafte Gegenüberstellung gesamtgesellschaftliche Wandlungen nur reduktionistisch abbilden kann. Dennoch ist nicht einzusehen, warum in dieser Typologie gerade die zum Verständnis des Umbruchs äußerst relevanten ökonomischen und technischen Wandlungen fehlen: Die Industrielle Revolution und der Aufstieg der Naturwissenschaften werden ebensowenig genannt wie die europäische Expansion nach Übersee und die Herausbildung einer kapitalistischen Weltwirtschaft. Ohne das Einbeziehen solcher Faktoren kann aber kaum ein angemessener Begriff des epochalen Wandels des Zusammenhangs von Schule und Gesellschaft gelingen.

In einer weiteren Veröffentlichung wird wiederum mit historischer Blickrichtung die *Entstehung staatlicher Schulsysteme als Resultat der Konstitution nationalstaatlich organisierter Gesellschaften in Europa* dargelegt

(Ramirez/Boli 1987). Das europäische Modell einer nationalstaatlich verfaßten Gesellschaft wird demnach getragen vom Mythos des Individuums, der Nation, des Fortschritts, des Subjekts und des Staates als Garanten nationaler Identität. Diese Mythen resultieren aus den Einflüssen von Reformation und Gegenreformation, der Institutionalisierung eines zwischenstaatlichen Systems und der Expansion der Marktwirtschaft. Nationale Bildungssysteme dienen als Mittel für eine Mobilisierung der Gesellschaft zur Aufrechterhaltung der genannten Mythen: „Good, loyal, and productive children would become good, loyal, and productive adults, who in the aggregate would produce a better, stronger, and more developed nation" (Ramirez/Boli 1987, S. 10). Kritisch anzumerken ist auch hier wieder, daß diese Modellvorstellungen vornehmlich der europäischen Schulgeschichte und ihrer politisch-gesellschaftlichen Wandlungen (Verhältnis von Individuum und Staat) verhaftet bleiben, während der Entstehung des modernen Weltsystems im Zuge der über die letzten Jahrhunderte erfolgten Etablierung eines kapitalistischen Weltmarktes und damit den weltweiten ökonomischen und technischen Veränderungen wenig Aufmerksamkeit geschenkt wird.

Weitere Ansätze zu einer Theorie des Gesamtprozesses wurden in bezug auf die *historischen Entwicklungsverläufe* hin zum heutigen Modell von Schule gemacht; hierzu wurde auch eine reichhaltige ‚research agenda' mit elf inhaltlich näher begründeten Hypothesenkomplexen vorgelegt (Boli/Ramirez/Meyer 1985). Die Autoren gehen von zwei historischen Entwicklungsverläufen aus: In einem Typus von Schulentwicklung (überschrieben mit ‚creating societal members') war die Vorstellung der Sozialisation moderner, gesellschaftsfähiger Subjekte vorherrrschend, die in lokalen Schulideen und in gemeindenahen Schulverwaltungsstrukturen manifest wurde; staatliches Engagement und staatliche Schulaufsicht waren dabei zunächst jedenfalls sekundär. Als Beispiele werden hier die Entwicklungen in England und in den USA genannt. In anderen Ländern (hier wird u.a. Preußen als Beispiel hervorgehoben) war die Idee vorherrschend, mittels verallgemeinerter Schulbildung moderne, loyale Bürger heranzuziehen; staatliche Instanzen übernahmen hier eine dominierende Rolle und integrierten lokale und private Schulinitiativen. Diese Entwicklungslinie (überschrieben mit ‚creating members of the nation-state') sei der zweite Grundtypus. In den *Forschungshypothesen* werden anschließend z.B. die Einführung marktwirtschaftlicher Prinzipien in einem Land und die Einführung reglementierter Schulbildung und ansteigender Schülerzahlen in einen Zusammenhang gebracht (ebd., S. 162f.). Oder es wird die Hypothese formuliert, daß partikularistische religiöse Bewegungen, die nicht den Charakter von Nationalkirchen haben, zu steigenden Schülerzahlen führen, aber gleichzeitig die Durchsetzung nationaler

Kontrollmechanismen behindern (ebd., S. 166). Die vorgelegten Forschungshypothesen gehen weit über eine bloße Juxtaposition länderkundlicher Einzelbefunde hinaus und überschreiten den Horizont vieler anderer Vergleichsperspektiven, in denen mit dem Design von Ländervergleichen mittels eines vorgegebenen Merkmalrasters gearbeitet wird. Ursprung und weltweite Verbreitung der modernen Schule werden in den Hypothesen vielmehr tatsächlich in einen transnationalen Kontext gestellt. Es ist jedoch nicht zu erkennen, daß die vorgelegte Forschungsagenda von den Stanford-Studien sozusagen bereits ‚abgearbeitet' worden wäre.

Alle diese und weitere Analysen legen jedoch den Schluß nahe, daß wir heute jenseits nationaler und kultureller Unterschiede, die es selbstverständlich weiterhin gibt, eine Schulentwicklung vorfinden, die in vielen Zügen tatsächlich eine Dimension enthält, die nicht anders als auf den Faktor ‚internationale Einflüsse und Entwicklungen' zurückzuführen ist.

3. Konsequenzen für die zukünftige Schulforschung

Im folgenden soll nun dargelegt werden, welche Fragen die neue weltweite Bildungssituation für die zukünftige Schulforschung aufwirft und welche Konsequenzen aus den bisherigen Forschungen gezogen werden können. Zur Beantwortung dieser Frage wird zunächst eine kritische Resümierung der Stanford-Studien *in konstruktiver Absicht* unternommen, die erste Hinweise aufzeigen soll, in welche Richtung die *zukünftige Schulforschung* diese Ansätze weiterzuentwickeln hätte. Sodann wird dafür plädiert, die Schulforschung insgesamt in den größeren Kontext einer *historisch-vergleichenden Bildungsforschung* einzuordnen. Hierzu werden einige Beispiele skizziert.

Forschungsdesiderate (im Anschluß an die Stanford-Studien)

Die ersten Überlegungen betreffen den *Zusammenhang zwischen Theorie und empirischer Forschung*. Es wurde schon deutlich, daß die Vorstellung, mit der die Autoren an ihre empirischen Untersuchungen herangehen, nicht losgelöst von eben diesen empirischen Untersuchungen gesehen werden kann. Dieses Wechselspiel zwischen Theoriebildung und empirischer Forschung tritt in jeder Schulforschung auf, wird aber nicht immer mitreflektiert: Implizite und explizite Modellannahmen führen zu forschungsleitenden Interessen, die die Auswahl der Untersuchungssgegenstände und Methoden steuern, und die Ergebnisse wirken wiederum zurück auf die Ausgangsfrage und die Konzeption daran anschließender weiterer Forschungen. Es kommt zu einer zirkulären Verknüpfung zwischen empirischen Forschungen und theoretischen Überlegungen mit der Gefahr der perspektivischen Verengung. Auf unsere Fragestellung angewendet, heißt das: Aus der Summe der empirischen Forschungen zur weltweiten Bildungsentwicklung ergibt sich nicht schon zwangsläufig eine Theorie der Schule im modernen Weltsystem. Vielmehr wird der Vorstellungsgehalt der globalen Schulentwicklung in ganz spezifischer Weise durch die Art der Forschungen verzerrt. Der Hinweis auf Institutionalisierungs-, Standardisierungs-, Homogenisierungs- und Masseneffekte in den Stanford-Studien spiegelt nämlich die Konzentration auf das, was noch relativ leicht empirisch erforschbar ist und ja auch erforscht wurde: Bildungsexpansion, Schülerströme, Schulpflichtgesetze, Stundentafeln u.ä. Die historisch-vergleichende Analyse dieser Variablen mag mit großem Aufwand verbunden sein, aber man kann doch immerhin auf vorliegende Daten zurückgreifen und diese sekundäranalytisch auswerten. Hierzu ziehen die Autoren überwiegend bereits hoch aggregierte Daten heran, z.B. die UNESCO World Survey of Education Handbooks und die auf alle Weltregionen bezogenen historischen statistischen Nachschlagewerke von Mitchell (1980, 1982, 1983). Die Autoren tun dies zwar mit methodologischer Vorsicht; dennoch bleibt dieses Vorgehen aufgrund der damit verbundenen Fehlerquellen problematisch, da die Unzulänglichkeiten der aggregierten Datensätze ja sekundäranalytisch weiterverrechnet werden. Augenfällig wird dies, wenn man sich beispielsweise die äußerst lückenhaften Einträge für die Bildungsentwicklung in Afrika im Mitchell-Handbuch (1982) ansieht. Eine Ergänzung und Überprüfung dieser Daten wäre zwar im Prinzip möglich, würde aber natürlich forschungsökonomische Probleme aufwerfen, da hierzu Recherchen in Primärquellen (z.B. in Bildungsstatistiken von Missionsgesellschaften und in Einzelpublikationen) und der Abgleich mit anderen aggregierten Daten erforderlich wäre.

Die Konzentration der Forschungen auf solche Erscheinungen, für die bereits aggregierte Materialien vorliegen, bedeutet aber zugleich – und dies ist schwerwiegender – eine *inhaltliche* Einschränkung der gesamten Forschungsperspektive: Das, was (noch) nicht kompiliert ist, wird auch nicht erforscht. Die tatsächlichen Auswirkungen schulischer Bildung auf die Schüler und ihre Weltdeutungen, die Schulpraxis vor Ort, die Einstellungen der Betroffenen, das Schulklima und andere Variablen sind weitaus schwieriger in einem weltweiten Vergleich empirisch zu erforschen und fallen daher tendenziell aus dem Blickwinkel der bisher vorliegenden Studien heraus. Dennoch wird die vergleichende Schulforschung auf die Dauer nicht darum herumkommen, auch diese Fragestellungen in Angriff zu nehmen, um eine dem Forschungsgegenstand angemessen komplexe, nicht-reduktionistische Vorstellung von Schule im modernen Weltsystem zu gewährleisten.

Die perspektivische Verengung wird auch in der Forschungsagenda deutlich, die oben bereits angesprochen wurde: Hinter dem Sammelbegriff ,mass education' – so nützlich dieser auch als Modellvorstellung ist – drohen die unterschiedlichen historischen Systembildungsprozesse zu verblassen, beispielsweise die Mehrgliedrigkeit von Schulsystemen oder ihr Einheits- oder Gesamtschulcharakter, frühe oder späte Selektion zwischen Primar- und Sekundarbildung, Segmentationserscheinungen im Bildungssystem wie z.B. das Mädchenschulwesen im 19. Jahrhundert oder eine Art ,Zweiklassen-Schulsystem', wie es sich in etlichen afrikanischen Ländern zeigt, wo ein einfaches, lokal angepaßtes, minder ausgestattetes Bildungswesen für die Masse der Bevölkerung einem metropolitanen Standards genügenden Bildungssektor gegenübersteht (vgl. ADICK 1992a, S. 138ff.).

Des weiteren ist die Konzentration auf Standardisierungs- und Homogenisierungseffekte, d.h. auf die *Uniformität der globalen Schulentwicklung*, für eine konstruktiv gewendete Schulentwicklungsforschung, die die Verwertung ihrer Erkenntnisse mit im Blick hat, unbefriedigend und unzureichend. Es wäre konzeptionell wünschenswert, daß die universalen Merkmale, die auf diese Weise herausgefunden werden, als Variablen aufgefaßt würden, die den globalen Rahmen abstecken, innerhalb dessen Schulreformen sich vollziehen können. Um aber Entscheidungsalternativen sehen, begründen und ihre Realisierungschancen abschätzen zu können, muß das Augenmerk auch auf die *Variationsbreite der Schulentwicklungen* gerichtet werden. Überall vorhandene Schulpflichtgesetze und staatliche Schulaufsicht zu belegen, sind eine Aufgabe der global orientierten Schulforschung; die Spannbreite der Umsetzung und Ausgestaltung dieser Merkmale vor Augen zu führen, ist die andere Aufgabe einer internationalen Schulforschung, der es immer auch um die pädagogischen Handlungsspielräume des globalen Modells und um die normativen Implikationen gehen muß und damit um Fragen wie: Welche Variationen des globalen Modells lassen mehr pädagogische Autonomie zu? Welche sind sozial gerechter? In welchen Modellen werden die Schülerinteressen an einer produktiven Bewältigung unserer Lebenssituation im modernen Weltsystem besser verwirklicht? Diese Fragenkette ließe sich fortsetzen.

Auch die Typologisierung der oben genannten zwei historischen Entwicklungslinien ist perspektivisch verengt; denn es werden die Erfahrungen eines großen Teils der Weltbevölkerung außer acht gelassen: Die Bildungsgeschichte der ,nicht-westlichen' Regionen paßt weder in das eine (,creating members of the nation state') noch in das andere Entwicklungsmuster (,creating societal members') und gehört dennoch zum übergeordneten historischen Gesamtzusammenhang der globalen Schulentwicklung. In diesen (‚nicht-westlichen') Regionen kam es ebenfalls im 19. und 20. Jahrhundert zur Herausbildung neuer Bildungssysteme, indem deren eigene Schulen und Bildungsvorstellungen entweder durch einen aktiven Import neuer Ideen, d.h. durch eine weitgehend selbst gesteuerte Adaptation internationaler Erfahrungen weiterentwickelt wurden (Beispiel: Japan), oder in denen auf verschiedenen Wegen externer Einflußnahme bis hin zu massiven Formen von Kulturimperialismus Schulen europäischen Typs oktroyiert und einheimische Lernformen dominiert wurden (Beispiel: Kolonialländer). Diesen Erfahrungen ist gemeinsam, daß sie als Reflex auf den Prozeß der (in selbstgewählter Affiliation oder gewaltsam betriebenen) Inkorporation in das moderne expandierende Weltsystem entstanden sind. Umfassend vergleichend betrachtet ist deswegen (mindestens) noch eine weitere typische historische Entwicklungslinie hin zum globalen Modell von Schule zu konzipieren, die in Anlehnung an die Diktion der Stanford-Gruppe mit ‚creating (largely dependent) members of the modern world system' überschrieben werden kann (ADICK 1992a, S. 136). Alle drei Entwicklungswege näherten sich, darin ist den Autoren wieder zuzustimmen, die dies schon für die zwei oben genannten postuliert hatten, im Laufe der Entwicklung einander an und führten historisch zum selben Ergebnis: Etablierung öffentlicher Pflichtschulsysteme mit Auswirkungen auf Lehrerbildung, Curricula, Errichtung staatlicher Bildungsbehörden, Reglementierung von Schulabschlüssen usw.

Resümierend betrachtet, enthalten die bisherigen Studien noch ein weiteres inhaltliches Desiderat. Sie konzipieren den Umbruch zur weltweiten Etablierung der modernen Schule vornehmlich vor der Folie der Herausbildung eines neuen Zusammenhangs von Individuum und Gesellschaft. Bildung wird zum Recht und zur Pflicht moderner Staatsbürger, und die staatlichen Prinzipien regulieren die Bildungsentwicklung. So heißt es z.B. zusammenfassend auch in einer der neueren Publikationen wiederum: „The logic of universal modern schooling is one that links the individuals who are conceived as making up the modern nation with the unified collective that is represented by the modern state." (MEYER/RAMIREZ/SOYSAL 1992, S. 146). Diese Vorstellung ist zwar richtig, aber nicht hinreichend; denn sie blendet vor allem *die ökonomischen und technischen Verknüpfungen der Menschen im modernen Weltsystem* – jenseits ihrer Rolle als Staatsbürger – tendenziell aus, obgleich es gerade einer theoretischen Erhellung dieses Zusammenhangs von ‚Schule im modernen Weltsystem' bedarf, um die widersprüchlichen Funktionen des Bildungswesens und den inhaltlichen Beitrag der Schulentwicklung zur Herausbildung und Perpetuierung dieser neuen weltweiten Lebenspraxis der Menschheit zu erhellen. Hauptursache für die transnationale Qualität moderner Bildungssysteme ist eben nicht nur die Entwicklung moderner Nationalstaaten, die zu ihrer internen Konsolidierung einer diesen Staaten verpflichteten ,Bildung für alle' bedürfen, wie es in den Publikationen der Stanford-Gruppe immer wieder betont wird. So relevant der Beitrag der Schulentwicklung zur Herstellung einer symbolisch von allen Bürgern eines Staates geteilten Kultur auch sein mag, so ist dies sicher nicht der einzige oder gar der Haupterklärungsfaktor für die Logik der weltweiten Verbreitung von Schule. Defizitär ist daher in den bisherigen theoretischen Überlegungen vor allem der fehlende Bezug auf wissenschaftlich-technische und ökonomische Entwicklungen in einem hierarchischen Weltmarkt, auf dem *Bildung als international kompetitives Kulturkapital* fungiert. Denn gleichzeitig mit der Zunahme der Beschulung erfolgte entwicklungsgeschichtlich gesehen eine *neue Systembildung der Schule*, in der sich auch das *Verhältnis von Schulbildung zu Wirtschaft und Sozialstruktur* entscheidend veränderte (vgl. MÜLLER 1981 und MÜLLER/RINGER/SIMON 1987). Schulbildung vermittelt Qualifikationen und verleiht Berechtigungen, die für die individuellen Lebenschancen der Schüler und auf dem Weltmarkt handfeste materielle Bedeutung haben. Die Berechtigungen, die die Schule als ,kulturelles Kapital' in Form von Qualifikationsnachweisen erteilt, sind zwar mit ,schwankenden Wechselkursen', aber dennoch im Prinzip in ökonomisches und soziales Kapital konvertierbar; und diese Aussage gilt nicht mehr nur national, sondern zunehmend auf internationaler Ebene, auf der die Schulentwicklung aufgrund ihrer Internationalisierung eine Verbindung mit der Weltökonomie eingegangen ist. Computerunterricht, naturwissenschaftliche Fächer und eine obligatorische ,Weltsprache' (überwiegend Englisch) in fast allen Schulsystemen dieser Welt sowie zwischenstaatliche Vereinbarungen über die Anerkennung von Bildungsabschlüssen, vergleichende Untersuchungen über die Leistungsfähigkeit nationaler Schulsysteme und anderes mehr sind Anzeichen für diesen Zusammenhang. Zur Erhellung dieser Dimension erscheint deswegen, wie an anderer Stelle umfassender dargelegt (ADICK 1992a, Kap. 5), die Rezeption und Weiterentwicklung sowohl der allgemeinen Diskussion zur Entstehung und Ausbreitung des modernen Weltsystems (im Anschluß an Wallerstein) wie auch der Diskussion zur relativen Autonomie des Bildungswesens und zu Bildung als Kulturkapital (im Anschluß an BOURDIEU) erfolgversprechend.

Schulforschung als Teil einer umfassenderen historisch-vergleichenden Bildungsforschung

Die Frage ist nun, wie sich die Schulforschung dieser Situation gegenüber verhält bzw. verhalten soll. Mein Plädoyer wäre zunächst, daß die Schulforschung *insgesamt eine größere räumliche und zeitliche Vergleichsperspektive* in Betracht ziehen sollte. Schulforschung sollte sich als Teil einer historisch-vergleichenden Bildungsforschung begreifen (vgl. auch SCHRIEWER 1984). Es geht dabei um Fragestellungen, die über eine bloß nationale oder partielle Untersuchung der Schulentwicklungen hinausgehen. Die Blickrichtung sollte hier allerdings vorrangig *von systematischen Fragestellungen ausgehen* und diese mittels international vergleichender Forschungsdesigns bearbeiten (und nicht in der umgekehrten Blickrichtung: aus empirischen Ergebnissen etwas Systematisches über Schule ableiten). Die forschungsleitenden Interessen müßten sich dabei ausdrücklich auf das *Aufspüren von Handlungsspielräumen* (im globalen Modell) konzentrieren, d.h. sie sollten vielleicht durchaus ‚typische', aber dennoch Varianten, d.h. verschiedenartige Lösungsmöglichkeiten eines universalen Problems im Blick haben. Ich gebe nun einige Beispiele für Forschungsfragen, bei denen es meines Erachtens sinnvoll wäre, die internationale Dimension mit in ihre Hypothesen einzubeziehen.

1. Beispiel: Eine curriculumtheoretisch interessierte Schulforschung könnte die Frage untersuchen: Welche grundlegenden curricularen Veränderungen des Fächerkanons haben Erfolg und wie werden diese implementiert? Noch vor einer Generation war es beispielsweise bei uns noch lange nicht selbstverständlich, daß alle Schüler Englisch lernten. Heute dagegen gehört dies zum Fächerangebot nahezu aller Schulsysteme weltweit. Ähnliche Fragen würde man für die Naturwissenschaften oder den Computerunterricht stellen müssen. Über den globalen Rahmen des Erfolgs grundlegender curricularer Veränderungen können uns die genannten Forschungsergebnisse von MEYER/KAMENS/BENAVOT (1992) zur weltweiten Angleichung des Fächerkanons Auskunft geben. Aus dieser Sachlage ließe sich z.B. die pointierte Prognose ableiten: Eine Curriculumreform, die sich – vielleicht durchaus in kritischer Wendung gegen allzu verwissenschaftlichtes und verzwecklichtes Lernen in der Schule – nur an Prinzipien wie Heimatnähe, Volkstümlichkeit, Alltagsweltlichkeit oder an regionaler Kulturtradition orientieren würde, wäre zum Scheitern verurteilt. Damit ist jedoch die Frage, wie denn Curriculumreformen zustande kommen und implementiert werden, noch nicht beantwortet. Mehr in diese Richtung zielten die Beiträge in einem von HOPMANN heraus-

gegebenen Themenheft zur internationalen Lehrplangeschichte (Bildung und Erziehung, H. 4/1990). Ein weiterzutreibender Vergleich würde vermutlich eine Mehrfelder-Typologie von autokratischen, etatistischen, zentralistischen, demokratischen und anderen Formen der Curriculumentwicklung sowie national einheitliche Curricula oder solche mit großen regionalen, kommunalen und lokalen Unterschieden hervorbringen können. Ferner: Je detaillierter Studentafeln, Lehrpläne und Schulbücher vorgegeben werden, desto geringer ist der pädagogische Handlungsspielraum in der Schule. Die Möglichkeit der Beteiligung von Lehrern, Eltern und Schülern variiert, die Akzeptanz einer Curriculumreform ebenfalls. Hier wäre zu prüfen, ob die Akzeptanz und Persistenz einer Curriculumreform mit dem Ausmaß der demokratischen Partizipation und mit dem Ausmaß der flexiblen Handhabungsmöglichkeit in der Schule zusammenhängen, d.h. es wäre – vor dem Hintergrund der Universalisierungstendenz – nach einigen ‚typischen' Konstellationen zu suchen, um diese in ihren Voraussetzungen und Wirkungen zu vergleichen.

2. Beispiel: Eine bildungsökonomisch ausgerichtete Schulforschung ist daran interessiert zu wissen: Gibt es die für das deutsche Bildungswesen seit dem 19. Jahrhundert ermittelten Zyklen zwischen Mangel und Überfüllung, wie sie statistisch für die Entwicklungsdynamik im höheren Lehramt in Preußen dargelegt wurden (TITZE u.a. 1985), auch in anderen nationalen Schulentwicklungen? TITZE u.a. hatten diese Frage seinerzeit selbst aufgeworfen (ebd., S. 112), sie aber nicht beantwortet, sondern in der entsprechenden Fußnote auf Arbeiten verwiesen, in denen diese Frage vielleicht beantwortet würde (u.a. auf das damals im Entstehen begriffene Werk von MÜLLER/RINGER/SIMON 1987). Die Frage ist jedoch m.E. bis heute offen geblieben: Sind die Zyklen nun eine Besonderheit des deutschen Bildungssystems, oder sind sie in anderen Ländern ähnlich zu finden oder vielleicht gar ein Ausdruck weltweiter wirtschaftlicher oder politischer Trends? Mit welchen staatlichen Interventionen gehen andere Bildungssysteme mit Mangel und Überfüllung um? – Da vermutlich solche Zyklen nicht nur im höheren Lehramt auftreten, läßt sich die Fragestellung überdies generalisieren auf den Zusammenhang von Bildungsabschlüssen und Arbeitsmarkt. Denn da die Schulsysteme überall Zertifikate vermitteln, die auf dem Arbeitsmarkt in klingende Münze verwandelt werden können, stehen auch alle Schulsysteme vor dem Problem der Verzahnung von Schule und Wirtschaftsentwicklung und dem daraus resultierenden Problem bildungsökonomischer Planung und bildungspolitischer Lenkung. Hieraus ergäben sich mannigfaltige Forschungsfragen zu einer vergleichenden Analyse von Schule in ihrer Funktion als Berechtigungswesen,

die alle unter der generellen Hypothese stehen würden, daß eine Abschaffung von Zeugnissen und Diplomen und damit von Selektionsleistungen der Schule, nicht realisierbar ist, und daß überall staatliche Lenkungs- und Interventionsmaßnahmen stattfinden (Universalisierungseffekt). Eine Konzentration auf die *Variationsbreite* würde indessen wiederum auf die pädagogischen Handlungsspielräume aufmerksam machen. Eine solche Hypothese hätte auch weitreichende Auswirkungen, z.B. auf die Erforschung der Etablierung privater Schulträger unter der Leitkontrolle staatlicher Instanzen oder in Abkoppelung vom öffentlichen Schulwesen. Bisher scheint die eine ‚Lösung' des Problems, die verstärkte Einführung von Marktprinzipien als Steuerungsinstrument, überwiegend deklamatorischer Natur zu sein: Obwohl Privatisierung weltweit als Heilmittel (oder als Slogan?) gepriesen wird, hat bislang kein Land der Welt das Bildungswesen total aus seiner letztendlichen staatlichen Verantwortung entlassen (WEIß/STEINERT 1994). Auch hier wären wiederum nicht nur Schülerströme zu ermitteln oder Schulgesetze vergleichend zu studieren, sondern zu fragen, welche im internationalen Vergleich vorfindliche ‚Modelle' des Zusammenwirkens von Staat- und Marktprinzipien auf welche Akzeptanz bei den Betroffenen stoßen, und in welchen Konstellationen sich mehr pädagogische Autonomie realisieren läßt.

Schließlich noch einige kurze Beispiele: Viele Untersuchungen beklagen Schulmüdigkeit und Lernunlust bei den Schülern. Wie sind diese zu erklären? Sind sie eher *schultypspezifisch* (z.B. Hauptschule als sog. ‚Restschule'), eher Anzeichen einer durchgängigen *nationalen* Bildungsmisere (so z.B. die Diskussion in den USA und anderswo) oder Ausdruck einer in allen Industrieländern anzutreffenden Sinnkrise schulischen Lernens nach dem Motto ‚We don't need no education!'? Denn in Entwicklungsländern gibt es im Gegensatz dazu eine Akzeptanz auch der miserabelsten Bedingungen von Schule (überfüllte Klassen, schlecht ausgebildete Lehrer, fehlende Schulbücher), – notgedrungen vielleicht, aber ohne in das oben genannte Motto von der Überflüssigkeit der Schule zu verfallen. Könnte man deswegen nicht in einer historisch-vergleichenden Betrachtung die Hypothese aufstellen, daß Schulmüdigkeit und Schulkritik proportional ansteigen mit der generellen Zugänglichkeit und Verbreitung von Schule? Des weiteren: Ein beträchtlicher Teil der Schulforschung ist Begleitforschung einer Bildungsreform (Beispiele: Oberstufenreform, Gesamtschule). Ein allzu kurzschlüssiges Evaluationsdesign würde vielleicht das Gelingen oder Scheitern einer Reform hauptsächlich auf die Aktionen der unmittelbar Beteiligten zurückführen: das Interesse der Eltern, die Leistungen der Schüler, die Motivationen der Lehrer usw. Oder hauptsächlich auf die Rahmenbedingungen: genügende oder fehlende Finanzierung, politische Lobby oder Widersacher, zureichende oder unzureichende Lehrpläne und Schulbücher. Als Hypothese zur Akzeptanz ließe sich aber auch begründen: Je näher zum weltweiten Standardmodell und je stärker der internationale Konkurrenzdruck – desto besser die Chance auf eine durchgängige Implementation einer Strukturreform. Die Verkürzung der Schulzeit auf 12 Jahre bis zum Abitur bei uns hätte dieser These zufolge größere Chancen als etwa die Integration berufspraktischer Bildungsabschlüsse ins Abitur. Und dabei würde, wenn dies geschähe, die heutige Bundesrepublik argumentatorisch, so ist zu vermuten, eben *nicht* etwa explizit an die Tradition der *deutschen* Bildungsentwicklung in der DDR anknüpfen, sondern an das Argument der *internationalen* Konkurrenz und Kompatibilität, der Leistungsfähigkeit des deutschen Bildungswesens im Vergleich mit dem Ausland.

Dieses sind alles nur Andeutungen für mögliche Fragestellungen, die über eine einzelgesellschaftliche und historisch kurzfristige Betrachtung hinausgehen und die von einer historisch-vergleichenden Schulforschung profitieren könnten. Kurzum: Es wäre dafür zu plädieren, in künftigen Schulforschungen internationale Vergleiche, Analysen unter dem Aspekt der Variation des globalen Modells und Fragestellungen, die die weltweite Dimension der Schule in Rechnung stellen, immer mitzubedenken, zumindest als eine alternative Erklärungshypothese.

Zur *empirischen Überprüfung* solcher Thesen aus dem Bereich einer historisch-vergleichenden Bildungsforschung gilt es, Forschungsdesigns bereitzustellen, die andere Ansätze (z.B. Einzelfallanalysen, schultypspezifische Forschungen, nationale Stichproben, usw.) nicht bieten. Eine historisch-vergleichende Forschung ist allerdings forschungs*methodisch* mit großem Aufwand verbunden, weil sie großräumig und an langfristigen Prozessen ansetzt. Die Gefahr, hierbei überwiegend auf relativ leicht ermittelbare Vergleichsdaten zurückzugreifen, damit aber manch ebenso relevante Fragestellung als forschungsökonomich weniger praktikabel auszublenden, ist nicht von der Hand zu weisen, wie dies bereits im kritischen Resümee der Stanford-Studien deutlich gemacht wurde. Diese Einschränkung soll nicht sämtliche Sekundäranalysen aggregierter Bildungsdaten diskreditieren, wohl aber auf die damit einhergehende Beschränkung des Fragehorizontes aufmerksam machen.

Die für die historisch-vergleichende Forschung erforderliche Methodologieentwicklung nötigt die Bildungsforschung aber geradezu, und das ist der positive Effekt, zur endgültigen Überwindung manch unproduktiver Kontroversen etwa zwischen Hermeneutik und Empirie, zwischen narrativer

Geschichtsschreibung und sozialwissenschaftlicher Theorie oder zwischen quantitativen und qualitativen Forschungsmethoden. So geht es z.B. in einem wirklich umfassend-vergleichenden Ansatz eben nicht nur darum, eine einzige Verfassung und ihre Bildungsparagraphen in ihrem jeweiligen gesellschaftlichen Kontext zu analysieren, sondern um einige Dutzende Verfassungen, die zudem aus unterschiedlichen Regionen und Zeitpunkten stammen (vgl. die o.g. Studie von BOLI-BENNETT 1979). Die Komplexität des Gegenstandes, die Probleme der Vergleichbarkeit historischer und kultureller Prozesse und die für solche Fragestellungen nötige Datenbasis stellen also immer wieder Hindernisse besonderer Art, aber auch eine Herausforderung für die Forschung dar. Sie sind jedoch kein Argument gegen die Relevanz einer solchen Vergleichsperspektive.

Dabei sollte es, wie schon angedeutet, einer am ‚Weltmodell Schule' orientierten Bildungsforschung nicht nur um die Aufdeckung von immer mehr Konvergenzen und Ähnlichkeiten gehen (um damit weiterhin die These der Universalität zu bestätigen). Die Logik des Weltmodells Schule und die damit gegebenen Grenzen sind stattdessen ebenso in Rechnung zu stellen wie andererseits die Relevanz der Variationen und der Spannbreite für unterschiedliche pädagogische Realisationen der international vorfindlichen Sturkturmerkmale. Diese Modellvorstellungen gestatten es, die historischen und die derzeitigen Schulentwicklungen nach Art eines großräumigen und im Langzeitmaßstab zu betrachtenden *gesamtmenschheitlichen Feldexperiments* zu interpretieren und entsprechend zu analysieren. Eine solche Betrachtung ermöglicht eine Fülle systematischer synchroner Querschnitt- wie diachroner Längsschnittvergleiche. Aber diese Vergleiche sind nur möglich, und das ist methodologisch gesehen der springende Punkt, weil und insofern die grundlegenden Mechanismen als strukturell ähnlich unterstellt werden; denn sonst wären sie nicht vergleichbar, sonst würde man die sprichwörtlichen Äpfel und Birnen miteinander vergleichen.

Die historisch-vergleichende Schulforschung hat also neben deskriptiv-analytischen Interessen auch normative Implikationen, derer sie sich bewußt werden sollte. In diesem kritisch-konstruktiven Sinne müßte die zukünftige Schulforschung, die sich ihrer weltgesellschaftlichen Verflechtungen bewußt ist, auch weiterhin aufklären und praktische Kritik in Gestalt von Reformvorschlägen unterbreiten. Zwar kann sie keine politische Willensbildung ersetzen; wohl aber wird sie Alternativen aufzeigen können und müssen, die als funktionale Äquivalente des globalen Modells vielleicht *mehr* pädagogische Autonomie bieten, die *besseres, sinnvolleres* Lernen ermöglichen, die der nachwachsenden Generation der Weltbürger einen *adäquateren* Umgang mit menschlichem Wissen beibringen, usw. Die Schulforschung wird diese

Alternativen umso eher aufzeigen können, je mehr sie ihr durch internationale pädagogische Kommunikation überhaupt bekannt werden und je besser es gelingt, ihren Nutzen für die Bewältigung der Möglichkeiten und Sackgassen der globalen Lebenspraxis plausibel und gesellschaftlich akzeptabel zu machen. Gerade aus historisch-vergleichenden Langzeitbetrachtungen heraus könnten so Entscheidungskriterien benannt und auf erkennbare Problemlagen und Folgen hingewiesen werden.

Nationale und internationale Schulentwicklungen in einen größeren Kontext zu stellen, versteht sich also auch als eine Integrationsfigur gegen eine Zersplitterung des pädagogischen Diskurses. Denn die Spezialisierung von Fragestellungen und Methoden und die immer schwieriger werdende Überschaubarkeit des Gesamtzusammenhangs führen zu Tendenzen der disziplinären Abkoppelung mit in der Folge dann weitreichenden Verständigungsproblemen über Forschungsgegenstände, wissenschaftliche Terminologie, theoretische Ansätze usw. Dem ist hier die Sicht entgegenzuhalten, daß nur eine auf den pädagogischen und gesellschaftlichen Gesamtzusammenhang, der inzwischen ein weltgesellschaftlicher ist, bezogene Erziehungswissenschaft kritisch und praktisch werden kann. Dies impliziert, daß trotz aller Übersetzungsschwierigkeiten die Einzeldisziplinen wie Vergleichende Erziehungwissenschaft, Bildungsforschung, Schulgeschichte usw. auf den allgemeinen pädagogischen Diskurs zurückwirken sollten wie auch andersherum die systematischen Fragestellungen der Pädagogik ein kritisches Korrektiv gegen disziplinäre Vereinseitigung sein können.

Das ‚Weltmodell Schule' verdammt die Pädagogik also nicht zu Tatenlosigkeit. Im Gegenteil: Sie muß im Hinblick auf die Zukunft der Kinder in einer global vernetzten Welt mit all ihren Widersprüchen, aber auch Chancen, Kritik üben und bildungspolitische Bedenken äußern. Eine solche *pädagogische* Kritik an weltweiten Schulentwicklungen entfaltet den Standpunkt einer in Zukunft zurückliegenden Gegenwart im Interesse des Kindes. Leitmotiv muß die Frage sein: Wie werden unsere heutigen Kinder und Jugendlichen in Zukunft wünschen, daß wir pädagogisch gehandelt hätten? Ich erinnere an die Ökologiekrisen, die Verarmung weiter Teile der Menschheit und die Konflikte, die wir im Generationenwechsel den heute heranwachsenden jungen Menschen weltweit zur Bearbeitung hinterlassen, zur Bearbeitung unter anderem auf der Grundlage des Wissens, der Erfahrungen und der Einstellungen, die wir ihnen in unseren Bildungssystemen angedeihen lassen. Der weltgesellschaftlich vermittelte Allgemeinbildungsauftrag der Schule kann deswegen heute nur noch heißen: *kritische Aneignung einer widersprüchlichen globalen Lebenspraxis.* Diesem Bildungsauftrag wird nur eine Schule gerecht, die sich ganzheitlich und konstruktiv auf *gesamt-*

menschheitliches Wissen und Kultur richtet und die die Lebensinteressen der, plakativ gesprochen: ,*global vergesellschafteten*' Schüler und deren Ansprüche an Unterricht wahrnimmt. Die heutige Schule muß deswegen – ihrem Allgemeinbildungsauftrag folgend – Lernen im Spannungsfeld von Regionalität und Universalität organisieren. Sie muß sowohl Identität in einer ,Heimatkultur', die nicht unbedingt deckungsgleich ist mit einer ,Nationalkultur', wie auch ,Weltbürgertum' vermitteln. Sie muß Weltsystemzwänge erkennen und Selbstbestimmung in globaler Verantwortung ermöglichen. Diese hier nur schlagwortartig angedeuteten Herausforderungen an eine ,internationalisierte Schule' können zwar nicht kurzschlüssig in Forschungsdesigns umgesetzt werden, aber sie sollten dennoch das spezifisch pädagogische Erkenntnisinteresse unserer zukünftigen ,internationalisierten Schulforschung' leiten.

Literatur

Adick, C. 1988: Schule im modernen Weltsystem. Ein Versuch zur Entmythologisierung der Vorstellung von Schule als Kolonialerbe. In: Zeitschrift für Kulturaustausch, 38. Jg., S. 343-355

Adick, C. 1992a: Die Universalisierung der modernen Schule, Paderborn

Adick, C. 1992b: Modern Education in ,non-Western' Societies in the Light of the World Systems Approach in Comparative Education. In: International Review of Education, 38. Jg., H. 3, S. 241-255

Benavot, A./Riddle, Ph. 1988: The Expansion of primary education, 1870-1940: Trends and issues. In: Sociology of Educataion, 61. Jg., S. 191-210

Boli-Bennet, J. 1979: The Ideology of Expanding State Authority in National Constitutions 1870-1970. In: Meyer, J.W./Hannan, M.T. (eds.): National Development, and the World System – Educational, Economic, and Political Change 1950-1970, Chicago/London, S. 222-237

Boli, J./Ramirez, F. O./Meyer, J. W. 1985: Explaining the Origins and Expansion of Mass Education. In: Comparative Education Review, 29. Jg., H. 2, S. 145-170

Boli, J./Ramirez, F.O. 1986: World Culture, and the Institutional Development of Mass Education. In: Handbook of Theory, and Research in the Sociology of Education, ed. by John G. Richardson, Westport/Conn. 1986, S. 65-90

Bourdieu, P. 1983: Ökonomisches Kapital, kulturelles Kapital, soziales Kapital. In: R. Kreckel (Hrsg.): Soziale Ungleichheiten (Soziale Welt Sonderband 2), Göttingen, S. 183-198

Cipolla, C. M. 1969: Literacy and Development in the West, London

Fiala, R./Lanford, A. G., 1987: Educational Ideology, and the World Educational Revolution, 1950-1970. In: Comparative Education Review, 31. Jg., H. 3, S. 315-332

Hopmann, S. (Hg.) 1990: Lehrplangeschichte international, Themenheft der Zeitschrift ,Bildung und Erziehung', 43. Jg., H. 4

Inkeles, A. 1980: Modernization and Family Patterns: A Test of Convergence Theory. In: Conspectus of History, I, No. VI, S. 31-63
Inkeles, A. 1981: Convergence and Divergence in Industrial Societies. In: Directions of Change, hrsg. v. M. A. Attir u.a., Boulder/Colorado, S. 3-38
Inkeles, A./Sirowy, L. 1983: Convergent, and Divergent Trends in National Educational Systems. In: Social Forces, 6. Jg., H. 2, S. 303-333
Meyer, J. W./ u. a. 1977: The World Educational Revolution. In: Sociology of Education, 50. Jg., S. 242-258
Meyer, J. W., 1980: The World Polity, and the Authority of the Nation-State. In: Studies in the Modern World System, ed. by A. Bergesen, New York etc., S. 109-137
Meyer, J. W./Kamens, D./Benavot, A. 1992: School Knowledge for the Masses. World Models and National Curriculain the Twentierth Century, London
Meyer, J. W./ Ramirez, F./ Soysal, Y., 1992: World Expansion of Mass Education, 1870-1970. In: Sociology of Education, 65. Jg., S. 128-149
Mitchell, B. 1980: European Historical Statistics 1750-1975, New York
Mitchell, B. 1982: International Historical Statistics: Africa and Asia, New York
Mitchell, B. 1983: International Historical Statistics: The Americas and Australia, Detroit
Müller, D. K. 1981: Der Prozeß der Systembildung im Schulwesen Preußens während der zweiten Hälfte des 19. Jh. In: Zeitschrift für Pädagogik, 27. Jg., S. 245-269
Müller, D. K./Ringer, F./Simon, B.(Hg.) 1987: The Rise of the Modern Educational System: Structural Change and Social Reproduction, 1870-1920, Cambridge
Nestvogel, R.: Sozialisation und Sozialisationsforschung in interkultureller Perspektive. In: Interkulturelles Lernen oder verdeckte Dominanz?, hrsg. v. R. Nestvogel, Frankfurt, S. 85-112
Noah, H. J., 1991: Bildungspolitik und internationale Studien zum Bildungswesen. In: Bildung und Erziehung, 44. Jg., S. 27-38
Ramirez, F. O./Rubinson, R. 1979: Creating Members: The Political Incorporation and Expansion of Public Education. In: National Development and the World System, hrsg. v. J.W. Meyer/M. Hannan, Chicago, S. 72-82
Ramirez, F. O./Boli-Bennett, J. 1982: Global Patterns of Educational Institutionalization. In: Comparative Education, hrsg. v. P. Altbach, R. Arnove, G. Kelly, New York
Ramirez, F. O./Boli, J. 1987: The Political Construction of Mass Schooling: European Origins and Worldwide Institutionalization. In: Sociology of Education, 60. Jg., S. 2-17
Schriewer, J. 1984: Vergleichend-historische Bildungsforschung: Gesamttableau oder Forschungsansatz. In: Zeitschrift für Pädagogik, 30. Jg., S. 323-342
Titze, H./u.a. 1985: Der Lehrerzyklus. Zur Wiederkehr von Überfüllung und Mangel im höheren Lehramt in Preußen. In: Zeitschrift für Pädagogik, 31. Jg., H.1, S. 97-126
UNICEF 1990: Zur Situation der Kinder in der Welt, hrsg. v. J. P. Grant, Deutsches Komitee für Unicef, Köln

Weiß, Manfred/Steinert, Brigitte 1994: Privatisierungstendenzen im Bildungsbereich: Internationale Perspektiven. In: Die Deutsche Schule, 86. Jg., H. 3
Weltdeklartion über Bildung für alle und Aktionsrahmen zur Befriedigung der grundlegenden Bedürfnisse. Dokumente der Weltkonferenz Jomtien/Thailand 1990. Sekretariat der UNESCO-Kommission der DDR in Zusammenarbeit mit der Deutschen UNESCO-Kommission, Berlin 1990

Klaus-Jürgen Tillmann

Schulische Sozialisationsforschung

1. Schulische Sozialisation

Wenn man die Schule als Sozialisationsinstanz betrachtet, so stellt man die Persönlichkeitsentwicklung der Schülerinnen und Schüler in den Mittelpunkt[1] und fragt: In welcher Weise nimmt das institutionelle Gesamtarrangement „Schule" Einfluß auf die Subjektentwicklung der dort Heranwachsenden? Und: in welchem Verhältnis stehen innerschulische Sozialisationsprozesse zu den Einflüssen anderer Sozialisationsinstanzen? Mit einer solchen Analyseperspektive werden die in der „Pädagogik" tradierten Sichtweisen von Subjektentwicklung in doppelter Weise erweitert: Zum einen wird die Beschränkung auf die bewußten Erziehungshandlungen, auf den „pädagogischen Bezug" zwischen Schüler(in) und Lehrer(in) aufgegeben – die persönlichkeitswirksame Kraft der Schule *als Institution und als Lebenswelt* gerät damit systematisch in den Blick. Zum zweiten wird die Beschränkung auf eine allein innerschulische Sicht von Lernprozessen aufgegeben – vielmehr wird der systematische Versuch unternommen, die Persönlichkeitsentwicklung in der Schule als Teil des gesellschaftlichen Reproduktionsprozesses zu sehen (vgl. FEND 1991, S. 11; TILLMANN 1994, S. 14f.).

Eine solche Betrachtung der Schule als Sozialisationsinstanz ist in der pädagogischen Wissenschaft noch nicht sehr alt. Zwar gab es bereits in der Weimarer Zeit mit Siegfried BERNFELD einen Provokateur, der der damals herrschenden Pädagogik und ihrer allein didaktischen Sicht von Schule entgegenhielt: „Die Schule – *als Institution* – erzieht" (1925/1967, S. 28). Doch zu einer entsprechenden Erweiterung der Perspektive kam es erst in den 60er Jahren, als sich die „Pädagogik" durch eine Öffnung gegenüber den Sozialwissenschaften zur „Erziehungswissenschaft" weiterentwickelte (vgl. ROTH 1962; BREZINKA 1971). Dabei markieren zwei Veröffentlichungen aus den ausgehenden 60er Jahren den Beginn der schulischen Sozialisationsfor-

[1] Schule ist natürlich auch ein Ort der Sozialisation von Lehrerinnen und Lehrern. Dieser Aspekt der beruflichen Sozialisation von Erwachsenen in der Institution Schule wird hier jedoch nicht behandelt.

schung in der Bundesrepublik: In seiner Sekundäranalyse über „Sozialisation und Auslese in der Schule" (1967) arbeitet Hans-G. ROLFF überwiegend anglo-amerikanische Studien auf, um die damals heiß umstrittene These von der schichtenspezifischen Benachteiligung der Kinder und vom Mittelklassen-Charakter der Schule zu belegen. Und Helmut FEND (1969) stellt in seiner Rezipierung der anglo-amerikanischer Diskussion erstmals unterschiedliche Theoriekonzepte (z.B. Psychoanalyse, Rollentheorie, Theorie sozialer Schichtung) in ihrer Bedeutung für das schulische Lernen dar.

Etwa zehn Jahre später erscheint das erste „Handbuch der Sozialisationsforschung" (HURRELMANN/ULICH 1980) mit insgesamt 864 großformatigen Seiten. Der Artikel zur schulischen Sozialisation (K. ULICH 1980) erhält weit mehr als 100 deutschsprachige Literaturverweise, bei vielen von ihnen handelt es sich um empirische Arbeiten: Die großen Survey-Studien zum Schulsystemvergleich (vgl. FEND u.a. 1976) lagen damals bereits ebenso vor wie ZINNECKERS Beschreibung der „Lebenswelt von Hauptschülern" (vgl. PROJEKTGRUPPE JUGENDBÜRO 1975) und WELLENDORFS (1973) psychoanalytischer Interpretation von Schulszenen. Die Entstehungsbedingungen für Schulangst und Schulunlust (vgl. SCHWARZER/ROYL 1978) waren inzwischen ebenso zum Gegenstand von Forschung geworden wie die Prozesse, die zu abweichendem Verhalten von Schülern führen (vgl. BRUSTEN/ HURRELMANN 1973). Zugleich wurden zur Beschreibung der Sozialisationsinstanz Schule erste systematische Entwürfe vorgelegt (vgl. FEND 1974; HURRELMANN 1975; TILLMANN 1976). Kurz: Innerhalb eines Jahrzehnts hatte sich die schulische Sozialisationsforschung als ein wichtiges interdisziplinäres Arbeitsfeld etabliert.

Noch einmal zehn Jahre später (1991) mußte Klaus ULICH seinen Handbuchartikel über „schulische Sozialisation" völlig umschreiben: Die Produktion von empirischen Studien und theoretischen Beiträgen hatte in den 80er Jahren erneut stark zugenommen, die Arbeiten wurden inhaltlich und methodisch weit komplexer. Damit läßt sich zu Beginn der 90er Jahre sagen: Wir haben es mit einem umfangreichen, lebendigen und vielfältigen Forschungszusammenhang zu tun, dessen jetzt vorliegende wissenschaftliche Produktion kaum noch zu überschauen ist. Dieser Beitrag stellt sich die schwierige Aufgabe, auf einer begrenzten Zahl von Seiten Schneisen in dieses „Dickicht" zu schlagen. Dabei gehe ich in zwei großen Schritten vor: Im ersten Teil stelle ich anhand von ausgewählten Studien aus den 70er und 80er Jahren exemplarisch dar, welche unterschiedlichen (methodischen) Forschungsansätze sich inzwischen etabliert haben[2]. Im zweiten Teil skizziere ich verschiedene

---

2 Dieser Beitrag muß sich leider auf die *westdeutsche* Forschungs- und Diskussionlage beschränken. Daß es auch in der DDR eine größere Zahl von Untersuchungen zur Subjektentwicklung von Schülerinnen und Schülern gab (die als

thematische Schwerpunkte schulischer Sozialisationsforschung – um von dort aus auch „Zukunftsfelder“ zu identifizieren.

2. Konzepte schulischer Sozialisationsforschung

Die Frage, wie sich Subjekte in einem gegebenen sozialen Kontext entwickeln, wird von der Sozialisationsforschung nicht spekulativ beantwortet, sondern empirisch bearbeitet: Es geht darum, soziale Regelhaftigkeiten im Prozeß der Persönlichkeitsentwicklung auszumachen. Dabei orientiert sich die Sozialisationsforschung als interdisziplinäres Arbeitsfeld an sehr unterschiedlichen Theoriekonzepten – entsprechend vielfältig sind die Formen der Empirie: Sie reichen von psychoanalytischen Fallstudien bis hin zu quantitativen Repräsentativbefragungen. Betrachtet man die schulische Sozialisationsforschung der 70er und 80er Jahre, so haben vor allem drei Forschungskonzepte Bedeutung und Ausstrahlung entwickelt: die Analyse von Sozialisationseffekten von Schule, die Analyse der Schule als Lebenswelt, die Analyse von Biografien. Alle drei Ansätze sollen im folgenden jeweils anhand exemplarisch ausgesuchter Studien skizziert werden.

2.1. Sozialisationseffekte der Schule

Schulische Sozialisationsforschung konzentriert sich auf die Frage, was Heranwachsende durch ihren jahrelangen Aufenthalt in der Schule „wirklich“ lernen: Es geht um die prägenden sozialen Erfahrungen in der Institution Schule. Die Frage, wie dies empirisch meß- und analysierbar gemacht werden kann, ist vor allem von Helmut Fend bearbeitet worden, dabei entwickelt er eine „Innensicht“ und eine „Außensicht“ von Schule. Die „Außensicht“ ist von einer struktur-funktionalen Bestimmung des Verhältnisses von Schule und Gesellschaft geprägt: Das Schulsystem wird als Ort „der gesellschaftlich kontrollierten und veranstalteten Sozialisation“ (Fend 1980, S. 4) bezeichnet, das drei zentrale gesellschaftliche Funktionen zu erfüllen habe: Qualifikation, Selektion und Integration (vgl. ebenda, S. 17). Innerschulische pädagogische Prozesse laufen nicht „autonom“ ab, sondern werden von diesen gesellschaftlichen Erwartungen beeinflußt oder gar dominiert. In seiner „Innen-

---

Beiträge zur schulischen Sozialisationsforschung anzusehen sind), ist mir wohl bekannt (vgl. Kossakowski 1985; Krause 1986). Doch eine systematische Aufarbeitung dieser DDR-Forschung steht noch aus.

sicht“ der Schule wird zunächst aufgezeigt, welche institutionellen Faktoren auf Erfüllung der genannten gesellschaftlichen Funktionen ausgerichtet sind: Zensuren, Zeugnisse und unterschiedliche Schulabschlüsse zielen auf die Selektionsfunktion, Lehrpläne und fachliches Lernen zielen auf die Qualifikationsfunktion etc. Auf diese Weise entsteht ein Modell der institutionellen Faktoren von Schule: Beispielhaft seien hier genannt

- Schulformen und Abschlußregelungen als Elemente eines leistungsorientierten Verteilungssystems
- Bürokratie und formale Regelhaftigkeit als Elemente des alltäglichen Ordnungssystems
- Fächer, Stundentafeln und Lehrplanvorgaben als Elemente des institutionalisierten Curriculums.

FEND fragt nun danach, welche *Auswirkungen* dieses institutionelle Arrangement auf die Persönlichkeitsentwicklung von Heranwachsenden hat. Dazu werden empirisch meßbare Dimensionen der Persönlichkeit definiert, denen eine pädagogische bzw. gesellschaftliche Bedeutung zugesprochen wird: Selbstvertrauen, Lernfreude, Leistungsangst, Kritikfähigkeit, Empathie, Kooperationsfähigkeit, aber auch demokratisches Bewußtsein (vgl. FEND 1980, S. 334ff.) sind hier die meist erforschten Persönlichkeits-Variablen. Auf diese Weise wird ein Ursache-Wirkungs-Verhältnis definiert, das es mit Methoden der standardisierten Empirie (bei größeren Stichproben) zu erforschen gilt: Welche Variationen des institutionellen Arrangements (z.B. Gesamtschule vs. Gymnasium) stehen in welchem systematischen Zusammenhang zur Variation von Persönlichkeitsmerkmalen (z.B. niedrige vs. hohe Schulangst)?

Bei der Konzipierung der schulischen „Innensicht“ hat FEND nun von Anfang an mit einbezogen, daß institutionelle Faktoren nicht unmittelbar wirken, sondern daß sie gleichsam den *Rahmen* für Interaktionsprozesse in der Schule abgeben: Als zentrales Medium der schulischen Sozialisation sind die Interaktionprozesse zwischen Schülern, insbesondere aber die zwischen Schülern und Lehrern anzusprechen (vgl. FEND 1977, S. 214). Während die Grundrichtungen dieser Kommunikation institutionell vorgeprägt sind (z.B. Leistungs- und Gehorsamkeitserwartung), kann die konkrete Ausprägung von Schule zu Schule, von Klasse zu Klasse, sehr unterschiedlich sein: Während Lehrer(innen) an der einen Schule mit viel „Druck“ und mit häufigen Strafandrohungen arbeiten, erfahren die Kinder an einer anderen Schule weit mehr Verständnis und Unterstützung. Diese Ebene des schulischen Alltags hat Fend als „Schulklima“ bezeichnet und als weitere, wichtige *kommu-*

nikative Bedingung schulischer Sozialisation in sein Analysekonzept eingefügt. Als Dimensionen dieses Schulklimas werden u.a. genannt: Disziplindruck, Leistungsdruck, Mitbestimmung, Anonymität, positive vs. negative Schüler-Lehrer-Beziehung, positive vs. negative Schüler-Schüler-Beziehung (vgl. FEND 1977, S. 119ff.). Operationalisiert werden diese Dimensionen mit Schüler- und Lehrerfragebogen. Ihre statistische Verrechnung (z.B. Mittelwerte) ergibt, auf Klassen, Schulen und Schulformen bezogen, unterschiedliche Werte für verschiedene Schulumwelten.

Das auf diese Weise entstandene Modell von Sozialisationsbedingungen und -effekten läßt sich in folgende Skizze bringen:

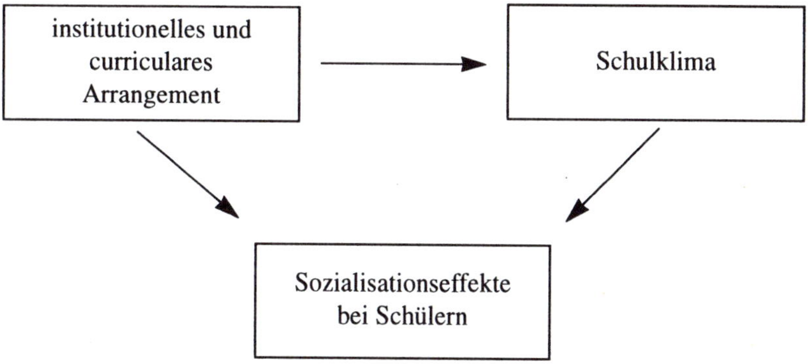

Seit Anfang der 70er Jahre hat es in Orientierung an diesem Schema eine umfangreiche Forschung gegeben; dabei ist dieses Konzept nicht nur inhaltlich und methodisch differenziert, sondern auch methodologisch neu interpretiert worden. Insbesondere die ursprünglich allzu deterministische Vorstellung vom „wirkenden System" und seiner Prägekraft ist aufgegeben worden zugunsten eines eher interaktionistischen Modells, das von „der Verarbeitung und aktiven Gestaltung schulischer Erfahrungen durch die beteiligten Personen" ausgeht (FEND 1991, S. 25). In dieser Perspektive geht es stärker um die Frage, welche Formen der aktiven Aneignung die Subjekte gegenüber den institutionellen und kommunikativen Verhältnissen in einer Schule entwickeln.

Es ist an dieser Stelle nicht möglich, einen auch nur einigermaßen vollständigen Überblick über die Ergebnisse dieser Forschungsrichtung zu geben (vgl. dazu FEND 1980; K. ULICH 1991). Hier muß die Feststellung genügen, daß – im Gegensatz zur Situation etwa um 1970 – die Erziehungswissenschaft jetzt über ein differenziertes Bild der innerschulichen Sozialisationsmechanismen verfügt. Auf der Basis empirischer Ergebnisse kann nun nachgezeichnet werden, in welcher Weise die Schule den Prozeß der Identitätsentwicklung beeinflußt und zugleich zur gesellschaftlichen Integration beiträgt. Dabei lassen die vorliegenden Ergebnisse erkennen, welchen relativen Einfluß die Faktoren des institutionellen Arrangements (z.B. Schulform, Leistungsposition) und die des Schulklimas (z.B. Schüler-Lehrer-Beziehung) jeweils ausüben.

Was die künftige Sozialisationsforschung innerhalb dieses methodischen Ansatzes angeht, so ist auf zwei Perspektiven zu verweisen. Unter methodischem Aspekt ist kritisch anzumerken, daß die allermeisten Resultate aus Querschnitt-Studien stammen. Aussagen über die *Entwicklung* von Schülerpersönlichkeiten lassen sich jedoch zuverlässig nur durch Längsschnitt-Studien gewinnen (vgl. PEKRUN/FEND 1991, S. 7). Insofern spricht vieles dafür, innerhalb dieses methodischen Ansatzes vor allem weitere längsschnittliche Befunde zu erarbeiten. Unter inhaltlichem Aspekt ist es ertragreich, das bereits untersuchte Beziehungsgefüge um neue Fragestellungen zu erweitern. Dies bezieht sich z. B. auf die jüngere Forschung zur Streßbelastung von Schülerinnen und Schülern (vgl. ENGEL/HURRELMANN 1993) und zur Gewalt an Schulen (vgl. SCHUBARTH/MELZER 1993).

2.2. Schule als Lebenswelt der Heranwachsenden

In kritischer Absetzung von dem soeben skizzierten Forschungsansatz hat sich seit Mitte der 70er Jahre ein zweiter Strang der schulischen Sozialisationsforschung entwickelt. Er bezieht sich theoretisch vor allem auf den Symbolischen Interaktionismus (vgl. BRUMLIK/HOLTAPPELS 1987) und läßt sich methodisch als qualitativ vorgehende Lebensweltanalyse bezeichnen. Nicht die statistische Verarbeitung großer Datenmengen, sondern die eingehende empirische Beschäftigung mit einzelnen „Fällen“ (z.B. Schulklassen, Schülercliquen, einzelnen Heranwachsenden) und die hermeneutische Interpretation des möglichst vielfältigen Materials kennzeichnet dieses Vorgehen. Indem auf diese Weise herausgearbeitet wird, wie Heranwachsende ihre Verhaltensformen und Bewußtseinsstrukturen entwickeln, werden Sozialisationsprozesse bei Kindern und Jugendlichen nachgezeichnet. Eine solche Lebenswelt-Analyse von Sozialisationsprozessen, die sich vor allem auf den *schulischen* Kontext bezieht, findet sich u.a. in den Arbeiten von HEINZE (1976), WILLIS (1979), BIETAU/BREYVOGEL/HELSPER (1981) und OSWALD u.a. (1986). Dabei wurde die deutschsprachige „Pionierleistung“ von der „Projektgruppe Jugendbüro" (Jürgen ZINNECKER u.a.) und ihrer Hauptschüler-Studie (1975, 1977) geleistet.

Diese Studie bezieht sich auf eine städtische Hauptschule und deren 136 Schülerinnen und Schüler des 8. Jahrgangs. Sie versucht, deren Lebenswelt – und zwar die innerschulische und die außerschulische – zu erschließen. Dabei geht es den Forschern darum, den Zusammenhang zwischen den Lebensbedingungen des Alltags und den jugendlichen Verhaltensweisen und Selbstinterpretationen („Alltagsbewußtsein") zu entschlüsseln: Wie deuten die Jugendlichen ihren Alltag, welche Sinngebung verbinden sie mit ihrem Verhalten, welche Bedeutung schreiben sie der Schule zu? Eine solche Forschung arbeitet nicht mit vorher formulierten Hypothesen und vorab definierten Variablen, sondern nähert sich ihrem „Gegenstand" in einer weit offeneren Weise: Dabei werden unterschiedliche Erhebungsmethoden (z. B. Erkundung der Wohnregion, Gespräche in Kneipen, teilnehmende Beobachtung bei Klassenreisen, qualitative Interviews, Gruppendiskussionen, aber auch standardisierte Fragebögen) eingesetzt; die in solche unterschiedlicher Weise gewonnen Erkenntnisse sollen sich wechselseitig ergänzen und zu einem umfassenden Bild der „Lebenswelt" zusammengefügt werden (vgl. Projektgruppe Jugendbüro 1977, S. 168ff.).

Aufgrund der intensiven Beschäftigung mit diesen Jugendlichen zeichnen die Autoren ein buntes, ein vielfältiges Bild der Aktivitäten und Sichtweisen dieser 13- bis 15jährigen. So wird z.B. dargestellt, wie die Berufswahlsituation im 8. Schuljahr wahrgenommen und verarbeitet wird, an welchen Freizeitorten (vom Kino bis zum Friedhof) welche Aktivitäten stattfinden, wie sich gegengeschlechtliche Freundschaften bilden und wieder auflösen. Typisch für diese Forschung ist, daß sie sich zwar auf *Schüler(innen)* bezieht, daß die Lebensweltanalyse jedoch stets über die Grenzen der Institution *Schule* hinausgeht. Bei dieser umfassenden Beschäftigung mit der Lebenspraxis dieser 13- bis 15jährigen arbeiten die Autoren heraus, daß es unter diesen Jugendlichen zwei sehr unterschiedliche Lebensstile gibt: die familienorientierten und die subkulturorientierten Jugendlichen. Obwohl sie sich in der „objektiv" gleichen Lebenslage befinden (Hauptschuljugendliche aus einem Arbeitervorort), unterscheiden sie sich in ihrer Alltagspraxis und in ihren Bewußtseinsformen erheblich. Zu diesen Differenzen gehört es auch, daß die „offizielle" Schule einen höchst unterschiedlichen Stellenwert erhält. Woran sich „subkulturorientierte" und „familienzentrierte" Schüler(innen) erkennen lassen, wird an der Beschreibung des Verhaltens auf dem Pausenhof plastisch deutlich:

„Wenn man sich während der Pause... in der Nähe des Schulgebäudes aufhält, so fallen einem die Angehörigen der Subkultur unweigerlich ins Auge... Die Schüler bilden ein oder zwei Halbkreise, und zwar so, daß ihr Rücken dem Außenstehenden den Blick auf das Geschehen im Inneren verwehren. Dort wandern dann... Zigaretten von Hand zu Hand und neue Schlagerhits werden auf Kassettenrecordern abgespielt.... Bei den Mädchen der Subkultur kann man nicht selten zärtliche Formen des Gruppenkontakts beobachten. Wenn sie sich bei Pausenende dem Schulgebäude nähern, halten sie sich im Gehen zu viert an den Fingern fest. Sind Jungen dabei, so jagen sie vielleicht neckend über den Platz, reißen sich zu Boden...." (Projektgruppe Jugendbüro 1975, S. 31ff.)

Ein deutlich anderes Bild in der Pause geben die familienzentrierten Schüler(innen) ab: Man beobachtet sie

„meist nur zu zweit oder zu dritt miteinander. Während die Jungen und ein Teil der Mädchen sich mit wilden, noch kindlichen Spielen die Schulpause vertreiben, bewegt sich ein anderer Teil der Mädchen gemessen; sie rennen nicht, sie gehen. ... Zwei Kleidungstypen lassen sich bei den Familienzentrierten unterscheiden: der schulkindhafte Kleidungstyp (Kniestrümpfe, Faltenrock, Anorak..) und der modische Kleidungstyp. Die Mädchen des modischen Typs wirken weniger jugendlich als bereits damenhaft (z. B. im Hosenanzug)... Während man bei den Subkulturangehörigen den Eindruck hat, sie experimentieren spielerisch mit ihrer äußeren Erscheinung..,.tragen die Familienzentrierten mit der Kleidung eine gefestigte Identität zur Schau ..." (ebenda, S. 38f.)

Hier wird der Unterschied zwischen diesen beiden Gruppen auf der Ebene des Pausenverhaltens und der Stilisierung durch Kleidung beschrieben. Bedeutsam ist nun, daß die so beschriebene Grundorientierung der Jugendlichen als „subkulturorientiert" oder als „familienzentriert" sich als wichtiger Faktor in der von den Jugendlichen selbst betriebenen Sozialisation erweist: Die Häufigkeit und Intensität gegengeschlechtlicher Freundschaften wird davon ebenso beeinflußt wie die subjektiv empfundene Bedeutung von Schule – und letztlich auch der Schulerfolg: Bei vergleichbarer sozialer Herkunft sind vor allem die Subkulturorientierten vom Scheitern in der Hauptschule bedroht (vgl. 1977, S. 145). Insbesondere bei Jungen ist die frühe Hinwendung zur Jugendsubkultur, ihren Werten und Symbolen (Rauchen, Trinken, Cliquenaktivitäten etc.) mit einer Abwendung von den Leistungsanforderungen der Schule verbunden. Umgekehrt gilt wohl auch: Kontinuierliche Mißerfolgserlebnisse in der Schule drängen die Heranwachsenden recht früh dazu, ihre Schuldistanz nach außen zu tragen und damit ihre gefährdete Identität zu verteidigen. Insgesamt wird in dieser Sicht deutlich, daß die Subkulturorientierung mit einem weit risikoreicherem Verlauf der Jugendphase verbunden ist – und zwar innerhalb wie außerhalb der Schule.

Die wenigen Studien, die in Form der qualitativen Feldforschung die Lebenswelt der Schüler(innen) analysieren, stammen fast alle aus den 70er Jahren. In den 80er Jahren hat es – soweit ich sehe – nur eine größere Studie gegeben, die die Lebenswelt der Heranwachsenden analysiert hat: KRAPPMANN, Oswald u.a. haben in den ersten sechs Klassen den „Alltag der Schulkinder" untersucht (vgl. KRAPPMANN/OSWALD 1983; OSWALD u.a. 1986). Dabei haben sie intensive Verhaltensbeobachtungen in Unterrichts- und Spielsituationen mit Interviews der Kinder verbunden. Beschrieben werden die Formen, in denen Gleichaltrige innerhalb und außerhalb des Unterrichts miteinander umgehen. Dabei legen sie besonderes Gewicht auf die Beschreibung der Jungen-Mädchen-Interaktionen – und deren Wandel von der ersten zu sechsten Klasse. Das Ausbleiben weiterer Studien dieser Art in den 80er Jahren läßt befürchten, daß dieser erkenntnisträchtige (aber auch sehr arbeitsaufwendige) Forschungsansatz nicht weiter fortgeführt wird. Insofern kann hier nur ein Plädoyer für die Intensivierung einer qualitativen und hermeneutisch arbeitenden Sozialisatiosnforschung formuliert werden. Daß vor kurzem die bisher wohl einzige größere Studie dieser Art aus den neunziger Jahren erschienen ist (COMBE/HELSPER 1994), läßt jedenfalls etwas Hoffnung aufkommen.

2.3. Schule als biografische Lebensphase

Die soeben skizzierte Analysen der Schule als Lebenswelt nimmt nicht den einzelnen Schüler, sondern stets eine Schülergruppe in den Blick: Mit großer Aufmerksamkeit und hoher Sensibilität werden z. B. die Beziehungsstrukturen in der Klasse, werden Cliquenaktivitäten und die damit verbundenen Identitätsmuster beschrieben. Analysiert wird somit ein vorhandenes soziales Netz, das durch die Institution Schule gestiftet wird; und betrachtet wird, welche Verhaltens- und Bewußtseinsformen die in diesem Netz Agierenden entwickeln.

Eine solche gruppen- und cliquenorientierte Forschung wird etwa seit Beginn der 80er Jahre ergänzt durch eine (schulische) Sozialisationsforschung, die die individuelle Entwicklung eines Heranwachsenden, die die biographische Dimension in den Mittelpunkt rückt (vgl. BAACKE/SCHULZE 1979; 1993). Die meisten dieser Arbeiten stehen ebenfalls in einem interaktionistischen Theoriezusammenhang: Es geht ihnen darum, „Identitätsentwürfe" und „Alltagstheorien" von Heranwachsenden zu ermitteln und vergleichend zu interpretieren. Das Verfahren der Datenerhebung und -auswertung ist in den verschiedenen Studien dieser Richtung recht ähnlich: Es werden qualitative („offene", „narrative") Interviews mit Jugendlichen durchgeführt, das auf diese Weise entstandene biografische Textmaterial wird hermeneutisch interpretiert. Dabei geht es – bei aller Unterschiedlichkeit der einzelnen Interpretationsverfahren (vgl. FUCHS 1984, S. 280ff.) – stets darum, die Sichtweise der Befragten, deren Welt- und Selbstinterpretation (und damit die Ergebnisse des bisherigen Sozialisationsprozesses) herauszuarbeiten. Als „Pionierarbeit" dieses Forschungsansatzes ist die Studie von Marianne KIEPER (1980) über „verwahrloste" Mädchen anzusehen; sie bezieht sich allerdings nur am Rande auf die Schule. Als biografische Sozialisations-Studien mit deutlichem Schulbezug sind vor allem die Untersuchung der Arbeitsgruppe Schulforschung (1980) und die Arbeiten von GRUSCHKA u.a. (1981), SANDER/VOLLBRECHT (1985), HURRELMANN/WOLF (1986), KLEINESPEL (1990), FUCHS-HEINRITZ/KRÜGER (1991) und DÖPP/HANSEN/KLEINESPEL (1995) zu verweisen.

Um diesen biografischen Forschungsansatz näher zu skizzieren, beziehe ich mich im folgenden auf die Arbeit von HURRELMANN/WOLF (1986). Die Autoren haben „ihre" Jugendlichen erstmals 1976 befragt, als sie sich als Vierzehnzehnjährige in einer 8. Klasse befanden, diese Befragung wurden 1979 wiederholt. Zum Zeitpunkt der dritten Befragung (1984) waren die Jugendlichen „22 Jahre alt, hatten mehrheitlich das Bildungssystem verlassen und befanden sich in beruflicher Ausbildung oder Berufstätigkeit" (HURRELMANN/WOLF 1986, S. 2). Ihren theoretischen Rahmen findet diese Untersuchung in dem gewandelten Verhältnis von Jugendphase und Schulzeit – und in der subjektiven Bedeutung, die vor diesem Hintergrund der „Schulerfolg" für die Subjekte hat. Der Wandel im Verhältnis von Schule und Jugend bringt es mit sich, „daß Jugendliche mit vielfältigen Widersprüchen und Inkonsistenzen beim Übergang von der Schule in den Beruf konfrontiert sind" (S. 15). Damit wird die Aufmerksamkeitsrichtung dieser Forschung deutlich: Wie verläuft die biografische Passage von der Schule in die berufliche Tätigkeit – und welche subjektive Verarbeitung der eigenen Schulerfahrungen (Erfolg, Mißerfolg) ist damit verbunden? Vor dem Hintergrund dieser Frage werden sechs verschiedene Jugendliche, ihre „Karriere" und die darauf bezogenen Selbstinterpretationen ausführlich präsentiert. Die Autoren geben selbst eine knappe Skizzierung dieser Fälle; auf zwei von ihnen beziehe ich mich im folgenden:

„– Willi steht für die Schüler, die das Schulsystem ohne ein anerkanntes Abschlußzeugnis verlassen müssen und anschließend auf ‚Glück' und ‚Zufall' bei einer kaum planbaren Berufslaufbahn angewiesen sind;(...)

– Thorsten schließlich gehört zu denen, die eine glatte Gymnasiallaufbahn haben und nach dem Abitur eine hochqualifizierte Berufsausbildung in Form des Universitätsstudiums aufnehmen“ (S. 153).

In den drei Interviews pro Person wird jeweils gefragt, welche Bedeutung die Heranwachsenden dem Lernen in der Schule zuschreiben und wie sie sich selbst und ihren eigenen Weg durch die Schule interpretieren. So hat Willi, der die Hauptschule nach der 7. Klasse verlassen mußte und nach zwei abgebrochenen Berufsausbildungen im Alter von 22 Jahren versucht, eine Lehre als Friseur abzuschließen, Schule stets als einen sehr wichtigen Bereich angesehen. In dieser – so seine Sicht – wichtigen und für den Lebenserfolg notwendigen Einrichtung findet er jedoch nie Anerkennung. Sein eigenes Schulversagen erklärt er zu allen Zeitpunkten mit ‚eigener Schuld‘. Sein Motiv der Reue, der Wunsch, alles noch einmal von vorn beginnen zu wollen, macht deutlich: Willis Selbstbild wird dadurch geprägt, daß er sich als Schulversager sieht – und zwar als jemanden, der in der Schule berechtigterweise gescheitert ist. Damit ist seine Bildungslaufbahn zu einem spannungsreichen und unbefriedigenden Element der persönlichen Lebensgeschichte geworden:

Ganz anders stellt sich die Schullaufbahn – und deren subjektive Verarbeitung – bei Thorsten dar. Dieser hat stets mit hervorragenden Noten zunächst die Grundschule und dann das Gymnasium durchlaufen. Zum dritten Interviewzeitpunkt ist er 21 Jahre alt und studiert im 3. Semester Jura. Seine Sicht auf Schule stellt sich zu allen Zeitpunkten als eine Mischung von Schulkritik und positivem Leistungsselbstbild dar: Als 14jähriger kritisiert er die Inhalte vieler Fächer als „sinnlos“ – zugleich ist die Schule für ihn ein Ort, an dem er beweisen muß, zu den Besten zu gehören; dabei richtet er sein Augenmerk bereits damals auf einen möglichst guten Abiturnoten-Durchschnitt. Als 16jähriger hält er an diesem Ziel fest und stellt zugleich dar, mit welchen Taktiken (neben der eigenen guten Leistung) dies am besten zu erreichen sei. Als Student betont er rückblickend noch einmal sein funktionales Verhältnis zur Schule, beschreibt seine klare Orientierung auf ein gutes Abitur, um zugleich die Schule scharf zu kritisieren: Sie habe ihm kaum beigebracht, mit Menschen umzugehen. Im Grunde „war es für mich unangenehm, zur Schule zu gehen“ (S. 149). Insgesamt hat Thorsten die Schule

„als eine Einrichtung erlebt, in der er mit einer gehörigen Portion Ehrgeiz zu dem gewünschten Erfolg gekommen ist.... Er hat allen Grund, seine Schulzeit als chancenoptimierend für seine spätere Laufbahn einzuordnen... Diese positiv akzentuierte biographische Funktion läuft parallel mit einem eher kritischen Einschätzungsmuster seiner sozialen Fähigkeiten“ (S. 151).

Die Schullaufbahn war für Thorsten somit nicht nur „objektiv" erfolgreich, sie hat ihn auch mit einer gehörigen Portion selbstwertdienlicher Erfahrungen ausgestattet, die sich bei ihm zu einem sehr positiven Leistungsselbstbild verdichtet haben. Aus der Perspektive des Erfolgreichen kann er sich zugleich von bestimmten Aspekten der Schule distanzieren und von dort aus Kritik (an der Institution und an sich selbst) formulieren. Kurz: Thorsten hat in der Schule den Habitus des Erfolgreichen und des zugleich (Selbst)kritischen erworben; ein Habitus, der ihm in seinem Studium und seinem späteren Beruf sicher nützlich sein wird.

Eine biografisch orientierte Sozialisationsforschung zeichnet auf diese Weise nach, wie sich unterschiedliche Erfahrungen, die Heranwachsende in ihrer Schullaufbahn machen, als Teile ihrer Persönlichkeit „ablagern" und wie sich auf diese Weise Selbtbilder und Handlungstypen herausbilden. Die vorliegenden Studien erlauben insgesamt die Einschätzung, daß die biografische Sozialisationsforschung in relativ kontinuierlicher Weise auch den Einfluß der Schule analysiert (vgl. SCHULZE 1993, S. 22ff.). Allerdings ist es noch ein weiter Weg, um von diesen Einzelstudien (die oft sehr spezifische Situationen z.B. in Reformschulen analysieren) zu einer Theorie des Zusammenhangs zwischen Institution und Biografie zu gelangen. Insofern sind weitere biografische Studien zur schulischen Sozialisation dringend erforderlich.

2.4. Theorie- und Methodenpluralismus

Während die Diskussion unter den Sozialisationsforschern in den siebziger Jahren durch scharfe Abgrenzungsgefechte zwischen verschiedenen theoretischen und methodologischen Positionen geprägt war (vgl. z.B. KÖCKEIS-STANGL 1980), hat die umfangreiche Forschungsarbeit der letzten Jahre zu einer pragmatischen Annäherung und zu konstruktiven Verbindungen verschiedener Ansätze geführt. Die Einsicht, daß man mit der Wahl eines bestimmten theoretisch-methodischen Ansatzes immer auch eine Perspektiv*eingrenzung* vornimmt, ist auf allen Seiten gewachsen. Insofern ist die Forschungsarbeit der letzten Jahre durch zwei Trends gekennzeichnet. Zum einen wird *innerhalb* der jeweiligen Ansätze eine methodische Perfektionierung betrieben, indem z. B. quantitative Analysen von Sozialisationseffekten viel stärker auf Längsschnitt-Untersuchungen setzen (vgl. PEKRUN/FEND 1991) oder indem biografische Studien mehrperspektivisch auf unterschiedliches Quellenmaterial zurückgreifen (vgl. DÖPP/HANSEN/KLEINESPEL 1995). Zum anderen bemühen sich viele Sozialisationsforscher, innerhalb *eines* Projekts mehrere Forschungsansätze miteinander zu verknüpfen, um auf diese

Weise ihr Problem mehrperspektivisch zu erfassen. Der Begriff der „Methoden-Triangulation“ steht hier für ein aufwendiges Programm, in dem – auf eine Fragestellung bezogen – mit ganz unterschiedlichen Verfahren Erkenntnisse gewonnen und „facettenweise zusammengesetzt werden“ sollen (HURRELMANN/ULICH 1991, S. 17). Seit Mitte der 80er Jahre finden sich vermehrt Projekte, die mit solch komplexen methodischen Ansätzen arbeiten (vgl. z.B. HOLTAPPELS 1987; BAETHGE u.a. 1988: TILLMANN u.a. 1994). Sofern Forschungsprojekte über entsprechende Ressourcen verfügen, erscheint es empfehlenswert, diese Ansätze zur Methoden-Triangulation weiterzuentwickeln.

3. Perspektiven schulischer Sozialisationsforschung

Seit etwa 25 Jahren arbeiten im deutschsprachigen Bereich Sozialisationsforscher(innen) mit empirischen Methoden daran, den Zusammenhang zwischen den Einflüssen der Institution Schule und der Persönlichkeitsentwicklung der Heranwachsenden aufzuklären. Dabei haben zu verschiedenen Zeiten unterschiedliche Themen im Vordergrund des Interesses gestanden. Anfang der 70er Jahre ging es vor allem um die schichtenspezifische Sozialisation und Auslese, Mitte der 70er Jahre stand die Frage nach der sozialisatorischen Auswirkung unterschiedlicher Schulsysteme im Vordergrund. Gegenwärtig rückt der Zusammenhang zwischen den Prozessen des familiären und kulturellen Wandels („veränderte Kindheit“, „Individualisierung von Jugend“) und dem schulischen Lernen in den Mittelpunkt des Interesses. Thematischer Wandel in der Forschungs- und Theoriearbeit ist notwendig und „normal“, er unterliegt aber gerade in der Erziehungswissenschaft einer spezifischen Gefahr: Unter dem Zwang zur vordergründigen Originalität werden viel zu häufig die Fragestellungen von gestern als „überholt“, als „falsch gestellt“ oder gar als „beantwortet“ erklärt, um dann mit angeblich ganz neuen und „wirklich wichtigen“ Themen auf den wissenschaftlichen Diskussionsmarkt zu treten. Auch wenn in diesem Beitrag Zukunftsfelder der Forschung skizziert werden sollen, so möchte ich mich doch zugleich von einem solchen „Trendsetting“ in der wissenschaftlichen Diskussion distanzieren. Deshalb skizziere ich zuerst die Themen- und Fragestellungen, die in der schulischen Sozialisationsforschung seit längerem bearbeitet werden und die es verdienen, auch weiterhin im Zentrum des Forschungsinteresses zu stehen: Themen, die bedeutsam bleiben. Daran anschließend weise ich Themen- und Fragestellungen aus, die aufgrund jüngerer gesellschaftlicher, jüngerer pädagogischer Entwicklungen im Zentrum des Forschungsinteresses stehen (sollten): Themen, die aktuell geworden sind.

3.1. Themen, die bedeutsam bleiben

Schule in unserer Gesellschaft ist auf Leistungsauslese und auf gesellschaftliche Integration ausgerichtet, sie richtet ihre Bemühungen auf heranwachsende Mädchen und Jungen. Aus dieser grundlegenden Einordnung ergeben sich drei Forschungsfelder, die aktuell bleiben.

3.1.1. Selektion, Leistung, Konkurrenz

Schule ist und bleibt die zentrale Qualifizierungs- und Selektionsinstanz in unserer Gesellschaft, damit eröffnet oder verweigert sie Lebenschancen, damit konfrontiert sie Heranwachsende langjährig mit Erfahrungen von Erfolg und Scheitern. Schulische Sozialisationsforschung hat immer wieder auf die Dominanz der Leistungsthematik in der Schule verwiesen: Der Unterricht ist auf Aneignung von Inhalten ausgerichtet, diese Zielorientierung ist mit formellen Leistungsnachweisen verknüpft; Zensuren, Zeugnisse und schließlich Schulabschlüsse beherrschen die Szene. Leistungserbringung und Leistungsbewertung erfolgen fast immer individuell, so daß die Schüler(innen) auf diese Weise in Konkurrenz miteinander gesetzt werden; denn „gute" Schüler(innen) kann es nur geben, wenn es auch „schlechte" gibt. Diese Grundstruktur der schulischen Kommunikation ist in doppelter Weise zum Gegenstand schulischer Sozialisationsforschung geworden:

a) Zum einen wurde nach dem Zusammenhang zwischen gesellschaftlicher Ungleichheit (schichtenspezifischer Sozialisation) und schulischem Erfolg gefragt.
b) Zum anderen wurden analysiert, welchen Einfluß auf die Persönlichkeitsentwicklung der Heranwachsenden diese Leistungsorientierung der schulischen Kommunikation nimmt.

Beide Forschungsperspektiven (und ihre hauptsächlichen Ergebnisse) sollen im folgenden knapp skizziert werden.

zu a): Die Einbindung der schulischen Leistungsstruktur in die gesellschaftliche Selektionsfunktion der Schule (und damit in ein System gesellschaftlicher Ungleichheit) ist sowohl von struktur-funktionalen wie von marxistischen Ansätzen her thematisiert worden: Welche Kinder haben in der Schule „typischerweise" Erfolg, welche hingegen Mißerfolg? Mit dieser Frage wurde schon früh auf die Bedeutung der sozialen Herkunft der Kinder und auf den schichtenspezifischen Charakter von „Schulerfolg" verwiesen (vgl. ROLFF 1967). Ob und in welchem Ausmaß die schichtenspezifische Bildungsbenachteiligung von Arbeiterkindern abgebaut werden konnte, wird in Arbeiten des Dortmunder „Instituts für Schulentwicklungsforschung" seit Beginn der 80er Jahre kontinuierlich nachgezeichnet (vgl. zuletzt IMHÄUSER/ROLFF 1992). Die dort präsentierten Ergebnisse machen deutlich, daß in den 70er und 80er Jahren zwar eine gewisse Öffnung „weiterführender" Bildung für Arbeiterkinder stattgefunden hat (insbesondere im Bereich der mittleren Abschlüsse); zugleich wird aber auch deutlich, daß auf den Wegen zur akademischen Bildung (Gymnasium, Universität) nach wie vor massive Unterschiede zwischen Kindern „proletarischer" und „bürgerlicher" Herkunft bestehen: Während 1990 nur etwa jedes 10. Arbeiterkinder ein Gymnasium (7. Klasse) besucht, gehen zwei von drei Beamtenkindern in diese Schulform (vgl. IMHÄUSER/ ROLFF 1992). Während sich in den 60er und 70er Jahren diese Forschung auf die deutschen Arbeiterkinder als die besonders stark benachteiligte Gruppe konzentrierte, führten die zunehmenden Einwanderungen in den 70er und 80er Jahren dazu, daß eine neue Gruppe von Benachteiligten entstand: Kinder aus nicht-deutschen Familien, die in unserem Schulsystem weit weniger erfolgreich sind als ihrer deutschen Mitschüler(innen) (vgl. KLEMM 1984; HORNBERG 1992; ARBEITSGRUPPE BILDUNGSBERICHT 1994, S. 364ff.; POPP 1994, S. 60f.).

Eine solche Forschung zur Ungleichheit im Bildungssystems, zu schichtenspezifischen und ethnischen Benachteiligungen, bleibt weiter bedeutsam. Die kontinuierlich vorgelegten Studien der 70er und 80er Jahre haben nicht nur gezeigt, welche Benachteiligungen abgebaut werden konnten, sondern sie haben auch neue Benachteiligungen aufgedeckt. Forschung hat die Aufgabe, auch künftig solche Entwicklungen zu durchleuchten. Solche Studien sind als Teil einer regelmäßigen Bildungsberichterstattung notwendig, um für die öffentliche Diskussion über jeweils aktuelle und nicht-geschönte Daten zu verfügen. Darüber hinaus hat STEINKAMP (1991) deutlich gemacht, daß die Sozialisationsmechanismen in Schule und Familie, über die die gesellschaftliche Benachteiligung von einer Generation zur nächsten sozial vererbt wird, noch längst nicht aufgeklärt sind. Hier sind weitere intensive Forschungsanstrengungen notwendig.

zu b): Schule – so hat es bereits PARSONS (1968, S. 179f.) formuliert – muß die Auslese verbinden mit einer Internalisierung des Leistungsprinzips, so daß gerade die weniger Erfolgreichen die Überzeugung vertreten, daß sie gerechterweise ausgelesen wurden. Mit dieser These verweist Parsons auf die Bedeutung der schulischen Leistungsstruktur sowohl für die gesamtgesellschaftliche Integration wie für die Persönlichkeitsprägung der Heranwachsenden. In vielen Forschungsprojekten und mit ganz unterschiedlichen Methoden ist die Frage nach der subjektiven Verarbeitung der schulischen Leistungs- und Konkurrenzsstruktur untersucht worden. So hat Fend mit standardisierten Einstellungsskalen erforscht, ob und in welchem Ausmaß die Schule bei den Schülerinnen und Schülern tatsächlich eine gesellschaftlich affirmative „Leistungsorientierung" vermittelt: die Überzeugung, daß in dieser Gesellschaft begehrte Positionen nach dem Kriterium der individuellen Leistung vergeben werden – und daß es deshalb angeraten sei, nach Leistung zu streben. Fend zeigt auf, daß eine solche „Leistungsorientierung" in der Breite der Schülerschaft vorzufinden ist – besonders stark wird sie aber von Hauptschülern vertreten: Obwohl diese Schüler(innen) am ehesten zu den Verlierern des schulischen Konkurrenzkampfs zu zählen sind, sind sie von der „gerechten" Auslese in Schule und Gesellschaft besonders stark überzeugt. Die „erfolgreichen" Gymnasiasten stehen dem hingegen eher kritisch gegenüber (vgl. FEND u.a. 1976, S. 229f.). Die „Arbeitsgruppe Schulforschung" (1980) kommt mit qualitativ-biografischen Methoden zu ganz ähnlichen Ergebnissen. Nicht wenige der „Sitzenbleiber" in der Hauptschule haben die institutionelle Definition als „Versager" für sich übernommen. Die Legitimität von Leistungsorientierung, Zensierung und Auslese steht für sie außer Zweifel – auch wenn sie selbst an diesen Kriterien gescheitert sind. Demgegenüber führen „erfolgreiche" Schüler(innen) diesen Erfolg zum erheblichen Teil auf Bedingungen zurück, die in der eigenen Person liegen: Ehrgeiz, Fleiß oder auch Begabung erklären, warum sie selbst so „gut" sind (vgl. Arbeitsgruppe Schulforschung 1980, S. 171). Auch in dieser Perspektive entwickeln sich kaum Zweifel am schulischen, am gesellschaftlichen Leistungs- und Konkurrenzprinzip.

Allerdings: Die vorliegende Forschung beschreibt überwiegend, wie Schüler(innen) die Leistungskritierien der Institution übernehmen, wie sie ein weitgehend unkritisches Verhältnis zur Leistungsideologie aufbauen. Aus der Forschung zum Wertewandel (vgl. GENSICKE 1994, S. 25f.) wissen wir nun aber, daß solche Leistungskonzepte von einer zunehmenden Minderheit von Heranwachsenden nicht mehr akzeptiert werden. Ob und in welcher Weise Schule zu einer solchen Sichtweise beiträgt, ist nach wie vor eine offene Frage, die auf Bearbeitung wartet.

3.1.2. Anpassung, Normierung, Abweichung

„Leistung“ ist das eine zentrale Stichwort bei der Beschreibung der unterrichtlichen Kommunikation, „Hierarchie und Zwang“ sind die anderen. Denn die Teilnahme am schulischen Unterricht ist nicht freiwillig, weder für die Lehrer(innen) noch für die Schüler(innen). Innerhalb der Zwangsveranstaltung Unterricht hat der Lehrer gegenüber den Schülern eine ungleich höhere Machtposition: Lehrerinnen und Lehrer tragen institutionell gesetzte Anforderungen vor und setzen sie durch, Schülerinnen und Schüler sind zur Einordnung aufgefordert; doch getarnte und auch offene Formen des Ungehorsams gehören ebenso zum Schulalltag wie die reibungslose Anpassung. Innerhalb von Schule und Unterricht bewegen sich die Heranwachsenden in einem Netz von zum Teil dauerhaften, zum Teil von Lehrer zu Lehrer wechselnden Anforderungen, die alle ein gemeinsames Merkmal haben: Sie werden ihnen gegenüber machtvoll vorgetragen; die Zurückweisung solcher Anforderungen wird häufig als Regelverstoß interpretiert und kann sanktioniert werden.

Die vorliegende Forschung zeigt, daß die Auswirkungen dieses Anpassungsdrucks ambivalent sind: Er trägt zunächst dazu bei, „konformitätsorientierte Werthaltungen“ (FEND u.a. 1976, S. 321) bei Schülerinnen und Schülern zu stützen und zu stärken; dazu gehört die hohe Wertschätzung von „Ordentlichkeit, Benehmen, Pflichtbewußtsein“ (ebd.) ebenso wie die Identifikation mit herrschenden politischen Wertvorstellungen. Wenn aber Schulen miteinander verglichen werden, in denen die Lehrerschaft diesen Anpassungsdruck entweder besonders verschärft oder stark abmildert, zeigen sich unterschiedliche Ergebnisse: Wenn Lehrer(innen) von ihren Schüler(innen) ein hohes Maß an Selbständigkeit erwarten, wenn Leistungsdruck moderat ausgeübt wird, wenn Disziplinanforderungen nicht überbetont werden und wenn mit Strafen zurückhaltend umgegangen wird, dann kommt es eher zu positiven Sozialisationseffekten: Die Heranwachsenden zeigen eine hohe Selbstakzeptanz und eine große Erfolgszuversicht, die Angst ist nicht sehr ausgeprägt.

„Erwarten die Lehrer jedoch wenig selbständiges Verhalten von ihren Schülern, halten sie Disziplin für außerordentlich wichtig..., strafen sie Schüler häufig,.... dann sind auch ihre Schüler von Angst gekennzeichnet, die Erfolgszuversicht ist relativ niedrig“ (FEND 1980, S. 371f.).

Daran wird deutlich, daß der Anpassungsdruck sehr leicht mit unerwünschten erzieherischen Wirkungen verbunden sein kann, und daß es sehr stark vom dem „Schulklima“ – und damit von den Lehrern selbst – abhängig ist, welche pädagogischen Wirkungen mit der institutionellen Hierarchie verbunden sind.

Auf diese Ambivalenz der schulischen Anpassungs- und Gehorsamkeitsforderungen haben insbesondere interaktionistisch orientierte Forschungsprojekte immer wieder aufmerksam gemacht. Dabei machen sie deutlich, daß mit der institutionellen Normierung zugleich auch immer die Tendenz zur Abweichung gestärkt wird – und daß damit Prozesse in Gang gesetzt werden, die einzelne Schüler(innen) in deviante Karrieren befördern können (vgl. BRUSTEN/HURRELMANN 1973). Die institutionellen Regelungen und Anforderungen in der Schule sind so eng, daß kein Mensch (auch kein Lehrer) sie stets alle erfüllen kann. Angesichts der Vielzahl der Regelungen ist ständige Konformität illusionär, angesichts der eigenen Bedürfnisse ist sie für Schüler(innen) auch gar nicht erstrebenswert. Da der Verstoß gegen die Regeln jedoch risikoreich ist, entwickeln Schüler eine ganz spezifische Form der Anpassung: Das kalkulierte und geschickte Unterlaufen von Anforderungen, der verdeckte Protest, das Vortäuschen von Leistungen – dies alles gehört zu den wohlbekannten „Schülertaktiken" (vgl. HEINZE 1976), mit denen sich die Heranwachsenden ein einigermaßen angenehmes „Überleben" in der Institution sichern wollen. Dabei wird ein Umgang mit Institutionen erlernt, der sich im späteren Leben als sehr hilfreich erweisen kann. Solche Schülertaktiken, die auch in literarischen Texten gern genüßlich beschrieben werden (z.B. bei Thomas MANN, bei Bert BRECHT), sind gleichsam „augenzwinkernd" akzeptierte Normabweichungen, bei denen die Heranwachsenden allerdings zugleich lernen, daß man auch bei Verstößen nicht „zu weit" gehen darf.

Davon zu unterscheiden sind die Prozesse, bei denen einzelnen Schülerinnen und Schülern immer wieder normabweichendes Verhalten vorgeworfen wird, bei denen „Verstöße" als zunehmend schwerwiegender bewertet werden, und bei denen auf diese Weise das Etikett (und später auch die Selbstkategorisierung) als „schwieriger Schüler" vergeben wird. Als letzte Stufe dieser Devianzproduktion erfolgt dann die Aussonderung: Einzelne Schüler werden als nicht mehr tragbar erklärt und entweder im hierarchisch gegliederten Schulsystem von oben (Gymnasium) nach unten (bis zur Hauptschule oder gar zur Sonderschule) verschoben oder sozialpädagogischen Einrichtungen als „Fall" überwiesen. Von dort geht die deviante Karriere dann nicht selten bis zu den Instanzen der Strafverfolgung.

Ob und in welchem Maße die Schule „abweichendes Verhalten" hervorbringt, oder ob sie lediglich der Schauplatz für aggressive Schülerhandlungen ist, ist in der Öffentlichkeit in den letzten Monaten intensiv diskutiert worden. Die starke Emotionalisierung des Themas „Gewalt in Schulen" hat zugleich deutlich gemacht, daß wissenschaftlich gesichertes Wissen dazu kaum vorliegt (vgl. HURRELMANN 1993, S. 44ff.). Daran zeigt sich, daß die Fragen von Anpassung und Abweichung in der Schule längst nicht aufgeklärt sind, sondern daß je aktuelle Varianten dieses Themas von Lehrern, Eltern und Schulpolitikern immer wieder diskutiert werden – und daß zugleich Anfragen an die Sozialisationsforschung gestellt werden, die mit den gegenwärtig vorliegenden Ergebnissen nicht beantwortet werden können.

3.1.3 Geschlecht, Interaktion, Kompetenz

Mit der Kunstfigur des „katholischen Arbeitermädchens vom Lande" als Inkarnation von Bildungsbenachteiligung wurde in den sechziger Jahren die Aufmerksamkeit auf weibliche Bildungskarrieren gelenkt. Jürgen ZINNECKER (1972) war einer der ersten, der die Möglichkeiten und Grenzen von Schule bei der Durchsetzung gleicher Rechte analysierte. Seine Anstöße wurden jedoch nur begrenzt aufgegriffen.

Zu Beginn der achtziger Jahre wird dann zunehmend kritisiert, daß die Erziehungswissenschaft in ihren Untersuchungen zur schulischen Sozialisation bislang das Geschlecht nicht als soziale Strukturkategorie berücksichtigt hat. Der Vorwurf insbesondere der pädagogischen Frauenforschung lautet knapp zusammengefaßt: Die in unserer Gesellschaft etablierte Geschlechterhierarchie wird weitgehend ausgeblendet, Männliches häufig für das allgemeine gehalten oder doch als Norm gesetzt, an der weibliche Lebens- und Lernzusammenhänge gemessen und häufig als defizitär abgewertet werden. Häufig kommen auch Geschlechterdifferenzen gar nicht in den Blick. Unbewußt – weil unbemerkt – werden damit Ungleichheiten reproduziert.

In den 80er Jahren werden erste Studien durchgeführt, mit denen die verdeckte Benachteiligung von Mädchen in schulischen Sozialisationsprozessen aufgezeigt wird. So wird in mehreren Untersuchungen aufgezeigt, daß Jungen deutlich mehr Zuwendung von Lehrern und auch von Lehrerinnen erfahren, während Mädchen sich weit stärker darum bemühen müssen (vgl. z. B. FRASCH/WAGNER 1982, ENDERS-DRAGÄSSER/FUCHS 1989). Jungen werden im Unterricht häufiger aufgerufen, allerdings dabei nicht selten wegen disziplinarischer Verstöße getadelt. Dennoch vermittelt ihnen auch solch eher negatives Angesprochenwerden das deutliche Gefühl, wahrgenommen und beachtet zu werden. Sie sind es nicht gewohnt, übersehen zu werden und reagieren bereits mit Empörung, wenn Mädchen annähernd gleich häufig am Geschehen beteiligt werden. Sowohl aus der Sicht der Schüler und Schülerinnen als auch der Lehrer und Lehrerinnen stellte sich eine fast gleiche

Beteiligung von Jungen und Mädchen (in keinem Fall wurde tatsächlich Parität erreicht) subjektiv bereits als Bevorzugung der Mädchen dar. Die sonst übliche „Normalverteilung“ zugunsten der Jungen hatte sich als Norm soweit eingebürgert, daß Mädchen und Lehrer(innen) ein schlechtes Gewissen bekamen, obwohl Ungleichheit lediglich abgebaut, keineswegs aufgehoben wurde. Gleichzeitig protestieren die Jungen massiv gegen den Verlust ihrer Privilegien.

Aber es geht nicht nur um Quantitäten der Beteiligung. Lehrer und Lehrerinnen betrachten häufig Jungen als die interessanteren, die „wirklich glänzenden“ Schüler. Sie wissen mehr über männliche Schüler, beziehen sich eher namentlich auf sie und greifen auch häufiger ihre Anregungen und Interessen auf (vgl. z. B. SKINNINGSRUD 1984, SPENDER 1985). Angesichts dieser Situation verwundert es dann auch nicht, daß Jungen in der Schule ein weit größeres Selbstbewußtsein aufbauen können als Mädchen (vgl. HORSTKEMPER 1987). Auf diese Weise hilft Schule mit, Jungen und Mädchen in das „symbolische System der Zweigeschlechtlichkeit“ (HAGEMANN-WHITE 1984) einzuüben und die hierarchische Ordnung der Geschlechterverhältnisse zu akzeptieren. Der „Überlegenheitsimperativ“ (WAGNER u.a. 1984) der Jungen wird zementiert, obwohl er gleichzeitig immer wieder auch durch die Realität infrage gestellt wird: Sie sind ja nicht immer größer, stärker, klüger – müßten es aber dem Anspruch nach sein (vgl. BARZ 1982).

In der jüngeren Vergangenheit ist auf die Kehrseite dieses Anspruchs, immer groß und stark – „cool“ – sein zu müssen und weder Gefühle noch Tränen zeigen zu dürfen, verwiesen worden. Die „kleinen Helden“ sind „in Not“ geraten, wie SCHNACK/NEUTZLING (1990) nicht ohne Ironie feststellen; ihre Sozialisation bleibt „zwischen Größenwahn und Selbstzweifel“ in all ihrer Widersprüchlichkeit weitgehend undurchschaubar (SIELERT 1989, S. 27). Zwar dringt „das Leiden an Männlichkeitsnormen, die andere Bedürfnisse zudecken und von ihrer Befriedigung abschneiden, (...) kaum ins Bewußtsein der meisten Jungen“ (SIELERT 1989, S. 32), dennoch erleben sie ihr eigenes Geschlecht als defizitär. So kritisieren sie durchgängig bei den eigenen Geschlechtsgenossen die Gewalt; Verständnis und Sozialkompetenz sind dagegen Eigenschaften, die sie bei sich vermissen und die sie eher bei den Mädchen zu finden glauben (vgl. FAULSTICH-WIELAND/HORSTKEMPER 1992).

Die Forschungs- und Entwicklungsperspektive hat sich somit erweitert. Nunmehr werden beide Geschlechter in den Blick genommen. Ziel ist es dabei, Mädchen wie Jungen eine möglichst umfassende Entwicklung ihrer Kompetenzen zu ermöglichen, ohne daß dies durch eine frühzeitige Fixierung auf traditionelle Geschlechtsrollen behindert wird. Jungen und Mädchen eignen sich ihre Identität – und dabei auch ihre subjektive Ausgestaltung ihrer

Rolle als Mann oder Frau – in konkreten Handlungen an. Es geht also nicht einfach um Übernahme von Erwartungen, sondern um eine aktive Auseinandersetzung, auch um partielle Zurückweisung angesonnener Verhaltensweisen, um das Erfinden und Erproben neuer Alternativen. Solche Prozesse verlaufen auf der Ebene der Individuen notwendigerweise nicht konfliktfrei, sondern widersprüchlich, oft krisenhaft, sie produzieren Widerstände, können aber auch Energien freisetzen, Entwicklungen vorantreiben und zu selbstbestimmtem Handeln befähigen. Wie diese Prozesse im einzelnen ablaufen und welchen Einfluß darauf unterschiedliche schulische Arrangements ausüben, ist noch weitgehend unbekannt. Damit ist das weite und zugleich dringend bearbeitungsbedürftige Feld für eine geschlechtsspezifische Sozialisationsforschung im schulischen Kontext zumindest grob umrissen.

3.2. Themen, die aktuell geworden sind

Während die zuvor angesprochenen Themen schon seit längerem bearbeitet werden, sind in den 80er Jahren neue Problemperspektiven aufgetaucht. Sie erklären sich vor allem aus dem gesellschaftlichen und dem schulischen Wandel und aus den sich daraus ergebenden geänderten Konstellationen für schulische Sozialisationsprozesse. Drei Aspekte des gesellschaftlichen Wandels, aus denen sich zugleich neue Forschungsthemen herauskristallisiert haben, scheinen mir besonders bedeutsam. Sie sollen im folgenden knapp skizziert werden.

3.2.1. Kindliche Lebenswelt und schulisches Lernen

Verhaltensformen, Orientierungen, Motivationen von Heranwachsenden werden zum erheblichen Teil durch Erfahrungen in familiären und außerschulischen Kontexten geprägt. Das Verhältnis zu den Eltern und Geschwistern, die Aktivitäten in der peer-group, der Konsum von Medien – dies alles beeinflußt die Mentalitäten und Handlungsmuster der Kinder, wenn sie als Schüler(innen) im Unterricht sitzen. Nun ist es ein ganz normaler Sachverhalt, daß sich im historischen Prozeß auch die Lebenswelten von Kindern ändern. Allerdings spricht vieles dafür, daß der gesellschaftliche Wandel in den letzten 25 bis 30 Jahren so umfassend war, daß sich dabei die Bedingungen des kindlichen Aufwachsens geradezu sprunghaft verändert haben (vgl. ROLFF/ZIMMERMANN 1985; FÖLLING-ALBERS 1991). Dies läßt sich zunächst anhand einiger objektiver Merkmale festmachen:

Die durchschnittliche Zahl der Kinder pro Familie sinkt seit Jahren, immer mehr Kinder wachsen als Einzelkinder, immer weniger in größeren Familienverbänden auf. Parallel dazu steigt die Erwerbstätigkeit der Mütter. Neben traditionellen Kleinfamilie, in denen gegenwärtig etwa 85% der Kinder aufwachsen, treten immer häufiger andere Familienformen: Alleinerziehende, nicht-eheliche Lebensgemeinschaften, Zweitfamilien etc. (vgl. POPP/TILLMANN 1990). Doch nicht nur die Familienformen, auch die ethnische Herkunft der Kinder ist weit pluraler geworden. Ende der 80er Jahre hatten etwa 12% der Grundschulkinder einen ausländischen Paß, in städtischen Regionen sind in einer Grundschulklasse oft fünf oder mehr Muttersprachen vertreten. Damit ist die Berührung mit fremden Kulturen für viele Kinder zur alltäglichen Erfahrung in der Schule geworden. Für deutsche wie für ausländische Kinder gilt gleichermaßen, daß sich der radikalsten Wandel wohl im Bereich der Medien vollzogen hat. Während zu Beginn der 60er Jahre noch die meisten Kinder ohne Fernsehen aufwuchsen, sind die Haushalte heute mit unterschiedlichen Medien – vom Walkman bis zum Videogerät – vollgestopft. Insbesondere die Bildschirmmedien spielen in der heutigen Kinderwelt eine überragende Rolle. Acht- bis Dreizehnjährige schauen durchschnittlich 80 Minuten am Tag fern, „Vielseher“ unter ihnen bringen es auf mehr als drei Stunden täglich (vgl. SCHNOOR/ZIMMERMANN 1989). Dies alles ist verbunden mit einem Wandel des Erziehungsklimas in den Familien: Auf der einen Seite wurden autoritäre Verhältnisse abgebaut, an die Stelle von „Befehlen und Gehorchen“ ist der kommunikative Austausch, ist das „Verhandeln“ getreten (vgl. BÜCHNER 1983). Zugleich sind aber die Leistungsanforderungen, die bereits an Grundschulkinder gestellt werden, kontinuierlich gestiegen. Während zu Beginn der 60er Jahre nur etwa 16% der Kinder ein Gymnasium besuchten (vgl. ROLFF/KLEMM/TILLMANN 1985, S. 84), streben heute 54% der Grundschuleltern für ihr Kind das Abitur an (vgl. ROLFF u.a. 1994, S. 15).

Der soeben skizzierte Wandel wird von vielen Sozialisationsforschern als ein massiver Veränderungsschub beschrieben (vgl. ROLFF/ZIMMERMANN 1985) und insbesondere in seinen Konsequenzen für kindliches Verhalten betrachtet. Hier lassen sich nun Beobachtungen anschließen, die insbesondere von Grundschullehrerinnen und -lehrern gemacht werden. Von ihnen werden die heutigen Grundschulkinder als unruhig, wenig ausdauernd, wenig konzentrationsfähig beschrieben. Zugleich werden sie für „ich-bezogen, erwachsenenorientiert und wenig rücksichtsvoll“ gehalten (FÖLLING-ALBERS 1991, S. 58).

Nun ist gegenüber Beschreibungen von Erwachsenen, die Kinder heute seien „schwieriger“, „problematischer“, „weniger lernbereit“ als früher, stets große Skepsis angebracht; denn die Gefahr, daß hier lediglich ein nostalgisch gefärbter Vergleich mit der eigenen Kindheit gezogen wird, liegt auf der Hand (vgl. HARMS 1989, S. 13). Doch mit solchen Bedenken allein kann die Hypothese, daß die gewandelte Kindheit massive Auswirkungen auf das schulische Verhalten hat, nicht zurückgewiesen werden. Vielmehr wird mit diesem Einwand deutlich, daß hier ein großer Forschungsbedarf besteht; denn der weitverbreiteten Überzeugung, Kinder seien heute „ganz anders" als noch vor zehn oder zwanzig Jahren, steht eine recht dürftige Forschungslage gegenüber. Daher ist als generelle Frage zu formulieren: In welcher Weise werden die (veränderten) Lebenswelten von den Kindern aufgenommen und verarbeitet, welche (möglicherweise) veränderten Orientierungen und Verhaltensweisen ergeben sich daraus? Diese Fragestellung verweist auf die Notwendigkeit, Kindheitsforschung und Schulforschung unter sozialisatorischer Perspektive miteinander zu verknüpfen.

3.2.2. Pluralisierung in Schule und Jugend

Der soeben skizzzierte Wandel kindlicher Lebenswelten ist Teil eines Veränderungsprozesse der bundesdeutschen Gesellschaft, der von Ulrich BECK (1983; 1986) als „Modernisierungsschub" beschrieben wird: Die Dynamik des entwickelten Kapitalismus führt dazu, daß traditionale Milieus (und deren Sozialisationsklima) aufgelöst werden, daß Lebenswege weit weniger in vorgeprägten bahnen verlaufen, daß Schulformen und Klassenmilieus weit weniger eng aufeinander bezogen wind. Für das heranwachsende Subjekt ergibt sich daraus eine „Pluralisierung" von Lebensformen und eine „Individualisierung" der Lebenswege (vgl. BECK 1983, S. 58ff.; TILLMANN 1994, S. 256ff.).

Dieser Prozeß der Pluralisierung hat in besonders tiefgehender Weise das Jugendalter verändert. Dort sind aus den wenigen klassen- und geschlechtsspezifisch Ablaufmustern von „Jugend", wie sie noch in den 60 Jahren bestanden haben, vielfältige Varianten des Lebenslaufs entstanden: Jugend als Statuspassage fasert aus (entstrukturiert sich), Jugend als Lebensform wird in bisher nicht gekannter Weise vielfältig (pluralisiert sich) (vgl. HEITMEYER/OLK 1990). Dies alles hat massive Rückwirkungen auf die Schule; denn die Bildungsexpansion hat seit den 60er Jahren dazu geführt, daß immer mehr Jugendliche immer länger zur Schule gehen. Schulzeit und Jugendzeit fallen immer enger zusammen, inzwischen besucht die Mehrheit der 16- bis 19jährigen eine (allgemeine oder berufliche) Vollzeitschule (vgl. BMBW 1993/94, S. 22f.). Für all diese Jugendlichen gilt, daß früher bekannte gesellschaftliche Regelungen und Selbstverständlichkeiten an Orientierungskraft verloren haben. Dies gilt für die – auf allen Ebenen – unsichere Berufseinmündung genauso wie für die flexibler gewordene Geschlechterrolle und für die zu wählende Lebens- und Beziehungsform. In sämtlichen Feldern stehen Jugendliche unter Entscheidungs- und Auswahlzwängen, ohne daß sie die Folgen ihrer Entscheidungen klar abschätzen können. Jugendforscher sehen in dieser ständigen latenten Unsicherheit auch den Ausgangspunkt für die Jugendstile, die sich in großer Vielfalt (von den Punks über die Gruftis bis hin zu den Skins) herausgebildet haben: Heranwachsende, die sich an nichts Sicheres mehr halten können, suchen Sicherheit durch Identifizierung mit einem Gruppenstil.

In der Jugendforschung sind die Begriff „Individualiserung" und „Pluralisierung" in den letzten Jahren zu theoretischen Leitkategorien avanciert, sie haben einen Boom an theoretischen und empirischen Arbeiten ausgelöst (vgl. z.B. HEITMEYER/OLK 1990). Die Schule ist bei diesen Studien allenfalls am Rande in den Blick geraten. Welche Konsequenzen sich aus dieser Entwicklung für die Schule ergeben, wird zwar gelegentlich eher essayistisch beschrieben (vgl. z. B. ZIEHE 1983), aber bisher nicht systematisch analysiert. Und auch die „umgekehrte" Fragestellung – was trägt die Schule zum Individualisierungsprozeß bei – wartet noch auf ihre systematische Bearbeitung.

3.2.3. Ansätze innerer Schulreform

Ein Blick auf die wichtigsten Studien zur schulischen Sozialisation zeigt, daß sich dort ein eher konventionelles Bild von Schule niederschlägt. Die meisten dieser Studien gehen davon aus, daß Fachunterricht in Jahrgangsklassen erteilt wird, daß Hausaufgaben und Ziffernoten gegeben werden, daß Schule vor allem aus Unterricht im Klassenraum besteht und daß die Lehrer(innen) überwiegend frontal unterrichten. Fast alle gängigen Schulklima-Skalen gehen implizit von diesem Bild aus (vgl. z. B. HELMKE/DREHER 1979, S. 204ff.).

Nun hat sich in den letzten Jahren nicht nur außerhalb, sondern auch innerhalb des Schulsystems einiges gewandelt. In vielen Schulen wurde durch eine engagierte Reformarbeit das tradierte Lernarrangement aufgelockert oder gar prinzipiell verändert (vgl. GROPENGIEßER/OTTO/TILLMANN 1994). Das geschah keineswegs in allen Schulen – und die Reformaktivitäten sind auch in den verschiedenen Schulen, Schulformen und Bundesländern unterschiedlich weit entwickelt. Dennoch lassen sich einige deutliche Trends angeben:

a) Auflockerung des Klassenverbandsunterrichts in Richtung auf mehr Gruppen-, Partner- und Individualarbeit – etwa in Form der „Freien Arbeit" bzw. der „Wochenplanarbeit" (vgl. z. B. CLAUSSEN 1991).

b) Auflockerung der traditionellen Jahrgangsklasse durch die Zusammenstellung altersgemischter Gruppen – etwa im Grundschulunterricht oder auch im Wahlbereich von Sekundarschulen (vgl. HAARMANN 1991).
c) Aufbrechen der Dominanz des reinen Fachunterrichts durch fächerübergreifende Arbeitsweisen, durch handlungsorientierten Unterricht, durch projektförmiges Arbeiten (vgl. BASTIAN/GUDJONS 1986).
d) Einschränkung der Zensierung, indem vor allem in jüngeren Jahrgängen (z. T. bis zur 6. Klasse, in Reformschulen auch weiter) keine Ziffernnoten erteilt werden, sondern die Rückmeldungen über Lernberichte erfolgen (vgl. BAMBACH 1994).
e) Öffnung der Schule hin zu außerschulischen Lernfeldern, häufig verbunden mit der Erweiterung schulischer Erfahrungsfelder im Rahmen des „Schullebens“ (vgl. z.B. ZIMMER/NIGGEMEYER 1986).

Die meisten dieser schulpädagogischen Reformtendenzen haben sich im Grundschulbereich weit stärker verbreiten können als in den Sekundarschulen (vgl. Arbeitsgruppe Bildungsforschung 1994, S. 321), doch sind einige dieser Arbeitsformen (insbes. c und e) inzwischen auch in nicht wenige Sekundarschulen „eingesickert“ (vgl. z.B. RIEGEL 1994).

Unter einer sozialisatorischen Perspektive ist nun von Interesse, ob sich der erzieherische Effekt der Institution Schule ändert, wenn die Lernformen in dieser Weise verändert werden: Sinkt die Leistungsangst, steigt die Erfolgszuversicht, wenn es keine Ziffernnoten mehr gibt? Ändert sich das Klassenklima, wenn während des Unterrichts die Schüler(innen) intensiv miteinander reden und arbeiten? Wie bilden sich peeer-groups, wenn die Lerngruppen altersheterogen zusammegesetzt sind? Zu all diesen Fragen gibt es bisher kaum Antworten; denn die schulische Sozialisationsforschung hat sich bisher fast ausnahmslos mit der „Normalschule“[3] – aber kaum mit reformpädagogischen Arrangements beschäftigt (vgl. LÜTGERT 1993 als Ausnahme). In dem Maße, in dem solche Lernformen weiteres schulisches Terrain erobern, wird es aber erforderlich sein, auch die Auswirkungen dieser Lernarrangements auf die Persönlichkeitsentwicklung der Schüler(innen) zu untersuchen. Dies scheint auch ein Weg zu sein, um die didaktische Relevanz schulischer Sozialisationsforschung zu stärken.

---

3 In diese Aussage läßt sich auch die Forschung zur Gesamtschule einbeziehen. Denn analylsiert werden dort fast ausschließlich die Sozialisationseffekte veränderter Organisationsstrukturen (z.B. Auswirkungen von Fachleistungskursen); reformpädagogische Ansätze (so sie denn vorhanden sind) kommen auch dort kaum in den Blick.

4. Fazit

Mit der Analyse der Schule *als Sozialisationsinstanz* trat gegen Ende der 60er Jahre eine damals neue Sichtweise auf pädagogische Prozesse in der Schule auf den Plan. Diese Sichtweise hat intensive Forschungstätigkeiten angeregt und auf diese Weise zu einer umfassenden Erarbeitung empirischen Wissens über Subjektentwicklung im schulischen Kontext geführt. Während dieses Theorie- und Forschungskonzept über längere Zeit als soziologischer Angriff auf die einheimischen Gebiete der „Pädagogik" bewertet (und entsprechend behandelt) wurde, haben sich inzwischen die Kontroversen abgeschliffen und die Positionen verschoben. Die Theorie der (schulischen) Sozialisation wird längst als ein wichtiges Gebiet einer theoretische und methodisch pluralen Erziehungswissenschaft anerkannt. Dieser Integrationsprozeß wird in dem Maße voranschreiten, in dem die schulische Sozialisationsforschung relevante Erkenntnisse für die wissenschaftliche wie für die öffentliche Diskussion liefert. Auf welchen „Zukunftsfeldern" eine solche Forschung stattfinden sollte, habe ich zu zeigen versucht.

Literatur

Arbeitsgruppe Bildungsbericht am Max-Planck-Institut für Bildungsforschung (Hrsg.): Das Bildungswesen in der Bundesrepublik Deutschland. Reinbek 1994

Arbeitsgruppe Schulforschung: Leistung und Versagen – Alltagstheorien von Schülern und Lehrern. Frankfurt/M. 1980

Baacke, D./Schulze, Th: Aus Geschichten lernen. Zur Einführung in pädagogisches Verstehen. Weinheim/München 1979; 2. überarb. Auflage 1993

Baethge, M. u.a.: Jugend: Arbeit und Identität. Opladen 1988

Bambach, H.: Ermutigungen. Nicht Zensuren. CH-Lengwil 1994

Barz, M.: „Mir stinkt, daß man(n) Mädchen nicht schlagen darf!" oder: Von der Ambivalenz weiblicher Privilegien. In: Enders-Dragässer, Uta (Hrsg.): Gutachten „Frauen und Schule". Gießen 1982

Bastian, J./Gudjons, H. (Hrsg.): Das Projektbuch, Hamburg 1986

Beck, U.: Jenseits von Stand und Klasse? Soziale Ungleichheit, gesellschaftlicher Individualisierungsprozesse und die Entstehung neuer sozialer Formationen und Identitäten. In: Kreckel, R. (Hrsg.): Soziale Ungleichheiten, Sonderband 2 der „Sozialen Welt", Göttingen 1983, S. 35-74

Beck, U.: Risikogesellschaft. Auf dem Weg in eine andere Moderne. Frankfurt/M. 1986

Bernfeld, S.: Sisyphos oder die Grenzen der Erziehung. Leipzig 1925 (Nachdruck Frankfurt/Main 1967)

Bietau, A./Breyvogel, W./Helsper, W.: Zur Selbstkrise Jugendlicher in Schule und Subkultur. in: Zeitschrift für Pädagogik, Heft 3/1981,
Brezinka, W.: Von der Pädagogik zur Erziehungswissenschaft. Weinheim 1971
Brumlik, M./Holtappels, H.G.: Mead und die Handlungsperspektive schulischer Akteure – interaktionistische Beiträge zur Schultheorie. In: Tillmann, K.J. (Hrsg.), Schultheorien, Hamburg 1987, S. 88-103
Brusten, M./Hurrelmann, K.: Abweichendes Verhalten in der Schule. München 1973
Büchner, P.: Vom Befehlen und Gehorchen zum Verhandeln, in: Preuss-Lausitz, U. u.a.: Kriegskinder, Konsumkinder, Krisenkinder, Weinheim 1983, S. 196-212
Bundesministerium für Bildung und Wissenschaft (BMBW): Grund- und Strukturdaten, Bonn 1993/94
Claussen, C.: Wochenplanarbeit in der Grundschule, in: Haarmann, D.: Handbuch Grundschule, Band 1, Weinheim/Basel 1992, S. 223-239
Combe, A./Helsper, W.: Was geschieht im Klassenzimmer? Weinheim 1994
Döpp, W./Hansen, S./Kleinespel, K.: Eine Schule für alle Kinder. Die Laborschule im Spiegel von Bildungsbiografien. Weinheim/Basel 1995 (in Druck)
Enders-Dragässer, U./Fuchs, C.: Interaktionen der Geschlechter. Sexismusstrukturen in der Schule. Weinheim 1989
Engel, U./Hurrelmann, K.: Was Jugendliche wagen. Eine Längsschnittstudie über Drogenkonsum, Streßreaktionen und Delinquenz im Jugendalter. Weinheim/München 1993
Faulstich-Wieland, H./Horstkemper, M.: „Ohne Jungs fehlt der Klasse der Pep!". Koedukation aus der Sicht von Schülerinnen und Schülern. In: Die Deutsche Schule Heft 3/1992, S. 348-360
Fend, H.: Sozialisierung und Erziehung. Weinheim 1969.
Fend, H.: Gesellschaftliche Bedingungen schulischer Sozialisation. Weinheim/Basel 1974
Fend, H. u.a.: Sozialisationseffekte der Schule. Weinheim 1976.
Fend, H.: Schulklima. Soziale Einflußprozesse in der Schule. Weinheim/Basel 1977
Fend, H.: Theorie der Schule. München 1980.
Fend, H.: Gesamtschule im Vergleich. Bilanz der Ergebnisse des Gesamtschulversuchs. Weinheim/Basel 1982
Fend, H.: Vom Kind zum Jugendlichen. Der Übergang und seine Risiken. Bern u. a. 1990
Fend, H.: Schule und Persönlichkeit: Eine Bilanz der Konstanzer Forschung zur „Sozialisation in Bildungsinstitutionen". In: Pekrun, R./Fend, H. (Hrsg.): Schule und Persönlichkeitsentwicklung, Stuttgart 1991
Fölling-Albers, M.: Veränderte Kindheit – neue Aufgaben für die Grundschule. In: Haarmann, D. (Hrsg.): Handbuch Grundschule, Band 1, Weinheim 1991, S. 52-64
Frasch, H./Wagner, A. C.: „Auf Jungen achtet man einfach mehr ...". In: Brehmer, Ilse (Hrsg.): Sexismus in der Schule. Weinheim 1982
Fuchs, W.: Biographische Forschung. Opladen 1984
Fuchs-Heinritz, W./Krüger, H.W. (Hrsg.): Feste Fahrpläne durch die Jugendphase? Opladen 1991

Gaiser, W. u. a.: Schule im sozialökologischen Kontext. Bedingungen inner- und außerschulischen Lernens bei Hauptschulabsolventen. In: Unterrichtswissenschaft 7 (1979), S. 143-161

Gensicke, Th.: Wertewandel und Erziehungsleitbilder. In: PÄDAGOGIK, Heft 7-8/1994 (46), S. 23-28

Gropengießer, I./Otto, G./Tillmann; K.J. (Hrsg.). Schule – zwischen Routine und Reform. Friedrich Jahresheft XII, Velber 1994

Gruschka, A./Di Chio, V./Schlicht, H.J.: Lernbiographien von Kollegschülern. Münster 1981

Haarmann, D. (Hrsg.): Handbuch Grundschule, Band 1. Weinheim/Basel 1991

Hagemann-White, C.: Sozialisation: Weiblich – männlich? Opladen 1984

Harms, G.: Lebensumwelten heutiger Kinder, in: Grundschule, Heft 5/1989, S. 13-15

Heinze, Th.: Unterricht als soziale Situation. München 1976

Heitmeyer, W./Olk, Th. (Hrsg.): Individualisierung von Jugend. Weinheim/München 1990

Helmke, A./Dreher, E.: Gesamtschule und dreigliedriges Schulsystem in Nordrhein-Westfalen – erzieherische Wirkungen und soziale Umwelt. Paderborn u.a. 1979

Holtappels, H.G.: Schülerprobleme und abweichendes Verhalten aus Schülerperspektive. Bochum 1987

Hornberg, S.: Multikulturelle Schülerschaft in der neuen Bundesrepublik, in: Rolff, H.-G. u.a. (Hrsg.), Jahrbuch der Schulentwicklung, Band 7, Weinheim/München 1992, S. 227-250

Horstkemper, M.: Schule, Geschlecht und Selbstvertrauen. Eine Längsschnittstudie über Mädchensozialisation in der Schule. Weinheim und München 1987

Hurrelmann, K.: Erziehungssystem und Gesellschaft. Reinbek 1975

Hurrelmann, K./Ulich, D. (Hrsg.): Handbuch der Sozialisationsforschung. Weinheim/Basel 1980

Hurrelmann, K./Ulich, D. (Hrsg.): Neues Handbuch der Sozialisationsforschung. Weinheim/Basel 1991

Hurrelmann, K./Wolf, H.: Schulerfolg und Schulversagen. Fallanalysen von Bildungslaufbahnen. Weinheim/München 1986

Hurrelmann, K.: Aggression und Gewalt in der Schule. In: Schubarth, W./Melzer, W. (Hrsg.): Schule, Gewalt und Rechtsextremismus, Opladen 1993, S. 44-56

Imhäuser, K./Rolff, H.-G.: Facharbeiterlücke und Akademikerschwemme? Entwicklungen in der Sekundarstufe II. in: Rolff, H.-G.u.a. (Hrsg.), Jahrbuch der Schulentwicklung, Band 7, Weinheim/München 1992, S. 59-92

Kieper, M.: Lebenswelten „verwahrloster" Mädchen. München 1980

Kleinespel, K.: Schule als biographische Erfahrung. Die Laborschule im Urteil ihrer Absolventen. Weinheim/Basel 1990

Klemm, K.: Arbeitsmigration und Rückkehrbereitschaft, in: Rolff, H.-G. u.a. (Hrsg.), Jahrbuch der Schulentwicklkung, Band 3, Weinheim/Basel 1984, S. 225 – 235

Köckeis-Stangl, E.: Methoden der Sozialisationsforschung, in: Hurrelmann, K./Ulich, D. (Hrsg.), Handbuch der Sozialisationsforschung, Weinheim 1980, S. 321-370

Kossakowski, A.: Erziehung älterer Schüler – psychologisch betrachtet. Berlin (DDR) 1985
Krappmann, L./Oswald, H.: Beziehungsgeflechte und Gruppen von gleichaltrigen Kindern in der Schule. In: Kölner Zeitschrift für Soziologie und Sozialpsychologie, Sonderheft 25, Opladen 1983, S. 420-450
Krause, Chr.: Zur Genese des Selbstbildes im Kindes- und Jugendalter. Habilitationsschrift (unveröffentlicht). Greifswald 1986
Lütgert, W.: Soziale Kompetenzen – wo braucht man sie? Erfahrungen von Absolventen der Bielefelder Laborschule. In: PÄDAGOGIK 1993 (45), Heft 6, S. 35-41
Oswald, H. u. a.: Grenzen und Brücken – Interaktion zwischen Mädchen und Jungen im Grundschulalter. In: Kölner Zeitschrift für Soziologie und Sozialpsychologie, Heft 3/1986, S. 560-580
Parsons, T.: Die Schulklasse als soziales System. In: ders., Sozialisationsstruktur und Persönlichkeit, Frankfurt/M. 1968.
Pekrun, R./Fend, H. (Hrsg.): Schule und Persönlichkeitsentwicklung. Stuttgart 1991
Popp, U./Tillmann, K.J.: Jugend und Familie – mehr Kontinuität als Wandel? In: Neue Sammlung, Heft 4/1990, S. 564-572
Projektgruppe Jugendbüro: Die Lebenswelt von Hauptschülern. Ergebnisse einer Untersuchung. München 1975
Projektgruppe Jugendbüro: Subkultur und Familie als Orientierungsmuster. München 1977
Riegel, E.: Schule von innen verändern – ein Gymnasium wird Gesamtschule, in: Tillmann, K.J. (Hrsg.), Was ist eine gute Schule? Hamburg 1994, S. 120-134
Rolff, H.G.: Sozialisation und Auslese durch die Schule. Heidelberg 1967
Rolff, H.-G./Klemm, K./Tillmann, K.J.: Bildung für das Jahr 2000. Bilanz der Reform – Zukunft der Schule. Reinbek 1985
Rolff, H.-G./Zimmermann, P.: Kindheit im Wandel, Weinheim/Basel 1985
Rolff, H.-G. u.a. (Hrsg.), Jahrbuch der Schulentwicklung, Band 8. Weinheim/München 1994
Roth, H.: Die realistische Wendung in der Pädagogischen Forschung. In: Neue Sammlung 2/1962, S. 481-490
Sander, U./Vollbrecht, R.: Zwischen Kindheit und Jugend Träume, Hoffnungen und Alltag 13- bis 15jähriger. Weinheim/München 1985
Schnack, D./Neutzling, R: Kleine Helden in Not. Jungen auf der Suche nach Männlichkeit. Reinbek 1990
Schnoor, D./Zimmermann, P.: Kinder und Fernsehen. Ein Trendbericht. In: Zeitschrift für Sozialsaltionsforschung und Erziehungssoziologie, Heft 2/1989 (9), S. 85-100
Schubarth, W./Melzer, W. (Hrsg.): Schule, Gewalt und Rechtsextremismus. Opladen 1993
Schulze, Th.: Biographisch orientierte Pädagogik. In: Baacke, D./Schulze, Th. (Hrsg.), Aus Geschichten lernen, Weinheim/München 1993 (2. Aufl.), S. 13-40
Schwarzer, R./Royl, W.: Angst und Schulunlust als Sozialisationseffekte verschiedener Schularten. In: Apel, H.J./Schwarzer, C. (Hrsg.): Schulschwierigkeiten und pädagogische Interaktion, Bad Heilbrunn 1978, S. 113-124

Sielert, U.: Jungenarbeit. Praxishandbuch für die Jugendarbeit Teil 2, Weinheim/ München 1989
Skinningsrud, T.: Mädchen im Klassenzimmer: warum sie nicht sprechen. In: Frauen und Schule, 3. Jg. August 1984
Spender, D.: Frauen kommen nicht vor. Sexismus im Bildungswesen. Frankfurt/M. 1985
Steinkamp, G.: Sozialstruktur und Sozialisation, in: Hurrelmann, K./Ulich, D. (Hrsg.), Neues Handbuch der Sozialisationsforschung, Weinheim/Basel 1991, S. 251-278
Tillmann, K. J.: Unterricht als soziales Erfahrungsfeld. Frankfurt/Main 1976.
Tillmann, K. J. (Hrsg.): Jugend weiblich – Jugend männlich. Opladen 1992
Tillmann, K. J.: Sozialisationstheorien – eine Einführung in das Verhältnis von Gesellschaft, Institution und Subjektwerdung. Reinbek 1994 (5. Aufl.)
Tillmann, K. J. u.a.: Gewalt in der Schule, Problemanalyse und schulpädagogische Prävention. DFG- Forschungsantrag im SFB 227. Bielefeld 1994 (Manuskript)
Ulich, K.: Schulische Sozialisation. In: Hurrelmann, K./Ulich, D. (Hrsg.): Handbuch der Sozialisationsforschung, Weinheim/Basel 1980, S. 469-498
Ulich, K.: Schulische Sozialisation. In: Hurrelmann, K./Ulich, D. (Hrsg.): Neues Handbuch der Sozialisationsforschung, Weinheim/Basel 1991, S. 377-396
Wagner, A. u.a.: Bewußtseinskonflikte im Schulalltag. Weinheim 1984
Wellendorf,F.: Schulische Sozialisation und Identität. Weinheim/Basel 1973
Willis, P.: Spaß am Widerstand. Gegenkultur in der Arbeiterschule. Frankfurt/M. 1979
Ziehe, Th.: „Ich bin heute wohl wieder unmotiviert“. In: Westermanns Pädagogische Beiträge, Heft 7/1983, S. 316-323
Zimmer, J./Niggemeyer, E.: Macht die Schule auf, laßt das Leben rein. Weinheim/ Basel 1986
Zinnecker, J.: Emanzipation der Frau und Schulausbildung. Weinheim 1972

Ulf Preuss-Lausitz

Sonderpädagogische Forschung im Kontext neuerer Schulentwicklung

1. Sonderpädagogik und Schulforschung

Die allgemeine Pädagogik der Bundesrepublik hat sich in den vergangenen Jahrzehnten in der Regel wenig um die Sonderschule gekümmert – und dies gilt auch umgekehrt: Sonderpädagogik in seinen zahlreichen Bindestrich-Ausdifferenzierungen war und ist stark auf die Diskurse innerhalb ihrer jeweiligen Spezialdisziplinen bezogen und nahm selten Bezug auf die allgemeine Schultheorie, auf schulpädagogische Konzeptionen oder gar auf die empirische Forschung innerhalb des allgemeinen Schulwesens. Als beispielhafter Ausdruck für die gegenseitige Ferne von allgemeiner und sonderpädagogischer Theorie und Forschung können zum einen die Beiträge in der Fachzeitschrift (und zugleich Verbandszeitschrift) der Sonderpädagogen, der „Zeitschrift für Heilpädagogik", angesehen werden: Über Jahrzehnte blieben dort die allgemeinen schulpädagogischen Diskurse ausgeklammert. Man denke nur an die großen Debatten der 70er Jahre über Schulkritik, Schulreform, schichtspezfisiche Sozialisation und ihre pädagogischen Folgen, oder an die Debatten der 8oer Jahre über innere Schulreform, insbesondere über Binnendifferenzierung, reformpädagogische Rezeption, Koedukation, Wandel der Kindheit und ihrer pädagogischen Konsequenzen usw. All dies fand kaum einen „sonderpädagogischen" Niederschlag. Zum anderen war und ist die Kenntnis und Rezeption der *sonderpädagogischen* Fragestellungen und Forschungen innerhalb der *allgemeinen* Pädagogik mindestens ebenso gering, wenn nicht noch größer. Man lese nur die Inhaltsverzeichnisse der „Zeitschrift für Pädagogik" oder des seit 1980 zweijährlich erscheinenden „Jahrbuchs für Schulentwicklungsforschung". Die Sonderschule wie die Sonderpädagogik tauchen allenfalls als aperçu auf.

Diese Lage änderte sich erst, als es durch die beginnende gemeinsame Erziehung Behinderter und Nichtbehinderter in allgemeinen Schulen eine *reale* Zusammenarbeit zwischen allgemeinen Pädagogen und Sonderpädagogen im gemeinsamen Unterricht gab und die Ministerien diese ersten Ansätze, die häufig in Form von Schulversuchen genehmigt wurden, wissenschaftlich begleiten ließen. Diese Begleiterinnen und Begleiter waren und sind sowohl „genuine" Sonderpädagogen als auch Vertreter der allgemeinen Schulpädagogik, der Psychologie bzw. der Soziologie. Sie führen seit Mitte der 80er Jahre jährliche Tagungen durch – besucht von jeweils rd. 50 Personen –, in denen die empirischen Ergebnisse ihrer Arbeit, deren methodologische Voraussetzungen und die Theoriekonzepte aus unterschiedlicher Perspektive erörtert werden. Auf diese Weise ist erstmals in der Geschichte der deutschen Pädagogik (inzwischen erweitert durch Forscher aus Österreich und der Schweiz) ein stabiler Verbund zwischen allgemeinen und sonderpädagogischen Wissenschaftlerinnen und Wissenschaftlern entstanden, ergänzt durch andere Sozialwissenschafler. Symptomatisch für diesen Annäherungsprozeß ist, daß die Kommissionen Sonderpädagogik und Schulpädagogik der Deutschen Gesellschaft für Erziehungswissenschaft 1992 und 1993 erstmals gemeinsame Tagungen durchführten.

Wesentliches Ergebnis der Kooperation zwischen Sonderpädagogik und allgemeiner Schulpädagogik ist nicht nur der unmittelbare Erfahrungsaustausch über Schulpraxis und Forschungsvorhaben, sondern auch die damit verbundene beginnende Annäherung schulpädagogischer und sonderpädagogischer *Theoriebildung*. Beispielhaft verwiesen sei auf das sozialökologische Behinderungskonzept, auf die Verbindung von Pluralisierungsansatz mit Förderkonzeptionen und auf die Ansätze zum Teamteaching unter Einschluß sonderpädagogischer Kompetenzen (vgl. u.a. EBERWEIN und SANDER in EBERWEIN 1994, PREUSS-LAUSITZ und SANDER in HEYER u.a. 1993, GEHRMANN/HÜWE 1993, LERSCH/VERNOOIJ 1992). Eine zweite Wirkung liegt in der *schulpädagogischen* Beachtung derjenigen Forschungsfragen, die auch innerhalb der Sonder*schule* noch offen sind, wenngleich die aufschlußreicheren Fragestellungen sich auf die oben genannte Verbindung von Sonder- und allgemeine Pädagogik in Theorie und Praxis zu beziehen scheinen, die sich logischerweise nur in der integrativen Schule untersuchen lassen.

Es sei darauf verwiesen, daß auch die Kultusminister diese Entwicklung zur Annäherung durch einen Beschluß vom Mai 1994 betonen (KMK 1994). Ihre Stellungnahme zielt in erster Linie auf die *Individualisierung* sonderpädagogischer Maßnahmen, in Abkehr von behinderungsspezifischen Pauschalmaßnahmen, und auf die *Pluralisierung* der sonderpädagogischen *Orte* – von der Sonderschule bis zur integrativen allgemeinen Schule.

Die Integration der „sonderpädagogischen" Fragestellungen und Gegenstände in die allgemeine Schulforschung und Theoriebildung steht also noch ganz am Anfang; es haben jedoch schon, eher unbeachtet, erhebliche Entwicklungen „aufeinander zu" stattgefunden.

Im folgenden wird der Versuch gemacht, die für die kommenden Jahre relevanten Forschungsfragen, die auf das Sonderschulwesen wie auf die Sonderpädagogik innerhalb der allgemeinen Schule zielen, zu formulieren.

2. Sonderschule als Gegenstand neuerer Schulforschung

95% aller schulpflichtigen Kinder und Jugendlichen mit „sonderpädagogischem Förderbedarf“ besuchten 1993 Sonderschulen, nur maximal rd. 5% allgemeine Schulen (mit extremen Schwankungen zwischen den 16 Bundesländern, vgl. PREUSS-LAUSITZ 1993c). Die Sonderschule ist also nach wie vor hauptsächlicher Ort der Beschulung dieser Schülerinnen und Schüler. Sieht man von fachspezifischen didaktischen Fragestellungen ab, so stellen sich gegenwärtig für die Sonderschulen mit ihren bis zu zehn behinderungsspezifischen Ausprägungen hauptsächlich folgende Fragen für die empirische Forschung und die damit zusammenhängende Theoriebildung:

- Wie *effektiv* sind die jeweiligen Bindestrich-Sonderschulen tatsächlich, was die Aneignung von Werten, von Schulleistungen und von Qualifikationen im Bereich von Handlungskompetenzen betirfft (insbesondere in den „modernen“ Dimensionen Selbständigkeit, Kooperationsfähigkeit, Planungsfähigkeit und Initiative)?
- Welche *sozialen Interaktionen* innerhalb der verschiedenen Sonderschulen und über die Schule hinaus im sozialen Nahraum entstehen bei Sonderschülern im Kindes- und Jugendalter und wie wirkt sich dies auf die soziale und persönliche Ich-Identität aus?

  Beide Fragestellungen, die sehr komplex sind, können heute, historisch erstmals in diesem Umfang, vergleichend untersucht werden, nämlich im Vergleich zu den Wirkungen integrativer Beschulung. Derartige Forschungen liegen bislang kaum vor, sieht man einmal von Leistungsvergleichen zwischen der Schule für Lernbehinderte (allg. Förderschule) und der allgemeinen Schule ab, die für Kinder mit Lernproblemen überwiegend zugunsten der integrativen Beschulung ausfallen (HAEBERLIN 1990, TENT 1991).
- Welchen *Schulstrukturwandel* müssen die Sonderschulen in den einzelnen Bundesländern vollziehen, wenn die Erziehungsberechtigten zwischen Sonderschule und allgemeiner Schule optieren können und sich zu erheblichen Teilen für die allgemeine Schule entscheiden? Beispielhaft sei auf das Land Berlin verwiesen, das den Eltern von Kindern mit sonderpädagogischem Förderbedarf seit 1990 ein Wahlrecht einräumt; seit vier

Jahren entscheiden sich die Eltern relativ konstant zu 55% für die integrative, zu 45% für die separate Förderung. Die Folge ist ein erheblicher Schrumpfungsprozeß in den Sonderschulen.
Verschärft stellt sich diese Frage in den *neuen Bundesländern*, wenn ab 1995 der erhebliche Einbruch der Geburtenzahlen die Kommunen vor die Frage stellt, welche Schulen sie schließen müssen. Es könnte sein, daß sich hier eine Konkurrenzsituation zwischen Grundschulen und Sonderschulen entwickelt, die nur durch rechtzeitige und pädagogische Gesamtkonzepte sinnvoll abgefedert werden kann.

- Wie soll die *Größe des sonderpädagogischen Bedarfs* bestimmt und damit zugleich ihre *Finanzierung* gesichert werden? Wenn das, was früher „Sonderschulbedürftigkeit" hieß und durch eine „harte" Prüfung, nämlich eine umfängliche Testmaschinerie und eine faktisch auf Dauer zielende Schul*form*entscheidung festgelegt wurde, heute durch eher „weichere" Maßnahmen formuliert wird, nämlich die Festlegung von ggf. nur einigen Stunden zusätzlichen (sonderpädagogischen) Förderbedarfs oder einiger materieller Hilfen innerhalb der allgemeinen Schulen, dann besteht die Gefahr der Ausdehnung und Verwischung dessen, was im spezifischen Sinne „sonderpädagogisch" ist oder sein soll. Die gegenwärtige Diskussion geht in die Richtung der Festlegung von entsprechenden Quoten pro Altersjahrgang (z.B. 5% insgesamt). Dennoch sind hier Lücken der Forschung, zumal es ja nicht nur um Lehrerstunden, sondern auch um andere finanzielle Aspekte geht (vgl. HEIDENREICH 1993 für NRW).
- Nicht zuletzt hieran wird deutlich, daß die *sonderpädagogischen Grundlagen* wieder selbst Gegenstand von Forschung werden müssen. Immer unklarer erscheint nämlich innerhalb der Erziehungswissenschaft – sowohl in der Sonderpädagogik als auch in der allgemeinen Pädagogik –, worin der spezifische theoretische und didaktisch-praktische Beitrag der allgemeinen Sonderpädagogik und ihrer Bindestrich-Sonderpädagogiken in Abgrenzung von den Diskursen, Theorien und Didaktiken der allgemeinen Schulpädagogik liegt. Beispielhaft soll auf die Lernbehindertenpädagogik verwiesen werden: Es erscheint unklar, was sie real und theoretisch von modernen schulpädagogischen Auffassungen unterscheidet, z.B. denen der Grundschule mit ihrer handlungsorientierten, alle Sinne integrierenden, auf innere Differenzierung und Pluralität zielenden Konzeption.

3. Integrationspädagogische Forschung

Einleitend wurde darauf hingewiesen, daß die wissenschaftliche Begleitung der Integration Behinderter einen bedeutsamen Beitrag auch für die sonderpädagogische Weiterentwicklung leistete. Was hat sie erreicht, was für Aufgaben kommen auf sie noch zu? Ist sie schon abgeschlossen, wie man aus dem BLK-Beschluß zur Beendigung entsprechender *Schulversuche* (BORCHERT/SCHUCK 1992) schließen könnte, und welche Bedeutung hätte dies für die Sonderpädagogik?

Das Besondere an Schulforschung zur Integration Behinderter im allgemeinen Schulwesen scheint zu sein, daß sie gezwungen ist, sich auf verschiedene Bezugsgruppen gleichzeitig beziehen zu müssen: auf die meist ministerialen Auftraggeber; auf die Lehrerinnen und Lehrer vor Ort, die Integration praktizieren, und auf weitere mit der Umsetzung beschäftigte Personen und Institutionen; auf Eltern und Elternorganisationen; auf die Pädagogik als dem Insgesamt von schulischen, unterrichtlich-didaktischen, behinderungsspezifischen, aus- und fortbildungsbezogenen Fragestellungen, Forschungen und Theorien; auf die Sozialwissenschaft in ihrem methodologischen und empirischen Teil der Bildungsforschung; und nicht zuletzt auf die engere Gemeinde der einschlägigen Wissenschaftler im In- und Ausland, die die Arbeit mit professionellem Blick kritisch begleiten.

Mitte der 90er Jahre steht die reale Integrationsentwicklung als auch die wissenschaftliche Begleitung dieses Prozesses derzeit an einem *Umschlagspunkt*. Vieles ist grundsätzlich geklärt, Erprobungen haben zu Ergebnissen geführt, manche Ängste konnte ausgeräumt werden. Andererseits zeigt sich, daß nun der Blick und die Zeit da sind für weitere, ebenso wichtige Fragestellungen. Ehe sie formuliert werden, ist es jedoch nötig, den Stellenwert der integrationspädagogischen Praxis für die allgemeine Schule darzustellen, weil sich nur so die zentralen Forschungsfragen sinnvoll einordnen lassen.

Die Entwicklung der 80er Jahre hat dazu geführt, daß immer mehr Bundesländer Integration in allgemeinen Schulens als *eine* mögliche Form der der Beschulung Behinderter ausbauen. Sechs Bundesländer – Saarland, Schleswig-Holstein, Berlin, Hessen, Brandenburg, Bremen – haben dies gesetzlich verankert. Andere lassen derzeit mehr Integration zu, so z.B. Niedersachsen, NRW, Hamburg, Rheinland-Pfalz und neuerdings, noch sehr vorsichtig, Baden-Württemberg. Bayern bildet mit vier neuen Bundesländern diesbezüglich eine empirisch und schulpädagogisch kaum noch begründbare Front gegen jede Art wirklich gemeinsamer Erziehung. Zwei Bundesländer haben Teile des Sonderschulsystems gänzlich zugunsten der integrativen Form aufgelöst: Schleswig-Holstein kennt im Bereich der Sehbehinderung keine Sonderschulen mehr, sondern organisiert die behinderungsspezifische Förderung vor Ort; Bremen integriert in den Klassen 1-4 alle Kinder mit Förderbedarf in den Bereichen Sprach-, Lern- und Verhaltensprobleme in die Grundschule.

Die Vereinigung von BRD und DDR führte zu besonderen Widersprüchen. Erst jetzt wird erkennbar, wie *konservativ die DDR-Sonderpädagogik* war: Jeder konkrete Ansatz gemeinsamer Erziehung von Kindern mit und ohne Behinderungen wurde untersagt, ja selbst die Debatte darüber war unerwünscht. Orientiert an der sowjetischen „Defektologie", hatte die Ost-Sonderpädagogik zur Wende-Zeit etwa den Stand, der in der alten Bundesrepublik in den 60er Jahren bestand: theoretisch individualistisch und defektorientiert, organisatorisch separatistisch, guten Glaubens, daß zentrale Sonderschulen (oft mit Internaten) das Beste für die Kinder und die Gesellschaft seien. Kinder mit geistigen Behinderungen und Schwermehrfachbehinderungen galten nicht als bildungs-, sondern nur als förderungsfähig. Sie unterlagen nicht der Schulpflicht, ihre Anstalten waren nicht Teil des Schulsystems.

Es ist deshalb wenig erstaunlich, daß konservativ regierte neue Bundesländer (bis 1993: Sachsen, Sachsen-Anhalt, Thüringen, Mecklenburg-Vorpommern) *bruchlos an diese Tradition anknüpften* und das separate Sonderschulsystem (unter Umbennenung einiger Türschilder) fortleben ließen. Der Wunsch nach gemeinsamer Erziehung regt sich – wie das Beispiel Brandenburg zeigt – jedoch dort sehr schnell, wo der Staat Eltern und Lehrern Erfahrungen ermöglicht und ensprechende Rahmenbedingungen schafft.

Erstaunlicherweise konnte die Integrationsbewegung eine breite Öffentlichkeit und viele sozialdemokratische und grüne, in Grenzen zunehmend auch christdemokratische Politiker in den Kommunen, überzeugen. Dies mag an der *Übereinstimmung von Integration und Erneuerungsnotwendigkeiten* für das Schulwesen liegen, die sich aus gesamtgesellschaftlichen Veränderungen speisen (vgl. zum folgenden ausführlicher PREUSS-LAUSITZ 1993a).

Die pädagogische Integrationsbewegung *scheint sowohl Ausdruck als auch Motor des gesellschaftlichen Pluralisierungs- und Individualisierungsprozesses* zu sein, durch den Westeuropa seit langem bestimmt ist (vgl. BECK 1986). Sie nimmt Teil an der Auffassung, daß die heutige Schule, und zwar nicht nur die Grundschule, von der Zielvorstellung des gleichförmigen Voranschreitens einer leistungshomogenen Lerngruppe Abschied nehmen sollte. Die homogene Lerngruppe ist ja seit Comenius das Ideal vieler Lehrer, Lerntheoretiker und Schulpolitiker. Die Überzeugung ist vorherrschend, die vielen in ihrer pädagogisch-psychologischen Ausbildung vermittelt wurde, daß Unterricht desto effektiver (und einfacher) sei, wenn die Lerngruppe möglichst gleich schnell begreift, möglichst gleich schnell lernt, um dann gleichzeitig und gemeinsam zum nächsten Thema übergehen zu können. So haben Eltern, Lehrer und Wissenschaftler Schule erlebt, und so in etwa, während Lehrer verzweifelte Seufzer über die schlechte Wirklichkeit ausstoßen, sieht oft noch heute bei vielen die Vision einer „guten Schule“ aus. Dem stellt die integrative Schulpädagogik den „Paradigmenwechsel“ gegenüber: Einen Unterricht, der die reale Vielfalt nicht nur zähneknirschend hinnimmt, sondern bejaht und zum Ausgangspunkt einer die individuellen Entwicklungs- wie Fähigkeitspotentiale in den Mittelpunkt ihrer Arbeit stellenden Didaktik macht. „Von normierter Einfalt zu normaler Vielfalt“ nannte dies HILLER (1991) treffend.

Ein so modernisierter Unterricht reagiert damit auf einen *Wandel von Kindheit*, der mit dem Zwang – und der Chance – zu größtmöglicher *Selbständigkeit* von früh auf definiert ist (vgl. PREUSS-LAUSITZ u.a. 1990). Diese Selbständigkeit hat eine *funktional-instrumentelle*, also konformistische Seite insofern, als sie angesichts der Berufstätigkeit der Mütter und Väter und der Anforderungen an „modernes“ Verhalten in Marktgesellschaften des spätindustriellen Typs Voraussetzung *für erfolgreiches Handeln auch schon der Kinder* darstellt. Sie enthält ein *kritisches* Potential andererseits, als sie Ich-Stärke fördert und damit einen Beitrag zur psychischen Verankerung demokratischer Sozialcharaktere leistet (vgl. RÜLCKER 1990).

Selbständigkeit wird heute von allen Kindern verlangt, *also auch von Kindern mit Behinderungen.* Auch sie müssen lernen, ihre Biographie „selbst zu basteln“, sich frühzeitig und autonom „als Planungsbüro für ihr Leben“ (BECK 1986) zu verstehen, also ständig in neuen Situationen zu entscheiden, was hier und jetzt angemessenes Verhalten ist, was perspektivisch richtig ist, wohin die eigene Weiterentwicklung gehen soll – beruflich, privat, räumlich, sozial... Die Klage darüber, daß die Menschen aus ihren Selbstverständlichkeiten in der „Risikogesellschaft“ herausgerissen sind, daß „Heimat“ im Sinne tradierter Regeln und Sicherheiten verloren geht, ist so treffend wie hilflos: denn es gibt kein Zurück mehr in die 50er Jahre, in den neuen Bundesländern auch kein Zurück mehr in die *repressive Vertrautheit der DDR.* Gerade weil dies so ist, und weil aus der Auflösung alter Sicherheiten Desorientierung und die Klammerung an kollektive Stützen drohen (die jedoch nur *scheinbar* noch Alltagssicherheit bieten, wie die Clique, die Kirche, die Nation), ist die *Stärkung realitätsnaher Ich-Identitäten, also auch von Selbstbewußtsein im Alltag,* so wichtig. Das trifft für alle heutigen Kinder zu, ganz besonders aber für jene, die sozial an den Rand gedrängt sind oder sich aufgrund physischer Behinderungen ihre Selbständigkeit ohnehin nur mühsam erwerben können. Wenn gemeinsame Erziehung die Selbständigkeit gerade auch von Kindern mit Behinderungen stärkt – und alle Erfahrungen deuten darauf hin –, dann habe wir es hier auch mit einer *Stärkung der Demokratie* zu tun: Mehr Selbständigkeit, mehr Teilhabefähigkeit, mehr Wahrnehmung gemeinsamer Interessen.

Allgemeine Schulpädagogik und allgemeine Didaktik haben den skizzierten Pluralisierungs- und Individualisierungsprozeß durch die *theoretische Begründung und die praktische Ausformulierung des binnendifferenzierten Unterrichts aufgegriffen* (vgl. u.a. WALLRABENSTEIN 1991). Die gemeinsame Erziehung wiederum *erzwingt* praktisch diese innere Differenzierung. Ohne Binnendifferenzierung kann gemeinsame Unterrichtung behinderter mit nichtbehinderten Kindern nicht befriedigend organisiert werden. Binnendifferenzierung kann daher, wenn der Integration Behinderter stattgegeben wird, nicht zurückgeschraubt werden. *Die Integrationsbewegung hat also diese Innovation der Schulpädagogik teilweise abgesichert, teilweise vorangetrieben.* Binnendifferenzierter Unterricht kann heute als gesichertes Element moderner (Grundschul)Pädagogik in pluralen Gesellschaften angesehen werden.

Diese pädagogische Veränderung konnte sich auch deshalb im öffentlichen Bewußtsein und in der Praxis vieler Schulen verankern, *weil die Interessen der an höherer Bildung orientierten Eltern nichtbehinderter Kinder von gemeinsamer Erziehung nicht bedroht sind,* sondern diese Eltern, wie die Untersuchungen zeigen (u.a. WOCKEN 1987, PREUSS-LAUSITZ 1990, DUMKE 1991), im Gegenteil glauben (und durch Erfahrungen bestätigt werden), daß ihre (nichtbehinderten) Kinder davon profitieren. Warum ist dies so?: *Möglicherweise, weil der integrative Unterricht ihren Wünschen nach Forcierung der Individualisierung in einem sozial verträglichen Schulklima Rechnung trägt.* Sie erleben konkret, daß das integrative Schulmilieu sowohl der Stärkung der individuellen Lernmotivation als auch der von diesen Eltern erwünschten *sozialen Kompetenzen,* vor allem der Hilfsbereitschaft und der Rücksichtnahme, dient. Die Einbettung des individualisierenden, binnendifferenzierenden Unterrichts in das Konzept einer sozialen Gemeinschaft ist die *didaktische Antwort* auf die Gefahr isolierter Egoisten, die in der Leistungsgesellschaft nur noch ihren individuellen Interessen nachgehen; *Solidarität und Individualität wird in der Integrationspädagogik – zumindest theoretisch – aufeinander bezogen.* Damit gewinnt die integrative Pädagogik eine eminent politische Bedeutung, ohne direkt politische Sozialisation betreiben zu wollen: Das pädagogische Beharren auf dem gemeinsamen Lernen aller, also auch der Kinder mit Lernproblemen, mit Kontaktstörungen, mit physischen Beeinträchtigungen, mit Sprachstörungen usw. führt zur praktischen Erfahrung von Vielfalt innerhalb eines gemeinsamen Agierens.

Vielfalt als Bereicherung ist dann nicht eine moralische Forderung, *sondern kann erlebt werden*; auch die damit verbundenen konkreten Konfliktlösungen können pädagogisch integriert werden. In integrativen Klassen kann so etwas wie Solidaritätshaltung erworben werden, ohne daß sie abstrakt-moralisch bliebe.

Integrative Praxis begünstigt also die Akzeptanz der Vielfalt unter Kindern (empirisch belegt dies WOCKEN 1993) – ja, sie erzwingt jene *Pädagogik der Vielfalt*, die über die Behinderten hinaus für das multikulturelle Leben in (west)europäischen Ländern der Jahrtausendwende pädagogische Grundlage des Zusammenlebens wird (HINZ 1993, PRENGEL 1994, PREUSS-LAUSITZ 1993b). Die notwendige Individualisierung mit ihren beiden Seiten – Chance für individuelle Bildung, Öffnung für vereinzeltes Durchboxen – wird eingebunden in eine *alltagspraktische Akzeptanz der Unterschiedlichkeit*. Sie ist eine Pädagogik der *Vielfalt* in der *Gemeinsamkeit*, geht also über den bisherigen individualisierenden (grundschul)pädagogischen Ansatz der Binnendifferenzierung hinaus. Diese Doppelseitigkeit von Vielfalt und Gemeinsamkeit ist selbstverständlich keine automatische Folge des bloßen Zusammenfügens von behinderten und nichtbehinderten Kindern, sondern eine pädagogische Aufgabe und ein Prozeß. Es kann behauptet werden, daß diese „Pädagogik der Vielfalt in der Gemeinsamkeit" Kern *jeder* modernen Schultheorie für heutige gesellschaftliche Lebensverhältnisse darstellt (dazu ausführlicher PREUSS-LAUSITZ 1993b).

Es kann nun gefragt werden, wie in diesem Kontext die integrationsbezogene, insbesondere sonderpädagogische und schulpädagogische Forschung zu verstehen ist. Die bisherigen Forschungsergebnisse aus den vergangenen 15 Jahren sind an anderer Stelle zusammengetragen worden (vgl. PREUSS-LAUSITZ 1993c, EBERWEIN 1994, BORCHERT/SCHUCK 1992).

Die größeren und auf allgemeine Fragen bezogenen Untersuchungen sind *im wesentlichen abgeschlossen* (BORCHERT/SCHUCK 1992). Dabei wurde bestätigt, daß die grundsätzliche Entscheidung, ob man die gemeinsame Unterrichtung behinderter und nichtbehinderter Schüler will, keine Frage der Forschung, sondern eine (pädagogische, politische) Wertentscheidung ist (MUTH 1986).

Deutlich wird bei der Betrachtung der Integrationsforschung der letzten 15 Jahre, daß die Überprüfung der *politisch-öffentlichen Befürchtungen* über die Folgen der gemeinsamen Erziehung für Nichtbehinderte und Behinderte notwendigerweise im *Mittelpunkt* der ersten empirischen Studien standen: Wird Integration von den Eltern akzeptiert? Was sagen die Lehrer? Können Sonder- und allgemeine Pädagogen zusammenarbeiten? Findet die erwünschte soziale Integration statt? Leiden die Integrationskinder? Sinken die

Schulleistungen der nichtbehinderten Kinder, und lernen die behinderten mehr als Sozialverhalten? Die meisten dieser in Fragen verpackten Ängste sind, das läßt sich zusammenfassend sagen, durch die empirische Forschung wie durch die Praxiserfahrungen ausgeräumt.

Gerade deshalb stehen in den 90er Jahren, *nach* einer jeweiligen politischen Option für gemeinsame Erziehung, Fragen der optimalen Unterrichtung, der bestmöglichen Kooperation, der richtigen Ausbildung, der Vernetzung im sozialem Umfeld, kurzum: der *Optimierung der integrativen Praxis*, im Mittelpunkt der weiteren Forschung. Sie ist nicht überflüssige, sondern *dringend notwendige „normale" Schul- und Sozialisationsforschung*, die die Vielfalt einer leistungs-, sozial- und körperlich heterogenen Kinder- und Jugendgruppe der 90er Jahre zum Ausgang ihrer Fragen nach den *für alle* günstigsten Lern- und Sozialisationsbedingungen im Raum Schule, ja in einem Gesamt-Raum Familien-, Schul- und Freizeit-Alltag nimmt. Dabei stellen wir fest, daß eine Vielzahl von Einzelfragen der weiteren Klärung bedürfen: „Weiße Flecken" im Wissen über die beste integrative Pädagogik, die die sonderpädagogischen mit den allgemeinpädagogischen Fragestellungen verbindet, sind nach wie vor vorhanden. Ich nenne hier nur einige:

- Lassen sich die bisherigen Forschungsergebnisse aus der alten Bundesrepublik bruchlos auf die neuen Länder übertragen, oder gibt es aufgrund anderer Sozialisationen von Lehrern, Schülern und Eltern und anderen Rahmenbedingungen spezifische, abweichende Ergebnisse sowohl bei integrativer als auch getrennter Unterrichtung?
- Wie entwickelt sich die integrationspädagogische Didaktik, insbesondere innerhalb der *Fachdidaktiken* der Sekundarstufenfächer?
- Ist der Weg weg vom behinderungsspezifischen Zuschreiben des Förderbedarfs hin zu individualisierenden Ansätzen notwendig über die Förderpläne und *Förderausschüsse* zu gehen oder lassen sich einfachere, dennoch aber individuell präzise Beschreibungen des pädagogischen Bedarfs festlegen?
- Werden Phänomene des *„burn out"* bei Lehrerinnen und Lehrern der allgemeinen Schule durch die Kooperation mit Sonderpädagogen im integrativen Unterricht verringert und welche Folgen hat die veränderte Rolle der Sonderpädagogen im Vergleich zur Tätigkeit in der Sonderschule für ihre Berufszufriedenheit?
- Lassen sich die spezifischen Probleme *verhaltensauffälliger* bis schwer verhaltensgestörter Kinder und Jugendlicher in der allgemeinen Schule im Rahmen sonderpädagogischer Theorie- und Praxiskonzepte (mit Sonderpädagogen der entsprechenden Fachrichtung) lösen, oder sind hier Erwei-

terungen durch Sozialpädagogen und Therapeuten nötig, d.h. eine Überschreitung des schulpädagogischen Ansatzes im engeren Sinn?

- Welche strukturellen und mentalen Barrieren gegen gemeinsame Erziehung in der *Oberschule* lassen sich wie überwinden?
- Wie entwickelt sich die *Ich-Identität* von Kindern und Jugendlichen mit Behinderungen unter separaten und unter integrativen Schulerfahrungen?
- Bedeutet Integration für *männliche und für weibliche Kinder mit Behinderungen* Unterschiedliches, wird sie unterschiedlich verarbeitet?
- Welche *Folgen* haben integrative Erfahrungen in Kindheit und Jugend auf die Berufstätigkeit, das Wohnen, die Partnerschaften und die politisch-gesellschaftliche Teilhabe junger erwachsener Behinderter?
- Lassen sich *behinderungsspezifische, geschlechtsspezifische und ethnische Differenzierungen* verallgemeinerbar feststellen?
- In welcher Weise können integrationsorientierte *Vernetzungen* zwischen Schule und außerschulischen Institutionen aufgebaut werden, insbesondere unter Bedingungen von Flächenstaaten?
- Lassen sich *volkswirtschaftliche Kostenrechnungen* für separate und integrative vorschulische, schulische und nachschulische Bildungswege aufstellen und wie sind deren Ergebnisse?
- Welche Konzepte für integrationspädagogisch orientierte *Aus- und Fortbildungskonzepte* sind erfolgreich, welche weniger?

Diese Liste von Forschungsfragen ist absichtlich nicht systematisch angelegt, sondern auf die gegenwärtig nach wie vor ungelösten Praxisphänomene bezogen. Sie soll sichtbar machen, daß trotz des begrüßenswerten Abschlusses von Schulversuchen nach wie vor zahlreiche wichtige Fragen ungeklärt sind, die von Lehrern, Schulträgern, den Bildungspolitikern und Wissenschaftlern gestellt werden.

Die Beantwortung dieser Fragen durch interdisziplinär angelegte Forschung kann nebenbei die seit Jahrzehnten bestehende gegenseitige *Sprachlosigkeit zwischen Schul- und Sonderpädagogik überwinden.* Auch die Theoriedebatte zwischen der allgemeinen Erziehungswissenschaft, insbesondere der Schulpädagogik, und der herkömmlichen Sonderpädagogik mit ihren zahlreichen Spezialpädagogiken könnte im Hegelschen Sinn aufgehoben werden zu einer höheren Qualität der Erziehungswissenschaft.

Literatur

Beck, Ulrich: Risikogesellschaft. Frankfurt/M. 1986

Borchert, Johann/Schuck, Karl Dieter: Integration: Ja! Aber wie? Ergebnisse aus Modellversuchen zur Förderung behinderter Kinder und Jugendlicher. Hamburg 1992

Dumke, Dieter/Krieger, Günter/Schäfer, Gerhard: Wohnortnahe Integration in der Beurteilung von Eltern. Weinheim 1989

Eberwein, Hans (Hrsg.): Behinderte und Nichtbehinderte lernen gemeinsam. Handbuch der Integrationspädagogik. Weinheim und Basel, 3. veränd. Aufl. 1994

Gehrmann, Petra/Hüwe, Birgit (Hrsg.): Forschungsprofile der Integration von Behinderten. Bochumer Symposium 1992, Essen 1993

Haeberlin, Urs u.a.: Die Integration von Lernbehinderten. Bern 1990

Heidenreich: Kosten des Gemeinsamen Unterrichts von behinderten und nichtbehinderten Kindern und Jugendlichen. Skript (KM NRW) April 1993

Heyer, Peter u.a. (Hrsg.): Zehn Jahre wohnortnahe Integration. Frankfurt 1993

Hiller, Gotthilf: Von normierter Einfalt zu normaler Vielfalt. In: Z.f.Päd. 2/1991, S. 225-244

Hinz, Andreas: Heterogenität in der Schule. Integration – Interkulturelle Erziehung – Koedukation. Hamburg 1993

KMK: Empfehlungen zur sonderpädagogischen Förderung in den Schulen in der Bundesrepublik Deutschland. Beschluß vom 6. 5. 1994, Bonn 1994

Lersch, Rainer/Vernooij, Monika A. (Hrsg.): Behinderte Kinder und Jugendliche in der Schule. Herausforderungen an Schul- und Sonderpädagogik. Bad Heilbrunn 1992

Muth, Jacob: Integration von Behinderten. Essen 1986

Prengel, Annedore: Pädagogik der Vielfalt. Verschiedenheit und Gleichberechtigung in Interkultureller, Feministischer und Integrativer Pädagogik. Opladen 1993

Preuss-Lausitz, Ulf: Die Eltern innerhalb der integrativen Schule. In: Heyer, Peter/Preuss-Lausitz, Ulf/Zielke, Gitta: Wohnortnahe Integration. Gemeinsame Erziehung behinderter und nichtbehinderter Kinder in der Uckermark-Grundschule in Berlin. Weinhein und München 1990, S. 169-190

Preuss-Lausitz, Ulf/Rülcker, Tobias/Zeiher, Helga (Hrsg.): Selbständigkeit – die große Freiheit? Kindheit zwischen gesellschaftlichen Zumutungen und pädagogischen Zugeständnissen. Weinheim und Basel 1990

Preuss-Lausitz, Ulf: Wohnortnahe Integration als Modell einer demokratischen Schule in der pluralen Gesellschaft? In: Heyer, Peter u.a. (Hrsg.): 10 Jahre Wohnortnahe Integration. Frankfurt/M. 1993 (a)

Preuss-Lausitz, Ulf: Wohin geht die Integrationsentwicklung in Deutschland? In: Heyer, Peter u.a. (Hrsg.), a.a.O. 1993(c), S. 30-37

Preuss-Lausitz, Ulf: Die Kinder des Jahrhunderts. Zur Pädagogik der Vielfalt für das Jahr 2000. Weinheim und Basel 1993b

Preuss-Lausitz, Ulf: Integrationsforschung: Ergebnisse und weiße Flecken. In: H. Eberwein (Hrsg.): Behinderte und Nichtbehinderte lernen gemeinsam. Handbuch der Integrationspädagogik. Weinheim und Basel 1993 (d), 3. überarb. Aufl.

Rülcker, Tobias: Selbständigkeit als pädagogisches Zielkonzept. In: U. Preuss-Lausitz/T. Rülcker / H. Zeiher (Hrsg.) 1990, a.a.O., S. 20-27

Tent, Lothar u.a.: Ist die Schule für Lernbehinderte überholt? In: Heilpädagogische Forschung 1/1991, S. 3-13

Wallrabenstein, Wulf: Offene Schule – offener Unterricht. Ratgeber für Eltern und Lehrer. Reinbek 1991

Wocken, Hans: Bewältigung von Andersartigkeit. Untersuchungen zur Sozialen Distanz in verschiedenen Schulen. In: Gehrmann, Petra/Hüwe, Birgit (Hrsg.), a.a.O., 1993, S. 86-106

Wocken, Hans: Eltern und schulische Integration. In: Wocken, Hans/Antor, Georg (Hrsg.): Integrationsklassen in Hamburg, Oberbiel 1987, S. 125-202

Ewald Terhart

Lehrerprofessionalität

Wenn es überhaupt eine Erfahrung gibt, die von allen mit Bildungs- und Schulentwicklung Befaßten geteilt wird, so ist es die Einsicht, daß die Realität in den Schulen, in den Klassen und Lehrerzimmern entscheidend durch die dort arbeitenden Lehrkräfte geprägt wird, und daß insofern auch Reformvorhaben im Schulbereich nicht ohne oder gar gegen, sondern schlußendlich immer nur mit den Lehrkräften vollzogen werden können. Dies betrifft sowohl Vorhaben, die auf der strukturellen Ebene ansetzen („äußere Schulreform") wie auch solche, die eine Veränderung der innerschulischen und unterrichtlichen Prozesse („innere Schulreform") anstreben. Und wenn nun gar sowohl erkenntnis- wie auch gestaltungsbezogene Projekte zur Schulentwicklung und Schulreform sich in den letzten Jahren auf die einzelne Schule als pädagogische Handlungseinheit konzentrieren und in diesem Zusammenhang dann als eine der zentralen Voraussetzungen für die Steigerung der Qualität von Einzelschulen deren erweiterte Autonomie definiert wird, so unterstreicht dies noch einmal die zentrale Rolle der Lehrerschaft insgesamt bzw. der einzelnen Kollegien in den Schulen. Denn in der autonomer gewordenen Einzelschule kommt den Lehrkräften notwendig der Auftrag und die Chance zu, diesen erweiterten Gestaltungsspielraum produktiv und verantwortlich auszufüllen – ein Anspruch, durch den die berufliche Kompetenz der Lehrerschaft auf eine neue Probe gestellt wird.

Angesichts dieser Lage läßt sich seit einiger Zeit innerhalb der Bildungswissenschaften ein verstärktes Interesse an den Ergebnissen und Methoden der Lehrerforschung konstatieren. Diese Interessenausrichtung deckt sich – zufällig? – mit einem ebenfalls seit einiger Zeit wachsenden Interesse der öffentlichen Medien am Lehrerberuf. Während in dieser öffentlichen Diskussion medienbedingte Dramatisierungen, vor allem aber Verkürzungen und Vereinfachungen in Rechnung gestellt werden müssen (vgl. „Horrorjob Lehrer", „Ruin eines Berufsstandes" u.ä), und erste populärwissenschaftliche Monographien zur Krise des Lehrerberufs (GUTTE 1994; STRUCK 1994) wie zu erwarten die in der pädagogischen Literatur seit langem beliebte Stilform der Klage wählen, ist im Blick auf die Lehrerforschung eine zunehmende

Verkomplizierung der Perspektiven, Ergebnistendenzen und Methoden festzustellen, welche die Chance für mediengerechte, für den öffentlichen und politischen Diskurs taugliche einfache und klare Problemdarstellung und -lösung zunehmend verkleinert.

Aber nicht nur aus dem öffentlichen Interesse resultierende, externe Entwicklungen haben die Lehrerforschung stärker in der Vordergrund gerückt. Es sind auch disziplininterne Anlässe zu nennen. Wichtigster Anlaß ist die intensive Diskussion der letzten Jahre um die Frage der Bedeutung erziehungswissenschaftlicher Erkenntnisbildung für pädagogische Praxis- bzw. Handlungsfelder („Verwendungsforschung“) sowie – damit in Verbindung – das Bemühen um die Bilanzierung der Ergebnisse bzw. Effekte verschiedener Theorie- und Forschungsentwicklungen. Verwendungs- und Bilanzierungsfragen lassen sich paradigmatisch anhand des Problems der Professionalität im quantitativ immer noch größten der pädagogischen Berufe, dem Lehrerberuf eben, erörtern.

Im folgenden Beitrag soll versucht werden, eine Übersicht über neuere Forschungskonzepte und -resultate zum Lehrerberuf zu vermitteln. In einem ersten, eher *referierenden* Teil wird auf einige derzeit dominierende Theoriezusammenhänge bzw. Forschungsansätze sowie auch auf laufende Forschungsprojekte zum Lehrerberuf, und hier insbesondere: zu Professionalisierungsfragen des Lehrerberufs eingegangen. Vor diesem Hintergrund und ‚quer‘ zu den Disziplinen und Projekten werden dann im zweiten, *argumentativen* Teil zentrale Themen und Probleme der forschungsbezogenen Diskussion um den Lehrerberuf erörtert und Thesen zu seiner Zukunft wie auch zur Zukunft der Lehrerforschung entwickelt. – Hinsichtlich der Einbeziehung von Literatur wird wie folgt verfahren: An das Ende eines thematischen Abschnitts werden Hinweise auf jeweils einschlägige Literatur gegeben und durch eine veränderte Schrift optisch kenntlich gemacht.

Es fällt schwer, allgemeine und aktuelle Überblicksliteratur zum Stand der Lehrerforschung zu benennen. Als Basis ist das Buch von SCHWÄNKE (1988) geeignet; die Aufsätze von BAUER (1988) sowie von FEIMAN-NEMSER/FLODEN (1986/1991) und TERHART (1990a) dokumentieren die sozial- und erziehungswissenschaftliche Diskussionsentwicklung. Zum Stand der empirischen Lehrerforschung vgl. das entsprechende Kapitel (4.3) in den von K. Ingenkamp u.a. herausgegebeben Bänden „Empirische Pädagogik 1970-1990“ (INGENKAMP u.a. 1992). Über den Forschungsstand der pädagogischen Psychologie zum Lehrerhandeln und -wissen informieren die Bände von HOFER (1986) und BROMME (1992). Der Sammelband von TERHART (1991) beinhaltet Übersetzungen einschlägiger amerikanischer und englischer Arbeiten; die wahrhaft uferlose internationale (englischsprachige) Literatursituation zum Lehrerberuf läßt sich am ehesten anhand der „International Encyclopedia of Teaching and Teacher Education" (DUNKIN 1987), des „Handbook of Research on Teacher Education" (HOUSTON 1990) sowie anhand der Zeitschriften „Teaching & Teacher Education" sowie „Teachers College Record" erschließen.

1. Gegenwärtige Forschungsansätze zum Lehrerberuf und zur Professionalität des Lehrers

Bei der Erörterung gegenwärtiger Forschungsansätze zum Lehrer und seiner Professionalität konzentriere ich mich im wesentlichen (aber nicht ausschließlich) auf Forschungsansätze, die einen im weitesten Sinne *empirischen*, in irgendeiner Weise wirklichkeitsbezogenen Zugang zum Gegenstandsbereich Lehrerberuf bzw. Lehrerhandeln wählen; diese empirische Ausrichtung umfaßt ganz selbstverständlich quantitativ wie qualitativ vorgehende Projekte. Dabei sortiere ich nach Disziplinen: ausgehend von der Soziologie über die Psychologie hin zur Erziehungswissenschaft.

1.1 Soziologie

1.1.1 Rollentheorie, klassische Professionentheorie

Von der Soziologie her gesehen sind im Blick auf den Lehrerberuf traditionell zwei Ansätze prägend gewesen: die Rollentheorie sowie das berufssoziologische Konzept der „Profession" bzw. der „Professionalisierung". In beiden Fällen handelte es sich nicht um empirische, sondern um primär theoriebezogene, oder etwas weniger anspruchsvoll formuliert: um kategorialbegriffsanalytische Forschung. Auf die breite Erörterung des rollentheoretischen Ansatzes, der die Diskussion um den Lehrerberuf in den späten sechziger und frühen siebziger Jahre beherrschte, kann an dieser Stelle verzichtet werden, da das klassische rollentheoretische Paradigma in der Soziologie selbst wie auch innerhalb der Lehrerforschung – nicht jedoch als Gegenstand von Seminaren in der Lehrerausbildung – weitgehend an Bedeutung verloren hat (vgl. als letzte größere Arbeit zu diesem Thema KICKHÖFER 1981).

Demgegenüber bildet die Frage nach der Professionalität im Lehrerberuf eine Art Dauerthema auch für die Theorie- und Forschungsdiskussion. Eine folgenreiche Fehlsteuerung der lehrerbezogenen Professionalisierungsdiskussion kann mittlerweile als korrigiert gelten: In den späten 60er und frühen 70er Jahren ist die „Professionalisierung" des Lehrerberufs fälschlicherweise mit der „Verwissenschaftlichung" seiner Ausbildung und Tätigkeit gleichgesetzt und die pro- *wie* anti-professionelle Orientierung damit auf fatale Weise fehlgesteuert worden. „Professionalität“ bekam damit den Beigeschmack des Unbeteiligten, Kalten, Unmenschlichen, Technokratischen, des Expertenhaften und schien insofern das genaue Gegenteil jenes ganzheitlich-erzieherisch ambitionierten Lehrertypus’ darzustellen, den die pädagogische Tradition zumindest der geisteswissenschaftlichen Pädagogik normativ postuliert hatte. Diese Zurückschneidung des Konzepts vollentwickelter Professionalität auf verwissenschaftlichtes bzw. technokratisches Expertentum ist im klassischen Professionenkonzept allerdings gerade nicht gemeint, denn dort wird klar zwischen Professionen- und bloßem (technokratischem) Expertenstatus getrennt. – Aber auch mit der Aufhebung dieser groben Verfälschung bzw. Engführung und der vollen Rezeption des klassischen berufssoziologischen Professionenkonzepts ändert sich die Lage nicht grundsätzlich. Denn den Lehrerberuf an den klasisschen Professionskriterien bemessen zu wollen, ist eine sehr fragwürdige Strategie, weil dieses Professionenkonzept aus der strukturfunktionalistischen Soziologie der 50er Jahre selbst – erstens – inhaltlich problematisch war und ist und sich mittlerweile durch die faktische Entwicklung der sog. „freien“ Berufe zunehmend selbst überlebt hat. Noch in den 60er Jahren hat man ja bekanntlich angenommen, daß sich jeder Beruf auf dem Wege zur Professionalität befinde; heute dagegen steht das Umgekehrte, die Zurückschneidung mancher *Profession* zu einem bloßen *Beruf* (De-Professionalisierung) oder gar zu nicht-verberuflichter *Arbeit* auf der Tagesordnung – wobei diese Entwicklung teils (aus Statusgründen) aktiv bekämpft, teils als unaufhaltsam betrauert, teils (als Kampf gegen „Expertokratie“ und für die Rehabilitation von Laienkompetenz) gezielt angestrebt wird. Zweitens konnte der Lehrerberuf – gemessen am klassischen Professionenmodell – nicht anders denn als semi-professionell erscheinen; vor allem die Situation und Struktur des Lehrerberufs in Deutschland (Beamtenstatus etc.) machte ihn für einen Abgleich an den Kriterien des klassischen Professionen-Konzepts untauglich. Somit stellt sich also die Aufgabe, ein spezifisches, für die pädagogischen Berufe insgesamt sowie in bereichsspezifischer Ausformung für den Lehrerberuf speziell geltendes Verständnis von Professionalität zu erarbeiten – wobei ein entsprechender kategorial-analytischer Modellbau eine Basis in Form empirischer, an der Wirklichkeit des Berufes selbst orientierter Forschung haben sollte.

Für die ältere deutsche Diskussion um Professionalität im Lehrerberuf vgl. DÖRING (1970), REINHARDT (1971), KRÜGER (1973) und WEISS (1974). TENORTH (1977) und SKOPP (1980) verwenden das Professionalisierungskonzept als Bezugsrahmen zur Erläuterung der historischen Entwicklung des Lehrerberufs. Zur neueren deutschen Diskussion um die Professionalität in pädagogischen Berufen vgl. das Themenheft über „Professionalität pädagogischer Arbeit“ der Z.f.Pädagogik 1989/Heft 6 sowie die Sammelbände von ALISCH et al. (1990), DEWE et al. (1992a) und COMBE/HELSPER (1995, i.D.). Zum Verhältnis von klassischem Professionen-Konzept und Lehrerberuf vgl. LORTIE (1969), LEGGATT (1970) und MYERS (1973), empirisch LEIGH (1979). Als aktuelle Beiträge zum Thema vgl. SCHWÄNKE (1988), KORING (1989), PRANGE (1990), HOYLE (1982/1991), TERHART (1992) sowie BAUER (1992). Für die aktuelle amerikanische Debatte vgl. SYKES (1989), FIRESTONE/BADER (1991), BURBULES/DENSMORE (1991) und LABAREE (1992).

1.1.2 Untersuchungen zur beruflichen (Anfangs-)Sozialisation

Ebenfalls im Rahmen der Soziologie, aber unter klarem Einschluß des eben geforderten empirischen Bezugs, sind (national wie international) zahlreiche Untersuchungen zum Prozeß der beruflichen Sozialisation von Lehrern durchgeführt worden. Erinnert sei an die Konstanzer Untersuchungen in den siebziger Jahren. Hier weisen – auch international – praktisch alle Ergebnisse in *eine* Richtung: Im Übergangsfeld von Ausbildung zum Beruf hin erfolgt eine Art Um-Sozialisierung der Berufsneulinge, eine Eingliederung in die je gegebene Kultur der Schule und des Berufes. Vor zwanzig Jahren hat man dies durchweg als Anpassung an die gegebene Schulwirklichkeit gebrandmarkt; heute wird – neben den methodischen Unzulänglichkeiten der damaligen Untersuchungen – dieses Urteil als Konsequenz eines „übersozialisierten Menschenbildes" kritisiert und demgegenüber der mit dem Anpassungsprozeß auch verbundene berufsbezogene Kompetenzgewinn („teacher development") betont und gefördert. Das einfache Sozialisationsparadigma ist mithin auch innerhalb der Lehrerforschung überwunden. In Einklang mit der Hinwendung zu einem stärker aktivistischen Bild der beruflichen Sozialisation („produktive Realitätsverarbeitung") wird die Lehrerforschung in thematischer und methodischer Hinsicht erweitert: auf die *gesamte* berufsbiographische Entwicklung von Lehrern und Lehrerinnen („professional life cycle of teachers"), welche (verstärkt) mit Mitteln der *qualitativen* Forschung exploriert und analysiert wird. Leitfrage: Was kommt nach dem „Praxisschock"? Lassen sich Phasen sowie wichtige Entscheidungspunkte innerhalb der beruflichen Entwicklung eines Lehrers bzw. einer Lehrerin feststellen? Methodisch kommen hier Biographieforschung bzw. ein kompetenztheoretisch-entwicklungslogischer Ansatz zum Tragen (s.u. Abschnitt 1.3.3).

Über den Prozeß der beruflichen Anfangssozialisation im Lehrerberuf informieren die Arbeiten von KOCH (1972), HÄNSEL (1975), GÖTZ (1978) und DANN et al. (1978, 1981); die internationale Forschungsliteratur zur Anfängersozialisation faßt VEENMAN (1984) zusammen. Zur Kritik dieses Forschungsansatzes vgl. ATKINSON/DELAMONT

(1985), HÄNSEL (1984) und BLASE (1985/1991). – Der über die Deskription von Sozialisationsprozessen hinausgehende, stärker entwicklungslogisch ausgerichtete Ansatz des „teacher development", d.h. die Betrachtung von beruflicher (Anfangs-) Sozialisation als individuellem Kompetenzgewinn findet sich in den Arbeiten von MCNERGNEY/CARRIER (1981) und BURKE (1987). In der deutschsprachigen Literatur findet sich kein direktes Gegenstück zur Forschung über „teacher development". Lehrer-werden als Entwicklungsprozeß wird in so unterschiedlichen Arbeiten wie denen von HOMFELDT u.a. (1983) und OSER (1987) erörtert. In der deutschsprachigen empirischen Lehrerforschung spielt der Entwicklungsgedanke eine geringere Rolle, wohingegen in der normativen, eher postulatorisch-emphatischen Literatur zum Lehrer sowie zur Lehreraus- und -weiterbildung der Anregung, Förderung, Begleitung und Aufrechterhaltung bzw. Wiedergewinnung von persönlicher Entwicklung und Kompetenzentfaltung der einzelnen Lehrkräfte ein breiter Raum gewidmet wird. In dem Maße, wie Lehrersozialisation und -ausbildung als Frage des persönlichen Wachstums gesehen werden, ergeben sich interessante Quer- oder besser Rückverbindungen zur traditionellen schulpädagogischen Topoi wie dem der „Lehrerpersönlichkeit" bzw. dem „geborenen Erzieher", der ja SPRANGER zufolge eben gerade nicht fertig geboren ist, sondern sich – freilich aus einem angelegten Kern heraus – zu einem geborenen Erzieher entwickeln, emporbilden, hinaufedeln kann.

1.1.3 Wissensassimilation und -verwendung

Ein Forschungsansatz, der disziplinär nicht eindeutig zuzuordnen ist, da er sowohl soziologische, psychologische wie pädagogische Ideen aufgreift, wendet sich der Frage der Verwendung erziehungs- und sozialwissenschaftlichen Wissens innerhalb der Lehrerausbildung und der Lehrerarbeit zu. Im Kontrast zu traditionellen Vorstellungen und auch heute noch vielfach beschworenen, allzu einfachen Vorstellungen über die Möglichkeiten der Theorie/Praxis-Integration wird in diesem Zusammenhang von einer Art Differenz-These ausgegangen, die die Unterschiedlichkeit zwischen dem im Bereich von Wissenschaft erzeugten Wissen einerseits und dem im Rahmen konkreten pädagogischen Berufshandelns notwendigen Wissen andererseits betont. Diese Differenz-Annahme hat übrigens keineswegs zur Konsequenz, daß die Legitimität, Möglichkeit und Notwendigkeit von Übergängen und Austauschprozessen bestritten wird. Faktisch sind ja auch durchaus Assimilationen, „Verwendungen" von theoretischen Wissensbereichen oder -elementen durch Lehrer festzustellen; vielleicht ist das eigenwillige, kontext- und problemspezifische Zurechtmachen wissenschaftlichen Wissens sogar als ein Indiz für tatsächliche Professionalität zu verstehen – und nicht als Abweichung vom vorgeblichen Tugendpfad einer reinen, d.h naiven Verwissenschaftlichung. In der angloamerikanischen Lehrerforschung wird dieser

Bereich als Analyse des „personal knowledge" von Lehrern betrachtet; insbesondere wird hier Wert darauf gelegt, den Lehrern und insbesondere den Lehrerinnen selbst eine Stimme – „voice" – gegenüber dem ganz anders gearteten, genuin wissenschaftlichen Zugriff (aber auch gegenüber übergeordneten Behörden etc.) zu geben – ein Ansatzpunkt, der gerade unter dem Aspekt der Autonomie von Einzelschule und der Entwicklung der kollegiumsinternen, professionellen Berufskultur von Bedeutung ist.

Zum Wissens-Ansatz in der Lehrerforschung vgl. die Arbeit von RADTKE (1983) sowie weiterhin BROMME (1987), REBEL (1989), DEWE et al. (1992b), DICK (1994) sowie das Themenheft „Lehrerwissen" des „Forum Lehrerfortbildung", Nr. 24-25/1993. Zu „Rezeptwissen" im Lehrerbereich vgl. DRERUP (1989) sowie HUBERMAN (1983). Empirisch zur Rezeption von erziehungswissenschaftlicher Fachliteratur durch Lehrer vgl. OELSCHLÄGER (1978) und PLATH (1994). – Zur amerikanischen Fachliteratur über „teacher knowledge" vgl. DOYLE (1990), ELBAZ (1991) und AITKEN/MILDON (1991).

1.2 Psychologie

1.2.1 Der Lehrer als Experte, subjektive Theorien

Dieser Forschungsansatz ist in gewisser Hinsicht dem eben erwähnten Wissens-Ansatz zuzurechnen, da er ausgehend von einer kognitiven Sicht des Lehrerhandelns versucht, die gedanklichen Begleitprozesse konkreter Entscheidungs- und Handlungsverläufe zu analysieren. Dabei werden bestimmte Problembereiche oder Aufgabenstellungen thematisiert: Wahrnehmung von und Reaktion auf Disziplinprobleme, Denkprozesse bei der Vorbereitung des Unterrichts, Handeln unter Druck, Vorstellungen über die Wirkung des Einsatzes bestimmter unterrichtsmethodischer Formen etc. Im Rahmen des Expertenansatzes stehen insbesondere die Kognitionen und Entscheidungsstrategien *erfolgreicher* Lehrer im Mittelpunkt, wobei gerade hier deutlich wird, daß Erfolg im wesentlichen auf strukturierter Erfahrungsbildung sowie den damit gegebenen Möglichkeiten des abgekürzten (routinisierten), „intuitiven" Wahrnehmens und Entscheidens basiert. Insofern gehört eine spezifische Form der Begrenzung von Wahrnehmung vielleicht sogar zu den Voraussetzungen entwickelter beruflicher Kompetenz, denn erst durch die Begrenzung läßt sich eine über allgemeine und unsystematisch verbreitete Alltagskompetenzen hinausgehende professionelle Kompetenz entwickeln. Diese Begrenzungen bzw. Zuspitzungen, im positiven Sinne: Spezialisierungen sind jedoch nur dann akzeptabel und die Professionellen gegen die Gefahr der Bornierung gewappnet, wenn innerhalb der Professionskultur institutionell abgesicherte Gelegenheiten zur Selbstreflexion sowie zur kollegialen Gegenkontrolle existieren. Ein solches dynamisches Verhältnis von Begrenzung (als Spezialisierung) und Öffnung (durch Selbstreflexion) könnte als Kernstück der pädagogischen Professionalität von Lehrern definiert werden (s.u.).

Stärker als die Ergebnisse der berufssoziologisch bzw. sozialwissenschaftlich angelegten Lehrerforschung lassen sich aus den psychologischen Ansätzen Verbindungen zur Frage nach den Formen und Inhalten der Lehrerausbildung, d.h. der Qualifizierung für Professionalität, gewinnen. Die Erkenntnisse der psychologisch orientierten Lehrerforschung liefern nicht nur Einsichten in den Zusammenhang von Denken und Handeln bei Lehrern, sondern auch wichtige Voraussetzungen für die Frage, wie man in der Aus- und Weiterbildung z.B. auf subjektive Theorien Einfluß nehmen kann, oder wie – allgemeiner formuliert – sowohl in die notwendigen Begrenzungen und Spezialisierungen des professionellen Blicks wie auch in Formen von (individueller und/oder professions-kollektiver) Selbstreflexion als Mittel zur Transzendierung von gemachter beruflicher Erfahrung eingeübt werden kann.

Die Bücher von HOFER (1986), WAHL (1991) und BROMME (1992) geben eine gute Übersicht über den Forschungsstand; vgl. auch ALISCH (1990). Zum Experten-Paradigma in der Lehrerforschung vgl. BERLINER (1987), WEINERT u.a. (1990) und BROMME (1992). Zum „Reflexions"-Paradigma innerhalb der Professionen-Theorie vgl. SCHÖN (1983, 1987). Zum Bereich des „teacher thinking" vgl. zusammenfassend CLARK/PETERSON (1986), wobei der enge Zusammenhang zur weiter oben angegeben Literatur zu „teacher knowledge" gewahrt bleiben muß.

Der nächste Schritt der (kognitions)psychologischen Lehrerforschung hat m.E. in Richtung auf eine *Sozial*psychologie der Kognitionsbildung innerhalb von Kollegien zu gehen, um das kognitionspsychologisch basierte Konstrukt des ‚einsamen Entscheiders' überwinden zu können (vgl. BUCHMANN 1990). Insbesondere hinsichtlich der Förderung von Kooperations- und Teamfähigkeit innerhalb von Lehrerkollegien ist diese Ausweitung der kognitionspsychologischen Perspektive von Bedeutung (s.u. Abschnitt 1.3.2).

1.2.2 Burnout, Belastung, Bewältigung

Ein anderer Zweig der psychologischen Lehrerforschung wendet sich den Belastungen und der Problembewältigung im Beruf zu. Die methodische Zugriffsweise reicht hier von der Einstellungsforschung bis hin zu arbeitsphysiologischen Messungen; in diesen Ansatz fallen auch Untersuchungen über die Wirkung von Beratung und Selbsthilfe in Lehrergruppen. Die Ergebnisse weisen aus, daß das Niveau der Belastungen vergleichsweise hoch ist und v.a. deshalb zu Schäden führen kann, weil ein konstanter Druck erlebt wird, dem man nicht oder nur sehr bedingt ausweichen kann. Allerdings wird hinsichtlich des Belastungsproblems in Zukunft zu differenzieren sein, denn die Belastung der Lehrkräfte ist bereits objektiv (z.B. abhängig von der Fächerkombination) sehr unterschiedlich – ein Faktum, das sich z.B. nicht hinsichtlich des Laufbahnmusters auswirkt. – Kollegiale Zusammenarbeit und Hilfe zur Reduktion von Belastung sowie gar Supervisionen sind (noch) vergleichsweise selten – die Isolation der Lehrer untereinander („Lehrerindividualismus"), das Fehlen einer personenneutralen Fach- oder Berufssprache sowie eine generelle, seit einiger Zeit rapide zunehmende Verunsicherung der Berufsgruppe hinsichtlich ihres eigentlichen Berufsauftrags (s.u.) bilden eine wirkungsvolle Barriere gegen eine aus der Berufsgruppe selbst erwachsende und von ihr (d.h. weder von der Wissenschaft noch von der Schulaufsicht ex cathedra) definierte Form von Professionalität. Das Anwachsen der unbestreitbar hohen objektiven und subjektiven Belastung im Lehrerberuf hat seit einigen Jahren zu einer ständigen Vorverlagerung des Pensionierungsalters in diesem Zweig des öffentlichen Dienstes geführt: Mittlerweile nähern sich die Lehrkräfte dem Pensionierungsverhalten der Polizei- und Strafvollzugsbeamten an...(vgl. dazu die Meldungen in der Zeitschrift „Die höhere Schule", Heft 7/8,1993 zum Thema „Lehrer '93: Immer älter und immer länger krank"). Angesichts der Ergebnisse der Forschung zur Belastung von Lehrkräften wie auch zu berufsbiographischen Konfliktlagen und Entwicklungsmustern drängt sich die Frage auf, ob der Lehrerberuf in Zukunft bei evtl. noch zunehmenden Herausforderungen und Belastungen überhaupt noch in vertretbarer Weise als ein ‚lebenslänglicher' Beruf betrachtet bzw. ausgeübt werden kann.

Die Fachliteratur zu diesem Themenkomplex reicht von arbeitsmedizinischen über psychologischen bis hin zu individual- und gruppentherapeutischen Arbeiten; darüberhinaus ist bei den Bewältigungsstrategien ein enger Zusammenhang zu Konzepten schulinterner Lehrerfortbildung bzw. Organisationsentwicklung gegeben (vgl. Abschnitt 1.3.2). Zum Thema Belastung, Burnout und Problembewältigung im Lehrerberuf vgl. die Arbeiten von WULK (1988), HOLZ (1987), FARBER (1984/1991), KYRIACOU (1987), FRIEDMAN (1991), SCHWAB/IWANICKI (1982), CZERWENKA (1993), MÜNCH (1984) und GUDJONS (1993); zusammenfassend neuerdings RUDOW (1994). Zur arbeitsmedizinischen Sicht auf Lehrerbelastung vgl. das Interview von W. Müller-Limroth in „Der berufliche Bildungsweg" 1993, H.12, S. 15-16.

1.3 Erziehungswissenschaft

Innerhalb der Erziehungswissenschaft ist empirische Lehrerforschung in den 80er Jahren – bis auf wenige Ausnahmen – ein Nicht-Ereignis gewesen – sicherlich bedingt durch die hohe Lehrerarbeitslosigkeit und die institutionelle und personelle Schrumpfung der Lehrerausbildung, wodurch insgesamt eben auch das hierauf bezogene Forschungsinteresse erlahmte. Seit wenigen Jahren ist diesbezüglich eine erfreuliche Änderung festzustellen, denn seitdem die Lehramtsstudiengänge wieder stark nachgefragt sind und zugleich innerhalb des im Dienst befindlichen „Lehrkörpers" die Krisensymptome sich vermehren und unübersehbar, v.a. aber: immer *kostspieliger* werden, ist eine Intensivierung von Forschungsarbeiten zum Lehrerberuf wie auch ein wachsendes Interesse der Schul- und Bildungsadministration an neuen Vorschlägen zur Verbesserung der Situation im Lehrerberuf festzustellen. – Aufgrund der wieder gestiegenen Zahlen in den Lehramtsstudiengängen und dem zu erwartenden Ersatzbedarf an neuen Lehrern schließt diese „Rückkehr des Lehrers" (EIGLER) ein erhöhtes Forschungs- und Gestaltungsinteresse in Richtung auf Lehrerausbildung ein.

1.3.1 Theoretische Beiträge zur Lehrerprofessionalität

Über Professionalität des Lehrerhandelns wird nicht erst seit dem sozialwissenschaftlichen Ideenschub der sechziger Jahre in der Pädagogik debattiert. Die Professionalitäts-Debatte setzt vielmehr mit modernen begrifflichen Mitteln die traditionsreiche Diskussion um die (dreifache) Frage nach dem eigentlichen *Auftrag* des Lehrers, nach seinem spezifischen *Können* zur Erfüllung dieses Auftrags sowie schließlich nach den Möglichkeiten der *Ausbildung* zur Vermittlung dieses Könnens fort (zu dieser Kontinuitätsthese vgl. GLÖCKEL 1980). Auf historische Beispiele für pädagogische Lehrertheorien soll an dieser Stelle jedoch nicht eingegangen werden (vgl. dazu – für den Volkschullehrer – z.B. SCHACH 1980). In diesem Abschnitt stehen vielmehr aktuelle, eher konzeptuell und weniger empirisch ausgerichtete Theorieangebote im Mittelpunkt – wobei immer zu berücksichtigen ist, daß die innerwissenschaftliche Debatte um Lehrer*theorien* bzw. um Professionen-Konzepte weitgehend getrennt von der *Real*entwicklung des Berufes verläuft!

(a) Die Ausgangsbasis für viele Diskussionen um die Professionalität des Lehrers ist immer noch das traditionelle, auf die Persönlichkeit setzende *„Erzieher"-Modell* in seinen verschiedenen Spielarten. Im Rahmen dieses

Modells wird ein sehr anspruchsvoller, ebenso umfassender wie unkontrollierbarer Auftrag an die Lehrer formuliert, die neben dem Verfügen über Fach- und Methodenkenntnissen auch als Persönlichkeiten entwickelt (gebildet) sein müssen, um andere bilden zu können. Das besondere pädagogische Verhältnis zwischen Erzieher/Lehrer und Zögling/Schüler ist von grundsätzlich nicht-instrumenteller und nicht-technologischer Natur; insofern ist pädagogisches Handeln in diesem Sinne nur solange ‚im eigentlichen Sinne' pädagogisch wertvoll, solange der Zusammenhang zwischen Absicht und Wirkung unklar und diffus bleibt. Nicht ohne Grund hat man dies das „idealistische" Lehrerbild genannt. – Die beiden folgenden Lehrertheorien umreißen zwei entgegengesetzte Alternativen hierzu.

(b) Die erste Alternative, das naive *Technokratie-Modell*, verdient an dieser Stelle allein deshalb noch Beachtung, weil sich die neueren Professionenkonzepte hiervon in polemischer Weise abgrenzen. Die Elemente des Technokratie-Modells lassen sich kurz wie folgt darstellen: Die Arbeit des Lehrers muß aus dem Bereich des Handwerklich-Künstlerisch-Emphatischen, also Vorwissenschaftlichen („Handwerker-Modell") auf eine moderne, objektive, wissenschaftliche Ebene gehoben werden. Die Basis für eine Verwissenschaftlichung der Lehrerarbeit liefert die empirische Lern- und Unterrichtsforschung, ihre Resultate werden zu Technologien des Lehrerhandelns umtransformiert und an zukünftige Lehrer in der Ausbildung auf dem Wege von Trainingsverfahren weitervermittelt. Die (kognitiven) Lern- und (sozialen) Interaktionsprozesse in Schulklassen lassen sich von derart ausgebildeten Lehrern zielbezogen steuern und kontrollieren, wodurch die Lehrerarbeit insgesamt sowohl objektiver wie effektiver wird. – Die Kritik solcher Vorstellungen braucht hier nicht noch einmal ausgebreitet zu werden – sie ist vielfach dokumentiert.

(c) Die zweite Alternative bildet das im Kontext der kritischen Pädagogik bzw. Erziehungswissenschaft entwickelte Verständnis von Lehrerarbeit als *Aufklärungs- und Innovationshandeln.* Unterrichten und Erziehen wird an den Zielen von Emanzipation und Mündigkeit der Schüler orientiert, die Arbeit des Lehrers wird insgesamt als Politische Bildung und Vermittlung von Konfliktfähigkeit verstanden. Gesellschaftliche Rahmenbedingungen und Hintergründe sind zu verdeutlichen, wobei diese Form der Erziehungs- und Unterichtsarbeit in engem Zusammenhang mit der kontinuierlichen Reform/Innovation der Schule selbst gesehen wird.

(d) Eine Herausforderung für diese eingespielte Konfrontation von traditionsreichem „Erzieher"-Modell und seinen beiden (technokratischen bzw. kritischen) Alternativen brachte GIESECKES vielgelesene Arbeit über „*Pädagogik als Beruf*" (1986, 4. Auflage 1993) mit sich. Vor dem Hintergrund seiner These vom Ende der Erziehung, derzufolge die Idee eines ganzheitlichen Zurechtmachens der Zu-Erziehenden durch Erzieher hinfällig geworden ist, fordert er die Verabschiedung von Ganzheitlichkeitsvorstellungen und definiert die Eingrenzung, die „Partikularisierung" der Lehrerarbeit als Voraussetzung für deren Professionalität. Nicht Erziehen sei der berufliche Auftrag von Lehrern, sondern das Bereithalten von Lernmöglichkeiten und Lernhilfen für den kognitiven Bereich. Um dies leisten zu können, benötige jeder Pädagoge kulturelle (auf einen bestimmten Inhaltsbereich bezogene) sowie Vermittlungs-Kompetenzen. Keineswegs dürfe er sich anmaßen, die Persönlichkeit der Heranwachsenden ganzheitlich beeinflussen und prägen zu dürfen oder zu müssen – sein Mandat ist begrenzt auf das Anbieten von Lernhilfen. Deshalb wendet sich GIESECKE auch strikt gegen eine „Sozialpädagogisierung" der Schule. Insgesamt formuliert er damit eine klare Gegenposition etwa zu A. FISCHER, der in einer Arbeit mit ähnlichem Titel („Erziehung als Beruf", 1921) die „Verengerung" der Erziehungsarbeit auf die Lehrerarbeit als ein Grundübel der Verberuflichung von Erziehung bezeichnet hat, aber auch eine Gegenposition zu technokratischen Vorstellungen zur Lehrerarbeit.

(e) Das *strukturtheoretische* Konzept der Professionalität pädagogischen Handelns, welches von OEVERMANN entwickelt und von KORING beschrieben und weiter ausdifferenziert worden ist, steht im größeren Kontext der gegenstandstheoretischen und methodologischen Arbeiten Oevermanns zu Theorie und Analyse von Interaktionsprozessen (vgl. OEVERMANN 1978, 1979, 1981; KORING 1989, 1992). OEVERMANN versteht Professionen als Instanzen zwischen Wissenschaft und Lebenswelt; als solche sind sie in strukturell entgegengesetzte Anforderungen eingebettet, die sie gleichwohl auszuhalten und auszugestalten haben. Professionelle Tätigkeiten haben die drei Funktionen der Wahrheits-, der Konsens- und der Therapiebeschaffung zu erfüllen und unterliegen dabei der unaufhebbar widersprüchlichen Anforderung, einerseits kompetent zu sein auf der Ebene allgemeiner wissenschaftlicher Erkenntnisse und Methoden über den Arbeitsbereich wie auch zugleich eine hermeneutische Kompetenz zur Deutung des je besonderen Falles ‚in der Sprache des Falles selbst' zu besitzen. Beide Kompetenzen sind Voraussetzung dafür, professionelles Handeln als „stellvertretendes Deuten" vollziehen zu können, wobei die Besonderheiten des Falles an allgemeinen Regeln,

Gesetzen und Erkenntnissen abgegolten werden – und umgekehrt. Dieser besonderen, in sich widersprüchlichen Anforderungsstruktur der Gleichzeitigkeit von Distanz und Nähe, Allgemeinem und Besonderem etc. ist der einzelne Professionelle nur gewachsen, sofern er in einem über bloße Wissens- und Fähigkeitsvermittlung hinausgehenden Prozeß der beruflichen Sozialisation den professionellen Habitus erwirbt, der eben nicht das professionelle Handlungsproblem *entweder* in Richtung auf die alleinige Betrachtung der Besonderheit des Falles *oder* aber umgekehrt in Richtung auf eine bloße Subsumption des Falles unter allgemeine Regulative hin verfehlt.

Im Blick auf den Lehrerberuf (allerdings explizit eingeschränkt auf die Lehrkräfte, die es mit Schülern im vor-pubertären Alter zu tun haben!), definiert OEVERMANN zunächst die Aufgaben der Wissensvermittlung (Unterricht), der Vermittlung eines Normenbewußtseins (Erziehung) sowie drittens eine *prophylaktisch*-therapeutische Komponente als die zentralen Elemente von Lehrerprofessionalität; letztere ist insbesondere deshalb wichtig, um der Entstehung und dem schließlichen „Wegdelegieren" von Problemfällen entgegenzuwirken. Von seiner grundlegenden Struktur her ist Lehrertätigkeit also grundsätzlich professionalisierbar. Sie fällt jedoch, OEVERMANN zufolge, auf der empirischen Erscheinungsebene durchweg dahinter zurück. (Empirisches Material objektiv-hermeneutischer oder sonstiger Art zur Fundierung dieser Behauptung wird allerdings nicht angeführt). Wohl aufgrund eigener, persönlicher Erfahrungen erkennt OEVERMANN zwei typische Formen des Verfehlens von Professionalität im Lehrerberuf: das Abgleiten in die *ganzheitliche* Elternrolle sowie umgekehrt der Rückzug auf die *spezifische* Aufgabe der methodisch organisierten Wissensvermittlung – im ersten Fall also eine falsche Infantilisierung bzw. Familiarisierung, im zweiten Fall eine ebenso falsche Technokratisierung der Situation. – Die weiteren Überlegungen OEVERMANNS zur positiven Bestimmung professionellen Lehrerhandelns („stellvertretende Deutung", „maieutische Pädagogik") bewegen sich der Sache nach bemerkenswerterweise auf das o.g. „Erzieher"-Modell der geisteswissenschaftlichen Pädagogik zu bzw. zurück – allerdings in einer sozialwissenschaftlichen Begrifflichkeit (vgl. dazu TERHART 1992a, S. 121ff.). – Auf der Basis des Ansatzes von OEVERMANN hat KORING (1992) ein Konzept professionellen pädagogischen Deutens und Handelns vorgelegt, welches Lehrerdenken und -handeln als situationsabgestimmten, zweckrationalen und erfolgskontrollierten Kreislaufprozeß bestimmt – wodurch er von der inneren Logik des Professionenkonzepts von OEVERMANN m.E. stark abweicht.

(f) Während OEVERMANN und KORING das strukturtheoretische Modell der Professionalität pädagogischen Handelns vornehmlich in Richtung auf eine theoretische Explikation entwickelt haben und dabei traditionelle bzw. moderne pädagogische Topoi und Anforderungen an den Lehrerberuf in gewandelter Semantik präsentieren, halte ich es für aussichtsreicher, die Frage der Professionalität im Lehrerberuf nicht primär ausgehend von strukturtheoretischen Überlegungen anzugehen, um von da aus dann Anforderungen an Lehrerhandeln zu definieren. *Professionalität ist als berufsbiographisches Entwicklungsproblem zu sehen*, d.h. sie entwickelt sich im Prozeß des Lehrer-werdens, wobei für die professionsbezogene Lehrerforschung das zentrale Problem darin liegt, die empirische Analyse je individueller und/oder gruppen- bzw. kohortenspezifischer Entwicklungsverläufe mit einem Modell der Logik des Aufbaus von beruflicher Kompetenz in Verbindung zu bringen (empirische *und* theoretische Analyse; für eine analoge Problematik vgl. die psychologische und philosophische Konzeptbildung zur individuellen menschlichen Entwicklung). In der professionssoziologischen Literatur wird ein solcher Ansatz z.B. von BUCHER/STELLING (1977) vertreten; von hier aus lassen sich sinnvolle Querverbindungen zur erziehungswissenschaftlichen Forschung über Lehrersozialisation, „teacher development" und der Analyse des „professional life cycle of teachers" knüpfen. Dies kann und soll an dieser Stelle nicht weiter dargelegt werden; entsprechende Publikationen liegen vor (vgl. TERHART 1992a; TERHART 1994, 1995a; empirisch TERHART u.a. 1994).

(g) Das von BAUER z.Zt. durchgeführte DFG-Projekt zum Thema „Lehrerarbeit auf dem Wege zur pädagogischen Professionalität" wählt bewußt keinen vorab definierten konzeptuell-theoretischen Zugang zum Problem, sondern einen empirischen, genauer: einen empirisch-qualitativen; im einzelnen werden Methoden der teilnehmenden Beobachtung und des Interviews zum Zweck der Datenbildung eingesetzt; Datenanalyse und -präsentation erfolgt in kasuistischer Form, wobei insgesamt ein aus den Daten und ihrer Analyse hervorgehendes heuristisches Modell professionellen pädagogischen Handelns eine vorläufige Interpretationsfolie (der Wissenschaftler, nicht: der Handelnden selbst) bildet, die immer wieder an Felderfahrungen rückgekoppelt wird. Sein Verständnis von pädagogischer Professionalität umreißt BAUER folgendermaßen: „Ich betrachte Professionalität... als etwas Erwünschtes und umschreibe sie etwa so: Professionell arbeitet, wer selbständig und eigenverantwortlich, auf der Grundlage eines Amalgams von wissenschaftlich überprüfbarem Wissen und Berufserfahrung, unter interkollegialer Abstimmung und Kontrolle auf schwach strukturierte, wechselnde (fluktuierende) Problemlagen antwortet. Professionelle Pädagogen sind darauf spezialisiert, Probleme der Strukturänderung, des Strukturaufbaus und der Identitätserhaltung von Personen zu bearbeiten (BAUER 1993, S. 67). Und weiter: „Lehrer, die professionell vorgehen, haben im Laufe ihrer Berufstätigkeit ihre eigene pädagogische Basistheorie entwickelt. Zugleich damit haben sie professionstypische Kompetenzen erworben bzw. ausgeformt. Hierzu gehören besondere *Diagnosekompetenzen*, ein breitgefächertes *Handlungsrepertoire* und die Verfügung über Techniken der *Überprüfung* und *Rückkopplung*“ (BAUER 1992, S. 327). In dieses Verständnis von Lehrerprofessionalität geht sowohl die o.g. entwicklungstheoretische Argumentation ein (Lehrerprofessionalität entwickelt sich berufsbiographisch), weiterhin wird die Diskussion um Wissensformen und Wissensverwendung (...zwischen Theorie und Praxis) im Lehrerberuf assimiliert, und drittens schließlich – auf der Handlungsebene – ist eine klare Orientierung an kognitionspsychologischen Konzepten zum Lehrerdenken und -handeln zu erkennen (Kreislaufmodell zwischen Situationswahrnehmung – Handlungsauswahl und -durchführung – Handlungsüberprüfung). Offen bleibt dieses Modell hinsichtlich seiner normativen Annahmen über die inhaltliche Zielperspektive und Verantwortlichkeit der Lehrertätigkeit, denn das Prinzip der Steigerung der Kompetenzen im Wahrnehmen und Gestalten von beruflichen Anforderungssituationen bleibt ja zunächst noch einem rein *formalen* Entwicklungsdenken verhaftet (BAUER/KOPKA 1994) .

Schaut man *zusammenfassend* auf die verschiedenen Ansätze zur theoretisch-konzeptuellen Bestimmung von Professionalität im Lehrerberuf zurück, so wird deutlich, daß die Situation grundsätzlich durch den *Verlust tradierter Sicherheiten bzw. Anlehnungsmöglichkeiten* gekennzeichnet ist. Das klassische berufssoziologische Professionenkonzept kann weder als normatives Modell für die Weiterentwicklung des Lehrerberufs noch für seine empirische Analyse eine sinnvolle Folie bilden. Durch empirische Forschung allein ist ein spezifisches *Konzept* von Professionalität im Lehrerberuf im übrigen natürlich auch nicht zu gewinnen. Ein solches Konzept muß in stimmiger Weise die strukturellen Besonderheiten des Lehrerberufs (unter Einschluß normativer Bestimmungen) theoretisch auf den Begriff bringen und dabei diese Konstruktion ständig vermittels empirischer Forschung an der Wirklichkeit dieses Berufs abgleichen – und umgekehrt. Ein solches Reißverschluß-Verfahren, das theoretische Konzept-Entwicklung und empirische Forschung verbindet, stellt eine zentrale Herausforderung für zukünftige Arbeiten an einer Theorie professionellen Lehrerhandelns dar.

1.3.2 Zusammenarbeit von Lehrern, Organisationsentwicklung

Der aus der Isolation am Arbeitsplatz resultierende Lehrerindividualismus als eines der festen Elemente in der Berufskultur der Lehrerschaft bildet eine stabile Barriere gegen die Entwicklung zu mehr Professionalität. Beklagt worden ist dieser Zustand schon immer – mittlerweile wird er jedoch nicht nur näher untersucht, es werden darüber hinaus auch die Voraussetzungen und Möglichkeiten der Kooperation und Konsensbildung an Schulen mit empirischen Mitteln geklärt. Aus der empirischen Forschung zur pädagogischen Qualität der Einzelschule ist als eines der wirklich stabilen Ergebnisse zu vermelden, daß die Kooperation innerhalb des Kollegiums von entscheidender Bedeutung für die Qualität der Schul-Arbeit ist. Insofern ist berufsinterne Kommunikations- und Kooperationsfähigkeit eine zentrale Voraussetzung für Professionalität. Soll die erweiterte Autonomie von Schulen tatsächlich in einem produktiven Sinne zur Verbesserung der Qualität der Einzelschule genutzt werden können, so sind begleitende Maßnahmen notwendig, die die interne Zusammenarbeit in Kollegien stärken. In der amerikanischen Fachliteratur wird dies als „staff development" mit dem Ziel des Aufbaus einer professionellen Berufskultur bezeichnet (LIEBERMAN 1988). Andernfalls, d.h. ohne einen solchen stärkenden Aspekt, wird das Reformprogramm „Autonomie der Einzelschule" von den Lehrern verständlicherweise als ein Abwälzen von solchen Problemen erlebt, die die Schulverwaltung nicht mehr zu bewältigen in der Lage ist – womöglich noch bei gleichzeitiger Verschlechterung der objektiven Arbeitsbedingungen.

Ansatzpunkt für schulinterne Lehrerfortbildung ist die Organisation der Einzelschule, die nicht lediglich eine bestimmte Kultur hat, sondern Kultur *ist.* Bei der Gestaltung der professionellen Kultur einer Schule geht es nicht zuvörderst um einzelne Personen und ihre Funktion. Eine solche ganzheitliche Veränderungsstrategie bedarf eines Impulses von außen, und zwar durch entsprechend ausgebildete „Organisationsberater" bzw. „Multiplikatoren", die allerdings nur eine katalytische Funktion übernehmen, denn der Wandlungsprozeß muß schließlich in die Regie des Kollegiums selbst übergehen. Entsprechende Erfolge sind empirisch dokumentiert; die Bereitschaft zur Zusammenarbeit steigt, wenn individuelle Erleichterungen und Vorteile für den Einzelnen konkret erfahrbar sind. Dadurch wird eine Vertrauensbasis für weitergehende Kooperation geschaffen.

Zu den Hintergründen des Lehrerindividualismus sowie den Ursachen für die spezielle Form der kollegialen Kommunikation in Lehrerkreisen vgl. z.B. WELLENDORF (1969) und LESCHINSKY (1986). Zu Problemen und Programmen Schulinterner Lehrerfortbildung vgl. WENZEL u.a. (1990) sowie GERBER u.a. (1991) und KUNERT (1992);

zur Organisationsentwicklung in der Schule vgl. DALIN/ROLFF (1990), ROLFF (1993), PHILIPP (1992) und HORSTER (1991).

1.3.3 Berufsbiographie als Problem

Ich erwähnte, daß seit kurzem nicht nur die Phase des Berufseinstiegs, sondern die gesamte Berufsbiographie von Lehrern Gegenstand der Lehrerforschung ist, weil es schließlich ja auch noch ein Leben nach dem vielzitierten „Praxisschock" und seiner Überwindung gibt. Hierzu liegt mittlerweile eine Reihe von Studien vor. Die Ergebnisse dieser Studien zeigen an, daß Lehrer im Laufe des gesamten Berufslebens Änderungen hinsichtlich der Haltung zum Beruf, hinsichtlich ihrer Schwerpunktsetzungen, hinsichtlich ihrer Selbstdeutung etc. erfahren. Es lassen sich typische berufsbiographische Entwicklungsmuster feststellen, wobei sich v.a. Lehrer und Lehrerinnen voneinander unterscheiden, da die Koordination von Privat- und Berufsleben bei den beiden Geschlechtern immer noch unterschiedlich gestaltet ist. Auch lassen sich zwischen den einzelnen Lehrämtern Unterschiede feststellen. Bei einer Simultanbetrachtung von Geschlechts-, Schulform- und Alterseffekten hat sich gezeigt, daß hinsichtlich der meisten Vergleichsgesichtspunkte die Differenzen zwischen den *Alters*gruppen deutlicher ausfielen als diejenigen, die durch den *Geschlechts*- bzw. *Schulform*unterschied zustande kamen (vgl. TERHART u.a. 1994). Auf der Altersdimension ist sowohl eine objektive wie auch subjektiv wahrgenommene zunehmende Verfestigung erfahrungsbasierter Handlungsmuster und Selbstdeutungen festzustellen. Die Belastbarkeit sinkt, die inhaltliche Bindung an den Beruf geht bei einem Großteil zurück, die Unzufriedenheit wächst, die eigene berufliche Zukunft wird zunehmend düsterer, von einer kleineren Gruppe älterer Lehrkräfte z.T. sogar verzweifelter gesehen. Darüber hinaus scheint – ähnlich wie die Anfangssozialisation – auch die Vorbereitung auf die nachberufliche Phase, m.a.W. das Sich-hinaus-Entwickeln aus dem Beruf, eine kritische Lebensphase zu sein – hier unterscheiden sich Lehrer nicht von anderen, ähnlichen Berufen.

Für die weitere, berufsbiographische Forschung zum Lehrerberuf wäre es bedeutsam, (a) Studien durchzuführen, die die Verhältnisse im Lehrerbereich mit denen in anderen Berufsbereichen (Ingenieurberufe, Verwaltungsberufe, andere Sozial- bzw. Helferberufe etc.) vergleichen. Erst auf dieser Basis lassen sich weitverbreitete Annahmen über ‚das Besondere' des Lehrerberufs in seiner Bedeutung für ein Lehrerleben empirisch prüfen. (b) Eine zweite Perspektive für die biographische Lehrerforschung liegt darin, nicht nur retrospektiv objektive Lebensverlaufsdaten und subjektive Selbstdeutungen der eigenen berufsbiographischen Entwicklung zu erfassen bzw. einen Querschnittsvergleich zwischen unterschiedlichen Altersgruppen ‚längsschnittlich‘ zu deuten, sondern echte Längsschnittuntersuchungen mit verschiedenen Kohorten durchzuführen, um kollektive Generationen- bzw. Kohorteneffekte von individualbiographischen Entwicklungseffekten analytisch trennen können.

Eine Konsequenz der Untersuchungen zu Lehrerbiographien müßte es sein, eine Art berufsbegleitendes Stützsystem zu schaffen, das auf die berufsphasenspezifischen Problemlagen zu reagieren imstande ist. Sieht man die Ergebnisse der Belastungs- und Biographieforschung im Lehrerberuf zusammen, so empfiehlt sich über ein solches Stütz- und Beratungssystem hinaus eine Erhöhung der Flexibilität in der Lehrerlaufbahn: Die Zugänge zum bzw. Einlässe in den Beruf sollten gestaffelt (und mit Korrekturmöglichkeiten) erfolgen, innerhalb der Berufslaufbahn sollten Möglichkeiten einer Flexibilisierung und Weiterqualifizierung eröffnet werden, wobei dies ggf. auch eine Veränderung der Bedingungen für ein eventuelles Aussscheiden aus dem Lehrerberuf (nicht: dem Berufsleben !) mit einschließt.

Zum berufsbiographischen Ansatz in der Lehrerforschung vgl. Hirsch u.a. (1990); Hirsch (1990); Huberman (1989/91); Kelchtermans (1990, 1992); Terhart (1994, 1995a); Terhart u.a. (1994); Goodson (1992).

1.3.4 Weiblichkeit, Professionalität, Lehrerberuf

In unmittelbarem Zusammenhang mit der Etablierung sozialwissenschaftlicher Frauenforschung hat sich seit einigen Jahren ein Zweig der Lehrerforschung mit der besonderen Situation von Lehrerinnen im Schulwesen beschäftigt. Das Thema selbst war für die Erziehungswissenschaft nicht neu – es hat jedoch lange Zeit eher am Rande des Interesses gelegen. Glücklicherweise ist gerade in der Lehrerforschung die Diskussion mittlerweile jedoch so weit gediehen, daß die Erörterung frauenspezifischer Themen nicht länger an die Frauenforschung delegiert wird, sondern die Beachtung der Geschlechterfrage zunehmend zur selbstverständlichen Standardanforderung an ernstzunehmende Theorie- und Forschungsarbeit geworden ist. Allein schon die Quantitäten machen dies unausweichlich: die meisten Lehrer sind Lehrerinnen; die Unterrepräsentation von Frauen in Führungspositionen ist weiterhin gegeben (vgl. für Zahlen z.B. Nieders. Kultusministerium 1991).

Die Quantitäten bzw. Disparitäten in der Repräsentanz der Geschlechter sind jedoch nur ein äußerer Grund für die Notwendigkeit einer durchgängigen Beachtung der Geschlechterproblematik: Auf inhaltlicher, theoretischer Ebene ist die Frage zu stellen, ob und wie sich die Arbeit an einem Konzept pädagogischer Professionalität bei Einrechnung der ,männlich'/,weiblich'-Problematik verändert bzw. zu verändern hat. Auf der Folie des klassischen Professionen-Konzepts ist ja bereits die Tatsache des hohen Frauenanteils am Lehrerberuf als Ausdruck von Semi-Professionalität gewertet worden! Dem wird heute zumindest von einigen Teilen der Frauenforschung offensiv die These von der besonders positiven Wirkung eines spezifisch ,weiblichen' (jedoch nicht ausschließlich an das biologisch weibliche Geschlecht gebundenen) Prinzips bzw. Arbeitsvermögens entgegengehalten, auf das der Schul- und Unterrichtsbetrieb stillschweigend setze, ohne dieses Prinzip jedoch gebührend zu beachten bzw. zu würdigen. Es stellt sich die Frage, inwieweit pädagogische Berufe zur positiven Entwicklung ihrer Professionalität nicht auf einen gewissen Grad an (nicht quantitativ, sondern qualitativ verstandener) Feminisierung geradezu angewiesen sind (vgl. in diesem Kontext auch die breite, kontroverse Diskussion um ,weibliche' Moral). Durch diese Argumentation wird die ehemals offen herabwürdigende Auffassung, derzufolge Lehrerarbeit (v.a. in der Grundschule) im Grunde nur eine Art Verlängerung der Mutterrolle darstelle und insofern eigentlich gar kein ,richtiger' (d.h. im männlichen Standard-Sinne richtiger) Beruf, geschweige denn eine Profession sei, in einigen beschreibenden Elementen zwar aufgenommen, bei der Bewertung und Einordnung in ein für die Geschlechterproblematik sensibles Professionenkonzept jedoch gleichsam ,umgedreht', also positiv gewendet. Die Thesen zur Existenz und Notwendigkeit eines weiblichen Elements in den i.w.S. helfenden Berufen ist jedoch innerhalb der neueren Diskussion (auch innerhalb des feministischen Diskurses selbst) durchaus umstritten und durch Rekurs auf empirische Forschung natürlich nicht wirklich zu entscheiden – wohl aber: von irrtümlichen Annahmen über Realitäten zu befreien.

Auch die in der Diskussion um den Lehrerberuf lange Zeit gültige Auffassung, derzufolge Frauen den Lehrerberuf lediglich ,nebenbei' betreiben würden und eine geringere Berufsmotivation hätten, da sie durch die eigene Familien-Arbeit bereits belastet seien, trifft heute nicht nur empirisch als Standard-Fall nicht mehr zu, sondern erfährt zugleich auch eine andere Bewertung: Eines der stabilen Ergebnisse berufsbiographischer Forschung in allen Berufsbereichen ist die Einsicht in die Unterschiedlichkeit der ,objektiven' Lebens- und Berufswege von Frauen und Männern; diese Unterschiedlichkeit spiegelt sich ,subjektiv' in differierenden Haltungen zur Deutung und Beurteilung der eigenen Berufsbiographie wider. Vor dem Hintergrund der hohen beruflichen Belastungen im Lehrerberuf stellt die ,typisch männliche' Zuspitzung der eigenen Existenz und Identität auf das Berufsleben einen zusätzlichen Belastungs- und Risikofaktor dar, da in diesem Fall nicht selten Gegengewichte und Ausgleichszonen in anderen Lebensbereichen fehlen.

Insofern ist gerade die Pflege von Lebensbereichen neben und außerhalb des Berufs, also eben genau diese früher kritisierte, nur bedingte ‚Hingabe' an den Beruf eine wichtige Voraussetzung für die ebenso objektiv kompetente wie subjektiv befriedigende Berufsausübung. Dies gilt insbesondere für solche Berufe, die mit einem hohen und unausweichlichen Involvement der eigenen Person verbunden sind, die eine prägende Dynamik auf die gesamte Persönlichkeit des Berufsinhabers ausüben und in denen insofern eine klare Trennung zwischen privater und beruflicher Existenz nicht immer vollzogen werden kann. Hierzu gehört auch der Lehrerberuf.

Als theoretische Beiträge zum Zusammenhang von Weiblichkeit, Professionalität und Lehrerberuf vgl. ROMMELSPACHER (1987a,b), BREHMER (1987), HÄNSEL (1991, 1992), FLAAKE (1989, 1990); für die internationale Diskussion vgl. APPLE (1983), TABAKIN/DENSMORE (1986), BIKLEN (1987), LAIRD (1988), NODDINGS (1990), WOODS (1990, Sammelrezension!), GLAZER (1991).

Im Rahmen empirischer Forschung ist etwa zu fragen, ob und welche Unterschiede in der Berufsausübung von Lehrern und Lehrerinnen anzutreffen sind, inwieweit sich Bewußtseinsformen, Problemsichten und Bewältigungsstrategien unterscheiden, ob sich ‚weibliche' bzw. ‚männliche' Bewußtseins- und Handlungsformen im Lehrerberuf grenzengenau exklusiv auf Männer und Frauen verteilen oder aber immer in einem Mischungsverhältnis auftreten usw. Auf der Ebene der Bewußtseinsformen zeigen sich im Lehrerberuf ähnliche Tendenzen wie in der geschlechtersensiblen berufsbiographischen Forschung generell: Hinsichtlich der Berufswahlmotive, Einstellungen, Arbeitsprioritäten, Problemwahrnehmungen und -bewältigungen unterscheiden sich Lehrer und Lehrerinnen – bei ersteren ist ein ‚objektivierend-unterrichtendes-distanzierendes' Prinzip häufiger anzutreffen, wohingegen bei letzteren eine ‚personenbezogene-erzieherisch-involvierte' Haltung bzw. Perspektive überwiegt (vgl. auch FLAAKE 1989). – Auf der Ebene der *konkreten Berufsausübung im Unterricht* (nicht: in außerunterrichtlichen Feldern) zeigen sich jedoch keine dramatischen Unterschiede (vgl. SCHÜMER 1992).

In einer Meta-Analyse von empirischen Studien zur Überprüfung der Gechlechterdifferenz-Hypothese im Bereich der Schulverwaltung (!) konnten 147 statistische Tests durchgeführt werden. Unter Anlegung strengster statistischer Prüfkriterien zeigten sich schließlich nur bei 6 Studien klare Hinweise auf eine Bestätigung der Differenz-Hypothese (JONES 1990). Für weitere empirische Untersuchungen vgl. z.B. HÄNDLE (1989), LÜHRIG (1990), NELLES (1982), HARRIS/SMITH (1976) CLAESSON/BRICE (1989), SYLVIA/HUTCHINSON (1985).

1.3.5 Lehrer in den neuen Bundesländern

Derzeit werden empirische Forschungsprojekte zum Wandlungsprozeß des Lehrerberufs in Ostdeutschland durchgeführt. Dies ist absolut dringlich, weil dieser besondere, in gewisser Hinsicht ‚einmalige' Gegenstandsbereich – vollständige (?) Transformation der Lehrerrolle bei laufendem Schulbetrieb – im Laufe der nächsten Jahre mehr und mehr zu verschwinden droht. Aber nicht nur dieses eher forschungsbezogene Motiv, einen ‚interessanten' Gegenstand nicht ungenutzt vorbeiziehen zu lassen, sondern mehr noch die konkrete schulpolitische bzw. -praktische Fragestellung ist drängend: Wie läßt sich dieser Transformationsprozeß verantwortlich gestalten – und wie kann erziehungswissenschaftliche Forschung hierzu beitragen? An der Universität Erfurt werden im Rahmen einer größeren Untersuchung zum schulischen Transformationsprozeß in Thüringen auch zur Situation der Lehrkräfte empirische Erhebungen und Analysen durchgeführt (SCHIMUNEK 1993); in Berlin arbeiten Hübner und Lenhardt an einem Projekt, das genau der Frage des Wandels der Lehrerrolle in den neuen Bundesländern unter dem Gesichtspunkt von Professionalität gewidmet ist, und zwar aus der Sicht der Institutionen und Verbände einerseits sowie aus der Sicht der betroffenen Lehrer andererseits (vgl. auch LENHARDT u.a. 1992). Zu Situation und Ausbildung der Lehrer in der ‚alten' DDR – aus westdeutscher Sicht – vgl. z.B. SCHMIDT (1990); über die Situation der Lehrkräfte nach der Wende vgl. HOFFMANN/CHALUPSKY (1991), BOEHNKE (1993), OLBERG u.a. (1993), REH/TILLMANN (1994).

1.3.6 Gemeinsamkeiten

Folgende Gemeinsamkeiten lassen sich im Blick auf die aktuelle, empirische Lehrerforschung in Deutschland definieren:

- Grundsätzlich wird ein *wissensanalytischer Ansatz* verfolgt. D.h. man geht von Wissensbeständen innerhalb der Berufskultur der Lehrer aus, um von hier aus dann Wahrnehmungs- und Handlungsweisen erschließen zu können. Lehrerarbeit sowie die berufsintern generierten Muster des Denkens, Urteilens, Handelns sind also nicht so sehr Anwendungsfall als vielmehr Ausgangspunkt der wissenschaftlichen Forschung.
- Dies beinhaltet eine stärkere Beachtung der *Differenzen* zwischen der wissenschaftlichen und der berufspraktischen Problemlage. Das innerhalb der Berufskultur der Lehrerschaft mehr oder weniger eigenständig und kollektiv erzeugte und tradierte Wissen wird als bereichsspezifische Reaktion

auf Handlungsprobleme verstanden und in seiner Genese, Funktion und (kollektiven sowie individuellen) Dynamik untersucht – wobei Erziehungs- bzw. Unterrichtswissenschaft nur ein Element innerhalb eines breiten Feldes verschiedener Wissensquellen ist.

- Die neuere Lehrerforschung thematisiert die gesamte *Berufsbiographie von Lehrkräften*; auch dort, wo es um Einzelaspekte und begrenzte Abschnitte geht, wird der Bezug zum biographischen Rahmen hergestellt. Dies bedeutet, daß Lehrer und Lehrerinnen z.B. nicht länger als quasi geschlechts- und alterslose Wesen betrachtet werden. Auch unter dieser Perspektive wird den Differenzen zwischen den verschiedenen Lehrämtern (Schulformen), Geschlechtern und Altersgruppen bzw. Generationen mehr Bedeutung zugemessen.
- Wie inzwischen generell in den Sozialwissenschaften, so wird auch in der Lehrerforschung die Frage der geeigneten Forschungsmethoden vergleichsweise entspannt und gelassen behandelt. Nicht selten trifft man auf *Methodenkombinationen* zwischen „qualitativen“ und „quantitativen“ Forschungsstrategien. Methodenfragen werden in Abhängigkeit von jeweils verfolgten Fragestellung entschieden, wobei selbstverständlich diese Entscheidungen offenzulegen sind. Dadurch wird es den Lesern empirischer Forschungsprojekte möglich, die Entscheidungsprozesse nachzuvollziehen sowie die Gewinne und Verluste der jeweils eingesetzten Methoden abzuwägen.

Ein Hinweis auf ausgewählte, hier nicht behandelte Aspekte und Themen:

- *Nicht eingegangen wurde auf die Forschung zum Schulleiterverhalten und seinen Konsequenzen für Kollegialität und Schuentwicklung, und ebenfalls blieb der gesamte Bereich der Unterichtsforschung/Lehr-Lern-Forschung unberücksichtigt.*
- *Ebenso wurde das Problem des Wandels im öffentlichen Lehrer-Image (vgl. „Deutschlands faulster Lehrer“) ausgeklammert, obwohl Presse, Medien, Literatur und Karrikatur wunderbares und ergiebiges Beispiel- bzw. Analysematerial liefern.*
- *Schließlich ist die Diskussion um das neue Selbstverständnis der Lehrerschaft angesichts gewandelter Schüler und Schülerinnen (Mediatisierung, Individualisierung etc.) ausgeklammert worden, wobei es z.B. interessant wäre zu untersuchen, ob und wie Lehrer das Problem der Unausweichlichkeit von Selektion (Entscheidung über Schüler) in einem allgemeinen Klima von Förderung hantieren.*

2. Zentrale Themen der aktuellen Diskussion um Lehrerprofessionalität und Perspektiven für die weitere Forschung

Vor dem Hintergrund der gegenwärtigen empirischen Forschung sowie unter Hinzuziehung von Argumenten aus der disziplininternen wie auch aus der öffentlich-politischen Debatte um den Lehrerberuf lassen sich die folgenden vier zentralen Probleme umreißen, die zugleich auch wichtige Perspektiven für zukünftige Forschung zu diesem quantitativ immer noch bedeutendsten pädagogischen Beruf angeben.

2.1 Profession und Organisation oder: Wie lassen sich berufliche Autonomie und institutionelle Rahmung koordinieren?

„Autonomie" ist im Rahmen des klassischen Professionenkonzepts ein wichtiges Kriterium für Professionalität, und zwar sowohl auf der kollektiven wie individuellen Ebene (vgl. FORSYTH/DANISIEWICZ 1985). Nun gehört der Lehrerberuf in Deutschland nicht zu den „freien", selbständigen, sondern zu den unselbständigen Berufen, zum öffentlichen Dienst und hier – in aller Regel – zu den Beamten. Der Lehrer ist kein freischaffender Künstler! – wie der seinerzeitige baden-württembergische Kultusminister ganz richtig herausgehoben hat (MAYER-VORFELDER 1985). Insofern stellt sich im Lehrerbereich das für Professionen kennzeichnende Autonomieproblem auf besondere Weise. Der Beamtenstatus schafft ein erhöhtes Maß an Abhängigkeit gegenüber dem staatlichen Arbeitgeber und seinen legislativen und administrativen Regulativen für Schule und Lehrerberuf. Umgekehrt ist mit dem Beamtenstatus ein höheres Maß an Unabhängigkeit (nicht selten wird kritisch formuliert: Indifferenz, Gleichgültigkeit) gegenüber der Klientel (sprich: der vom Staat zwangsweise beschulten Bevölkerungsgruppe) verbunden. Hinsichtlich der Regulierung der unmittelbaren, tagtäglichen Arbeitstätigkeit verfügen Schullehrer übrigens über ein vergleichsweise hohes Maß an Freiheit, die von ihnen einerseits vehement gegen externe Kontrollversuche verteidigt wird, andererseits jedoch auch nicht selten als ein Alleingelassenwerden von oben sowie als Isolation wahrgenommen wird. Diese ambivalente Haltung der gleichzeitigen Furcht vor *und* Hoffnung auf Regulative ‚von oben' (vgl. RICHTER 1988) ist eines der strukturellen, personunabhängigen, durch den objektiven Zuschnitt des Lehrerberufs bedingten Elemente im Lehrerbewußtsein.

Zur Rolle des Staates im Rahmen von Professionalisierungsbemühungen allgemein vgl. FIELDING/PORTWOOD (1980) sowie KRÜGER (1984); zum Beamtenstatus des Lehrers in Deutschland vgl. SCHEPP (1982); THIEN (1977); LEISNER (1980) und THIEME (1980). Zur Diskussion um das Verhältnis von professioneller Autonomie und organisatorischer Rahmung allgemein sowie speziell im Lehrerberuf vgl. TERHART (1990b), FIRESTONE/ BADER (1991) und BAUER (1992).

In dem Maße, wie nun derzeit im Zuge einer Autonomisierung und Dynamisierung der Einzelschulen (vgl. ROLFF 1993) auch die Autonomisierung des Lehrerberufs (ANDERSON 1987/1991; HARGREAVES 1994) sowie die Freisetzung der Lern- und Entwicklungsdynamik in Lehrerkollegien auf der Tagesordnung steht, stellt sich die Frage, wie die beamtenrechtlich-schuladministrative Einbindung neu gestaltet, gegebenenfalls abgebaut werden kann, *ohne* daß erreichte Standards und *notwendige* Einheitlichkeitsnormen der Staats-Schule gefährdet oder aufgegeben werden (vgl. als vehemente Kritik der ‚Autonomie von Schule'-Bewegung die Stellungnahme des Deutschen Lehrerverbandes 1994). Im Gegenzug zur Reformulierung legislativ-administrativer Rahmenvorgaben muß es dabei zum Aufbau professions- sowie schließlich kollegiumsinterner Kontrollmechanismen kommen.

Konzepte für eine solche Horizontalisierung der Kontrollfunktion als Voraussetzung für die Entfaltung von Professionalität im Lehrerberuf liegen seit langen Jahren ausformuliert vor (vgl. z.B. FÜRSTENAU 1969; Deutscher Bildungsrat 1973) – sind aber leider immer noch nicht mit der notwendigen Breitenwirkung realisiert worden. Vielleicht liegt dies auch daran, daß das Verhältnis von Institution und Profession bzw. professioneller Autonomie allzu lange zu einem Entweder/Oder hochdramatisiert worden ist und insofern natürlich jeder Vorschlag allein bereits massive Ängste (in Richtung Kontrollverluste, zusätzliche Arbeitsbelastungen etc.) ausgelöst hat. Für die zukünftige Ausgestaltung des Verhältnisses von innerberuflicher Autonomie und institutionellem Rahmen sollte man sich jedoch von der traditionellen, einer Überdramatisierung geschuldeten Unvereinbarkeitsthese zum Verhältnis von Organisation und Erziehung verabschieden (vgl. TERHART 1986; BAUER 1992) – es geht hier nicht um schroffe Alternativen, sondern darum, *wie* Schule und Schulverwaltung als Professionalität befördernde Organisationen umgebaut werden können.

In einer gewissen Hinsicht ähnelt diese Problematik der aus dem ökonomischen Kontext ja geläufigen Auseinandersetzung um das Verhältnis von Markt und Staat. Denn zweifellos werden bildungspolitische Programme zur Autonomisierung und – damit hoffentlich – Dynamisierung der Einzelschule die Pluralisierungs- und Diversifizierungstendenzen im Bildungswesen verstärken – Tendenzen, die seit den Zeiten des Schülerrückgangs, der Inflationierung von höheren Bildungsabschlüssen und der damit verbundenen Marktabhängigkeit von Einzelschulen eine Suche der Eltern nach „kulturellem

Kapital“ sowie nach neuen Möglichkeiten der Markierung „feiner Unterschiede“ ausgelöst und zugleich in den kulturell-ästhetisch-expressiven Bereich der Lernkultur von Einzelschulen gelenkt haben. Dies hat zur Folge, daß hinter den Standard-Etiketten der Schulformen („Hauptschule“, „Realschule“, „Gymnasium“, „Gesamtschule“) tatsächlich bereits ‚tausend Blumen blühen‘ (vgl. zur Einordnung dieser Entwicklung in die deutsche Schulgeschichte ZYMEK 1993). Die Vorstellung, derzufolge der Staat seine Bevölkerung aus (seinen) übergeordneten Motiven heraus mit einer wenig binnendifferenzierten Standard-Beschulung zwangsversorgt, wird damit tendenziell hinfällig – mit bedeutsamen Folgen für die Marktsituation einer Einzelschule sowie v.a. für die Lage ihres Personals. Während in der Schule des Obrigkeitsstaates der Lehrer als Amtsperson gewissermaßen sakrosankt ist, unterliegt demgegenüber die marktabhängige, offene und autonome Schule einem hohen Maß an „Kundenautonomie“ *(comsumer's choice)*, die zugleich eine nicht nur erweiterte, sondern völlig neue Kontrollfunktion von Schülern und Eltern gegenüber den Lehrern und ihrer Arbeit mit sich bringt: sakrosankt am Lehrer ist dann nichts mehr – ganz im Gegenteil wird er zunehmend vor Begründungszwänge gestellt und womöglich tendenziell (und nicht selten real) zum schutzlosen Ziel jedweden Verhaltens seiner „Kunden“ (Schüler wie Eltern), gegen das zu wehren und sein pädagogischer Auftrag (ganzheitliche Beachtung und Förderung jedes Schülers) ihm enge Grenzen setzen. Das bedeutet fast schon eine Umkehrung der alten Verhältnisse – eine Situation, die nicht wenige Lehrkräfte, v.a. solche, die ihre langfristig prägenden Ersterfahrungen im Lehrerberuf noch zu Zeiten einer weithin unangetasteten Lehrerrolle gemacht haben, entweder in pädagogische Verzweiflung und Resignation oder aber in persönliche Verhärtung und Zynismus treibt.

2.2 Binnendifferenzierung und Karrierisierung oder: Wie lassen sich Verkrustungen aufbrechen?

Schon immer wurde von berufssoziologischer Seite angemerkt, daß der Lehrerberuf ein Beruf ohne Karriere ist – dies gilt v.a. dann, wenn aufgrund der Altersstruktur die wenigen höheren Positionen für Jahrzehnte besetzt sind und generell eine Stagnation oder gar Schrumpfung festzustellen ist. Erstarrungen vielfältigster Art sind die Folge. Hinzu tritt, daß eine differenzielle Beurteilung der Belastung und Arbeitsleistung von Lehrkräften alles in allem gar nicht oder nur in einem symbolischen Sinne durchgeführt wird. Um hier Verkrustungen aufzubrechen, hielte ich eine Flexibilisierung der Laufbahnstruktur bei gleichzeitiger Intensivierung der Lehrerbeurteilung sowie eine

Verknüpfung von beidem für angebracht. Sicherlich: Damit wird ein Tabu berührt, und im übrigen macht das Beamtenrecht dies alles schwer. Es sollte jedoch möglich sein, noch diesseits solcher prinzipielle Fragen die Ein- und Auslässe in den Lehrerberuf flexibler, also z.B. gestaffelt zu gestalten und innerhalb dieses Berufes ein Laufbahn- und Besoldungssystem einzuführen, das in irgendeiner Weise auf individuell unterschiedliche Arbeitsleistungen und Belastungen zu reagieren imstande ist. Allerdings ist in diesem Zusammenhang vor allzu schnellen, allzu (schein)plausiblen Lösungen zu warnen. Aus der Arbeitspsychologie und dem Personalwesen sind hinlängliche Erfahrungen bekannt, denen zufolge z.B. ein lediglich auf Kritik und Drohungen bzw. auf zusätzlichen Besoldungsanreizen basierendes System der Steigerung der Arbeitsleistung ab einem bestimmten Grad an Komplexität der zu bewältigenden Aufgaben ‚nichts bringt' bzw. im Gegenteil gar zu negativen Effekten führt. Von viel größerer Wirksamkeit wäre der Aufbau eines kontinuierlichen Beratungs- und Stützsystem in und zwischen Schulen; die Weiterentwicklung der beruflichen Kompetenzen müßte auf diese Weise zu einem selbstverständlichen Element in der Berufskultur der Lehrerschaft werden. Und diese individuelle Entfaltung und Entwicklung der Kompetenzen im Laufe der Berufsbiographie muß in Verbindung gebracht werden zu (z.T.) neu gestalteten bzw. eröffneten Möglichkeiten von Bewährung und Karriere im Lehrerberuf.

Damit soll nicht einer Karrierisierung des Lehrerberufs das Wort geredet werden, die darunter lediglich die Erhöhung von Arbeitsleistungen bei Konstanthaltung oder gar Verschlankung des Ressourcenzuflusses versteht. Umgekehrt soll vielmehr versucht werden, im jetzigen Stadium, in dem sich solche Überlegungen in machen Finanz- und Kultusministerien noch im embryonalen Stadium befinden, eine wissenschaftlich möglichst abgesicherte, den pädagogischen Auftrag des Lehrers realistisch berücksichtigende Perspektive einzubringen – damit nicht am Ende ein Konzept zustande kommt, das allein von den Zwängen des Beamtenrechts und dem Diktat der leeren Kassen bestimmt ist. Auch wenn man sich diesem Thema jetzt nicht oder gar prinzipiell nicht stellen will: Die Lehrerforschung wie auch der Lehrerberuf müssen damit rechnen, daß der Druck der Öffentlichkeit wie auch der Politik in Richtung auf ein höheres Maß an (bestimmbarer) „Verantwortlichkeit" der Lehrer (als Individuen wie als Kollektiv) für die wahrgenommenen Ergebnisse ihrer Arbeit zunehmen wird.

Insbesondere unter einer professionalisierungstheoretischen Perspektive ist es wichtig, hier rechtzeitig Barrieren gegen ein allein hierarchisch-vertikal strukturiertes Beurteilungs- und Karrieresystem einzubauen. Würde ein solches System sich durchsetzen – und manches scheint dafür zu sprechen –

wäre aufgrund der damit verbundenen erhöhten Standardisierung und äußeren Reglementierung statt verstärkter Professionalisierung umgekehrt eine Reduktion von Professionalisierungschancen die Folge: eine Art Dequalifizierung der Lehrertätigkeit. Wie bereits erwähnt, muß sich Kontrolle horizontal als ein berufsintern reguliertes System der Stützung und Beratung sowie der Einhaltung von Berufsstandards realisieren lassen (HAEFELE 1992).

Zur aktuellen Lage der Lehrerbeurteilung und Lehrerberatung vgl. ebenso informativ wie ernüchternd BESSOTH (1994), über die deutschsprachige empirische Forschung informiert STELTMANN (1992), als empirische Einzelstudien vgl. (quantitativ) METZ (1983) und (qualitativ) HOPPENWORTH (1993). Zum Verhältnis von Beamtenrecht und dienstlicher Beurteilung allgemein vgl. KLINKHARDT (1987), unter Bezug auf Lehrer vgl. SCHAFFER (1985). Mit Fragen der Organisation, Leitung und Personalsteuerung in Schulen beschäftigen sich regelmäßig die Zeitschriften „schul-management" und „Pädagogische Führung" sowie die „Zeitschrift für Bildungsverwaltung". Es existiert sogar eine englischsprachige Fachzeitschrift, die den Problemen der Beurteilung von Arbeitsleistungen in pädagogischen Berufen gewidmet ist: „Journal of Personnel Evaluation in Education", 1992 im 5. Jahrgang! Im deutschen Schulwesen sind Formen der Herstellung eines Zusammenhangs zwischen Lehrerbeurteilung und Lehrerbesoldung derzeit wohl undenkbar; die amerikanischen und englischen Erfahrungen mit einfachen „merit pay systems" haben sich nicht bewährt, Motivationsbeschaffung über Geld allein ist auch in pädagogischen Arbeitsbereichen ein untaugliches Instrument. Vgl. dazu JOHNSON (1984, 1986), MURNANE/COHEN (1986), JACOBSEN (1989). Demgegenüber sind persönlichere, auf die Entwicklungsmöglichkeiten der eigenen beruflichen Kompetenz gerichtete Stützungen und Laufbahnmöglichkeiten (Karriere als persönliche Entwicklung) von größerer Bedeutung (vgl. BORNFIELD 1985 und MCLAUGHLIN/YEE 1988).

2.3 Lehrerausbildung oder: Immer neue Variationen einer endlosen Geschichte?

In der öffentlichen wie fachinternen Diskussion bilden Lehrerbild und Lehrerbildung eine Einheit; das argumentative Grundschema sieht etwa folgendermaßen aus: Aus (normativen) Vorstellungen über das ‚Eigentliche' der Lehrertätigkeit werden in mehr oder weniger kontrollierter Form bestimmte Fähigkeiten abgeleitet, über die ein solcher Lehrer demgemäß verfügen sollte. Den dritten Schritt in dieser (vermeintlichen) Deduktionskette bilden dann Vorstellungen zu der Frage, durch welche Formen und Inhalte der Aus- und Weiterbildung eben diese Fähigkeiten vermittelt bzw. ihre Entwicklung gefördert werden kann. – Die empirische Forschung zu den Prozessen und Wirkungen der Formen und Inhalte der Lehrerausbildung stellt demgegenüber nicht selten fest, daß solche Gesamtargumentationen zu Lehrerbild und Lehrerbildung aufgrund der Komplexität und Differenziertheit des Problems sowie v.a. der Unkontrollierbarkeit der tatsächlichen Prozesse innerhalb des langjährigen Prozesses der Lehrerausbildung durchaus ungeprüft sind – und sich womöglich auch gar nicht überprüfen lassen. Wenn es denn stimmt, daß Lehrerausbildung generell ein Unternehmen mit schwacher Wirkung ist (D.Lortie: low impact enterprise; vgl. auch OELKERS 1993a), stellt sich natürlich sofort die Frage nach dem Sinn der z.T. erbittert geführten Debatten um die ‚richtige' Lehrerausbildung.

Auffällig an dieser Diskussion ist die Konstanz der Grund-Themen bei gleichzeitiger Variation der Semantiken, in denen sie behandelt werden: Immer wieder geht es um das Verhältnis von Wissenschaftlichkeit und Berufsbezug in der Ausbildung, um das Verhältnis von als persönlicher Ausstattung Mitzubringendem und dem in der Ausbildung Erlernbarem, um die Gewichtsverteilung zwischen Fachwissenschaft, Fachdidaktiken, Erziehungswissenschaft und Praktika, und im Blick auf die Erziehungswissenschaft (Schulpädagogik, Didaktik) um ihre speziellen Möglichkeiten, Verantwortlichkeiten und Grenzen hinsichtlich der Erzeugung pädagogischer Kompetenzen bei den Studierenden. Damit sind abstrakte Themen umrissen; auf einer konkreten Ebene geht es um den institutionellen Ort und das Zeitquantum der Ausbildung, um Unterschiede und Gemeinsamkeiten in der Ausbildung für die verschiedenen Lehrämter, um den Anteil der wissenschaftlichen Disziplinen am Lehramtsstudium, um das Verhältnis von 1., 2. und 3. Phase der Aus- und Weiterbildung, um Leistungsnachweise, notwendige Prüfungselemente etc. Die Erörterung dieser Fragen erfolgt häufig recht ‚handfest' und durchaus nicht uneigennützig, m.a.W.: vorgeblich rein sachbezogene bzw. auch moralisch-pädagogische Argumentationen sind sehr stark mit je unterschiedlichen, manchmal nur schlecht kaschierten Partialinteressen durchsetzt. Aber auch dieser Hinweis gehört schon zum Ritual der Lehrerbildungsdiskussion...

Hier sei lediglich auf zwei Punkte aufmerksam gemacht, die für die weitere Entwicklung von Bedeutung sind. Der erste betrifft die gewandelte Rolle der Erziehungswissenschaft in Ausbildungsprozessen für pädagogische Berufe, der zweite die verschiedenen Hoffnungsmythen, die in der Diskussion um die ‚richtige' Lehrerausbildung häufig anzutreffen sind.

(a) In dem Maße, wie sich die Erziehungswissenschaft in eine normale, forschende Disziplin verwandelt, die hinsichtlich ihrer Theorie- und Erkenntnisansprüche zunehmend innerwissenschaftlichen Mechanismen der Selbstregulation folgt, ist der traditionelle *Anspruch* (!), insgesamt eine Wissenschaft bzw. Reflexionsform ‚aus der Praxis für die Praxis' zu sein, nicht mehr wirklich glaubhaft fortzuführen. Entsprechend der bereits erwähnten Differenz-These scheinen sich Erziehungswissenschaft mit ihrem stärker werdenden Forschungs- und Theoriebezug einerseits und die pädagogischen Berufe mit ihren praktischen (Ausbildungs-)Problemen andererseits auseinander zu entwickeln (vgl. ROEDERs These von den ‚zwei Kulturen' in der Disziplin). Dies erfordert und ermöglicht neue Formen der Binnendifferenzierung innerhalb der Erziehungswissenschaft – nicht alles muß praxisbedeutsam und ausbildend sein; durch Spezialisierung sind spezifische Rollen, Wissensformen, Textsorten und Lernformen auszuweisen, die dann tatsächlich (und nur!) ausbildenden Charakter haben können. – Damit wird zunehmend fraglich, wie die moderne Universität mit ihrem Massenbetrieb und ihrer hochspezialisierten, weitverzweigten Wissenschaftslandschaft (in die sich allmählich auch die Erziehungswissenschaft einordnet) tatsächlich der geeignete Ort für die Ausbildung von Lehrern bleiben kann – wobei diese Frage nicht nur im Blick auf die Lehrer, sondern auch im Blick auf andere akademische Berufe gestellt werden muß. Hinsichtlich der Lehrerausbildung stellt sie sich allerdings in verschärfter Form, da Lehramtsstudenten nicht selten an drei Fakultäten studieren und eine Integration der Studienerfahrungen häufig nur noch durch die äußere Mechanik von Prüfungs- und Studienordnungen suggeriert wird.

(b) Als Beginn jeder neuen Erziehung wird in aller Regel die Um- oder Neu-Erziehung der Erzieher verlangt. Deshalb gehört zu jeder Schulreformkonzeption selbstverständlich auch ein Konzept zur Reform der Lehrerausbildung. Die Kausalkette, die dem zugrunde liegt, ist (zeitlich) ungewöhnlich weit gedehnt und (inhaltlich) äußerst angespannt: Von der neuen Ausbildung zu neuen Erziehern zur neuen Erziehung – dies natürlich bei laufendem Schulbetrieb, denn ein wirklicher Nullpunkt, ab dem *alles* anders werden könnte, existiert natürlich nie. Die Wirkungshoffnungen richten sich sowohl auf die einzelne Lehrkraft wie auf den Berufsstand insgesamt. Durch empirische Forschung sind derartige Vorstellungen jedoch, soweit ich sehe, nicht in dem erhofften Maße gedeckt – die für pädagogische Prozesse kennzeichnende Kluft zwischen Absicht und Wirkung gilt allemal und in vielleicht verschärfter Form für den Zusammenhang von Ausbildungskonzept und Ausbildungswirkung sowie zwischen diesen Wirkungen und den konkreten beruflichen Haltungen und Handlungen. Lehrerausbildung bedeutet Vorbereitung auf ein Aushalten und Gestalten von Unsicherheit – wobei der Erfolg dieser Vorbereitung selbst sehr unsicher ist. Insofern ist die Intensivierung empirischer Forschung gerade im Bereich der Lehrerausbildung dringend erforderlich. Möglicherweise jedoch ist eine Verbesserung der Qualität der Lehrerarbeit eher durch eine Neuschneidung der äußeren Formen des Lehrerberufs zu erreichen als durch ein Hoffen auf die multiplikative Wirkung des (derzeit) immer noch geringen Zustroms frisch und ggf. ‚anders' ausgebildeter Lehrkräfte; in dem Maße jedoch, wie der Einstellungskorridor aufgrund von Ersatz- und/oder Erweiterungsbedarf (wieder) größer wird und von der finanziellen Seite auch bedient wird bzw. bedient werden kann, ist natürlich die Innovationschance für Lehrerberuf und Schularbeit über neu und anders ausgebildete Lehrer wieder verstärkt gegeben.

Die deutschsprachige empirische Forschung zur Lehrerausbildung (bis 1979/80) wird breit dokumentiert bei LIEBRAND-BACHMANN (1981) sowie in den entsprechenden Kapiteln von INGENKAMP u.a. (1992). Für die internationale Forschungssituation vgl. das Handbuch von HOUSTON (1990). Zur Diskussion um die Situation und Zukunft der Lehrerausbildung vgl. die Beiträge von SCHALLER (1984), NEUMANN (1985), RADTKE (1988), BAYER u.a. (1990), TERHART (1985, 1992b), PRANGE (1991), OELKERS (1993a,b) sowie die Sammelbände von BÄUERLE (1991) und HOMFELDT (1991); das grundsätzliche Unsicherheitsproblem wird ausführlich von FLODEN/CLARK (1988/91) erörtert.

2.4 Die Grenzen der Lehrerarbeit oder: Wie weit geht das Mandat des Lehrers?

In meinem letzten Punkt möchte ich einen vornehmlich in der eher theoretisch-konzeptuellen Literatur zur Professionalität des Lehrers anzutreffenden Problemkomplex aufnehmen, der jedoch letztlich von zentraler öffentlicher, d.h. politischer Bedeutung ist: Die Frage nämlich, wie weit bzw. eng das Mandat des Lehrers definiert werden soll. Damit ist zugleich die Frage angeschnitten, wie eigentlich für die nähere und fernere Zukunft der Auftrag der Lehrerschaft definiert wird. Die Auffassungen schwanken hier zwischen einer strikten Begrenzung des Mandats auf das Unterrichten bzw. Lernprozesse arrangieren als dem Kernbereich der Lehrertätigkeit einerseits und dem Ruf nach einer konsequenten Erweiterung des Mandats im Sinne einer Sozialpädagogisierung der Lehrerrolle andererseits. Hinter diesen Alternativen stehen natürlich weiter gefaßte, kontroverse Auffassungen über den Auftrag der Schule als Institution in einer sich konstant weitermodernisierenden Moderne: Bleibt sie Unterrichtsanstalt – ja verschärft sie entgegen allen neuen Herausforderungen gar noch ihr diesbezügliches Profil, oder wandelt sie sich (nicht nur wie bis dato auf der Grundschulebene, sondern grundsätzlich) in Richtung auf eine Begegnungsstätte zwischen den Generationen mit einem ganz allgemeinen soziolkulturellen Auftrag für die Betreuung und Sozialisierung von Kindern und Jugendlichen in enger Verknüpfung mit dem jeweiligen sozialen Nahraum.

Die Ansprüche eines großen Teils der Elternschaft wie auch der Öffentlichkeit generell gehen derzeit vornehmlich in Richtung auf eine stärkere Sozialpädagogisierung, die als Kompensation für den Zerfall bzw. die Funktionsumstellung anderer Erziehungsinstitutionen gefordert wird. Auch innerhalb der schulpädagogischen Diskussion läßt sich feststellen, daß Argumentationen, die in den frühen 70er Jahren noch für den Vorschulbereich galten (z.B. „Situationsansatz"), seit langem bereits die Grundschuldiskussion bestimmen. Diese inhaltliche Tendenz hat mittlerweile einen starken Drang ‚nach oben', m.a.W.: auch in den Konzeptbeschreibungen für Schulen der Sekundarstufe I sind zunehmend ursprünglich (vor- und) grundschulpädagogische Argumentationen anzutreffen („offene Schule", „handlungsorientierter Unterricht", „praktisches Lernen"). Diese Diskussionsentwicklung konvergiert mit Thesen aus der Kindheits- und Jugendforschung: Anscheinend verschwinden nicht nur die Grenzen zwischen dem Status von Heranwachsenden und Erwachsenen, sondern auch die zwischen dem Status von Kindern und Jugendlichen.

Diese Entwicklung vor Augen muß jedoch die Rückfrage erlaubt sein, ob mit der Ausweitung des Mandats in Richtung auf Sozialpädagogisierung die Institution Schule nicht überlastet und der Lehrerberuf in seinem jetztigen Zuschnitt damit strukturell, d.h. unabhängig vom Engagement und Geschick einzelner Lehrkräfte, überfordert wird. Es könnte sogar sein, daß das Beharren auf „Erweiterung des Mandats" in Richtung auf Ganzheitlichkeit und Autonomie die bereits erwähnte Partikularisierung und Pluralisierung der Schullandschaft verstärkt und in Verbindung mit der Durchsetzung des Marktprinzips auch im Bildungsbereich den traditionellen Lehrerberuf strukturell immer ‚unmöglicher' werden läßt – mit der Folge einer zunehmenden Belastung der einzelnen Berufsinhaber und -inhaberinnen.

Der inhaltliche Auftrag von Schule und Lehrerberuf ist traditionell immer spiegelbildlich zum Selbstverständnis der Privat-Erziehung in den Familien bzw. durch die Eltern definiert worden. Wenn sich nun im Zuge des gesellschaftlichen Wandels und der Neuschneidung des Verhältnisses von Individualisierung und Re-Vergemeinschaftung im Bereich der Privat-Erziehung Veränderungen abzeichnen, bedeutet dies automatisch und de facto zugleich eine Veränderung der Situation für die Schule und die Lehrerschaft. Wird auf diese Situation nicht reagiert, sondern einfach nach dem Muster des „Weiter so!" oder gar nach dem Muster der Verknappung und Verschlankung des staatlich regulierten Bildungsangebots reagiert, ist die Krise der Institution wie auch der Profession in ihr unausweichlich.

Ebenfalls problematisch ist es, wenn man sich der Frage nach der engen oder weiten Fassung des Mandats der Lehrerschaft (hier: Unterrichtsbeamter, dort: Sozialisationsberater bzw. -therapeut) erst gar nicht stellt, sondern sie mit Hinweis auf längst eingetretene Fakten beiseite schiebt, denen zufolge man als Lehrer bzw. Lehrerin aufgrund der tagtäglichen, konkreten Anforderungen gar nichts anderes sein könne als ganzheitlicher Erzieher und Sozialisator, um auf dieser Basis dann gelegentlich noch zum Unterrichten kommen zu können. Im Rahmen einer solchen Argumentation wird der Hinweis auf die Notwendigkeit einer Entscheidung über das Mandat als von den Fakten selbst als längst überholt bezeichnet. Eine solche Haltung würde den Lehrerberuf bzw. die Definition seines Mandats gewissermaßen dem Selbstlauf der sich wandelnden Sozialisationsverhältnisse überliefern und eine offensive Gestaltungsnotwendigkeit und -möglichkeit negieren. Der Lehrerberuf bliebe ein ‚grenzenloser' Beruf, der für alles und damit für *nichts wirklich* zuständig und verantwortlich wäre. Solche ‚grenzenlosen' Tätigkeiten sind allerdings dann nicht mehr in Form von Berufsarbeit, sondern nur noch als Existenzformen zu bewältigen und auszuhalten (vgl. TERHART 1995b).

Insofern halte ich es durchaus für notwendig und legitim, die Frage nach dem Mandat des Lehrerberufs zu stellen, zu erörtern und hierzu *Entscheidungen* zu fällen, anstatt immer nur auf den gesellschaftlichen Wandel und auf daraus resultierende unabweisbare Herausforderungen zu verweisen. Mir scheint einige Skepsis angesichts der Tendenz zur positiven Ratifizierung eines tendenziell grenzen- und (damit) verantwortungslosen Mandats des Lehrerberufs angebracht zu sein. Die Tatsache, daß die Schule eine Institution und die Lehrerarbeit ein Beruf und keine Existenzform ist, setzten dieser Tendenz bestimmte Grenzen. Will man diese Grenzen transzendieren, muß man zugleich auf die möglichen Folgen, Risiken und Nebenwirkungen des damit notwendig werdenden völlig neuen Zuschnitts von Schule und Lehrerberuf aufmerksam machen.

Darüberhinaus gilt: Wandlungsprozesse in den Sozialisationsbedingungen sowie damit verbundene Verschiebungen im Verhältnis von privater und öffentlicher Erziehung sind gesellschaftlich verursacht und erfahren durch ihre Überantwortung an die Schule und die Lehrerschaft eine problematische Pädagogisierung, die de facto eine Entpolitisierung bedeuten kann und zugleich immer höhere Anforderungen an die pädagogischen Berufe auftürmt. Deshalb scheint es mir dringender denn je notwendig zu sein, die Frage nach Auftrag und Sinn, Möglichkeiten und Grenzen des Lehrerberufs angesichts gewandelter sozialer bzw. sozialisatorischer Verhältnisse zu stellen. Eine Auseinandersetzung über diese Frage überschreitet natürlich den vergleichsweise engen Horizont innerwissenschaftlicher Theorie- und Forschungsdebatten bei weitem, da sie grundsätzliche Probleme der zukünftigen Gestaltung des Verhältnisses zwischen den Generationen sowie der hierfür vorzusehenden Institutionen und Professionen betrifft. Aus diesem Grunde muß sie als eine öffentliche, d.h. politische Debatte entscheidungsorientiert geführt werden.

Literatur

Aitken, J.L./ Mildon, D.: The Dynamics of Personal Knowledge and Teacher Education. In: Curriculum Inquiry 21 (1991), S. 141-162.

Alisch, L.M.: Neuere Entwicklungen in der Lehrerhandlungstheorie. In: Empirische Pädagogik 4(1990), S. 3-33.

Alisch, L.M./ Baumert, J./ Beck, K. (Hrsg.): Professionswissen und Professionalisierung. (Braunschweiger Studien zur Erziehungs-und Sozialarbeitswissenschaft, Bd. 28). Braunschweig 1990.

Anderson, L.W.: Die pädagogische Autonomie des Lehrers: Chancen und Risiken (1987). In: Terhart (1991), S. 121-133.

Apple, M.W.: Work, Gender, and Teaching. In: Teachers College Record 84 (1983), S. 611-628.

Atkinson, P./ Delamont, S.: Socialisation into Teaching: The Research which lost its Way. In: British Journal of Sociology of Education 6 (1985), S. 307-322.

Bäuerle, S. (Hrsg.): Lehrer auf die Schulbank. Vorschläge für eine zeitgemäße Lehreraus- und fortbildung. Stuttgart: Metzler 1991.

Bauer, K.-O.: Kindern etwas beibringen müssen, auch wenn Sie keine Lust auf Schule haben – Überblick über den Stand der Lehrerforschung. In: Jahrbuch der Schulentwicklung, Bd. 6. Weinheim: Juventa 1990, S. 217-241.

Bauer, K.-O.: Von der mechanischen zur professionellen Organisation der Schule. In: Z.f. Sozialisationsforschung und Erziehungssoziologie 12 (1992), S. 325-340.

Bauer, K.-O.: Lehrerprofessionalisierung und Lernkultur. In: H.G. Holtappels (Hrsg.): Lernkultur an Sekundarschulen. (IFS Dortmund, Werkheft 42). Dortmund 1993, S. 61-72.

Bauer, K.-O./Burkard, C.: Der Lehrer – ein pädagogischer Profi? In: Jahrbuch der Schulentwicklung, Bd. 7, Weinheim: Juventa 1992, S. 193-226.

Bauer, K.-O./Kopka, A.: Vom Unterrichtsbeamten zum pädagogischen Profi – Lehrerarbeit auf neuen Wegen. In: Jahrbuch der Schulentwicklung, Bd. 8. Weinheim: Juventa 1994.

Bayer, M. u.a. (Kommission Schulpädagogik/Lehrerausbildung in der DGfE): Ausgewählte Ergebnisse einer Untersuchung über strukturelle Veränderungen in den Lehramtsstudiengängen. In: Erziehungswissenschaft, Heft 2/1990, S. 24-86.

Berliner D.C.: Der Experte im Lehrerberuf: Forschungsstrategien und Ergebnisse. In: Unterrichtswissenschaft 15 (1987), S. 295-305.

Bessoth, R.: Lehrerberatung – Lehrerbeurteilung. Darmstadt: Luchterhand 1994 (3. Auflage).

Biklen, S.K.: Schoolteaching, Professionalism, and Gender. In: Teacher Education Quarterly 14 (1987), S. 17-24.

Blase, J.J.: Unterrichten lernen: Rationalisierungsprozesse bei Lehrern (1985). In: Terhart (1991), S. 7-21.

Boehnke, K.: Lehrerinnen und Lehrer als Wertmultiplikatoren im veränderten Bildungssystem der neuen Bundesländer: Probleme und Perspektiven. In: Pädagogik und Schulalltag 48 (1993), S. 94-105.

Bornfield, A.J.: Career Ladders and the Debureaucratization of Education. In: H.C. Johnson (Ed.): Merit, Money, and Teachers' Careers. Lanham: University Press of America 1985.

Brehmer, I.: Der widersprüchliche Alltag. Probleme von Frauen im Lehrberuf. Berlin: Frauen und Schule Verlag 1987.

Bromme, R.: Zur Untersuchung des professionellen Wissens von Lehrern: Zum Inhalt und zur psychologischen Struktur des Wissens. In: Eckerle, G.A./Patry, J.L. (Hrsg.): Theorie und Praxis des Theorie-Praxis-Bezugs in der empirischen Pädagogik. Baden-Baden: Nomos 1987, S. 179-204.

Bromme, R.: Der Lehrer als Experte. Zur Psychologie des professionellen Wissens. Bern: Huber 1992.

Bucher, R./ Stelling, J.G.: Becoming Professional. London: Sage 1977.

Buchmann, M.: Beyond the lonely choosing Will: Professional Development in Teacher Thinking. In: Teachers College Record 91 (1990), S. 481-508.

Burbules, N.C./Densmore, K.: The Limits of Making Teaching a Profession. In: Educational Policy 5 (1991), S. 44-63.

Burke, P.J.: Teacher Development. Lewes: Falmer Press 1987.

Claesson, A.A./Brice, R.A.: Teacher/Mothers: Effects of a dual Role. In: American Educational Research Journal 26 (1989), S. 1-23.

Combe, A./ Helsper, W. (Hrsg.): Professionelles Handeln in der Pädagogik. Frankfurt: Suhrkamp 1995.

Czerwenka, K.: Lehrer heute: „Ausgebrannt“, „ausgelaugt“ oder doch nur hoch belastet? In: Pädagogische Welt 47 (1993), S. 242-247.

Dalin, P./Rolff, H.-G.: Institutionelles Schulentwicklungsprogramm. Eine neue Perspektive für Schulleiter, Kollegium und Schulaufsicht. Soest: Landesinstitut für Schule und Weiterbildung 1990.

Dann, H.-D. u.a.: Umweltbedingungen innovativer Kompetenz. Eine Längsschnittuntersuchung zur Sozialisation von Lehrern in Ausbildung und Beruf. Stuttgart: Klett-Cotta 1978.

Dann, H.-D. u.a.: Sozialisation junger Lehrer im Beruf: „Praxisschock“ drei Jahre später. In: Z.f. Entwicklungspsychologie und Pädagogische Psychologie 13 (1981), S. 251-262.

Deutscher Bildungsrat: Zur Reform von Organisation und Verwaltung im Bildungswesen. Teil I: Verstärkte Selbständigkeit und Partizipation der Lehrer, Schüler und Eltern (Empfehlungen der Bildungskommission). Bonn: Bundesdruckerei 1973.

Deutscher Lehrerverband: Schule heute: Freiraum und Verantwortung statt „Autonomie"! Memorandum des Deutschen Lehrerverbandes (DL) zur aktuellen Diskussion um „Autonomie von Schule". Bonn, Mai 1994.

Dewe, B./ Ferchhoff, W./ Radtke, F.-O. (Hrsg.): Erziehen als Profession. Zur Logik professionellen Handelns in pädagogischen Feldern. Opladen: Leske & Budrich 1992 (a).

Dewe, B./ Ferchhoff, W./ Radtke, F.-O.: Das „Professionswissen" von Pädagogen. Ein wissenschaftstheoretischer Rekonstruktionsversuch. In: dies. (1992), S. 70-91 (b).

Dick, A.: Vom unterrichtlichen Wissen zur Praxisreflexion. Das praktische Wissen von Expertenlehrern im Dienst zukünftiger Junglehrer. Bad Heilbrunn: Klinkhardt 1994.

Döring, K.: Lehrerverhalten und Lehrerberuf. Zur Professionalisierung erzieherischen Verhaltens – Eine Einführung. Weinheim: Beltz 1970 (5. Auflage 1973).

Doyle, W.: Classroom Knowledge as a Foundation for Teaching. In: Teachers College Record 91 (1990), S. 347-360.

Drerup, H.: Rezeptologie in der Pädagogik. Überlegungen zur neueren schulpädagogischen Ratgeberliteratur. In: Bildung und Erziehung 40 (1988), S. 103-121.

Dunkin, M. (Ed.): International Encyclopedia of Teaching and Teacher Education. Oxford: Pergamon Press 1987.

Elbaz, F.: Research on Teacher's Knowledge: The Evolution of a Discourse. In: Journal of Curriculum Studies 23 (1991), S. 1-19.

Farber, B.A.: Burnout bei Lehrern: Annahmen, Mythen, Probleme (1984). In: Terhart (1991), S. 271-230.

Feimann-Nemser, S./Floden, R.E.: Berufskulturen von Lehrern (1986). In: Terhart (1991), S. 41-84.

Fielding, A.G./ Portwood, D.: Professions and the State. Towards a Theory of Bureaucratic Professions. In: The Sociological Review 28 (1980), S. 23-53.

Firestone, W.A./ Bader, B.D.: Professionalism or Bureaucracy? Redesigning Teaching. In: Educational Evaluation and Policy Analysis 13 (1991), S. 67-86.

Fischer, A.: Erziehung als Beruf. Leipzig: Quelle & Meyer 1921.

Floden, R.E./ Clark, Chr.M.: Lehrerausbildung als Vorbereitung auf Unsicherheit (1988). In: Terhart (1991), S. 191-216.

Flaake, K.: Berufliche Orientierungen von Lehrerinnen und Lehrern. Eine empirische Untersuchung. Frankfurt: Campus 1989.

Flaake, K.: Geschlechterdifferenz und Institution Schule. Das unterschiedliche Verhältnis von Lehrerinnen und Lehrern zu ihrem Beruf. In: Mädchen und Jungen – Männer und Frauen in der Schule. 1. Beiheft der Zeitschrift „Die deutsche Schule". Weinheim: Juventa 1990, S. 160-171.

Forsyth, P.B./ Danisiewicz, Th.J.: Toward a Theory of Professionalization. In: Work and Occupations 12 (1985), S. 59-76.

Friedman, I.A.: High- and Low-Burnout Schools: School Culture Aspects of Teacher Burnout. In: Journal of Educational Research 84 (1991), S. 325-333.

Fürstenau, P.: Neuere Entwicklung der Bürokratieforschung und das Schulwesen. In: ders. u.a.: Theorie der Schule. Weinheim: Beltz 1969, S. 47-66.

Gerber, U. u.a. (Hrsg.): Auf dem Weg zur „Guten Schule“: Schulinterne Lehrerfortbildung. Weinheim: Beltz 1991.

Giesecke, H.: Pädagogik als Beruf. Grundformen pädagogischen Handelns. Weinheim: Juventa 1987, (4. Auflage 1993).

Glazer, J.S.: Feminism and Professionalism in Teaching and Educational Administration. In: Educational Administration Quarterly 27 (1991), S. 321-342.

Glöckel, H.: Von der „Seele des Erziehers“ zum „professionellen Pädagogen“. In: Pädagogische Welt 34 (1980).

Goodson, I. (Ed.): Studying Teachers’ Lives. New York: Teachers College Press 1992.

Götz, B.: Sozialisation im Lehrerberuf. In: B. Götz/ J. Kaltschmidt (Hrsg.): Sozialisation und Erziehung. Darmstadt: Wiss. Buchgesellschaft 1978, S. 422-473.

Gudjons, H. (Hrsg.): Entlastung im Lehrerberuf. Hamburg: Bergmann & Helbig 1993.

Gutte, R.: Lehrer – Ein Beruf auf dem Prüfstand. Reinbek: Rowolt 1994.

Haefele, D.L.: Evaluating Teachers: An Alternative Model. In: J. of Personnel Evaluation in Education 5 (1992), S. 335-345.

Händle, C.: Soziale Handlungsprioritäten. Befunde und Fallstudien von Lehrerinnen in der Berufseingangsphase. In: H. Faulstich-Wieland (Hrsg.): Weibliche Identität. Dokumentation einer Fachtagung der AG Frauenforschung in der DGfE. Bielefeld 1989, S. 93-111.

Hänsel, D.: Die Anpassung des Lehrers. Weinheim: Beltz 1975.

Hänsel, D.: Der Mythos vom konservativen Wandel der Lehrer. In: Zeitschrift für Pädagogik 31(1985), S. 631-656.

Hänsel, D.: Die männliche und die weibliche Form des Lehrerseins. In: Neue Sammlung 31 (1991), S. 187-202.

Hänsel, D.: Wer ist der Professionelle? Analyse der Professionalisierungsproblematik im Geschlechterzusammenhang. In: Z.f. Pädagogik 38 (1992), S. 873-893.

Hargreaves, D.H.: The New Professionalism: The Synthesis of Professional and Institutional Development. In: Teaching & Teacher Education 10 (1994), S. 423-438.

Harris, Ch.M./ Smith, S.W.: Man Teacher – Woman Teacher: Does it Matter? In: Elementary School Journal (1976), S. 285-288.

Hirsch, G.: Biographie und Identität des Lehrers. Eine typologische Studie über den Zusammenhang von Berufserfahrungen und beruflichem Selbstverständnis. Weinheim: Juventa 1990.

Hirsch, G. u.a.: Wege und Erfahrungen im Lehrerberuf. Eine lebensgeschichtliche Untersuchung über Einstellungen, Engagement und Belastung bei Züricher Oberstufenlehrern. Bern: Haupt 1990.

Hofer, M.: Sozialpsychologie erzieherischen Handelns. Wie das Denken und Verhalten von Lehrern organisiert ist. Göttingen: Hogrefe 1986.

Hoffmann, A./ Chalupsky, J.: Zwischen Apathie und Aufbruchseuphorie. Lehrerinnen in der Übergangszeit. Ergebnisse einer empirischen Untersuchung. In: Pädagogik und Schule in Ost und West 39 (1991), S. 114-119.

Holtz, K.-L.: Stress, Angst und Burn-out im Lehrerurteil. In: Vierteljahresschrift für Heilpädagogik 56 (1987), S. 327-336.

Homfeldt, H.G. (Hrsg.): Ausbilden und Fortbilden. Krisen und Perspektiven der Lehrerausbildung. Bad Heilbrunn: Klinkhardt 1991.

Homfeldt, H.G./ Schulz, W./ Barkholz, U.: Student sein – Lehrer werden? Selbsterfahrung im Studium. München: Kösel 1983.

Hoppenworth, U.: Der Unterrichtsbesuch. Implizite Unterrichtstheorien von Ausbildern und Auszubildenden in der Zweiten Phase der Lehrerausbildung. Frankfurt: Lang 1993.

Horster, L.: Wie Schulen sich entwickeln können. Der Beitrag zu schulinternen Problemen. Soest 1991.

Houston, M. (Ed.): Handbook of Research on Teacher Education. New York: Macmillan 1990.

Hoyle, E.: Die Professionalisierung des Lehrers: ein Paradox (1982). In: Terhart (1991), S. 135-144.

Huberman, M.: Recipes for busy Kitchens: A situational Analysis of routine Knowledge Use in Schools. In: Knowledge 4 (1983), S 478-510.

Huberman, M.: Der berufliche Lebenszyklus von Lehrern. Ergebnisse einer empirischen Untersuchung (1989). In: Terhart (1991), S. 249-267.

Ingenkamp, K. u.a. (Hrsg.): Empirische Pädagogik 1970-1990. 2 Bde. Weinheim: Deutscher Studien Verlag 1992.

Jacobson, St.J.: Mertit Pay Incentives in Teaching. In: L. Weis et al. (Eds.): Crisis in Teaching. Perspectives on Current Reforms. New York: State University of New York Press 1989, S. 111-128.

Johnson, S.M.: Merit Pay for Teachers: A poor Prescription for Reform. In: Harvard Educational Review 54 (1984), S. 175-185.

Johnson, S.M.: Incentives for Teachers: What motivates, what matters. In: Educational Administration Quarterly 22 (1986), S. 54-79.

Jones, B.K.: The Gender Difference Hypothesis: A Synthesis of Research Findings. In: Educational Administration Quarterly 26 (1990), S. 5-37.

Kelchtermans, G.: Die berufliche Entwicklung von Grundschullehrern aus einer biographischen Perspektive. In: Pädagogische Rundschau 44 (1990), S. 321-332.

Kelchtermans, G.: Lehrer, ihre Karriere und ihr Selbstverständnis: Eine biographische Perspektive. In: Z.f. Sozialisationsforschung und Erziehungssoziologie 12 (1992), S. 250-271.

Kickhöfer, B.: Rolle und Handeln. Beispiel: Lehrer. Weinheim: Beltz 1981.

Klinkhardt, V.: Dienstliche Beurteilungen, Beförderungsentscheidungen, Dienstpostenbewertungen. Bonn: Dt. Beamtenverlag 1987.

Koch, J.-J.: Lehrer – Studium und Beruf. Ulm: Süddt. Verlagsgesellschaft 1972.

Koring, B.: Eine Theorie pädagogischen Handelns. Theoretische und empirisch-hermeneutische Untersuchungen zur Professionalisierung der Pädagogik. Weinheim: Deutscher Studien Verlag 1989.

Koring, B.: Grundprobleme pädagogischer Berufstätigkeit. Eine Einführung für Studierende. Bad Heilbrunn: Klinkhardt 1992.

Krüger, H.: Professionalisierung und Innovation in pädagogischen Berufen. In: H. Lüdtke (Hrsg.): Erzieher ohne Status? Heidelberg: Quelle & Mayer 1973, S. 110-130.

Krüger, W.: Professionalisierung durch den Staat. In: Soziale Welt 34 (1984), S. 514-531.

Kunert, K.: Lernen im Kollegium. Theorie und Praxis der schulinternen Lehrerfortbildung. Bad Heilbrunn: Klinkhardt 1992.

Kyriacou, C.: Teacher Stress and Burnout: An international Review. In: Educational Research 29 (1987), S. 146-152.

Labaree, D.F.: Power, Knowledge, and the Rationalization of Teaching: A Genealogy of the Movement to Professionalize Teaching. In: Harvard Educational Review 62 (1992), S. 123-154.

Laird, S.: Reforming „Woman's True Profession": A Case for „Feminist Pedagogy" in Teacher Education. In: Harvard Educational Review 58 (1988), S. 449-463.

Leggatt, T.: Teaching as a Profession. In: J.A. Jackson (Ed.): Professions and Professionalization. London: Cambridge University Press 1970, S. 155-177.

Leigh, P.M.: Ambiguous Professionalism: A Study of Teachers' Status Perception. In: Educational Review 3 (1979), S. 27-44.

Leisner, W.: Müssen Lehrer Beamte sein? In: Z.f. Beamtenrecht 28 (1980), S. 361-372.

Lenhardt, G. u.a.: Zur Transformation der Lehrerrolle in der ehemaligen DDR. In: Soziologentag Leipzig 1991. Soziologie in Deutschland und die Transformation großer gesellschaftlicher Systeme. Berlin: Akademie-Verlag 1992, S. 722-740.

Leschinsky, A.: Lehrerindividualismus und Schulverfassung. In: Z. f. Pädagogik 32 (1986), S. 265-246.

Liebermann, A. (Ed.): Building a Professional Culture in Schools. New York: Teachers College Press 1988.

Liebrand-Bachmann, M.: Zum Stand der Ausbildungsforschung im Bereich der Lehrerausbildung. Versuch einer Klassifikation und Auswertung vorliegender Untersuchungen. (Hochschuldidaktische Forschungsberichte 20). Hamburg 1981.

Lortie,D.C.: The Balance of Control and Autonomy in Elementary School Teaching. In: A. Etzioni (Ed.): The Semi-Professions and their Organizations. New York: The Free Press 1969.

Lühring, M.: Karrierehindernisse auf dem Weg zur pädagogischen Führungskraft. In: Mädchen und Jungen – Männer und Frauen in der Schule. 1. Beiheft der Zeitschrift „Die deutsche Schule". Weinheim: Juventa 1990, S. 172-184.

Mayer-Vorfelder, G.: Der Lehrer – „ein freischaffender Künstler?". In: Die Personalvertretung 28 (1985), S. 1-3.

McLaughlin, M.W./Yee, S.M.-L.: School as A Place to have a Career. In: Liebermann (1988), S. 23-44.

McNergney, R.F./ Carrier, C.A.: Teacher Development. New York Macmillan 1981.
Metz, H.: Unterrichtsbeurteilung: Eine empirische Untersuchung. Frankfurt: Lang 1983.
Münch, W.: Leiden und Lust an der Schule. Psychoanalytische Selbsterfahrung und Supervision in Lehrergruppen. Frankfurt 1984.
Murnane, R./ Cohen, D.K.: Merit Pay and the Evaluation Problem: Why most Mertit Pay Plans fail and a few survive. In: Harvard Educational Review 56 (1986), S. 1-17.
Myers, D.A.: The Teacher as a Semi-Professional. In: ders.: Teacher Power – Professionalization and Collective Bargaining. Lexington: Lexington-Books 1973, S. 63-72.
Niedersächsisches Kultusministerium (Hrsg.): Aufstieg für wen? Beförderungsämter im Schulbereich. Wie hoch ist der Anteil der Frauen? Hannover 1991.
Neumann, D.: Tradition und Fortschritt in der Lehrerausbildung. Bad Heilbrunn: Klinkhardt 1985.
Nelles, M.: Lehrerin und Mutter. In: Die deutsche Schule 74 (1982), S. 295-304.
Noddings, N.: Feminist Critiques of the Professions. In: Review of Research in Education 16 (1990), S. 393-424.
Oelkers, J.: Ist unsere Lehrerbildung wirksam? Empirische Fakten, pädagogische Normen, politischer Zwang. Vortrag auf dem Kongreß „Wandel der Erziehung – Erziehung im Wandel“ der Schweizerischen Gesellschaft für Bildungsforschung, Locarno, Oktober 1993 (a).
Oelkers, J.: Die Rolle der Erziehungswissenschaft in der Lehrerausbildung. Vortrag auf der Tagung „Schule und Lehrerbildung neu denken“, Universität Bielefeld, April 1993 (b).
Oelschläger, J.: Zur Praxisrelevanz pädagogischer Literatur. Strukturen und Trends der Literaturrezeption praktizierender Lehrer. Ein Beitrag zur Rezeptionsforschung. Stuttgart: Klett-Cotta 1978.
Olberg, H.-J.v./ Priebe, B./ Wenzel, H.: Lehrerrolle und Lehreridentität in Wendezeiten: Herausforderungen und Aufgaben der Lehrerfort- und Lehrerweiterbildung in den ostdeutschen Bundesländern. In: Gruppendynamik 24 (1993), S. 330-357.
Oser, F.: Können Lehrer durch ihr Studium Experten werden? In: Z.f. Pädagogik 33 (1987), S. 805-822.
Oevermann, U.: Probleme der Professionalisierung in der berufsmäßigen Anwendung sozialwissenschaftlicher Kompetenz: Einige Überlegungen zu Folgeproblemen der Einrichtung berufsorientierter Studiengänge für Soziologen und Politologen. Manuskript 1978.
Oevermann, U.: Struktureigenschaften pädagogischer Interaktion. Manuskript 1979.
Oevermann, U.: Professionalisierung der Pädagogik – Professionalisierbarkeit pädagogischen Handelns. Vortragstranskript FU Berlin 1981.
Plath, I.: Wissenschaftliche pädagogisch-psychologische Literatur aus der Sicht von Lehrkräften. In: Themenheft „Lehrerwissen“ des „Forum Lehrerfortbildung“, Nr. 24-25 (1993), S. 25-41.
Philipp, E.: Gute Schule verwirklichen. Ein Arbeitsbuch mit Methoden, Übungen und Beispielen der Organisationsentwicklung. Weinheim: Beltz 1992.

Prange, K.: Motivation und Institution. Zur Problematik der Professionalisierung von Erziehung. In: Z.f. internat. erziehungs- und sozialwissenschaftliche Forschung 7 (1990), S. 129-150.

Prange, K.: Pädagogik im Leviathan. Ein Versuch über die Lehrbarkeit der Pädagogik. Bad Heilbrunn: Klinkhardt 1991.

Radtke, F.-O.: Pädagogische Konventionen – Zur Topik eines Berufsstandes. Weinheim: Beltz 1983.

Radtke, F.-O.: Professionelles Halbwissen – Tabus über die Lehrerbildung. In: Neue Sammlung 28 (1988), S. 93-108.

Rebel, K.: Wissenschaftstransfer und Wissenstransformation in ihrer Funktion für den Professionalisierungsprozeß des Lehrers. In: ders. (Hrsg.): Wissenschaftstransfer in der Weiterbildung. Weinheim: Beltz 1989, S. 137-145.

Reh, S./ Tillmann, K.-J.: Zwischen Verunsicherung und Stabilitäts-Suche. Zum Wandel der Lehrerrolle in den neuen Bundesländern. In: Die deutsche Schule 86 (1994), S. 224-241.

Reinhardt, S.: Zum Professionalisierungsprozeß des Lehrers. Frankfurt: Athenäum 1971.

Richter, I.: Hoffnung auf – Furcht vor Recht. Zur Semi-Professionalität des Lehrerberufs. In: Die deutsche Schule 80 (1988), S. 95-103.

Rolff, H.-G.: Wandel durch Selbstorganisation. Theoretische Grundlagen und praktische Hinweise für eine bessere Schule. Weinheim: Juventa 1993.

Rommelspacher, B.: Weiblichkeit im Beruf – Männlichkeit in der Familie. Geschlechtsspezifische Normen im Helfermilieu. In: Psychologie und Gesellschaftskritik 11 (1987), S. 87-104 (a).

Rommelspacher, B.: Mütterlichkeit und Professionalität. In: dies. (Hrsg.): Weibliche Beziehungsmuster. Psychologie und Therapie. Frankfurt: Suhrkamp 1987 (b).

Rudow, B.: Die Arbeit des Lehrers. Zur Psychologie der Lehrertätigkeit, Lehrerbelastung und Lehrergesundheit. Bern: Huber 1994.

Schach, B.: Professionalisierung und Berufsethos. Eine Untersuchung zur Entwicklung des beruflichen Selbstverständnisses, dargestellt am Beispiel des Volksschullehrers. Berlin: Duncker & Humblot 1987.

Schaffer, F.: Dienstliche Beurteilung der Lehrer – muß sie sein? In: Z.f. Bildungsverwaltung (1985), S. 17-26.

Schaller, K.: Die wissenschaftliche Lehrerausbildung – eine Gefährdung von Erziehung und Unterricht? Eine hochschulpolitische Überlegung im Anschluß an Vorgänge in Nordrhein-Westfalen. In: Bildung und Erziehung 37 (1984), S. 383-407.

Schepp, H.-H.: Das Amt des Lehrers und der Lehrer als Beamter. In: Neue Sammlung 22 (1982), S. 334-356.

Schimunek, P.: Wandel durch Annäherung? Zur Sicht Erfurter Lehrer auf den Umbruch des Bildungswesens in Thüringen. In: Forschungsgruppe Schulstrukturwandel in Thüringen: Schulstrukturwandel in Thüringen. Ergebnisse einer Befragung von Schülern, Eltern und Lehrern in der Stadt Erfurt. Pädagogische Hochschule Erfurt 1993, S. 49-72.

Schön, D.: The Reflective Practitioner: How Professionals think in Action. New York: Basic Books 1983.
Schön, D.: Educating the Reflective Practitioner: Toward a New Design for Teaching and Learning in the Professions. San Francisco: Jossey-Bass 1987.
Schümer, G.: Unterschiede in der Berufsausübung von Lehrern und Lehrerinnen. In: Z.f. Pädagogik 38 (1992), S. 655-679.
Schmidt, G.: Lehrerbildung und Lehrerschaft in der DDR. In: Bundesministerium für innerdeutsche Beziehungen (Hrsg.): Vergleich von Bildung und Erziehung in der BRD und in der DDR. (O.Anweiler u.a.). Köln: Verlag Wissenschaft und Politik 1990, S. 526-538.
Schwab, R.L./ Iwanickie, F.: Who are burned out teachers? In: Educational Research Quarterly 7 (1982), S. 5-16.
Skopp, D.R.: Auf der untersten Sprosse: Der Volksschullehrer als „Semi-Professional" im Deutschland des 19. Jahrhunderts. In: Geschichte und Gesellschaft 6 (1980), S. 383-402.
Schwänke, U.: Der Beruf des Lehrers. Weinheim/München: Juventa 1988.
Steltmann, K.: Lehrerbeurteilung und Lehrereffektivität. In: Ingenkamp u.a. (1993), Bd. 2, S. 565-575.
Struck, P.: Neue Lehrer braucht das Land. Darmstadt: Wiss. Buchgesellschaft 1994.
Sykes, G.: Teaching and Professionalism: A cautionary Perspective. In: L. Weis et al. (Eds.): Crisis in Teaching. Perspectives on Current Reforms. New York: State Univ. of New York Press 1989.
Sylvia, R.D./ Hutchinson, T.: What makes Ms. Johnson teach? A Study of Teacher Motivation. In: Human Relations 38 (1985), S. 841-856.
Tabakin, G./ Densmore, K.: Teacher Professionalization and Gender Analysis. In: Teachers College Record 88 (1986), S. 257-279.
Tenorth, H.-E.: Profession und Professionalisierung. Eine Bezugsnahme zur historischen Analyse des „Lehrers und seine Organisationen". In: M. Heinemann (Hrsg.): Der Lehrer und seine Organisationen. Stuttgart: Klett 1977, S. 457-475.
Terhart, E.: Was bildet in der Lehrerbildung? In: Bildungsforschung und Bildungspraxis 7 (1985), S. 95-116.
Terhart, E.: Organisation und Erziehung. Neue Zugangsweisen zu einem alten Dilemma. In: Z.f. Pädagogik 32 (1986), S. 205-223.
Terhart, E.: Sozialwissenschaftliche Theorie- und Forschungsansätze zum Beruf des Lehrers: 1970-1990. In: Z.f. Sozialisationsforschung und Erziehungssoziologie 10 (1990), S. 235-254 (a).
Terhart, E.: Professionen in Organisationen: Institutionelle Bedingungen der Entwicklung von Professionswissen. In: Alisch u.a. (1990), S. 151-170 (b).
Terhart, E. (Hrsg.): Unterrichten als Beruf. Neuere amerikanische und englische Arbeiten zur Berufskultur und Berufsbiographie von Lehrern und Lehrerinnen. Köln: Böhlau 1991.
Terhart, E.: Lehrerberuf und Professionalität. In: DEWE u.a. (1992), S. 103-131 (a).
Terhart, E.: Lehrerausbildung: Unangenehme Wahrheiten. In: Pädagogik 44 (1992), S. 32-35 (b).

Terhart, E.: Lehrer werden – Lehrer bleiben: berufsbiographische Perspektiven. In: J. Mayr (Hrsg.): Lehrer werden. Innsbruck: Österreichischer Studienverlag 1994, S. 17-46.

Terhart, E.: Lehrerbiographien. In: E. König/ P. Zedler (Hrsg.): Bilanz Qualitativer Forschung. Weinheim: Deutscher Studien Verlag 1995 (a).

Terhart, E.: Zur Unterscheidung des Lehrens und Lernens: Kultureller Wandel als Herausfroderung für die Professionalisierung des Lehrberufs. Vortrag an der Universität Halle, 17.2. 1995 (b).

Terhart E./ Czerwenka, K./ Ehrich, K./ Jordan, F./ Schmidt, H.J.: Berufsbiographien von Lehrern und Lehrerinnen. Frankfurt: Lang 1994.

Thieme, W.: Müssen Lehrer eigentlich Beamte sein? In: Recht der Schule und des Bildungswesens (1980), S. 2-6.

Thien, H.-G.: Die Lehrerrolle und das Leitbild des Beamten zwischen Kooperation und Subordination. In: Schule heute; hrsg. von G. Gerdsmeier/ D. Thränhardt. Münster 1977, S. 199-217.

Veenman, S.: Perceived Problems of Beginning Teachers. In: Review of Educational Research 54 (1984), S. 143-178.

Wahl, D.: Handeln unter Druck. Weinheim: Deutscher Studien Verlag 1991.

Weinert, F.E./ Schrader, F.-W./ Helmke, A.: Unterrichtsexpertise – ein Konzept zur Verringerung der Kluft zwischen zwei theoretischen Paradigmen. In: L.-M. Alisch u.a. (Hrsg.): Professionswissen und Professionalisierung (Braunschweiger Studien zur Erziehungs- und Sozialarbeitswissenschaft, Bd. 28). Braunschweig 1990, S. 173-206.

Weiss, J.: Wissen und Autonomie des Lehrers. Überlegungen und Befragungen zum Professionalisierungsproblem. Ratingen: Henn 1974.

Wellendorf, F.: Formen der Kooperation von Lehrern in der Schule. In: P. Fürstenau u.a.: Zur Theorie der Schule. Weinheim: Beltz 1969 S. 91-113.

Wenzel, H. u.a. (Hrsg.): Schulinterne Lehrerfortbildung. Ihr Beitrag zu schulischer Selbstentwicklung. Weinheim: Beltz 1990.

Woods, P.: Cold Eyes and Warm Hearts: Changing Perspectives on Teachers' Work and Careers. In: Brit. J. of Sociology of Education 11 (1990), S. 101-117.

Wulk, J.: Lehrerbelastung. Qualitative und quantitative Aspekte der psychischen und physischen Belastung von Lehrern. Eine arbeitspsychologische Untersuchung an Lehrern beruflicher Schulen. Frankfurt: Lang 1988.

Zymek, B.: Schulpolitik nach dem Ende der deutschen Schulgeschichte. In: Jahrbuch für Pädagogik 1993. Frankfurt: Lang 1993, S. 103-116.

Michael Schratz

Unterrichtsforschung als Beitrag zur Schulentwicklung

1. Auf der Suche nach einer neuen Lernkultur

In der Auseinandersetzung über Unterricht haben die Inhalte gewechselt: Das Thema „Unterricht (er)leben“, das die Gespräche in den siebziger und achtziger Jahren beherrschte, wurde in der ersten Hälfte der Neunziger vom Thema „Unterricht überleben“ abgelöst. Aber auch der Tenor hat sich geändert. War früher im Unterton der Aussagen noch etwas von Euphorie und politischer Kraft des Veränderungswillens spürbar, klingt eher Frustration und Resignation mit, wenn LehrerInnen heute über die immer belastender werdende Situation im Klassenzimmer berichten. Die Gründe für den zunehmenden Problemdruck auf die Unterrichtsarbeit der LehrerInnen durch die sich verschlechternden Arbeitsbedingungen und die gesellschaftlichen Erwartungen an die Schule als Problemlöseanstalt sind vielfach beschrieben (und beklagt) worden. Sie reichen vom Motivationsverfall der SchülerInnen über die zu heterogen gewordenen Unterrichtsvoraussetzungen bis zur Delegation elterlicher Erziehungsaufgaben an die Schule. Dazu kommt, daß budgetäre Einschränkungen die Rahmenbedingungen verschlechtern, wodurch zusätzliche Belastungen für die Unterrichtsarbeit entstehen.

Diese Entwicklung prägt auch die wissenschaftliche Auseinandersetzung: Herrschte früher Aufbruchstimmung in der Frage nach der Machbarkeit guten Unterrichts, was zum breiten Engagement von ForscherInnen in Curriculumprojekten führte, ist inzwischen das Vertrauen in die Veränderbarkeit der Unterrichtsroutine durch einschlägige Forschungserkenntnisse gesunken. Viele WissenschafterInnen haben sich aus der unmittelbaren Arbeit mit LehrerInnen zurückgezogen, haben sich neuen Themen gewidmet oder aufgrund von Sparmaßnahmen im Bildungsbereich ihre Stelle verloren. Im folgenden Zitat wird beschrieben, was aus den großen Vorhaben der siebziger und achtziger Jahre geworden ist:

„Auch nach jahrelangem Ringen um die Veränderung der Schulen beschreiben Schulpraktiker und -theoretiker schulisches Lernen als lebensfern, handlungsarm, entsinnlicht, einseitig rationalistisch, öd und abstrakt; sie erleben Schule als eine fremdbestimmte, bürokratisch durchorganisierte und ritualisierte staatliche Anstalt; sie geißeln das Elend der Zensurengebung und etikettieren die Schule als Lernknast, als Sortiermaschine ..." (KLEMM/ROLFF/TILLMANN 1985, S. 11)

Die Bilanz der Reform zeigte u.a. auf, daß engagierte LehrerInnen trotz intensiver Bemühungen bei der Umsetzung offener Unterrichtskonzepte oft an die Grenzen der Machbarkeit gestoßen sind. Sie erlebten im Aufeinanderprallen von innovativen Ansprüchen und strukturellen Bedingungen die inhärenten Widersprüche des Schulsystems (z.B. Projektunterricht versus Stundentafel, Team Teaching versus fachliche Expertise und Einzelkämpfertum, Gruppenarbeit versus Einzelbenotung, soziale Integration versus Leistungsgruppen etc.). Unterrichtsarbeit unter diesen erschwerten Bedingungen führte bei LehrerInnen vermehrt zu biographischen Brüchen im Berufsleben, die sich in Berufsmüdigkeit, in Frühpensionierungen und frühzeitigem Ausstieg von LehrerInnen aus dem System Schule äußern. In der Folge hat sich auch das Forschungsinteresse vom „guten Unterricht" auf die Situation und das Befinden der LehrerInnen verschoben, um die Ursachen dieser Entwicklung zu erkunden und daraus Maßnahmen für die Unterstützung der Lehrerarbeit unter den erschwerten Systembedingungen abzuleiten. Die thematische Ausrichtung reicht von der biographischen Lehrerforschung (vgl. KELCHTERMANS 1992 und 1993, GOODSON 1992) bis zur Auseinandersetzung mit den Auswirkungen des sogenannten Burn-out-Syndroms (vgl. BARTH 1992, BURISCH 1989, GSTREIN 1992).

Daneben finden sich immer wieder Beispiele für Innovationen im Klassenzimmer (vgl. BEWS 1992, SCHRATZ 1993a, SCHRATZ/MEHAN 1993, GROPENGIESSER/OTTO/TILLMANN 1994), die aufzeigen, daß heute auch unter erschwerten Bedingungen „guter Unterricht" machbar ist und daß man Arbeitssituationen schaffen kann, die es ermöglichen, neue Wege zu gehen, wenn die alten nicht mehr taugen. BAUER und BURKHARD (1992) nehmen auf Mr. Keating im Kinofilm „Der Club der toten Dichter" Bezug und weisen anhand eigener Studien nach, daß kreative, pädagogisch engagierte und in ihrem Unterricht erfolgreiche LehrerInnen an ihren Schulen – ähnlich dem Filmhelden – in der Außenseiterposition stehen und dort eine Randgruppe darstellen. Daraus ergibt sich die Frage, wie sich das oft isolierte Innovationspotential für die Entwicklung der gesamten Schule nutzen läßt. Unterstützung dabei leisten die in den letzten Jahren einsetzenden Bemühungen zur Organisationsentwicklung im Bildungswesen, womit ein Perspektivenwechsel von der Mikroebene des Unterrichts *(„Ich und meine Klasse")* zur Gesamteinheit *(„Wir und unsere Schule")* erfolgt. Mit diesem Schritt hat – mit der üblichen zeitlichen Verzögerung – auch im deutschsprachigen Raum die aus den Vereinigten Staaten kommende *School Effectiveness*-Bewegung

Fuß gefaßt, die außerhalb der Klassensituation ansetzt, um die Qualität von Schule und Unterricht zu verbessern.

Unterstützt wurde diese Entwicklung von den zum Teil aufwendigen Studien über „gute Schulen“ (vgl. etwa RUTTER u.a. 1980), welche nahelegen, daß die untersuchten Schulen jeweils ein individuelles Eigenleben besitzen; das wird von sehr vielen Einflüsssen gestaltet, die insgesamt das „Ethos“ einer Schule prägen. Demnach glauben die ForscherInnen nachweisen zu können, „daß es weniger persönlichkeitsbedingte Qualitäten der Lehrer sind, die eine gute Schule ausmachen, sondern daß in zumindest gleichem Ausmaß eine umgekehrte Wirkungsrichtung vorliegt, d.h. daß gute Schulen ökologische Kontexte bilden, in deren Rahmen gutes Unterrichten unterstützt und gefördert wird.“ (SPECHT 1991, S. 6) In einer ähnlichen Studie in der (alten) BRD findet FEND (1986) für das Institutionsprofil „guter Schulen“ ein „recht eng zusammenhängendes Muster von (a) Kommunikations- und konsensorientierter Schulleitung; (b) pädagogischem Engagement, Wertkonsens und Schülerzentriertheit im Kollegium; (c) Reichhaltigkeit des unterrichtlichen und außerunterrichtlichen Angebots (Schulleben), sowie (d) einem vorherrschenden Gefühl auf Schülerseite, im schulischen Handlungsfeld als Person anerkannt und wertgeschätzt zu werden.“ (SPECHT 1991, S. 8)

Im Ansatz der Organisationsentwicklung tritt zwar der Unterricht als zentraler Ort von Erziehung und Bildung in den Hintergrund, dennoch ist das angestrebte Ziel von Schulentwicklung die Verbesserung des „Outputs“, d.h. die Steigerung der Qualität von Schülerleistungen. Daher stellt der Zusammenhang zwischen dem *Mikrobereich* „Unterricht“ und dem *Makrobereich* „Schule“ für künftige Forschungsaktivitäten eine wichtige Komponente im Rahmen schulischer Veränderungen dar. Schulentwicklung hat immer auch eine Auseinandersetzung über das Zustandekommen und Vermitteln von Wissen, Fähigkeiten und Fertigkeiten zu enthalten, da die konkreten Auswirkungen sonst auf strukturelle Fragen beschränkt bleiben. Das heißt, werden an Schulen Aktivitäten zu deren Weiterentwicklung gesetzt, sind immer auch Fragen von Lehrplan, Didaktik und Methodik mitzubedenken, sonst haben die Innovationen lediglich kosmetischen Effekt, oder die begonnenen Prozesse werden plötzlich abgebrochen, weil sie sich nicht positiv auf die Unterrichtsqualität auswirken, und das kann natürlich nachhaltige Wirkungen auf die Akzeptanz künftiger Initiativen haben. So etwa wird die Magnetwirkung von Schulen mit eigenem Profil wenig bringen, wenn sich an ihnen im Sinne einer (neuen) *Corporate Identity* lediglich der Briefkopf ändert oder eigene T-Shirts mit dem neuen Schullogo angeschafft werden. Derartige Maßnahmen können zwar kurzfristig die Motivation der Betroffenen steigern, haben aber keine nachhaltigen Auswirkungen auf das Lehren und Lernen!

Eine wichtige Leistung der Schulentwicklungsforschung liegt darin, daß die wissenschaftlichen Aktivitäten insgesamt zu einer Verlagerung von einer abstrakteren Ebene der Auseinandersetzung zu einer pragmatischeren Sichtweise geführt haben. Die schulbezogene Entwicklungsarbeit zwingt ForscherInnen zu einer intensiven Auseinandersetzung mit den strukturellen und personellen Gegebenheiten der jeweiligen Schule, bei der es sich nicht mehr auf einer allgemein-wissenschaftlichen Ebene argumentieren läßt. Damit können ForscherInnen in der praktischen Arbeit mit den Betroffenen auch etwas an Glaubwürdigkeit zurückgewinnen, die ihnen in der Phase der aus den USA stammenden Curriculumforschung nach dem Muster *Research – Development – Dissemination* oft verloren gegangen ist, wodurch es vielfach zu einer gewissen Dissonanz zwischen „Theorie" und „Praxis" kam. Sie äußerte sich zumeist in einer klaren Trennung von WissenschafterInnen als „ProduzentInnen" von Wissen und den LehrerInnen als „RezipientInnen", was sich im Subjekt-Objekt-Bezug widerspiegelte. Hier hat ein wichtiger Veränderungsprozeß eingesetzt, der dadurch gekennzeichnet ist, daß die an der Schule Tätigen im Rahmen von autonomen Schulentwicklungsprozessen mehr *„ownership"* über die (zu setzenden) Entwicklungsschritte erhalten, wodurch die Besonderheit der einzelnen Schule mit ihren strukturellen und personellen Ressourcen größere Berücksichtigung findet.

Da die Entwicklung einer (neuen) Lernkultur nur im ökologischen Kontext der jeweiligen Schule erfolgen kann, stellt sich vor allem die Frage, inwieweit und in welcher Form im Zuge von Schulentwicklung darauf Einfluß genommen werden kann. HOLTAPPELS versucht in einem Modellversuch „*schulspezifische und schulumfeldspezifische Bedingungen* zu identifizieren, die die Unterstützung und Weiterentwicklung von pädagogisch förderlichen Lernkulturen begünstigen; zum anderen sollen im Rahmen einer schulbezogenen Entwicklungs- und Beratungsarbeit entsprechende Maßnahme- und Interventionsvorschläge auch bereits entwickelt und erprobt werden"; er geht dabei von der Grundannahme aus, „daß eine Förderung der Lernkultur insbesondere über die Berücksichtigung *günstiger Randbedingungen bei der Schulentwicklungsplanung und über Systemberatung und Organisationsentwicklung an einzelnen Schulen* erfolgen kann" (HOLTAPPELS 1993, S. 24). Daraus leitet er Fragestellungen nach den Einflüssen der Lernkultur einer Schule

- auf die von ihr erzielten pädagogischen Wirkungen,
- auf die Identifikation von Beziehungskonstellationen und Wechselverhältnisse zwischen Schule und schulischem Umfeld,
- auf die Beschreibung von Beispielen gelungener Lernkultur

- sowie auf die Entwicklung von Möglichkeiten der gezielten Förderung von pädagogisch wirksamen Lernkulturen ab.

Auf ähnliche Fragestellungen stieß ein vom Bundesministerium für Unterricht und Kunst in Österreich initiiertes Modellvorhaben, in dem die Voraussetzungen für das Zustandekommen einer „neuen“ Lernkultur untersucht wurden (vgl. FENKART/SCHRATZ 1994). Die Vorschläge in der einschlägigen Literatur reichen von der „Entrümpelung der Lehrpläne“ (LARCHER 1993) bis zur „Dynamisierung der Kultur des Lehrens und Lernens“ (POSCH 1994). Den Ergebnissen aus diesen Bemühungen ist gemeinsam, daß die Elemente einer sogenannten „neuen“ Lernkultur wie SchülerInnenzentriertheit, offene Lernformen, Kooperation, Ganzheitlichkeit, selbstverantwortliches Lernen, Bedürfnisorientierung, soziales Lernen, Demokratie im Schulleben nicht neu sind. Sie sind von LehrerInnen in unterschiedlichen Kontexten innerhalb und außerhalb des staatlichen Schulsystems immer wieder eingesetzt worden, um die Monokultur schulischen Unterrichts zu durchbrechen, die sich in der üblichen Struktur des Unterrichtsdiskurses widerspiegelt: die Lehrenden *initiieren* Aktivitäten, die Lernenden *reagieren* auf die gesetzten Impulse, und die LehrerInnen *bewerten* diese Reaktionen. Die Allgegenwart dieses Musters hat ForscherInnen dazu angeregt, Unterrichtsstunden als Endlos-Schleife von *Frage-Antwort-Bewertung-Sequenzen* zu bezeichnen (vgl. CAZDEN 1988, EDWARDS/MERCER 1987, MEHAN 1979, SINCLAIR/COULTHARD 1975).

Es ist die herrschende Unterrichtskultur, die sich entwickelt, wenn nicht der Lehrer/die Lehrerin besondere Entscheidungen trifft, um Sprachmuster anders zu verwenden und seinen/ihren Unterricht anders zu organisieren. CAZDEN (1986, 1988) nennt dies die *„default condition“*, die Art, wie das System funktioniert, wenn nicht etwas unternommen wird, um eine Veränderung herbeizuführen. Trotz unzähliger Versuche, diese *default condition* von Unterricht zugunsten der Entwicklung von Selbststeuerungsfähigkeiten in Unterricht und Ausbildung zu ändern (vgl. u.a. WENZEL 1987, MAYR/SCHRATZ/WIESER 1989), ist diese Grundeinstellung nach wie vor das allgegenwärtige Muster des Unterrichtsdiskurses.

In einer Neubestimmung von Unterricht im Rahmen von Schulentwicklungsprozessen geht es darum, die *Zusammenhänge zwischen der Organisation von Schule und den Bedingungen von Unterricht* stärker in den Vordergrund zu rücken, um die Entwicklung einer „neuen“ Lernkultur nicht nur isoliert an Aspekten des Lehrverhaltens, der Auswahl und der Vermittlung von Wissen usw. anzusetzen. Darunter ist nicht zuletzt die Verknüpfung der zahlreichen Bausteine einer pädagogisch förderlichen Unterrichtssituation mit den jeweiligen Voraussetzungen im Hinblick auf die Problemlösungskapazität an der einzelnen Schule zu verstehen. Für die Unterrichtsforschung bedeutet dies die Notwendigkeit, eine stärkere Verknüpfung von empirischer Schulwirkungsforschung und praktischen Maßnahmen im Hinblick auf die Verbesserung der Unterrichtsqualität herzustellen, was auch aus internationaler Sicht als Defizit geortet wird (vgl. REYNOLDS 1990). Daher gilt es zunächst, die Rolle des Unterrichts als Vermittlungsprozeß im Spannungsfeld zwischen Bewahrung und Veränderung zu untersuchen.

2. Unterricht als Ort der Neubestimmung von Wissen, Lehren und Lernen

Eine wichtige Aufgabe von Schule besteht darin, das im jeweiligen sozio-kulturellen Kontext erworbene Wissen künftigen Generationen qualifikatorisch verfügbar zu machen. Damit übernimmt sie über entsprechende Selektionsmaßnahmen eine bedeutende Rolle im *Reproduktionsprozeß* einer Gesellschaft. Darüber hinaus soll die Schule aber Ort der Vermittlung von zukünftigem Verfügungswissen sein, sie hat also auch eine Funktion der *Transformation* von Wissen. Im Rahmen autonomer Schulentwicklung können Veränderungsschritte nicht nur nach den Vorstellungen und Wünschen einer bestimmten Personengruppe erfolgen, sondern sind im Spannungsfeld zwischen individuellen Bedürfnissen und gesellschaftlichen Veränderungen zu sehen, was folgende Darstellung veranschaulichen soll (nach SCHRATZ 1993b):

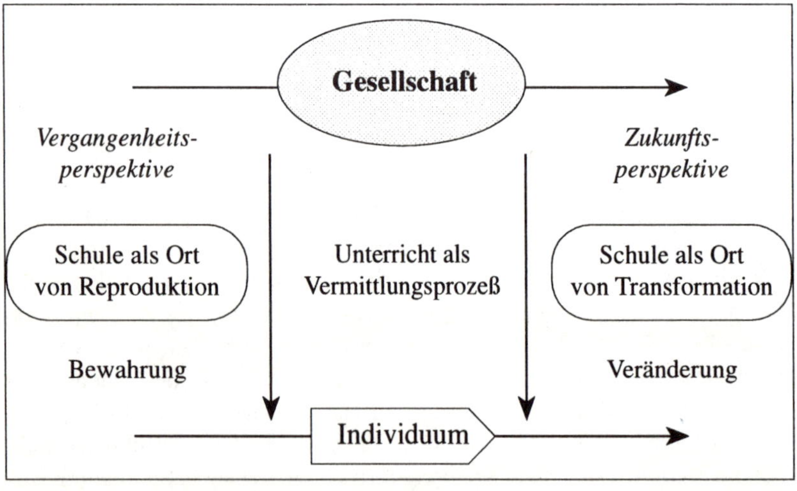

Abb. 1: Schule im Spannungsfeld zwischen Bewahrung und Veränderung

Diese Grafik erklärt in vereinfachter Form den wechselseitigen Bezug zwischen gesellschaftlicher und individueller Entwicklung. Das Individuum übernimmt über das soziale Bezugssystem (zunächst über das Elternhaus, dann vor allem über die Schule) die Wertvorstellungen und kulturellen Traditionen des jeweiligen Gesellschaftssystems, wodurch die Gesellschaft eine gewisse (Werte)Stabilität produziert und sich so entsprechend reproduziert. Zugleich muß die Schule auch den geänderten Rahmenbedingungen gerecht werden und „jene Merkmale (Qualifikationen und Orientierungen) in Heranwachsenden erzeugen, ohne die das Individuum nicht handlungsfähig und die Gesellschaft in der bestehenden oder in veränderter Form nicht überlebensfähig wäre" (vgl. FEND 1980, S. 6). Daraus ergeben sich widersprüchliche Aufgaben für die Institution Schule, da sie auf der einen Seite Ort der *Bewahrung* (von Tradition) darstellt, auf der anderen auch der gesellschaftlichen *Veränderung* Rechnung tragen muß. Mit diesen widersprüchlichen Vorgaben sind LehrerInnen in ihrem Erziehungs- und Bildungsauftrag permanent konfrontiert, was das Unterrichten unter den vorherrschenden strukturellen Bedingungen so schwierig macht.

In diesem Zusammenhang tauchen Fragen auf wie „Was soll im Zeitalter der Risikogesellschaft mit ihren Wertekonflikten noch als kultureller Wert tradiert werden?", „Welcher Konsens besteht über jene gesellschaftlichen Werte, die es zu erhalten gilt?", „Worauf sollen junge Menschen von heute denn vorbereitet werden?" und „Welche gesellschaftlichen Entwürfe bieten sich überhaupt an?" Fragen dieser Art können kaum über den Lehrplan als Steuerungsinstrument für den praktischen Unterricht umgesetzt werden. Daher hat das „Curriculum des Alltags" die LehrerInnen im Unterricht oft schon überholt, ehe ihre inhaltlichen Anliegen über die SchülerInnen in der nächsten Generation wirksam werden, wenn man etwa an die heutige gesellschaftliche Dynamik in den Bereichen Umwelt, Geopolitik, Technik etc. denkt (vgl. SCHRATZ 1991). Demnach liegt die Voraussetzung für das Gelingen einer schulischen Entwicklungsarbeit „nicht mehr in bestimmten Merkmalen, sondern in der Fähigkeit, sich immer wieder auf neue Bedingungen einzustellen und dabei die eigene Identität zu bewahren und weiterzuentwickeln" (BOOS 1991, S. 102).

HOPMANN und KÜNZLI haben in ihren Studien zum Entstehungs- und Begründungszusammenhang von Lehrplänen nachgewiesen, wie der historische Kern des Lehrplans die beiden Grundzwecke des Unterrichts *(tradieren und vorbereiten/qualifizieren)* miteinander zu verknüpfen versucht (hat). Für sie ist es „offenkundig, daß das zwei nicht einfach zu versöhnende, sondern sich mitunter widersprechende Aufgaben sind. Die Komplexität und existentielle Allgemeinheit der Frage bringt es mit sich, daß sie auf Dauer weder allein ganzheitlich und übergreifend, noch allein an einem spezialisierten Ort gelöst und behandelt werden kann, sondern Verhandlungsgegenstand auf verschiedenen Ebenen und Bereichen im öffentlichen Raum so gut wie in der Schule vor Ort ist und bleibt." (HOPMAN/KÜNZLI 1994, S. 162) Sie unterscheiden zwischen drei Ebenen, auf denen diese widersprüchlichen Aufgaben verhandelt werden: die politische, programmatische und praktische. Die drei Ebenen repräsentieren die unterschiedlichen Funktionen von Lehrplänen, nämlich

- die öffentliche Rechtfertigung der Unterrichtsinhalte *(politische Funktion)*,
- die Auswahl und Anordnung geeigneter Unterrichtsinhalte zu einem Lehrprogramm *(programmatische Funktion)* und
- die Unterstützung der Planung des aktuellen Unterrichts *(praktische Funktion)*.

Auf allen drei Ebenen wird dieses Spannungsfeld zwischen Bewahrung *(Reproduktion)* und Veränderung *(Transformation)* deutlich, was folgende Übersicht (nach HOPMAN/KÜNZLI 1994) aufzeigt.

	Reproduktion (bewahren)	**Schule als Bildungsinstitution**	**Transformation** (verändern)
politisch	kulturelles Erbe	Bildungsauftrag	Kernprobleme
programmatisch	Lehrplanbindung	Lehrplanarbeit	Bildungsplanung
praktisch	Schulfach/disziplinäre Propädeutik	schulische Propädeutik	lebensweltliche Propädeutik

Abb. 2: Vom Bildungsauftrag zur schulischen Propädeutik (nach Hopmann/Künzli 1994)

Die Steuerung und Kontrolle von Unterricht findet demnach auf drei Ebenen statt: Die Politiker treffen unter den jeweiligen gesellschaftspolitischen Vorgaben Entscheidungen, indem sie den Bildungsauftrag formulieren bzw. über entsprechende Interessengruppen vorbringen *(politische Ebene)*. Dabei geht es einerseits um jene Werte und Wissensbestände, die für die Erhaltung des Staates (der Volksgruppe u.ä.) im Sinne der gesellschaftlichen Reproduktion von Bedeutung sind (z.B. die bekannten „Kulturtechniken"), zum anderen aber um jene Kern- bzw. Schlüsselprobleme, die für eine „gedeihliche Weiterentwicklung der Menschheit" wichtig sind (z.B. Freiheit, Friede, Gleichberechtigung, Selbständigkeit, Mündigkeit, Interkulturalität, etc.). Die politische Einflußnahme erfolgt üblicherweise über die Entsendung von Personen in Lehrplankommissionen, die die Position der jeweils politisch machtausübenden Gruppierung einnehmen, bzw. über die Begutachtung durch entsprechende Interessenvertretungen.

Auf der *programmatischen* Ebene bildet die Lehrplanarbeit das Steuerungsinstrument für das Aushandeln von Bildungszielen und -inhalten im Spannungsfeld von Reproduktion und Transformation: Einerseits werden aus dem kulturellen Erbe die entsprechenden Inhalte alters- und entwicklungsgemäß ausgewählt und progressiv „gepaßt", zum anderen soll die regionale oder lokale Bildungsplanung, d.h. die jeweilige Planungsarbeit in der situationsadäquaten Interpretation der Lehrplanvorgaben (z.B. auf regionaler Ebene oder in schulnaher Curriculumentwicklung), auf die örtlichen Voraussetzungen für Entwicklungen Rücksicht nehmen soll. Auf dieser Ebene kommt es nicht nur zur Übernahme von (Lehrplan-)Vorgaben, sondern vor allem auch zur Konzipierung und Erprobung von Schulversuchen, die üblicherweise aber mit der übergeordneten politischen Ebene rückgekoppelt werden müssen, um sicherzustellen, daß der gesellschaftliche Konsens über den Bildungsvertrag dadurch nicht verletzt wird.

Auf der *praktischen* Ebene geht es um die Umsetzung des Bildungsauftrags und der Lehrplanvorgaben in die Arbeit vor Ort, d.h. in die Übersetzung der Rahmenvorgaben in die schulische Propädeutik. Sie hat nach HOPMAN und KÜNZLI (1994, S. 170) immer ein „Doppelgesicht: Sie ist Propädeutik auf das Gesamtziel der Schule, den Bildungsauftrag, hin. Und sie ist Propädeutik für den nächsten Schulabschnitt, die nächste Unterrichtsetappe." In der westlichen Tradition von Schule und Unterricht ist die Umsetzung des kulturellen Erbes in Form von Unterricht in bestimmten Disziplinen bzw. Fächern erfolgt, um die Komplexität des anzueignenden Wissens strukturell zu reduzieren. Allerdings nehmen die einzelnen Fächer im Rahmen des Gesamtcurriculums zumeist einen unterschiedlichen Stellenwert ein. Dazu im Widerspruch befindet sich die lebensweltliche Propädeutik, die darauf abzielt, einen Bezug der vermittelten Inhalte zum Lebens- und Berufsalltag herzustellen, um die SchülerInnen für die Bewältigung von Lebensaufgaben vorzubereiten. Dem steht oft das starre, disziplinär organisierte Stundensystem im Weg, zumal die Annäherung an die Alltagsrealität fächer- und stundenübergreifende Herangehensweisen erfordert (z.B. Projektunterricht), weshalb von LehrerInnen auch oft das Argument geäußert wird, daß sich alternative Unterrichtskonzepte unter den gegebenen Bedingungen nicht umsetzen ließen.

Einen wesentlichen Anteil daran hat die hierarchische Struktur, die sich hier in der Entwicklung von Lehrplänen zeigt. Werden nämlich die inhaltlichen, räumlichen und zeitlichen Vorgaben stark „von oben“, d.h. zentralistisch, gesteuert, bleibt „unten“ wenig Spielraum für Veränderungen für das Wissen selbst und dessen Vermittlung. Auf wissenschaftstheoretischer Ebene entspricht dem Konzept der hierarchischen Determinierung von Lernen durch zentrale Lehrpläne das Konzept der „technischen Rationalität“ (vgl. SCHÖN 1991). „Die Wissensgrundlage für die Problemlösung besteht nach dieser Vorstellung aus allgemeinem Wissen, das mit wissenschaftlichen Methoden gewonnen wurde, spezialisiert, disziplinär begrenzt und standardisiert ist und in Bildungsinstitutionen vermittelt wird. Im Mittelpunkt dieser Vorstellung steht der Begriff ‚Anwendung‘, der eng mit einer Logik der Ableitung und Abhängigkeit verbunden ist. Seine konkrete Konsequenz ist die Hierarchie.“ (POSCH/ALTRICHTER 1992, S. 33) Dieser Sichtweise liegt ein bestimmtes epistemologisches Verständnis von Wissen zugrunde. Lerntheoretisch wird üblicherweise angenommen, daß Lernen vorwiegend einem Prozeß der *Erweiterung* des Wissens darstellt, das bereits vorhanden ist. Wissensaneignung heißt in diesem Verständnis, sich weitere Ideen, Konzepte und Theorien anzueignen, die helfen, dasjenige Wissen zu reproduzieren, das dem jeweiligen gesellschaftlichen ‚Fort‘-Schritt entspricht.

Wird die Schule vorwiegend als gesellschaftliche Problemlösungsinstanz gesehen, in der Wissen nach dem Konzept der hierarchischen Determinierung von Lernen durch zentrale Lehrpläne weitergegeben wird, wird sie nicht nur in ihren Einflußmöglichkeiten überschätzt, sondern es werden vor allem die LehrerInnen in ihrem Bildungs- und Erziehungsauftrag überfordert, was sich in der oben beschriebenen didaktischen Monokultur auswirken kann. Erfahrungsorientiertes Lernen kann – trotz aller Bemühungen um Subjekt- und Lebensweltorientierung – im Rahmen der herkömmlichen Organisation von Unterricht nur begrenzt stattfinden, „weil das Erfahrungslernen im Alltag dem methodisch angeleiteten Lernen in der Schule diametral entgegengesetzt ist“ (DUNKER 1987, S. 27). Auf der praktischen Ebene von Abb. 2 bedeutet dies, daß der Entwicklung lebensweltlicher Propädeutik im Sinne stärkerer Erfahrungsorientierung im Unterricht die disziplinäre Propädeutik im Weg steht. Daher werden offenere Lernformen vor allem in bestimmten Unterrichtsphasen wie Projektwochen durchgeführt, für welche die übliche Struktur der schulischen Propädeutik (Fachunterricht, Klasse als Lernraum, Einteilung der Zeit in Unterrichtseinheiten) aufgehoben werden (vgl. HIERDEIS/SCHRATZ 1992). Zumeist erfolgen derartige Phasen in jenen Zeiträumen des Schuljahres, in denen die üblichen Notwendigkeiten der „Reproduktionsarbeit" bereits abgeschlossen sind (zum Beispiel nach Abschluß der Notenkonferenzen).

Die Schaffung einer neuen Lernkultur sollte im Rahmen von Schulentwicklung allerdings nicht auf die „Auszeiten" des Schuljahres beschränkt bleiben, da sich dadurch keine strukturellen Veränderungen in der schulischen Propädeutik, d.h. in der Art, wie im täglichen Unterricht gelehrt und gelernt wird, erreichen lassen. Eine Neubestimmung der Kultur des Lehrens und Lernens ist im Sinne einer „reflexiven Rationalität" (SCHÖN 1991) eher dadurch gekennzeichnet, daß das ‚gesicherte Wissen' in Frage gestellt, als daß vorgegebene Fragen beantwortet werden. Eine solche Verhaltensänderung dorthin erfordert allerdings das Unterbrechen des vorherrschenden Grundmusters, das gleichsam wie ein „Autopilot" in jeder Unterrichtsstunde abläuft (vgl. Abschnitt 1). Daran wird deutlich, daß ein derartiger Schritt nicht nur unterrichtlich-methodisches Know-how erfordert, sondern ein anderes Verständnis von Lehren und Lernen. Um diese theoretischen Überlegungen praktisch nachvollziehbar zu machen, stelle ich im folgenden Abschnitt ein Unterrichtsbeispiel vor, das von einem derartigen Verständnis einer neuen Lernkultur geprägt ist. Wenn ich dafür den alternativen Zugang zum Mathematikunterricht wähle, so möchte ich damit zeigen, daß neue Lernkultur nicht auf jene Fächer beschränkt bleiben darf, die sich aufgrund ihres Inhalts oder ihrer Fachstruktur besonders dazu eignen, neue Zugänge zu eröffnen.

3. Exkurs(ion): Gullivers Reise in den Mathematikunterricht

Es gibt in der Zwischenzeit zahlreiche Versuche, auch unter den erschwerten Bedingungen des Übergangs vom zentral gesteuerten Bildungswesen zu einem autonomeren jene Unterrichtsformen zu verwirklichen, die einer neuen Lernkultur verpflichtet sind. Denn wer erst auf die optimalen Bedingungen warten will, kann in diesem Pädagogenleben mit einer zufriedenen Berufsarbeit nicht mehr rechnen" (TILLMANN 1994, S.5). Zeugnis davon legen nicht nur die Dokumente engagierter Unterrichtsarbeit ab, wie sie in einschlägigen pädagogischen Zeitschriften gesammelt werden, sondern auch die nicht veröffentlichten Bemühungen engagierter LehrerInnen in ihrer täglichen Unterrichtspraxis, die meist ohne breite Außenwirkung im Schatten der wissenschaftlichen Forschung an der Entwicklung ihrer eigenen Praxis arbeiten. Ein solches Beispiel zeige ich im folgenden anhand einer Unterrichtssequenz aus der 9. Schulstufe auf, in der ein Mathematiklehrer zusammen mit der Deutschlehrerin den Text „*Gullivers Reisen*“ von J. SWIFT einsetzt, um die darin enthaltenen Maßrelationen und andere Beziehungsgrößen zur Sensibilisierung für die Frag-Würdigkeit von (mathematischem) Wissen zu nutzen.

Die besondere Qualität dieser Stunde liegt in ihrer Vielschichtigkeit. Alltagsbezüge finden sich gleich auf mehreren Ebenen, ebenso Verbindungen zur fiktiven Welt SWIFTS; und auch die Einbindung in die Unterrichtssphäre ist eine mehrfache: Da ist zunächst die Verbindung zum täglichen Leben, zu den gelebten Erfahrungen der Kinder. In ihrem Alltag haben die SchülerInnen eher ein praktisches, weniger ein analytisches Interesse (vgl. SCHUTZ 1962). Sie kennen zwar Informationen über Maße, Vergleiche, Relationen und ähnliches aus ihrer Alltagserfahrung, allerdings werden sie dort nicht unbedingt Analysen durchführen. Der zweite Bereich ist JONATHAN SWIFTS Welt, die Welt, die der Autor geschaffen hat, als er „*Gullivers Reisen*“ schrieb, und diese Welt hat auch mehrere Ebenen. Vordergründig erfahren wir die erstaunliche Geschichte einer Person, die ein einzigartiges fremdes Volk trifft; unter der Oberfläche ist es eine Satire auf England und seine politischen Institutionen sowie auf die neue Naturwissenschaft der damaligen Zeit.

Wieder andere Ebenen lassen sich innerhalb der Unterrichtssphäre entdecken. Die Geschichte von Gulliver ist in einer Deutschstunde eingeführt worden; im Fach Deutsch muß die Lehrerin bestimmte pädagogische Lehrziele erreichen, die hauptsächlich mit Kenntnissen von Grammatik, Aussprache und mit Fertigkeiten im Zuhören, Reden, Lesen und Schreiben zusammenhängen. Die Implikationen von Gullivers Geschichte für den Mathematikunterricht sind für die Zielsetzung der Sprachlehrerin zwar nicht relevant, haben allerdings auf der Makro-Ebene von Unterricht für die SchülerInnen eine Bedeutung. Der Mathematiklehrer hat für seine Zwecke aus der Geschichte eine Welt konstruiert, in der mathematische Probleme gelöst werden müssen. Das Besondere daran ist, daß der literarische Text „*Gullivers Reisen*“ in einen mathematischen Kontext transformiert wird.

Um die vom Lehrer gesetzten Stundenziele zu erreichen, müssen die SchülerInnen sich zwischen all diesen Ebenen hin- und herbewegen. Nur indem sie Informationen aus ihrer eigenen Welt einbringen, können sie das Problem innerhalb der mathematischen Welt lösen. Dies inkludiert ihre „wirkliche Welt“, d.h. ihre Erfahrung und ihr Wissen, daneben aber auch Informationen, die in SWIFTS Geschichte enthalten sind. Deren Verwendung stellt besondere Ansprüche an die SchülerInnen. Sie müssen mathematische Begriffe umwandeln und weitere Operationen durchführen, sowohl von Metern in Zoll und von einem System des 18. Jahrhunderts in das des 20., das ihrem Erfahrungshorizont entspricht. Diese Transformationen bringen den SchülerInnen wertvolle Erkenntnisse, etwa daß die Mathematik nicht ein völlig konstantes oder statisches System ist. Sie lernen, daß sich auch dieses System im Laufe der Zeit über den Bruch von Konventionen verändert hat und daß selbst mathematische Kenntnisse nicht unbedingt ewiggültige Konstanten darstellen.

Sobald die SchülerInnen aus ihrer Deutschstunde in den Mathematikunterricht überwechseln, treten bestimmte Fragestellungen vom Hintergrund in den Vordergrund. In der Deutschstunde sind mathematische Probleme zurückgedrängt, wenn nicht überhaupt außerhalb des Aufmerksamkeitsbereichs der SchülerInnen. Diese Dimensionen des Textes kommen erst in der Mathematikstunde zum Vorschein, wenn der Lehrer den SchülerInnen Fragen zu mathematischen Aspekten aus „Gulliver“ stellt. Um darauf antworten zu können, müssen sie allerdings auf den alltagsrelevanten Hintergrund des Textes zurückgreifen. Der Erfolg dieses Bemühens hängt davon ab, wie ihnen die entsprechenden Passagen zum Aushandeln mehrerer Interpretationen zugänglich gemacht werden.

Obwohl es Unterschiede in den SchülerInnenaktivitäten während der Stunde gibt, zeigen die dahinterliegenden Interaktionen eine Gemeinsamkeit auf, die man beinahe als Teil eines gemeinsamen Kampfes bezeichnen könnte. Würde ein Ethnograph die Interaktionen im Mathematikunterricht beobachten, würde er Ähnlichkeiten mit einem Forschungsprozeß feststellen, in dem SchülerInnen einen literarischen Text auf eine naturwissenschaftliche Fragestellung hin untersuchen. Alltägliches Folgern wird genauso wichtig wie akademisches Wissen und das Heranziehen von entsprechenden Ressourcen. Diese Forschungsorientierung ist in der folgenden Übersicht wiedergegeben, die herkömmlichen Sichtweisen von Lehr- und Lernsituationen Alternativen gegenüberstellt.

Paradigma / Variable	TECHNISCHE RATIONALITÄT	REFLEXIVE RATIONALITÄT
Handlungstyp	rekonstruierend	konstruierend, forschend
Schülerrolle	passive Rezipienten	gestaltende Akteure
Pädagogische Agenda	vorgefertigten Formeln folgen	aktuelle Probleme lösen
Unterrichtsaktivitäten	ausformulierte Fragen beantworten	(Forschungs-)Fragen selbst erarbeiten über – das Identifizieren von Problemen – das Suchen nach Ressourcen – das Lösen von Problemen
Sozialform	individuelles Arbeiten	kooperatives Arbeiten

Während im herkömmlichen Mathematikunterricht die SchülerInnen oft passive EmpfängerInnen des Lehrerimpulses sind, werden sie in dieser alternativen Herangehensweise *aktive PartnerInnen* – sie übernehmen gleichsam die Rolle von WissenschafterInnen in einem Forschungsprozeß. Die pädagogische Agenda besteht nicht mehr aus dem Exekutieren von vorgegebenen Formen aus didaktisierten Textbüchern, sondern aus der Begegnung mit ‚wirklichen' *Problemen* in einem soziohistorischen Kontext, aus dem bestimmte Forschungsfragen herauswachsen. Die Aktivitäten der SchülerInnen sind nicht mehr darauf beschränkt, vorgefertigte Fragen zu beantworten, sondern sie umfassen das ganze Spektrum *von der Identifikation bestimmter Probleme über das Finden von Ressourcen bis zum Lösen von Problemen*. Dies läßt sich aber nicht durch individuelles Herangehen einzelner SchülerInnen erreichen, sondern nur über *kooperatives* Bemühen aller Akteure.

Um die Lernziele dieser Stunde zu erreichen, müssen die SchülerInnen Probleme lösen, für die sie noch keine Antworten bereit haben. Sie gehen dazu von Textstellen aus „*Gullivers Reisen*" aus, also nicht von einem mathematischen Text im üblichen Sinn. Der Lehrer motiviert die SchülerInnen, ForscherInnen in der Textanalyse zu werden. Eine der Konsequenzen dieser Untersuchung ist, daß sie herausfinden, daß Swifts mathematische Argumentation ihre Grenzen hat. Im Laufe des Bemühens, die anstehenden Probleme zu lösen, treten andere, unvorhergesehene auf, z.B. Maße von Meter in Zoll und umgekehrt zu transferieren. Um diese während der Arbeit auftretenden Schwierigkeiten zu lösen, müssen die SchülerInnen ihr alltagsweltliches Wissen zu Hilfe nehmen.

In herkömmlichen Mathematikstunden werden die Aufgaben im vorhinein von den LehrerInnen gestellt. Sie sind üblicherweise in einem bestimmten didaktischen Format aufbereitet, zumeist werden sie als didaktisierter Lehrbuchtext vorgegeben. Nicht so in dieser Stunde: Hier müssen sie bereits im Vorfeld auftretende Probleme lösen, wenn die SchülerInnen mit einem (literarischen) Text konfrontiert werden. Sie müssen zunächst einmal das Problem identifizieren, die Materialien bestimmen, die sie zur Problemlösung benötigen. In konventionellen Unterrichtsstunden müssen sie gewöhnlich nur *eine* dieser drei Operationen leisten, nämlich das (vorgegebene) Problem lösen. Dieses ist schon vorformuliert, die dazu benötigten Unterlagen bereits vorbereitet, was den Diskurs in der Stunde auf das eingangs vorgestellte Muster von Frage-Antwort-Bewertung-Sequenzen reduziert.

Im herkömmlichen Unterricht ist der/die Lehrende die endgültige Autorität; er bzw. sie beurteilt die korrekte Antwort auf bestimmte Fragestellungen. Einem solchen Beziehungsmuster entspricht oft der Diskurs jener Stunden, in denen Fragen aus Lehrbüchern gestellt werden, auf die SchülerInnen antworten und die von LehrerInnen dann entweder positiv oder negativ bewertet werden. In der beschriebenen Stunde sind dagegen der Text *(„Gullivers Reisen")* und die Erfahrungen aus dem Lebensalltag die Autorität im Hinblick auf die Problemlösung! Die SchülerInnen müssen aus dem Text bestimmte Aufgabenstellungen erarbeiten und sowohl die Richtigkeit ihrer Lösungen als auch die aus dem Text eruierte Lösung mit dem vergleichen, was sie aus ihrem eigenen Lebensalltag mitbringen. Hier sind die SchülerInnen also mit Lebensproblemen ohne vorgefertigte Antworten konfrontiert, mit Problemen, an denen zwar gearbeitet werden kann, für die die Lehrperson allerdings auch nicht die richtige Antwort bei der Hand hat. Die Vernetzung von verschiedenen Ebenen im Sinne einer neuen Lernkultur findet somit statt, und – wie Videomitschnitte beweisen – sie macht allen Beteiligten Spaß!

4. Die Leistungsbeurteilung als retardierendes Moment

Am deutlichsten wird das Spannungsfeld zwischen Bewahrung und Veränderung am Beispiel des – gemessen an der Gesamtentwicklung des Unterrichtswesens – retardierenden Moments der Leistungsbeurteilung. Während es in der curricular-didaktischen Entwicklung der letzten Jahre zu einer gewissen Öffnung des Unterrichts und zu einer stärkeren SchülerInnenorientierung gekommen ist, weisen die Verfahren zur Leistungserhebung noch durchwegs geschlossene Formen auf. Diesem Widerspruch begegnen die SchülerInnen vor allem im Spannungsfeld zwischen *‚Lebensfragen'* – im Unterricht – und *‚Lernfragen'* – in der Leistungsfeststellung. Sie basiert vorwiegend auf quantifizierten Notenwerten, die in den meisten Schulsystemen auch das Hauptkriterium für den Schulerfolg darstellen. Allerdings geben sie eher über das reproduzierte Wissen Auskunft, als daß sie auf die Qualität des Bildungsprozesses schließen ließen. Im Bereich der Evaluation von Schülerleistungen ist ein deutliches Forschungsdefizit festzustellen: Während man sich in den letzten Jahren verstärkt um die Verbesserung von Unterricht im Mikrobereich von Didaktik bzw. Curriculum bemüht hat, ist die Entwicklung im Bereich der Leistungsbeurteilung und -bewertung aber vernachlässigt worden.

Dieses Auseinandertriften der Lehrplan- und Didaktikentwicklung einerseits und der Qualität der Leistungsbeurteilung andererseits wird immer offenkundiger: Die Lehrpläne sind stärker lebensweltorientiert, und die Lehr- bzw. Lernzielformulierungen, einst umfassende Kataloge enzyklopädischer Vorgaben, fordern heute zu eher exemplarischer Auswahl auf. Zugleich hat im methodisch-didaktischen Bereich – allerdings in unterschiedlicher Ausprägung je nach Unterrichtsfächern – eine „realistische Wende“ stattgefunden. Sie ist dadurch gekennzeichnet, daß Wissen im Unterricht nicht als vorgegebenes Kulturgut lernrelevant wird, sondern erst über das „Aushandeln“ im sozialen, kommunikativen und ästhetischen Bezug; so kann es individuell-biographisch im bisherigen Erfahrungshorizont der SchülerInnen „geankert“, d.h. im Alltagsbezug wirksam werden. Dadurch treten *Lebensfragen* gegenüber *Lernfragen* stärker in den Vordergrund. Verglichen mit diesem curricular-didaktischen Fortschritt, ist der Bereich der Leistungsbeurteilung von Stillstand, zum Teil sogar von Rückschritt geprägt: Lernfragen dominieren in hohem Maß das schulische Prüfungswesen.

Diese unterschiedliche Entwicklung läßt sich anhand von Abbildung 3 aufzeigen (vgl. SCHRATZ 1994a), in der die Dimensionen *Schülerbestimmung/Lehrerzentriertheit* und *Offenheit/Geschlossenheit* einander jeweils in ihren Polen gegenübergestellt sind.

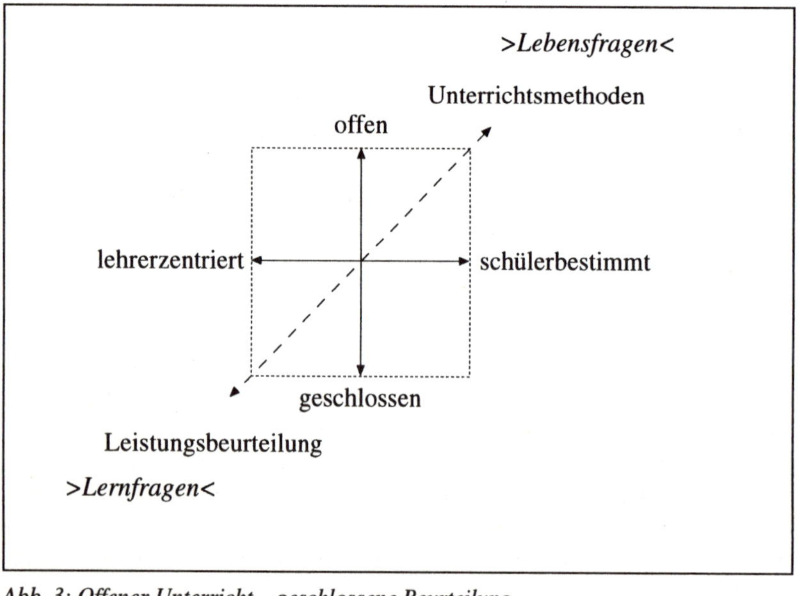

Abb. 3: Offener Unterricht – geschlossene Beurteilung

Während sich also im Bereich der unterrichtlichen Vermittlung eine Tendenz vom lehrerzentrierten, geschlossenen Unterricht zu eher schülerbestimmten, offenen Unterrichtsformen abzeichnet, bleibt Leistungsbeurteilung bzw. -bewertung eher dem Quadranten der lehrerzentrierten Geschlossenheit verhaftet. Die zunehmende Unsicherheit bezüglich der Bewertung von Schülerleistungen im Rahmen offener Unterrichtsformen hat zum Teil sogar zu einer Tendenz des Rückzugs in die „Sicherheit" geschlossener Beurteilungsformen geführt. Dies zeigt sich etwa im Sprachunterricht (dessen Lehrpläne anstatt formal ausgerichteter Lehrzielvorgaben nun kommunikative, d.h. prozeßorientierte Lernziele enthalten) dadurch, daß LehrerInnen bei Tests und Klassenarbeiten meist noch die gewohnten formalsprachlichen Inhalte (Grammatik, Wortschatz u.ä.) abprüfen. Im Sinne des „*Backwash*"-Effekts werden demgemäß auch jene Unterrichtsphasen nicht oder kaum wahr- bzw. ernst genommen, die dem Sozialen Lernen, der Persönlichkeitsbildung und der Förderung der Selbstsicherheit, des Urteilsvermögens und der kommunikativen Kompetenz dienen, d.h. all jene Phasen, die den übergeordneten Zielvorgaben bzw. fächerübergreifenden, ganzheitlichen Unterrichtsprinzipien zuzurechnen sind. Sie haben nämlich als „Prüfungsinhalte" üblicherweise keine bzw. eine höchstens marginale Relevanz für die Bewertung und Beurteilung der SchülerInnenleistung. Werden im Mathematikunterricht beispielsweise Übungsaufgaben im Sinne forschenden Lernens in Form einer Gruppenarbeit durchgeführt, wie sie anhand des Unterrichtsbeispiels im vorigen Abschnitt aufgezeigt wurden, ist der Lehrer bzw. die Lehrerin gezwungen, die Klassenarbeit als „Einzelprüfung" durchzuführen, um gesetzeskonform zu agieren. Eine Abkehr davon wird demnach von der Schulaufsicht durch Disziplinarmaßnahmen geahndet (vgl. AWECKER 1989). Wollen LehrerInnen dem vielfach geforderten Grundsatz gerecht werden, nur jene Inhalte in der Form zu prüfen, die und wie sie im Unterricht behandelt wurden, zeigt sich an diesem Beispiel *(Gruppenunterricht)* der *Backwash*-Effekt der gesetzlichen Vorgaben zur Leistungsbeurteilung *(Einzelprüfung)*, die sowohl für SchülerInnen als auch LehrerInnen eine disziplinierende Wirkung zur Erfüllung von Gesetzesnormen ausüben.

Wie die autonome Schule sich der Notwendigkeit einer größeren Autonomie in der Beurteilung ihrer Leistungen als (Bildungs-)Organisationseinheit bewußt sein sollte, benötigt eine neue Lernkultur eine adäquate „Kultur" der Beurteilung der Leistungen von SchülerInnen (und LehrerInnen). Sie ist vor allem dort zu suchen, wo einerseits den Lern*erfahrungen* der SchülerInnen ein höherer Stellenwert beigemessen, andererseits der Komplexität des Lernprozesses mehr Rechnung getragen wird. Gerade jene Erfahrungen, die in lebens- und berufsrelevanten Unterrichtsformen gemacht werden, spielen als Kriterien der Leistungsbeurteilung derzeit eine untergeordnete Rolle. Im Hinblick auf die zunehmende Autonomie der Schule ist auch im Bereich der Beurteilung eine Entwicklung weg von lehrerInnenzentrierten Formen der Leistungsbeurteilung hin zu stärker schülerInnenbestimmten anzustreben (vgl. Abbildung 4). In der Praxis liegen allerdings wenig brauchbare Erfahrungen vor, wenn man von Initiativen engagierter LehrerInnen in einzelnen Unterrichtsfächern absieht.

Sollen Formen der Selbstbeurteilung im Rahmen eines zentral organisierten Bildungssystems Chancen auf Verwirklichung haben, sind Verfahrensweisen zur „Objektivierung" zu suchen, die ich in Anlehnung an die wissenschaftstheoretische Diskussion als „intersubjektiv"[1] bezeichnen möchte, zumal eine „objektive" Beurteilung immer nur *angestrebt* werden kann, als solche aber aufgrund empirischer Befunde (Vorurteile, Zuschreibungen u.ä.) nicht erreichbar ist (vgl. dazu die Ausführungen bei WEISS 1989). Dadurch ergeben sich neue Aspekte, die als Kriterien für die Leistungsbewertung herangezogen werden müssen: neben den entgegengesetzten Polen zwischen Fremd- und Selbstbestimmung sind daher Fragen der Subjektivität bzw. Intersubjektivität, die für die Bewertung von SchülerInnenleistungen eine Rolle spielen, von Interesse. Ich stelle sie im folgenden Strukturgitter in vier möglichen Dimensionen vor, wodurch sich die Maßnahmen zur Leistungsbeurteilung jeweils entsprechend zuordnen lassen.

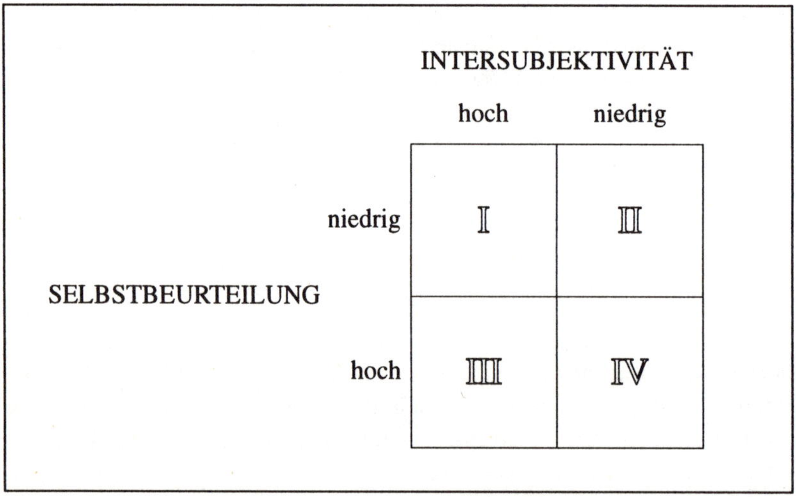

Abb. 4: Dimensionen Selbstbeurteilung und Intersubjektivität

1 Als „intersubjektiv" bezeichne ich jene Beurteilungsverfahren, deren Ergebnisse in ihrer Herleitung und Begründung von unterschiedlichen Personen nachvollzogen werden (können).

Standardisierte (Schulleistungs-)Tests, die – analog zu Intelligenztests – über die Eichung auf eine entsprechende Vergleichsgruppe (soziale Norm) bezogen werden können, gehen zwar von einer hohen Intersubjektivität aus, d.h. sie sind unabhängig vom Prüfer bzw. von der Prüferin, allerdings lassen sie keine Bewertung durch die SchülerInnen aus deren eigener Einschätzung zu, d.h. sie nehmen keine Rücksicht auf die individuellen Bedingungen (Quadrant I). Derartige Leistungsüberprüfungen sind daher auch nur in einfach strukturierten Testformen (bzw. in standardisierten Leistungstests) anzutreffen, wie etwa bei Wort-für-Wort-Übersetzungsaufgaben, bei einfachen Rechenoperationen, (sport)motorischen Tests u.ä.

Die häufigste Form der Leistungsbeurteilung ist immer noch dem Quadranten II zuzurechnen: sie findet sich beispielsweise in der klassischen Form der Beurteilung von Klassenarbeiten. Je individueller die erwartete Schülerleistung, umso geringer ist die Intersubjektivität, weisen einschlägige Untersuchungen über herkömmliche Verfahren der Leistungsbeurteilung nach (vgl. INGENKAMP 1971). So läßt sich die Beurteilung von SchülerInnenaufsätzen nicht nach standardisierten (Norm-)Vorgaben durchführen, außer man beschränkt die Aufsatzleistung auf korrektes orthographisches Verhalten, das allerdings nur *ein* Element der Lehrplanforderung darstellt. Eine Erhöhung der Intersubjektivität kann dadurch erreicht werden, daß ein LehrerInnen*team* die Einschätzung der SchülerInnenleistung vornimmt, was beispielsweise für echte Durchlässigkeit zwischen Leistungsgruppen erforderlich ist. Allerdings haben die SchülerInnen hierbei wenig Möglichkeiten, ihre Arbeiten selbst (mit) zu beurteilen. Die Möglichkeit der Selbstbeurteilung kann über Formen der sogenannten „zweiphasigen" oder „gestuften" Leistungsfeststellung[2] (vgl. BLÜML 1994) und der Partnerkorrektur erreicht werden. „*Partner-* und *Eigenbenotung* sind weniger weit verbreitet, wenngleich gerade dadurch entscheidende Fortschritte im Hinblick auf die Fähigkeit zur Einschätzung eigener Arbeit bzw. auch der Arbeit eines Kollegen zu gewinnen sind. Darüber hinaus fördern solche Methoden sozial verantwortliches Handeln, Transparenz der Beurteilung und den Dialog im Sinne einer partnerschaftlichen Schule." (BLÜML 1985, S. 47)

Ein stärkerer Zusammenhang zwischen Selbstbeurteilung und Intersubjektivität (Quadrant III) läßt sich dann erreichen, wenn SchülerInnen anhand

2 Bei der zweiphasigen bzw. gestuften Leistungsfeststellung erfolgt eine Erstdurchsicht von Klassenarbeiten durch die/den Lehrenden mit der Angabe von konstruktiven Hinweisen. In der Folgestunde können die SchülerInnen aufgrund dieser Anmerkungen ihre Texte nochmals überarbeiten, ehe von der/dem LehrerIn eine endgültige Leistungsbeurteilung vorgenommen wird.

der Bewältigung einer Aufgabenstellung den (Lösungs-)Erfolg im eigenen Tun erfahren und dabei die unterschiedlichen Sichtweisen der Betroffenen bzw. Beteiligten berücksichtigt werden. Dies läßt sich beispielsweise im Sprachunterricht aufzeigen, zumal dort zur Bewältigung der Aufgabenstellung eine adäquate sprachliche Reaktion aller am Gespräch Beteiligten notwendig ist (vgl. SCHRATZ u.a. 1984). Eine derartige Aufgabenstellung entspricht auch am ehesten einer alltäglichen Sprachbegegnung, in der ebenfalls die erfolgreiche Bewältigung eines Kommunikationsproblems den Erfolg bestimmt. Ähnliches gilt auch für die Anwendung mathematischer Kenntnisse, die im Unterricht üblicherweise stark vom Verwendungsalltag abstrahiert werden.

Zur besseren Erfassung individueller Schülerleistungen werden Leistungsmappen, persönliche Leistungsberichte, Lerntagebücher u.ä. gefordert. Zur Dokumentation und Vorlage derartiger Leistungsnachweise haben sich in der Literatur vor allem die Begriffe *Dossier* bzw. *Portfolio* etabliert, die sich auf jene Produkte beziehen, die von SchülerInnen im Laufe der Unterrichtsarbeit in den einzelnen Gegenständen erarbeitet werden. Im deutschen Sprachraum hat VIERLINGER (1972 und 1993) die Begriffe *Leistungsmappe* bzw. *Direkte Leistungsvorlage* eingeführt. Wichtig ist dabei, daß die SchülerInnen selbst die Verantwortung für die Dokumentation tragen, wodurch die Lehrperson stärker in die Beratungsrolle kommt. Die vorgelegten Dokumente sollen eine stärkere Aussage über die *tatsächlichen Leistungen* ermöglichen als die davon abgehobene Ziffer im Notensystem. Während der Grad der Selbstbeurteilung bei dieser Methode hoch ist, ist jener der Intersubjektivität niedrig (Quadrant IV). Jedoch gibt es im staatlichen Schulsystem von Kalifornien bereits erste Versuche, Portfolio-Vorgaben intersubjektiv zu beurteilen, was allerdings ein aufwendiges Assessment-Verfahren erfordert[3]. In Großbritannien wird seit einigen Jahren versucht, die Leistungen von den SchülerInnen persönlich feststellen und dokumentieren zu lassen, diese dann aber mit den LehrerInnen (intersubjektiv) auszuhandeln, was über das System des sogenannten *Record of Achievement* erfolgt. Das britische Department of Education and Science (DES) hat dafür entsprechende Kriterien erstellt, nach denen es glaubt, daß *Records of Achievement* (persönliche

3 Ähnlich dem Verfahren eines Assessment Centers (vgl. GLOOR 1993) werden individuelle Leistungsvorlagen der SchülerInnen von AssessorInnen (üblicherweise ausgewählte LehrerInnen) nach bestimmten Kriterien bewertet. Dadurch sollen einerseits die jeweiligen Kenntnisse, Fähigkeiten und Fertigkeiten eine verstärkte Berücksichtigung erhalten, zum anderen erfolgt in der Gruppe der AssessorInnen eine intersubjektive Verständigung über die individuellen Leistungen.

Leistungsberichte) einen positiven Beitrag zur Situation der Beurteilung leisten können (vgl. DES 1984).

Im Rahmen einer Fallstudie zeigt POLE (1993) auf, daß die Einführung neuer Methoden der Leistungsfeststellung und -beurteilung nicht nur im Mikrobereich von Lehren und Lernen anzusiedeln ist, sondern Auswirkungen auf das gesamte Schulgeschehen hat. Erfolgt sie nicht in einem offenen Kommunikationsklima, kann es leicht zu einer bloß bürokratischen Verwaltung der Leistungsbescheinigung kommen, wodurch ihre Wirkung im Sinne der Selbstbeurteilung verflacht. Darüber hinaus hat die Studie deutlich gemacht, daß die Einführung solcher neuer Methoden unbedingt die Einbeziehung der Eltern und eine breite Öffentlichkeitsarbeit erfordert (Arbeitgeber, weiterführende Schulen, Hochschulen und Universitäten). Die Wirksamkeit von Leistungsbescheinigungen hängt daher in hohem Maß von der öffentlichen Akzeptanz ab, die es zu erreichen gilt (vgl. VIERLINGER 1993). Die Erfahrungen in Großbritannien zeigen, daß die Einführung von persönlichen Leistungsberichten weitreichende Konsequenzen auf die Kultur der Schule und das Umfeld hat. Dem wird entgegengehalten, daß der dafür erforderliche Zeitaufwand zu groß und damit eine flächendeckende Einführung unrealistisch sei.

Für künftige Aktivitäten der Unterrichtsforschung stellt Leistungsbeurteilung einen Schlüsselbereich dar. Ein wesentliches Ziel einer neuen Lernkultur ist die Fähigkeit der Lernenden, ihren Lernprozeß aufgrund laufender Rückmeldungen selbst zu steuern. Dazu gehört im System Schule aber auch die Fähigkeit, mit Fremdbeurteilung zumindest zurechtzukommen und sie womöglich als Lernchance zu nutzen. Hier zeigt sich eine gewisse Parallelität zwischen der notwendigen Offenheit in der Bewertung von Schülerleistungen und der (Selbst-)Evaluation im Rahmen der Gestaltungsautonomie von Schule (vgl. SCHRATZ 1994b).

5. Die Zukunft der Unterrichtsforschung – die Unterrichtsforschung der Zukunft

Die bisher angeführten Überlegungen und Beispiele zeigen auf, daß es für den Unterricht nicht mehr genügt, wissenschaftliche Erkenntnisse *über* eine neue Lernkultur zu vermitteln in der Hoffnung, daß sie sich in der Praxis *umsetzen* läßt. Vielmehr ist im Rahmen von Schulentwicklung eine Auseinandersetzung über die Natur des Wissens erforderlich (PLOTKIN 1994), das die LehrerInnen zu vermitteln versuchen, und über die Kontextbedingungen, unter denen dies an der jeweiligen Schule überhaupt möglich ist. LehrerInnen haben im Reflektieren ihrer Tätigkeit aufgrund ihrer bisher auf die Arbeit im Klassenzimmer fokussierten Tätigkeit wenig Übung. Schulentwicklung, die zur Verbesserung des Unterrichts beitragen soll, muß daher an den praktischen Erfahrungen der LehrerInnen ansetzen, deren Bewußtmachung und Artikulation zur gemeinsamen Reflexion ermöglichen und, was wohl am schwierigsten ist, diese für Veränderung in der Praxis zugänglich machen (vgl. HANDAL/LAUVÅS 1987).

Wollen Lehrerinnen und Lehrer als *change agents* aktiv werden, gilt es, neben der Aneignung technischer Fertigkeiten zur Unterrichtsführung, die sie zumeist in der Lehrerausbildung erworben haben, ihr professionelles Wissen durch die Reflexion der eigenen Tätigkeit anzureichern. Diese Stärkung der pädagogisch-reflektiven Professionalität des Lehrberufs stellt eine wichtige Zukunftsperspektive dar, da sie die unmittelbar mit Schule und Unterricht Befaßten selbst zu Trägern der Entwicklung macht. Damit verändert sich aber auch die Rolle der WissenschafterInnen, die nicht mehr als ExpertInnen von Unterricht auftreten, sondern in ihrer Beratungskompetenz gefordert sind. ERICKSON (1986) sieht in dem Ansatz, die soziale Situation der Betroffenen zum Ausgangspunkt für Veränderungen zu machen, nicht nur die Möglichkeit zur verstärkten Zusammenarbeit zwischen LehrerInnen und ForscherInnen, sondern im Abbau der Hierarchie zwischen Theorie und Praxis die Chance, zu einem demokratischeren Verständnis von Forschung beizutragen. Damit wird die *praktische Ebene* in Abb. 2 aufgewertet und verstärkt für den schulischen Veränderungsprozeß bedeutsam.

Demzufolge sind neue Felder der Schulentwicklung im Bereich Unterricht und Vermittlung vor allem dort zu suchen, wo Lehrerinnen und Lehrer, verstärkt aber auch Schülerinnen und Schüler, unterstützt und begleitet von WissenschafterInnen, ihren eigenen Unterricht im Hinblick auf Veränderungspotentiale untersuchen. Dazu hat die in den anglo-amerikanischen Ländern praktizierte und inzwischen auch im deutschsprachigen Raum rezipierte Aktionsforschung neue Anstöße gegeben (vgl. ALTRICHTER/POSCH 1991, ALTRICHTER/GSTETTNER 1993, WIESER 1995). Sie wird dem humanwissenschaftlichen Paradigma zugeordnet (LONGSTREET 1982) und nach sozialwissenschaftlichen Kriterien definiert. Demnach ist Aktionsforschung „the study of a social situation with a view to improving the quality of action within it" (ELLIOTT 1981, 1) bzw. „a form of self-reflective enquiry undertaken by participants in social situations in which the practices are carried out" (CARR/KEMMIS 1986).

Diese Definitionen propagieren eine Auffassung von Expertenwissen, das (nur) in der jeweiligen Handlung liegt, mit der LehrerInnen in einen (reflektiven) Dialog treten müssen, um angestrebte Veränderungen zu bewirken.

Nach SCHÖN (1991) sind Praxissituationen nicht zu lösende Probleme, sondern problematische Situationen, die durch Ungewißheit, Unordnung und Unbestimmbarkeit geprägt sind. Es fällt schwer, in der Unterrichtsarbeit stringent zu argumentieren und allgemeingültige Prinzipien zu erstellen, da sich die Lehrenden immer wieder mit Situationen auseinandersetzen müssen, die verwirren, überraschen und Schwierigkeiten bereiten. Diesen laufend auftretenden Problemen gilt es nachzugehen, um sie erfolgreich bewältigen zu können:

„As he tries to make sense of it, he also reflects on the understandings which have been implicit in his action, understandings which he surfaces, criticizes, restructures, and embodies in further action. It is this entire process of reflection-in-action which is central to the ‚art' by which practitioners sometimes deal well with situations of uncertainty, instability, uniqueness, and value conflict." (SCHÖN 1991, S. 50)

Im Rahmen der künftigen Professionalisierung von LehrerInnen nimmt die gemeinsame Erforschung der eigenen Praxis im Hinblick auf die weitere Entwicklung von Unterricht an der eigenen Schule einen hohen Stellenwert ein. Dafür sind allerdings entsprechende Unterstützungsmaßnahmen erforderlich; besonders bewährt haben sich schulnahe Fortbildungsveranstaltungen und die Anwendung von Erkenntnissen aus der Organisationsentwicklung für den Bereich Schule (vgl. ROLFF 1994). Sie tragen alle dazu bei, Veränderung als aktiven Prozeß zu verstehen, der aus *„Rezipienten"* von Unterrichtswissen aktive Träger der Gestaltung einer neuen Lernkultur macht. Im Schulsystem ist der Schritt zur Selbstentwicklung nicht einfach, da das Abweichen von „sicheren" Unterrichtsvorgaben vielfach bedrohlich wirkt, zumal die Reaktionen der SchülerInnen oft nicht kalkulierbar sind. Daher ist es hilfreich, sich mit der Dynamik von Veränderungsprozessen auseinanderzusetzen, um die Möglichkeiten und Grenzen der eigenen Einflußnahme realistisch einschätzen zu können. DOPPLER und LAUTERBURG (1994, S. 55-56) finden es hilfreich, von folgenden Erkenntnissen auszugehen:

1. *Es ist immer alles in Bewegung:* Veränderung stellt den Normalzustand dar, d.h. Wandel ist das einzige, das Bestand hat.
2. *Veränderungen sind Auswirkungen von Kraftfeldern.* Es sind immer entsprechende Kräfte oder Energiefelder wirksam, welche die Veränderung eines Zustands bewirken. Nur wer die Kraftfelder in der Mikropolitik der Schule kennt und die Energieströme versteht, kann steuernd eingreifen.
3. *Veränderungen in einem sozialen Gefüge sind das Resultat divergierender Interessen und Bedürfnisse.* „Emotionen – Ausdruck individueller und kollektiver Interessen und Bedürfnisse – sind es, die in menschlichen

Organisationen etwas bewegen. Liebe oder Haß, Geld oder Macht, Anerkennung oder Selbstverwirklichung. Sie sind die eigentlichen Drahtzieher hinter dem Geschehen auf der Bühne." (DOPPLER/LAUTERBURG 1994, 56)

4. *Notwendige Veränderungen finden immer statt – die Frage ist lediglich, auf welchem Wege.* Veränderungen lassen sich nicht verhindern. Verhinderungen führen lediglich zu Verzögerungen, wenn eine Entwicklung fällig ist.
5. *Sinnvolle Einflußnahme bedeutet, notwendige Entwicklungen rechtzeitig zu erkennen, konsequent zu fördern und sozial verträglich zu gestalten.* Diese wichtige Funktion des „change agent" soll dazu beitragen, daß notwendige Entwicklungen wie in einem lebendigen Organismus für alle Beteiligten spürbar werden (vgl. PECHTL 1991).

Zur Umsetzung dieser Überlegungen im Rahmen von Schulentwicklung ist es notwendig, unter den Betroffenen ein gemeinsames Verständnis von (neuer) Lernkultur zu schaffen und den Prozeß der Auseinandersetzung selbst als wichtige Grundlage für die geplanten Maßnahmen zu sehen. Denn ein wichtiges Merkmal von Schulkultur ist Kommunikation und Reflexion. Doch eines ist zu bedenken: Stets gilt es, die (in Abschnitt 2 beschriebenen) widersprüchlichen Anforderungen an das System Schule und die daraus erwachsenden Dilemmata zu berücksichtigen, die sich nicht ein für allemal kommunikativ lösen lassen, sondern im Veränderungsprozeß immer wieder strukturell wirksam werden. Sie stellen hohe Ansprüche an die Problemlösungskapazität einer Schule, für die das schulinterne Management eine Schlüsselrolle innehat (vgl. FISCHER/SCHRATZ 1993). Darüber hinaus können externe BeraterInnen für Schulentwicklung als Partner wertvolle Unterstützung bei der Anbahnung einer neuen Schul- und Lernkultur bieten.

Für die Weiterführung von Forschungsansätzen zur Steigerung der Unterrichtsqualität im Rahmen von Schulentwicklung geht es daher darum,

- *Struktur und Bezugssystem von Wissen und Lernen* im Kontext schulischer Vermittlung (neu) zu bestimmen, was eine notwendige Auseinandersetzung mit der dazu notwendigen Veränderung der Lehrerrolle einschließt.
- jene Lernwelten im Rahmen der sozialen Architektur von Schule zu modellieren, die einer (neuen) *Lernkultur* gerecht werden (vgl. KÖSEL 1993) und die auch adäquaten Formen der Evaluation von Leistungen Raum geben;
- im Rahmen schulischer Maßnahmen, vor allem über die Schulleitung, auf das „Kräftespiel zwischen ‚Unterrichtsvollzugsbeamten' und pädagogisch engagierten Lehrern einzuwirken" (BAUER/BURKHARD 1992), sodaß es zu

keiner Konfrontation zwischen unterschiedlichen ‚Lagern' kommt, sondern die vorhandenen Potentiale zur Verwirklichung einer bildungspolitisch aktiven Schule genutzt werden.

Im Zuge der Autonomisierungsbestrebungen des Schulwesens rückt die Schule als Organisationseinheit verstärkt in den Vordergrund, allerdings wird die Qualität des Unterrichts die „Maßeinheit" für die Wirksamkeit schulischer Entwicklungen sein. Durch die Notwendigkeit der Vergleichbarkeit von Schülerleistungen im Rahmen der eigenen Gestaltungsmöglichkeiten erhält die Unterrichtsforschung neue Impulse: Sie soll zum einen stärker im Zusammenhang mit Evaluationsmaßnahmen am Schulstandort gesehen werden (Stichwort „PraktikerInnenforschung"), zum anderen soll Unterrichtsforschung im Rahmen von Schulentwicklung jene förderlichen und hemmenden Bedingungen erkunden, die für die Umsetzung einer Gestaltungsautonomie in die schulische Praxis bedeutsam sind. Dazu zähle ich vor allem jene Maßnahmen, die

- zur Dynamisierung der Kultur des Lehrens und Lernens beitragen (erweiterte bzw. offene Lernformen, Projektunterricht etc.),
- die strukturellen und personellen Notwendigkeitn dafür erkunden (Raum, Zeit, Ressourcen, Qualifizierung etc.),
- die jeweils erzielten pädagogischen und fachlichen Wirkungen überprüfen,
- eine qualitativ ausgerichtete, in ihrer Anwendung aber umsetzbare Form des Vergleichs von Schülerleistungen auf breiter Basis ermöglichen.

Dadurch wird nicht zuletzt gewährleistet, daß der *Unterricht* im Zuge von Organisationsentwicklung an Schulen wieder stärker in den Mittelpunkt der angestrebten Veränderungsprozesse rückt, aber im Gesamt*system* schulischer Entwicklung gesehen wird. Die bisher gewonnenen Erkenntnisse in der Unterrichtsforschung sind dazu von grundlegender Bedeutung. Begleitend aber sind jene Möglichkeiten zu erkunden, die Auskunft darüber geben, wie LehrerInnen unterstützt werden können, über die Reflexion ihrer Sicht von Schule und Unterricht zur Qualitätssicherung und -entwicklung beizutragen (vgl. DICK 1994). Daß aufgrund dieser lokalen, d.h. schul- und unterrichtsnahen Forschungsaktivitäten die Perspektive für das Globale, d.h. der Blick auf die gesellschaftlichen Herausforderungen, nicht auf der Strecke bleiben soll, liegt auf der Hand. In dieser Hinsicht hat Unterrichtsforschung im Rahmen von Schulentwicklung ihren Ansatz in der aktuellen Praxis, ihre Perspektive aber in einer visionären Zukunft, die sich in den Leitbildern und Profilen bildungspolitisch aktiver Schulen spiegelt.

Literatur

Altrichter, H./Gstettner, P.: Aktionsforschung – ein abgeschlossenes Kapitel in der Geschichte der deutschen Sozialwissenschaft? In: Sozialwissenschaftliche Literatur Rundschau 16 (1993) 26, S. 67-83.

Altrichter, H./Posch, P.: Lehrer erforschen ihren Unterricht. Bad Heilbrunn: Klinkhardt, 1991.

Awecker, P.: „Beinahe vor Lachen geschüttelt" (Gruppenschularbeit). In: Mayr/Schratz/Wieser 1988, S. 51-57.

Barth, A.-R.: Burnout bei Lehrern. Göttingen: Verlag für Psychologie, 1992.

Bauer, K.-O./Burkard, Ch.: Der Lehrer – ein pädagogischer Profi? In: H.-G. Rolff u.a. (Hrsg.): Jahrbuch der Schulentwicklung, Band 7: Daten, Beispiele und Perspektiven. München: Juventa, 1992, S. 193-226.

Bews, S.: Integrativer Unterricht in der Praxis. Erfahrungen, Probleme, Analysen. Innsbruck: Österreichischer Studien Verlag 1992.

Blüml, K. und MitarbeiterInnen: Schularbeiten in Deutsch. Neue Formen schriftlichen Arbeitens – Vorbereitung und Gestaltung. Wien: BMUK (vervielfältigt), 1985.

Blüml, K.: Die sogenannte Zweiphasen- oder Zweistufenarbeit. In: Informationen zur Deutschdidaktik 18 (1994) 2, S. 73-78.

Boos, F.: Vom Machen des Unmachbaren. In: H. Balck/R. Kreibich (Hrsg.): Evolutionäre Wege in die Zukunft. Wie lassen sich komplexe Systeme managen? Weinheim: Beltz, 1991.

Burisch, M.: Das Burnout-Syndrom: Theorie der inneren Erschöpfung. Berlin: Springer, 1989.

Carr, W./Kemmis, S.: Becoming Critical. London: Falmer, 1986.

Cazden, C. B.: Classroom discourse. In M. E. Wittrock (Hrsg.): Handbook of research on teaching (3rd ed.). New York: Macmillan, 1986.

Cazden, C. B.: Classroom discourse. The language of teaching and learning. Portsmouth, NH: Heinemann, 1988.

Department of Education and Science: Records of Achievement: A Statement of Policy. London: DES, 1984.

Dick, A.: Vom unterrichtlichen Wissen zur Praxisreflexion. Das praktische Wissen von Expertenlehrern im Dienste zukünftiger Junglehrer. Bad Heilbrunn: Klinkhardt, 1994.

Doppler, K./Lauterburg, C.: Change Management. Den Unternehmenswandel gestalten. Frankfurt/M.: Campus, 1994.

Duncker, L.: Erfahrung und Methode. Studien zur dialektischen Begründung einer Pädagogik der Schule. Lagenau-Ulm: Armin Vaas Verlag, 1987.

Edwards, D./Mercer, N. M.: Common knowledge: The development of understanding in the classroom. London: Methuen, 1987.

Elliott, J.: Action-research: A framework for self-evaluation in schools. TIQL-Working Paper Nr. 1, Cambridge: vervielfältigt, 1981.

Erickson, F.: Qualitative Methods in Research on Teaching. In: M. E. Wittrock (Hrsg.): Handbook of Research on Teaching. New York: Macmillan, 1986, S. 119-161.

Fend, H.: Theorie der Schule. München: Urban & Schwarzenberg, 1980.

Fend, H.: Gute Schulen – schlechte Schulen. Die einzelne Schule als pädagogische Handlungseinheit. In: Die Deutsche Schule 82 (1986) 3, S. 275-293.

Fenkart, G./Schratz, M. (Red.): Neue Lernkultur. Wien: Bundesministerium für Unterricht und Kunst, 1994.

Fischer, W./Schratz, M.: Schule leiten und gestalten. Mit einer neuen Führungskultur in die Zukunft. Innsbruck: Österreichischer StudienVerlag, 1993.

Gloor, A.: Die AC-Methode: Assessment Center. Zürich: Orell Füssli, 1993.

Goodson, I. F.: Studying Teachers' Lives. London: Routledge, 1992.

Gropengiesser, I./Otto, G./Tillmann, K. J.(Hrsg.): Schule zwischen Routine und Reform. Jahresheft 12, Friedrich-Verlag 1994.

Gstrein, G. R.: Burnout muß nicht sein! Zum Umgang mit Belastungen im Lehrberuf. Innsbruck: unv. Diplomarbeit, 1992.

Handal, P./Lauvås, P.: Promoting Reflective Teaching: Supervision in practice. Milton Keynes: Open University Press, 1987.

Hierdeis, H./Schratz, M. (Hrsg.): Mit den Sinnen begreifen. 10 Anregungen zu einer erfahrungsorientierten Pädagogik. Innsbruck: Österreichischer StudienVerlag, 1992.

Holtappels, H. G.: Lernkultur und Schulumfeld – Ein Projekt zur Schulentwicklung in unterschiedlichen regionalen Kontexten. In: H. G. Holtappels (Hrsg.): Lernkultur an Sekundarschulen. Tagungsdokumentation. Dortmund: Institut für Schulentwicklungsforschung, 1993.

Hopmann, S./Künzli, R.: Logik der Lehrplanung. Das Aarauer Lehrplannormal. In: Bildungsforschung und Bildungspraxis 16 (1994) 2, S. 161-184.

Ingenkamp, K.: Die Fragwürdigkeit der Zensurengebung. Weinheim: Beltz, 1971.

Kelchtermans, G.: Lehrer, ihre Karriere und ihr Selbstverständnis: eine biographische Perspektive. In: Zeitschrift für Sozialisationsforschung 12 (1992) 3, S. 250-271.

Kelchtermans, G.: Teachers and their Career Story: A Biographical Perspective in Professional Development. In: C. Day/J. Calderhead/P. Denicolo (Hrsg.): Research on Teacher Thinking: Understanding Professional Development. London: Falmer, 1993, S. 198-220.

Klemm, K./Rolff, H.-G./Tillmann, K.-J.: Bildung für das Jahr 2000. Bilanz der Reform, Zukunft der Schule. Reinbek: Rowohlt, 1985.

Kösel, E.: Die Modellierung von Lernwelten. Ein Handbuch zur Subjektiven Didaktik. Elztal-Dallau: Laub, 1993.

Larcher, D.: Was heißt „Entrümpelung" der Lehrpläne?" In: G. Fenkart u.a. (Hrsg.): Neue Lernkultur. Wien: BMUK, 1993, S. 183-190.

Longstreet, W. S.: Action Research: A Paradigm. In: The Educational Forum, Winter 1982, S. 135-158.

Mayr, E./Schratz, M./Wieser, I. (Hrsg.): Fachdidaktik im Dialog. Selbstgesteuertes Lernen in der Praxis schulischer Unterrichtsfächer und universitärer Lehrerbildung. Baltmannsweiler: Schneider, 1989.

Mehan, H.: Learning lessons. Cambridge, Ma.: Harvard University Press, 1979.

Mehan, H.: Why I Like to Look: On the Use of Videotape as an Instrument in Educational Research. In: M. Schratz (Hrsg.): Qualitative Voices in Educational Research. London/Washington DC: Falmer Press, 1993, S. 93-105.

Pechtl, W.: Zwischen Organismus und Organisation. Wegweiser und Modelle für Berater und Führungskräfte. Linz: Veritas, 1991.

Plotkin, H.: The Nature of Knowledge. London: Allen Lane & Penguin Press, 1994.

Pole, Ch.: Assessing and Recording Achievement. Buckingham: Open University Press, 1993.

Posch, P./Altrichter, H.: Bildung in Österreich: Analysen und Entwicklungsperspektiven. Innsbruck: Österreichischer Studien Verlag, 1992.

Posch, P.: Entwicklungstendenzen für eine neue Lernkultur. In: W. Specht (Hrsg.): Schulqualität in Österreich. Innsbruck: Österreichischer StudienVerlag, 1995.

Reynolds, D.: Forschung zu Schulen und zur Wirksamkeit ihrer Organisation – das Ende des Anfangs? Eine kritische Bilanz aus der Sicht britischer Erfahrungen. In: K. Aurin (Hrsg.): Gute Schulen – worauf beruht ihre Wirksamkeit? Bad Heilbrunn: Klinkhardt, 1990, S. 88-100.

Rolff, H.-G.: Gestaltungs-Autonomie verwirklichen – Lehrerinnen und Lehrer als Träger der Entwicklung. In: Pädagogik (1994) 4.

Rolff, H.-G./Bauer, K.-O./Klemm, K./Pfeiffer, H.(Hrsg.): Jahrbuch der Schulentwicklung, Band 7: Daten, Beispiele und Perspektiven. Weinheim/München: Juventa, 1992.

Rutter, M./Maughan, B./Mortimer, P./Ouston, J.: Fünfzehntausend Stunden – Schulen und ihre Wirkung auf die Kinder. Weinheim: Beltz, 1980.

Schön, D. A: The Reflective Practitioner. How Professionals Think in Action. London: Temple Smith, 1991.

Schratz, M.: Bildung für ein unbekanntes Morgen: Auf der Suche nach einer neuen Lernkultur. München/Wien: Profil, 1991.

Schratz, M.: The Global Classroom: ein ungewöhnliches Schulprojekt. In: Medien + Schulpraxis (1993a) 1+2, S. 32-35.

Schratz, M.: Schulentwicklung zwischen curricularem Wissen und didaktischer Reflexion. In: Erziehung und Unterricht 143 (1993b) 11, S. 536-545.

Schratz, M.: Das retardierende Moment. Wie die Leistungsbeurteilung den pädagogischen Fortschritt hemmt. In: Informationen zur Deutschdidaktik 18 (1994a) 2, S. 17-34.

Schratz, M.: Evaluation: Steuerung im Spannungsfeld zwischen Rechenschaftslegung und Kontrolle. In: H. Buchen/L. Horster/H.-G. Rolff: Schulentwicklung und Schulleitung. Stuttgart: Raabe, 1994b, S. 4.1/1-24.

Schratz, M./Mehan, H.: Gulliver Travels into a Math Class. In Search of Alternative Discourse in Teaching and Learning. In: International Journal for Educational Research, 3 (1993) 19, S. 247-264.

Schratz, M. u.a.: Lehren und Lernen im Englischunterricht mit Erwachsenen. Kommunikation und Interaktion im Unterrichtsprozeß. Wien: Verband Österreichischer Volkshochschulen, 1984.
Schütz, A.: Collected papers. Volume I. The Hague: Nijhoff, 1962.
Sinclair, J. Mc H./Coulthard, R. M.: Towards an analysis of discourse: The English used by teachers and pupils. London: Oxford University Press, 1975.
Specht, W.: Schulqualität. Die internationale Diskussion um ein neues Konzept und einige Folgerungen für die Schulentwicklung in Österreich. (Diskussionspapier) Graz: Zentrum für Schulversuche und Schulentwicklung, Abt. II, 1991.
Tillmann, K.-J.: Nicht auf bessere Zeiten warten. In: Schule zwischen Routine und Reform. Jahresheft 12, Friedrich-Verlag 1994, S. 4-5.
Vierlinger, R.: Durchkomponierte Schulreform. Linz: Quirin Haslinger, 1972.
Vierlinger, R.: Die offene Schule und ihre Feinde. Beiträge zur Schulentwicklung. Wien: Jugend & Volk, 1993.
Weiss, R.: Leistungsbeurteilung in den Schulen – Notwendigkeit oder Übel? Problemanalysen und Verbesserungsvorschläge. Wien: Jugend und Volk, 1989.
Wenzel, H.: Unterricht und Schüleraktivität. Probleme und Möglichkeiten der Entwicklung von Selbststeuerungsfähigkeiten im Unterricht. Weinheim: Deutscher Studien Verlag, 1987.
Wieser, I.: Handlungs- und Aktionsforschung. In: H. Hierdeis/Th. Hug (Hrsg.): Taschenbuch der Pädagogik. Schneider, 1995.

Witlof Vollstädt

Rahmenlehrpläne und Schulcurriculum

Überlegungen zur Notwendigkeit und zu den inhaltlichen Schwerpunkten künftiger Forschungsprojekte sind zwangsläufig mit einer Bestandsaufnahme bisheriger Erkenntnisse und noch vorhandener „weißer Flecken" im jeweiligen Untersuchungsfeld verbunden. Mit großer Sicherheit gilt diese Aussage auch für die außerordentlich zahlreichen und vielfältigen erziehungswissenschaftlichen Forschungsfelder.

Nachstehend soll der Versuch unternommen werden, die Frage nach Erkenntnislücken, Desiderata und möglichen Schwerpunkten der Lehrplanforschung aus schulpädagogischer Sicht zu beantworten. Dies geschieht zunächst mit Blick auf die aktuelle Situation bei der Ausarbeitung und Einführung neuer Lehrpläne und wird mit einer kurzen Rückschau auf grundlegende Tendenzen und Mängel bisheriger Lehrplanforschung fortgesetzt.

Eine vollständige Bestandsaufnahme bisheriger Lehrplan- bzw. Curriculumforschung ist allerdings weder möglich noch beabsichtigt, zumal mit dem Handbuch der Curriculumforschung von HAMEYER, FREY und HAFT (1983) eine umfassende Bilanzierung der Forschungsergebnisse des Zeitraumes 1970 bis 1981 vorliegt.

Nachdem zunächst vorwiegend kritische Anmerkungen zum Stand der Lehrplanforschung in den alten Bundesländern zusammengetragen werden, wird auch auf einige Prämissen und Absichten der Lehrplanforschung in der DDR aufmerksam gemacht, um die unterschiedlichen Voraussetzungen auf dem künftig gemeinsamen Weg schulpädagogischer Forschung zumindest skizzenhaft zu verdeutlichen. Dieser Rückblick auf die Lehrplanforschung in Ost und West verfolgt die Absicht, abschließend einige Vorschläge für notwendige Untersuchungsrichtungen und -schwerpunkte der Lehrplanforschung aus schulpädagogischer Sicht abzuleiten.

Die Begründung für die Auswahl der dargestellten Probleme und künftiger Forschungsschwerpunkte wird dabei weniger wissenschaftstheoretischen Erfordernissen oder innerwissenschaftlichen Defiziten entnommen als vielmehr aktuellen Problemen der Unterrichtsplanung, des Umgangs mit Lehrplänen im schulischen Alltag. Diese „einseitig" *praxisbezogene Sicht* ist beabsichtigt. Sie wird durch Ergebnisse des Forschungsprojekts „Lehrpläne und alltägliches Handeln von Lehrerinnen und Lehrern“ gestützt, das von KLAUS-JÜRGEN TILLMANN, Universität Bielefeld, geleitet und vom Hessischen Kultusministerium finanziert wird. Die empirischen Untersuchungen hierzu finden in Hessen statt und stehen in engem Zusammenhang mit der dort beabsichtigten Lehrplanreform.

1. Zur aktuellen Situation: Viele neue Lehrpläne – ungenutzte Chancen für Lehrplanforschung

Ein Vergleich von Lehrplanarbeiten seit Anfang der 80er Jahre bis zur Gegenwart mit den Bemühungen um eine entsprechende Lehrplan- bzw. Curriculumforschung führt zum Schluß, daß die Entwicklung neuer Lehrpläne und die Lehrplanforschung in den letzten Jahren immer mehr und deutlicher auseinanderdriften. Es entsteht sogar der Eindruck, daß bei wachsender Zahl neuer Lehrpläne die Forschungsakivitäten immer geringer werden:

Die Entwicklung und Einführung von Lehrplänen finden zunehmend *ohne Begleitung durch entsprechende Lehrplanforschung* statt.

Wo liegen die Ursachen für diese Tendenz?
Für die *neuen Bundesländer* scheint die Antwort auf der Hand zu liegen, wenn das Tempo der Schulreform in Rechnung gestellt wird. So entstanden z. B. in Brandenburg unter Regie des Pädagogischen Landesinstituts allein im allgemeinbildenden Bereich von Mitte 91 bis Ende 93, in nicht einmal 3 Jahren, ca. 70 neue Rahmenpläne, die auch sofort eingeführt wurden. (Vgl. TILLMANN 1993, FUHRMANN 1994)

Da die CDU-regierten neuen Bundesländer bereits ab 5. Klasse eine Bildungswegdifferenzierung vornehmen und auch in der Sekundarstufe weitgehender differenzieren als in Brandenburg, kann davon ausgegangen werden, daß dort die Anzahl der erstellten und eingeführten Lehrpläne noch höher liegt.

Wenn in solch kurzen Zeiträumen fast alle Lehrpläne für alle Schulformen eines Landes ersetzt bzw. verändert werden, gibt es einerseits erschwerte Bedingungen für die Lehrplanforschung, aber andererseits auch schier unerschöpfliche Untersuchungsfelder und zahlreiche Einflußmöglichkeiten. – So ist zumindest anzunehmen! – Bei einer genaueren Betrachtung der Curriculumreform in den neuen Bundesländern, stellen sich allerdings berechtigte

Zweifel ein, ob und inwieweit Ergebnisse der Curriculumforschung berücksichtigt wurden.

Eine genauere Prüfung führt zu dem Schluß, daß öffentlich diskutierte Forderungen an die Schulreform und bildungspolitische Auffassungen und Traditionen der jeweils regierenden Parteien weitaus deutlicheren Einfluß nahmen. Vorstellungen, Absichten der Bildungsexperten und vorliegende Lehrpläne aus denjenigen alten Bundesländern, die eine gewisse „Patenschaft" über das jeweilige neue Bundesland übernommen hatten, haben deutliche Spuren hinterlassen. Diese Länder leisteten dabei eine dringend erforderliche, wenn auch aus schulpolitischer Sicht nicht völlig uneigennützige Unterstützung. Auf diese Weise gerieten manche neuen Lehrpläne zu deutlichen Adaptionen westlicher Pläne, insbesondere in den Fächern, die für die ehemalige DDR-Schule neu waren (Politische Bildung, Arbeitslehre, Religion u.a.).

Es ist daher sicher nicht erstaunlich, daß diese Lehrplanentwicklung in erster Linie der *schulpolitischen Legitimation* und Verwirklichung dieser umfassenden Schulreform verpflichtet war und eher *als Verwaltungsmaßnahme*, weniger als Aufgabe für Curriculumforschung organisiert wurde.

Einige neue Bundesländer hatten frühzeitig mit dem Aufbau eines Landesinstitutes nach dem Vorbild der alten Bundesländer begonnen. So konnten über die Zusammenarbeit mit dem entsprechenden Institut des westlichen Partnerlandes wenigstens der über Lehrplanforschung abgesicherte Standard der Lehrplanentwicklung, Erkenntnisse und Erfahrungen beim Umgang mit den dort gültigen Lehrplänen, Leitideen für neue Lehrpläne u.a.m. übertragen, vermittelt werden.

So berichtet z.B. E. FUHRMANN (1994, S. 4), daß im Pädagogischen Landesinstitut Brandenburg bei der Ausarbeitung der ersten Lehrpläne für die einzelnen Unterrichtsfächer Arbeitsgruppen gebildet wurden, in denen Mitarbeiter aus dem Bildungsministerium und Berater aus dem Landesinstitut für Schule und Weiterbildung in Soest federführend waren. Außerdem wurden Brandenburger und (West-)Berliner Lehrer in diese Arbeitsgruppen einbezogen. In der darauffolgenden Etappe der umfassenden Curriculum-Reform ab September 91 übernahm dann eine Koordinierungsgruppe des Pädagogischen Landesinstituts Brandenburg die konzeptionelle, inhaltliche und organisatorische Verantwortung für die Tätigkeit der Rahmenplankommissionen.

In ihrem Rückblick auf diese außerordentlich arbeitsintensive Phase verweist FUHRMANN (1994, S. 6) darauf, daß alle Beteiligten in der Erarbeitung neuer Rahmenpläne ein ganz entscheidendes Mittel sahen, um die „innere Reform" des Unterrichts in allen Fächern und auf allen Stufen über die Strukturreform hinaus anzuregen.

Sicher bleiben auch diese Bemühungen ein Reformversuch „von oben". Außerdem ist nach wie vor ungeklärt, inwieweit über neue Lehrpläne überhaupt „innere" Schulreform bewirkt werden kann. Zumindest wird ein aus lehrplantheoretischer Sicht interessanter Versuch unternommen. Über landesspezifische Rahmenpläne, die alle denselben Leitideen verpflichtet sind, soll den Lehrerinnen und Lehrern ein Unterrichtskonzept nahegebracht werden, „das modernen pädagogischen und psychologischen Erkenntnissen entspricht, das die Lehrer zu Fachgrenzenüberschreitungen (fächerübergreifendes Arbeiten) sowie zum Infragestellen tradierter stoff- und lehrerzentrierter Gewohnheiten anregt, das ihre fachliche Souveränität vorausetzt und ihre didaktisch-methodische Kompetenz herausfordert und fördert" (FUHRMANN 1994, S. 6).

Wie gesagt, vorläufig bleibt offen, ob und wie diese Leitideen in den einzelnen Rahmenplänen verwirklicht sowie im schulischen Alltag aufgenommen wurden und ob sie die Qualität von Unterricht tatsächlich beeinflussen. Hier ergeben sich zahlreiche bislang noch ungenutzte Betätigungsfelder für die Curriculumforschung, ohne deren Ergebnisse die weitere Arbeit mit neuen Lehrplänen erheblich in Gefahr gerät, den Realitätsbezug zu verlieren.

Zugleich muß allerdings festgestellt werden, daß diese Tendenz auch in den *alten Bundesländern* existiert und demzufolge nicht ausschließlich der besonderen gesellschaftlichen Situation einer Schulreform unter Zeitdruck angelastet werden kann. Bei der Literaturdurchsicht ergibt sich, daß die Lehrplanforschung bei der Ausarbeitung und Einführung neuer Lehrpläne in den 80er und 90er Jahren eine *zunehmend geringere Rolle* spielt, daß für eine aufwendige empirische Curriculumforschung nicht genügend Zeit bleibt. – Vielleicht fehlt es aber auch am Verständnis für ihre Notwendigkeit? !

Zwar gab es Anfang der 80er Jahre viele Lehrplanaktivitäten, in die auch zahlreiche Lehrerinnen und Lehrer einbezogen wurden, doch mit systematischer Forschung waren sie nur selten verbunden. So ermittelten z.B. HAFT/HOPMANN (1987) für die Jahre 1980 – 1984 ca. 900 Lehrplankommissionen in den Ländern der BRD mit insgesamt rund drei- bis viertausend Mitgliedern. Beim Vergleich deren Arbeit mit den Ergebnissen der Querschnittsuntersuchung von HALLER (1973) kommen sie zu dem ernüchternden Fazit: „Das Grundmuster der Lehrplanarbeit ist in den letzten zwanzig Jahren das gleiche geblieben. Auf Initiative des Kultusministeriums erarbeitet eine von den jeweils zuständigen Dienststellen berufene Kommission einen Lehrplanentwurf, der in der Regel allenfalls geringfügig geändert vom Kultusministerium übernommen und als verbindlicher Lehrplan in Kraft gesetzt wird... Die Veränderungen, die es in diesem Rahmen gegeben hat, können als Fortschreibung der gewachsenen Strukturen der Lehrplanarbeit betrachtet werden. Bildungspolitische Konjunkturen und curriculumtheoretische Forderungen konnten allenfalls zeitlich begrenzt merklichen Einfluß ausüben." (HAFT/HOPMANN 1987, S. 510)

Für die charakterisierte Tendenz sprechen höchstwahrscheinlich auch die von HAFT und HOPMANN festgestellten Veränderungen in der personellen Zusammensetzung der Lehrplankommissionen und bei deren Arbeitsweise: „Lehrplanentwicklung durch Kommissionen ist zu einer gemeinsamen Veranstaltung von Schulverwaltung und Schulpraxis geworden, unter weitgehendem Ausschluß der Öffentlichkeit." (HAFT/HOPMANN 1987, S. 513)

Mit Blick auf ihre Untersuchungsergebnisse charakterisieren HAFT/HOPMANN somit die Lehrplanarbeit in der ersten Hälfte der 80er Jahre als eine *Schulverwaltungsaufgabe*, als eine „rein administrative Veranstaltung mit schulpraktischen Einlagen: Organisation, Mitgliederauswahl und Zielvorgaben werden von der Schulverwaltung bestimmt. Die Mitglieder verdanken ihre Berufung ... ihrer ‚Nähe' zur Verwaltung, sei es durch frühere Mitarbeit an ähnlichen Aufgaben, sei es durch ihre Mitwirkung in der Lehreraus- und -fortbildung. Arbeitsweise und Arbeitsinhalt der Kommissionen sind hauptsächlich darauf gerichtet, mit begrenzten Mitteln in angemessener Form einen schulpraktisch vertretbaren Lehrplan zu schreiben." (HAFT/HOPMANN 1987, S. 513)

Ob und inwieweit Lehrplanentwicklung lediglich der Verwirklichung der jeweiligen Absichten der Schulverwaltung verpflichtet ist oder sich auch für wissenschaftliche Curriculumforschung oder andere gesellschaftliche Interessengruppen öffnet, hängt somit vom Curriculumverständnis des Expertenstabs in den einzelnen Landesinstituten ab. Es sei in diesem Zusammenhang auf die aufschlußreichen Arbeiten von SCHIRP und HAENISCH (1984) vom Landesinstitut für Schule und Weiterbildung in Soest aufmerksam gemacht.

Als *Fazit* bleibt die generelle Einschätzung, daß die umfangreiche Lehrplanarbeit der letzten Jahre in den alten und neuen Bundesländern als Chance für einen erneuten Aufschwung der Lehrplanforschung bislang unzureichend genutzt wurde.

Es wäre allerdings einseitig und ungerecht, die Ursachen für diese Situation nur bei denen zu suchen, die sich der komplizierten und undankbaren Aufgabe gestellt haben und noch stellen, neue Lehrpläne, Richtlinien oder Rahmenpläne zu erarbeiten. – *Die Lehrplanforschung selbst ist nicht ganz schuldlos* an ihrem gegenwärtigen „Schattendasein". Schaut man sich diesen Bereich erziehungswissenschaftlicher Forschung und Theoriebildung zwischen 1970 und heute genauer an, zeigen sich eine deutlich fallende Popularitätstendenz, ein rückläufiges Interesse an Curriculumforschung und zahlreiche offene Fragen, die sich auf den Gegenstand, das forschungsmethodische Vorgehen und die bisherigen Ergebnisse von Lehrplanforschung beziehen.

2. Lehrplanforschung – West: Nach Aufschwung rückläufig

Mit dem bereits erwähnten Handbuch der Curriculumforschung (1983) wird unter Federführung von HAMEYER, FREY und HAFT eine imponierende und übersichtliche Bilanz der Forschungsergebnisse des Zeitraumes *1970 bis 1981* vorgenommen und auf diese Weise der überzeugende Nachweis geführt, daß diese Jahre für die Curriculumforschung in der Bundesrepublik Deutschland nicht nur außerordentlich intensiv, sondern vor allem besonders ertragreich für Theoriezuwachs und Lehrplanentwicklung waren.

Nachdem S. B. ROBINSOHN (1967) mit seiner Schrift „*Bildungsreform als Revision des Curriculum*" Ende der sechziger Jahre einen wichtigen Anstoß zur Aufnahme der Curriculumforschung im deutschen Sprachraum gegeben hatte, befand sich diese Forschungsrichtung, mitunter stimuliert durch amerikanische Arbeiten und durch die generelle Didaktikdiskussion, in den siebziger Jahren in einem deutlichen Aufwind. Während ROBINSOHN (1967) vor allem nach Prämissen für künftige Curriculumentscheidungen bezüglich der Lehrplaninhalte (Lernziele und Lernobjekte) suchte (vgl. FREY 1971, S. 43), erfolgte dann ziemlich rasch eine Erweiterung des Forschungsfeldes auf Kriterien zur Curriculumkonstruktion und auf den Prozeß der Curriculumentwicklung und -erprobung, weil auch diese Bereiche als revisionsbedürftig galten.

Auf diese Weise zählten zu den Komponenten der Curriculumforschung: Personenauswahl, Nutzung der Informationsressourcen, Arbeitsbedingungen, Interaktionsformen der Beteiligten, Art und Weise der Qualifizierung des Unterrichtsplanes, Anlage der Evaluation, das Verhältnis von Recht und Handeln sowie die Bedeutung der Forschung in der Innovationspraxis. (Vgl. HAMEYER/FREY/HAFT 1983, S. 17) Diese Breite spiegelt zugleich die damalige Diskussion um das Verständnis von „*Curriculum*" wider, für das noch heute die Feststellung von K. FREY zutrifft: „Sowohl das, was man unter Curriculum versteht, wie die Gesichtspunkte und Bezugssysteme, unter denen man das Curriculum betrachtet, divergieren....In der Curriculumforschung überziehen die Variationen sowohl den Untersuchungsgegenstand, die Methoden, die Interpretationsmuster von Untersuchungsbefunden wie das Theorieverständnis." (FREY 1971, S. 21) Allerdings bestätigen die im Handbuch erfaßten und systematisierten Forschungsergebnisse die deutlichen Vorzüge eines breiten Curriculumverständnisses, das nicht nur die auf die Strukturierung eines beabsichtigten Lernprozesses abzielenden Lehrpläne und Unterrichtsvorbereitungen einschließt, sondern auch die Bedingungen und Prozesse betrachtet, die zu Lehrplänen oder Richtlinien führen. „Das Curriculum beginnt, dieser Auslegung folgend, mit dem ersten Planungsschritt auf dem Wege zur Konstituierung geplanter Lernereignisse und führt bis zur Evaluation der Lernprozesse und der Analyse von Wirkungen des Einsatzes neuer Curriculumsysteme." (HAMEYER/FREY/HAFT 1983, S. 21)

Höchstwahrscheinlich ist diesem breiten Verständnis die erfreuliche, mitunter etwas verwirrende, schwer zu überschauende Vielfalt und Fülle von Forschungsergebnissen in den siebziger Jahren zu danken. Allerdings könnte in dieser Weite und Vagheit des Begriffes auch bereits eine Ursache für die rückläufige Tendenz der Curriculumforschung inden 80er Jahren liegen. Zumindest läßt sich die nunmehr häufigere Verwendung des Begriffs „Lehrplan" gegenüber „Curriculum" als Wunsch nach klarerer und vielleicht auch engerer Begriffsbildung deuten.

Schon 1983 geht E. TERHART davon aus, daß die Curriculumforschung im Rahmen der „didaktischen bzw. unterrichtswissenschaftlichen Wende" ihren Höhepunkt bereits überschritten hat. (vgl. TERHART 1983, S. 536) Zur Erklärung nennt er folgende vier Gründe:

1. Rückgang des öffentlichen Interesses an Bildungsreformen (über veränderte Curricula)
2. Beschränkung des politischen, finanziellen, juristischen und motivationalen Spielraums für Innovationsbemühungen „von oben", die bereits auf der Planungsebene einsetzen, und dafür deutlichere Zuwendung zum unmittelbaren pädagogischen Handeln
3. Enttäuschung über die von Curriculumforschung ausgehende Handlungsorientierung und Konstruktivität in Verbindung mit methodologischen Defiziten
4. Notwendigkeit zur konsequenteren Berücksichtigung der individuell-subjektiven Seite des Bildungsprozesses

Zu ähnlichen Auffassungen zum Zustand der Curriculumforschung kommen ACHTENHAGEN und TRAMM. Sie sprechen von *konstruktiver Hilflosigkeit* einer theoretisierenden Curriculumforschung, die ohne angemessene Überprüfungs- bzw. Anwendungsverfahren bleibt. (Vgl. TERHART 1983, S. 546)

Vor allem die *unzureichende Analyse und Berücksichtigung der alltäglichen Unterrichtspraxis* finden immer wieder ihre Kritiker. So begründet z.B KRISTIAN KUNERT mit den Ergebnissen einer Befragung (1981) von 260 bayerischen Grund- und Hauptschullehrern(-innen) seinen generellen Vorwurf, daß sich die Erziehungswissenschaft in der BRD „mit der Wirklichkeit der einzelnen pädagogischen Bereiche nicht ernsthaft befaßt und daher immer wieder in ihren alten Fehler verfällt, unbrauchbare Vorschläge für das pädagogische Handeln zu entwickeln." (KUNERT 1983, S. 10) An der Curriculumforschung kritisiert er, daß sie sich um Modelle der Lernzielbestimmung und Unterrichtsplanung bemüht hat, ohne die *Planungspraxis des Lehrers zu kennen* und angemessen zu beschreiben. Das sei insofern bedauerlich, weil sich Lehrerinnen und Lehrer sowohl nach dem Ausmaß, in dem sie den Lehrplan erfüllen möchten, als auch in ihrer Bewertung der Lehrpläne selbst und in ihrer Öffnung gegenüber Neuerungen unterscheiden würden. Die Tendenz zu pessimistischen, resignativen oder aggressiven Äußerungen der Grund- und Hauptschullehrerinnen und -lehrer läßt nach seiner Auffassung die Folgerung zu , daß die *gesamte Curriculumdiskussion an den Betroffenen vorbeigelaufen* ist. Lehrerinnen und Lehrer hätten andere Sorgen als die , die von den Curriculumforschern als solche angesehen würden. Außerdem würde deren Haltung und Meinung dadurch gestärkt, daß es sich stets um vom Staat vorgegebene Lehrpläne (Richtlinien, Rahmenrichtlinien) in einem zentralisierten Schulsystem handeln würde. (Vgl. KUNERT 1983, S. 10 f.)

In diesem Punkt trifft seine Einschätzung die Feststellung von HAFT/HOPMANN, daß sich die Strukturen der Lehrplanarbeit lediglich um das gewandelt haben, was in allgemeiner Verwaltungsentwicklung möglich oder nötig war. „Die Regelpraxis schulrelevanter Lehrplanarbeit bleibt nach wie vor bildungspolitisches Verwaltungshandeln, in dem curriculum- und planungstheoretische Maßstäbe sekundär sind gegenüber der Frage, was als verwaltungstechnisch machbar und politisch durchsetzbar gilt." (HAFT/HOPMANN 1987, S. 508)

Es ist demzufolge auch nicht verwunderlich, daß KUNERT auf seine Anfrage an die Kultusministerien der Länder, ob es eigene empirische Untersuchungen über die Beziehung Lehrer – Lehrpläne gibt, eine niederschmetternde Antwort erhielt:

Aus Baden-Württemberg, Nordrhein-Westfalen, Berlin, Bremen, Hamburg, Hessen und dem Saarland erhielt er eine Fehlmeldung. Niedersachsen, Schleswig-Holstein und Rheinland-Pfalz antworteten erst gar nicht. Zu diesem Zeitpunkt, das war Ende 1980, meldete lediglich Bayern eine Reihe von Untersuchungen, wobei deren Mangel nicht übersehen werden darf: Die Institution, die die Lehrpläne entwickeln ließ, steuert auch deren Evaluation und erläutert vielleicht sogar den beteiligten Schulen und Lehrern die lehrplankonformen Erwartungs- und Bewertungstendenzen. (Vgl. KUNERT 1983, S. 12f.)

Dieses *Desinteresse an empirischer Curriculumforschung* scheint allerdings nicht nur ein Problem der Kultusministerien zu sein, sondern ein genereller Mangel in dieser Forschungsrichtung, der höchstwahrscheinlich auch zu den konstatierten rückläufigen Tendenzen beigetragen hat. Publikationen zu diesem Forschungsbereich beziehen sich immer wieder auf die gleichen wenigen empirischen Untersuchungen von Frey (1969), Haller (1971), Santini (1971), Hameyer (1972), Bittlinger u.a. (1980), Kunert (1983), Axnix (1983), Dingeldey u.a. (1983), Haenisch/Hellmich/Wilden (1983).

An den empirischen Untersuchungen wiederum wird kritisiert, daß sie sich meist nur auf die *Analyse von dokumentierten Endprodukten*, auf die Einschätzung der vorliegenden Lehrpläne beschränken und einseitig der Frage nachgehen, ob Lehrerinnen und Lehrer diese Lehrpläne nutzen. Obwohl dabei innovationshemmende Defizite von Lehrplänen gesammelt und beschrieben sowie fragwürdige, vieldeutige Begriffe gekennzeichnet werden, bleibt die Frage offen, wie Lehrerinnen und Lehrer mit den Lehrplänen umgehen, wie Lehrpläne die alltägliche Unterrichtsarbeit beeinflussen und unterstützen. (Vgl. Hameyer 1972, S. 624 / Haenisch/Schirp 1985, S. 4)

Eine von Kunert (1983) vorgenommene globale Inhaltsanalyse der in den Jahren 1978 und 1979 zur Thematik „Lehrpläne" erschienen Veröffentlichungen ergibt zwei Trends:

1. Berichte über empirische Untersuchungen über die tatsächlich vorzufindende Einschätzung von Lehrplänen sind sehr selten.
2. Es dominieren theoretisch oder – bezogen auf ein Modellvorhaben – praktisch orientierte Erörterungen von neuen curricularen Entwicklungen.

Auch er betrachtet das als Indiz für die Unterschätzung der Frage, wie Lehrerinnen und Lehrer ohne außergewöhnliche Arbeitsbedingungen mit ihrem Lehrplan zurechtkommen.

Erneuerungen und Veränderungen der Unterrichtspraxis werden über verbesserte Lehrpläne erwartet, ohne zu bedenken, daß die beabsichtigten keineswegs immer den tatsächlichen Wirkungen entsprechen müssen. Er kommt zum Fazit, daß die Curriculumforschung in der BRD ihre Existenz lediglich durch die Beschäftigung mit der *Scheinwelt der reformorientierten und „innovatorisch" angelegten Entwicklungsprojekte* rechtfertige. (Vgl. Kunert 1983, S. 16)

Bei all dieser, sicherlich berechtigten Kritik sollte allerdings nicht folgende Tatsache vergessen werden: „Curriculumforschung erscheint, wo immer sie gefordert und betrieben wird, stets im Verein mit der Forderung nach Curriculumreform und mit der Entwicklung neuer Curricula." (Knab 1983, S. 697) Auf diese Weise ist Curriculumforschung eng mit der bildungspolitischen Situation im jeweiligen Land verbunden. Zum anderen steht sie unter *„öffentlichem Druck"* und wird nicht selten ungerechtfertigt für Probleme und Mängel bei der Verwirklichung der Bildungsreform verantwortlich gemacht. (Vgl. KNAB 1983, S. 697)

Mit seinem engagierten Plädoyer für die Orientierung der Lehrplanforschung auf die Analyse der vorhandenen Wirklichkeit kritisiert Kunert eine Tendenz, die sich bis zur Gegenwart fortgesetzt hat. Sie wird in ähnlicher Weise, wenn auch etwas freundlicher, von HAMEYER (1992) beschrieben, der eine Bilanzierung des Standes der Curriculumforschung für den Zeitraum *1982 bis 1992* vornimmt. HAMEYER schätzt ein, daß für den fraglichen Zeitraum eine reduzierte Forschungsproduktivität, eine weit geringere Anzahl von Publikationen und Forschungsprojekten sowie ein *rückläufiges Interesse* an Curriculumforschung im Vergleich zu den Jahren 1967 bis 1980 konstatiert werden muß. Insbesondere die theoretische Reflexion von Entwicklungsprozessen – als eines der Kernthemen von Curriculumforschung – würde nur noch vereinzelt fortgesetzt. (Vgl. HAMEYER 1992, S. 210f.) Er spricht in diesem Zusammenhang von Miniaturanalysen im Rahmen kleinerer Projekte, vom Überwiegen pragmatisch-konzeptioneller Aufsätze. (Vgl. HAMEYER 1992, S. 211) Gründe für diese Entwicklung sieht er zum einen in der fehlenden Kontinuität im wissenschaftlichen Arbeitsprozeß selbst, zum anderen in strukturellen Problemen der Curriculumforschung, die sich auf Themen der Unterrichtsforschung ausdehnte, die erst beim genaueren Hinschauen als curriculare Kernprobleme zu identifizieren sind.

In seiner Bestandsaufnahme hebt HAMEYER folgende *Kernthemen* hervor, die die Curriculumforschung der letzten 10 Jahre kennzeichnen:

- Grundbildung: Konzipierung von Leitideen und Schlüsselqualifikationen
- Fächerkanon: Legitimierung aktueller Lerngebiete, darunter Neue Technologien, Gesundheitserziehung, Friedensfähigkeit, Biotechnik, Umwelterziehung
- Lehrplanwandel: Differenzierung von Funktion und Orientierungswert
- Curriculumprozesse: Intensivierung von Kommunikation und Feedback
- Selbsttätigkeit: Erweiterung des Lernbegriffs im Curriculum
- Lehr-Lern-Arrangements: Analyse von Curriculum und Unterricht im Rahmen mittelfristiger Curriculumforschung

Mit dieser Themenübersicht will HAMEYER nicht nur einen Überblick über ein Jahrzehnt Curriculumforschung geben, sondern vor allem zur weiteren Auseinandersetzung innerhalb dieses Forschungszweiges anregen, aktuelle Probleme und mögliche Untersuchungsrichtungen vorstellen und auf Unzulänglichkeiten aufmerksam machen. (Vgl. HAMEYER 1992, S. 227) Letztlich bestätigt auch er damit die generelle Einschätzung, daß nach einer umfangreichen und außerordentlich ertragreichen Lehrplanforschung in den

70er Jahren ein deutlicher Rückgang erziehungswissenschaftlicher Bemühungen in diesem Bereich bis zur Gegenwart zu verzeichnen ist.

3. Lehrplanforschung – Ost: Dem Erfolg verpflichtet

Eine Bilanzierung von Grundpositionen, Vorgehensweisen und Ergebnissen der Lehrplanforschung in der DDR kann und soll hier nicht geleistet werden. Ein Abstecken künftiger Forschungsfelder und -aufgaben braucht allerdings auch die Sicht auf die Situation und ihre Genese in diesem wichtigen Bereich erziehungswissenschaftlicher Forschung in der DDR.

Mit einer bloßen Kenntnisnahme werden Unterschiede im alltäglichen Umgang von Lehrerinnen und Lehrern in den neuen Bundesländern mit den Lehrplänen nicht erklärbar. Außerdem erschließt sich das Forschungsfeld, das sich mit der bereits erwähnten massenweisen Ausarbeitung und Einführung neuer Lehrpläne im Kontext umfassender innerer und äußerer Bildungsreformen ergeben hat, nur richtig, wenn man einen Blick zurückwirft:

Lehrpläne besaßen in der streng zentralistisch verwalteten DDR-Schule einen *hohen schulpolitischen Stellenwert*, weil mit ihnen versucht wurde, den gesellschaftlichen Anspruch an die Bildung und Erziehung der Heranwachsenden für die einzelnen Unterrichtsfächer möglichst genau und überprüfbar zu fixieren. So galt für diese Lehrpläne seit Anfang der 70er Jahre, daß sie festlegen, „welcher Unterrichtsstoff in welcher Zeit, in welchem Umfang und in welcher Tiefe zu behandeln und von den Schülern anzueignen ist und welche Resultate der Persönlichkeitsentwicklung in diesem Aneignungsprozeß erreicht werden sollen. Das heißt, sie geben an, welches Wissen die Schüler beherrschen, über welche Fähigkeiten und Fertigkeiten sie verfügen und welche Bewußtseins- und Verhaltensqualitäten sie entwickeln sollen. Diese Lehrpläne geben auch genauer als bisherige Lehrpläne Auskunft darüber, auf welchem Wege diese Ziele erreicht werden sollen, welche Methoden und Organisationsformen der Unterrichtsgestaltung anzuwenden sind.“ (Allgemeinbildung, Lehrplanwerk, Unterricht 1970, S. 52f.)

Umfang, Inhalt und Verbindlichkeit der Lehrplanvorgaben hängen stets unmittelbar von der Bestimmung der Funktion der Schule ab und sind nur im Rahmen der jeweiligen Gesellschaftsstrategie zu verstehen. Für die DDR-Schule orientierten alle schulpolitischen Dokumente der 70 er und 80er Jahre auf die Vorbereitung der jungen Generation auf die Meisterung der sozialistischen Zukunft und die Ausrüstung der wichtigsten Produktivkraft Mensch mit dem dafür erforderlichen Wissen und Können, vor allem mit den dazugehörigen ideologischen Einstellungen. Neue Lehrpläne wurden einseitig als

Ergebnis der *Deduktion aus gesellschaftlichen Anforderungen* aufgefaßt und waren meist so ausführlich und engmaschig angelegt, daß kaum Entscheidungsräume für Lehrerinnen und Lehrer blieben. Ebensowenig gab es Beteiligungsräume für die Lernenden. Der hohe Stellenwert dieser Lehrpläne und die Hoffnung, damit Bildung und Erziehung weitgehend steuern zu können, kamen bereits bei der Bezeichung der Lehrpläne als „verbindliche Führungsdokumente" und bei der nachdrücklich geforderten und mitunter auch kontrollierten *„Lehrplantreue"* zum Ausdruck.

Für die DDR-Schule läßt sich nachweisen, daß eine solche Perfektion zentral-staatlicher Unterrichtsplanung die Gefahr in sich birgt, daß

- die konkrete Vielfalt des Unterrichts durch ein Übermaß an zentral festgelegter Einheitlichkeit eingeschränkt,
- Unterricht auf die Weitergabe/Übernahme vorgegebener Inhalte, Wertungen und Orientierungen reduziert,
- dem Lernenden kaum Gelegenheit zur Mit- bzw. Selbstbestimmung bei der Auswahl des Bildungsgutes, der Proportionen zwischen den Inhaltsbereichen und der Struktur des Aneignungsprozesses gegeben,
- eine Qualitätsveränderung von Schule und Unterricht vorrangig über veränderte Lehrpläne erhofft,
- auf diese Weise der Versuch zur Erziehung angepaßter Staatsbürger unternommen wird und letztlich
- Lehrende und Lernende im pädagogischen Prozeß entmündigt und fremdbestimmt werden.

Eine Erweiterung didaktischer Entscheidungsräume für Lehrende und Lernende, die sich nicht nur auf methodische Detailfragen, sondern auf alle Komponenten des Unterrichts beziehen, demzufolge auch Ziele und Inhalte zur Disposition stellen, wurde zwar öffentlich diskutiert und gefordert, aber praktisch nicht zugelassen. Erste schüchterne Versuche in diese Richtung gab es bei den Lehrplänen, die in der zweiten Hälfte der 80er Jahre eingeführt wurden.

Durch diese *geringe curriculare Verantwortung* der Lehrerinnen und Lehrer sowie den weitgehenden Verzicht auf die Mitwirkung der Lernenden an der Planung, Konstituierung ihres Unterrichts entstanden deutliche Nachteile für die gesellschaftliche Stellung und Wertschätzung der Schule, Tendenzen der Erziehung zu Heuchelei, der zunehmenden Distanz zur Schule, Schulunlust u.a.m.

Als eine weitere Folge des hohen Stellenwerts der staatlichen Lehrpläne muß auch der Umgang mit den in ihnen enthaltenen Vorgaben, das *Lehrplan-*

verständnis vieler Lehrerinnen und Lehrer angesehen werden. Eine zentrale Unterrichtsprojektion, die von ihrem alleinigen Anspruch auf das Recht zu Bildungsentscheidungen ausgeht, die genau festlegt, was für die heranwachsende Generation an Bildung erforderlich ist, entmündigt nicht nur Lehrende und Lernende, sondern degradiert sie zum bloßen Umsetzen bereits vorgedachter Unterrichtsabläufe, orientiert pädagogische Kreativität lediglich auf das methodische Detail, auf die wirkungsvolle Verwirklichung vorgebener Unterrichtskonzepte, läßt Lehrplanvorgaben zum Dogma werden.

Als dann in den 80er Jahren neue Lehrpläne entwickelt und eingeführt wurden, sollte durch genauere Bestimmung des Grundlegenden in der Allgemeinbildung und der Hauptfunktionen der Unterrichtsfächer das bekannte Stoff-Zeit-Problem gelöst, durch Wichtung des Unterrichtsstoffes, Abbau überzogener Ansprüche an Wissenschaftlichkeit des Unterrichts sowie Entlastung der Unterrichtsfächer über „Stunden zur freien Verfügung“ zu flexibler und variabler Unterichtsgestaltung angeregt und auf diese Weise die Entscheidungsräume des Lehrers vergrößert werden (vgl. Allgemeinbildung und Lehrplanwerk 1988, S. 392).

Bei Praxisanalysen mußte allerdings festgestellt werden, daß viele Lehrerinnen und Lehrer diese Freiräume nicht ausnutzten, sondern dadurch zusätzlich verunsichert waren. *Entscheidungsbereitschaft und -kompetenz* waren unzureichend entwickelt, durch langjährige dirigistische Beeinflussung und Kontrolle begrenzt und schließlich verschüttet bzw. gar nicht erst entwickelt.

Es hatte sich bei vielen Lehrerinnen und Lehrern ein Lehrplanverständnis herausgebildet, das selbst Empfehlungen als Dogma betrachtete und Freiräume mitunter gar nicht als solche identifizierte. Diese Haltung war ein folgerichtiges Ergebnis von Schulpolitik und -pädagogik in der DDR, in der „Lehrplantreue“ und der Gesetzescharakter der Lehrpläne häufig höher gestellt wurden als die Erfordernisse der individuellen Persönlichkeitsentwicklung der Schüler. So war es auch verständlich, daß nach der Wende nicht wenige Lehrerinnen und Lehrer nach genaueren Lehrplanvorgaben und detailliierteren methodischen Hilfen riefen.

Erfreulicherweise kann aber auch angemerkt werden, daß es eine Reihe von Lehrerinnen und Lehrern in der DDR gab, die sich erfolgreich dieser totalen staatlichen Bevormundung entzog und verantwortungsbewußt, engagiert ihre ganze Kraft in den Dienst pädagogisch geführter Selbstverwirklichung der ihnen anvertrauten Kinder stellte.

Da schon den Lehrerinnen und Lehrern die curriculare Verantwortung weitgehend entzogen war, erscheint es nur logisch, daß auch in der spärlich vorhandenen *Lehrplanforschung das staatliche Monopol* mit allen Mitteln durchgesetzt wurde. Lehrplanentwicklung, die Erarbeitung entsprechender

Handreichungen und Unterrichtshilfen, Evaluation der Lehrpläne sowie die Herausgabe der entsprechenden Fachzeitschriften lagen fest in der Hand der jeweiligen Fachinstitute der „Akademie der Pädagogischen Wissenschaften", die außerdem sämtliche Forschungen in ihrem Fach inhaltlich und forschungsmethodisch koordinierten und auswerteten.
– Welche kritische Perspektive von Lehrplanforschung kann da erwartet werden, wenn die Verantwortlichen für die Erarbeitung der Lehrpläne auch für deren Evaluation zuständig sind ... –

Hinzu kam, daß diese Aufgaben als bildungspolitischer Auftrag des Ministeriums für Volksbildung an die Unterrichtsforschung betrachtet wurden sowie dort unmittelbar „abzurechnen" waren. Obwohl es in dieser Frage Parallelen zur Lehrplanentwicklung in den alten Bundesländern gibt, muß mit Nachdruck auf die deutlich fehlende *Unabhängigkeit pädagogischer Forschung*, auf ihre Funktionalisierung für politische Ziele und auf ihren offenkundigen Mißbrauch zur nachträglichen Bestätigung der Richtigkeit bereits gefällter politischer Entscheidungen sowie zum Nachweis der postulierten Überlegenheit der DDR-Schule und ihrer „ständig steigenden" Leistungsfähigkeit aufmerksam gemacht werden. Empirisch abgesicherte Erfolgsmeldungen als eindrucksvolle Bestätigung der Bildungspolitik der DDR waren gefragt. Festgestellte Mängel hatten nur geringe Publikationschancen oder mußten als noch zu bewältigende Entwicklungsprobleme auf dem prinzipiell richtigen Weg dargestellt werden, wenn sie veröffentlicht werden sollten. Aus diesen und anderen Gründen wurden im Rahmen der Lehrplanforschung auf empirische Forschungen kaum Wert gelegt, obwohl es kontinuierlich umfangreiche Forschungen im Unterricht mit recht interessanten Ergebnissen gab. OSKAR MADER, der jahrzehntelang an der Entwicklung von Lehrplänen verantwortlich beteiligt war und als Spezialist für lehrplantheoretische Fragen in der DDR galt, kommt in seiner Schrift *„Fragen der Lehrplantheorie"* (1979) mit dem Bezug auf lediglich zwei Ergebnisberichte über Praxisanalysen aus. Generell geht er deduktiv vor und nutzt Theoriedarstellungen, schulpolitische Dokumente sowie vor allem Ergebnisse der sowjetischen Psychologie und Pädagogik. Diese eingeschränkte Sicht zeigt sich mit aller Deutlichkeit bei der Bestimmung des Gegenstandes der Lehrplantheorie für den Unterricht in der allgemeinbildenden Schule, den MADER im „Gesamtkomplex der *zentralen* (Hervorhebg. W.V.) (staatlichen) Planung des Erziehungsprozesses im Unterricht – von der Zielsetzung und Inhaltsbestimmung bis zur Vorplanung der Lehr- und Lernschritte" (MADER 1979, S. 18) – sieht. Als Aufgaben der Lehrplanthorie hebt er demzufolge hervor:

- die Erforschung der Gesetzmäßigkeiten der Planung der Ziele, des Inhalts und der Mittel der Erziehung
- Ausarbeitung der Kriterien und Methoden für
  - die Bestimmung der einzelnen Unterrichtsziele
  - die Auswahl, Strukturierung und Systematik der Vermittlung des Bildungsinhaltes
  - die Festlegung der methodischen und organisatorischen Grundlinie des Unterrichts
  - die Formulierung der Lehrplanvorgaben.

Damit stand ein umfangreicher und wichtiger Bereich der Unterrichtsplanung, die kooperative und individuelle Unterrichtsplanung der Lehrerinnen und Lehrer in den Schulen, außerhalb lehrplantheoretischer Reflexionen. Zugleich liegt hierin ein Grund für die geringe Quantität und Wirksamkeit der Lehrplanforschung in der DDR.

4. Aufgaben, Probleme künftiger Lehrplanforschung

Bereits diese skizzenhafte und unvollständige Charakterisierung der aktuellen Situation und einiger bisheriger Entwicklungsrichtungen führt zu zahlreichen verschiedenen Ansatzpunkten und Fragestellungen für die Lehrplanforschung, die dringend einer Bearbeitung bedürfen. Nachstehend sollen einige davon kurz vorgestellt werden, zahlreiche andere müssen unerwähnt bleiben. Die getroffene Auswahl wird von der Auffassung bestimmt, daß es vor allem darauf ankommt, dem Vorwurf der geringen Konstruktivität und Praxiswirksamkeit von Lehrplantheorie zukünftig besser zu entgegnen.

4.1. Erweiterung empirischer Forschungstätigkeit

Tendenzen der Lehrplanentwicklung und -forschung in den letzten Jahren unterstreichen die Notwendigkeit, das *Defizit an empirischen Erkenntnissen zu verringern*. Dabei ist auch der Frage nachzugehen, in welcher Weise die im Ergebnis intensiver curriculumtheoretischer und schulpolitischer Diskussionen entstandenen, mitunter recht unterschiedlichen Produkte (Lehrpläne, Richtlinien, Rahmenrichtlinien, Rahmenpläne) Einfluß auf die Unterrichtspraxis von Lehrerinnen und Lehrern nehmen. Dabei sollten sich solche Untersuchungen auf die alltägliche Unterrichtsarbeit orientieren und Praxisanalysen nicht nur im Rahmen von Schulversuchen, bei der Erprobung neuer experimenteller Lehrpläne oder mit Lehrerinnen und Lehrern durchführen, die durch ihre Mitarbeit bei der Lehreraus- oder -fortbildung, durch ihre „Nähe" zur Schulverwaltung stets für solche Aufgaben ausgewählt werden.

Die Erfahrungen bisheriger empirischer Untersuchungen besagen, daß es schwer ist, ein einigermaßen objektives Bild zu erhalten, wenn man sich lediglich auf die oft strapazierte Befragungsmethode beschränkt. Intensivierung empirischer Forschungstätigkeit verlangt die Anwendung des gesamten bekannten forschungsmethodischen Instrumentariums.

So stützt sich zwar das erwähnte Forschungsprojekt in Hessen zu einem großen Teil auf die Ergebnisse einer repräsentativen schriftlichen Befragung von 1066 Lehrerinnen und Lehrern in den Fächern Deutsch, Mathematik, Chemie und Geschichte/Gesellschaftslehre, bezieht aber auch qualitative Verfahren ein. Bei der Auswertung wurden wir in diesem Vorgehen bestätigt. Sowohl die bisherigen Rahmenrichtlinien als auch die Entwürfe für die künftigen Rahmenpläne und die Probleme der alltäglichen Unterrichtsarbeit wurden in der schriftlichen Befragung weitaus freundlicher und weniger kritisch beurteilt, als das in Gruppeninterviews vor „Ort" in den Schulen geschah.

Wenn ‚Lehrplanmacher' genauer wissen wollen, wie Lehrerinnen und Lehrer tatsächlich mit Lehrplänen umgehen (vgl. HAENISCH/SCHIRP 1985, S. 3), kann das, wenn überhaupt, nur über die Nutzung der verschiedenen empirischen Forschungsmethoden erreicht werden.

Die folgenden Vorschläge für künftige Lehrplanforschung versuchen, diese prinzipielle Orientierung auf empirische Untersuchungen weiter zu präzisieren.

4.2. Von Literaturkritik zur Handlungsanalyse

Traditionelle Lehrplanforschung konzentrierte sich häufig auf die Erfassung von (zustimmenden, distanzierten, ablehnenden) Meinungen, Kritiken, Bewertungen, Veränderungsvorschlägen zu gültigen Lehrplänen, neuen Lehrplanentwürfen oder experimentellen Curricula. Hierbei wurden vor allem Zweifel angemeldet, ob mit dieser besonderen ‚Textsorte' überhaupt Einfluß auf die Unterrichtspraxis genommen werden kann. Kritisiert wurde, daß manche Richtlinien und Rahmenpläne in der Tat über weite Passagen eher den Charakter erziehungswissenschaftlicher Aufsätze besitzen, zwar allgemeine Konzepte des jeweiligen Fachunterrichts beschreiben und legitimieren, die Entscheidung über die unterrichtlichen Inhalte aber weitgehend, mitunter sogar völlig in die Hand der Lehrer legen. Oder sie bieten eine solche Fülle von möglichen Unterrichtsinhalten und (operationalisierten) Lernzielen an und lassen die Auswahlkriterien im dunkeln, so daß die Lehrer von vornherein kapitulieren und den Lehrplan zur Seite legen.

Die Analyse und Bewertung vorliegender Lehrpläne ist sicher wichtig und auch zukünftig nötig. Aber sie reicht keineswegs aus, um die Rolle des Lehrplans für die Lehrertätigkeit, im pädagogischen Handeln grundlegend zu klären, um die bestehenden *Funktionsunklarheiten* zu beseitigen.

Von den befragten hessischen Lehrerinnen und Lehrern hatte mehr als ein Drittel etwa vor zwei Jahren oder vor noch längerer Zeit zum letzten Mal in die gültigen Lehrpläne hineingeschaut. Im Fach Geschichte sind es sogar 52% aller Lehrer, die den Lehrplan so selten nutzen. In den Gesprächen wurden manche sogar noch deutlicher: „Da war doch noch was?!" „Da steht ein Ordner im Lehrerzimmer, da sind die, glaub ich, drin..."

Andererseits wurde festgestellt, daß mit den Rahmenrichtlinien intensiv gearbeitet wurde,

- als sie neu eingeführt und die jeweiligen schulischen Curricula erstellt wurden,
- im Rahmen der Referendarausbildung oder wenn sonst noch „Vorzeigestunden" geplant wurden,
- beim Einstieg in die Lehrertätigkeit als Orientierung und Anregung,
- zur Begründung bzw. Legitimation des eigenen Vorgehens nach „außen" (bei Verbeamtung, Schulbehörde, Eltern u.ä.) sowie
- beim Einstieg in eine neue Klassenstufe.

Allein schon diese wenigen Lehrermeinungen zeigen, daß Lehrplanforschung sich keinesfalls nur auf die Begutachtung der vorliegenden Dokumente in Form einer „Literaturkritik" beschränken darf, sondern konkreter analysieren muß, wie mit dem gesamten Lehrplan und auch seinen einzelnen Elementen tatsächlich umgegangen wird, welche Funktion der Lehrplan im praktischen Handeln von Lehrerinnen und Lehrern wirklich erfüllt, nicht erfüllt oder erfüllen sollte. Vielleicht könnten solche Untersuchungsergebnisse eine erneute, dringend erforderliche Diskussion zu den Funktionen staatlicher Lehrpläne stimulieren.

Ein weiterer Grund, von der Begutachtung vorliegender Lehrpläne oder Lehrplanentwürfe zur Analyse der konkreten Lehrertätigkeit zu kommen, liegt in der enormen Subjektivität einer Meinungserfassung. Selbst die Lehrer, die in Gesprächen der Meinung waren, daß für ihre Arbeit die Lehrplanvorgaben völlig ohne Bedeutung seien, – sie hätten ja auch schon viele Jahre nicht mehr reingeschaut . . . –, waren verblüfft, als deutliche Parallelen zwischen schulischen und individuellen Curricula sowie dem gültigen Lehrplan festgestellt wurden.

Dieses Phänomen gilt für die Lehrenden in Ost und West gleichermaßen. Es konnte z. B. in eigenen Untersuchungen auch für die DDR-Schule registriert werden: Obwohl viele Lehrer behaupteten, sie würden ohne die Stundenentwürfe der Unterichtshilfen arbeiten, fanden sich in den hospitierten Unterrichtsstunden die Vorschläge für die Unterrichtsgestaltung aus diesen Unterrichtshilfen wieder, mal mehr, mal weniger. Es darf diesen Lehrerinnen und Lehrern nicht ohne weiteres Unehrlichkeit unterstellt werden. Nicht selten waren sie selbst überrascht. Irgendwann hatten sie nach diesen Vorschlägen unterrichtet, nicht nur einmal. Allmählich verinnerlichte sich dieses Vorgehen, wurde Bestandteil der eigenen Vorstellungen von der Gestaltung dieses Themas. Die Quelle war nicht mehr wichtig.

Interessant in diesem Zusammenhang ist, daß auch die Mehrheit der befragten 1066 hessischen Lehrer keineswegs etwa der Auffassung ist, über sehr gute oder gute Kenntnisse der Lehrpläne zu verfügen.

Lehrplanforschungen sollten deshalb, wenn sie auf Evaluation aus sind, keine überzogenen Erwartungen postulieren oder das forschungsmethodische Instrumentarium lediglich auf die direkte Steuerung von Lehrplänen ausrichten, sondern die alltägliche Unterrichtsarbeit, insbesondere die individuellen Curricula, die gesamte Planungstätigkeit einer Analyse unterziehen. Meinungen über die Qualität vorliegender Lehrpläne und Reflexionen über ihre Verwendung reichen nicht aus, die tatsächliche Funktion von Lehrplänen zu erfassen. Eine Konfrontation dieser Aussagen mit dem, was real passiert, ist erforderlich. Der Umgang mit Lehrplänen und die dabei erreichten Wirkungen lassen sich forschungsmethodisch schwer erfassen, am ehesten über ihre Einbettung ins Planungshandeln.

Die in Hessen durchgeführte schriftliche Befragung gliedert sich aus diesen Gründen in drei Teile: Erfassung der alltäglichen Arbeit im Bereich der Unterrichtsplanung, Fragen zum Umgang mit den noch gültigen Rahmenrichtlinien und Erfassung der Erwartungen an neue Rahmenpläne sowie der Meinungen zum Rahmenplanentwurf. Doch auch diese Gesichtspunkte ergeben, wie bereits hervorgehoben, noch kein zuverlässiges Bild.

4.3. Lehrplanverständnis als wichtiger Forschungsgegenstand

Bereits beim Plädoyer für die Ausweitung der Lehrplanforschung auf die Analyse des tatsächlichen pädagogischen Handelns von Lehrerinnen und Lehrern wurde deutlich, daß die Funktionen der Lehrpläne, die bei ihrer Entwicklung beabsichtigt waren, vorausgesetzt sie wurden auf akzeptable Weise in den Lehrplänen umgesetzt, nicht immer mit den Funktionen übereinstimmen, die sie in der alltäglichen Unterrichtsarbeit spielen bzw. wie sie von den Lehrerinnen und Lehrern gesehen und gewünscht werden.

Dabei soll keinesfalls übersehen werden, daß es noch weitere Adressaten für Lehrpläne gibt, weil sie zugleich eine Legitmationsfunktion erfüllen sollen: Gegenüber der Öffentlichkeit soll dokumentiert werden, daß der Schulgesetzgebung entsprochen wurde, keine willkürlichen unwissenschaftlichen und pädagogischen Forderungen gestellt werden und den im breiten gesellschaftlichen Diskurs formulierten schulischen Lernanforderungen der Gesellschaft an die heranwachsende Generation weitgehend entsprochen wird. Schaut man sich vorliegende Ergebnisse der Lehrplanforschung und die Schwerpunkte der Diskussion dazu an, entsteht der Eindruck, daß dieser Legitimationsfunktion weit häufiger und gründlicher nachgegangen wurde als der Orientierungsfunktion (vgl. ACHTENHAGEN/TRAMM 1983, S. 567), nicht zuletzt schon bei ROBINSOHN (1967), so daß mitunter Lehrpläne produziert wurden, die ihre Adressaten in den Schulen nur unzulänglich erreichen.

Es reicht auch sicher nicht aus, genauer zu prüfen, in welcher Weise Lehrpläne, Rahmenrichtlinien, Rahmenpläne etc. Einfluß auf die Unterrichtspraxis von Lehrerinnen und Lehrern nehmen. Damit wäre zwar die Kenntnislücke über Planungsgewohnheiten, reales Planungshandeln, konkreten Umgang mit diesen Plänen zu schließen, Beweggründe und Ursachen bleiben aber weiterhin im dunkeln.

Mögliche Erklärungen erschließen sich erst, wenn man das Lehrplanverständnis der Lehrerinnen und Lehrer genauer prüft, wenn man erfaßt, welche Auffassungen zur Rolle und Funktion von Lehrplänen das praktische Handeln beeinflussen, welche Erwartungen an diese Materialien Zugriffsgewohnheiten und -einstellungen bestimmen.

Einige wenige Daten und Ergebnisse aus unserem Forschungsprojekt sollen diese These stützen:

Während nach der schriftlichen Befragung lediglich 20 % der in der Stichprobe erfaßten Lehrerinnen und Lehrer „lieber weiter mit den bisherigen Rahmenrichtlinien arbeiten“ würden, lehnen das 66% nach Kenntnis der neuen Entwürfe ab. 47 % halten die neuen Pläne sogar für eine deutliche „Verbesserung“.

Diese erfreulich deutliche Zustimmung von 80 % der hessischen Lehrerinnen und Lehrer zu den neuen Rahmenplänen hat alle Beteiligten überrascht. Aber im Ergebnis von Gruppeninterviews relativiert sich dieses Ergebnis. Der generell geringe Stellenwert staatlicher Lehrpläne für die alltägliche Unterrichtspraxis führt anscheinend zu einer relativen Gelassenheit gegenüber neuen Rahmenplänen, von denen nach Meinung der Lehrerinnen und Lehrer vor allem

- eine Legitimation und Legalisierung der vorhandenen schulischen Curricula,
- die Bestätigung und Erweiterung der bisherigen pädagogischen Freiheit sowie
- die abrechenbare Fixierung eines verbindlichen Kerncurriculums

erwartet werden. Ein Lehrer formulierte seine Erwartung folgendermaßen: „Sie (die neuen Rahmenpläne – W.V.) sollten das legitimieren, was wir sowieso schon tun.“ Ein anderer verweist auf die enorme praktische Bedeutung der schulischen Curricula: „Wenn ich ein bewährtes, erprobtes Curriculum aufgebaut habe, da werde ich nicht gleich, weil da ein neuer Lehrplan kommt, das alles wegschmeißen.“

4.4. Untersuchungen zu Konstruktionsprinzipien von Lehrplänen

Wenn nach Möglichkeiten gesucht wird, die Orientierungsfunktion von Lehrplänen zu verbessern, um deren Akzeptanz und Nutzen in der täglichen Unterrichtsarbeit zu erhöhen, sollten verstärkt auch die Konstruktionsprinzipien von Lehrplänen in die Evaluation einbezogen werden. (Vgl. SANTINI 1971, AXNIX 1983, DINGELDEY u.a. 1983) Mitunter liegen in Differenzen zwischen Funktionszuschreibungen und realen, möglichen Funktionen bereits wesentliche Gründe für die Bereitwilligkeit oder die Ablehnung vieler Lehrerinnen und Lehrer, Lehrpläne gründlich zu lesen, zu durchdenken und in der alltäglichen Unterrichtsarbeit zu nutzen.

So wurde beispielsweise in unseren Untersuchungen von fast allen Mathematiklehrerinnen und -lehrern darauf aufmerksam gemacht, daß die bisherigen Hessischen Rahmenrichtlinien Mathematik nicht wegen des dort projektierten Unterrichtskonzepts auf Ablehnung stießen, sondern weil sie als Katalog kaum überschaubarer operationalisierter Lernziele und Feinlernziele angelegt waren.

Andere Lehrerinnen und Lehrer berichteten über Vorbehalte gegenüber den neuen Rahmenplänen, weil sie die vom Kultusministerium (vgl. HOLZAPFEL 1993, S. 26) versprochenen Freiräume nicht entdecken können und der Meinung sind, daß bereits mehr als die zur Verfügung stehende Unterrichtszeit verplant sei. Das sei ein Grund, Lehrpläne von vornherein gleich aus der Hand zu legen.

Die Vorstellungen von Lehrplanautoren und Lehrern darüber, auf welche Weise Lehrpläne den möglichen Handelsspielraum beschreiben bzw. ihren Rahmencharakter verdeutlichen können, sind offenbar nicht immer identisch.

Keine Festlegungen zur Reihenfolge der Lerninhalte, von Definitionen für Begriffe, keine Zeitvorgaben, die Angabe von Grund und Erweiterungsanforderungen (vgl. BIEBER/HANISCH 1992, S. 42) reichen wahrscheinlich noch nicht aus, um Entscheidungsfreiheit bei der Planung und Gestaltung des eigenen Unterrichts zu ermöglichen, einen Lehrplan als Rahmenplan zu akzeptieren.

Konstruktionsprinzipien von Lehrplänen und die Art und Weise ihrer Verwirklichung gehören demzufolge zu den wichtigen Inhalten einer Lehrplanforschung, zumal es auf diese Frage keine einfache Antwort gibt.

In Hessen hat man anscheinend die Erwartungen vieler Lehrerinnen und Lehrer getroffen. Bei den bereits erwähnten Untersuchungen finden die Konstruktionsprinzipien für die neuen Rahmenpläne (Vorgabe der verbindlichen Inhalte für die Jahrgangsstufe, Beschränkung auf ein Kerncurriculum, Gliederung der Lehrpläne in einen „Allgemeinen Teil“ und einen „Unterrichtspraktischen Teil“ u.a.) die deutliche Zustimmung der Lehrerinnen und Lehrer (vgl. DINGELDEY 1993, S. 8). Bei der Frage danach, wie es gelungen ist, diese Konstruktionsprinzipien umzusetzen, ist die Zustimmung schon nicht mehr so eindeutig. Wie gesagt, besonders groß ist die Enttäuschung darüber, daß zu geringe zeitliche Freiräume gegeben würden. Nachdenklich sollte auch stimmen, daß immerhin 38 % der von uns befragten hessischen Lehrerinnen und Lehrer gegen schulformübergreifende Lehrpläne sind, nachdem es in Hessen schon seit etwa 20 Jahren Erfahrungen mit solchen schulformübergreifenden Plänen gibt. Den Gründen hierfür muß noch weiter nachgegangen werden.

4.5. Forschungen zur Entwicklung von Lehrplänen

Mit der Begründung von Untersuchungen zu Konstruktionsprinzipien und ihrer Verwirklichung in neuen Lehrplänen verbindet sich zugleich die Aufforderung, konsequent dem von HAMEYER/FREY/HAFT (1983) charakterisierten breiten Forschungsansatz zu folgen, der auch die Entwicklung von Curricula und deren Evaluation in der Praxis einbezieht, effektive Möglichkeiten zur Mitwirkung der betroffenen Lehrerinnen und Lehrer erfaßt und nicht erst bei dem vorhandenen Produkt der Lehrplanautoren beginnt.

Dieser Ansatz gewinnt auch deshalb an Bedeutung, weil es den Anschein hat, als sei Lehrplanentwicklung immer mehr eine Sache für Spezialisten geworden, selbst dann, wenn es sich dabei um Lehrerinnen oder Lehrern aus der Praxis handelt. Zumindest wird diese Tendenz in der Schulpraxis so wahrgenommen und beim Umgang mit Lehrplänen bewußt oder unbewußt ins Spiel gebracht. Die übrigen Lehrer fühlen sich ausgegrenzt und gehen auf Distanz.

Obwohl den Autoren der neuen hessischen Rahmenpläne von den befragten Lehrerinnen und Lehrern ein gute Praxiskenntnis bescheinigt wurde, besser zumindest als bei den noch gültigen Rahmenrichtlinien (bis auf das Fach Chemie), beschwerten sich in den Gesprächen auch viele von ihnen, daß die Ausarbeitung und Einführung der neuen Pläne über ihre Köpfe hinweg geschehe. Sie fühlten sich ungenügend in diesen Prozeß einbezogen und nahmen deshalb eine deutlich zurückhaltende Position gegenüber diesen Lehrplänen ein. Vielleicht entstehen hier schon erschwerende Bedingungen für Rezeption und konstruktive Verwirklichung von Lehrplänen.

4.6. Veränderte Lehrpläne und Innovationsprozesse

Eine ähnliche Begründung kann für die Notwendigkeit gegeben werden, die Aufmerksamkeit erziehungswissenschaftlicher Forschung auf die Bedingungen, den Verlauf und die Ergebnisse von Innovationsprozessen in der Schulrealität zu lenken. Die Palette der interessierenden Fragen ist dabei außerordentlich groß. Sie umfaßt die Suche nach fördernden und hemmenden Bedingungen für Innovationen in der Schule, nach auslösenden Momenten für einen Innovationsschub, nach Ursachen für mangelnde Innovationsbereitschaft, sich herausbildender Akzeptanz und Aktivität im Kollegium und bei einzelnen Kolleginnen und Kollegen, nach Merkmalen der dazu erforderlichen Kommunikationsprozesse u.a.m.

Für die Lehrplanforschung heißt das, den gesamten Implementationsprozeß, alle curricularen Artikulationsgebiete (vgl. HAMEYER 1983, S. 58ff.), von der jeweiligen Ausgangssituation, über den eigentlichen Curriculumansatz und die Strukturierung des Curriculum bis zur Curriculumimplementation und den damit verbundenen Innovationsprozessen, in den Blick zu nehmen, wenn gültige Aussagen zu dem erwartet werden, was Lehrpläne tatsächlich vermögen. Nach wie vor ist weitgehend ungeklärt, welche Rolle soziale Prozesse des Verstehens und der Verständigung, die Interaktion zwischen allen Beteiligten bei der Entwicklung und Einführung neuer Lehrpläne spielen. Nur mit dieser weiten Sicht lassen sich einseitig lineare Bezüge zwischen Lehrplänen und Unterrichtsalltag vermeiden.

Dieses Problem scheint besonders für die neuen Bundesländer aktuell zu sein, die in allen Fächern und Schulformen neue Lehrpläne eingeführt haben und nun sicher diese Veränderungen positiv evaluieren und den Erfolg ihrer Schulreformbemühungen bestätigen möchten. Dabei setzen Schulverwaltungen wahrscheinlich größere Hoffnungen in Lehrpläne als diese tatsächlich erfüllen können.

Obwohl das Forschungsprojekt in Hessen noch nicht abgeschlossen ist, läßt sich bereits jetzt sagen, daß hiermit ein zentrales Problem angesprochen ist. Auch unsere Ergebnisse bestätigen die bekannte Tatsache, daß über veränderte Lehrpläne Bemühungen um eine Reform der Schule nur in geringem Maße ausgelöst und beeinflußt werden können, daß die Innovationsbereitschaft im Kollegium weit stärker vom sozialen Klima, von der Qualität der kollegialen Zusammenarbeit, der Einstellung zu den Lernenden sowie zum eigenen Beruf und von der gewährten pädagogischen Freiheit bestimmt wird als von Lehrplanveränderungen. In den Gruppeninterviews mußten wir z.B. feststellen, daß Erfahrungen und Probleme beim Umgang mit den bisherigen Rahmenrichtlinien sowie Erwartungen an neue Rahmenpläne nicht zu den Themen gehören, an deren Diskussion die Lehrerinnen und Lehrer brennend interessiert sind, die ihre besondere Begeisterung wecken oder im pädagogischen Alltag häufig auf der Tagesordnung stehen. Diese Einbettung curricularer Prozesse sollte in der Lehrplanforschung nicht nur artikuliert und berücksichtigt werden, sondern selbst zum Gegenstand der Untersuchungen genommen werden.

4.7. Entwicklung von Lehrplanverständnis und Planungskompetenz

Die Vielzahl der in der Schulpraxis vorgefundenen Auffassungen zu den Problemen und Bedingungen der alltäglichen Unterrichtsarbeit führte neben der Sicht auf die Komplexität der sich vollziehenden Innovationsprozesse auch zur Frage:

Wo ist eigentlich der geeignete Ort zur Entwicklung von Lehrplanverständnis und Planungskompetenz?

Nach bisherigen empirischen Befunden (vgl. SANTINI 1971; SACHER 1983, S. 329) scheint die Beschäftigung mit Lehrplänen in der Lehrerausbildung einen immer geringeren Stellenwert zu besitzen. Zumindest reicht die dafür genutzte Zeit keineswegs zur Herausbildung von Handlungskompetenz für Planung und Gestaltung des Unterrichts. Vielleicht ist das aber auch nicht gewollt oder dort einfach nicht möglich? Höchstwahrscheinlich geschieht diese Könnensentwicklung im wesentlichen in der Schulpraxis. Inhalt, Dauer, Verlauf und Ergebnis sind dabei zum großen Teil dem Zufall, der jeweiligen Situation, dem Engagement des einzelnen überlassen. Wie kann Lehrplanforschung zur Aufklärung dieser Prozesse beitragen? Wie, wo, unter welchen Bedingungen vollzieht sich die Entwicklung von Planungskompetenz? Wo sollte sie geschehen? Welche Rolle spielt dabei die Lehrerfortbildung? Welche Fähigkeiten und Fertigkeiten gehören eigentlich dazu?

Bei den Untersuchungen in Hessen bestätigten einige Lehrerinnen und Lehrer, daß sie erst nach einigen Veranstaltungen im Rahmen der Lehrerfortbildung die Rahmenrichtlinien ihre Faches verstanden, dann nicht nur die Inhaltsangaben, sondern auch die Lernziele für ihre eigene Unterrichtsplanung genutzt und zunehmend Varianten für eine schulerorientierte Unterrichtsgestaltung gefunden hätten.

Für die Einführung der neuen Rahmenpläne werden ähnliche Fortbildungsveranstaltungen gewünscht. Selbst dann, wenn auf diese Weise der Eindruck verstärkt wird, daß die Lehrerinnen und Lehrer im nachhinein für die fertigen Lehrpläne gewonnen werden sollen, darf nach Meinung vieler Lehrer nicht darauf verzichtet werden, wenn man Wert auf ihre innere Zustimmung und gründliches Lehrplanverständnis legt. Auf jeden Fall erscheint dieser Weg günstiger, als über die Schulaufsicht Druck auszuüben und die Akzeptanz von Lehrplänen als administrative Aufgabe zu verstehen (vgl. SACHER 1983, S. 329).

4.8. Einbeziehung der Schulbücher und methodischen Materialien

Ein weiterer Grund dafür, daß das, was über neue veränderte Lehrpläne im Unterricht tatsächlich beeinflußt oder gar verändert werden kann, nicht allzu hoch angesetzt werden darf, liegt in der vielfältigen Nutzung weiterer Materialien. Jahrelange eigene oder auch fremde Unterrichtserfahrungen, die Inhalte von Schulbüchern und die an der Schule vorhandenen Unterrichtsmaterialien beeinflussen in weit höherem Maße die Planung und Gestaltung des jeweiligen Fachunterrichts als staatliche Vorgaben in Lehrplänen.

Die hessischen Lehrer, befragt nach der Häufigkeit der Nutzung vorhandener Materialien, nannten die gültigen Lehrpläne erst an 8. Stelle. Größere Bedeutung besitzen

- eigene Unterrichtsmaterialien der letzten Jahre
- das in der Klasse eingeführte Schulbuch
- weitere Schulbücher
- sonstige Unterrichtsmaterialien
- fachwissenschaftliche Bücher/Zeitschriften
- Nachschlagewerke
- Tagespresse/Wochenzeitschriften.

Ähnliche Rangreihen sind bereits bekannt. Weit weniger empirisch abgesicherte Daten lassen sich zu den Gründen und zur Art und Weise des Umgangs mit diesen Materialien finden.

Nicht selten wird der Standpunkt vertreten, daß Lehrpläne überflüssig seien, weil sich die zugelassenen Schulbücher sowieso auf die gültigen Lehrpläne beziehen würden. Es wurde unter anderem darauf verwiesen, daß die Lehrpläne vor allem die äußeren Rahmenbedingungen und das anzustrebende Abschlußniveau kennzeichnen würden. Schulbücher und Unterrichtsmaterialien könnten durch ihre bessere fachlich-methodische Strukturierung eine weitaus bedeutungsvollere Rolle bei der Unterrichtsplanung und -gestaltung spielen.

Diese und ähnliche Tendenzen in der Schulpraxis führen zur Schlußfolgerung, daß es sich lohnt, den Beziehungen zwischen Lehrplan, Schulbüchern und anderen Unterrichtsmaterialien sowie ihren gemeinsamen und unterschiedlichen curricularen Wirkungen genauer nachzugehen. Eine isolierte Sicht auf den Lehrplan und seine Nutzung entspricht keineswegs der Realität.

4.9. Verhältnis von staatlichem Lehrplan und schulischem Curriculum

In allen Gesprächen, die bisher im Rahmen des Forschungsprojekts mit hessischen Lehrern geführt wurden, bestätigte sich nachdrücklich der höhere Stellenwert der schulischen Curricula gegenüber den gültigen Lehrplänen für die Festlegung der Ziele und Inhalte des jeweiligen Fachunterrichts. Schulischen Curricula wird somit eine größere Verbindlichkeit als den staatlichen Lehrplänen zugeordnet. Mitunter werden sie sogar regional abgestimmt. Allerdings sind auch diese schulinternen Pläne seit mehreren Jahren nicht oder nur geringfügig verändert worden, so daß sicher auch hier die Forderung nach Revision steht.

Wenn man davon ausgeht, daß die Einzelschule als entscheidende Einheit für innovative Veränderungen anzusehen ist (vgl. ROLFF in diesem Band), sollte Lehrplanforschung auf alle Fälle auch diese schulischen Curricula einbeziehen und deren Bedeutung für die individuelle Planungstätigkeit prüfen. Diese Notwendigkeit wird durch die Diskussion um mehr Autonomie für die Schule, um mehr Möglichkeiten für schulische Profilbildung und um mehr demokratische Mitbestimmung in der Schule unterstrichen. Es dürfte interessant sein, welche Festlegungen in Schulcurricula getroffen werden, zumal sie nicht in erster Linie von Lehrplan-Vorgaben abgeleitet werden. Zur Zeit dominiert in ihnen meist eine recht enge fachbezogene Sicht. Es ist sicher lohnenswert, genauer zu prüfen, welche Auffassungen zum Unterricht über schulische Curricula praxiswirksam werden.

4.10. Beteiligungsräume für Lernende

Wenn man die Tendenz zur wachsenden Bedeutung schulischer Curricula und demokratischer Mitbestimmung weiter verfolgt, stellt sich die Frage, ob der traditionelle Adressatenkreis für Lehrpläne nicht um die Schülerinnen und Schüler erweitert werden sollte, ob Schülerorientierung nur ein inhaltlicher Anspruch an das in Lehrplänen im groben projektierte Unterrichtskonzept bleiben muß. Vielleicht sollte sich künftige Lehrplanforschung vom traditionellen Lehrplanverständnis lösen und auch nach Möglichkeiten suchen, konsequenter als es bisher schon geschah Beteiligungsräume für Lernende nicht nur für die Gestaltung, sondern bereits für die Planung des unterrichtlichen Geschehens, für die Mitwirkung an curricularen Entscheidungen auszuweisen. Mit diesen Überlegungen hängt ein weiteres Problem zusammen, auf das noch kurz aufmerksam gemacht werden soll.

4.11. Lehrpläne und veränderte Schüler

Mit großer Übereinstimmung nennen Lehrerinnen und Lehrer die Veränderungen in der Schülerschaft als größte Herausforderung an ihre Tätigkeit. Dabei werden nicht nur die enorme Heterogenität im Leistungsniveau, das Fehlen grundlegender Kulturtechniken, die gewachsene Anzahl ausländischer Kinder, eine zunehmende Konsumhaltung u.a.m beklagt, sondern auch der gewachsene Anspruch an Selbständigkeit und Mitbestimmung im Lernprozeß mit Freude registriert. Über neue anspruchsvolle Lernsituationen sowie die Veränderung der Funktion von Schule und des schulischen Lernens wird ebenso engagiert diskutiert, wie über zu hohe Klassenfrequenzen und unzureichende Übungsmöglichkeiten. Gleichzeitig werden übereinstimmend gültige Lehrpläne abgelehnt, weil sie diesen Veränderungen unzureichend Rechnung tragen bzw. nicht Rechnung tragen können, weil sie bereits seit mehreren Jahren in Kraft sind oder einseitig auf Wissenvermittlung orientieren. Zugleich wird nachgefragt, welches Wissen über die Entwicklung der Kinder in den verschiedenen Altersstufen bei der Lehrplanentwicklung zugrundegelegt wurde.

Damit erwarten die Lehrerinnen und Lehrer von der Lehrplanforschung nicht in erster Linie eine Suche nach der optimalen Gültigkeitsdauer von

Lehrplänen, sondern vor allem Vorschläge für offenere Curricula, größere Entscheidungsräume, die konsequentere Berücksichtigung aktueller Entwicklungsprozesse, pädagogischer und psychologischer Erkenntnisse sowie Lehrplanvorgaben mit größerer Flexibilität. Damit entsteht keineswegs eine neue Illusion, daß dieses Problem über veränderte Lehrpläne zu bewältigen sei, aber zumindest die Erwartung und damit der Anspruch an die Lehrplanforschung und -entwicklung, durch Lehrpläne günstigere Bedingungen dafür zu schaffen.

4.12. Ländervergleiche

Abschließend soll eine Anregung aus der Praxis an künftige Lehrplanforschung weitergegeben werden. Mehrfach wurde die Frage gestellt, mit welchen Forschungsergebnissen die bestehenden Unterschiede in den staatlichen Lehrplänen, Schulbüchern und Unterrichtsmaterialien zwischen den einzelnen Ländern der Bundesrepublik Deutschland begründet oder gerechtfertigt werden.

Während solche Unterschiede für Fächer wie Geschichte, Gesellschaftslehre, Politik noch verständlich erscheinen, stoßen sie für die übrigen Fächer häufig auf

Unverständnis. Zumindest sollten Ländervergleiche innerhalb der Lehrplanforschung normal sein. Die Suche nach Ursachen für diese Unterschiede sollte dazugehören. Außerdem kann über diese Lehrplan-Analyse geprüft werden, welche offiziellen Vorstellungen über Unterricht in den verschiedenen Ländern existieren.

Es ist deshalb außerordentlich erfreulich, daß unter der Leitung von WILL LÜTGERT, Universität Jena, in Thüringen ähnliche Untersuchungen organisiert werden, wie wir sie in Hessen durchführen.

Literatur

Achtenhagen, F./Tramm, T.: Curriculumforschung aufgrund des Einsatzes neuerer empirischer Methoden. In: Hameyer, U./Frey, K./Haft,H.: Handbuch der Curriculumforschung. Weinheim 1983, S. 545-568.

Allgemeinbildung, Lehrplanwerk, Unterricht. Berlin (Ost) 1972.

Allgemeinbildung und Lehrplanwerk. Berlin (Ost)1988.

Axnix, K.: Lehrplan aus Lehrersicht. Frankfurt/M. 1983.

Bieber, G./Hanisch, R.: Vom DDR-Lehrplan zum Rahmenplan – ein Prozeß, der alle überfordert? In: Schulreform und deutscher Einigungsprozeß, Pädagogisches Lan-

desinstitut Brandenburg – Fachserie Schulstruktur und Schulentwicklung, Heft 1/1992, S. 41-48.
Dingeldey, E.: Zur gegenwärtigen Lehrplanentwicklung in Hessen. Ms., Wiesbaden 1993.
Frey, K.: Theorien des Curriculum. Weinheim 1971.
Fuhrmann, E.: Curriculumreform in Brandenburg. Zu den angestrebten und erzielten Resultaten landeseigener Rahmenpläne. In: Schulleitung, Stichwort Unterricht. Stuttgart 1994, F 6.1, S. 1-17.
Haenisch, H.: Lehrer und Lehrplan. Ergebnisse empirischer Studien zur Lehrplanrezeption. Soest 1985.
Haenisch, H/Schirp, H.: Blickpunkt: Lehrplan. Ein Frageraster als Reflexionshilfe zur Entwicklung und Beurteilung von Lehrplänen. Soest 1985.
Haller, H.D.: Zur Empirie der Lehrplan-Entwicklung. Konstanz 1971.
Haller, H.D.: Prozeß – Analyse der Lehrplanentwicklung in der BRD. Konstanz 1973.
Haft, H./Hopmann, S.: Der gesellschaftliche Ort der Lehrplanarbeit – eine Skizze zu seiner Geschichte. Kiel 1986.
Haft, H./Hopmann, S.: Lehrplanarbeit in der Bundesrepublik Deutschland. In: Die Deutsche Schule, Heft 4/1987, S. 506-518.
Hameyer, U.: Bildungspläne kritisch befragt. Ergebnisse einer Umfrage und vergleichenden Analyse. In: Die Deutsche Schule, Heft 10/1972, S. 623-631.
Hameyer, U.: Allgemeine Curriculumtheorien. In: Hameyer, U./Frey, K./Haft, H.: Handbuch der Curriculumforschung. Weinheim 1983, S. 29-51.
Hameyer, U.: Systematisierung von Curriculumtheorien. In: Hameyer, U./Frey, K./Haft, H.: Handbuch der Curriculumforschung. Weinheim 1983, S. 53-100.
Hameyer, U.: Der Funktionswandel von Lehrplänen. Orientierungspunkte und Entscheidungsfelder der Lehrplanrevision. In: Die Deutsche Schule, H. 2/1992, S. 361-373.
Hameyer, U.: Stand der Curriculumforschung – Bilanz eines Jahrzehnts. In: Unterrichtswissenschaft, Heft 3/1992, S. 209-230.
Hameyer, U./Frey, K./Haft, H.: Handbuch der Curriculumforschung. Weinheim 1983.
Holzapfel, H.: Vorwort zu Schule im Wandel. Grundlagen zur Rahmenplanarbeit in Hessen, HKM Wiesbaden 1992.
Holzapfel, H.: Ist die Staatsschule am Ende? In: Pädagogik, Heft 11/1993, S. 26-28.
Kähler, Chr.: Dokumentation: Merkmale der Organisation der Lehrplanaarbeit in den Ländern der Bundesrepublik. In: Bildung und Erziehung, Heft 1/1989, S.71-91.
Knab, D.: Der Beitrag der Curriculumforschung zu Erziehungswissenschaft und Bildungstheorie. Versuch einer Zwischenbilanz. In: Hameyer, U./Frey, K./Haft, H.: Handbuch der Curriculumforschung. Weinheim 1983, S. 697-711.
Kunert, K.: Wie Lehrer mit dem Lehrplan umgehen. Bericht über eine Befragung von Grund- und Hauptschullehrern – Interpretationen – Folgerungen. Weinheim 1983.
Mader, O.: Fragen der Lehrplantheorie. Berlin (Ost) 1979.
Rauin, U./Tillmann, K.-J.: Klare Vorgaben sind durchaus gewünscht. Abschied von der Ära der „Rahmenrichtlinien" / Was halten hessische Lehrer von den neuen Lehrplänen? In: Frankfurter Rundschau vom 25.08.1994.

Reich, K.: Curriculumtheorien im Bereich von Unterricht und seiner Didaktik. In: Hameyer, U./Frey, K./Haft, H.: Handbuch der Curriculumforschung. Weinheim 1983, S. 129-157.

Robinsohn, S. B.: Bildungsreform als Revision des Curriculum. Berlin-Spandau 1967.

Sacher, W.: Kodifizierte Bestimmungsfaktoren curricularer Lernereignisse: Lehrpläne. In: Hameyer, U./Frey, K./Haft, H.: Handbuch der Curriculumforschung. Weinheim 1983, S. 325-335.

Santini, B.: Das Curriculum im Urteil der Lehrer. Basel 1971.

Schirp, H./Haenisch, H.: Lehrplanentwicklung und Lehrplanarbeit. Zur Funktion von Lehrplänen und Handreichungen. Soest 1984.

Terhart, E.: Curriculumforschung aufgrund interpretativer Methoden.In: Hameyer, U./Frey, K./Haft, H.: Handbuch der Curriculumforschung. Weinheim 1983, S. 533-544.

Tillmann, K. J.: Staatlicher Zusammenbruch und schulischer Wandel. Schultheoretische Reflexionen zum deutsch-deutschen Einigungsprozeß. In: Zeitschrift für Pädagogik, 30. Beiheft. Weinheim/Basel 1993, S. 29-36.

Tillmann, K.-J./Höhmann, K./Rauin, U./Vollstädt, W.: Lehrpläne und Lehreralltag. Zur Einführung neuer Rahmenpläne in Hessen. (In Vorbereitung).

Westphalen, K.: Einflüsse der Curriculumforschung auf Bildungsplanung und Bildungsverwaltung. In: Hameyer, U./Frey, K./Haft, H.: Handbuch der Curriculumforschung. Weinheim 1983, S. 723-729.

Heinz Günter Holtappels

Innere Schulentwicklung: Innovationsprozesse und Organisationsentwicklung

„Pädagogische Institutionen müssen in besonderem Maße um ihre Lernfähigkeit bemüht bleiben", schreibt POPP 1978 (S. 115), „sie dürfen sich nicht begnügen mit bloßer Stabilität und Kontinuität, sie bedürfen der permanenten Reflexivität und Lernfähigkeit, wenn sie ihren pädagogischen Auftrag erfüllen wollen."
Der vorliegende Beitrag befaßt sich mit dem Forschungsstand und den Forschungsperspektiven zu schulischer Innovation, beschränkt sich aber auf die hier zitierte innere pädagogisch-organisatorische Schulentwicklung. Im ersten Teil sollen kurz zentrale Überlegungen und Erkenntnisse zu schulischen Wandlungsprozessen skizziert werden. Dies mündet im zweiten Teil in empirisch gestützte Reflexionen zum Paradigmenwechsel in Reformstrategien wie auch in der Innovationsforschung, womit die Einzelschulentwicklung fortan in den Mittelpunkt rückt. Im dritten Teil werden basierend auf der Schulqualitätsforschung bedeutsame empirische Resultate zum Verlauf und zur Wirkung von Innovationsprozessen bzw. zur Schulqualitätsentwicklung referiert, anschließend im vierten Teil gezielte Veränderungsstrategien einschließlich der Konzept- und Organisationsentwicklung in den Blick genommen. Überlegungen zum künftigen Forschungsbedarf sind in einzelnen Kapiteln integriert und zum Schluß zusammengefaßt.

1 Initiation und Schubkräfte schulischen Wandels

Wie kommt es zu Veränderungsprozessen? Welche Initiationen und Schubkräfte lassen sich ausmachen? Die Implementationsforschung verweist immer wieder auf *„Druck" und „Zug"* als wesentliche Schubkräfte des Wandels. Schulische Innovationen konnten bislang weitgehend mit im wesentlichen zwei verschiedenen Theoriemodellen (vgl. PAULSTON 1976) erklärt werden, die mit Druck und Zug zusammenhängen:

(1) Dialektisches Paradigma: Eine an der Schulpraxis orientierte Analyse rekurriert auf institutionelle Widersprüchlichkeiten, Gegensätze oder Zielkonflikte. Eine solche Schultheorie bezieht sich auf die systemimmanenten Antinomien der Schule (z.B. Fördern versus Auslese). Diese Antinomien, die schulalltäglich in Ungereimtheiten und Widersprüchen zum Vorschein kommen, können für einzelne Schulen und ihre Lehrerkollegien Ausgangspunkte für Innovationsprozesse sein, etwa um eigenes pädagogisches Handeln oder Organisationsstrukturen mit den für zentral gehaltenen Bildungs- und Erziehungszielen der Schule in Einklang zu bringen. Die Beteiligten müssen dabei den Dissens transparent machen und Konsens entwickeln (vgl. dazu SCHLÖMERKEMPER 1993). Die schulinterne Aufarbeitung solcher Antinomien kann Innovationsprozesse einleiten.

(2) Gleichgewichtsorientiertes Paradigma: Das institionelle „Gleichgewicht" einer Schule kann durch äußere Umfeldfaktoren und innere Organisationsprobleme gestört sein. Der Ruf nach Veränderung resultiert hier zumeist aus der Unzufriedenheit oder Belastung der Schulmitglieder („No pain – no change"), die bestimmte Zustände oder Abläufe nicht mehr für tragbar oder nicht für förderlich halten. Diese Befindlichkeiten oder auch deren Folgewirkungen (z.B. schlechte Schülerleistungen, Auffälligkeiten, niedrige Elternakzeptanz, „Burn-out-Syndrom" bei Lehrer/innen) können in Veränderungsbedürfnisse münden, um wieder ein „Gleichgewicht" (oder eine als zufrieden empfundene Schulqualität) herzustellen. Im Innovationsprozeß geht es dann um eine konsenshafte Analyse der Störfaktoren und um eine kommunikative Entwicklung einer Neuorientierung zur Wiederherstellung eines Gleichgewichts.

Auf beide Paradigmata soll hier nicht näher eingegangen werden (vgl. jedoch BAUER/ROLFF 1978a; DALIN 1986). Es wäre empirisch zu untersuchen, ob diese Paradigmata auch aktuell noch ihre Bedeutung innehaben oder andere Erklärungen für die Initiation von Wandel greifen. Allerdings zeigen sich in den letzten Jahren schon weitere Druck- und Zug-Komponenten, die auf eine weitergehende Ausdifferenzierung der Erklärungslinien hindeuten, etwa ökonomische Restriktionen im Bildungssektor, neue Autonomie- und Steuerungsmodelle oder neue Schulkonzepte und Funktionserweiterungen in den bildungsspezifischen und sozialen Aufgaben der Schule (z.B. Schülerbetreuung, Gemeinwesenarbeit, Intensivierung von Verkehrs-, Friedens-, Umwelt- und Gesundheitserziehung).

Die zuletztgenannte Erklärungslinie – im Sinne einer *Kompensation schulumfeldbezogener Defizite durch Funktionserweiterung* – hat für innovative

Konzepte bereits empirisch nachweisbare Bedeutung erlangt (vgl. HOLTAPPELS 1994b): Die Schule reagiert auf sozialisatorische Besonderheiten oder Defizite in der sozio-kulturellen Infrastruktur des Schuleinzugsbereichs. Die außerschulischen Erziehungs- und Entwicklungsbedingungen können Schulen zu veränderten pädagogischen Handlungsweisen herausfordern oder zwingen. Denn die Schule kann sich den Umfeldproblemen nicht entziehen, wenn beispielsweise Schüler/innen lebensweltliche Probleme in die Schule importieren oder Eltern neue Anforderungen an Unterricht, Schulleben oder zeitliche Kinderbetreuung stellen. Ignoriert die Schule außerschulische Sozialisationsbedingungen und infrastrukturelle Defizite, so kann dies zu einer Verschärfung schulischer Widersprüche (z.B. zu verschärfter Leistungsauslese, niedrigen Lernerfolgen) bzw. zu gestörtem Gleichgewicht führen. Eine schulische Lernkultur kann – etwa über Schulöffnung und Ganztagskonzepte – versuchen, außerschulische Defizite zu kompensieren oder zur lokalen Entwicklung eines förderlichen Umfelds beitragen. Sie kann als alternative Gegenkultur zum Schulumfeld wirken, aber auch bestätigende Elemente zu einem pädagogisch förderlichen sozio-kulturellen Umfeld entfalten. Von Bedeutung ist dabei, ob diese Veränderungen und Zusatzfunktionen die pädagogische Arbeit in den Kernaufgaben der Schule beeinträchtigt oder nicht oder sie sogar fördert.

Für den Wandel von Bildungs- und Erziehungsprozessen können zunächst drei *Strategien des Wandels* (vgl. DALIN 1986, S. 24ff.) unterschieden werden, die sich möglicherweise aber auch komplementär ergänzen könnten: Machtstrategien, rational-empirische Strategien und normativ-reedukative Strategien.

Vordringliche Merkmale eines herkömmlichen Verständnisses von Organisationen im Sinne eines Bürokratiemodells sind Personenunabhängigkeit und Weisungsgebundenheit. Hier bewirkt die dienstliche Weisung in der Hierarchie die Innovation; schulischer Wandel vollzieht sich hier durch Machtausübung, z.B. erneuerte Richtlinien für ein Fach. Die Effizienz der implementierten Innovationen erhöht sich bei rational-empirischen Strategien, also dann, wenn die Innovationsanlässe empirisch zu stützen, einsichtig und nachvollziehbar sind (z.B. die Einführung eines Ausbildungsgangs durch Erlaß nach erfolgreichem Schulversuch). Machtstrategien und rational-empirische Strategien haben jedoch für schulische Innovationen ihre Grenzen, nämlich dann, wenn sie in Widerstreit zu den konkret Handelnden geraten, die die Innovation letztlich umsetzen und tragen sollen: zu ihren Werten und Motiven, Kenntnissen, Erfahrungen und Fertigkeiten, ihren Routinen und Orientierungen. Normativ-reedukative Strategien gehen von den Betroffenen und ihren Werten aus, setzen allerdings zu optimistisch auf die Fähigkeit des einzelnen zu sinnvollen Veränderungen.

Zahlreiche Reformversuche, insbesondere zur strukturellen Veränderung des Bildungssystems, führten unter anderem zu der Einsicht, daß *systembezogene Strategien*, die auf das System als Ganzes (oder auf dessen Teile) gerichtet sind, die intendierten Ziele zumindest teilweise verfehlten. „Top-Down"-Modelle als singuläre Strategie konnten bestenfalls äußere Strukturen – und auch diese zumeist nicht durchgängig – verändern, nicht aber die zugleich intendierte Innovation der inneren pädagogischen Organisation und Handlungsweisen auf der unteren Ebene der einzelnen Schule. Resultate der Implementationsforschung haben hinreichend verdeutlicht, daß die von oben angezielten, konzipierten und inganggesetzten Innovationen über die verschiedenen Implementationsebenen vielfach gebrochen und selten so wie intendiert umgesetzt werden. TÜRK (1989, S. 23 ff.) und ROLFF (1991, S. 871ff.) beschreiben Merkmale von Organisationen, die darauf hindeuten, daß die Wirklichkeit des sozialen Systems Schule viel komplexer und deshalb nicht technokratisch handhabbar ist. Diese Komplexität gilt es in Rechnung zu stellen durch zum einen *personenbezogene* und zum anderen *organisationsbezogene Strategien des Wandels*: Die Mitglieder der Organisation werden hier nicht auf Empfänger von dienstlichen Weisungen reduziert, sondern vielmehr als Subjekte innerschulischer Entwicklungsprozesse begriffen, da sie ja auch letztlich die Neuerungen mittragen und ausführen sollen. Belegt wird diese Erkenntnis durch etliche Analysen zum Verlauf schulischer Innovationen (vgl. ausführlich DALIN 1986, S. 76 ff.). Zudem wird davon ausgegangen, daß Schulen als soziale Organisation lernen können. Personen- und organisationsbezogene Strategien zielen auf die Selbstentwicklung der Lehrpersonen (fachliche und pädagogische Kompetenzentwicklung, Teamentwicklung) und die Entwicklung der Organisation.

Aufgrund des bisherigen Erkenntnisstands der Innovationsforschung bestehen vor allem drei Einsichten (vgl. auch ROLFF 1993): Erstens dürfen Lehrpersonen nicht als Konsumenten neuer Ideen und Ansätze und die Schule nicht als Zulieferinstitution für die Adoption von im Gesamtsystem entwickelten Konzepten angesehen werden, eher wären solche Konzepte für die eigene Schulsituation behutsam zu adaptieren. Zweitens sind Innovationen nicht von oben zielgetreu und technokratisch zu implementieren, da sie an der Basis womöglich anders verstanden werden und Schulen einer eigenen Entwicklungsdynamik folgen; die Veränderung von Schulen besteht offenbar in erster Linie in der Änderung der „Schulkultur", wie SARASON (1971) aufzeigt. Drittens arbeiten Schulen unter recht unterschiedlichen Bedingungen, so daß standardisierte Modelle zum Scheitern verurteilt sind.

2 Von Gesamtsystemstrategien zur Entwicklung der einzelnen Schule

Standen noch in den siebziger Jahren Fragen der Schulstruktur und Schuladministration im Mittelpunkt von Veränderungsansätzen, so rückt seit geraumer Zeit immer mehr die Einzelschule in den Blick von Reformbemühungen, was nicht zuletzt auch damit zusammenhängen dürfte, daß im Zuge stagnierender Strukturreformen die Schulforschung einen Perspektivenwechsel vollzogen hat. Die Wendung von der Makropolitik zur Mikropolitik ist durchaus Ausdruck empirischer Erkenntnisse: Insbesondere angelsächsische Implementationsstudien kamen immer wieder zu dem Befund, daß sich die Umsetzung und damit der Erfolg von Plänen nicht auf der Gesamtsystemebene, sondern auf der Ebene einzelner Schulen vollzieht und entscheidet (vgl. vor allem DALIN 1973; BERMAN u.a. 1974; HUBERMAN/MILES 1984; FULLAN 1991). Die einzelne Schule wird somit als „pädagogische Handlungseinheit" (FEND 1986) betrachtet, ihr pädagogisches Konzept und ihre Organisation wird zum Gegenstand von Innovationsansätzen.

2.1 Zur Bedeutung der Schulkultur

Bis weit in die 70er Jahre wurden zwischen einzelnen Schulen unterscheidbare Wirkungen bestritten. Insbesondere die Schulsystemvergleiche und Schulklima-Untersuchungen der Konstanzer Gruppe um FEND und die Rutter-Studie in Londoner Gesamtschulen führten rasch zu neuen Einsichten. Zahlreiche Überblicksarbeiten (vgl. insbesondere AURIN 1990; ROLFF 1990; TILLMANN 1989; PURKEY/SMITH 1983; REYNOLDS 1990, BARGEL/STEFFENS 1993) belegen mittlerweile die Relevanz des Einflusses der einzelnen Schule als Handlungseinheit. Alle empirischen Analysen verdeutlichen zudem, daß nicht einzelne Faktoren entscheidend sind, sondern das Augenmerk auf *synergetisch wirkende Faktorenbündel* zu richten sind.

FEND (1977 u. 1982) stellt trotz zahlreicher Schulsystemeffekte fest, daß für die meisten Variablen die Varianzen zwischen einzelnen Schulen eines Systems größer waren als die Schulsystem-Unterschiede. Deutlich wird jedoch der vielfältige – schulsystemspezifische wie auch generelle – *Einfluß des Schulklimas*. Aufgrund einer Reanalyse seiner Daten im Hinblick auf Schulqualität konstatiert FEND (1986), daß die Problembearbeitung und Zielerreichung im unterrichtlichen und außerunterrichtlichen Bereich in guten Schulen aktiver, pädagogischer und schülerzentrierter sind. Dabei identifiziert FEND (1986) eine Reihe von Merkmalen, die gute Schulen von weniger erfolgreichen unterscheiden.

Wie irreführend ein voreiliger Schluß auf Schulsystemeffekte sein kann, wenn nicht gleichzeitig auch die Schulkultur analysiert wird, verdeutlicht die britische Studie zum „Comprehensive Experiment“: REYNOLDS u.a. (1987) kommen in ihrer Analyse zu überraschend negativen Befunden der Comprehensive Schools in Delinquenz, Anwesenheit und Schulabschlüssen im Vergleich zum selektiven System. Bei genauem Hinsehen zeigt sich jedoch, daß die Schul- und Lernkultur entscheidend war: Die untersuchten comprehensives orientierten sich in hohem Maße an grammar schools (hinsichtlich Curriculum, Leistungswettbewerb und Elterndistanz), ihre Schulleiter und die meisten Fachleiter stammten von ehemaligen grammar schools. Die Lehrerkollegien waren in grammar-school- und secondary-modern-school-Lehrer gespalten, was sich in divergierenden Einstellungen und Zuständigkeiten für Schülergruppen mit unterschiedlichem Leistungsniveau zeigte. Zudem wurden Regeln restriktiv mit körperlichen Bestrafungen gehandhabt.

Auch HARGREAVES (1986) zeigt am Fall zweier Mittelstufenschulen unterschiedliche Lernkulturen, die primär durch bestimmte Bildungstraditionen, spezifische Berufskarrieren und ein entsprechendes Berufsethos des Lehrkörpers bestimmt werden. Dabei wird deutlich, daß die zum Zweck eines besseren Übergang vom Primar- in den Sekundarbereich gegründeten middle schools ihre pädagogischen Ziele deshalb verfehlen, weil die Schulen im Innern von zwei gegensätzlichen „Kulturen des Schulunterrichts“ verschieden stark beherrscht bzw. gespalten wurden: Auf der einen Seite zeigen sich Lehrkräfte mit „akademisch-elementarer“ Orientierung, die eine abstrakt-formale wissenschaftsorientierte Wissensvermittlung, strikte Fächerabgrenzung und Disziplinerwartung präferieren bei hohen Leistungsstandards, rigider äußerer Differenzierung und geringem Austausch zwischen den Jahrgangsteams. Die „entwicklungsorientierten“ Lehrkräfte präferieren hingegen eine kindzentrierte Primarschulpädagogik, zeigen generalistische Orientierungen und gute Lehrer-Schüler-Beziehungen; eine weniger rigide Differenzierung, geblockte Fach- und Projektzeiten und Vorrang für die pädagogische Interaktion in der Schulklasse sind die Merkmale der Schulorganisation.

Einzelne Schulen arbeiten unter recht verschiedenartigen Bedingungen: Hierzu zählen erstens Merkmale der Region bzw. des Umfelds, in dem sich die Schule befindet (z.B. Wohnbedingungen, das bauliche Wohnumfeld, das soziale Milieu der Nachbarschaft und peer-groups, die sozio-kulturelle Infrastruktur des Schulumfelds, die Größe des Schuleinzugsgebiets); zweitens Eingangsmerkmale der Schüler/innen wie soziale Herkunft, Schulbildung der Eltern, sprachlicher Fertigkeiten Lernmotivation usw.; drittens spezifische Merkmale der Einzelschule wie die Schulraumsituation in Schulgebäude und – gelände, die Schulform, Tradition und Gründungsbedingungen einer Schule, Ausbildungsart, Berufserfahrung und Berufsethos sowie soziale Struktur des Lehrerkollegiums und der Schulleitung, aber auch das interne Arbeitsklima und die Rollenstruktur, und viertens schließlich die von ihr entwickelten pädagogischen Konzepte und spezifischen Organisationsstrukturen und entsprechenden Handlungsformen. Dabei spielen fünftens die jeweiligen Unterstützungs- oder Kontrollstrukturen der Schulaufsicht einerseits und des Schulträgers andererseits eine nicht zu unterschätzende Rolle.

Die Schulkultur einer Schule und ihre pädagogische Wirksamkeit entwickelt sich also in Abhängigkeit von *schulexternen* wie auch von *schulinternen* Bedingungen. Es wäre zu untersuchen, welche dieser Einflußfaktoren die Entwicklung einzelner Schulen als soziales System bestimmen. Jede einzelne Schule entscheidet als relativ autonomes System weitgehend selbst darüber, wie Schulbedingungen des Umfelds und des eigenen sozialen Systems wahrgenommen und verarbeitet werden. Je nachdem, welche förderlichen und nicht förderlichen Konstellationen definiert und welche Lösungsmuster entwickelt werden, entsteht ein jeweils spezifisches – mehr oder weniger differenziertes – System pädagogischer Konzepte, das als die „Schulkultur“ oder „Lernkultur“ einer Schule bezeichnet werden kann. Mit dem Begriff der „Schulkultur“ soll demnach ein System innerhalb der Einzelschule bezeichnet werden, das in Auseinandersetzung mit den jeweiligen Umfeldbedingungen und den spezifischen schuleigenen Ausgangs- und Entwicklungsbedingungen entsteht und durch pädagogische Handlungskonzepte und Problemlösungsversuche gekennzeichnet ist (vgl. HOLTAPPELS 1993 u. 1995). So wäre weiter empirisch zu klären, wie Schulkulturen entstehen und durch welche variable Formen sich Schulkonzepte unterscheiden.

2.2 Schulstruktur und Schulkultur – Wechselverhätnis zwischen äußerer und innerer Schulreform

Der Perspektivenwechsel, im Sinne einer Hinwendung zu innerer Reform und zur Einzelschulentwicklung, erscheint allerdings auch geeignet, um Systemfaktoren und damit auch das mögliche Wechselverhältnis zwischen äußeren und inneren Komponenten der Schulentwicklung allzu fahrlässig in Vergessenheit geraten zu lassen. In der neueren Schulwirkungsforschung scheinen die Umfeldbedingungen von Einzelschulen eher in den Hintergrund zu rücken. Doch gerade die Erkenntnis, daß sich Schulkulturen in Abhängigkeit von Umfeldbedingungen verschieden entwickeln können, müßte dazu führen, daß Schulumfeldfaktoren, unter denen sich die pädagogische Arbeit einer Schule gestaltet, in Theorien zur Schulentwicklung in besonderem Maße Berücksichtigung finden.

Damit würde auch der Zusammenhang zwischen äußerer und innerer Schulentwicklung eine Verdeutlichung erfahren, wie sie richtigerweise eindringlich bereits von FURCK (1967) beschworen und von ROLFF (1990, S.

269ff.) auch für die Diskussion um die pädagogische Schulqualität erneut verlangt wird. Denn alle Entwicklungen in der inneren Qualität von Schule vollziehen sich nicht losgelöst von strukturellen Aspekten der Schulentwicklung; insbesondere sind sie abhängig vom sozialräumlichen und schulstrukturellen Umfeld einer Schule.

Zum einen prägen *sozialräumliche Strukturen*, also die Siedlungs-, Erwerbs- und Wirtschaftstrukturen das sozio-kulturelle Umfeld von Schulen (vgl. dazu auch RUSSIG-KALLFASS 1977, S. 181ff.; KUTHE u.a. 1979). Denn sie gehen insbesondere einher mit sozio-demographischen Merkmalen der Bevölkerungsstruktur. Für die Schule bleibt das damit in Zusammenhang stehende kulturelle Leben einer Region, die soziale Struktur der Eltern- und Schülerschaft und damit korrespondierende familiäre Erziehungsbedingungen und Bildungshintergründe nicht ohne Folgen: Bildungsinteresse und Schulwahlverhalten der Eltern sowie die Sozialisationswirkungen von Familien und Wohnumfeldern haben für die pädagogische Arbeit einer Schule erhebliche Bedeutung. Dies zeigt sich beispielsweise in der Unterrichtsarbeit, in Lernmotivation und Erziehungsproblemen, im Schulleben und der Elternmitwirkung. Dazu gehört auch die Qualität der sozio-kulturellen Infrastruktur im Schulumfeld, die Schulen besondere Lernchancen und Unterstützung bieten, bei defizitärer Ausprägung Schulen aber auch Kompensationsfunktionen abverlangen können.

Zum anderen hat die im Einzugsbereich einer Schule vorfindbare *Schulstruktur* nicht selten Einfluß auf die pädagogische Entfaltungswirksamkeit. Insbesondere bestimmt sich damit die soziale Zusammensetzung der Schülerpopulation einzelner Schulen. Es ist zu vermuten, daß Schulen, die weitgehend alle Schüler/innen der Gemeinde oder des Stadtteils aufnehmen, unter anderen pädagogischen Bedingungen arbeiten als Schulen, deren Schülerpopulation sich in hohem Maße aus Pendlern aus einem weiträumigen Umfeld (z.B. aus Umlandgemeinden oder dem gesamten Stadtgebiet) rekrutiert. Ebenso ergeben sich unterschiedliche Bedingungen für Schulen mit Standorten in Industriearbeiter-Vierteln im Gegensatz zu Schulen in sozial durchmischten oder mittelschichtsspezifischen Neubaugebieten. Sowohl die regionale Versorgungssituation als auch die Entfernung und Qualität von Schulstandorten können somit für den pädagogischen Alltag der einzelnen Schule relevant werden.

In der aktuellen Debatte um die Schulstrukturkrise zeigt sich, daß die Entwicklungschancen und pädagogischen Handlungsbedingungen einzelner Schulen auch in Abhängigkeit vom schulstrukturellen Angebotsprofil im Schulumfeld und der lokalen Konkurrenz der Schulen bzw. Schulformen untereinander stehen: Beispielsweise verlieren Hauptschulen im Wettbewerb mit anspruchsvolleren Schulformen kontinuierlich an Zulauf und stehen vor der pädagogisch problematischen Situation, nur noch eine mit Lernschwierigkeiten behaftete Schülerschaft zu versorgen; Gesamtschulen können sich als „Solitärschule“ oder bei flächenhafter Integration gut entwickeln, geraten jedoch in einem vier- oder dreigleisigen Marktmodell in Ausleseprobleme (durch Zulauf förderungsbedürftiger Schüler/innen und Abschöpfen der leichtlernenden Schüler/innen durch Gymnasien) und beschulen deshalb nicht selten nur eine

Teil-Schülerschaft; Realschulen und Gymnasien erfahren über die veränderte Schülerzusammensetzung zunehmend eine Enttypisierung ihres traditionellen Profils.

Es muß angenommen werden, daß die aufgezeigten regionaltypischen Komponenten, der sozialräumliche und der schulstrukturelle Kontext, erheblichen Einfluß auf Chancen und Handlungsspielräume für schulinterne Innovationen sowie auf Verlauf und Richtung innovativer Prozesse nehmen dürften. Dieser Zusammenhang müßte in der künftigen Innovationsforschung verstärkt aufgegriffen werden. Unter anderem zeigt die Analyse von Fallstudien bei NOBLIT/PINK (1987, S. 145ff.), daß sich in einer eigenen Entwicklungsdynamik Schulen mit ihrer Umwelt verändern und eine neue „organizational identity" entwickeln.

Ebenso wären Wechselwirkungen zwischen schulorganisatorischen Bedingungen und den didaktischen und erzieherischen Arrangements der Lern- und Erziehungskultur zu thematisieren, um wirksame Ansatzpunkte für Innovationen identifizieren zu können: Denn die „inneren" pädagogischen Abläufe in Lern- und Erziehungsprozessen vollziehen sich nicht unabhängig von organisatorischen Strukturen, wie Zeitstruktur, Raumgestaltung, Verhältnis und Öffnung der Schule zum Umfeld, personelle Struktur sowie die Lehr-Lern-Organisation in Unterricht und Schulleben (vgl. dazu HOLTAPPELS 1994).

3 Schule als lernende Organisation: Schlüsselfaktoren für Schulwirksamkeit und Selbsterneuerung

Innovationsvorhaben als solche wie auch empirische Forschungsprogramme zur Analyse der Innovationswirkungen setzen voraus, daß eine Verständigung über die grundlegenden Ziele der Schulentwicklung besteht. Die Klärung der Zielsysteme von Innovationen, also der angezielten Komponenten der zu erreichenden Schulqualität, kann freilich nicht auf empirischer Ebene erfolgen, sondern hängt von der normativen Bestimmung eines bildungstheoretisch und pädagogisch begründeten Schulkonzepts ab. Empirische Befunde der Schulqualitätsforschung über die Wirkungen unterschiedlicher pädagogischer Organisations- und Handlungsformen können für die Zielrichtung von Innovationen jedoch Qualitäts- und Gütekriterien liefern.

Alle empirischen Analysen zur Schulqualität (vgl. v.a. RUTTER u.a. 1979; REYNOLDS 1976; FEND 1986; REYNOLDS u.a. 1987; STEFFENS 1987). verdeutlichen, daß nicht einzelne Faktoren, sondern ein Ensemble zusammenhängender Einflußvariablen die Schulkultur, Qualität und Wirksamkeit einer Schule bestimmen. Als zentrale Strukturelemente der Ausprägungen schulischer Lernkultur könnten etwa das von RUTTER u.a. vorgefundene *Schulethos* oder die *Erziehungsphilosophie* (bei LIGHTFOOT 1983) gelten. Daneben haben eine Reihe von Forschungserkenntnissen *strukturelle Schlüsselmerkmale* zu Tage gefördert (vgl. MORTIMORE/SAMMONS u.a. 1987, PURKEY/SMITH 1983 oder BROPHY/GOOD 1983), die eine erfolgreiche Schule mit förderlicher Lernkultur kennzeichnen. Immer wieder wird der Schlüssel zur Verbesserung der Schulqualität im wesentlichen in der Herstellung des pädagogischen Konsens innerhalb der Schulleitung und Lehrerschaft einer Schule gesehen, und zwar über Ziele, Mittel und Wege der eigenen pädagogischen Schulkultur.

In künftigen Innovationsforschungen wäre zum einen zu untersuchen, wie sich ein solch *konsenshaftes Schulethos* entwickelt, zum anderen was die *pädagogische Selbsterneuerungsfähigkeit* der einzelnen Schule kennzeichnet. Damit ist ihre Fähigkeit zur ständigen Überprüfung ihres Entwicklungsstands und ihrer Wirksamkeit sowie zu notwendigen Korrekturen, Erweiterungen oder gar Neuanfängen gemeint, um auf neue oder veränderte Gegebenheiten innerhalb der Schule oder ihres sozialen Umfelds angemessen reagieren zu können. Gegenstand entsprechend angelegter Studien wäre demnach das, was die *Schule als lernende und selbstreflexive Organisation* ausmacht – also Fragen der Struktur und der Entwicklung eines Systems mit hoher Problemlösefähigkeit, flexibler Organisation und differenzierter Gestaltungskompetenz. Innovationsbereitschaft, Organisations- und Gestaltungsbewußtsein des Lehrerkollegiums stellen dabei womöglich korrespondierende Variablen dar.

3.1 Grundlegende Schlüsselmerkmale und Gelingensbedingungen für innovative Entwicklungen

Für schulische Innovationsprozesse und -wirkungen von zumindest mittelbarer Bedeutung sind die von PURKEY und SMITH (1983) gelieferten Schlüsselmerkmale, mit denen sie aufgrund der vorliegenden Forschungserkenntnisse der Schulwirkungsforschung das „Porträt einer wirksamen Schule“ skizzieren:

1. Die Leitung der Schule benötigt und gewährt Autonomie zur Entwicklung förderlicher Methoden und zur Adaption von Innovationen.
2. Die Schulleitung oder ein Lehrerteam übernehmen die unterrichtsbezogene Führung im Innovationsprozeß.
3. Das Kollegium bleibt in der Zusammensetzung stabil, um einen kohärente und beständige Schulkultur zu erhalten.

4. Das Curriculum wird zielorientiert geplant und organisiert, betont also jene Leistungen und Fähigkeiten der Lernenden, die angezielt sind.
5. Erforderlich ist die Weiterbildung der Lehrer/innen, die vornehmlich über kollegiumsbezogene Fortbildung geschieht; sie sollte eng mit den Unterrichtsprogrammen der Schule verbunden sein und auf den Bedürfnissen der Lehrer/innen für den Erwerb gemeinsamen Planens und kollegialer Beziehungen.
6. Die Information und Mitarbeit der Eltern ist zur Unterstützung schulischer Arbeit förderlich.
7. Fachunterrichtliche Leistungserfolge sollen schulweit über Zeremonien und Symbole schulöffentlich Anerkennung finden.
8. Im Schulalltag wird die zur Verfügung stehende Unterrichtszeit wirksam genutzt, werden Störungen, Leerlauf und Unterbrechungen vermieden.
9. Grundlegende Veränderungsprozesse benötigen die Unterstützung durch die regionale Schulbehörde, die dabei die Rolle eines Beraters und Helfers einnimmt.

Zusätzlich nennen PURKEY und SMITH vier Prozeßvariablen, die für eine produktive Schulkultur charakteristisch zu sein scheinen und ein erfolgreiches Schulkima ausmachen:

- *Gemeinsame Planungen und kollegiale Beziehungen* im Lehrerkollegium und zwischen Schule und Administration zugunsten von Kooperation und Konsens.
- *Aufbau eines Zusammengehörigkeitsgefühls* der Schulmitglieder durch angemessenen Gebrauch von Zeremonien, Symbolen, Regeln.
- *Klare Ziele und hohe Erwartungen, die von allen geteilt werden:* klar definierte und konsenshafte Ziele, Konzentration auf zielorientierte Aufgaben, kontinuierliche Kontrolle des Lernfortschritts.
- *Ordnung und Disziplin:* Die zielorientierten Aufgaben werden mit Ernsthaftigkeit und Zielstrebigkeit wahrgenommen, wofür regelhafte Gefüge erforderlich scheinen.

Die von der OECD (1989) aus einem internationalen Vergleich von Schulqualitätsstudien zusammengetragenen Resultate decken sich mit jenen von PURKEY/SMITH weitgehend; zwei Forderungen heben die Bedeutung a) der Teamarbeit und b) der Personalentwicklung klarer hervor (1989, S. 126f.):

a) „...Collaborative planning, shared decision-making, and collegial work in the frame of experimentation and evaluation“

b) „... A strategy for continuing staff development related to each school`s pedagogical and organizational needs."

Die meisten Forschungen konzentrieren sich auf die Identifikation gelingender Faktoren, was offenbar auch damit zusammenhängt, daß bereits gut entwickelte Schulen innovative Weiterentwicklungen in Angriff nehmen und zum Gegenstand von Begleitforschungen werden. Mindestens ebenso bedeutsam wären jedoch Erkenntnisse über gescheiterte Erneuerungsprozesse und deren Mißlingensfaktoren. Gesichert scheint jedenfalls: Innovationsbemühungen treffen im Regelfall auch auf Widerstände. Zum Teil sind es gegensätzliche Auffassungen über pädagogische Ziele, Methoden und Vorgehensweisen, zum Teil sind es sozio-emotionale Hemmnisse (Ängste, Unsicherheit, mangelnde Risikobereitschaft etc.), zum Teil basieren Widerstände auch auf rationalen Abwägungen, etwa auf antizipierten Arbeitsbelastungen, ungesicherten Innovationswirkungen, unklarer Zielprogrammatik. Empirische Forschungen zur Resistenz gegen Wandel sind insbesondere in Form von identifizierten Mißlingensbedingungen interessant; nach ROLFF (1993, S. 155f.) werden Innovations-Widerstände offenbar umso geringer,

- je mehr die Betroffenen in gemeinsame Situationsanalysen einbezogene werden,
- je mehr Konsens bei Entscheidungen angestrebt wird,
- je mehr Verständnis für Opposition deutlich wird,
- je mehr unterschiedliche Vorschläge zur Geltung kommen,
- je mehr Schritte zum Abbau unnötiger Ängste unternommen werden,
- je mehr Mißverständnisse und Unklarheiten einkalkuliert werden und versucht wird, diese auszuräumen,
- je mehr ein Projekt für Revisionen der Ziel und Mittel offengehalten wird,
- je mehr die Betroffenen Verständnis, Vertrauen, Unterstützung und Anerkennung in ihren Projektbeziehungen erfahren.

Entscheidender Einfluß auf das Zustandekommen und den Verlauf von Innovationen dürfte von subjektiven Faktoren auf der Ebene der Lehrerinnen und Lehrer ausgehen, also von der Innovationsbereitschaft, der Einsicht in die Gestaltbarkeit von Schule und des Entwicklungsstands der individuellen pädagogischen Kompetenzen. Bei einer weniger förderlichen Ausprägung dieser Faktoren wird es zweifelhaft bleiben, ob Innovationen bis auf die Ebene unterrichtlichen und erzieherischen Handelns in der pädagogischen Interaktion wirken (vgl. auch Resultate der neueren Lehrerforschung, etwa BAUER/KOPKA 1994).

SENGE (1990, S. 139) weist darauf hin, daß Organisationen durch Individuen lernen, wobei individuelles Lernen zwar noch kein Organisationslernen garantiere, jedoch ohne es kein Organisationslernen zustandekomme. Er verdeutlicht zudem, daß Organisationslernen zuerst beim Teamlernen ansetze, aber vier weitere Komponenten hinzukommen müssen: die Selbstentwicklung und Persönlichkeitsbildung der Lehrperson, mentale Modelle (wie Organisationsbewußtsein), gemeinsame Visionen und Systemdenken. Die künftige Innovationsforschung muß daher auch dringend Studien zur Veränderung des Lehrerhandelns und zur Entwicklung individueller pädagogischer Kompetenzen und mentaler Voraussetzungen einbeziehen.

3.2 Steuerung und Management schulinterner Innovation

Für den Erfolg von Innovationen wird entscheidend sein, wer sie initiiert, vorantreibt und trägt, aber auch wer sie fördert und unterstützt. Die pädagogisch-organisatorische Selbsterneuerungsfähigkeit einer Schule dürfte insbesondere vom Innovationspotential des Lehrerkollegiums, von der schulinternen Personalentwicklung (Rollen- und Kooperationsstrukturen), vor allem aber von der Fähigkeit der Schulleitung (oder anderer Steuergremien) zu pädagogischem Management abhängen.

Schulleiter nehmen im Zuge erfolgreicher schulischer Innovationsprozesse stets eine Schlüsselrolle ein, fungieren als „gatekeeper“ (Türöffner) von Innovationen (FULLAN 1991). Zumeist initiieren sie auch die Erneuerung oder fördern innovative Ansätze und steuern und modellieren maßgeblich den Erneuerungsprozeß. Ohne oder gar gegen die Schulleitung sind pädagogische Innovationen offenbar kaum zu verwirklichen, wie auch ROSENBUSCH (1989) zeigt. Aufgrund ihrer strategisch bedeutsamen Position zwischen Kollegium, Eltern, Schulträger und Schulaufsicht werden Schulleiter strukturell zu einflußreichen Schlüsselpersonen (vgl. auch BAUMERT 1980).

Für den Management-Experten SCHEIN ist die Beeinflussung der Kultur die einzigartige und wesentliche Aufgabe der Leitung einer Organisation und damit auch die schwierigste Herausforderung (vgl. SCHEIN 1991, S. 317). Überträgt man seine allgemeinen Befunde auf den Schulsektor, so können nach SCHEIN (1991) die Basisauffassungen und Prinzipien einer Organisationskultur ganz wesentlich durch die Ziele und Auffassungen der Schulleiter bestimmt werden. Dabei kann eine innovative Leitung ihre eigenen (schulkulturellen) Vorstellungen im Interaktionshandeln vor allem auf folgende Weise in die vorhandene Schulkultur erfolgreich einbetten: a) durch konsistente und klare Artikulation der eigenen Vorstellungen als Reformerwartungen, b) durch selektive Aufmerksamkeit und Belohnung innovativer Ansätze, c) durch

Modellierung der Rollen im Innovationsprozeß, d) über die Art und Weise des Umgangs mit kritischen Schulproblemen, e) über die Formulierung förderlicher Kriterien für Rekrutierung, Unterstützung, Entscheidungen (ebenda, S. 224 ff.). Diese Befunde wären in schulspezifischen Analysen für den Schulbereich zu prüfen.

In ähnlicher Weise wird die moderne Rolle des Schulleiters von FULLAN (1988) als die eines „instructional leaders" (als didaktischer und pädagogischer Führer) bezeichnet; damit ist gemeint, daß Schulleiter im Team arbeiten können und Innovationen lediglich intelligent initiieren und steuern, ohne sie dominant „durchziehen" zu wollen. Auch HALL (1989) zeigt empirische Ergebnisse, wonach Schulleiter in Innovationen eher die Rolle eines Agenten einnehmen, Teams bilden und Gruppen moderieren, über kooperative Prozesse motivieren, selbst aber möglicherweise weniger entscheidend sind als Steuergruppen, gebildete Projektteams oder andere Schlüsselpersonen im Kollegium. Auf die hohe Bedeutung von Steuergruppen und Teambildungen im Lehrerkollegium für den Innovationsprozeß weisen auch DALIN/ROLFF (1990) und FULLAN (1993) hin. Innovationsstudien müssen daher auch Forschung über Innovations-Management sein, was Fragestellungen zu Einfluß und Handeln in Leitung, Steuergremien und Teams impliziert.

Die Fallstudien-Analyse von NOBLIT/PINK (1987) verdeutlicht, daß die Schule keine wohlstrukturierte Institution mit planvollen Veränderungsansätzen darstellt, sondern eher ein Gefüge von Subsystemen (loosely coupled systems), die nur lose und instabil miteinander verbunden sind. Schulen mit „fragmentierten" Ansätzen oder einzelnen „Projekten" (vgl. ROLFF 1991, S. 881f.) scheinen in der Praxis ohnehin den Regelfall auszumachen. Äußerst aufschlußreich wären demnach Studien, die zeigen könnten, wie aus solchen Durchschnittsschulen innovative Veränderungen heraus geschehen.

3.3 Schulinterne Unterstützungssysteme

Schulträger und Schulaufsicht sind gleichermaßen gefordert, im Zuge ständiger Evaluation Qualitätssicherung im Hinblick auf pädagogische Konzepte und deren Realisierung zu garantieren. Die Innovationsforschung gewinnt hier zwei neue Felder: Zum einen wäre die *Entwicklung der Schulaufsicht zu einer Beratungs- und Unterstützungsinstanz* für schulische Erneuerung zu untersuchen, zum anderen, ob qualitative *schulinterne Entwicklung im Rahmen regionaler Schulentwicklungsplanung* Berücksichtigung findet und zu fördern ist. Auf Steuerungsaspekte soll hier nicht eingegangen werden; folgende Überlegungen, die in der Autonomie-Debatte eine Rolle spielen dürften, wären jedoch einer empirischen Prüfung hinsichtlich möglicher Wirkungen zu unterziehen:

Die Steuerungsebene des Gesamtsystems wird nicht verzichtbar, sondern erlangt für die Entwicklung der Einzelschule eine neue Bedeutung, nämlich in der Vorgabe gesamtstruktureller Ordnungskriterien und die Entwicklung von spezifischen Rahmenkonzeptionen und Programmen der Innovationsförderung, die sowohl pädagogisch-organisatorische Qualitätskriterien vorgeben als auch notwendige Ressourcen bereitstellen und gezielt zuweisen. Neben Qualitätssicherung sind auf der regionalen Ebene lokale Unterstützungssysteme unverzichtbar. Diese Untertützung könnte durch eine Schul-Vernetzung gewährleistet werden, also ein regionaler Verbund in Form lokaler Organisationsgremien und Koordinationsstellen mit vor allem folgenden Aufgaben:

- Erarbeitung regionaler Entwicklungs- und Förderprogramme,
- Koordination von Vorhaben, Anbahnung von Kooperation und Vernetzung zwischen Schulen und zwischen Schulen und sozio-kulturellen Organisationen und Institutionen,
- Organisation von Erfahrungsaustausch, Diskusssionsforen und regionaler schul- bzw. institutionenübergreifender Fortbildung,
- Entwicklung curricular-didaktischer Materialien und Organisationskonzepte (z.B. über pädagogische Werkstätten),
- Erfahrungssicherung und Wissenstransfer, über Informationsbörsen, Dokumentationen, Materialien und Handreichungen, themenbezogene Fortbildung,
- schulinterne Fortbildung, Systemberatung und Organisationsentwicklung, durch abrufbare Moderatoren aus regionalen Zentren.

4 Innovationsverläufe unter verschiedenen Bedingungskonstellationen der Innovationssteuerung

Für empirisch fundierte Erkenntnisse über Prozeßverläufe schulischer Innovationen sind die Forschungsdefizite, vor allem für die Schulentwicklung hierzulande, offensichtlich. Aus einer Reihe von Studien, auch in neuerer Zeit, wurden aus schulischen Innovationsverläufen allerdings auch in Deutschland schon detailliertere Gelingens- und Mißlingensbedingungen zu Tage gefördert. Dabei wird deutlich, daß die unterschiedlichen Bedingungskonstellationen der „Innovationssteuerung“ in Form struktureller und motivationeller Einflußfaktoren bei der Initiation und während des Innovationsprozesses an Bedeutung gewinnen und somit Forschungsperspektiven aufzeigen.

4.1 Innovation als Selbsterneuerungsprozeß einzelner Schulen

Ein erster Typus von Innovationen sind Selbsterneuerungsprozesse, die *nicht durch gezielte Initiative oder Programme von oben*, aber durch verschiedene Faktoren bedingt, in Schulen *aus eigenem Antrieb* vonstatten gehen. Dies können Druck-Faktoren aufgrund schulstruktureller Bedingungen (z.B. für Hauptschulen, Gesamtschulen) oder der veränderten Sozialisationsbedingungen in der Lebenswelt der Schüler/innen sein; oder aber Zug-Faktoren wie Wunsch nach einem gemeinsam geteilten Schulkonzept oder pädagogische Qualitätsansprüche an Unterricht und Schulleben durch die einzelnen Lehrer/innen. Entsprechende empirische Befunde über erfolgte Innovationen finden sich in mehreren Überblicksarbeiten und Fallstudien (vgl. u.a. BAUER/PARDON 1981; TILLMANN 1989; HAMEYER u.a. 1991; HOLTAPPELS 1993; BARGEL/STEFFENS 1993; ALTRICHTER u.a. 1994). Von den Schulen ausgehende Innovationen werden dabei in allen Schulformen berichtet; mit Abstand am durchgreifendsten ist jedoch der Erneuerungsprozeß im Grundschulsektor, auf breiter Front auch im Gesamtschulbereich. Einige Beispiele aus aktuellen Studien sollen dies illustrieren. Für die Innovationsforschung wären weitere Vergleichsstudien, aber auch Fallstudien, die Prozeß und Wirkungen präzise aufzeichnen (vgl. beispielhaft BENNER/RAMSEGER 1981), dringend erforderlich.

Über Intensiv-Fallstudien und die Erstellung von Schulporträts in 16 Schulen in den USA, Schweden, Niederlande und Norddeutschland untersuchte HAMEYER (1991) die Selbsterneuerungsfähigkeit von Grundschulen am Beispiel der Entwicklung von entdeckendem Lernen durch Selbsttätigkeit im Sachunterricht (3./4. Klasse). Die rekonstruierten Innovations-Biographien zeigen:

Die klaren Programmziele der Schulen korrespondieren mit aufeinander bezogenen Formen der Umsetzung. Der unterrichtsbezogene Innovationsprozeß ist von vier Merkmalen gekennzeichnet:

- Die Schulen setzen am Bewährten an und probieren Neues aus, ohne sich vorschnell von bewährter Praxis zu verabschieden. Wirkungsanalyse und Rückzugsgarantie gehören mit zur Expedition ins Neuland.
- Zielklarheit sichern: Praktische Versuche geschahen mit Transparenz und Offenheit nach außen.

- Reihenfolge einhalten: Einführungsphasen garantierten hinreichende Erprobung, Korrektur und Rückzugsmöglichkeiten, ein angemessenes Tempo ließ auch zögernden und lernenden Kolleg/innen Zeit für Aufnahmefähigkeit und Veränderung.
- Feedback sicherstellen: Durch Öffnung des Unterrichts wurden bekräftigende Rückkopplungen ebenso ermöglicht wie rechtzeitige Selbstkritik zugunsten notwendiger Korrekturen.

Für die Kompetenzentwicklung der einzelnen Lehrpersonen hebt HAMEYER (1991) vor allem folgende Merkmale hervor: die Steigerung der Reflexivität (Problembewußtsein, Diagnosefähigkeit und Selbstkritik), eine innovationsfördernde Leitung der Schule, Suche nach neuartigen Lösungen mit hoher Variationstoleranz, Initiativgeist und Schaffung von Selbsterneuerungsspielräumen sowie vernetztes Denken durch Umsicht in der Planung, vorausschauende Simulation von Innovationsfolgen und Nebenwirkungen. Der schulische Kontext innovativer Schulen ist durch Souveränität nach außen, die Schaffung eines förderlichen Schulklimas, durch Kontinuität des Personals und Abwechslung der inhaltlich-methodischen Arbeit gekennzeichnet.

In der Grundschule haben in zahlreichen Bundesländern neue und pädagogisierte Richtlinien sicherlich den Weg für innovative Pädagogik geöffnet; jedoch nicht die obere Steuerungsebene sondern förderliche Schlüsselfaktoren in der Einzelschule bringen erst die Erneuerung auf den Weg: HAENISCH (1993) hat in nordrhein-westfälischen Grundschulen in einer explorativen Studie die schulische Erneuerung aufgrund der Umsetzung der neuen Grundschulrichtlinien untersucht. Als Schlüsselfaktoren für eine voranschreitende Entwicklung der Grundschulen findet HAENISCH (1993) durchgängig folgende vor: Sockelniveau an Kompetenzen, vielschichtige Infrastruktur an Kooperation und Kommunikation, Schulleitung als treibende Kraft, gemeinsame Wellenlänge im Menschlichen und Erzieherischen, neues Personal schafft neue Impulse, Unterstützung von außen. Für den Entwicklungsprozeß selbst zeigen sich folgende sieben – für die Erneuerung offenbar bewährte – Prinzipien:

1) Konzentration auf wichtige Ziele
2) Bewährtes wird nicht vorschnell aufgegeben
3) Entwicklung in kleinen Schritten
4) Verändern durch Neugierigmachen und Überzeugen
5) Gezieltes Hereinholen von Informationen und Kompetenzen
6) Die Innovation zur offiziellen Sache machen
7) Transparenz und Öffnung nach außen

Zahlreiche empirische Befunde und in der Schulentwicklungsarbeit als Modell hervorgehobene Einzelschulen deuten darauf hin, daß vor allem solche Schulen eine beachtliche Schulqualität hervorbringen, die eine Abkehr von der reinen Unterrichtsanstalt mit konventionellem Stundenhalten vollzogen und ein vielseitiges Schulleben mit differenzierten Arrangements von Lern- und Erfahrungsmöglichkeiten geschaffen haben. Dabei geben offenbar insbesondere *Schulen mit Ganztags- und Öffnungskonzepten* einen pädagogisch-organisatorischen Rahmen für die Entfaltung der schulischen Lernkultur her – und eröffnen damit eine innovative Perspektive für die innere

Schulentwicklung (vgl. ausführlich Holtappels 1994); die Sekundäranalyse von Schulkonzepten identifiziert fast durchgängig sechs Ebenen, die innovative Merkmale dieser Schulen kennzeichnen :

1) ein lerngerechter und schülerorientierter Zeitrhythmus,
2) eine didaktisch-methodisch differenzierte Lernorganisation,
3) die Ausgestaltung des Schullebens,
4) die schulräumliche Gestaltung,
5) die Öffnung der Schule zur Schulumwelt,
6) eine offenere Rollenstruktur und teamartige Personalorganisation.

4.2 Innovation durch überregionale Rahmenkonzepte

In den letzten Jahren wurden in verschiedenen deutschen Ländern Rahmenkonzepte (Modellversuche, Entwicklungsprogramme) auf den Weg gebracht, die Innovationen initiieren oder fördern sollen. Beispiele dafür sind im curricular-unterrichtlichen Sektor die Informationstechnische Grundbildung oder das „PUSCH"-Programm in Hessen zur Förderung von Projektlernen, im Bereich der Schullebensgestaltung etwa das Rahmenkonzept des Kultusministers in Nordrhein-Westfalen zur „Gestaltung des Schullebens und Öffnung von Schule" oder das hessische Programm der „Europaschulen". In bezug auf eine wirksame Erneuerung des Schul- und Unterrichtsalltags ist bemerkenswerterweise die in konkrete Implementation (Aufnahme in Lehrpläne) mündende flächenhafte Innovation der informationstechnischen Grundbildung eher zurückhaltend zu bewerten; sie wird vielfach auch als von oben durchgesetzte Maßnahme betrachtet. Währenddessen haben die anderen beispielhaft genannten Entwicklungsprogramme zahlreiche pädagogische Innovationen bewirkt, die zudem auf die Erneuerung der Schule als Ganzes zielen (vgl. LSW 1988; Burkard u.a. 1992; HIBS 1986; Kubina 1993), was aber freilich nur eine Reihe von Schulen betrifft.

Manche solcher Programme treffen nicht zuletzt deshalb auf breite Akzeptanz, weil sie Schulen und Lehrpersonen nicht zu bestimmten – vor allem nicht zu durchgängigen und umfassenden – Veränderungen zwingen, sondern *Erlaubnis-, Anregungs- und Aufforderungscharakter* besitzen. Die Akzeptanz solcher Rahmenkonzepte erweist sich jedoch zugleich als ihre Schwäche, welche in ihrer Unverbindlichkeit liegt. So haben etwa Rahmenkonzepte der Schulöffnung einiger Bundesländer bei einem Großteil der Schulen wenig oder überhaupt nichts bewirkt. Erlaubnis und Aufforderung zu Innovationen genügen demnach offensichtlich nicht. Deshalb operiert die Gesamtsystemebene mittlerweile einerseits mit Fortbildung durch Multiplikatoren und umfangreichen didaktischen Handreichungen, andererseits mit zusätzlichen Personal- und Material-Ressourcen in Verbindung mit der Entwicklung in „Pilot"- oder Modellschulen, wovon man sich Transfer-Effekte verspricht.

Vergleichende Untersuchungen könnten die Frage erhellen, in welcher Konstellation und mit welcher Reichweite sich Rahmenkonzeptionen als innovationsfördernd erweisen. Dabei wäre zu beachten, ob nicht regionale Rahmenprogramme zur Schulentwicklung (wie z.B. in Frankfurt/Main zur Schülerbetreuung oder Umwelterziehung, in Oldenburg/Oldb. zur Ganztagsbetreuung oder Solingen zur Schulöffnung) stringenter und gezielter Wirkungen erbringen.

4.3 Innovation durch Organisationsänderung und Schulkonzeptentwicklung

Die sichtbar zu machenden Elemente der Schulkultur einer Schule können in einem pädagogischen Schulprofil im Sinne von Schwerpunktsetzungen zum Ausdruck kommen oder sich in einem pädagogisch intendierten zielorientierten und als verbindlich geltenden pädagogischen Schulprogramm niederschlagen. Ein Schulprogramm kann als bewußt gemachtes Schulprofil, auf der Basis von Verständigungsprozessen im Lehrerkollegium einer Schule, betrachtet werden. Mit dem Begriff Schulkonzept sind schulpädagogisch begründete Schulmodelle gemeint, die verschiedene curricular-didaktische, sozialisatorische und organisatorische Ansätze in einem abgestimmten Gesamtkonzept auf Schulebene integrieren und aufeinander beziehen. In jedem Fall deutet auch die Schulqualitätsforschung auf die Bedeutung eines auf der Ebene der Schule entwickelten und in die praktische Arbeit umgesetzten pädagogischen Gesamtkonzepts hin.

Dabei stellt sich die empirische Frage, ob eine Verpflichtung zur Schulkonzeptentwicklung über strukturelle Maßnahmen oder ressourcengebunden über materielle Anreize erreicht bzw. forciert werden kann. Die Erarbeitung eines Schulprogramms scheint jedenfalls vor allem dann wirksame Innovationsprozesse einzuleiten wenn gleichzeitig *strukturelle Veränderungen* in Form schulorganisatorischer Maßnahmen damit in Zusammenhang stehen: So etwa im Zuge von Neugründungen von Gesamtschulen (Beispiel: Schulentwicklungsplan Frankfurt/Main, vgl. PFEIFFER u.a. 1991) oder die Umwandlung von Schulen in integrierte Systeme (vgl. etwa RIEGEL 1989) bzw. der Arrondierung kooperativer Systeme um einen weiteren Schulzweig. Ein dritter Typus umfaßt Veränderungen in der zeitlichen Tagesorganisation

(Umwandlung von Halbtags- in Ganztagsschule bzw. bis oder über mittags erweiterte Schulzeit, vgl. z.B. BURK 1990).

Für das Gelingen einer pädagogisch förderlichen Weiterentwicklung des schuleigenen Konzepts in Verbindung mit Umstellungen in der Zeitorganisation (erweiterte Tageszeit mit täglich festen Öffnungszeiten bis mittags) lassen sich am Beispiel von „Volle Halbtagsschulen" in Niedersachsen für die meisten Schulen (Primarstufe) fast exakt jene *Schlüsselfaktoren der Innovation* identifizieren (vgl. HOLTAPPELS 1994a u. 1994b), die auch HAMEYER und HAENISCH vorfanden (z.T. auch bei BARGEL/STEFFENS 1993, S. 71ff. und PURKEY/SMITH 1983); die Forschungserkenntnisse erreichen hier also eine Verdichtung, die Schlüsselmerkmale scheinen für den Erfolg von Innovationsvorhaben generell gültig zu sein.
Für den schulinternen Entwicklungsprozeß des Schulkonzepts und des Kollegiums im Zuge ihres Erneuerungsprozesses werden allerdings entscheidende *Prozeßmerkmale* ermittelt, die weiterführend sein können; deren Übertragbarkeit auf ähnliche oder sogar auf verschiedenartige Innovationen wäre empirisch zu untersuchen:

– *Pädagogisch-organisatorische Konzepte als Schulprogramm:* Die Lehrerkollegien sind offenbar durchgängig in einen regen pädagogischen Reflexionsprozeß über das pädagogisch-organisatorische Konzept ihrer Schule eingetreten. Die einzelnen didaktisch-methodischen und erzieherischen Innovationen finden ihre Entsprechung in organisatorischen Entscheidungen und sind im Regelfall in ein konsenshaftes Schulkonzept eingemündet.

– *Teambildung und Lehrerkooperation:* In zahlreichen Schulen haben veränderte Organisationsformen auch zu teamartigen Kooperationsstrukturen im Alltagshandeln geführt: erstens zu intensivierter Kooperation für perspektivische Unterrichtsplanung und Schullebensgestaltung, in der gemeinsamen Erstellung oder im Austausch von Lehrmaterialien sowie im Erfahrungsaustausch in konkreten didaktischen und erzieherischen Fragen, zweitens wird Unterricht im Team-Teaching durchgeführt und Unterricht verstärkt hospitiert, drittens wurden in etlichen Schulen Teamstrukturen in Form von Jahrgangsteams oder klassenbezogenen Tandems eingeführt.

– *Selbsterneuerung als kollegiumsinterner Fortbildungsprozeß:* Die schulische Selbsterneuerung wird als eine prozeßhafte Aufgabe für das gesamte Lehrerkollegium begriffen. Indikatoren dafür sind: gesteigerte Teilnahme Einzelner an Fortbildung, als schulinterne Lehrerfortbildung, ständige Abstimmungsprozesse durch Klausurtagungen, Konferenzen und institutionalisierte pädagogische Arbeitskreise. Diese kollegiumsinternen Entwicklungsprozesse gingen zum Teil der Umwandlung der Zeitorganisation voraus, zum Teil waren sie Ergebnis der Organisationsänderung.

– *Schulen lernen voneinander:* Nicht nur einzelne Schulen als Organisation „lernen", sondern immer mehr Schulen lernen voneinander: in Informationsveranstaltungen, Exkursionen von Lehrerkollegien in entwickelte Schulen sowie institutionalisierte Arbeitskreise, Workshops und Projektgruppen auf lokaler Ebene, als Unterstützungssystem und Informationsbörse fungierend.

Die Pflicht zur Konzepterstellung und Berichterstattung als Voraussetzung für die Bewilligung von Organisationsänderung und Personalzuschlag im Zuge des Schulversuchs hat damit innovative Prozesse inganggesetzt, zumindest aber pädagogische Konzeptentwicklung bewirkt.

4.4 Innovation über Verfahren der Organisationsentwicklung

Die Erarbeitung eines pädagogischen Konzepts, das vom gesamten Kollegium einer Schule getragen werden soll, erfordert ebenso einen längerfristigen Schulentwicklungsprozeß der einzelnen Schule wie die Entwicklung von vernetzenden Kooperationsbeziehungen zwischen verschiedenen Einrichtungen: Über Organisationsentwicklung und kollegiumsbezogene Fortbildung (vgl. DALIN/ROLFF 1990) sind Zielklärungen, konsenshafte pädagogische Konzepte, Verständigungen über Schwerpunktsetzungen und einzelne Maßnahmen sowie über Zeit-, Organisations- und Personalfragen unerläßlich. Jede Schule muß dabei ihr eigenes Konzept und Profil finden, welches sowohl den spezifischen Problemlösekompetenzen des Kollegiums und seinen einzelnen Mitgliedern entspricht als auch die lokalen sozio-kulturellen Umfeldbedingungen der Schule in Rechnung stellt.

Verfahren der *Organisationsentwicklung* beinhalten damit die Selbstuntersuchung und Diagnose, Selbststeuerung und Selbstevaluation eines Lehrerkollegiums (vgl. dazu DALIN 1986; DALIN/ROLFF 1990; PHILIPP 1992). Nach ROLFF (1986) ist Organisationsentwicklung „ein offenes, planmäßiges, zielorientiertes und langfristiges Vorgehen im Umgang mit Veränderungsforderungen und Veränderungsabsichten in sozialen Systemen.“ Sie will die pädagogischen, technischen und menschlichen Aspekte einer Schule integrieren. Ziel eines solchen Prozesses ist die Selbstentwicklung der Mitglieder und die Selbsterneuerung der Organisation. Organisationsentwicklung stellt praktisch ein systematisches Verfahren zur gezielten Entwicklung förderlicher Schulkulturen und innovativer pädagogische Schulprogramme dar. Dabei wären Innovationen dann erfolgreich, wenn sie dazu beitragen, die Problemlösefähigkeit und Selbsterneuerungsfähigkeit – und damit die Selbstorganisation und -evaluation – der einzelnen Schule zu erhöhen. Schulentwicklung wird so als prozeßhafte Daueraufgabe des sozialen Systems der Einzelschule verstanden.

Das Forschungsdefizit im Hinblick auf Erkenntnisse zum Verlauf und zur Wirkung von Prozessen der schulischen Organisationsentwicklung ist insgesamt gesehen noch beträchtlich. Aufgabe der Innovationsforschung wäre zudem, über Fallstudien Erkenntnisse zu den oben skizzierten OE-Prozeßphasen zusammenzutragen, um Evaluationsverfahren und -instrumente verbessern und Gelingens- und Mißlingensfaktoren in Beratungsprozessen in Rechnung stellen zu können. Einige Erkenntnisse ergeben Hinweise für Forschungsbedarf:

Hinsichtlich des Einstiegs mit OE-Projekten zur Schulgestaltung leiten FOLTZ u.a. (1974) aus einer Meta-Analyse und eigenen Erfahrungen folgendes ab: Es sollte dort angefangen werden, wo die Mißstände am größten sind oder die Schule die gößten Stärken sieht und wo bereits kurzfristig sichere und sichtbare Erfolge zu erwarten sind. Dabei müssen die Maßnahmen von einer Mehrheit gewollt und vom gesamten Kollegium zumindest akzeptiert werden. BUHREN (1995) stellt aus der Begleitforschung aktuell laufender OE-Prozesse heraus, daß für die Schulen durchgängig vier Zielsetzungen des Entwicklungsprozesses gleichrangig Relevanz haben: Erhöhung der Problemlösefähigkeit der Schule, Attraktivitäts- und Akzeptanzsteigerung der Schule, Arbeitsplatz- und Lernverbesserungen für die Schulmitglieder, Selbstorganisation und -evaluation der Entwicklung. ROLFF (1993, S. 173f.) hebt hervor, daß die Maßnahmeentwicklung auf das Ganze der Schule als soziale Organisation bezogen sein sollte, wobei das gesamte Kollegium eine Zielklärung vornimmt und in einer Mehrzahl von Teams operiert.

Was die Teamentwicklung anbetrifft, sind etwa Studien über Entwicklung und Arbeitsprozesse von Team-Modellen (vgl. z.B. BRANDT/LIEBAU 1978) ebenso wertvoll wie selten. Ein neuerer Ansatz zur Weiterentwicklung der Lehrerkooperation in Gesamtschulen (vgl. DÖRGER 1992) unterstreicht die Bedeutung des schulinternen Konzeptteams als Steuergruppe, offenbart aber auch die begrenzten Einwirkungsmöglichkeiten in uneinigen Kollegien; ebenso führten die Prozeßinstrumentarien (Pädagogische Tage, Pädagogische Werkstatt, Erarbeitung des Schulporträts) nicht durchgängig zu Innovationsfortschritten. Dies verweist auf Defizite in elaborierten und erprobten Verfahren für die gesamtstrategische Arbeit von Steuergruppen und die Schulkonzept- und Teamentwicklung.

BULLA/DOMNICK (1980) machen zum einen aufmerksam auf die Gefahr von Zielkonflikten zwischen Strategiemodellen der Forscher-/Moderatorengruppe und den Veränderungsbedürfnissen einzelner Schulen, die nicht in jedem Einzelfall diskursiv zu einer Synthese zu führen sind; zum anderen scheint in Survey-Feedback-Ansätzen sowohl die Erhebung valider Informationen als auch die problemgerechte diagnostische Verarbeitung der Daten im System der Einzelschule – aufgrund unterschiedlicher Kompetenzen, Einstellungen und Hemmnisse – noch nicht gelöst zu sein. Am Beispiel der Entwicklung des Schulprogramms in Grundschulen verdeutlichen LANGENBUCH u.a. (1992) die Hemmnisse und Widerstände gegenüber den Einzelphasen des OE-Prozesses, insbesondere hinsichtlich der Offenlegung der Bestandsaufnahmen mit standardisierten Instrumenten.

BURKARD (1995) empfiehlt, Instrumente von Steuergruppen entwickeln bzw. situationsgerecht adaptieren zu lassen und Durchführungsnormen vorab zu klären. Er kommt in der Begleitforschung eines Projekts zur Selbstevaluation von Schulen unter Einbezug der Schulaufsicht zu dem (Zwischen-)Ergebnis, daß die Klärung und konsenshafte Abstimmung von Evaluationszielen, -kriterien und -verfahren eine unbedingte Voraussetzung für den Abbau von Widerständen darstellt. Hervorgehoben wird allerdings, daß neben der kollegiumsinternen auch eine externe (korrigierende) Spiegelung von Evaluationsdaten ebenso erforderlich ist, wie wiederholte Evaluationen. Forschungsbedarf gilt demnach speziell für die Evaluation von Schulkonzepten und implementierten Innovationsvorhaben – eine empirische Evaluation von Evaluationsprozessen scheint angezeigt.

5 Zukunftsperspektiven schulischer Innovationsforschung – Zusammenfassung und Ausblick

Zusammenfassend lassen sich als Perspektiven und dringend zu bearbeitende Felder der zukünfigen Innovationsforschung die folgenden zehn Forschungsbereiche und Forschungsfragen skizzieren:

(1) Initiation von Wandel: Auf welche Weise wird in Schulen Innovation initiiert und welches sind die Schubkräfte? Unter welchen Voraussetzungen sind Motivation und Engagement von Schulleitung und Kollegium zu fördern? Welche Ausprägungen zeigen sich in der Lehrerschaft bezüglich Innovationsbereitschaft, Organisationsbewußtsein und Gestaltungskompetenzen?

(2) Schulkultur und Innovation: Welche Komponenten machen eine Schulkultur aus? Wie entwickeln sich Schulkulturen und vollzieht sich Innovation vor dem Hintergrund eines unterschiedlichen Sockelniveaus und Entwicklungsstands von einzelnen Schulen?

(3) Strukturmerkmale und Prozeßverläufe von Innovationen: Wie verlaufen in Schulen Prozesse der Erneuerung? Welche Gelingens- und Mißlingensbedingungen schulexterner und -interner Art sind zu identifizieren?

(4) Schulexterne Innovationssteuerung: Welche Instrumente der Innovationssteuerung werden eingesetzt und welche Wirkung geht von ihnen aus (überregionale Rahmenkonzepte, regionale Entwicklungsprogramme, Schulkonzeptentwicklung, Organisationsentwicklung etc.)?

(5) Schulinternes Innovations-Management: Welche schulinternen Innovationsstrategien erweisen sich als erfolgreich? Wie ist das Verhältnis zwischen schulexternen Schulentwicklungsmoderatoren und innerer Steuerung durch Schulleitung, Steuergruppen und Aktionsteams?

(6) Organisations- und Personalentwicklung: Welche schulinternen Gestaltungsbereiche und Erneuerungsprozesse lassen sich über OE-Verfahren und Systemberatung forcieren und fördern? Wie gestaltet sich das Zusammenspiel zwischen Organisations-, Team- und individuellem Lernen?

(7) Inkorporation von Selbstorganisation und Selbstevaluation: Welche Instrumente und OE-Verfahren tragen in Schulentwicklungsprozessen zur Stabilisierung selbstreflexiver und selbstevaluativer Organisationskultur bei? Wie kann Selbstevaluation in Einzelschulen etabliert werden?

(8) Äußere und innere Schulentwicklung: Welche Wechselwirkungen bestehen zwischen Umfeldstrukturen (Sozialraum, Schulstruktur) und der Entwicklung von Schulkultur und Innovationen? Welche Interdependenzen zeigen sich schulintern zwischen schulorganisatorischen Bedingungen und der Entwicklung der Lehr-Lern-Kultur bzw. der Erziehungskultur?

(9) Schulaufsicht und Schulplanung: Welche Rolle spielt die Schulaufsicht als Beratungssystem? Inwieweit kann regionale Schulentwicklungsplanung innerschulische Innovation unterstützen?

(10) Makroanalysen: Wie ist das Verhältnis und das Zusammenspiel zwischen Gesamtsystemsteuerung, regionaler Unterstützung und Organisationsentwicklung der Einzelschule?

Dafür wären entsprechende Forschungsansätze und methodische Verfahren seitens der Wissenschaft einzusetzen und zu konzipieren (vgl. insbesondere PURKEY und SMITH 1983; REYNOLDS 1990, S. 96ff.; BESSOTH 1989), aber auch bildungspolitisch zu ermöglichen und zu fördern:

- Längssschnittuntersuchungen zu Implementationsverläufen und Innovationsprozessen und ihren mittelfristigen Wirkungen.
- Feldstudien zur Untersuchung von Prozessen der Entwicklung von Schulkultur (z.B. über ethnografische Methoden) und ihren Struktur- und Prozeßmerkmalen in einzelnen Schulen (einschließlich des Leitungs,- Teams- und Lehrerhandelns).
- Fallstudien und Erfahrungssicherung zu Schulentwicklungsprozessen mit Organisationsentwicklung und Systemberatungsverfahren.

- Entwicklung und Erprobung von Analyse-, Diagnose- und Evaluations-Instrumenten sowie von Schulentwicklungsprogrammen und Aktionsforschungsverfahren.
- Quantitativ orientierte Überblicksstudien bei Auswahl typischer Schulen, hinreichend großer Stichprobe sowie Kontrolle von Indikatoren zu Innovationsvoraussetzungen (z.B. Schülerpopulation).
- Meta-Analysen zur Interdependenz von makrostrukturellen Steuerungsaspekten, regionalen Strukturen und schulinternen Innovationseffekten auf der Mikroebene.

Literatur

Altrichter, H./Radnitzky, E./Specht, W.: Innenansichten guter Schulen. Portraits von Schulen in Entwicklung. Wien 1994

Aurin, K. (Hrsg.): Gute Schulen – worauf beruht ihre Wirksamkeit? Bad Heilbrunn 1990

Bargel, T./Steffens, U.: Erkundungen zur Qualität von Schule. Neuwied/Kriftel/Berlin 1993

Bauer, K.-O./Kopka, A.: Vom Unterrichtsbeamten zum pädagogischen Profi – Unterrichtsarbeit auf neuen Wegen. In: H.-G. Rolff/K.-O. Bauer/K. Klemm/H. Pfeiffer/R. Schulz-Zander (Hrsg.), Jahrbuch der Schulentwicklung, Band 8. Weinheim/München 1994, S. 267-307

Bauer, K.-O./Pardon, H.: Können sich Schulen ändern? Bericht aus einem Forschungsprojekt. Weinheim und Basel 1981

Bauer, K.-O./Rolff, H.-G. (Hrsg.): Innovation und Schulentwicklung. Bildungssoziologische Analysen und Fallstudien. Weinheim und Basel 1978

Bauer, K.-O./Rolff, H.-G.: Vorarbeiten zu einer Theorie der Schulentwicklung. In: dies. (Hrsg.), a.a.O. 1978, S. 219-263

Baumert, J.: Aspekte der Schulorganisation und Schulverwaltung. In: Max-Planck-Institut für Bildungsforschung (Hrsg.), Bildung in der Bundesrepublik Deutschland, Bd. 1. Reinbek 1980, S. 589-748

Benner, D./Ramseger, J.: Wenn die Schule sich öffnet. Erfahrungen aus dem Grundschulprojekt Gievenbeck. München 1981

Berman, P. u.a.: Federal Programs Supporting Educational Change. Vol. I-VII. Santa Monica, Ca. 1974ff.

Bessoth, R.: Organisationsklima an Schulen. Neuwied/Frankfurt/M. 1989

Brandt, H./Liebau, E.: Das Team-Kleingruppen-Modell. Ein Ansatz zur Pädagogisierung der Schule. München 1978

Brophy, J.E./Good, T.L.: School Effects. In: M.C. Wittrock (Hrsg.), Handbook of Research on Teaching. New York 1986

Buhren, C.G.: Entfaltung der Lernkultur durch Organisationsentwicklung. In: H. G. Holtappels (Hrsg.), a.a.O., 1995 (im Erscheinen)

Bulla, H.-G./Domnick, J.: Wandel durch Organisationsentwicklung – Ein Arbeitsbericht über Strategieprobleme in einem handlungsorientierten Innovationsforschungsprojekt. In: K.-O. Bauer/H.-G. Rolff (Hrsg.), a.a.O., 1978, S. 71-90

Burk, K. (Hrsg.): Die Ganze Halbtagsschule. Grundschule mit festen Öffnungszeiten, Frankfurt/M. 1990

Burkard, Ch.: Selbstevaluation – ein Instrument zur Qualitätsentwicklung von Einzelschulen? In: H. G. Holtappels (Hrsg.), a.a.O., 1995 (im Erscheinen)

Burkard, Ch./Holtappels, H.G./Mauthe, A./Rösner, E.: Stadtentwicklung und Öffnung von Schule. IFS-Werkheft 37, Dortmund 1992

Dalin, P.: Case Studies of Educational Innovation. Vol. IV. Paris: OECD 1973

Dalin, P.: Organisationsentwicklung als Beitrag zur Schulentwicklung. Paderborn/München/Wien/Zürich 1986

Dalin, P./Rolff, H.-G.: Institutionelles Schulentwicklungsprogramm. Eine neue Perspektive für Schulleiter, Kollegium und Schulaufsicht, Soest 1990

Dörger, U.: Projekt Lehrerkooperation. Eine pädagogische Konzeption zur Weiterentwicklung von Gesamtschulen. Weinheim/München 1992

Fend, H.: „Gute Schulen – schlechte Schulen". Die einzelne Schule als pädagogische Handlungseinheit. In: Die Deutsche Schule 78 (1986)3, S. 275-293

Fend, H.: Schulkima: Soziale Einflußprozesse in der Schule. Weinheim/Basel 1977

Fend, H.: Gesamtschule im Vergleich – Bilanz der Ergebnisse des Gesamtschulversuchs. Weinheim/Basel 1982

Foltz, J.A./Harvey, J.B./McLaughlin, J.: Organization Development. In: J.D. Adams (Ed.), Theory and Method in OD. Arlington: Institute for Applied Behavioral Sciences 1974

Fullan, M.: What`s worth fighting for? Toronto: Ontario Public School Teachers Federation 1988

Fullan, M.: The New Meaning of Educational Change. New York 1991

Fullan, M.: Change Forces. Probing the Depths of Educational Reform. London/New York/Philadelphia 1993

Furck, C.-L.: Innere oder äußere Schulreform? Kritische Betrachtungen. In: Zeitschrift für Pädagogik 13, Heft 2/1967, S. 99-115

Haenisch, H.: Wie sich Schulen entwickeln. Eine empirische Untersuchung zu Schlüsselfaktoren und Prinzipien der Entwicklung von Grundschulen. Soest 1993

Hameyer, U.: Die innere Qualität innovativer Grundschulen – Ergebnisse aus Fallstudien der Selbsterneuerungsfähigkeit. In: U. Hameyer u.a. (Hrsg.), a.a.O., 1991, S. 77-103

Hameyer, U./Lauterbach, R./Wiechmann, J. (Hrsg.): Innovationsprozesse in der Grundschule. Fallstudien, Analysen und Vorschläge zum Sachunterricht. Bad Heilbrunn/Obb. 1991

Hall, G.E.: The Principal as Leader of the Change Facilitating Team. In: Journal of Research and Development in Education 22 (1989) 1, S. 49-59

Hargreaves, A.: Two Cultures of Schooling: The Case of Middle Schools. London, New York, Philadelphia 1986

HIBS – Hessisches Institut für Bildungsplanung und Schulentwicklung (Hrsg.): Gemeinsames Lernen in Projekten. Eine Perspektive für die schulformbezogene Gesamtschule in Hessen. Wiesbaden 1986

Holtappels, H. G. (Hrsg.): Lernkultur an Sekundarschulen. IFS-Werkheft 42. Dortmund 1993

Holtappels, H. G.: Lernkultur und Schulumfeld. Ein Projekt zur Schulentwicklung in unterschiedlichen regionalen Kontexten. In: ders. (Hrsg.), a.a.O., 1993, S. 9-32 (1993a)

Holtappels, H.G.: Ganztagsschule und Schulöffnung. Perspektiven für die Schulentwicklung. Weinheim und München 1994

Holtappels, H.G.: Schulzeit als Schulqualitätsfaktor. Erneuerungsprozesse und Entwicklungsstand in „Vollen Halbtagsschulen. In: Die Deutsche Schule 86 (1994), Heft 2/1994, S. 327-343 (1994a)

Holtappels, H.G.: Wie Schulen sich verändern. Analyse schulischer Innovationsverläufe am Beispiel von Vollen Halbtagsschulen und Ganztagsschulen. Forschungsbericht über eine explorative Studie (unveröff.). Dortmund 1994(b)

Holtappels, H. G. (Hrsg.): Entwicklung von Schulkultur. Resultate und Wege schulischer Innovation. Neuwied/Darmstadt 1995 (im Erscheinen)

Huberman, A.M./Miles, M.B.: Innovation Up Close. How School Improvement Works. New York 1984

Kubina, Ch. (Hrsg.): Europaschule in Hessen. Eine Perspektive für die Schule von morgen. Wiesbaden 1993

Kuthe, M./Bargel, T./Nagl, W./Reinhardt, K.: Siedlungsstruktur und Schulstandort. Paderborn 1979

Langenbuch, G./Philipp/Rolff, H.-G./Schnoor, D.: Anätze und Schwierigkeiten, Schule zu entwickeln. IFS-Werkheft 39. Dortmund 1992

LSW – Landesinstitut für Schule und Weiterbildung (Hrsg.): Gestaltung des Schullebens und Öffnung von Schule – ein Beitrag zur Qualitätsverbesserung von Schule? Soest 1988

Lightfoot, S.L.: The good High School – Portraits of Character and Culture, Basic Books, New York 1983

McLaughlin, M.B.: The Rand Change Agent Study Revisited. In: Educational Researcher 19 (1990) 9, S. 11-16

Mortimore, P./Sammons, P. u.a.: The Yunior School Project. Inner London Education Authority, Research ans Statistic Branch. London 1987

Noblit, G.W./Pink, W.T. (Hrsg.): Schooling in Social Context: Qualitative Studies. Norwood, N.J., 1987

OECD (Hrsg.): Schools and Quality. An International Report. Paris 1989

Paulston, R.G.: Conflicting Theories of Social and Educational Change: A Typological Review. University Center for International Studies, Univ. of Pittsburgh 1976.

Pfeiffer, H. u.a.: Schulentwicklungsplan Frankfurt/Main. Teil A – Allgemeinbildendes Schulwesen. Dortmund 1991

Philipp, E.: Gute Schule verwirklichen. Ein Arbeitsbuch mit Methoden, Übungen und Beispielen der Organisationsentwicklung. Weinheim und Basel 1992

Popp, W.: Die Lernfähigkeit der Schule. In: F. Kümmel (Hrsg.), Vergißt die Schule unsere Kinder? München 1978

Purkey, St.C./Smith, M.S.: Effective Schools: A Review. In: The Elementary School Journal, Heft 4/1983, S. 427-453

Reynolds, D.: The Delinquent School. In: P. Woods (Hrsg.), The Process of Schooling, London 1976

Reynolds, D.: Forschung zu Schulen und zur Wirksamkeit ihrer Organisation – das Ende des Anfangs? Eine kritische Bilanz aus der Sicht britischer Erfahrungen. In: K. Aurin (Hrsg.), Gute Schulen – worauf beruht ihre Wirksamkeit? Bad Heilbrunn 1990, S. 88-100

Reynolds, D./Sullivan, M./Murgatroyd, S.J.: The Comprehensive Experiment. Falmer Press, Lewes 1987

Riegel, E.: Schule von innen verändern. In: K.-J. Tillmann (Hrsg.), a.a.O., 1989, S. 120-134

Rolff, H.-G.: Schulleitungsseminar. Grundkurs Organisationsentwicklung, Band 2.1. Soest 1986

Rolff, H.-G.: Wie gut sind gute Schulen: Kritische Analysen zu einem Modethema. In: H.-G. Rolff/K.-O. Bauer/K. Klemm/H. Pfeiffer (Hrsg.), Jahrbuch der Schulentwicklung, Band 6. Weinheim/München 1990, S. 43-261

Rolff, H.-G.: Schulentwicklung als Entwicklung von Einzelschulen? Theorien und Indikatoren von Entwicklungsprozessen. In: Zeitschrift für Pädagogik 37 (1991), Heft 6/1991, S. 865-886

Rolff, H.-G.: Wandel durch Selbstorganisation. Theoretische Grundlagen und praktische Hinweise für eine bessere Schule. Weinheim/München 1993

Rosenbusch, H.S.: Der Schulleiter – ein notwendiger Gegenstand organisationspädagogischer Reflexion. In: H.S. Rosenbusch/ J. Wisssinger (Hrsg.), Schulleiter zwischen Administration und Innovation. Braunschweig 1989

Russig-Kallfass, S.: Handlungsspielräume kommunaler Schulentwicklungsplanung. Zur Theorie und Praxis dezentraler Schulpolitik. Weinheim und Basel 1977

Rutter, M./Maughan, B./Mortimer, P./Ouston, J.: Fifteen Thousand Hours. London 1979; deutsche Übers.: 15.000 Stunden. Schulen und ihre Wirkung auf die Kinder. Weinheim 1980

Sarason, S.B.: The Culture of the School and the Problem of Change. Boston 1971

Schein, E.H.: Organizational Culture And Leadership. A Dynamic View. San Francisco/Oxford 1991

Schlömerkemper, J.: Lernen zwischen Dissens und Konsens – Zur Verbindlichkeit des Lehrens und Lernens in Team-Modellen. In: H. G. Holtappels (Hrsg.), a.a.O. 1993, S. 49-60

Senge, P.: The Fifth Discipline. New York 1990

Steffens, U.: Gestaltbarkeit und Qualitätsmerkmale von Schule aus Sicht der empirischen Schulforschung. In: U. Steffens/T. Bargel (Hrsg.), Erkundungen zur Wirksamkeit und Qualität von Schule (Qualität von Schule, Heft 1). Wiesbaden 1987, S. 21-39

Tillmann, K.-J. (Hrsg.): Was ist eine gute Schule. Hamburg 1989

Türk, K.: Neuere Entwicklungen der Organisationsforschung. Stuttgart 1989

Renate Schulz-Zander

Multimedia und Telekommunikation

Interaktive Medien, Multimedia, Hypermedia, Telekommunikation, virtuelles Klassenzimmer und Telekooperation sind aktuelle Schlagwörter in der Bildungslandschaft. Mit ihrem Einsatz werden eine neue Qualität des Lernens und eine grundlegend veränderte Informations- und Kommunikationskultur prognostiziert. Als einen „Quantensprung für eine bessere Schulbildung“ und die „größte Veränderung des Bildungswesens seit der Erfindung der Buchdruckerkunst“ kennzeichnete der Berliner Schulsenator Jürgen Klemann erst kürzlich die Entwicklung, die mit dem Comenius-Projekt, das eine „telekommunikative Infrastruktur für multimediale Dienste“ an Berliner Schulen beginnend mit dem Schuljahr 95/96 bereitstellt, eingeleitet wird (MUCH 1994). Dieses Projekt soll den Stein für eine bundesweite Bildungsreform ins Rollen bringen.

Welche pädagogischen Möglichkeiten lassen sich mit den Informations- und Kommunikationstechnologien neu entfalten, wo sind kühne Prognosen aufgrund von Analysen und bisherigen Ergebnissen von vornherein zu relativieren? Es zeigt sich ein Bedarf an grundlegender schulischer Forschung, um begründete Entscheidungen treffen zu können, wo technologische Entwicklungen für eine neue Qualität von Schule zu nutzen wären.

1. Aktuelle Debatte zur Telekommunikation

Derzeit ist die Diskussion über die wirtschaftliche Bedeutung sog. Datenautobahnen für die Bundesrepublik in den Medien in vollem Gange. Spätestens seit die Clinton-Regierung sich für den Aufbau einer National Information Infrastructure (NII), also einer breiten Bereitstellung von „Information Highways“ entschieden hat, mehren sich in Deutschland die Befürwörter einer entsprechenden hiesigen nationalen Infrastruktur aus verschiedenen Gründen. Auf wirtschaftspolitischer Ebene wird die Dringlichkeit der Schaffung einer Infrastruktur mit der Wettbewerbsfähigkeit Deutschlands begründet, die bei einer weiteren Herauszögerung als ernsthaft gefährdet eingestuft wird. Bayer (1994) wertet Kommunikationsnetze als gleichbedeutend mit der historischen Rolle von Verkehrs- und Versorgungsnetzen für die Entwicklung von Hochkulturen und spricht angesichts der derzeit fehlenden Entscheidung für eine NII von einem wirtschaftlichen und politischen Fehler historischer Dimension, der nicht mehr zu korrigieren sein wird. Erst durch ein leistungsfähiges, flächendeckendes Netz mit geringen Gebühren werden sich Investitionen für Anwendungen rentieren, gleichzeitig lohnen sich Investitionen für den Ausbau von Netzen nur durch ein entsprechendes Gebührenvolumen durch breite Anwendungen (Bayer 1994). Ein gewaltiger Markt für Informationsdienste wird prognostiziert, transportiert über multimediale und telekommunikative Systeme (u. a. Burda 1994). Die Kommission der Vertreter der sieben größten Industrienationen der Welt, die G7, veranstaltete Ende Februar 1995 ein Gipfeltreffen über die kommende „Informationsgesellschaft" und konferierte über Datenschutz, Beseitigung staatlicher Hindernisse und einer Normenvereinheitlichung. In den USA ist ein Recht auf eine Grundversorgung mit neuen Telekommunikationsdiensten in Vorbereitung, analog zur Basistelefonversorgung im Telecommunications Act von 1934, das mit dem neuen Recht abgelöst wäre. Im Hinblick auf die Informationsversorgung der Bürgerinnen und Bürger plädieren Kubicek, Schmid und Wagner (1995) für die Nachahmung des amerikanischen Vorbilds, das eine breite öffentliche Auseinandersetzung über die Gestaltung, Nutzung, die Regulierung und Ethik der neuen Informationssysteme einbezieht. Sie fordern eine öffentliche kritische Technikdiskussion, die aktiv für eine demokratische Gestaltung der interaktiven Medien eintritt. Die Möglichkeit eines demokratischen Ansatzes sieht der Europaabgeordnete Wolf gegeben; er fordert Bürgerinitiativen, die aktiv gestaltend den Ausbau der neuen Technologien kontrollieren, aber auch Aktivitäten im Bildungsbereich: „Wir brauchen eine Bildungsinitiative, die parallel zum Ausbau der neuen Technologien läuft, nicht erst hinterher." (Die Tageszeitung v. 24. 2. 1995, 3)

Zur Zeit wird an mehreren Stellen über Bildungsinitiativen, insbesondere auch für den Schulbereich nachgedacht, im größeren Umfange eine multimediale und telekommunikative Infrastruktur an Schulen einzurichten. Die Ständige Konferenz der Kultusminister und -senatoren der Länder der Bundesrepublik haben in ihrer Dezembersitzung im Jahre 1994 eine Erschließung von Neuen Medien und Telekommunikation für Schule, Hochschule sowie Fort- und Weiterbildung beschlossen KMK 1994). In einem Berliner Memorandum „Aktiver lernen: Multimedia für eine bessere Bildung" haben sich Personen aus der Wissenschaft, der Ministerien, Landesinstituten und Schulen, der Industrie und des Elternbeirats ebenfalls für eine entsprechende Initiative im Bildungsbereich ausgesprochen (Berliner Memorandum 1994).

2. Begriffsklärung

Mit dem Begriff Multimedia bezeichnet man nicht eine beliebige Kombination von Medien, sondern erst eine computergesteuerte integrierte Verarbeitung, Speicherung und Darstellung unabhängiger Informationen mehrerer zeitabhängiger und zeitunabhängiger Medien, also eine Integration von Symbolfolgen wie Texten, Grafiken, Tabellen, Standbildern sowie von Bewegtbildern (Video, Animation), Tonfolgen oder auch Signalen von Sensoren kennzeichnet multimediale Systeme (vgl. u. a. STEINMETZ, RÜCKERT, RACKE 1990). Das Neue der Multimedia ist die Integration verschiedener Medien im Computersystem und folglich die interaktive Verknüpfung verschiedener Präsentations- und Verarbeitungsformen.

Multimedia-Systeme, die durch die Verknüpfung von Informationseinheiten (sog. Knoten) über Verweise (sog. Links) beliebige, vernetzte Informationsstrukturen, also insbesondere nicht-lineare Strukturen aufweisen, bezeichnet man als Hypermedia-Systeme. Dic wcitgchend unbeschränkte Verknüpfbarkeit beliebiger Informationseinheiten unterscheidet das Hypertext-Konzept von klassischen Datenbank-Ansätzen.

Seit wenigen Jahren tauchen Begriffe wie Virtuelle Welten, Virtuelle Realität, Cyberspace oder Tele-Existence in den Medien auf. Sie versprechen gänzlich neue Erfahrungsbereiche, eine neue Qualität des Erlebens durch den Einstieg in künstliche Welten; ASTHEIMER et al. (1994, 281) sehen mit der Virtuellen Realität bzw. Umgebung den Einstieg in eine „neue Epoche in der Mensch-Maschine-Kommunikation“ gegeben. Unter Virtueller Realität (VR) werden „Techniken verstanden, die es erlauben, einen Menschen unmittelbar in Computer-generierte Welten zu integrieren. Als Mensch-Maschine-Schnittstelle der Zukunft angesehen, sprechen Techniken der Virtuellen Realität mehrere Sinne des Menschen zugleich an, beispielsweise Gesichts-, Hör- und Tastsinn.“ Kennzeichnend für Virtuelle Umgebungen sind dreidimensionale Präsentations- und Interaktionstechniken, die der Nutzerin/ dem Nutzer den Eindruck vermitteln sollen, er befände sich innerhalb des dargestellten Szenariums. Grundlagen der VR sind zum einen die Immersion, d. h. mit Hilfe von Stereoskopie, Blick-Tracking und anderen Techniken wird die Illusion erzeugt, der Operator befinde sich innerhalb einer computergenerierten Welt und zum anderen die Navigation, d. h. der Möglichkeit, sich innerhalb eines Computermodells zu bewegen, z. B. in einem Molekül oder einer Stadt. Der Mensch soll als „aktiver Bestandteil in eine vom Computer generierte, künstliche Umgebung integriert werden“ (ASTHEIMER et al. 1994, 282).

Virtuelle Umgebungen sind als Weiterentwicklungen der herkömmlichen Visualisierung bzw. Animation, die eine Präsentation visueller Informationen in Echtzeit und die Manipulation dieser Information mittels Gesten oder Körperbewegungen ermöglichen. Anwendungen sind derzeit in Architektur, Design, Modellierung chemischer Moleküle, Simulatortechnik, industrielle Automatisierung und Medizintechnik zu finden (vgl. ASTHEIMER et al. 1994). Die Einstufung dieser Technik als neue Epoche der Mensch-Maschine-Kommunikation ist sicherlich erst dann realistisch, wenn eine breite Vermarktung stattgefunden hat. Virtuelle Realität in der heute bekannten Form entstand im Schnittpunkt von Informatik, Stereoskopie und Simulation und ist ein Produkt der wissenschaftlichen, militärischen und privatwirtschaftlichen Forschungslabors (RHEINGOLD 1992).

Unter Telekommunikation ist der Datenaustausch zwischen Personen unter Nutzung der Datenfernübertragung (DFÜ), aber auch der Zugriff auf externe Datenbanken zu verstehen. Electronic-Mail ist die am weitesten verbreitete Anwendung von Datennetzen. Sie dient sozusagen als elektronisches Gegenstück zur Briefpost der asynchronen Kommunikation. Internet, ein weltweiter Verbund von Computersystemen und Computernetzen, ist ursprünglich aus dem Ende der 60er Jahre im Auftrag des amerikanischen Verteidigungsministeriums entwickelten militärischen ARPANET (**A**dvanced **R**esearch **P**rojects **A**gency **N**et) entstanden. Inzwischen ist es ein Netz, das weltweit im Wissenschaftbereich für den Austausch öffentlich bereitgestellter Informationen genutzt wird, und zwar mit dem Zugriff auf Bibliotheken (Recherchemöglichkeit), Electronic Mail (private Post) und Diskussionsforen (öffentlich zugängliche Informationen). Einige elektronische Zeitschriften sind bereits abrufbar. In neuerer Zeit beteiligen sich am Internet auch kommerzielle Anbieter; damit scheint sich der Charakter des Datennetzes zu wandeln: vom Wissenschaftsnetz zu einem kommerziellen Kommunikationsnetz. 1993 zählte Internet ca. 15 Millionen Mail-Nutzerinnen und Nutzer (EGLOWSTEIN et al. zit. nach WEBER 1994). Die neueste Entwicklung im Internet ist WWW (world wide web), ein hypermedialer Dienst mit graphischer Benutzeroberfläche zur Verbesserung der Kommunikation, Kooperation und Information von Wissenschaftlerinnen und Wissenschaftlern. Zur Zeit erfolgt eine intensive Diskussion über technische, anwendungs- und integrationsbezogene Probleme von Multimedia-Mail, die neben Texten auch Bilder, Audio und Video übertragen.

3. Vom computerunterstütztem Unterricht zu multimedialen Lernumgebungen

3.1 Die Ideen des computerunterstützten Unterrichts

Bereits in den 60er Jahren war der Computer für den Bildungsbereich von hohem Interesse. Angesichts der Notwendigkeit umfangreicher Reformmaßnahmen im Bildungssystem waren damals auf bildungspolitischer Ebene Hoffnungen in die Anwendung von Datenverarbeitung zur Rationalisierung der Lehr-/Lernorganisation und zur Optimierung von Lehr-/Lernprozessen gesetzt, und zwar an allgemeinbildenden und beruflichen Schulen, aber auch an Hochschulen, Fachhochschulen und Rehabilitationszentren. Man versprach sich eine Effektivierung von Lehr- und Lernprozessen und damit verbunden eine Senkung von Kosten durch Einsparung von Lehrkräften. Ca. 60 Millionen Mark wurden im 2. Datenverarbeitungsprogramm der Bundesregierung (1971-1975) zur Förderung der Datenverarbeitung im Bildungswesen verausgabt und eine Vielzahl von Projekten zum computerunterstützten Unterricht gefördert (vgl. u. a. ARLT 1978).

Entwickelt und erprobt wurden vor allem Übungs- und Simulationsprogramme sowie tutorielle Programme. Die pädagogische Qualität des Computereinsatzes sah man in der Individualisierung, der Objektivierung und Systematisierung von Lernprozessen begründet. Mit computerunterstütztem Unterricht (CUU) sollte individuell auf die Lernmöglichkeiten und -schwierigkeiten der Lernenden eingegangen werden, etwa auf Wissenslücken, Fehler beim Aufgabenlösen und das jeweilige Lerntempo. Die Lernenden sollten zu größerer Aktivität aufgefordert werden und durch unmittelbare Rückmeldungen beständig Informationen über ihren Lernfortschritt erhalten. Die Objektivierung des Lehrprozesses sah man in der Möglichkeit der automatisierten Antwortanalyse, aber auch in der Entpersonalisierung des Lehrprozesses.

Der erhoffte Erfolg des Datenverarbeitungsprogramms blieb aus verschiedenen Gründen aus: Zum einen hatte sich herausgestellt, daß keine Kosteneinsparung erfolgte, sondern mit erheblichen Mehrkosten zu rechnen war, da der Aufwand für die Entwicklung und Evaluation von Lernprogrammen und die Einrichtung von DV-Anlagen sehr hoch war; zum anderen war die Wirksamkeit von Lern- und Übungsprogrammen, sog. Drill- and Practice-Programmen aufgrund von Untersuchungsergebnissen über den Lernfortschritt in Frage gestellt worden. Meta-Analysen zeigen, daß Drill- and Practice-Programme – von einem kurzzeitigen Effekt abgesehen – dem traditionellen Unterricht nicht überlegen sind (KULIK, KULIK, COHEN 1980); Erfolge lassen sich vor allem beim Einsatz von Simulationsprogrammen und in der Förderung von Behinderten ablesen (LEHMANN, LAUTERBACH 1985; FREY 1989).

3.2 Kritik an traditionellen Lernprogrammen

Welche Schlußfolgerungen ergeben sich aus diesen Erfahrungen und Befunden für die heutige Situation?

Zunächst ist festzustellen, daß der inzwischen hohe technische Standard bei der Bild- und Tonverarbeitung sowie der Datenübertragung Anwendungen von grundlegend anderer Qualität ermöglichen, gegenüber Printmedien bei bestimmten Inhalten eine Überlegenheit bieten und insofern für schulisches Lernen tatsächlich bedeutsam werden können.

Eine wesentliche Kritik an den traditionellen Lern- und Übungsprogrammen richtet sich an das zugrundegelegte lerntheoretische Paradigma. Der computerunterstützte Unterricht basierte auf der Theorie des Behaviorismus: Lernen wurde als ein Prozeß aufgefaßt, in dem (komplexe) Verhaltensweisen durch eine schrittweise Annäherung des Verhaltens an das gewünschte Endverhalten erworben werden, wobei das gewünschte Verhalten durch jeweils unmittelbare Belohnung verstärkt wird. Die Lernenden wurden durch sog. Drill instruiert. Das Lernschema war: Darbieten der Information, Frage an die lernende Person, Antworteingabe, Überprüfen der Antwort, bei richtiger Antwort verstärken durch Lob, bei falscher Antwort wiederholen des dargebotenen Inhalts oder präsentieren einer Zusatzinformation. Die Kritik an dieser Lerntheorie zielt auf die Sichtweise des Gehirns als black box und des Lernens nach dem Reiz-Reaktions-Schema. Lernwege wurden nach dem Nürnberger Trichterprinzip klar vorgezeichnet.

Den meisten derzeit sich auf dem Markt befindlichen Lern- und Übungsprogrammen liegt nach wie vor ein behavioristisches Lernverständnis zugrunde. In SODIS, der umfangreichsten Software-Datenbank für Unterrichtszwecke, werden demzufolge nur ca. 1,5% der Lern- und Übungsprogramme für den Einsatz im Unterricht empfohlen (Stand: Mai 1994; LANG/SCHULZ-ZANDER 1994).

3.3 CBT in der betrieblichen Aus- und Weiterbildung

Heutzutage erleben die Ideen des computerunterstützten Unterrichts mit einem behavioristischen Lernverständnis bei der Anwendung von sog. CBT (Computer Based Training) insbesondere in der betrieblichen Aus- und Weiterbildung eine Renaissance. Marktforschungsinstitute (z. B. Prognos in der Schweiz, IWG in den USA, A.I.M.-GmbH in der Bundesrepublik) prognostizieren für den CBT-Markt hohe Wachstumsraten (BAUMEISTER et al. 1992). Betriebe zeigen sich am Einsatz von CBT in starkem Maße interessiert, da sie sich beständig verändernden Qualifikationsanforderungen, dem schnellen Veralten von Wissensbeständen durch veränderte Produktionsverfahren, Systemen, Maschinen, Werkstücken und Materialien an vielen verschiedenen Orten in kurzer Zeit mit geringem personellem Schulungsaufwand nachkommen müssen. Die meisten CBT-Anwendungen sind in der Computer-, Luftfahrt- und Automobilindustrie sowie in der Bank- und Versicherungsbranche vorfindbar (SCHWEIGHOFER 1992, 62).

4. Bedeutung von multimedialen und telekommunikativen Systemen für die Schule

Zur Zeit findet ein prinzipieller Wandel im Bildungssystem statt. Außerschulische Erziehungsbedingungen, die zukünftigen Bildungs- und Qualifikationsanforderungen und die Verknappung der Ressourcen erzwingen eine grundlegende Schulreform, ein erneuertes Bildungs- und Lernverständnis sowie die innovative Organisation schulischer Prozesse. Mit einem neuen Bildungsmodell erfährt auch das System der Bildungsvermittlung eine grundlegende Neubewertung. Der Einsatz von Multimedia- und Telekommunikationssystemen wird zunehmend als neue Herausforderung an das Bildungssystem gesehen, er ist jedoch im Kontext der Ansätze zur Erneuerung von Schule zu bewerten und zu integrieren.

Holtappels nennt drei Lernprinzipien und Unterrichtskonzepte für ein erneuertes Bildungsverständnis und einer innovativen schulischen Lernorganisation: „Projektorientierung für ein Lernen in Zusammenhängen, handlungsorientiertes Lernen zur Verstärkung praktischer Eigentätigkeit und authentische Erfahrungen, soziales Lernen in Gruppen zur Entwicklung kooperativen und solidarischen Handelns" (HOLTAPPELS 1994, 9). Flexible und erweiterte Zeitstrukturen, eine differenzierte Lernorganisation mit offenen Lernformen und individueller Förderung und Öffnung der Schule zur Schulumgebung und Lebenspraxis sind einige der zentralen Organisationsmerkmale eines erneuerten Schulmodells.

Eine Nutzung von hypermedialen und telekommunikativen Lernumgebungen darf nicht zu einem Verlust an authentischen Erfahrungen oder sozialem Lernen führen, sondern sollte, integriert in projektorientiertes, handlungsorientiertes Lernen, forschend-experimentierende, interaktive, produzierende

Tätigkeiten herausfordern. Deren Nutzung durch Schülerinnen- und Schülergruppen kann eine kommunikative Kooperation sogar unterstützen.

Mit dem Konzept der Öffnung von Schule besteht für die Pädagoginnen und Pädagogen die Anforderung, Lernen und Leben zu verbinden. Kommunikations- und Kooperationsbeziehungen von Schulen, Lehrpersonen und Schülerinnen und Schülern verändern sich. Darüber hinaus fordert die Europäische Union eine globalere Perspektive auch für Schule. Partnerschaften und Austauschbeziehungen werden von Schulen im Hinblick auf Spracherziehung und interkulturelles Lernen in stärkerem Maße eingegangen.

Lernen in der betrieblichen Aus- und Weiterbildung ist in hohem Maße ein arbeitsorientiertes Lernen. Es umfaßt eine Vertiefung bereichsspezifischen Grundlagenwissens, den Erwerb anwendungsbezogenen Handlungswissens und dessen Übertragbarkeit auf konkrete Anwendungssituationen. Die Visualisierung prozessualen Wissens ist im Hinblick auf die Unterstützung handlungsorientierter Lernprozesse bedeutsam. Weiterbildung beinhaltet ein stärker individualisiertes Vorgehen, oftmals verbunden mit einer größeren räumlichen Distanz der Lernenden zur Weiterbildungsstätte und wäre dementsprechend durch multimediale und telekommunikative Lernumgebungen zu unterstützen.

Angesichts der zu erwartenden technischen Weiterentwicklungen der Informations- und Kommunikationstechnologien werden Visionen einer neuen pädagogischen Qualität entwickelt. Stellvertretend sei hier Tonnemacher zitiert, der prognostiziert: „Multimediale Systeme ermöglichen die Erfüllung individuellen Lernbedarfs zu Hause, am Arbeitsplatz oder in einer Bildungsinstitution. Sie werden durch Integration und Interaktivität praktisch universelle Anwendungsmöglichkeiten eröffnen, die hier mit Stichworten *interaktive Wissensvermittlung, Videokonferenz für Fernunterricht und Fernstudium, Simulationen, Spracherkennung und Nutzung von Expertensystemen* angesprochen werden sollen. ... Solche Entwicklungen können allerdings Lehren und Lernen wirklich grundlegend verändern und auch die bisherige Trennung von Arbeit, Bildung und Privatleben aufheben" (TONNEMACHER 1994, 149). Gleichzeitig zieht er als Fazit bisheriger Prognosen zu Neuen Medien, daß sich extreme Erwartungen weder auf der negativen noch auf der positiven Seite erfüllt haben, was auch zukünftig nicht anders zu erwarten sei.

4.1 Lernen mit Multimedia

Mit der Weiterentwicklung der Informations- und Kommunikationssysteme insbesondere im Bereich der Computergrafik und der Nutzermodelle (Mensch-Maschine-Schnittstellen) ist der Computer als Medium für Lehr-/ Lernprozesse von neuer Attraktivität. Wesentlich ist dabei, daß die Präsentation und Verarbeitung vernetzter Wissenssysteme möglich ist. Mit dem Paradigmenwechsel in den Lerntheorien ist eine lineare oder verzweigte Wissenspräsentation für Lernprozesse abgesehen von eng begrenzten Teilbereichen nicht mehr akzeptabel. Im Gegensatz zum behavioristischen Ansatz der fremdbestimmten Instruktion wird Lernen im konstruktivistischen Ansatz als ein aktiver Prozeß gesehen, bei dem Wissen in Bezug zu früheren Erfahrungen bzw. bisherigem Wissen in komplexen realen Lebenssituationen konstruiert wird.

Dementsprechend vertreten neuere Ansätze für den Einsatz interaktiver Medien im Unterricht, daß mit ihnen Lernen als ein konstruierender, eigenaktiver, selbstorganisierender Prozeß begriffen wird, in dem Wissensnetze (mentale Modelle) neu aufgebaut, umgeordnet oder erweitert werden (LORENZ 1994, KRAUTHAUSEN 1994, VAN LÜCK 1994). Die gegenwärtige Entwicklung geht dahin, den Lernenden freien Zugang zu gewünschten Informationen zu gewähren und integrierte Werkzeuge zur Verfügung zu stellen, die für den Prozeß der Wissensaneignung und -verarbeitung selbstbestimmt genutzt werden können. Als geeignet gelten Lernumgebungen, die ein hohes Maß an Eigeninitiative und Selbstverantwortung für eigene Lernaktivitäten zulassen und pädagogisch-didaktische Maßnahmen, die den Erwerb von Wissen und Lernkompetenz unterstützen (GLASER 1991; COLLINS et al. 1989 nach BAUMEISTER 1992).

Die Bedeutung von Multimedia für Lehr-/Lernprozesse wird mit ihrer Interaktivität begründet. Die Qualität multimedialer Systeme ist wiederum entscheidend von der Qualität der Interaktivität abhängig. Interaktivität wird vielfach auf systemischer Ebene verstanden, nämlich als Beziehung von Eingaben der Nutzerinnen und Nutzer auf vorprogrammierte Reaktionen des Systems. Wedekind und Walser definieren Interaktivität als „Zusammenspiel von Nutzereingaben und Programmreaktionen" (BAUMEISTER et al. 1992). Es erscheint sinnvoll, die Bewertung von Interaktivität im Kontext von Handlungszielen auf höherer Ebene vorzunehmen (vgl. BAUMGARTNER/PAYR 1994). Die Qualität der Interaktion ist bestimmt durch die Fähigkeit und Erfahrung der Lernenden beim Umgang mit Medien und dem Grad der Unterstützung bei der Interaktion durch das Programm bzw. der Lernumgebung (vgl. dazu ROLFF 1993).

Selbstbestimmtes Lernen bedarf einer hohen Selbstlernkompetenz und Lernmotivation. Die Nutzung hypermedialer Systeme erfordert vom Lernenden die Fähigkeit, Strategien zu entwickeln, sich möglichst effizient Wissen anzueignen, sachlogische Strukturen und multimediale Lernumgebungen in ihren Möglichkeiten zu erfassen. Es erfordert nach BOGASCHEWSKY (1992, 139) ebenso eine höhere Konzentrationsfähigkeit (Problem des „cognitive overhead"). In Abhängigkeit vom Grad der lernergeeigneten Strukturiertheit des hypermedialen Systems scheint ein Lernen von Lernen, also ein Metalernen möglich. Einschränkend ist feststellbar, daß heutige hypermediale Systeme die Nutzerinnen und Nutzer häufig in die Schwierigkeit führen, sich im „Informationsdschungel" zu verlieren bzw. gewünschte Informationen zu finden. Dies kann zur Folge haben, daß Suchstrategien nicht auf einer gewünschten sachlogisch begründeten Metaebene angesiedelt sind, sondern nur aufgrund einer nutzerunfreundlichen Oberfläche als trial-and-error-Verfahren einzustufen sind. Darüber hinaus können bei der Suche nach Informationen übergreifende Ziele leicht in Vergessenheit geraten. Die Lernenden können die Orientierung verlieren, wo sie sich im Informationsnetz befinden („lost in hyperspace"); sie können aber auch von ihrem ursprünglichen Informationsbedürfnis abgelenkt werden („Serendipity-Effekt"). Letzteres ist allerdings auch als Vorteil gegenüber klassischen Retrival-Systemen zu sehen, da zufällig Wissenswertes entdeckt wird (BOGASCHEWSKY 1992). Es ist davon auszugehen, daß die Entwicklungswerkzeuge zukünftig sog. dynamische Nutzermodelle berücksichtigen und dementsprechend unterschiedliche Dokumente erzeugen und Interaktionen zulassen (HENDLEY, WHITTINGTON, JURASCHECK 1993).

Die Qualität von Multimedia bestimmt sich durch die Integration unterschiedlicher Präsentationsmöglichkeit, d. h. insbesondere auch von akustischen Informationen und Stand- und bewegten Bildern. Es ist ein Medium, daß durch die Visualisierung und Vertonung von Informationen im besonderen Maße attraktiv für Lernprozesse ist, da Wissen ganzheitlicher dargestellt werden kann. Issing und Hannemann verweisen darauf, daß „Bildinformationen wesentlich besser elaboriert und behalten werden als Textinformationen, und daß eine vernetzte, d. h. sich ergänzende Darbietung von Text und Bild zu besseren Behaltensleistungen führt. Dabei ist die Einbettung der bildlichen Darstellung in den Informationstext entscheidend für deren lernfördernde Wirkung" (zit. nach ISSING 1994, 279). Nichtabgestimmte Bild-Text-Informationsdarbietungen können lernbehindernd sein.

Die Bedeutung der Visualisierung von Informationen mit der Funktion der Veranschaulichung für Lernen ist gegeben,

- wenn Lernende nicht auf direkte Erfahrungen zurückgreifen können,
- in Bezug auf abstrakte Sachverhalte wie Theorien, Modelle, Konzepte durch
  - Abbildungen,
  - logische Bilder,
  - bildliche Analogien und
  - Animationen.

Durch die Simulation physikalischer oder chemischer Modelle z. B. kann der Aufbau eines mentalen Modells durch eine geeignete Visualisierung vermutlich in einer Weise unterstützt werden, die sonst nicht möglich wäre. Die oben beschriebene Technik der Virtuellen Realität wird bereits heute auch für den Bildungsbereich sinnstiftend gesehen: Lernen wird durch diese Technologie als „Erfahrungslernen" in „natürlicher" Umgebung möglich, so bewertet Helsel etwa ein Beispiel aus dem Geschichtsunterricht, in dem Interaktionen mit simulierten Personen einer bestimmten historischen Epoche ermöglicht werden (HELSEL 1992).

Die Verbindung akustisch präsentierter Dialogsequenzen mit bildlichen Illustrationen zeigt die Vorzüge computergestützter Fremdsprachenvermittlung (GRIESSHABER 1992). Sprachübungen können durch Einbettung von Video- und (trickfilmartigen) Animationssequenzen in einen situativen Kontext gestellt werden.

Multimediale Syteme bzw. Lernumgebungen dürfen, wie bereits erwähnt, nicht isoliert, sondern nur im Hinblick auf ihrer pädagogische Einbettung bewertet werden. Im Modellversuch COMPIG (Computer in der Grundschule) sind interaktive Medien in projektorientierten Unterricht eingebettet. Nur aufgrund dieser Einbettung kann angenommen werden, daß entdeckendes, eigenaktives Lernen ermöglicht wird. Interaktive Medien fördern in dieser pädagogischen Einbindung – so die Annahme – die „subjektiven Wahrnehmungen derart, daß selbständig Wissensnetze aufgebaut, umstrukturiert und neu geordnet werden. Es geht hierbei also um Erkennen und Denken und nicht um Wissensvermittlung. Nicht fremdbestimmte Instruktion, sondern subjektive Konstruktion von Wissen wird durch diese Medien unterstützt." Hypermedia-Lernumgebungen, die themenbezogene Datenbanken und Schreib-, Rechnen-, Zeichnen- und Modellbildungswerkzeuge integrieren, „beschleunigen ein konstruierendes, selbstbestimmtes und auch spaßmachendes Lernen in komplexen Sinn- und Sachzusammenhängen. Interaktive Medien fördern Wechselwirkungen von ‚Entdecken, Konstruieren, Diskutieren, Experimentieren, Gestalten, Handeln und Verantworten'." (VAN LÜCK 1994, 24). Transferleistungen sind eher zu erwarten, wenn Wissen in Kontexten und Situationen erworben wird, die den tatsächlichen Anwendungssituationen weitgehend ähnlich sind (COLLINS, BROWN, DUGUIT 1989).

Multimedia scheinen am wirkungsvollsten zu sein, so war der Konsens auf der deutsch-amerikanischen Konferenz der Bertelsmann-Stiftung in Maryland 1993, wenn

- ein konkretes Problem zu lösen ist, eine Entscheidung ansteht oder ein komplexes Werturteil zu fällen gilt,
- prozeßorientierte und interdisziplinäre Wissenserarbeitung gefordert ist,
- reale Erfahrungen nicht gemacht und Experimente nicht durchführbar sind (KNOPP 1994).

4.2 Telekommunikation in der Schule

Das pädagogische Potential computergestützter Kommunikation ist für Schulen sicherlich erst ansatzweise entfaltet, vielfach stehen technische Fragen bei der Einrichtung von Kommunikationsnetzen im Vordergrund.

Die Verbreitung von Kommunikationsnetzen an deutschen Schulen ist im Vergleich zu nordamerikanischen noch sehr gering. Ergebnisse der IEA-Studie „Computers in Education" (International Association for the Evaluation of Educational Achievement) zeigen 1992 für Westdeutschland (außer Nordrhein-Westfalen und Niedersachsen), daß 6% der Schulen in der Sekundarstufe I über externe Netzwerke verfügen (LANG/SCHULZ-ZANDER 1994). Aktuelle repräsentative Daten über den Einsatz multimedialer und telekommunikativer Systeme an Schulen in der Bundesrepublik liegen nicht vor; es kann aufgrund der Ressourcenknappheit jedoch davon ausgegangen werden, daß die Prozentzahlen nur unwesentlich zugenommen haben. Für Schulen ist das Offene Deutsche Schulnetz (ODS) bedeutsam. Über 300 Schulen und andere Bildungseinrichtungen sind Nutzer und haben darüber auch Zugang zum Internet. Es ist allerdings davon auszugehen, daß zukünftig Schulen in breiterem Umfang mit lokalen und globalen Kommunikationsnetzen ausgestattet werden, sofern auf politischer Ebene der Ausbau einer „Nationalen Informations-Infrastruktur" (NII) entschieden wird.

Die Bundesländer Bayern, Hessen, Saarland und Schleswig-Holstein erarbeiten seit 1992 in Modellversuchen der Bund-Länder-Kommission ein Konzept für die Einbeziehung von Telekommunikation und Vernetzung im Schulbereich. In Hessen sind Unterrichtsprojekte entstanden, in denen Gruppenarbeit in vernetzten Systemen durch Unterstützung geeigneter Informatik-Systeme und Software eine wesentliche pädagogische Zielsetzung war (Computer und Unterricht 1995). Es werden Gruppenarbeiten realisiert, wie die gemeinsame Bearbeitung von Dokumenten oder die bewußt ermöglichte, nonverbale Entscheidungsfindung im Netz. In Projekten wie Campus2000 (an dem britischen Datennetz sind weltweit 3000 Schulen angeschlossen), Tempus, Pluto und „Goethe goes E-mail" wird in internationaler Kooperation an schulischen Konzepten gearbeitet. Beginnend mit dem Schuljahr 95/96 werden in fünf Berliner Schulen im Rahmen des Telekommunikationsprojekts Comenius unter der Leitung des FWU mit hoher finanzieller Beteiligung der De-Te-Berkom, einer Tochtergesellschaft der Telekom, ökologische, ästhetisch-musische und soziale Themen unter Einbeziehung von Tele-Teaching und „virtuellem Unterricht" von Schülerinnen und Schülern bearbeitet. Dabei sollen sie kreatives und sozialverantwortliches Handeln in der Informationsgesellschaft lernen. Kritische Stimmen äußern jedoch, daß bisher fast ausnahmslos in die Technik investiert wird und die pädagogische Anwendung noch zu kurz kommt (Die Tageszeitung v. 26. 11. 1994).

Die Telekommunikation schließt den Informationsaustausch zwischen Personen, aber auch den Zugriff auf Daten ein. Sie kann regional, überregional und weltweit sein. Sie ermöglicht einen interkulturellen Austausch, wie er z. B. im Fremdsprachenunterricht bereits sehr überzeugend von Schülergruppen an mehreren Orten praktiziert worden ist (z. B. DONATH 1992). Durch die Art der persönlichen Kontakte wird offensichtlich ein verstärktes Interesse an anderen Kulturen geweckt, ein Austausch aktueller und an den Interessen der Kommunizierenden ausgerichteter Informationen ermöglicht, der Vorurteile korrigieren hilft. Sie ermöglichen eine globale Sichtweise durch Projekte, die in lokalen und globalen Zusammenhängen Daten erfassen, wie etwa die Untersuchung der Gewässergüte von Flüssen oder Wetterdaten oder politische Sichtweisen durch die weltweite Auswertung der Schlagzeilen renommierter Tageszeiten in verschiedenen Ländern. Unter Einbeziehung von Experten durch Videokonferenzen kann spezifisches Know-how in „virtuelle Klassenräume" eingeholt werden. Szenarien für computergestützte Kommunikation in Lehr-/Lernprozessen haben GORNY und SARNOW (1993) beschrieben.

Mit dem Ausbau der Datennetze können soziale Interaktionen zunehmend ohne direkten personalen Kontakt wahrgenommen werden. Es ist davon auszugehen, daß direkte persönliche Kontakte abnehmen und zwar im beruflichen und privaten Bereich.

5. Forschungsfragen zum Bereich multimediale und telekommunikative Systeme

Tatsächlich steht die pädagogische Praxis und Schulforschung noch am Anfang. Eine Technologie kann nur in sinnvollen pädagogischen Zusammenhängen für Schule eine neue Qualität eröffnen. Eine Reihe grundlegender Forschungsfragen stellen sich auf verschiedenen Ebenen.

Veränderung der Lernkultur:

- Welche Veränderungen können Multimedia und Telekommunikation hinsichtlich der Informations- und Kommunikationskultur an Schulen bewirken? Welche pädagogischen Rahmenbedingungen sind zu schaffen?
- Werden diese Technologien überhaupt und von welchen Gruppen unter welchen Bedingungen angenommen bzw. sind sie allen Gruppierungen in gleichem Maße zugänglich?
- Ausgehend von der These, daß über die Computerkultur eine Ausprägung der Geschlechteridentität und eine Ausgrenzung von Mädchen und Frauen erfolgt, sind Auswirkungen einer veränderten Informations- und Kommunikationskultur auf das Geschlechterverhältnis zu untersuchen.
- In einigen Schulprojekten sind in überzeugender Weise Beispiele für einen interkulturellen Austausch zwischen Klassen verschiedener Nationalitäten mit Hilfe von Telekommunikation geliefert. Zu untersuchen ist jedoch, inwieweit und unter welchen Bedingungen durch telekommunikative und telekooperative Systeme eine neue Qualitatität von Lernen und insbesondere interkulturellen Lernens ermöglicht wird.
- Welche Formen der Interaktion und der Kommunikation sind bei der Nutzung der jeweiligen multimedialen Lernumgebungen und telekommunikativen Systeme gefordert bzw. möglich? Unter welchen Bedingungen sind soziale Interaktionen integrierbar? Lassen sich geschlechtsspezifische Unterschiede im Interaktionsverhalten feststellen?

Im Berliner Memorandum wird die „Entwicklung und Erprobung von Szenarien für ein neues Lernen in der Schule und an anderen Lernorten" gefordert. Unterrichtsforschung muß diese Prozesse begleiten.

Unterstützung von Lernprozessen:

- Kann im Verständnis der konstruktivistischen Lerntheorie eine selbstgesteuerte, entdeckende, aktive Wissensaneignung durch Nutzung multi(hyper)medialer Systeme unterstützt werden? Eine Evaluation unabhängig von ihrer pädagogischen Einbettung ist ungeeignet, da die Medien in isolierter Nutzung vermutlich nicht die erhofften Wirkungen zeigen können. Zu klären wäre, in welcher pädagogischen Einbettung multimediale und telekommunikative Lernumgebungen Lernprozesse in geeigneter Weise unterstützen können

- Multimediale Systeme sind gerade aufgrund der Integration von textuellen, bildlichen und akustischen Repräsentationen von Informationen zur Unterstützung von Lernprozessen interessant. Eine herausragende Bedeutung wird in der Visualisierung von Informationen für Lernprozesse gesehen. Hier stellt sich die Frage, welche Symbolsysteme für die jeweils darzustellenden Inhalte geeignet sind, wie das Verhältnis visueller und textueller Darstellungen zueinander zu gestalten ist. Welche der Symbol(ebenen) soll die Hauptinformation tragen? (vgl. auch KNOPP 1994, 16)
- Die Menge der Informationen in einem multimedialen System und die interaktive Nutzung erfordern organisatorische Fähigkeiten von den Nutzerinnen und Nutzern. Es ist zu evaluieren, welche Interaktionen sich auf das Erschließen des Systems beziehen (Sich zurechtfinden im Hypertext) und welche auf die Inhalte. Wie komplex können Zusammenhänge dargestellt sein, droht die Gefahr eines oberflächlichen Wissens?
- Der Einsatz multimedialer und telekommunikativer Systeme kann das Verhältnis zwischen Lehrpersonen und Lernenden in der Schule in Teilbereichen verändern. Diese Prozesse und deren Rückwirkung auf die Personen sind zu untersuchen.

Evaluationsmethode:

- Es sind individuelle Unterschiede bei den Nutzerinnen und Nutzern im Hinblick auf Wissen, Fertigkeiten, Einstellungen, Persönlichkeit, Vorerfahrungen, Motivation, Geeignetheit zu erheben. Desweiteren sollte die Untersuchung der Beziehung zwischen den individuellen Unterschieden und den Aspekten der Nutzer/Nutzerinnen-Schnittstelle einen Schwerpunkt der Evaluation bilden (REEVES 1992, 47). So haben etwa VIAN und LARVEE (1993) eine Abhängigkeit des Nutzerverhaltens vom Vorwissen festgestellt.
- Im Rahmen eines deutsch-amerikanischen Dialogs, organisiert von der Bertelmann Stiftung, wird die Anwendung eines vierdimensionalen Modells zur Entscheidungsfindung bezüglich der Eignung von Multimedia in der Schule gefordert, das die Art der Multimedia-Technologien, Lehrstrategien und Lernziele, Lerninhalte und Alter der Schülerinnen und Schüler einbezieht (KNOPP 1994, 18).

- Es ist zu prüfen, inwieweit mit Kommunikationsnetzen die organisatorischen Rahmenbedingungen von Unterricht aber auch Schule zu verbessern wären, indem ein schneller Zugang zu Informationsquellen und Partnerinnen und Partnern geschaffen wären. Im Hinblick auf die Selbststeuerung von Schulen kann die schnelle Informationsbeschaffung über Netze eine wichtige Unterstützungsfunktion haben.

Fazit

Ähnlich der Debatte in den 80er Jahren angesichts der damaligen Bedeutung der Mikroelektronik besteht zur Zeit ein äußerst starkes Interesse von Seiten der Industrie und der Bildungspolitik, Bildungsinitiativen zu starten, um insbesondere den Schulbereich für multimediale und telekommunikative Systeme zu öffnen. Im ursprünglichen Interesse steht wiederum der Erhalt der Wettbewerbsfähigkeit der Bundesrepublik Deutschlands. Damals wie heute sind damit Möglichkeiten aber auch Gefahren für den Schulbereich gegeben. Wie verschiedene konzeptionelle Entwicklungen und Ansätze zeigen, können Informations- und Kommunikationstechnologien neue Wege für Schule aufzeigen. Deutlich wird aber auch, daß nur im Rahmen pädagogischer Ansätze eine wirkungsvolle und wünschenswerte Nutzung multimedialer und telekommunikativer Systeme erfolgen kann und sollte. Wichtiger denn je erscheint eine Integration der Medienerziehung in der Schule, um den Schülerinnen und Schülern die erforderliche Medienkompetenz zu vermitteln und eine verantwortungsbewußte Haltung herauszubilden. Die Bund-Länder-Kommission hat einen Orientierungsrahmen für die Medienerziehung, elektronische Medien einbeziehend, erst kürzlich verabschiedet (BLK 1995). Die Lehrerausbildungseinrichtungen sind gefordert, Lehrerinnen und Lehrer mit diesen Innovationen zu konfrontieren und geforderte Kompetenzen auszubilden. Um eine pädagogische Einbettung der Systeme vornehmen zu können, sind grundlegende Schulforschungen begleitend zu deren Einführung anzusiedeln. Darüber hinaus ist eine breit geführte öffentliche Diskussion über derart grundlegende Veränderungen der Informations- und Kommunikationskultur in unserer Gesellschaft dringend einzuleiten.

Literatur

Arlt, Wolfgang (Hrsg.): EDV-Einsatz in Schule und Ausbildung. Modelle und Erfahrungen. München/Wien: Oldenbourg, 1978.

Astheimer, P./Böhme, K./Felger, W./Göbel, M./Müller, S.: Die virtuelle Umgebung – Eine neue Epoche in der Mensch-Maschine-Kommunikation. Teil I: Einordnung, Begriffe und Geräte. In: Informatik Spektrum (1994) 17, S. 281-290.

Baumeister, Hans-Peter/Tergan, Sigmar-Olaf/Walser, Werner/Wedekind, Joachim: Arbeits- und Organisationskonzeption für eine Arbeitsstelle „Weiterbildung und Interaktive Medien" am DIFF. Berichte der AWIM Nr. 1, Tübingen, 1992.

Baumgartner, Peter/Payr, Sabine: Lernen mit Software. Innsbruck: Österr. Studien-Verl., 1994.

Bayer, Rudolf: Plädoyer für eine Nationale Informations-Infrastruktur. In: Informatik Spektrum 17 (1994) 5, S. 302-308.

Berliner Memorandum. Aktiver lernen: Multimedia für eine bessere Bildung. Unterzeichnet von der Initiativgruppe am 23. 11. 1994. Kontaktperson: Hendricks, Wilfried, Technische Universität Berlin.

BLK – Materialien zur Bildungsplanung und Forschungsförderung, Heft 44. Medienerziehung in der Schule, Orientierungsrahmen. Bonn, 1995.

Bogaschewsky, Ronald: Hypertext-Hypermedia-Systeme – ein Überblick. In: Informatik Spektrum (1992) 15, S. 127-143.

Burda, Hubert: Die digitale Revolution. In: Medien + Erziehung 5/94, S. 268 – 271.

Collins, A./ Brown, J. S./ Duguit, P.: Situated Cognition and the Culture of Learning. Educational Researcher, 18 (1989) 1, pp. 32-42.

Computer und Unterricht. „Gruppenarbeit in vernetzten Systemen". (1995) Heft 20 (erscheint im November).

Die Tageszeitung v. 26. 11. 1994, Revolution des Lernens.

Die Tageszeitung v. 24.02.1995. Berger, Alois: Wie steuert man Vernetzung? S. 3.

Donath, Reinhard: Das AT&T Learning Network. In: Computer und Unterricht 2 (1992) 7, S.22-26.

Frey, Karl: Effekte der Computerbenutzung im Bildungswesen. Ein Resümee des heutigen empirischen Wissensstandes. Zeitschrift für Pädagogik, 35 (1989), 5, S. 637-656.

Glaser, R. : The maturing of the relationship between the science of learning and cognition and educational practice. Learning and Instruction. 1 (1991) 2, pp. 129-144.

Griesshaber, Wilhelm: „Fremdsprachenlernen mit Maus und Mikro". In: Bildungsarbeit 3/1992, S. 107-113.

Helsel, Sandra: Virtual Reality and Education. In: Educational Technology 1992, pp. 38-42.

Hendley, R. J./Whittington, C. D./Jurascheck, N.: Hypermedia Generation from Domain Representations. Computers Educ. Vol. 20, No. 1, pp. 127-132. Great Britain 1993.

Holtappels, Heinz Günter: Ganztagsschule und Schulöffnung. Perspektiven für die Schulentwicklung. Weinheim/München: Juventa 1994.

Issing, Ludwig J.: Von der Mediendidaktik zur Multimedia-Didaktik. In: Unterrichtswissenschaft 3 (1994), S. 267-284.

Kahle, Renate/Eschenauer, Barbara: Lernen in vernetzter Wirklichkeit. Pädagogisches Projekt zum kritischen Verständnis neuer Technologien und Medien. In: medien praktisch, Heft 4/94, S. 58-61.

KMK. Sekretariat der Ständigen Konferenz der Kultusminister der Länder in der Bundesrepublik Deutschland (Hrsg.). Pressemitteilung vom 02. 12. 1994.

Knopp, Katharina: Die pädagogische Herausforderung der Medienzukunft, Multimedia Abundance for What Purpose? Ein deutsch-amerikanischer Dialog. Zweite Konferenz der Bertelsmann Stiftung zur Medienkompetenz als Herausforderung an Schule und Bildung, 2. – 5. Mai 1993, Whye-Center, Maryland, USA. Verlag Bertelsmann Stiftung, Gütersloh 1994.

Krauthausen, Günter: Arithmetische Fähigkeiten von Schulanfängern: Eine Computersimulation als Forschungsinstrument und als Baustein eines Softwarekonzepts für die Grundschule. Dt. Univ.-Verlag. Wiesbaden 1994.

Kubicek, Herbert/Schmid, Ulrich Wagner, Heiderose: Mehr Information wagen. In: Frankfurter Rundschau vom 6. 1. 1995, S. 16.

Kulik, J.A./Kulik, C.L.C./Cohen, C.A.: Effectiveness of computer-based college teaching. A metaanalysis offindings. In: Review ofEducational Research, (1980) 50, pp. 525-545.

Lang, Manfred/Schulz-Zander, Renate: Informationstechnische Bildung in allgemeinbildenden Schulen – Stand und Perspektiven. In: Jahrbuch der Schulentwicklung, Band 8. Juventa: Weinheim/München 1994, S. 309-353.

Lehmann, Jürgen/Lauterbach, Roland: Die Wirkungen des Computers in der Schule auf Wissen und Einstellungen. In: LOG IN 5 (1985) 1, S. 24-27.

Lorenz, Jens Holger: Kognitionspsychologie des Lernens in Hyper-Media-Umgebungen. In: Computer und Unterricht, Heft 11/93, S. 56-60.

Much, Petra: Ein Pilotprojekt im Rolls-Royce-Format. In: Deutsche Lehrerzeitung, 49/94, S. 3.

Reeves, Thomas C.: Evaluating Interactive Multimedia. In: Educational Technology. Mai 1992, p.47-51.

Rheingold, Howard: Virtuelle Welten. Reinbek bei Hamburg: Rowohlt, 1992.

Rolff, Hans-Günter: Multimedia as an Educational Challenge. In: Bertelsmann-Foundation (Ed.): The Pedagogical Challenge of Multimedia. Gütersloh 1993. pp. 75-90.

Schenkel u. a. (Hrsg.): Didaktisches Design für die multimediale, arbeitsorientierte Berufsbildung. Berlin: Bundesinstitut für Berufsbildung, 1993.

Schweighofer, Karin: Computer Based Training. Interaktives Lernen mit dem Computer aus pädagogischer Sicht. Univ.-Verl. Rudolf Trauner. Linz 1992.

Steinmetz, R./Rückert, J./Racke, W.: Multimedia-Systeme. In: Informatik Spektrum (1990) 13, S. 280-282.

Tonnemacher, Jan: Aufbruch zu neuen Lernwelten? Stand und Entwicklung der Telekommunikation und Auswirkungen auf das Bildungssystem. In: Medien + Erziehung, Heft 3/94, S. 145-150.

van Lück, Willi: Qualitätssteigerung von Schule und interaktive Neue Medien. In: PädF 5 (1994) 1, S. 24-28.

Viau, R.; Larivee, J.: Learning Tools with Hypertext: An Experiment. Computers Educ. Vol. 20, No. 1, pp. 11 – 16. Great Britain 1993.

Weber, R. : Von Electronic-Mail zu multimedialer Post. In: Informatik Spektrum (1994) Heft 17, S. 222-231.

de Witt, Claudia: Pädagogische Theorien der Interaktion im Zeitalter Neuer Technologien. Frankfurt/Main: Lang 1993.

Hans-Günter Rolff

Steuerung, Entwicklung und Qualitätssicherung von Schulen durch Evaluation

Steuerung, Entwicklung und Qualitätssicherung sind traditionelle Felder von Schulforschung. Sie wurden in früheren Jahren allerdings kaum mit diesen Begriffen diskutiert und auch nicht in einen systematischen Zusammenhang mit Evaluation gebracht.

1. Das traditionelle Modell

Evaluation kam in der Bundesrepublik als Thema der Schulforschung und Schulpolitik erst Anfang der 70er Jahre auf (vgl. WULF 1972) – und zwar als Thema der Beschreibung und Bewertung von Unterricht, Curriculumentwicklung und vergleichender Schulforschung. Am bekannntesten wurde das sog. CIPP-Schema von STUFFLEBEAM, der Context, Input, Process und Product als Grundelemente jeglicher Evaluation bezeichnet. Abb. 1 wendet dieses Schema an auf die Beschreibung des traditionellen Modells der Steuerung und Qualitätssicherung von Schulen. Der Kontext ist ein zentral verwaltetes Schulsystem mit einer Vielzahl von Schulen, die jede für sich organisationstheoretisch als nachgeordnete Anstalten zu verstehen sind. Die Steuerung erfolgt wesentlich inputorientiert durch Ressourcenzuweisung (einschließlich festgelegter Verwendungsformen) sowie durch Richtlinien, Lehrpläne und einer staatlich getragenen und kontrollierten Lehrerbildung sowie -fortbildung. Diese Form der Inputsteuerung intendiert gleichzeitig eine Qualitätssicherung (durch staatliche Prüfungsordnungen, Schulbuchkommissionenn usw.) sowie eine Steuerung der Gleichversorgung über das ganze Land und damit auch Vergleichbarkeit. Wie wirkungsvoll die Steuerung und Qualitätssicherung sind, ist weitgehend unbekannt. Forschungen liegen hierzu nicht vor.

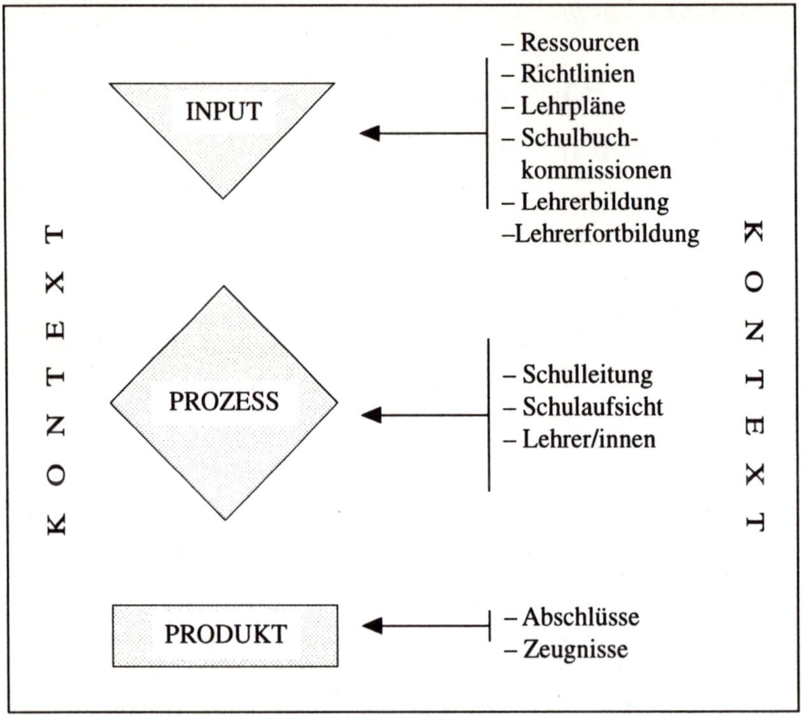

Abb. 1: Steuerung und Qualitätssicherung traditionell (angelehnt an das CIPP-Modell von Stufflebeam)

Der Prozeß des Schulehaltens im engeren Sinne wird im CIPP-Modell durch die Kollegien selbst, die Schulleitungen und die staatliche Schulaufsicht gesteuert. Die Kollegien sind innerhalb des Rahmens der Richtlinien und Lehrpläne frei, ihren Unterricht zu gestalten, insbesondere die Methodenfreiheit der Lehrer gilt als unantastbar. Die Schulaufsicht steuert vor allem die Personalpolitik und in den meisten Bundesländern die Qualität der Abituraufgaben.

Produktorientierte Steuerung ist im traditionellen Modell selten, sie erfolgt im wesentlichen über Abschlüsse und Zeugnisse. Die Vergleichbarkeit der Abschlüsse ist fraglich und wird von der Bildungspolitik kontrovers eingeschätzt. Auch für diesen Bereich liegen kaum Forschungen vor.

2. Eine neue Balance von Einzelschulentwicklung und zentraler Steuerung

In der deutschen Schulforschung hat sich ebenso wie in fast allen Nachbarländern die Erkenntnis durchgesetzt, daß die Einzelschule primärer Ort der Schulentwicklung ist und nicht die zentrale Schuladministration (vgl. dazu ROLFF 1991). In der Bundesrepublik findet diese Erkenntnis unmißverständlichen Ausdruck in den neuen Schulgesetzen Hessens und Bremens, in der weitverbreiteten Diskussion über erweiterte Autonomie von Schulen und in den Schulentwicklungsprojekten des nordrhein-westfälischen Landesinstituts für Schule und Weiterbildung (EIKENBUSCH/BUCHEN 1994). Die Bedeutungszunahme der Einzelschule hat in zahlreichen Ländern zu einem grundlegenden Wechsel des Steuerungsparadigmas geführt. Seitdem steht die Einzelschule im Zentrum von Entwicklungs- und Veränderungsprozessen, sie ist pädagogische Gestaltungseinheit und deren Motor. Ihr wird Gestaltungsautonomie zugeschrieben, und wird sie zur Profilbildung und Programmentwicklung aufgefordert. Dies führt konsequenterweise zu einer stärkeren Klienten- und Marktorientierung und möglicherweise auch zu Verwerfungen derart, daß sich einzelne Schulen boomartig entwickeln und andere absterben mit negativen Folgen für die Gleichversorgung, und daß sich die Qualität auch benachbarter Schulen deutlich auseinanderentwickelt. Dies verursacht einen erhöhten Steuerungsbedarf der Entwicklung des gesamten Systems der Schulen eines Landes. Die Antwort auf diese Problemlage wird vielerortens in einer neuen Balance gesucht, die durch eine Abstimmung der sich weitgehend selbst organisierenden Einzelschulen mit einer zentralen Koordinierung durch Globalsteuerung oder Kontextsteuerung herbeigeführt werden soll.

Steuerung wird dabei verstanden als zielgerechte und zielbewußte Beeinflussung, „auf Abstand" und indirekt. Nicht gemeint und klar davon zu unterscheiden sind Durchgriffsführung auf die einzelnen Lehrer, Verwalten, Bestimmen, Hineinregieren oder Detailverantwortung durch Vorgesetzte. Zentrale Steuerung erfolgt in erster Linie durch:

- Bildungspolitik und
- Schulaufsicht.

Sie bezieht sich auf den Kontext, sofern er durch Politik zu beeinflussen ist, und nach wie vor auf den Input, allerdings dezidiert in Form von Rahmensetzungen und nicht in Form von Detailregelungen. Die zentrale Steuerung ist erheblich stärker als bisher outputorientiert, und zwar in erster Linie durch:

- Qualitätssicherung sowie
- Unterstützung und Beratung (vgl. dazu BURKARD/ROLFF 1994).

Die neue Balance wird also in einer Synthese von Einzelschulentwicklung und Kontextsteuerung gesucht. Dabei entsteht allerdings das Problem, wie Einzelschul- und Systementwicklung adäquat gekoppelt werden können. Der weithin akzeptierte Lösungsvorschlag lautet:

3. Koppelung durch Evaluation

Abbildung 2 veranschaulicht, was mit Koppelung durch Evaluation gemeint ist. Zentraler Bezugspunkt ist die Förderung von Schülerinnen und Schülern. Dies setzt eine gute Qualität der Unterrichtenden und Erziehenden voraus, die ihre Kompetenzen am ehesten in einer angemessenen Schulkultur entfalten können. Die Schulleitung spielt eine entscheidende Rolle bei der Herausbildung einer solchen Schulkultur. Ausdruck einer solchen Schulkultur sind Teamentwicklung und verbindliche Arbeitsverabredungen (Kontrakte) einerseits sowie die Zusammenfassung des pädagogischen Selbstverständnisses zu einem Schulprogramm.

Ob dieser aus den Ergebnissen der Schulforschung hergeleitete Zusammenhang in der einzelnen Schule auch tatsächlich besteht, muß jeweils vor Ort evaluiert werden, durch eine vom Kollegium durchgeführte Stärken-/Schwächen-Analyse oder durch andere Formen der gemeinsamen Diagnose bzw. Schulbeurteilung. Dazu benötigt die Schule einerseits die Unterstützung und andererseits externe Evaluation, die erlaubt, über den Tellerrand zu schauen und mit anderen Schulen Vergleiche herzustellen. Qualitätssicherung ist in diesem neuen Paradigma also einerseits, vielleicht sogar in erster Linie Angelegenheit jeder einzelnen Schule, aber andererseits Aufgabe der globalen landesweiten Steuerungsinstanz, die in einer neuen Schulaufsicht bestehen könnte oder in einer anderen Form reformierter Schulverwaltung. Zur Qualitätssicherung gehören ferner Unterstützungssysteme, die z.T. bereits heute existieren, wie schulpädagogische Dienste, Trainingszentren, Regionale Arbeitsstellen für Ausländische Kinder und Jugendliche (RAA) und Supervisionsangebote. Die Koppelung von Einzelschule und Schulsystem ist eine „lose", weil die Gelenkstellen bestehen aus der Selbstevaluation der ganzen Schule einerseits und externer Evaluation, Unterstützung und Rahmenkontrolle andererseits. Eine enge Kopplung wie „Durchgriffsführung" der Schulaufsicht oder Einzelanweisungen sowie Detailfestlegungen des Schulhaushalts werden ausgeschlossen. Gleichzeitig wird eine inne-

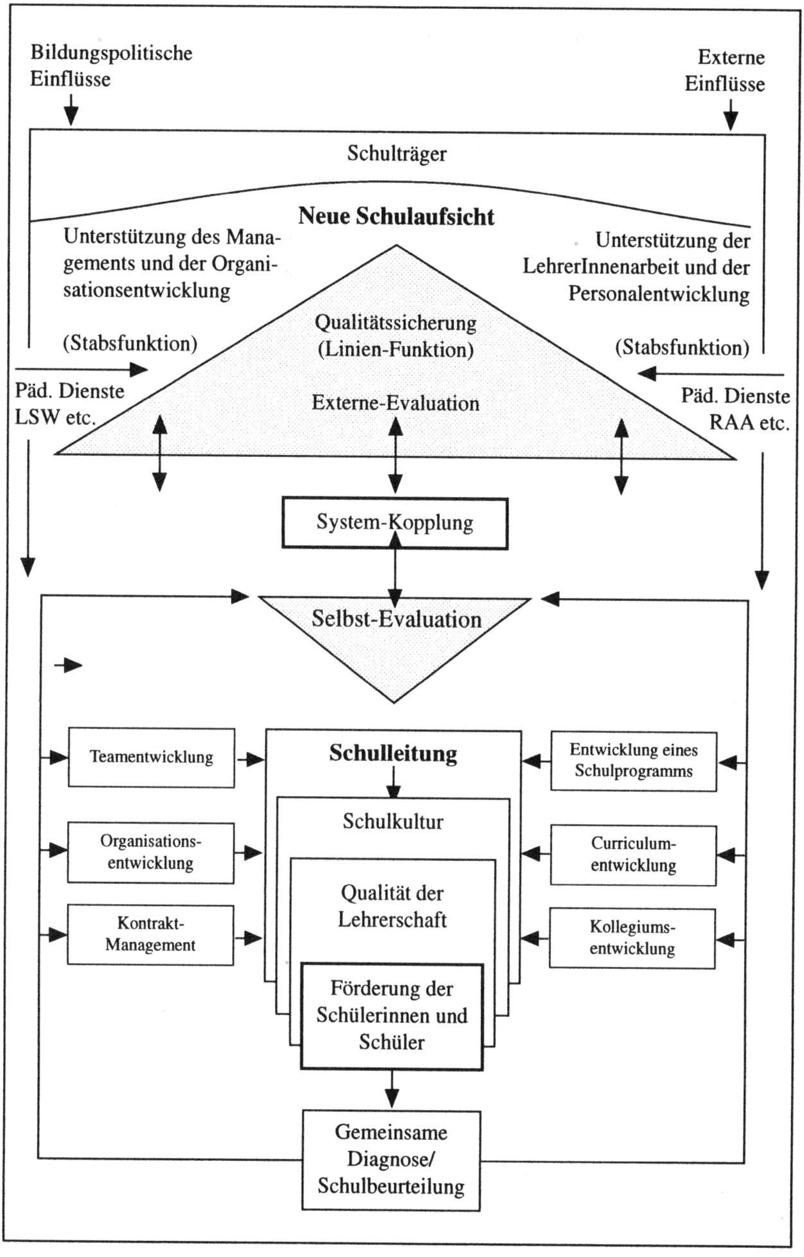

Abb. 2: Koppelung durch Evaluation

re Balance angestrebt zwischen einer wichtiger werdenden Schulleitung und zunehmenden Verantwortlichkeiten des Kollegiums.

4. Perspektiven und Probleme

Dieses neue Steuerungsmodell wird in etlichen Ländern Europas und Nordamerikas seit einigen Jahren ausprobiert, in Gänze und in Reinform ist es allerdings (noch) nirgendwo implementiert. Das mag an organisationspädagogischen Besonderheiten der Schulen und Schulverwaltungen liegen, an ganz andersartigen schulpolitischen Traditionen oder auch an unzulänglichen Implementationsstrategien (vgl. ROLFF 1994).

Probleme schafft vor allem der Umstand, daß Schulen traditionellerweise kein ureigenes Bedürfnis nach Evaluation haben. Evaluation verschafft ihnen keine sichtbaren Vorteile oder Erleichterungen; im Gegenteil, sie scheinen der Leitung, vor allem aber auch dem Kollegium eine zusätzliche Belastung zu bringen und auch eine verdichtete Kontrolle. In Ostdeutschland sind Schulberichte ohnehin vorbelastet, da sie zu DDR-Zeiten vierteljährlich an die Parteileitungen gerichtet werden mußten.

Deshalb verwundert es nicht, wenn EKHOLM aus Schweden berichtet, daß die Gesamtschulen Schwedens zwar Schulberichte vorlegen, sich zu 90% aber nicht daran halten (EKHOLM 1993) und aus Holland zu erfahren ist, daß die als Grundlage der Evaluation dienenden sog. Schulwerkpläne häufig reine Fassaden sind (vgl. KROON/STURM 1994). Aus Projekten in Nordrhein-Westfalen wissen wir, daß die meisten Schulen nicht bereit sind, sich freiwillig selbst zu evaluieren (EIKENBUSCH/BUCHEN 1994).

Seitens der Erziehungswissenschaft wird zudem eingewandt, daß die Maßstäbe der Evaluation entweder unklar oder unangemessen oder beides gleichzeitig sind. In der Tat orientieren sich die Standards vielfach an Performanzindikatoren oder Effektivitätskennziffern, die aus der Betriebswirtschaft oder der Soziologie, jedenfalls nicht aus der Pädagogik stammen, oder es werden Tests eingesetzt, die nicht die Lernentwicklung oder den Reflexionsgrad, auch nicht soziales Lernen, sondern allein im Bereich der Kognition liegende Lernergebnisse messen (vgl. Joint Committee on Standards 1994).

Was bedeutet diese Problemlage für die Evaluationspraxis und die Evaluationsforschung?

Hinsichtlich der letztgenannten Problematik ist die bildungs- und erziehungstheoretische Dimension der Messung von Schulqualität zu betonen und sind pädagogische Standards für die Qualitätssicherung zu reklamieren, wie sie vor allem im Schulprogramm expliziert werden. Dieses ist leichter gefordert als realisiert, denn gerade Bildung und Erziehung lassen sich nur sehr unzulänglich und begrenzt in Form von Indikatoren oder gar Kennziffern ausdrücken. Deshalb sind für schulpädagogisch reflektierte Evaluationsansätze qualitative Verfahren (vgl. dazu MILES/HUBERMANN 1984) genauso wichtig wie quantitative.

Die Skepsis der Schulen ist letztlich nur zu überwinden, wenn ihnen klargemacht werden kann, daß Evaluation für sie nützlich ist, z.B. als Orientierung für die Entwicklung der Schule und als Basis für eine weitere Professionalisierung der Leitung wie der Lehrkräfte. Denn intensives Lernen und erst recht organisationales Lernen ist ohne Feedback nicht möglich, wie es nur durch Evaluation herzustellen ist.

Aber auch diese Erkenntnisse werden nicht ausreichen, die Schulen von der Notwendigkeit einer Selbstevaluation zu überzeugen. Deshalb müssen institutionelle Klärungen bzw. Verträge in Schulen und mit Schulen hinzukommen, die unmißverständlich festlegen, daß interne Evaluation vor der externen Priorität hat, auch zeitlich vorrangig ist, und daß die Schule das Recht hat, nicht alle Daten weiterzugeben, schon gar nicht personenbezogene Daten, die ohnehin geschützt sind.

Es gibt zahlreiche Hinweise (z.B. EIKENBUSCH/BUCHEN 1994), daß auch die genannten Klärungen und Erleichterungen die meisten Schulen nicht veranlassen können, sich selbst zu evaluieren. Deshalb wird es vermutlich unvermeidbar sein, Schulen, die von einem größeren Gestaltungsspielraum Gebrauch machen, zur Selbstevaluation und Außenspiegelung gesetzlich zu verpflichten, wie das in Skandinavien, England, Holland oder neuerdings auch in Bremen der Fall ist. Die Wahl der Art und Form der Evaluation sollten den Schulen allerdings überlassen bleiben.

Offensichtlich handelt es sich hier um ein Motivations-Dilemma: Wenn Schulen eine Evaluation aufgezwungen wird, versuchen sie, den Zwang zu unterlaufen, indem sie nur belanglose oder geschönte Berichte produzieren; stellt man den Schulen anheim, sich freiwillig an Evaluation zu beteiligen, entschließen sie sich in der Regel erst gar nicht dazu. Motivation bleibt ein zentrales Problem.

Eine einfache Lösung dieses Dilemmas ist nicht in Sicht, wohl aber eine klärende Analyse, die Formen und Funktionen der Evaluation auseinanderzuhalten versucht.

4.1 Entwicklungsimpulse durch interne Evaluation?

Nicht gerade wenige Stimmen fordern, das beschriebene Dilemma wie einen gordischen Knoten zu lösen, indem die Priorität bzw. Ausschließlichkeit einer externen Evaluation festgesetzt wird, die durch Kommissionen, Evaluationsbehörden oder Gutachter durchgeführt werden soll.

Dem muß entgegengehalten werden, daß Strategien, die in allererster Linie den Außendruck im Auge haben, unproduktiv sind und zu Widerstand, Demotivation seitens der Schulen und unbrauchbaren Daten führen. Zudem: wenn einer Schule eine externe Evaluation aufgezwungen wird, kann man sie nicht dazu bringen, aus den Ergebnissen Entwicklungen abzuleiten, die in Qualitätsverbesserung resultieren. Forschungen aus Großbritannien (CLIFT u.a.), Kanada (COLEMAN), Norwegen (TILLER), Israel (NEVO) und Berichte aus den Niederlanden (LIKET) belegen, daß Impulse und Orientierungen für die Weiterentwicklung von einzelnen Schulen vor allem von interner, also Selbst-Evaluation zu erwarten sind, nicht aber von „aufgedrückter" Rechenschaftslegung mit vorgegebenen Indikatoren.

Abbildung 3 zeigt in idealtypischer Weise den Kreislauf von Selbstevaluation und Schulentwicklung (vgl. dazu HOPKINS 1989). Er beginnt mit der Entscheidung der Schule, eine Selbstbeurteilung vorzunehmen. Es folgt die Klärung und Festlegung der Evaluationskriterien, z.B. das Schulprogramm zu beurteilen oder die Führungsfähigkeit oder das Klima oder alle drei Bereiche zusammen – und woran die Kriterien zu messen sind. Dann wird die Evaluation durchgeführt, sinnvollerweise durch ein Team von Lehrerinnen und Lehrern, dem auch die Schulleitung angehört. Die Ergebnisse und erste Interpretationshinweise werden in einem Bericht niedergeschrieben und allen Kollegiumsmitgliedern mitgeteilt, vielleicht auch Schüler- und Elternvertretern. Dieser Bericht wird auf einer pädagogischen Konferenz einen bis eineinhalb Tage lang diskutiert, ausgewertet und in Prioritäten für Projekte zur Weiterentwicklung der Schule umgesetzt. Damit schließt sich der Kreislauf zunächst. Er kann in zwei oder drei Jahren erneut begonnen werden.

Bei der internen Evaluation ist eine interne Spiegelung an pädagogischen Kriterien möglich, wenn die Schule vor der Evaluation ein Schulprogramm erarbeitet hat. Ein Schulprogramm ist umfassender als ein Schulprofil, es umfaßt im Prinzip das Ganze der Schule als Ausdruck des pädagogischen Selbstverständnisses aller Lehrerinnen und Lehrer, der Leitung, der Schüler und der Eltern. Es stellt eine Art Zielvereinbarung dar. Steuerungstheoretisch gesehen ist das Schulprogramm ein Medium inhaltlicher Steuerung. Dieses Medium dürfte um so wirksamer sein, je häufiger durch interne Evaluation als Form „pädagogischer Tatsachenforschung" festgestellt wird, ob und

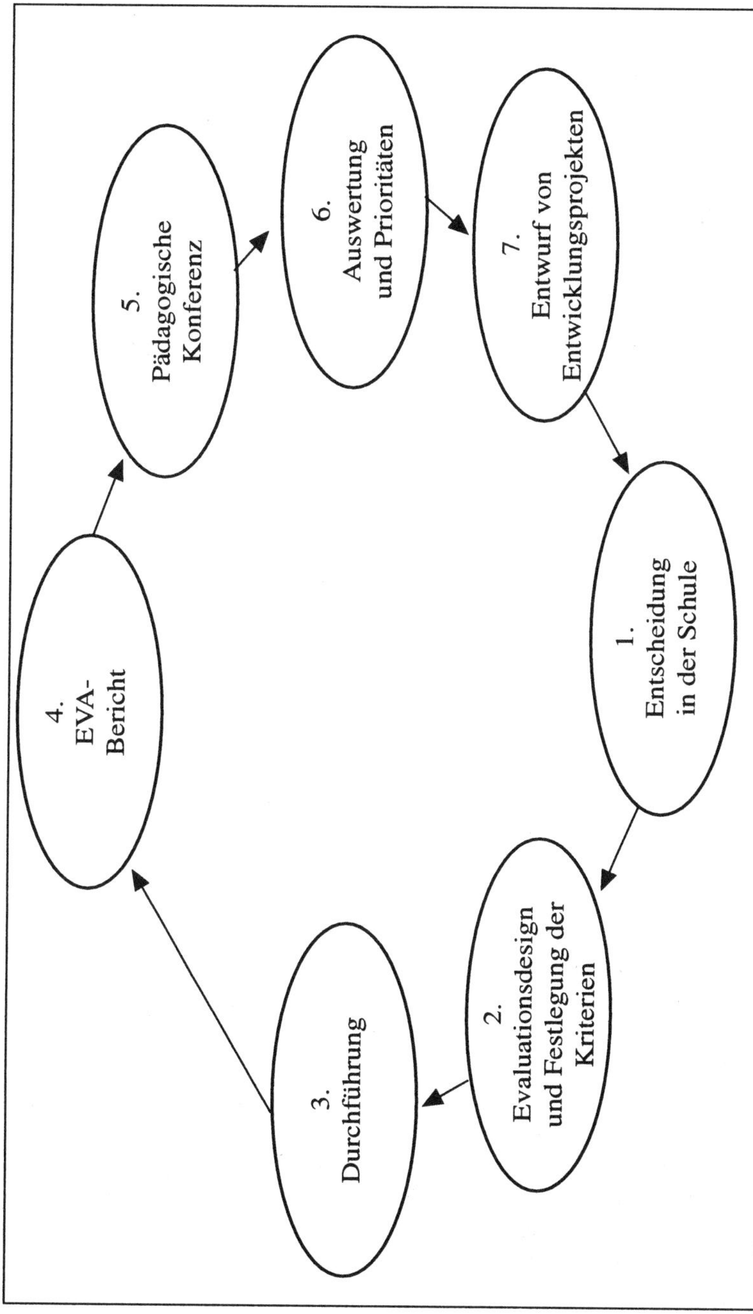

Abb. 3: Evaluation und Entwicklung (ISF Rolff)

inwieweit sich die Schule auf dem Weg zur Realisierung ihres eigenen pädagogischen Selbstverständnisses befindet.

Nach ersten Erfahrungen, die wir in NRW gemacht haben, erweist es sich als besonders wirksam, nicht nur Daten in die Selbstevaluation einzubeziehen, die von den Lehrerinnen und Lehrern stammen, sondern auch Schüler – und vielleicht auch Elterndaten zu erheben. Gerade diese Daten halten dem Kollegium, dessen Selbstwahrnehmung notwendig einseitig und z.T. auch wenig selbstkritisch ist, in der Regel einen kritischen, manchmal auch einen sehr kritischen Spiegel vor. Schülerdaten geben Lehrkräften zudem ein nützliches Feedback über den eigenen Unterricht und sind häufig ein wirksamer Anlaß, die Schülerbeteiligung an der Schulentwicklung zu aktivieren. Schülerdaten sind dann so etwas wie ein Treibsatz für Schulentwicklung.

Elternbefragungen werden manchmal als Daten zur Kundensicht bezeichnet. Ob die Schule Kunden oder Klienten hat und wer diese sind, ist nicht unstrittig. Nicht zu bestreiten ist indes, daß Elternbefragungen eine Außensicht in die Schule bringen und daß Außensicht insgesamt unverzichtbar ist.

4.2 Qualitätssicherung durch externe Evaluation?

Außensicht ist unverzichtbar, weil – wie schon erwähnt – jede Schule wie jede andere Einrichtung auch versucht ist, sich zu stark auf sich selbst zu beziehen, unangenehme Außenanforderungen auszublenden, vielleicht provinziell, in jedem Fall jedoch unsicher wird, wie sie sich selbst im Vergleich zu anderen einzuschätzen hat. Externe Evaluation ist also notwendig als Spiegel, Korrektiv und Stimulanz und somit auch Grundlage für schulübergreifende Qualitätssicherung. Evaluation, die gleichzeitig Anstoß und Orientierung für interne Schulentwicklung sein soll, darf allerdings nicht starr nach dem Muster eines Audits oder einer Rechnungs- bzw. Bilanzprüfung erfolgen, aus Gründen, die im vorigen Abschnitt bereits dargelegt wurden.

Abbildung 4 zeigt wiederum in idealtypisierter Weise den Kreislauf von interner plus externer Evaluation. Der Kreislauf beginnt mit der Entscheidung der Schule für eine Evaluation. Wenn von vornherein die Absicht zu einer Außenspiegelung besteht, kann sich die Schule schon zu Beginn mit den Außenevaluatoren zusammensetzen und z.B. mit der Schulaufsicht Zielvereinbarungen treffen, d.h. Kriterien erfolgreicher Evaluation gemeinsam vereinbaren. Daraufhin erfolgt die Planung der internen Evaluation sowie deren Durchführung. Das Ergebnis wird in der Schule diskutiert und in einem Evaluationsbericht schriftlich niedergelegt. Erste Erfahrungen zeigen, daß dabei 20 bis 25 Seiten eine angemessene Ausführlichkeit gewährleisten.

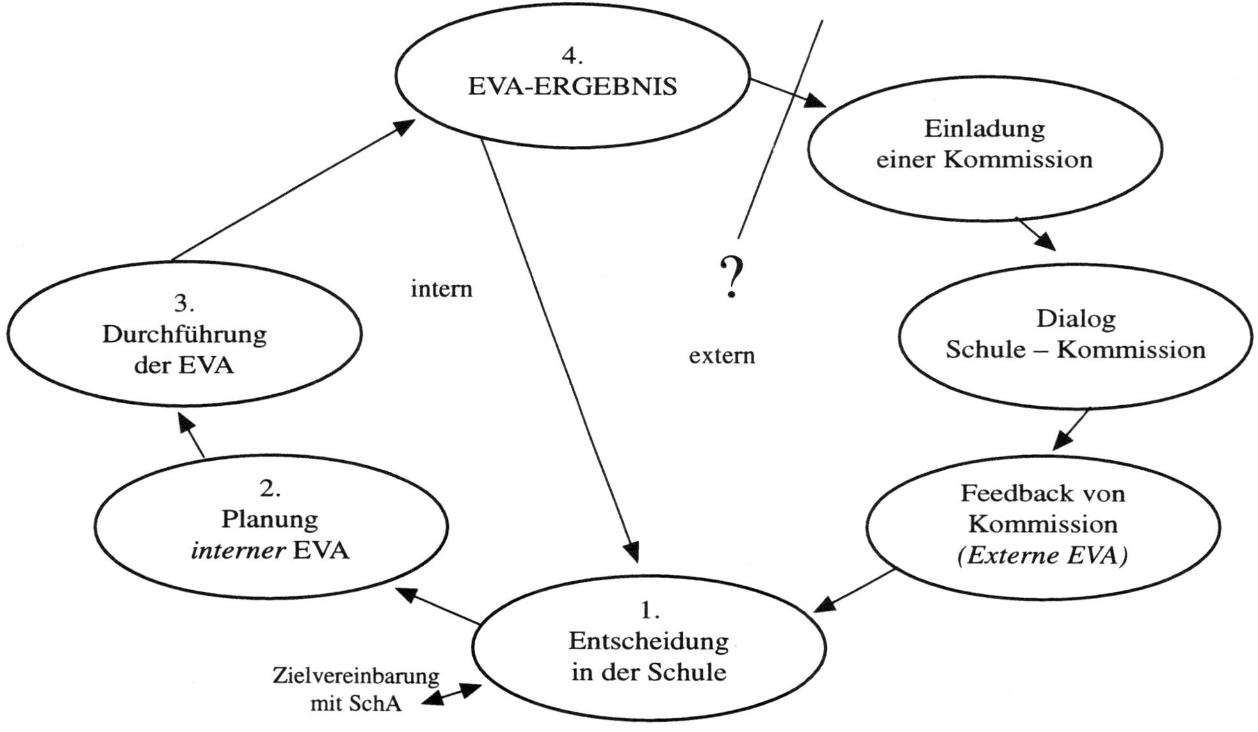

Abb. 4: Kreislauf der Evaluation (ISF Rolff)

Danach erfolgt die zentrale Entscheidung, ob der Evaluationsbericht intern bleibt oder aber so oder verändert einer Evaluationskommission vorgelegt werden soll. Fällt die Entscheidung für die Einladung einer Kommission, beginnt die externe Evaluation. Die Kommission erhält nicht nur den Evaluationsbericht, sondern auch einen Fragenkatalog, der den Beratungsbedarf der Schule spezifiziert. Die Kommission kommt nach einem Vorgespräch mit der Schule für ein paar Tage zu einem Beratungsbesuch, wobei sie Gespräche mit allen Beteiligten führt, Unterricht besucht und auch der Lehrerkonferenz beiwohnt. In dialogischer Weise wird dabei das Ergebnis der Evaluation abgeklärt. Aller Wahrscheinlichkeit nach überfordert es die Kommission, bereits während des Schulberatungsbesuchs der Schule abgesicherte Empfehlungen zu geben. Mündliche Erläuterungen müssen zunächst ausreichen. Wichtig ist, daß es dabei nicht bleibt, sondern die Kommission mit etwas Abstand einen Bericht schreibt und der Schule zustellt. Dieser Bericht geht gleichzeitig an Schulträger und Schulaufsicht und veranlaßt diese, mit Unterstützung oder durch Korrektive zu handeln oder auch nicht.

Man kann die Arbeit der Evaluationskommission auch als Beratung auffassen. Die Beratung bezieht sich allerdings nicht auf einzelne Lehrer oder einzelne Unterrichtsstunden, sondern auf ganze Bereiche der Schule (und deshalb auf aggregierte Daten) im Systemzusammenhang. Sie ist Systemberatung im strikten Verständnis.

Für die interne Schulentwicklung ist vermutlich der Dialog wichtiger als der Bericht, für die Qualitätssicherung indes kann der Bericht (und seine Veröffentlichung) von größter Bedeutung sein.

Gegenstand eines Schulberatungsbesuchs kann sowohl eine Themen- oder Bereichs-Evaluation sein (z.B. das Fach Englisch oder die Schulleitung oder der Ganztagsbetrieb) als auch eine Beurteilung der ganzen Schule, was die Engländer *full inspection* nennen.

Die eingeladene Evaluationskommission sollte drei bis fünf Personen umfassen und von der Schule in der Zusammensetzung mitbestimmt werden. Denkbar sind Vorgaben wie die Beteiligung von mindestens zwei Schulaufsichtsbeamten. Hinzukommen können alle möglichen Personengruppen wie Personalratsmitglieder, Schulentwicklungsmoderatoren, Eltern, Studienseminarleiter, Schulforscher oder andere.

Der Aufwand eines Schulberatungsbesuches ist allerdings sehr hoch, personell wie materiell, weshalb er nur alle paar Jahre, vielleicht alle vier oder fünf Jahre vertretbar erscheint.

5. Aufgaben der Schulforschung

Schulen evaluieren sich heute schon intern, und sie werden auch seit langem extern evaluiert. Dabei können grob die Bereiche Schüler, Lehrer, Leitung und Schule als Ganzes unterschieden werden.

Schüler werden evaluiert durch Klassenarbeiten, Lernberichte, Zensuren und Zeugnisse, aber auch durch Fachkonferenzen und Elternsprechtage.

Lehrer werden evaluiert in erster Linie durch das Verhalten, die Kurswahlen und die Lernfortschritte von Schülerinnen und Schülern, aber auch durch Leistungsberichte der Schulleitungen bzw. der Schulaufsicht bei Regel- oder Bedarfsbeurteilungen oder auch durch Hospitationen oder Elternrückmeldungen.

Die Leitung wird evaluiert durch die Schulaufsicht, den örtlichen Schulausschuß, z.T. durch die Presse und vor allem durch die Lehrerinnen und Lehrer, u.a. durch deren Verhalten in Konferenzen.

Die Schule als Ganze wird evaluiert durch die Eltern, u.a. deren Anmeldeverhalten, und durch deren Mitarbeit in den Schulkonferenzen, durch die Anzahl von Versetzungsanträgen der Lehrer und durch die Presse.

Ein Teil der Beispiele verweist auf externe Evaluation durch Eltern, Presse, Schulaufsicht und Schulausschuß. Hinzu kommen noch bei Berufsschulen die Betriebe und vor allem die Kammerprüfungen.

Die genannten Formen der Evaluation sind allerdings fast ausnahmslos rudimentär, unsystematisch, unregelmäßig und unprofessionell. Wenn sich das skizzierte neue Steuerungsmodell durchsetzt, entsteht ein enormer Fortbildungsbedarf, bei dem die Erziehungswissenschaft als primäre Berufswissenschaft von Lehrern und Leitern gefordert ist. Denn die neuen erziehungs- und sozialwissenschaftlich basierten Evaluations-Instrumente sind ungewohnt und erscheinen kompliziert. Also muß systematische Selbstevaluation erst gelernt werden.

Dabei kann und sollte an die genannten Erfahrungen angeknüpft werden, ebenso an die Erfahrungen aus Begleitforschung bei Schul- und Modellversuchen sowie Projektevaluation. Im einzelnen entsteht folgender Trainingsbedarf:

1. Methoden der Zielklärung und -vereinbarung;

2. Methoden der Datensammlung, -verarbeitung und -aufarbeitung;
   - Schulstatistik
   - Dokumentenanalyse
   - Interviews

– Surveys
– Beobachtung

3. Methoden der Aktionsforschung (vgl. Altrichter/Posch 1990);

4. Methoden des Feedbacks;

5. Methoden des Projektmanagements
(um Evaluation für die Schulentwicklung produktiv machen zu können).

Für die Schulforschung entsteht aber nicht nur die dargelegte Aufgabe, beim Training des Schulpersonals mitzuwirken, sondern vor allem ein genuiner Forschungsbedarf, den man Metaevaluation nennen könnte.

6. Metaevaluation

Die Metaevaluation bezieht sich auf zwei Ebenen. Zum einen geht es um die zusammenfassende Auswertung der Evaluationsberichte der Schulen und der Reaktionen der externen Evaluationskommissionen darauf. Es handelt sich dabei nicht nur um die bekannten Sekundäranalysen bereits ausgewerteter Daten, sondern eher um Schulberichterstattung oder die Erstellung von Enqueten. Denn die Daten der Schulen erlauben zum ersten Mal, repräsentative Analysen über den Zustand der Schulformen, der Schulleitungen, einzelner Fächer oder der Schülermeinungen zu erstellen – und dieses landesweit. Wenn sie über den entsprechenden wissenschaftlichen Sachverstand verfügt, kann diese Aufgabe auch die Schulaufsicht wahrnehmen, sie tut es heute in Ansätzen ohnehin. Gemischte Enquete-Kommissionen wären vermutlich die produktivste Lösung.

Zum anderen geht es bei der Metaevaluation um die Evaluation der Evaluationsmethoden und um die Wirkung der Evaluation. Daß interne Evaluation für Entwicklungsanstöße einzelner Schulen wirksamer ist als externe, wissen wir heute schon. Aber welche Form interner Evaluation am wirksamsten ist, und welche Weisen der Dateninterpretation und Zusammenfassung für Berichte geeignet sind, ist noch gänzlich unbekannt. Ebenso unklar ist, wie Evaluationskommissionen am wirksamsten zusammengesetzt sind und effektiv arbeiten. Am wenigsten geklärt sind auch im internationalen Bereich die Modi und Methoden der Qualitätssicherung. Es ist bisher so gut wie gar nicht untersucht, ob und wie sich das neue Steuerungsmodell auf die Qualität von Unterricht und Schülerleistungen auswirkt. Auch ist weitgehend unerforscht, welche Rolle die Schulleitungen bei Schulentwicklung durch Evaluation spielen, ob es diesbezüglich Unterschiede zwischen Einzelleitungen und Leitungsteams gibt und welche Führungsstile bzw. -formen besonders entwicklungsfördernd oder umgekehrt entwicklungshemmend sind. Eine ebenfalls empirisch unbearbeitete Grundsatzfrage besteht in dem Problem, wie man die Schulleitung stärken kann, was sicherlich nötig ist, ohne das Kollegium in der Professionalität und Motivation zu schwächen, was ebenso sicher zu vermeiden wäre. In diesem Zusammenhang besteht auch Forschungsbedarf bezüglich der Wirkungsweise unterschiedlich besetzter einzelschulischer Steuerungs- und Mitwirkungsorgane: Was bedeutet es für die Qualität von Schule und für Entwicklungsimpulse, wenn die in der Schule professionell Tätigen in diesen Organen in der Minderheit oder in der Mehrheit bzw. genau hälftig vertreten sind?

Forschung zu diesen Fragen ist nur in enger Zusammenarbeit mit Schulen zu realisieren. Praxisforschung wird bedeutsamer werden. Ob das gleichzusetzen ist mit einer Renaissance der Aktionsforschung oder ob diese Praxisforschung doch etwas anderes meint, ist im Augenblick noch nicht klar, gilt es doch die Trennung von Selbst-Evaluation durch Lehrer und Meta-Evaluation durch Andere zu beachten.

Metaevaluation ist schließlich auch nötig, um den Evaluationsprozeß als ganzen untersuchen zu können. Denn interne und externe Evaluation sind gelegentlich gar nicht oder nur künstlich zu trennen: Wenn eine Schule beispielsweise eine Stärken-Schwächen-Analyse oder eine gemeinsame Diagnose durchführt, handelt es sich um interne Evaluation; wenn jedoch Berater hinzukommen und damit ein Stück Außenperspektive, ist die Evaluation auch eine externe. Abbildung 5 zeigt den Zusammenhang von Funktionen und Formen der Evaluation und gleichzeitig einen Entwicklungspfad, der gleichsam nach Nordwesten weist:

Evaluation beginnt intern, und solange sie intern bleibt, dient sie vor allem der internen Schulentwicklung. Wenn ein Berater hinzukommt, kann dies ebenfalls der Entwicklung dienlich sein. Wenn die interne Evaluation der Rechenschaft nach außen dient, kommt eine weitere Funktion hinzu, – aber dann entsteht auch ein weiteres Problem: Es ist zu entscheiden, ob alle Daten nach außen gehen und wenn nein, welche doch und in welcher Form, roh und uninterpretiert oder interpretiert und mit Fragestellungen an die Außenspiegelung weitergeleitet werden. Zwischen dem III. und I. Quadranten bzw. zwischen Südost und Nordwest befindet sich eine Art von Datenfilter. Erste Erfahrungen in Projekten in Nordrhein-Westfalen zeigen, daß Schulen darauf bestehen, selber über die „Datenhoheit" zu verfügen, also den Filter zu benutzen. Die Erfahrungen zeigen aber auch, daß Schulen in aller Regel,

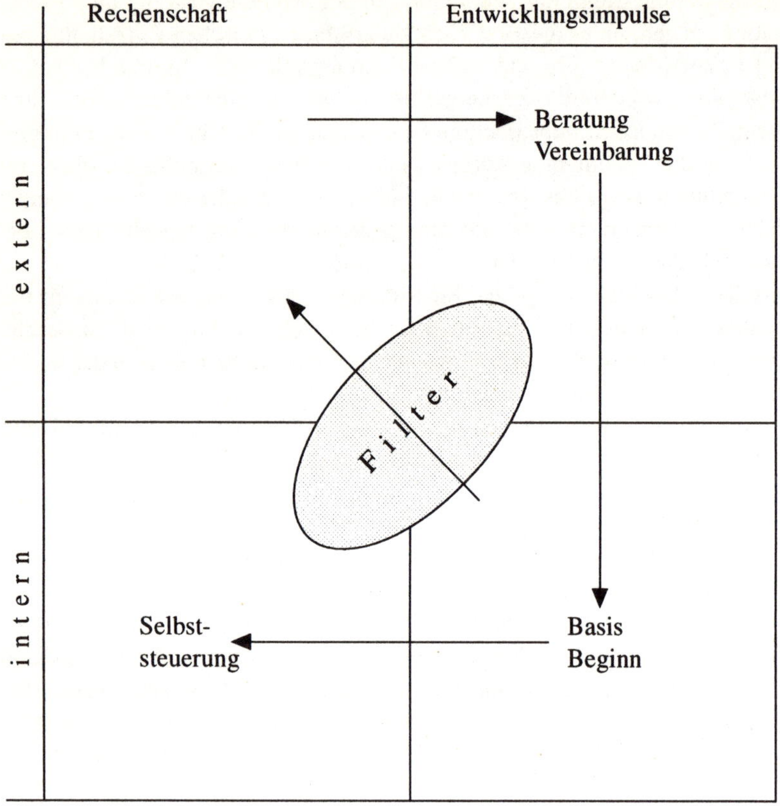

Abb. 5: Doppelfunktion von Evaluation (IFS Rolff)

wenngleich nach längeren internen Diskussionen keine größeren Probleme haben, die Daten ungefiltert nach außen zu geben. Bedingung dafür scheint jedoch zu sein, daß Schulen ihre Außenevaluatoren, ihre „kritischen Freunde", selber aussuchen dürfen. Dann ist die Chance auch am größten, daß auch aus der externen Evaluation Impulse für die Weiterentwicklung der Schule entstehen. Aus Projekten in NRW vermuten wir ferner, daß interne Evaluation am ehesten akzeptiert wird, wenn sie der Informationsanreicherung dient und auch so zu verstehen ist. Und externe Evaluation scheint dann am wirksamsten zu sein, wenn sie nicht als Kontrolle abgestempelt ist, sondern als Spiegelung von außen. Ob diese Vermutungen allerdings zu generalisieren sind, wissen wir erst, wenn im Rahmen der Schulforschung mehr Metaevaluationen durchgeführt werden.

Zusammenfassend ergibt sich:

- Ohne Selbstevaluation wird es gar keine oder nur Fremdevaluation geben.
- Selbstevaluation ist ein Instrument der Selbstreflexion, Selbstentwicklung und Selbststeuerung.
- Es entsteht ein enormer Trainingsbedarf, der ohne Schulforschung nicht gedeckt werden kann.
- Schulforschung wird Unterstützungssystem für Schulen und Schulentwicklung.
- Ohne Unterstützung durch Schulforschung wird Evaluation als Koppelung von Selbst- und Fremdevaluation nicht möglich sein.
- Der Bedeutungszuwachs von Evaluation bedeutet also einen immensen Bedeutungszuwachs für die Schulforschung.

Literatur

Altrichter, Herbert/Posch, Peter: Lehrer erforschen ihren Unterricht. Eine Einführung in die Methoden der Aktionsforschung. Bad Heilbrunn 1990.

Aspinwall, Kath u.a.: Managing Evaluation in Education. A development approach. London: Routledge 1992.

Buchen, Herbert/Eikenbusch, Gerhard: Organisationsentwicklung auf dem Weg in die Schule. In: Organisationsentwicklung 12 (1993) 2, S. 34-42.

Burkard, Christoph/Rolff, Hans-Günter: Steuerleute auf neuem Kurs? In: Rolff, H.-G. u.a. (Hrsg.): Jahrbuch der Schulentwicklung, Bd. 8. Weinheim, München 1994.

Clift, P.S./Nuttall, D.L./McCormick, R. (Ed.): Studies in School Self-Evaluation. London Falmer-Press 1987.

Coleman, Peter: Quality Assurance. In: School Organisation 12 (1992) 2, S. 201-235.

Dalin, Per/Rolff, Hans-Günter: Institutionelles Schulentwicklungsprogramm. Soest 1990.

Eikenbusch, Gerhard/Buchen, Herbert: Schulaufsicht in Schulentwicklungsprozessen. In: Pädagogische Führung, 5 (1994) 2, S. 59-63.

Ekholm, Mats: Evaluation als Bestandteil der Arbeitskultur von Schule. In: LSW (Hrsg.): Schulentwicklung und Qualitätssicherung. Entwicklungen, Diskussionen, Ansätze und Verfahren aus Schweden. Soest 1993, S. 121-129.

Franke-Wikberg, Sigbrit: Qualitätsverbesserung durch Selbstevaluation. Ein praxisorientierter Ansatz. In: Pädagogische Führung 5 (1994) 2, S. 67-71.

Hopkins, David: Evaluation For School Development. Milton Keynes: Open University Press 1989.

Joint Committee on Standards for Educational Evaluation: The Program Evaluation Standards. How to Assess Evaluation of Educational Programs. Second Edition. Thousand Oaks, London 1994.

Kroon, S./Sturm, J.: Eine Schule in den Niederlanden. In: Pädagogik 46 (1994) 7/8, S. 70-75.

Landesinstitut für Schule und Weiterbildung (Hrsg.): Schulentwicklung und Qualitätssicherung. Entwicklungen, Diskussionen, Ansätze und Verfahren aus Schweden. Soest 1993.

Liket, Theo M. E.: Freiheit und Verantwortung. Das niederländische Modell des Bildungswesens. Gütersloh 1993.

Miles, Matthew B./Huberman, A. Michael: Qualitative Data Analysis: A sourcebook. Beverly Hills, Ca.: Sage 1984.

Nevo, David: Combining internal and external evaluation. In: Studies in Educational Evaluation 20(1994)1, pp 87-98.

Rolff, Hans-Günter: Schulentwicklung als Entwicklung von Einzelschulen? Theorien und Indikatoren von Entwicklungsprozessen. In: Zeitschrift für Pädagogik 37 (1991) 6, S. 865-886.

Rolff, Hans-Günter: Steuerung und Beratung der Schulentwicklung in Europa. In: Zeitschrift für Pädagogik. 32. Beiheft. 1994, S. 207-223.

Stufflebeam, D. L.: Administrative Checklist for Reviewing Evaluation Plans. Kalamazoo: Western Michigan University 1974.

Tiller, Tom: Evaluation in a decentralised school system. In: Granheim, Marit/Kogan, Maurice/Lundgren, U. P. (Ed.): Evaluation as policymaking. London: Kingsley 1990, S. 219-233.

Wilcox, Brian: Time-Constrained Evaluation. A practical approach for LEAs and schools. London 1992.

Wulf, Christoph (Hrsg.): Evaluation. Beschreibung und Bewertung von Unterricht, Curricula und Schulversuchen. München 1972.

Verzeichnis der Autorinnen und Autoren

Adick, Prof. Dr. Christel
Ruhr-Universität Bochum

Altrichter, Prof. Dr. Herbert
Institut für Wirtschaftspädagogik und Personalwirtschaft der Universität Innsbruck

Ditton, PD Dr. Hartmut
Katholische Universität Eichstätt

Füssel, Prof. Dr. Peter
Hochschule für öffentliche Verwaltung, Bremen

Glumpler, Prof. Dr. Edith
Universität Dortmund

Holtappels, PD Dr. Heinz Günter
Institut für Schulentwicklungsforschung der Universität Dortmund

Kaiser, Regina
Wissenschaftsforum Bildung und Gesellschaft e.V., Berlin

Klemm, Prof. Dr. Klaus
Gesamthochschule/Universität Essen

Manning, Dr. Sabine
Wissenschaftsforum Bildung und Gesellschaft e.V., Berlin

Preuss-Lausitz, Prof. Dr. Ulf
Technische Universität Berlin

Rolff, Prof. Dr. Hans-Günter
Institut für Schulentwicklungsforschung der Universität Dortmund

Salzgeber, Stefan, Dr.
Universität Innsbruck

Schratz, Univ.-Doz. Dr. Michael
Institut für Erziehungswissenschaften der Universität Innsbruck

Schulz-Zander, Prof. Dr. Renate
Institut für Schulentwicklungsforschung der Universität Dortmund

Terhart, Prof. Dr. Ewald
Ruhr-Universität Bochum

Thomas, Rudolf
Wissenschaftsforum Bildung und Gesellschaft e.V., Berlin

Tillmann, Prof. Dr. Klaus-Jürgen
Universität Bielefeld

Vollstädt, Dr. Witlof
Universität Bielefeld

Weiß, Dr. Manfred
Deutsches Institut für Internationale Pädagogische Forschung, Frankfurt/M.